Ukraine

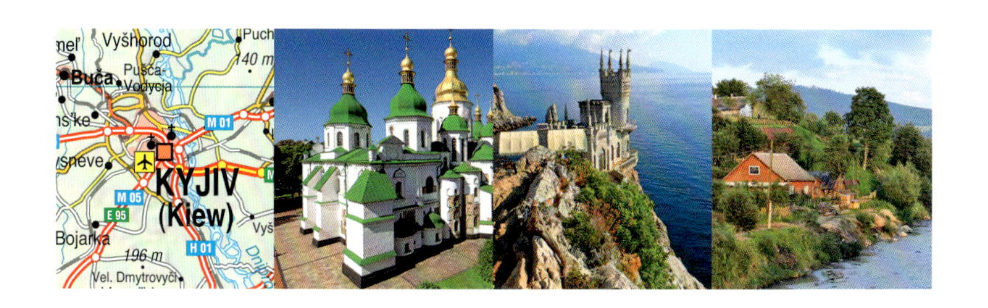

D1699421

Ada Anders

Reise-Handbuch

Inhalt

Wissenswertes über die Ukraine

Wissenswertes für die Reise

Unterwegs in der Ukraine

Kapitel 1 Kiew und der Norden

Kapitel 2 L'viv und der Westen

Inhalt

Kapitel 3 Zentralukraine

Kapitel 4 Der Osten

Inhalt

Kapitel 5 Der Süden

Themen

Das Klima im Blick

Reisen verbindet Menschen und Kulturen. Wer reist, erzeugt auch CO_2. Der Flugverkehr trägt mit bis zu 10 % zur globalen Erwärmung bei. Wer das Klima schützen will, sollte sich – wenn möglich – für eine schonendere Reiseform entscheiden. Oder die Projekte von *atmosfair* unterstützen: Flugpassagiere spenden einen kilometerabhängigen Beitrag für die von ihnen verursachten Emissionen und finanzieren damit Projekte zur Verringerung des CO_2-Ausstoßes in Entwicklungsländern *(www.atmosfair.de)*. Auch der DuMont Reiseverlag fliegt mit *atmosfair*!

nachdenken • klimabewusst reisen
atmosfair

Alle Karten auf einen Blick

▶ Dieses Symbol im Buch verweist auf die Extra-Reisekarte Ukraine

Die Christi-Auferstehungs-Kirche von Foros bekrönt einen malerischen Felssporn

Mediterranes Flair an der Soborna Plošča im Herzen L'vivs

Wissenswertes über die Ukraine

Ein Land für Kenner und Entdecker

Weite, grenzenlose Steppen, felsige Gebirge, mediterrane Küsten und schattige Buchenwälder erwarten neben vitalen Metropolen, geschäftigen Industriezentren und idyllisch schlummernden Provinzen diejenigen, die sich auf Entdeckungsreise in die Ukraine begeben.

Die ukrainische Geschichte ist von dramatischen Perioden der Fremdherrschaft geprägt, die sich in manchem als fruchtbares Erbe erweisen. Mongolen, Litauer, Polen, Tataren, Ungarn, Rumänen, Russen, Österreicher, Tschechen und Slowaken, die alle auf ukrainischem Boden lange oder kurz weilten, beeinflussten das nationale Kulturgut und hinterließen ihre Spuren. An die Anwesenheit von Griechen, Genuesen, Juden und Deutsche erinnern geheimnisvolle antike Siedlungen, stolze Festungen, verlassene Friedhöfe und alte Gebetshäuser.

Ukrainische Historiker bestreiten die Ableitung des Namens ›Ukraine‹ (Україна, Вкраїна) vom Wort ›Rand‹ oder ›Grenze‹. Dieser seit dem 17. Jh. in der polnischen und später russischen Geschichtsschreibung gängigen Deutung setzen sie die etymologische Verwurzelung des Namens in den Begriffen ›Inland‹ oder ›Heimatland‹ entgegen, die bereits aus der Kiewer Chronik von 1187 bekannt ist. Und das wohl zu Recht, denn das fruchtbare Land der Ukrainer zog die Fremden wie ein Magnet aus allen Himmelsrichtungen an – so ein bunt bevölkerter Kreuzungspunkt unterschiedlicher Kulturen kann kaum eine Randerscheinung sein. Dagegen spricht auch, dass Kiew im Mittelalter Mittelpunkt der Rus war, eines der mächtigsten europäischen Großreiche dieser Zeit. Die erhabenen byzantinischen Kiewer Kathedralen zeugen noch heute von der einstigen Bedeutung der Stadt. Im Barock erhielten sie die mit Gold überzogenen Kuppeln, die samt blühender Kastanien zur Visitenkarte Kiews wurden.

Der unnachahmliche Charme L'vivs hat noch keinen gleichgültig gelassen: An der herrlichen Architektur lassen sich Zeit- und Kulturgeschichte ablesen, Kunstmärkte und das Geklingel der alten Straßenbahn vermitteln historisches Flair. Immer wieder vermag Odesa – die Perle am Schwarzen Meer – mit seiner bewegten Geschichte, dem Humor und der Offenheit seiner Bewohner zu bezaubern. Die Südküste der Krim fasziniert mit prachtvollen Zaren- und Adelspalästen und üppig blühenden Gärten. Nördlicher, in Bachčysaraj, steht der ornamental verzierte Palast der krimtatarischen Khane und liegen uralte Höhlenstädte. Die hoch aufragenden genuesischen Festungen und die Überreste altgriechischer Städte haben hierzulande überdauert.

Das Herz der industriellen Ukraine schlägt östlicher: Aus den Millionenmetropolen Dnipropetrovs'k und Donec'k kommen die politischen Impulse. Auch wenn hier das postsowjetische Erbe das äußere Erscheinungsbild dominiert, ist Donec'k immerhin eine der grünsten Städte des Landes, die auf ihr modernes Stadion stolz ist. Dnipropetrovs'k beeindruckt mit dem durch den Ort fließenden mächtigen Strom Dnipro (russ. Dnjepr), und Charkiv überwältigt mit der Monumentalität seiner Zentralplätze. Abseits der Großstädte sind auf dem Land Kirchen und Kunsthandwerk zu bewundern: die reich verzierten kosakischen Gotteshäuser im Stil des ukrainischen Barock oder die schlanken Holzkirchen genauso wie filigrane Stickereien, Holzschnitzereien, Keramik- und Flechtwaren.

Auch für Naturliebhaber und Aktivtouristen ist die Ukraine mit mehreren Biosphärenreservaten, National- und Regionalparks ein viel versprechendes Reiseziel. Zur Wahl stehen Skifahren oder Bergwandern in den Karpaten und im Krimgebirge, Rafting und Kanufahren auf dem Dnister, Höhlenerforschen auf der Krim und in Podolien, Radfahren, Reiten, Segeln, Surfen, Tauchen, Golfspielen und Angeln oder das Sammeln von Pilzen und Beeren im Wald. Badespaß an weiten Sand- und Kieselstränden der Halbinsel Krim oder an den Šac'ker Seen, gesellige Picknicks, entspannende Saunabesuche oder Mineralwasserbäder, unzählige heitere Feste und Festivals, kulinarische Touren oder Weinproben runden die Erlebnispalette ab.

Auch wenn die Ukrainer gerne feiern, ist die wirtschaftliche Lage des Landes alles andere als erfreulich. Die Mehrheit der Bevölkerung verdient zu wenig, um ihr Dasein mehr oder weniger sorglos zu gestalten. Neben den Folgen der Katastrophe von Tschernobyl (ukr. Čornobyl') hat der ukrainische Staat mehrere Umwelt- und Gesundheitsprobleme zu bewältigen. Die Rückstände in der Infrastruktur wirken sich nachteilig auf die Entwicklung des Tourismussektors aus: In Vielem ist die Ukraine ein Reiseland für Pioniere und Entdecker, die im Notfall auf den gewohnten Komfort verzichten und sich in der Alltagskommunikation auch ohne Deutsch oder Englisch zurechtfinden können. Während man sich in den etablierten Tourismuszentren auf den gewohnten Service verlassen kann, ist man abseits der viel befahrenen Wege und in den abgelegenen Landeswinkeln auf Improvisationstalent angewiesen. Dafür wird man aber mit dem Anblick einer raren Sehenswürdigkeit oder mit einer erlebnisreichen Bekanntschaft belohnt. Denn Gastfreundschaft wird in der Ukraine groß geschrieben.

Kleinod mit Schwarzmeerpanorama: Michaelskirche in Jalta-Oreanda

Steckbrief Ukraine

Daten und Fakten

Name: Ukraine (Україна/Ukrajina)
Fläche: 603 628 km²
Hauptstadt: Kiew (Kyjiv)
Einwohnerzahl: ca. 45,8 Mio. (2011)
Bevölkerungswachstum: –0,8 %
Amtssprache: Ukrainisch
Staatsform: präsidial-parlamentarische Republik
Lebenserwartung: Frauen 74 Jahre, Männer 64 Jahre

Währung: Hryvnja (UAH, грн., гривня), 1 Hryvnja = 100 Kopeken (копійок); 100 UAH = 9,58 € = 11,59 CHF, 1 € = 10,45 UAH, 1 CHF = 8,62 UAH (Stand März 2012)
Zeitzone: osteuropäische Zeit, MEZ +1, März–Okt. MEZ +2

Landesvorwahl: 0038
Internet-Kennung: .ua
Landesflagge: Die Farben Blau und Gelb reichen in die Zeit des Kiewer Reiches, insbesondere des Fürstentums Galizien-Wolhynien zurück. Die populäre Deutung bezieht sich auf das Landschaftsbild – blauer Himmel über gelbem Kornfeld. Das Wappen bildet der goldene Dreizack auf blauem Wappenschild.

Geografie

Die Ukraine ist das zweitgrößte Land Europas (nach Russland). Sie grenzt an Polen, Ungarn, die Slowakei, Moldawien, Rumänien, Russland und Weißrussland. Bis zu 70 % des Landes sind Ebenen, die von den Karpaten mit dem höchsten Berg Hoverla (2061 m) im Westen und dem Krimgebirge im Süden begrenzt werden. Die Ukraine hat Zugang zum Schwarzen Meer, das durch die Kerčer Meerenge mit dem Asowschen Binnenmeer verbunden ist. Das Gewässernetz bilden zahlreiche Flüsse, darunter der Dnipro (Dnjepr), der Dnister, der Sivers'kyj Donec', die Desna, der Dunaj (Donau) und die Tysa (Theiß) sowie Süß- und Salzwasserseen (Limane). Das Land verfügt über fruchtbare Schwarzerdeböden sowie reiche Vorkommen von Steinkohle, Erdöl, Eisen- und Manganerz, Schwefel und Salz.

Geschichte

Die ersten Besiedlungsspuren in der Ukraine werden in die frühe Steinzeit datiert. Die Stämme der Trypillja-Kultur (6.–3. Jt. v. Chr.), die kunstvolle Keramik hinterlassen hat, die Kimmerier (ab 1500 v. Chr.), die Skythen (7. Jh. v. Chr.) und die Griechen lebten auf ukrainischem Boden.

Das Goldene Zeitalter in der ostslawischen und ukrainischen Geschichte leitete im 9. Jh. die Gründung der Kiewer Rus ein. Nach der Invasion der Mongolen im 13. Jh. wurde das Reich von Litauern und Polen beherrscht. Die Unterdrückung seitens der neuen Herrscher provozierte im 16. Jh. die Entstehung von Kosakengemeinschaften, deren Widerstand in den Nationalen Befreiungskampf (1648–1654) mündete. Der Perejaslaver Vertrag (1654) band die ukrainischen Länder an

Russland. Das gescheiterte Bündnis Ivan Mazepas mit Karl XII. von Schweden gegen Zar Peter I. (1708) führte zur Auflösung des autonomen Kosakengebiets Zaporožer Sič.

1918 proklamierten die zwischen Russland und Österreich-Ungarn geteilten Ukrainer ihre kurzlebigen Volksrepubliken. Der Anschluss an die 1922 gegründete Sowjetunion brachte durch die Zwangskollektivierung der Landwirtschaft Ende der 1920er-Jahre eine tragische Hungersnot sowie Repressionen mit sich. Nach dem Zusammenbruch der UdSSR erfolgte die erneute Staatsgründung: Seit 1991 ist die Ukraine als unabhängiger Staat auf der Weltkarte präsent.

Staat und Politik

Die Ukraine ist eine präsidial-parlamentarische Republik. Staatsoberhaupt ist der Präsident – seit 2010 Viktor Janukovyč –, der für fünf Jahre gewählt wird. Die Exekutive repräsentiert das Ministerkabinett mit dem Premierminister an der Spitze. Die Legislative vertritt das Einkammerparlament, Verchovna Rada (Oberster Rat), das sich aus 450 Abgeordneten zusammensetzt. Die Mehrheit der Sitze in der Verchovna Rada hat derzeit die ›Partei der Regionen‹ (192). Ihr folgt der Block Julija Tymošenkos mit 105, der Block ›Unsere Ukraine – Volksselbstverteidigung‹ mit 67, die Kommunistische Partei der Ukraine mit 25, der ›Block Lytvyns‹ und die Gruppe ›Reformen für die Zukunft‹ jeweils mit 20 sowie parteilose Abgeordnete mit 21 Sitzen. Die höchste Instanz der Judikative ist das Verfassungsgericht. Administrativ teilt sich die Ukraine in 24 Verwaltungsgebiete (Sg. Oblast'/область), die ihrerseits in Verwaltungskreise unterteilt sind. Hinzu kommt die Autonome Republik Krim, die wie Kiew und Sevastopol' einen besonderen Rechtsstatus genießt.

Wirtschaft und Tourismus

Die weltweite Finanzkrise hat die seit 2000 wachsende ukrainische Wirtschaft hart getroffen, obwohl die Werte wieder positive Trends aufweisen. Rund 38 % des Bruttoinlandprodukts (BIP) werden aus der Industrie, etwa 11 % aus der Landwirtschaft erzielt. Kohle, Eisenerz und Schwarzerdeböden sind die wichtigsten Reichtümer des Landes. Die Arbeitslosenrate liegt bei 1,8 %. Der Durchschnittslohn beträgt 2454 UAH. Das Potenzial der Ukraine als Tourismusland wird neu erschlossen. Bis zur Fußball-Europameisterschaft 2012 soll die touristische Infrastruktur an westliche Standards angepasst werden. Zur Tourismusförderung in den noch unentdeckten Provinzen tragen die landesweit veranstalteten Festivals und der ›grüne‹ Dorftourismus bei. 63 % der Besucher kommen aus den GUS-Ländern, ca. 35 % aus der EU.

Bevölkerung und Religion

Die Ukrainer machen rund 78 % der Bevölkerung des Landes aus. Die größte Minderheit stellen die Russen mit einem Anteil an der Bevölkerung von 17 %, wobei sich 29,6 % aller Bürger der Ukraine als russischsprachig definieren. Weitere Minderheitengruppen sind die Weißrussen (0,6 %), die Krimtataren und Moldauer (0,5 %) sowie die Polen und Ungarn (0,3 %). Die durchschnittliche Bevölkerungsdichte beläuft sich auf 80 Einwohner pro 1 km², wobei 67 % der Gesamtbevölkerung in Städten leben.

Die Gläubigen der Ukrainischen Orthodoxen Kirche (39,8 % Kiewer Patriarchat, 29,4 % Moskauer Patriarchat, 2,8 % Autokephale Kirche) bilden die führende Religionsgemeinschaft. Ihr gegenüber stehen Anhänger der griechisch-katholischen (14,1 %), der römisch-katholischen (1,7 %) und der protestantischen Kirche (2,4 %).

Natur und Umwelt

Die Ukraine überrascht mit der Vielfalt ihrer Landschaften: Wälder und Steppen, Ebenen und Gebirge, Flüsse, Seen und zwei Meere bilden den Lebensraum für eine mannigfaltige Tier- und Pflanzenwelt. Damit diese Naturschätze erhalten bleiben, muss das ökologische Bewusstsein der Ukrainer gestärkt und in Regierungsprogrammen energischer umgesetzt werden.

Landschaften

Geografische Räume

Etwa 70 % der Gesamtfläche der Ukraine machen die Ebenen aus. Gelegentlich werden sie von Anhöhen abgelöst, deren Prozentsatz sich auf ca. 25 % beläuft. Im Westen bestimmen die **Transkarpatische Niederung** und die **Vorkarpatische Platte** zu Füßen der Karpaten die Reliefbildung. Im Nordwesten der Ukraine grenzen die Sümpfe und Mischwälder der **Polesischen Niederung,** der **Wolhynischen** und der **Podolischen Platte** aneinander. Sie gehen allmählich in die Waldsteppen und Steppen über, die auf der **Dniproschen Platte** und in der **Dniproschen Niederung** im Zentrum sowie auf der **Donec'ker** und **Asowschen Platte** im ukrainischen Südosten vorherrschen. Im Süden des Landes erstreckt sich die **Schwarzmeerniederung,** die im nördlichen Teil der Krim ihre Fortsetzung findet und im Süden der Halbinsel durch das **Krimgebirge** abgelöst wird. Der Anteil von Berglandschaften an der Gesamtfläche beträgt in der Ukraine – mit dem Krimgebirge und den **Karpaten** im Westen – nur 5 %. Der höchste Berg **Hoverla** (2061 m) liegt an der Grenze zwischen Transkarpatien und dem Gebiet Ivano-Frankivs'k.

Gewässer

Als wichtige Landschaftsgestalter wirken in der Ukraine die zahlreichen Flüsse, die zu 90 % zum Asowschen und Schwarzmeerbecken gehören. Der längste ukrainische und drittlängste europäische Fluss **Dnipro** (russ. Dnjepr, 2201 km) schuf eine einmalige Flusslandschaft und teilte gleichzeitig das Land ab der zweiten Hälfte des 17. Jh. in die Rechts- und die Linksufrige Ukraine, verschiedene Staaten, die sich dadurch unabhängig voneinander entwickelten. Entlang des Flusslaufs wurden in neuerer Zeit Stauseen für die Wasserwirtschaft angelegt sowie Wasserkraftwerke für die Energieversorgung errichtet. Der Nebenfluss des Dnipro, die **Desna,** gehört – neben dem **Pivdennyj Buh,** dem **Dnister** und dem **Sivers'kyj Donec'** – zu den bedeutendsten, auch bei Wassersportlern beliebtesten Flüssen. Das ukrainische Territorium durchfließen außerdem die **Donau** (Dunaj) und die **Theiß** (Tysa). Überschwemmungen sind in den letzten Jahrzehnten zu einer immer häufiger auftretenden Erscheinung geworden.

Zwei Meere – das **Schwarze** und das **Asowsche Meer** – gehören mit ihren Salzseen und Limanen, die sich in den Flussmündungen bildeten und sich oft hinter Nehrungen verstecken, zu den Naturschätzen des Landes. Den Heilschlämmen der lagunenartigen Salzwasserseen ist die Gründung profilierter Kurorte wie Saky, Jevpatorija, Feodosija und Slovjans'k mit bekannten Sanatorien zu verdanken. Zu den bekannten, auch touristisch attraktiven Salzseen gehören Donuzlav, Sakyer See und Čokrak auf der Krim.

Aus dem ukrainischen Boden sprudeln über 500 **Mineralquellen,** deren heilende Eigenschaften ebenfalls in der Balneologie und Balneotherapie Anwendung finden. Unter den Süßwasserseen sind im Gebiet Volyn' (Wolhynien) die **Šac'ker Seen,** darunter der große **Svitjaz',** sowie in den Karpaten der malerische **Synevyr** wegen ihres klaren Wassers beliebte touristische Ziele.

Höhlen

In den Karstgebieten der Westukraine und auf der Krim haben sich im anstehenden Kalkstein ausgedehnte, von unterirdischen Gewässern ausgewaschene Höhlensysteme gebildet. Sie zeichnen sich durch miteinander vernetzte Gänge, Galerien und Hallen aus und beeindrucken mit ihrer natürlichen Ausschmückung. In einigen Höhlen plätschern unterirdische Bäche und Seen, in manchen wurden unterirdische Museen eingerichtet. Insbesondere im Gebiet Ternopil' ist die Höhlendichte mit über 100 Höhlen sowie auf der Krim mit rund 900 Höhlen besonders hoch. Die Höhle **Optymistyčna** im Gebiet Ternopil' ist die längste Gipshöhle der Welt. Einen Besuch wert sind die Höhlen **Verteba, Ozerna, Kryštaleva, Mlynky** und **Atlantyda.** Besonders schön ist die krimsche **Marmorhöhle.** Auf der Halbinsel können außerdem die Höhlen **Emine-Bajir-Chosar** und **Kyzyl-Koba** besichtigt werden.

Naturschatz Schwarzerde

Ein wahrer Naturschatz, von dem die Ukraine auch landwirtschaftlich profitiert, und der ihr den Beinamen ›Kornkammer‹ einbrachte, ist die Schwarzerde – die fruchtbare, an Humus reiche und gut durchlüftete Erde, die rund 44 % der ukrainischen Gesamtfläche bedeckt. Die Schwarzerdeböden breiten sich in der Waldsteppenzone – mit Ausnahme der westlichen Gebiete – und in der Steppenzone des Landes aus. Durch die allzu intensive und falsche Nutzung ist die Schicht der Schwarzerde dünner geworden und ihre Fruchtbarkeit gesunken. Dennoch erzielt man auf dem Schwarzerdeackerland immer noch hohe Ernteerträge.

Flora und Fauna

Flora

Die Vielfalt der ukrainischen Landschaften hat eine artenreiche Pflanzenwelt hervorgebracht. In der Ukraine gibt es rund 27 000 Pflanzenarten. Die meisten seltenen und endemischen Pflanzen gedeihen in den Karpaten und im Krimgebirge. In den **Mischwäldern** kommen vor allem Eichen, Buchen, Birken, Linden, Erlen, Pappeln, Hainbuchen und Espen vor. Die am häufigsten anzutreffenden **Nadelbäume** sind Kiefern, Fichten und Tannen. Besondere Beachtung verdienen die **Reliktpflanzen:** Europäische Eibe, Pontische Azalee und Zirbelkiefer. Besonders die karpatischen Wälder sind reich an Pilzen, Beeren und Heilpflanzen, das Sammeln dieser Waldfrüchte gehört zu den Lieblingsbeschäftigungen der Ukrainer. Schlanke Zypressen sowie prächtige Magnolien und Oleanderbüsche repräsentieren auf der Krim die **mediterrane Flora.** Zu einem bunten, duftenden Mosaik setzen sich im Frühling blühender Klee, Hahnenfuß, Schafgarbe, Kornblume und Löwenzahn auf den ausgedehnten **Wiesen** zusammen. Besonders schön ist der Anblick der blühenden schmalblättrigen Narzissen im Mai bei Chust in Transkarpatien.

In den Steppen (etwa 40 % der ukrainischen Gesamtfläche), deren ursprüngliche Vegetation sich fast nur noch auf den schwer zu bewirtschaftenden Landflecken wie Schluchten und engen Flusstälern erhalten hat, wachsen **Steppengräser** und **-sträucher** wie Federgras, Schwingel, Rispengras, Salbei und Beifuß. Unberührte Neulandsteppen sind leider nur noch in den Schutzgebieten anzutreffen. Der Faktor Mensch spielt hier, genauso wie bei der übermäßigen Beanspruchung der Böden, der Abholzung der Wälder und der Trockenlegung von Sümpfen eine entscheidende Rolle. Dabei nimmt die **Sumpfflora,** vertreten durch Schilfrohr, Seggen, Rohrkolben, Post und Moosbeere, im nationalen Vegetationsbestand eine besondere Stellung ein.

Zu den typischen ukrainischen **Nutzpflanzen** gehören Apfel-, Süßkirsch- und Sauer-

Sumpflandschaft im Nationalpark Desna-Stara Huta

kirsch-, Birnen- und Nussbäume. In Transkarpatien und im Süden gedeihen Aprikosen- und Pfirsichbäume sowie Weinreben. Insbesondere die Weine der Krim genießen einen hervorragenden Ruf. Auf den Feldern werden Weizen, Roggen, Mais, Buchweizen, Erbsen, Lein (Flachs), Sonnenblumen, Kartoffeln und Zuckerrüben angebaut.

Fauna

In der Ukraine leben über 45 000 Tierarten. Der vielfältige Faunabestand wechselt je nach Naturzone. So streifen durch die karpatischen und polesischen Mischwälder Wisente, Hirsche, Elche, Bären, Wölfe, Füchse, Hasen und Eichhörnchen. Hier kommen Auer- und Birkhähne sowie Haselhühner und Blutspechte vor. Die Steppen bewohnen Spring- und Feldmäuse sowie Hamster, Rebhühner, Steppenkraniche und Steppenadler. Insbesondere in den Steppengebieten von Luhans'k lassen sich Steppenmurmeltiere beobachten. Allgemein verbreitete Vogelarten sind Lerche, Meise, Sperling, Wildtaube,

Star und Weißstorch. Die Nester der Störche bekrönen in den ukrainischen Dörfern häufig Häuser und Masten.

Besonders abwechslungsreich ist die Tierwelt der Asowschen und Schwarzmeerküsten mit ihren Auwäldern, Wiesen, Sümpfen, Nehrungen und Limanen. Hier kommen Möwen, Reiher, Rohrdommel und Enten vor. Höckerschwäne, Pelikane und Graugänse haben im Donau- und Dnipro-Delta beste Lebensbedingungen gefunden. Viele örtliche Schutzgebiete bieten Besuchern die Möglichkeit, die Tiere bei Führungen zu beobachten. Auch Jagen und insbesondere Angeln werden als touristische Aktivitäten angeboten. Geangelt werden Hechte, Karpfen, Flussbarsche, Brassen, Karauschen und Zander in den Flüssen und Süßwasserseen, Forellen in den Bergflüssen der Karpaten. Im Schwarzen und im Asowschen Meer leben Störe, Makrelen, Meeräschen, Heringe und Grundeln.

Unter den Insekten zollt man der Biene in der Ukraine besondere Wertschätzung. Denn Bienenzucht und Honigherstellung sind als (Neben-)Erwerb weit verbreitet. Die wichtigsten Zweige der Landwirtschaft sind Rinderhaltung und Schweinezucht. Auch der Geflügelzucht kommt eine wichtige Rolle zu. Ackerbau und Viehzucht gehören zu den traditionellen Erwerbstätigkeiten der Ukrainer.

Geschützte Naturräume

Das älteste Tierschutzgesetz der Ukraine, durch das das Töten von Bibern verboten wurde, findet sich im Gesetzeskodex »Rus'ka Pravda« des Kiewer Fürsten Jaroslav des Weisen (um 978–1054). Seitdem, in der Neuzeit und besonders im 20. Jh. wurden mehrere private und staatliche Naturareale unter Schutz gestellt. Seit der Unabhängigkeit der Ukraine verdoppelte sich die Fläche geschützter Gebiete sogar. Dennoch ist der Gesamtanteil der geschützten Naturräume an der Gesamtfläche des Landes mit ca. 4,65 %, insbesondere im Vergleich zu anderen europäischen Ländern, gering. Hinzu kommt, dass bei den meisten ausgewiesenen Flächen der Naturschutz z. B. durch Zweckentfremdung oder illegale Bebauung häufig unterlaufen wird. Das staatliche Naturschutzprogramm sieht die Ausweitung der Schutzzonen auf 10,3 % der Landesfläche bis zum Jahr 2015 vor. Gleichzeitig bleibt die Reorganisation der nationalen Kontrollmechanismen eine vorrangige Aufgabe.

Derzeit gibt es in der Ukraine vier Biosphärenreservate, 17 Naturschutzgebiete, 19 nationale Naturparks, 45 regionale Landschaftsparks, 2729 Reservate, 3078 Naturdenkmäler, 793 Landschaftsschutzgebiete sowie 616 botanische, dendrologische und zoologische Landschaftsparks. Die Buchenurwälder des **Karpaten-Biosphärenreservats** gehören dabei zu den kostbarsten Naturschätzen des Landes sowie zum Welterbe der UNESCO. 33 von der Ramsar-Konvention 1975 ausgezeichnete ukrainische Naturobjekte bieten Wasser- und Watvögeln einen geschützten Lebensraum. Ebenso wertvoll sind die unberührten Flächen der Federgrassteppe im **Biosphärenreservat Askanija-Nova**, die Wasserfläche und die Zugvögelniststätten des **Schwarzmeer-Biosphärenreservats** sowie das Donaudelta und die Schilfufer des **Donauer-Biosphärenreservats.** Die Biosphärenreservate sind in eine Kern- und eine Pufferzone unterteilt, die sich durch unterschiedlich strenge Auflagen unterscheiden. In den Pufferzonen wird die ökologische Bildungsarbeit z. B. durch die Einrichtung von Öko-Lehrpfaden geleistet, während die Kernzonen in der Regel für Menschen unzugänglich sind. Die Nationalparks besitzen Erholungszonen, die attraktive Freizeitmöglichkeiten sowohl für die Einheimischen als auch für Touristen bieten.

Umweltprobleme

Die Umweltprobleme der Ukraine sind zum Teil auf die verantwortungslose Übernutzung der Flächen und Räume in der Sowjetzeit zurückzuführen: Bei einem Anteil von rund 3 % an der Gesamtfläche und von ca. 18 % an der Gesamtbevölkerung der UdSSR fiel der ukrainische Anteil an der Industrieproduktion mit etwa 20 % und an der landwirtschaftlichen Produktion mit etwa 25 % überproportional hoch aus. In den Industrieregionen des Landes – im Donec'-Becken, in einigen Regionen des Dnipro-Laufes und in den Vorkarpaten – ist die ökologische Situation besonders kritisch. Allerdings sank die Luftverschmutzung seit Anfang des 21. Jh. im Vergleich zu den 1980er-Jahren um ein Drittel, was aber nicht auf steigendes Umweltbewusstsein, sondern auf die Schließung von Industrieunternehmen zurückzuführen ist. Die immer noch hohe Konzentration von Industriebetrieben mit veralteter (Filter-)Technik, das Fehlen effektiver staatlicher Umweltschutzprogramme sowie die mangelnden Investitionen in den Naturschutz sind die akuten Probleme der Gegenwart.

Rund 69 % der ukrainischen Landesfläche werden nach wie vor landwirtschaftlich genutzt. Problematisch wirken sich hier die Überdüngung, der hohe Einsatz von Pestiziden und anderen chemischen Mitteln sowie die Verschmutzung durch industrielle und landwirtschaftliche Abfälle auf die Qualität der Böden aus. Einen enormen ökologischen Schaden verursachte die Katastrophe von Tschernobyl (ukr. Čornobyl') von 1986. Durch sie sind rund 9 % der Landesfläche mit Radionukliden verseucht. Die Sperrzone – mit 4300 km² doppelt so groß wie das Saarland – ist seitdem unbewohnbar, die Bevölkerung nicht nur in der Region leidet an gravierenden Gesundheitsproblemen. Voraussichtlich im Jahr 2013 wird mit internationaler Hilfe die Reaktorschutzhülle erneuert, die die Freisetzung von radioaktivem Staub in den nächsten 100 Jahren verhindern soll.

Da nur ein geringer Teil der Gemeinden und Industriebetriebe Kläranlagen besitzt, belasten Abwasser von Industrie, Landwirtschaft und Haushalten die Flüsse und Meere. Vor allem die Becken des Sivers'kyj Donec', des Zachidnyj Buh und des Asow-Gebiets sowie der Dnipro sind davon betroffen. Die ökologischen Probleme durch die Wasserkraftwerke und Stauseen entlang dem Dnipro sind bisher noch ungelöst. In den Großstädten verschmutzt Feinstaub aus den Verkehrsabgasen erheblich die Luft. Die Möglichkeit von Abfallrecycling wird erst seit Kurzem wahrgenommen.

Durch die Zusammenarbeit der Ukraine mit den europäischen Umweltschutzorganisationen sowie den Aufbau eines nationalen Öko-Netzwerks besteht die Hoffnung, dass sich die ökologischen Zustände in der nächsten Zeit verbessern werden. Mehrere Bürgervereine und nichtstaatliche Organisationen haben bereits die Initiative ergriffen.

Auf die sanfte Tour – grüner Dorftourismus

Thema

Auch wenn sich die ukrainischen Intellektuellen bereits in den vergangenen Jahrhunderten zur Sommerzeit in die Bergdörfer oder Steppenweiler zurückzogen, ist der Begriff des ökologischen Tourismus in der Ukraine relativ neu. In den letzten Jahren wurde sein Angebot dank der staatlichen und privaten Förderung des grünen Dorftourismus hervorragend angenommen – und seine Beliebtheit wächst weiter.

Ruhe und Natur genießen, entspannen und gleichzeitig die Ukraine intensiv kennen lernen – der Urlaub auf dem Land beschert unvergessliche, naturverbundene Erlebnisse. Seit seiner Gründung 1996 betreibt der Verband zur Förderung des grünen Dorftourismus in der Ukraine mit großem Erfolg den Ausbau ökologisch nachhaltiger touristischer Angebote. Verbandsziel ist es, Urlaubern eine touristische Infrastruktur zugänglich zu machen, die es ihnen ermöglicht, Naturräume zu erkunden, regionale Besonderheiten kennen zu lernen und mit Einheimischen in Kontakt zu treten, ohne dabei die natürlichen Gegebenheiten am Urlaubsort zu verändern. Es wurde ein Netz von Bauernhöfen, Gütern und Pensionen aufgebaut, das abseits des Massentourismus in malerischen Winkeln des Landes Unterkunft bietet. Ausflüge und viele Aktivitäten wie (Berg-)Wanderungen, Fahrradtouren, Ski-, Reit-, Angelmöglichkeiten, Weinproben, kulinarische und Ethno-Festivals oder Besuche bei den vielfältigen nationalen Minderheiten gehören zum Aktivprogramm. Kunsthandwerk und Folklore lassen sich in Workshops und Kursen erlernen oder bei den bunten folkloristischen Weihnachtsfesten erleben. Viele Reisende, die immer wiederkommen, reizt auch die Gastfreundschaft der Wirte – sie gehen auf individuelle Wünsche ein und servieren regionale hausgemachte Küche mit selbst gebackenem Brot. Obst und Gemüse stammen aus den Bauerngärten, Pilze, Beeren und Heilpflanzen werden im Wald gesammelt.

Der Aufenthalt auf dem Land ist abwechslungsreich und die Preise sind angemessen. Der Verband prüft und kategorisiert die Unterkünfte. Vier Kategorien werden vergeben – von Häusern mit einfachstem Komfort bis hin zu traditionell eingerichteten Gutshöfen mit umfangreichen Zusatzleistungen. Die Kategorien bieten bei der Auswahl der Unterkunft eine gute Orientierung. Auf der Internetseite des Verbandes findet man eine nach Regionen gegliederte Liste der Bauernhöfe, Güter und Pensionen sowie die Kontaktdaten oder Links der regionalen Verbandsvertretungen (www.greentour.com.ua, engl.). Weitere Angebote sind auch unter www.ruraltourism.com.ua (engl.) abrufbar.

Darüber hinaus erarbeitet der Verband Projekte, die in den Dörfern die Infrastruktur verbessern, der Dorfbevölkerung Beschäftigungsperspektiven eröffnen, das Kulturgut erhalten sowie den Naturschutz fördern. In diesem Rahmen veranstaltet er Seminare, Tagungen, Trainings, Ausstellungen und Festivals und veröffentlicht Bildungs- und Informationsmaterial sowie Reiseführer, Kataloge und Periodika. Außerdem nimmt er an internationalen Tourismusmessen und Ausstellungen teil und fungiert als Initiator eines universitären Magisterprogramms.

Wirtschaft, Soziales und aktuelle Politik

Auch wenn die ukrainischen Reformen in den Transformationsjahren alles andere als unproblematisch verliefen, verzeichnete die Wirtschaft des Landes bis ins erste Halbjahr 2008 eine beträchtliche Wachstumsrate – mit 7,5 % sogar eine der höchsten in Europa. Doch die weltweite Wirtschafts- und Finanzkrise hat die Ukraine besonders hart getroffen und die alten Entwicklungshindernisse offen gelegt. Zwar hat sich die Lage etwas stabilisiert, doch Reformen sind überfällig. Entsprechend hoch sind die Erwartungen an die amtierende Regierung.

Wirtschaft

Die ukrainische Wirtschaft hat sich von ihrem letzten Einbruch 2008 noch nicht erholt, obwohl die Wirtschaftswerte wieder positive Trends aufweisen: 2010 lag die Wachstumsrate bei etwa 4,2 %; im Jahr 2011 bewegte sie sich ebenfalls zwischen 4 % und 5 %. Dennoch bleibt die Ukraine durch instabile Politik, einen schwachen Bankensektor, eine hohe Abhängigkeit von (Energie-)Importen und Exporten sowie eine hohe Auslandsverschuldung krisenanfällig. Im Kampf gegen die Korruption, die alle Bereiche des wirtschaftlichen und öffentlichen Lebens umfasst, zeichnen sich noch keine ausreichenden Fortschritte ab.

Industrie und Energiewirtschaft

Die Einnahmen im Industriesektor betragen in der Ukraine rund 38 % des Bruttoinlandsproduktes. Trotz dieses vergleichsweise hohen Wertes ist die Effizienz des industriellen Wirtschaftens vor allem wegen des hohen Rohstoff- und Energieverbrauchs niedrig. Schuld daran sind veraltete Ausstattungen und Technologien sowie fehlendes Knowhow und mangelnde Investitionen. In der Kohleindustrie wird die Situation durch die schlechten Arbeitsbedingungen der Bergleute verschärft, dabei gehört die Ukraine im Kohleabbau zu den zehn führenden Staaten der Welt. Der ukrainische Boden ist außerdem reich an Eisenerz, Mangan und Uran. Auch die Erdölvorkommen im Schelf des Schwarzen und des Asowschen Meeres könnten das Land nach ihrer Erschließung mit fossiler Energie versorgen. Bis dahin bleibt die Energiefrage eine brisante Angelegenheit, da die Abhängigkeit von den umfangreichen Gasimporten aus Russland politisch instrumentalisiert werden kann. Die Ukraine muss 75 % ihres Gasbedarfs importieren, weil die einheimischen Erdgasvorkommen nur 25 % des Landesbedarfs decken. Den Löwenanteil an der Gesamtenergieproduktion bestreiten allerdings Wärme-, Wasser- und Kernkraftwerke. Die Nutzung regenerativer Energiequellen steckt noch in den Kinderschuhen.

Seit je gehört die Ukraine zu den zehn wichtigsten Stahlproduzenten der Welt. Ein viel versprechender Industriezweig ist der Maschinenbau. Ihm folgen die aussichtsreiche chemische und holzverarbeitende Industrie. Auch diesen Zweigen stehen jedoch Modernisierungsprozesse bevor.

Landwirtschaft

Die wichtigsten landwirtschaftlichen Feldfrüchte sind Weizen, Roggen, Buchweizen,

Lein, Mais, Sonnenblumen, Kartoffeln und Zuckerrüben. Der Anbau von Raps und Soja gewinnt immer mehr an Bedeutung. Die Kultivierung von Wein, Heilpflanzen und Pflanzen, die ätherische Öle enthalten, insbesondere auf der Krim kommt auch dem Tourismus zugute. Nach der Industrie ist die Landwirtschaft der zweitwichtigste Wirtschaftszweig der Ukraine. Sie sichert 11 % des Bruttoinlandsprodukts und ist mit ca. 9 % am Export beteiligt. Aufgrund der fruchtbaren Schwarzerdeböden und der Nähe zu den Absatzmärkten hat sie auch in Zukunft ein hohes Wachstumspotenzial. Entscheidend für den erfolgreichen Ausbau wird sein, ob eine endgültige Umstrukturierung und Modernisierung des Agrarsektors gelingt. Da die Erträge trotz der großen Ackerlandflächen noch unter dem Niveau der westeuropäischen Länder liegen, steht der Aufbau leistungsfähiger Betriebe, die die früheren Kolchosen effektiv ersetzen, auf der Tagesordnung. Die sehr gute Positionierung der Ukraine als Getreidelieferant auf dem Weltmarkt – das Land zählt zu den fünf wichtigsten Exporteuren von Getreide weltweit – lässt Zukunftsprognosen optimistisch ausfallen. Die Tierhaltung hauptsächlich von Rindern, Schweinen, Schafen und Geflügel steht hinter dem Pflanzenanbau. Immer häufiger werden auch exotische Vögel wie Strauße und Fasane gehalten. Besonderer Beliebtheit erfreut sich der von den Huzulen in den Karpaten traditionell hergestellte Schafskäse.

Dienstleistungen und Tourismus

Die Entwicklung der Dienstleistungsbranche hat in der Ukraine ihren Höhepunkt noch nicht erreicht. Bis dato macht sie 45 % des Bruttoinlandsproduktes aus, was um Einiges weniger als in Westeuropa ist. Am wichtigsten sind hier der Handel und das Transportwesen, ferner der Finanzmarkt. Die Informations- und Kommunikationsbranche gewinnt immer größere Bedeutung. Die anvisierte Einführung der staatlichen Pflichtkrankenversicherung lässt eine günstige Entwicklung im medizinischen Sektor erwarten.

Zurzeit erlebt die Ukraine einen echten Tourismusboom. Vor allem der Binnentourismus verzeichnet ein anhaltendes Wachstum, aber auch immer mehr Ausländer wählen die Ukraine als Reiseziel. Die Abschaffung der Visumspflicht u. a. für die EU-Länder, die USA und Kanada begünstigt diese Entwicklung. Die Fußball-Europameisterschaft 2012 soll noch mehr Gäste ins Land locken sowie zur Verbesserung und Professionalisierung der touristischen Infrastruktur beitragen. Denn insbesondere in den touristisch bisher nicht erschlossenen Regionen fällt der Mangel an Unterkünften und Verpflegungsmöglichkeiten auf, sodass viele interessante Erkundungsziele außer Acht gelassen werden. Andererseits stammen die meisten großen Hotels oder Serviceeinrichtungen noch aus der Sowjetzeit und entsprechen nicht mehr internationalen Standards. Viele historische Paläste, Schlösser, (Holz-)Kirchen und Parks warten auf ihre Renovierung.

Trotz vieler infrastruktureller Mängel ist das touristische Angebot des Landes reichhaltig: Es reicht von bedeutenden historischen Orten und Denkmälern, wunderschönen Landschaften wie den Skigebieten in den Karpaten und den Badeorten am Schwarzen und Asowschen Meer bis hin zu Wellnesszentren mit Mineralquellen und Heilschlammseen.

Import, Export und ausländische Investoren

Russland ist nach wie vor der wichtigste Exportpartner der Ukraine (26 %). Danach folgen die Türkei (ca. 6 %), Italien (ca. 5 %), Weißrussland (ca. 4 %), Polen (ca. 4 %) und Deutschland (ca. 3 %). Die Ukraine exportiert vor allem Stahl, Nahrungsmittel, Maschinen und chemische Produkte. Eine Intensivierung der Handelsbeziehungen mit Westeuropa setzt allerdings eine Qualitätsverbesserung der ukrainischen Waren voraus.

Importiert werden vor allen Dingen Erdgas und Erdöl, chemische Produkte und Kunststoffe. Auch bei der Einfuhr ist die Ukraine zu ca. 37 %, insbesondere bei den Gaslieferungen, auf Russland angewiesen. Weitere bedeutenden Importpartner sind China (ca.

8 %), Deutschland (ca. 7 %), Polen (ca. 5 %), Weißrussland (ca. 4 %) und die USA (ca. 3 %).

Das ukrainische Investitionsklima hat sich 2010 im Vergleich zum Jahr 2009 verschlechtert. Und obwohl der Statistikdienst von einer schrittweisen Verbesserung der Situation im Laufe des Jahres 2011 spricht, wird das Investitionsrisiko immer noch als hoch eingeschätzt, wofür in erster Linie wirtschaftliche, politische und rechtliche Instabilität sowie Korruption verantwortlich sind. Dennoch gibt es im Land attraktive Investitionsbranchen, zu denen in erster Linie das Bank- und Versicherungswesen, die Telekommunikation, die IT-Branche sowie die Industrie zählen.

Die günstige geografische Lage der Ukraine sowie der hohe Bildungsstand der Bevölkerung lassen durchaus positive und konkurrenzfähige Entwicklungen erwarten. Derzeit profitiert das Land von Investitionen aus Deutschland (ca. 16 %), den Niederlanden (ca. 10 %), Russland (ca. 7 %), Österreich (ca. 6 %), Großbritannien (ca. 6 %), Schweden (ca. 3 %) und den USA (ca. 3 %).

Soziales

Lebensqualität und demografische Entwicklung

Die politischen und wirtschaftlichen Umwälzungen der letzten Jahrzehnte sind die wichtigsten Gründe für die desolaten Lebensbedingungen der Ukrainer. Rund 26,4 % der ukrainischen Bevölkerung leben in Armut. Der Durchschnittslohn eines Ukrainers beläuft sich auf ca. 2454 UAH (211,41 €), 1,8 % der arbeitsfähigen Bevölkerung ist offiziell arbeitslos. Das Gefälle zwischen den wenigen (Neu-)Reichen und der Bevölkerungsmehrheit ist groß, eine Mittelschicht bildet sich nur mühsam heraus. Auch der Unterschied in der Lebensqualität zwischen Stadt und Land ist beträchtlich. Die fehlende Infrastruktur und hohe Arbeitslosigkeit in den Dörfern führt zur Abwanderung in die Städte. Die Förderung des grünen Dorftourismus als Einnahmequelle für die Landbevölkerung soll Abhilfe schaffen (s. S. 21). Derzeit leben 68 % der Bevölkerung in Städten, 32 % in ländlichen Gebieten.

Seit dem Zerfall der Sowjetunion und der Unabhängigkeitserklärung der Ukraine 1991 ist die Bevölkerungsentwicklung rückläufig. Von 1990 bis 2005 nahm die absolute Bevölkerungszahl um 4,6 Mio. Menschen ab, d. h. um 8,9 %. Nach Schätzungen der UN soll sie sich von 49,7 Mio. im Jahr 2000 auf 31,75 Mio. im Jahr 2050 verringern. Die Geburtenrate sank von 1,8 Geburten pro Frau im Jahr 1990 auf 1,2 Geburten in 2001 und bleibt seitdem konstant niedrig. Bereits 1991 übertraf die Sterberate erstmals die Geburtenrate, eine Alterung der Gesellschaft ist wie in allen europäischen Staaten die Folge. Auch die einmaligen hohen Auszahlungen für Neugeborene vermochten den Trend langfristig nicht zu ändern. Die Lebenserwartung liegt bei Frauen bei 74, bei Männern bei 64 Jahren.

Gesundheit

Obwohl die medizinische Versorgung für die Ukrainer offiziell kostenfrei ist, werden die meisten ärztlichen Dienste und Arzneimittel in der Realität von den Patienten bezahlt. Die Gründe hierfür sind die niedrigen Löhne der Ärzte sowie die ausgebliebene Finanzierung des Gesundheitswesens vonseiten des Staates. Die staatlichen Krankenhäuser sind sehr mangelhaft ausgestattet, und der Stand der medizinischen Versorgung auf dem Land ist zum großen Teil miserabel. Die Behandlung in den wenigen privaten Kliniken ist dagegen für die überwiegende Mehrzahl der Bevölkerung finanziell unzumutbar.

Die ökologischen und wirtschaftlichen Probleme wie der niedrige Lebensstandard der ukrainischen Bevölkerung schlagen sich in der Häufung von Allergien, Herz- und Nervenerkrankungen nieder. Auch die Zahl der Tuberkulosekranken sowie in Folge der Katastrophe von Tschernobyl (ukr. Čornobyl') der Krebskranken hat zugenommen. Außerdem weist die Ukraine die höchste HIV-Infektionsrate in Europa auf. Zu den guten Nachrichten im medizinischen Bereich gehört die schrittweise Einführung der freiwilligen privaten Krankenversicherung. Allerdings hat sie bis-

Der erfolgreiche Schulabschluss wird mit einem Umzug durch die Stadt gefeiert

lang meist nur in Großunternehmen Einzug gehalten. Die gesetzliche Pflichtversicherung soll in der Zukunft eingeführt werden.

Bildung

Das hohe Bildungsniveau der Ukrainer – die Alphabetisierungsrate der Bevölkerung nähert sich 100 % an – gehört zum guten Erbe der Sowjetzeit. Durch die Integration in den Bologna-Prozess – die Schaffung eines gemeinsamen europäischen Hochschulraums – sollen die ukrainischen Bildungsstandards an die europäischen angepasst werden. Doch die wirtschaftliche Unsicherheit, die niedrigen Löhne in den meisten Branchen, fehlende Investitionen in wissenschaftliche Forschung und die Korruption gefährden auch diesen viel versprechenden Bereich des öffentlichen Lebens. Die schlechten Perspektiven lassen eine immer größer werdende Zahl an hoch qualifizierten Ukrainern im arbeitsfähigen Alter nach Westeuropa, in die USA und Kanada auswandern, was sich äußerst negativ auf die Bevölkerungsentwicklung auswirkt. Die Überalterung der nationalen intellektuellen Elite ist jetzt schon absehbar.

Politik

Geopolitische Situation

Der Sieg von Viktor Janukovyč in den letzten Präsidentschaftswahlen am 7. Februar 2010 schien die Uhren in der Ukraine rückwärts zu drehen. Hatte man sich doch das Recht auf die ohnehin fragile Demokratie auf dem Unabhängigkeitsplatz in Kiew bei den vorangegangenen Wahlen 2004 so hart erkämpft. Damals lösten die Wahlfälschungen durch Viktor Janukovyč massenhaft Proteste aus, die in die Orangene Revolution mündeten und zum Sieg Viktor Juščenkos führten (s. S. 39). Während des Wahlkampfs hatte der Präsidentschaftskandidat Juščenko eine Dioxinvergiftung erlitten, deren Hintergründe bis heute nicht geklärt sind. Doch während die Wahlen von 2004 unter dem Zeichen des Betrugs standen, beanstandeten die ukrainischen und internationalen Beobachter bei den Wahlen 2010 keine wesentlichen Regelwidrigkeiten und erkannten das Wahlergebnis an. Viktor Janukovyč wurde so mit einer Mehrheit von 48,95 % zum Regierungschef gewählt. Seine Anhänger konzentrierten sich

Ukrainische Diaspora

Rund 12 Mio. Ukrainer leben in der ganzen Welt zerstreut, teilweise schon seit über 100 Jahren. Sie verließen ihre Heimat auf der Suche nach besseren Verdienstmöglichkeiten oder aufgrund politischer Repressionen. In der Fremde gliederten sie sich in die neuen Gemeinschaften ein, ohne den Kontakt zum Land ihrer Vorfahren zu verlieren und ihre ukrainische Identität aufzugeben. In Zeiten des Umbruchs sandte die ukrainische Diaspora wichtige Impulse in die Ukraine zurück.

Die erste Welle der Massenemigration fällt auf das Ende des 19. Jh. Von den schlechten wirtschaftlichen und sozialen Verhältnissen getrieben, brachen damals viele Westukrainer aus den übervölkerten österreichisch-ungarischen Agrarregionen hauptsächlich in die USA, etwas später auch nach Kanada, Brasilien und Argentinien auf. Die Ostukrainer machten sich auf den Weg nach Russland – in die Wolga-Gebiete und den Ural – sowie nach Asien.

Der Erste Weltkrieg und die unterdrückte ukrainische Befreiungsbewegung von 1917–1921 zogen eine politisch motivierte Auswanderung nach Westeuropa nach sich. Auch innerhalb der kurz darauf gegründeten Sowjetunion gab es – insbesondere nach 1945 – starke Migrationsbewegungen. Sie hatten jedoch andere Gründe: Die Zentralisierungspolitik und die Zwangsdeportationen zum Zweck der Homogenisierung des sowjetischen Volkes oder der Erschließung des Neulands sind zum großen Teil dafür verantwortlich, dass der größte Anteil der Exil-Ukrainer in Russland ansässig ist. In den Gastländern bauten die Exil-Ukrainer ein sehr vitales Netz kulturell, politisch und sozial engagierter Emigrantenorganisationen auf, darunter viele wissenschaftliche und kulturelle Einrichtungen sowie Bildungs, Frauen- und Jugendverbände, die zum großen Teil auch heute noch existieren.

Während die ukrainischen Auswanderer in Russland und in den asiatischen Republiken dazu tendierten, sich zu assimilieren, versuchten die in erster Linie aus der Westukraine stammenden politisch Verfolgten in Westeuropa, Amerika und Australien, dem sowjetischen kommunistischen Regime aus der Ferne entgegenzuwirken. Aufgrund ihres politischen Engagements bewahrten sie ihr Nationalbewusstsein und pflegten die Kontakte mit ihren Landsleuten. Die Erfahrungen, die die Emigranten in dieser Zeit im Westen sammelten, kamen später den Unabhängigkeits- und Demokratiebestrebungen in der Ukraine zugute. Die Diaspora übte und übt immer noch Einfluss auf das gesellschaftliche Leben in der Ukraine aus.

In den meisten Ländern ist die Zahl der Personen, die sich zur ukrainischen Diaspora zählen, nicht offiziell erfasst. Geschätzt leben in Russland mit rund 3 Mio. die meisten Auslandsukrainer. In Kasachstan ließen sich etwa 550 000, in Moldawien ca. 460 000, in Weißrussland etwa 240 000 Ukrainer nieder. Große ukrainische Minderheiten leben in den Grenzregionen der benachbarten Länder – etwa in Polen, Rumänien und der Slowakei –, deren Grenzen nach dem Krieg neu gezogen wurden. Etwa 1,2 Mio. ukrainischer Landsleute haben in Kanada, rund 900 000 in den USA, ca. 600 000 in Brasilien und ca. 350 000 in Argentinien ein neues Zuhause gefunden. Auf einige Zehntausend belaufen sich die Gemeinden in Frankreich, Großbritannien, auf etwa 140 000 in Deutschland, etwa 12 000 in Österreich und etwa 4000 in der Schweiz.

Nach dem Zusammenbruch der Sowjetunion setzte erneut eine Wanderungsbewegung von der Ukraine nach Russland, Tschechien, Italien, Spanien, Portugal und Deutschland ein. Die Emigrantenorganisationen bekamen weltweit einen Nachschub an neuen Mitgliedern und lebten wieder auf. So wurde 2004 der Bund der ukrainischen Studenten in Deutschland wieder zu neuem Leben erweckt (www.sus-n.org). In München betreibt die 1921 in Wien gegründete Ukrainische Freie Universität ukrainische Studien im deutschsprachigen Raum (www.ukrainische-freie-universitaet.mhn.de). In Berlin lädt der Ukrainische Kinoclub zu Filmvorführungen ein (www.ukkb.wordpress.com), in der Schweiz ist der Ukrainische Verein der Schweiz tätig (www.ukrainian-helvetica.ch) und in Wien arbeitet die Österreichisch-Ukrainische Gesellschaft (www.oeug-wien.org). Dies sind einige wenige von rund 3000 ukrainischen Organisationen und Vereinen im Ausland, deren Interessen der Ukrainian World Congress (www.ukrainianworldcongress.org) und der Ukrainian World Coordinating Council (www.uvkr.com.ua) vertreten.

Der Heimaturlaub ist zu Ende: Abreisetag am Kiewer Hauptbahnhof

auf die östlichen und südlichen Regionen. Für Julija Tymošenko stimmten 45,47 % der Wähler hauptsächlich in der West- und Zentralukraine. Die geopolitische Spaltung in Ost- und Westukraine offenbart eines der größten Probleme der ukrainischen Politik. Sie beinhaltet gegensätzliche Ansichten darüber, wie das politische und kulturelle Leben im Land gestaltet werden soll, und führt dadurch zu ständigen Spannungen zwischen den zwei Landeshälften. Die Wurzeln dieses Konflikts reichen weit in die Vergangenheit zurück, da die ukrainischen Länder über viele Jahrhunderte unterschiedlichen Staaten mit unterschiedlichen politischen Systemen angehörten. Die Politiker tun sich schwer damit, die mentalen Zerwürfnisse zu entschärfen, insbesondere, wenn sie die Spaltung für Propagandazwecke ausnutzen.

Das Ende der Orangenen Revolution

Das ständige Ringen um die Macht, persönliche Ambitionen und öffentlich ausgetragene gegenseitige Vorwürfe führten zur politischen Krise und diskreditierten die national-demokratische Allianz der proukrainischen und prowestlichen Sieger der Revolution in Orange, Viktor Juščenko und Julija Tymošenko. Viktor Juščenko und sein Parteiblock ›Unsere Ukraine – Volksselbstverteidigung‹ bekamen den Vertrauensverlust bereits in den Parlamentswahlen von 2007 zu spüren. Vorgeworfen wurde Juščenko seine Kaderpolitik, die ausgebliebene Korruptionsbekämpfung, die nicht umgesetzten Wirtschaftsreformen, die fehlende Autonomie der Judikative und die wachsenden Spannungen in den Beziehungen mit Russland. Trotz Versprechungen blieb auch der Fall des unter der Präsidentschaft von Leonid Kučma ermordeten Journalisten Heorhij Gonganze ungelöst. Positiv bewertet wurden Juščenkos Treue zu den demokratisch-freiheitlichen Idealen wie z. B. der Pressefreiheit, die Familienpolitik, die Kulturpolitik, die Bildungsreformen und die Annäherung an die EU.

Die politischen Fehltritte der ehemaligen Premierministerin Julija Tymošenko machten sich in ihren schlechten Ergebnissen bei den Präsidentschaftswahlen 2010 bemerkbar. In den Kommunalwahlen im Oktober 2010 vermochte Julija Tymošenkos Partei Bat'kivščyna (›Heimat‹), die Mehrheit der Wähler ebenfalls nicht für sich zu gewinnen, was allerdings auch auf viel diskutierte Regelverstöße und kurzfristige Änderungen in der Wahlgesetzgebung, initiiert von der neuen Regierung, zurückzuführen war.

Rückkehr zum autoritären Regierungsstil

Zwei Jahre nach der Wahl des prorussischen Viktor Janukovyč zum Präsidenten kritisiert die Opposition, er habe das Land von seinem demokratischen Kurs abgebracht. Die Menschen in der Ukraine haben Freiheiten verloren, insbesondere die Pressefreiheit wurde eingeschränkt und der Druck auf die Journalisten erhöht. Außerdem leitete der Sieg Janukovyčs eine Welle von Gerichtsprozessen gegen Oppositionelle ein. Den Anfang machte die Verhaftung des ehemaligen Innenministers Jurij Lucenko im Dezember 2010. Die Verhaftung im August und die Verurteilung Julija Tymošenkos im Oktober 2011 löste heftige Kritik sowohl in der Ukraine als auch im Ausland aus. Der Hintergrund der Prozesse ist nach Meinung vieler Beobachter politisch motiviert. Gleichzeitig hat sich die wirtschaftliche Lage der Bevölkerung – den Versprechungen entgegen – nicht gebessert. Der angekündigte Kampf gegen die Korruption ist – insbesondere in Anbetracht der Verbindungen der regierenden Partei mit den oligarchischen Strukturen – kaum ernstzunehmen. Die Kosten für den Lebensunterhalt steigen kontinuierlich weiter. Auch der von der Opposition kritisierte Pachtvertrag mit Russland, der die Stationierung der russischen Schwarzmeerflotte im ukrainischen Sevastopol' bis 2042 verlängert, brachte keine günstigeren Gaspreise für die Bevölkerung. Die ukrainisch-russischen Beziehungen haben sich unter Janukovyč sehr gebessert, allerdings in dem Maße, dass man an seiner proklamierten EU-Orientierung ernsthaft zu zweifeln beginnt.

Geschichte

Lange Zeit mussten sich die Ukrainer ohne eigenen Staat und unter verschiedenen Herrschern behaupten. Ihre Geschichte ist geprägt von fremden Eroberungen, patriotisch beflügelten Kriegen ums Heimatrecht, der Machtlosigkeit gegenüber den Großmächten und den persönlichen Ambitionen einheimischer Eliten.

Frühgeschichte

Auf dem Gebiet der Ukraine wurden mehrere paläolithische Siedlungen entdeckt, von ihnen gilt die vor 1 Mio. bis 65 000 Jahren existierende bei Koroleve in Transkarpatien als die älteste. Seit Mitte des 6. Jt. v. Chr. bildete sich zwischen den Flüssen Buh und Dnister eine der ersten in Zentraleuropa sesshaften Zivilisationen, die auf den fruchtbaren Böden Ackerbau betrieb. Die Stämme der sogenannten **Trypillja-Kultur** (6.–3. Jt. v. Chr.) hinterließen besonders eindrucksvolle Spuren (s. S. 30, 167).

Etwa im Jahr 1500 v. Chr. tauchten zwischen Don und Dnister Reiternomaden, die **Kimmerier,** auf. Am Anfang des 7. Jh. v. Chr. wurden sie vom iranischsprachigen Stamm der Skythen verdrängt.

Skythen

Wie archäologische Funde belegen, gaben die Skythen ihr Nomadendasein auf und gründeten eines der mächtigsten Reiche ihrer Zeit. Die Blütezeit des skythischen Staates, der sich in den nördlichen Schwarzmeergebieten ausdehnte, fällt in das 4. Jh. v. Chr. Auf ukrainischem Boden befanden sich mehrere skythische Siedlungen, darunter die bedeutenden Zentren des Reiches: die Kamjankaer Siedlung (seit dem 5. Jh. v. Chr.) bei Nikopol', die größtenteils vom Kachovkaer Stausee überflutet wurde, und das Skythische Neapolis (3.–2. Jh. v. Chr.) auf der Krim. Bekannt sind vor allem die skythischen Kurgane – einige Meter hohe Grabhügel, in deren Kammern kostbare Waffen, Schmuck und Keramik des Adels gefunden wurden. Das Prachtstück der skythischen Goldschmiedekunst ist der goldene Brustschmuck eines Herrschers, das Pektorale, das im Museum für historische Kostbarkeiten in Kiew zu sehen ist. Im 3. Jh. v. Chr. wurden die Skythen von den Sarmaten bekämpft und im 3. Jh. n. Chr. von den Goten endgültig besiegt.

Griechen

Die Skythen unterhielten lebhafte Kontakte zu den griechischen Kolonisten, die in die nördlichen Schwarzmeergebiete etwa am Ende des 7., Anfang des 6. Jh. v. Chr. einwanderten. Die Griechen ließen die Einheimischen an ihrer großen Kultur teilhaben und vermittelten ihnen ihre handwerklichen Fertigkeiten sowie ihre Weinbautradition. Zu den bedeutendsten griechischen Siedlungen auf ukrainischem Boden gehörten Olbia bei Parutyne im Gebiet Mykolajiv (s. S. 426), Taurisches Chersonesos (s. S. 447), Theodosia (Feodosija, s. S. 476) und Pantikapaion (Kerč, s. S. 479) auf der Halbinsel Krim. Zum unwiderruflichen Niedergang dieser Städte trugen die Einfälle der Goten und Hunnen bei.

Die Zivilisation von Trypillja

Thema

Wer lebte auf dem Gebiet der Ukraine vor mehreren Tausend Jahren? Wer waren die fernen Vorfahren der Ukrainer? – Auf der Suche nach Antworten auf diese Fragen haben sich Altertumsforscher auf eine spannende Zeitreise begeben und sind auf die Überreste einer der ältesten und geheimnisvollsten Zivilisationen des Alten Europa gestoßen.

Die Zivilisation von Trypillja existierte ab der zweiten Hälfte des 6. Jt. v. Chr. bis zum Beginn des 3. Jt. v. Chr. auf dem Gebiet der heutigen Ukraine, Rumäniens und Moldawiens, wo sie Cucuteni-Kultur heißt. Spuren, die ihr zugeordnet werden, wurden von Transsilvanien im Westen bis zum mittleren Dnipro im Osten sowie von Wolhynien im Norden bis zur Schwarzmeerküste im Süden gefunden. Den Namen Trypillja verdankt die archäologische Welt Vikentij Chvojka (1850–1914), der in den 1890er-Jahren die ersten Ausgrabungen beim Dorf Trypillja im Gebiet Kiew durchführte und als erster diese kulturellen Überreste systematisch erforschte.

Über die ethnische wie sprachliche Zusammensetzung der Bevölkerung der Trypillja-Kultur herrscht keine Einigkeit. Wahrscheinlich ist, dass mehrere ethnokulturelle Gruppen zusammenlebten, unter denen sich die Vorfahren der Ukrainer befanden. Die Menschen von Trypillja waren Ackerbauern, die nach dem Prinzip der Arbeitsteilung zudem Viehzucht betrieben, gelegentlich auf Jagd gingen, Stein, Metall, Hornstein, Kupfer, Holz und Fell bearbeiteten, Stoffe webten, Werkzeuge und Schmuck anfertigten und Keramik herstellten. Die schöne farbig ornamentierte Keramik – Geschirr und Kultgegenstände – vertrieben sie über die Grenzen ihres Reiches hinaus. Zunächst waren die Siedlungen der Trypillja-Stämme recht klein. In der mittleren und späten Periode wuchsen sie zu großen ovalförmigen Protostädten heran, die von 5000–14 000 Menschen bewohnt wurden. Den Mittelpunkt der Städte bildeten die mit magischen Symbolen ausgemalten Monumentalbauten und Sakralhäuser, um die sich in mehreren Reihen ein- bis zweistöckige Wohnhäuser in einer Art Befestigungsring gruppierten. Die Gebäude waren aus Lehm und Holz erbaut. Aufgrund der Abnutzung der Naturressourcen waren die Bewohner gezwungen, alle 50–70 Jahre ihre Siedlungen aufzugeben und an einem anderen Ort neu aufzubauen. Bevor sie wegzogen, verbrannten sie wahrscheinlich die Häuser. Funde von Grabbeigaben bei Stammesführern und Priestern belegen, dass die Gesellschaft sozial geschichtet war. Nach einer Phase der kulturellen Stagnation, verbunden mit einer nachhaltigen Erschöpfung der Lebensgrundlagen, kam es zur Aufgabe der Protostädte und zum Verschwinden der Zivilisation.

Zwar brachte die Trypillja-Kultur keine Schrift im herkömmlichen Sinne hervor, stand aber wohl an der Schwelle zu ihrer Entwicklung. Das Zeichensystem, das den ägyptischen Hieroglyphen ähnelt und hauptsächlich auf den Keramikobjekten angebracht wurde, wartet noch auf seine endgültige Entschlüsselung. Die Ornamentik fasziniert aber schon jetzt mit ihren kunstvollen Schlangen, Spiralen, Kreisen und Sonnensymbolen, die den unendlichen Kreislauf und Wandel darstellen.

Kiewer Rus

Gegen Anfang des 6. Jh. verlagerte sich der Schauplatz des historischen Geschehens von den Schwarzmeersteppen in den Norden zu den slawischen Ackerbaustämmen, die zunächst ihren Ländereien in den nördlichen Karpaten, im Weichsel-Tal und im Prypjat'-Becken treu blieben und seit dem 7. Jh. friedlich in die Wolga- und Oka-Gebiete im Nordosten, zur Elbe im Westen und in den Balkan im Süden expandierten. Bereits im 6. Jh. begannen sie sich – parallel zur sprachlichen Differenzierung – in die west-, ost- und südslawischen Stämme zu trennen, wobei die Ostslawen, aus denen u. a. die Ukrainer hervorgegangen sind, im 7. Jh. hauptsächlich am Dnipro ansässig waren. Ob die **Anten** – die vermutlichen Vorfahren der Ostslawen – Ureinwohner dieser Gebiete waren, bleibt umstritten. Unter mehreren ostslawischen Stammesverbänden taten sich insbesondere die **Poljanen,** die in der Zentralukraine am Dnipro siedelten, ferner die **Drewljanen** im Nordwesten, die **Siwerjanen** im Nordosten, die **Ulitscher** und **Tiwerzen** im Süden und die **Wolhynier** und **Duliben** im Westen hervor, die später Teilfürstentümer innerhalb des Kiewer Reiches bildeten.

Reichsgründung

Die Gründung der Kiewer Rus fiel in das 9. Jh. In welchem Ausmaß die skandinavischen **Waräger** die Bildung des ostslawischen Staatswesens beeinflussten, ist unter Historikern immer noch umstritten. Fest steht aber, dass sie hierfür wichtige Impulse lieferten. Die slawisierten **Rurikiden,** eine Dynastie, die auf den Waräger Rurik zurückging, vereinigten unter ihrer Herrschaft die ostslawischen Stammesverbände zur Kiewer Rus und leiteten das Goldene Zeitalter in der ostslawischen Geschichte ein. Der Name Rus – noch Gegenstand von Streitigkeiten – wird entweder auf den finnischen Namen der Waräger, *ruotsi,* die vom Meer Herübergekommenen, oder auf den zentralukrainischen Fluss Ros' zurückgeführt. Rus wurden zunächst die Waräger, später die Herrschaftsgebiete der Poljanen und letztendlich das Kiewer Reich genannt. Wie dem auch sei, soll das Reich ursprünglich als polyethnisches Staatsgebilde, das die Interessen mehrerer Gruppen vertrat und die Handelswege zwischen der Ostsee und dem Mittelmeer kontrollierte, fungiert haben.

Goldenes Zeitalter der Rus

Günstig am sogenannten ›Weg von den Warägern zu den Griechen‹ gelegen, einer Handelsroute zwischen Skandinavien und dem Byzantinischen Reich, blühte die Kiewer Rus im 10.–13. Jh. wirtschaftlich, aber auch politisch und kulturell zu einem der mächtigsten Staaten Europas auf. Im Jahr 988 führte der Kiewer Großfürst **Volodymyr** (?–1015) das Christentum des byzantinischen Ritus als offizielle Religion des Reiches ein und festigte damit das Ansehen der Kiewer Rus unter den anderen europäischen Ländern.

Das Reich erstreckte sich von den Karpaten bis zur Wolga sowie vom Schwarzen Meer bis zur Ostsee als lockere Union von Teilfürstentümern – Černihiv, Perejaslav, Novgorod, Polock, Smolensk, Galizien, Wolhynien, Vladimir-Suzdal' – mit Kiew als Zentrum. An seiner Spitze stand der Kiewer Großfürst. Ihm unterstellt waren die Bojaren, Adlige, die ihre Interessen in der Duma vertraten. Die politischen Entscheidungen wurden zusätzlich von der Versammlung der freien Stadtbevölkerung – Viče – gebilligt. Die Kirche agierte im Einklang mit der Politik des Fürsten, wobei die Klöster als wissenschaftliche und kulturelle Zentren eine wichtige Rolle spielten. Das Reich trieb Handel mit Byzanz, Europa und dem Orient.

Den Höhepunkt ihrer Blüte erreichte die Kiewer Rus unter **Jaroslav dem Weisen** (gegen 978–1054), dem Initiator des Gesetzesbuches »Rus'ka Pravda« und Förderer der Schriftkultur und Architektur. Durch geschickte Heiratspolitik stärkte er die Beziehungen mit Ungarn, Schweden, Norwegen und Frankreich. Doch die Machtspiele seiner Nachfolger, die Schwächen des Herrschaftssystems, gepaart mit wirtschaftlichem Niedergang und den sich häufenden Einfällen der Polowezer schwächten die Einheit der Rus und führten zu ihrer Zersplitterung. Der Großfürst **Volodymyr Monomach** (1053–1125) vermochte den Willen zur Einheit zwar noch einmal zu beschwören, doch nach dem Ende seiner Regierungszeit verlor Kiew allmählich an Einfluss, obwohl es noch bis zum Einfall der Mongolo-Tataren in der ersten Hälfte des 13. Jh. das Zentrum des Reiches bildete. Unter den sich immer mehr verselbstständigenden Fürstentümern, die eine leichte Beute für die Mongolen waren, konnte sich im 14. Jh. das Fürstentum Moskau als besonders einflussreiches Machtzentrum behaupten. Das Ende der Kiewer Rus verbindet man traditionell mit der Verselbstständigung der ukrainischen, der weißrussischen und der russischen Kultur.

Fürstentum Galizien-Wolhynien

Während des Zerfalls der Kiewer Rus begann der Aufstieg der westlichen Fürstentümer Galizien (Halyč) und Wolhynien (Volyn'). Durch ihre Vereinigung im Jahr 1199 unter Fürst **Roman Mstyslavyč** (?–1205) entstand ein Prototyp des ukrainischen Staates. Roman Mstyslavyčs Sohn, **Danylo Romanovyč** (1201–1264), baute die Macht des Fürstentums weiter aus, indem er sich die Unterstützung von Papst Innozenz IV. im Kampf gegen die Mongolo-Tataren sicherte und sich 1254 von ihm zum König der Rus krönen ließ. Durch die Anbindung an Rom und die Orientierung nach Mitteleuropa, was weitreichende politische, kulturelle und wirtschaftliche Kontakte, aber auch spätere Konflikte mit den Nachbarn Polen und Ungarn mit sich brachte, unterschied sich das Fürstentum Galizien-Wolhynien von den östlichen und nördlichen Fürstentümern. In Galizien-Wolhynien konnten die Bojaren ihren Einfluss bewahren. Außerdem wurde hier die Kontrolle der Mongolen schonender umgesetzt, wodurch König Danylo in seinen Entscheidungen mehr Freiheit als die anderen ostslawischen Fürsten genoss. Er gründete neue Städte, darunter Cholm (Chełm) und L'viv, warb deutsche, jüdische und armenische Kaufleute und Handwerker an und prägte somit das multiethnische Bild der westukrainischen Gebiete. Bald nachdem der letzte Herrscher der Dynastie 1340 von Bojaren vergiftet worden war, wurde das Fürstentum Galizien-Wolhynien unter den aufstrebenden Mächten Litauen und Polen aufgeteilt.

Litauische und polnische Herrschaft

Großfürstentum Litauen

Das Großfürstentum Litauen breitete sich allmählich auf das linke Dnipro-Ufer mit Kiew, Wolhynien und Podolien aus. Nach der siegreichen Schlacht am Blauen Wasser gegen die Goldene Horde im Jahr 1362 zog der litauische Großfürst Algirdas schließlich in Kiew ein. Dabei konnte der ostslawische Adel seine Privilegien wie hohe Ämter und Grundbesitz behalten. Die neuen Herrscher profitierten vom kulturellen Erbe des Kiewer Reiches und traten in der Regel selbst zur Orthodoxie über. Überhaupt prägten die mehrheitlichen Ostslawen ab der Mitte des 14. Jh. mit ihrer ostslawischen Kanzleisprache und dem Kirchenslawischen das kulturelle und religiöse Leben des Großfürstentums Litauen.

Polnisch-litauische Personalunion und Adelsrepublik

Die Entwicklung des an Polen gefallenen Gebiets Galizien verlief für die Ostslawen deutlich ungünstiger. Die anfänglich zugesagte privilegierte Stellung des ukrainischen orthodoxen Adels wich bald einem Katholisierungs- und Polonisierungsdrang. Zu Beginn des 17. Jh. war die Mehrheit der ukrainischen Adligen – angesichts der Vorteile, die sich daraus ergaben, nicht unbedingt gewaltsam – polonisiert und zum katholischen Glauben konvertiert und distanzierte sich von den weiterhin orthodoxen Ukrainern niederer Herkunft. Mit der Personalunion von Litauen und Polen ab 1386 und dem Übertritt des li-

Versinnbildlicht die Christianisierung der Rus: Darstellung der Taufe von Großfürst Volodymyr in der Volodymyr-Kathedrale in Kiew

tauischen Großfürsten **Jogaila** (Władysław II. Jagiełło) zum Katholizismus begannen sich Unterdrückungs- und Assimilierungstendenzen auch auf litauischem Terrain auszubreiten, obwohl der Druck auf die orthodoxen Ukrainer hier schwächer war. Die Union von Lublin im Jahr 1569, die die polnisch-litauische Adelsrepublik begründete, brachte noch mehr Unsicherheit mit sich. Einen Versuch, die Stellung der ukrainischen orthodoxen Oberschicht und Geistlichen zu festigen und gleichzeitig den russischen Patriarchen entgegenzuwirken, stellte die Kirchenunion von Brest (1596) dar. Durch den Vertrag entstand die sogenannte unierte griechisch-katholische Kirche, in der sich die orthodoxen Bischöfe Polen-Litauens bei Beibehaltung der orthodoxen Liturgie und Kirchenorganisation dem römischen Papst unterstellten.

Viele Städte genossen in der polnisch-litauischen Adelsrepublik das Magdeburger Recht und konnten sich nach westeuropäischem Vorbild entwickeln. Mit dem Aufstieg der Städte begann sich eine dünne, nicht polonisierte Bürgerschicht, die sich der ukrainischen Kultur und Orthodoxie noch verbunden fühlte, herauszubilden. Es entstanden orthodoxe Bruderschaften, die eigene Schulen und Druckereien unterhielten. In Wolhynien befand sich die bedeutendste höhere Ausbildungsstätte jener Zeit, die Ostroher Akademie samt Druckerei, in der der berühmte Drucker Ivan Fedorov tätig war.

Die große ukrainische Landbevölkerung sah sich währenddessen mit der Benachteiligung vorwiegend durch den polnischen Adel konfrontiert. Die zunehmende soziale Ausgrenzung trieb die Bauern zunächst in die Zentralukraine, dann nach Osten und zu den Kosaken. Die Karpaten-Ukraine stand inzwischen unter ungarischem Einfluss, die Bukowina unter dem Einfluss des Fürstentums Moldau, das seinerseits von den Osmanen beherrscht wurde.

Kosakenstaat

Im 16.–17. Jh. betraten neue Akteure die ukrainische historische Szene – die **Kosaken.** Die soziale Schichtung des ukrainischen Kosakentums im 16. Jh. bestimmten die Bauern, die der Leibeigenschaft entfliehen wollten, sowie mit der herrschenden Politik unzufriedene Stadtbewohner und der Kleinadel, aus dem sich die kosakische Oberschicht entwickelte. Die Flüchtigen siedelten hinter den schwer zugänglichen Stromschnellen am Unterlauf des Dnipro, wo sie sich im 16. Jh. auf der Insel Mala Chortycja unter Führung von **Dmytro Vyšnevec'kyj** (?–1563) zu einem Heer organisierten und ferner das bedeutendste befestigte Kosakenlager, die Zaporožer Sič, begründeten. Die Gemeinschaft der Kosaken prägten militärische Disziplin und eine demokratische Ordnung, über die der von der Versammlung gewählte Hetman waltete.

Zwar waren die Kosaken, die ›freien Krieger‹, so die Übersetzung, den polnisch-litauischen Machthabern ein Dorn im Auge, doch wurden sie als Grenzwächter insbesondere angesichts der Bedrohung von Osten durch die Krimtataren von ihnen letztendlich geschätzt. In der zweiten Hälfte des 16. Jh. übernahm der polnische König die Kontrolle über einen Teil des auf Besoldung angewiesenen Kosakenheeres, den er als reguläre **Registerkosaken** einstellte und in das polnische Militär integrierte. Trotz der daraus resultierenden Spaltung blieb die Autorität der Zaporožer Sič als Zentrum des Kosakentums unangetastet. Die politische Bedeutung der ukrainischen Kosaken setzte sich mit den Feldzügen gegen die Tataren und Osmanen auch im 17. Jh. fort.

Nationaler Befreiungskampf

Die zunehmende Unterdrückung v.a. der ukrainischen Bauern im 17. Jh. führte zu einer Reihe von Aufständen, an denen sich – nachdem ihre Privilegien eingeschränkt worden waren – auch die Registerkosaken beteiligten. Der im Jahr 1637 besonders blutig niedergeschlagene Aufstand mündete in den Nationalen Befreiungskampf von 1648–1654, an dessen Spitze sich der Kosakenhetman **Bohdan Chmel'nyc'kyj** (1596–1657) stellte. Das Befreiungsheer zog 1648 plündernd durch das polnisch-litauische Reich, wobei es zu Ausschreitungen gegen Juden kam, die häufig als Gutsverwalter für die polnische Oberschicht arbeiteten. Polen-Litauen setzte die militärischen Aktionen fort und schlug 1651 das kosakische Heer in der Schlacht bei Berestečko. Seiner beschränkten Möglichkeiten bewusst, wandte sich Bohdan Chmel'nyc'kyj um Unterstützung an den russischen Zaren.

Vertrag von Perejaslav und Angliederung an Russland

1654 schworen die ukrainischen Kosaken in Perejaslav Zar Alexej Michailowitsch die Treue. Die Unterzeichnung des Perejaslaver Vertrags bedeutete eine Zäsur in der osteuropäischen und eine Wende in der ukrainischen Geschichte, die die jahrhundertelange enge Anbindung der ukrainischen Länder an Russland mit sich brachte. Die unterschiedliche Auffassung des Bündnisses durch beide Parteien – die Kosaken sahen es als politische und militärische Allianz, der russische Zar als Eingliederung der ukrainischen Gebiete in sein Reich – ging in die gegensätzlich akzentuierte Geschichtsschreibung beider Völker ein und es wurde später je nachdem negativ oder positiv beurteilt. Beide Seiten verstießen bald gegen die Konditionen des Vertrags: Die Kosaken unternahmen erneute Allianzversuche mit Polen-Litauen, das Russische Zarenreich schloss 1667 mit Polen-Litauen den Waffenstillstand von Andrusovo und initiierte damit die folgenschwere Aufteilung der ukrainischen Gebiete in die Rechtsufrige und die Linksufrige Ukraine. Trotz aller Kontroversen um den Perejaslaver Vertrag konnten die Kosaken ihre relative Autonomie aufrechterhalten, was sich im Aufblühen der ukrainischen Kultur niederschlug. In den 1660–1680er-Jahren folgte die Periode des Niedergangs.

Hetmanat von Ivan Mazepa

In Polen-Litauen wurde das Hetmanat 1699 abgeschafft, in den Russland angegliederten

Gebieten konnte es sich dagegen noch länger erhalten. Unter der Regierung des Hetmans **Ivan Mazepa** (1639–1709) von 1687 bis 1708 kam es zu einer letzten Blütezeit des Hetmanats. Sie zeichnete sich durch rege Aktivitäten im kulturellen und künstlerischen Bereich aus, insbesondere aber durch den Ausbau des Bildungswesens. Das Petro-Mohyla-Kollegium in Kiew war im 17.–18. Jh. die wichtigste Ausbildungsstätte nicht nur für die politische und geistige ukrainische, sondern auch für die russische Elite.

Nordischer Krieg und Niedergang des Hetmanats

Den Niedergang des Hetmanats führte das Bündnis Ivan Mazepas mit dem schwedischen König Karl XII. gegen Peter I. im Nordischen Krieg (1700–1721) herbei. Nach der Niederlage der Schweden in der Schlacht bei Poltava im Jahr 1709 flüchtete Ivan Mazepa ins Osmanische Reich, wo er im selben Jahr verstarb. Die Allianz Mazepas diente als Vorwand für die endgültige Eingliederung des Hetmanats ins Russische Reich. Eine Lockerung gab es während der Herrschaft der Zarin Elisabeth I., die **Kyrylo Rozumovs'kyj** (1728–1803) zum Kosakenhetman erhob. Katharina II. setzte jedoch diesen liberalen Tendenzen ein Ende und schaffte das Hetman-Amt 1764 ab. 1783 löste sie das kosakische Heer auf und gliederte es in die russische Armee ein. Wie im Fall Polen-Litauens beteiligte sich die durch Privilegien und bessere Aufstiegsmöglichkeiten motivierte ukrainische Kosakenoberschicht an der Integration der ukrainischen Länder ins Russische Reich. Die Assimilation wurde durch die gemeinsame Religion und kulturelle sowie sprachliche Nähe beschleunigt. Die ukrainischen Bauern dagegen stiegen zu Leibeigenen russischer Prägung ab.

Unter Zar und Kaiser

In Polen versuchten sich die **Hajdamaken** – die ukrainischen Bauern und ehemaligen Kosaken – für die Abschaffung der Leibeigenschaft, die Erlangung der alten Kosakenrechte und die Orthodoxie einzusetzen. Sie organisierten eine Reihe von Aufständen, die in der blutigen, grausam niedergeschlagenen Kolijivščyna (1768) gipfelten und den Anstoß zur Teilung Polen-Litauens gaben.

Infolge der ersten Teilung von 1772 gingen Galizien und Podolien an das Habsburgische Reich. Einige Jahre später kam die Bukowina hinzu. Die Karpaten-Ukraine war ein administrativer Teil von Österreich bereits seit 1711. Nach der zweiten und der dritten Teilung Polens in den Jahren 1793 und 1795 fiel auch die Rechtsufrige Ukraine Russland zu.

Im Russischen Reich

In der zweiten Hälfte des 19. Jh. wurde die Ukraine zum Zentrum des Bergbaus und der Schwerindustrie im Russischen Reich. Trotz der Abschaffung der Leibeigenschaft im Jahr 1861 und des gewaltigen Modernisierungsschubs konnte die Nationalbewegung die breiten Massen der Ukrainer in Russland aber nicht erreichen. Aus Furcht vor separatistischen Bestrebungen unterdrückten die Zaren mit repressiven Maßnahmen gezielt den ukrainischen Einfluss. Während das erste literarische Werk in ukrainischer Sprache, die »Äneas« von Ivan Kotljarevs'kyj, 1798 noch erscheinen konnte, wurden die Aktivitäten der **Kyrill-und-Methodius-Bruderschaft** in den 1840er-Jahren verboten: Ihre Mitglieder wurden verhaftet, der Dichter Taras Ševčenko wegen seines sozialkritischen Werkes zu zehn Jahren Verbannung verurteilt. Die Kollaborationsgefahr seitens der Ukrainer während des polnischen Aufstands von 1863 verstärkte das Misstrauen des Zaren. Im Jahr 1863 erschien der Valuevsche Erlass, der das Verbot ukrainischsprachiger wissenschaftlicher, pädagogischer und religiöser Publikationen proklamierte. Der Emser Erlass von 1876 weitete das Verbot auf Theateraufführungen und die Einfuhr ukrainischsprachiger Schriften aus dem Ausland aus. Diese Maßnahmen hatten gravierende Folgen für die Entwicklung der zum kleinrussischen Dialekt herabgestuften ukrainischen Sprache in den ukrainischen Gebieten Russlands.

Im Habsburgerreich

In Österreich wurden die Ukrainer, hier Ruthenen genannt, zwar auch gegen Polen ausgespielt, doch kamen diese politischen Manöver der ukrainischen Bevölkerung mehr zugute als in Russland. Dank einer toleranten Sprachpolitik war das Ukrainische Unterrichtssprache an Schulen und von 1787 bis 1809 in seiner kirchenslawischen Variante Ausbildungssprache an der 1784 gegründeten **Universität in L'viv.** Es gab ukrainische Periodika, nationale kulturelle Organisationen und Gesellschaften, Leseklubs, Sportvereine sowie Kredit-, Konsum- und Einkaufsgenossenschaften. Der Übergang Österreichs vom Absolutismus zur konstitutionellen Monarchie nach der Revolution von 1848 ermöglichte die politische Partizipation der Ukrainer im österreichischen Parlament. Die politischen Aktivitäten führten zur Gründung der ersten ukrainischen Parteien. Im Gegensatz zu Russland erfasste die ukrainische Nationalbewegung in Österreich die breiten Massen der ukrainischen Bevölkerung, überwiegend Bauern, die 1848 von der Leibeigenschaft befreit worden waren. Als wichtiges Bindeglied zwischen Stadt und Land fungierten dabei die Priester der unierten griechisch-katholischen Kirche, die dem Landvolk kulturell und sprachlich nahe standen und es organisierten.

Erste Staatsgründung

Nach dem Zerfall Österreich-Ungarns und des russischen Zarenreichs im Zuge des Ersten Weltkriegs und der Februarrevolution von 1917 versuchten die Ukrainer, ihr Land auf der politischen Weltkarte sichtbar zu machen. In Kiew bildete sich mit dem Historiker **Mychajlo Hruševs'kyj** (1866–1934) an der Spitze der Ukrainische Zentralrat, der im No-

Im Denkmal in Majaky bei Luc'k vereint: Soldaten der UPA und der Roten Armee

vember die Ukrainische Volksrepublik ausrief – zunächst noch als Teil der Russischen Föderation. Doch schon am 9. (22.) Januar 1918 – einen Monat nachdem die Bolschewiken die Ukrainische Sozialistische Republik in Charkiv gegründet hatten – verkündete der Zentralrat die Unabhängigkeit. Nach dem Einmarsch der Bolschewiken in Kiew mischten sich die Mittelmächte ein und besetzten die Stadt. Wegen Streitigkeiten um vereinbarte Lebensmittellieferungen lösten sie den Zentralrat auf und ersetzten ihn im April (Mai) 1918 durch die Regierung **Pavlo Skoropads'kyjs** (1873–1945). Als Opposition trat im November 1918 das Direktorium auf die politische Bühne, geleitet vom sozialrevolutionär gesinnten Schriftsteller **Volodymyr Vynnyčenko** (1880–1951), der bereits im Zentralrat tätig gewesen war. Am 22. Januar 1919 kam es zur Vereinigung der Ukrainischen Volksrepublik mit der am 19. Oktober 1918 in L'viv ausgerufenen Westukrainischen Volksrepublik. Im Februar 1919 ging das Direktorium nach Vinnycja, danach fand der Führungswechsel zugunsten des nationaldemokratisch ausgerichteten Militär- und Staatsmannes **Symon Petljura** (1879–1926) statt. Im Juni 1920 hielten jedoch die Bolschewiken endgültig in Kiew Einzug.

Sozialistische Sowjetrepublik

Die **Ukrainische Sozialistische Republik** wurde im Dezember 1922 Bestandteil der Sowjetunion. Sie vereinte alle ukrainischen Gebiete des ehemaligen Russischen Reichs außer dem westlichen Wolhynien, das Polen zufiel. Galizien verblieb weiterhin unter polnischer Herrschaft. Die Bukowina ging 1919 an Rumänien, und die Karpaten-Ukraine wurde in demselben Jahr als souveräner Teil in die Tschechoslowakei eingegliedert (sie fiel 1945 an die Sowjetunion). Ab dem Ende der 1920er-Jahre trieb Stalin die Industrialisierung und Zwangskollektivierung in der Sowjetunion voran. Die Bauern wurden zum Eintritt in die Kolchosen gezwungen, viele Gutsbesitzer erschossen, Hunderttausende deportiert. Die fatalen Folgen dieser Landwirtschaftspolitik zeigten sich in mehreren Missernten. In der dadurch ausgelösten Hungersnot der Jahre 1932–1933 kamen allein in der Ukraine etwa 3,5 Mio. Menschen ums Leben. Die anschließenden Säuberungen der verliehen der Hungersnot schließlich eine politische Dimension (s. S. 38).

In Galizien, den ehemals österreichischen ukrainischen Gebieten, die jetzt zu Polen gehörten, bewirkte die Unterdrückung der Ukrainer, dass die ukrainische Nationalbewegung an Einfluss gewann. Es kam zur Gründung der **Organisation Ukrainischer Nationalisten** (1929, OUN), die im Untergrund Terroranschläge gegen den polnischen Staat verübte. Angesichts der stalinistischen repressiven Politik wandte sich die OUN dem deutschen Nationalsozialismus zu, wobei sie ihre Hoffnungen auf die Rettung vor dem sowjetischen Terror und die Unterstützung der nationalen Sache setzte. 1940 integrierte sich die OUN mit zwei Bataillonen, Nachtigall und Roland, in die deutsche Wehrmacht und beteiligte sich am deutschen Feldzug gegen die Sowjetunion 1941. Doch nach der Proklamation des ukrainischen Staates am 30. Juni 1941 in L'viv wurden die Erwartungen der Organisation enttäuscht, die Bataillone durch die Nationalsozialisten wieder aufgelöst und ihre Aktivisten in Konzentrationslager verschleppt. In den folgenden Jahren kämpfte die OUN mit ihrer militärischen Partnerorganisation, der **Ukrainischen Aufstandsarmee** (UPA), gegen die Wehrmacht wie gegen die Rote Armee mit dem Ziel der ukrainischen Unabhängigkeit. Ab Sommer 1944 – angesichts des Rückzugs der deutschen Truppen aus dem ukrainischen Gebiet – schränkte die UPA ihre Aktionen gegen die Nationalsozialisten ein und wandte sich verstärkt wieder dem Kampf gegen die Sowjets zu. Bei allen positiven Beurteilungen der UPA wird ihr Unabhängigkeitskampf durch die von ihr ausgeführten Massaker an der polnischen Landbevölkerung Wolhyniens im Jahr 1943 belastet. Die polnische Seite reagierte mit der Vernichtung ukrainischer Siedlungen.

Holodomor – Hungersnot der Jahre 1932–1933

Thema

Um jeden Widerstand gegen die Kollektivierung der Landwirtschaft zu brechen, provozierte die Sowjetregierung mit Josef Stalin an der Spitze in den Jahren 1932/33 eine künstliche Hungersnot. In der Ukraine verloren dabei 3,5 Mio. Menschen – von 7 Mio. Opfern in der Sowjetunion – ihr Leben. Die in bis dahin ungekannten Ausmaßen durchgeführten Repressalien gegenüber den Bauern wie der ukrainischen Elite legten den nationalpolitischen Kontext der Hungersnot an den Tag. Seit 2006 ist der 25. November in der Ukraine ein Gedenktag, der an das Jahrhundertverbrechen des Holodomor erinnert.

Mit dem Ziel der Kontrolle über die landwirtschaftlichen Ressourcen leiteten die Sowjetregierung und Josef Stalin 1928 Getreidekonfiszierungen und die Zwangskollektivierung der Landwirtschaft ein. Die Bauern wurden enteignet und zum Eintritt in die Kolchosen gezwungen. Doch die Kollektivierung brachte nicht die erwünschten Resultate: Die unsachkundigen Reformen führten zur Störung des Anbauzyklus und zu einer Missernte im Jahr 1931. Dazu kam der Widerstand der Bauern landesweit und in der Ukraine im Besonderen: Hierzulande blickte das selbstständige Bauerntum auf eine lange Tradition zurück. Die Grundbesitzer weigerten sich, ihr Grundstück und Vieh abzutreten. Zudem betrachtete Stalin die Sabotage vor dem nationalen Hintergrund. Denn die liberale Nationalitätenpolitik der 1920er-Jahre wurde in der Ukraine ernst genommen und besonders erfolgreich durchgeführt: Das Bildungs- und Kulturwesen war hier zum großen Teil ukrainisiert; dieselben Prozesse fanden zum Teil auch in der Industrie statt. So verschmolzen die sozialökonomischen und nationalpolitischen Aspekte zu einem Ganzen. Und die von den Sowjets eingeleitete Bekämpfung des Grundbesitzes und des ukrainischen Nationalismus verlief gleichzeitig. Denn ein selbstständiger Bauer wie ein national bewusster Ukrainer waren für den zentralistischen Staat in gleichem Maße gefährlich. So wurden die Strafmaßnahmen in der Ukraine besonders brutal umgesetzt: Die Bauern wurden deportiert oder ums Leben gebracht. Ihnen folgten die der Konterrevolution beschuldigten ukrainischen Beamten und die parteilose Elite.

Heute steht die Künstlichkeit der Hungersnot von 1932/33 in der Ukraine nicht mehr zur Debatte. Aus historischen Dokumenten weiß man, dass es in der Republik genug Lebensmittel gab. Dennoch mussten die Bauern unzumutbare Getreidemengen abliefern. Jede Hilfe von außen wurde von dem Regime abgelehnt. Die Ausreise aus den Hungerregionen war verboten.

Die Hungersnot wurde jahrzehntelang verschwiegen. Erst um 1990 begann man dieses dunkle Geschichtskapitel aufzuarbeiten. 2006 wurde der Holodomor von 1932/33 – der Begriff setzt sich aus *holod,* dt. Hunger, und *mor,* dt. Tod, zusammen und spielt auf den Begriff Holocaust an – von der Landesregierung offiziell als Genozid gegenüber dem ukrainischen Volk bezeichnet. Doch während die EU-Staaten, Kanada und die USA den Genozid anerkannten, lehnt Russland die Definition der Hungersnot als Völkermord weiterhin ab.

Der Zweite Weltkrieg kostete rund 5 Mio. Menschen in den ukrainischen Gebieten das Leben, Ukrainer machten etwa ein Drittel aller nach Deutschland deportierten sowjetischen Zwangsarbeiter aus. Die Nachkriegszeit brachte neben einer zunehmenden Industrialisierung auch erneut eine Russifizierung sowie Verhaftungen und Deportationen der als bürgerlich-national geltenden ukrainischen Intellektuellen mit sich.

Das ›Tauwetter‹ in den 1950er-Jahren unter Nikita Chruschtschow dauerte nicht lange und ging in eine neue Säuberungswelle über. In den kurzen Atempausen zwischen den Repressionswellen der 1960er- und 1970er-Jahre formierte sich eine oppositionelle politische Elite, die sich 1976 als ukrainische Helsinki-Gruppe organisierte und für Demokratisierung und Menschenrechte eintrat. In der Unabhängigkeitsbewegung der 1980er- und 1990er-Jahre hatte sie eine prominente Rolle.

Die unabhängige Ukraine

Glasnost und Perestroika

Die Ankündigung von Transparenz (Glasnost) und Umbau (Perestroika) nach dem Amtsantritt Michail Gorbatschows 1985 eröffnete Freiräume für Kritik am herrschenden Regime und für die Diskussion der nationalen Frage. Die Opposition kritisierte den verantwortungslosen Umgang mit der Katastrophe von Tschernobyl (ukr. Čornobyl'), forderte – unterstützt durch Massendemonstrationen – die Rehabilitierung der ukrainischen Sprache und Kultur sowie die ukrainische Souveränität, verbunden mit der Demokratisierung des politischen, gesellschaftlichen und wirtschaftlichen Lebens. 1989 formierte sich die einflussreichste Bewegung jener Zeit, die Volksbewegung ›Ruch‹, mit dem 1999 unter unaufgeklärten Umständen bei einem Autounfall verunglückten **Vjačeslav Čornovil** an der Spitze. Der Deklaration der Souveränität am 16. Juli 1990 folgte am 14. August 1991 – nach dem gescheiterten Putsch in Moskau gegen Gorbatschow – die Erklärung der Unabhängigkeit der Ukraine. Am 1. Dezember 1991 wurde sie von rund 90 % der ukrainischen Staatsbürger bestätigt und **Leonid Kravčuk** zum ersten Präsidenten gewählt.

Orangene Revolution

Die Probleme der jungen Gesellschaft und deren unvollständige Transformation traten während der Regierung **Leonid Kučmas** (1994–2005) besonders deutlich zutage. Der nach wie vor große Einfluss der alten kommunistischen Kader, die zunehmende Willkür der Oligarchen, Korruption, mangelnde Demokratie, eingeschränkte Presse- und Meinungsfreiheit und die Ermordung des Journalisten **Heorhij Gonganze** (1969–2000), in die der Präsident verstrickt war, lösten 2000–2001 die Protestkampagne »Die Ukraine ohne Kučma« aus. Von den Präsidentschaftswahlen 2004 erhoffte sich die Bevölkerung einen Regierungswechsel. Als der Wunschkandidat Kučmas, Viktor Janukovyč, gegen die Erwartungen im zweiten Wahlgang die Mehrheit der Stimmen erhielt, brachen protestierende Massen zum Kiewer Unabhängigkeitsplatz auf. In die ukrainische Geschichte sind diese mehrwöchigen gewaltlosen Proteste als Orangene Revolution eingegangen. Sie bewirkten die Wiederholung der Stichwahl, aus der der oppositionelle Kandidat **Viktor Juščenko** als Sieger hervorging.

Der öffentlich ausgetragene Streit um die Machtkompetenzen zwischen Juščenko und **Julija Tymošenko** trieb das Land in eine politische Krise. Die Zerwürfnisse und die daraus resultierende problematische Koalitionsbildung führten nach den ordentlichen Parlamentswahlen von 2006 zu den parlamentarischen Neuwahlen im Jahr 2007. 2006 wurde Viktor Janukovyč, 2007 Julija Tymošenko ins Amt des Premierministers gewählt. Bei den Präsidentschaftswahlen 2010 quittierten die Wähler die Unzulänglichkeiten der orangenen Riege mit ihrer Abwahl: Diesmal siegte **Viktor Janukovyč,** der die 2004 vorgenommene Verfassungsreform, die die Kompetenzen des Präsidenten einschränkte, rückgängig machte. Das Land der Orangenen Revolution hat einen prorussischen Kurs mit autoritären Tendenzen eingeschlagen (s. S. 28).

Zeittafel

1 Mio. – 65 000 Jahre v. Chr.	Früheste paläolithische Ansiedlungen auf ukrainischem Gebiet.
6.–3. Jt. v. Chr.	Zivilisation von Trypillja.
1500 v. Chr.	Kimmerier besiedeln die Ukraine.
6.–7. Jh.	Als Folge der Expansion der slawischen Stämme siedeln die Ostslawen am Dnipro. In die nördlichen Schwarzmeergebiete wandern um die Jahrhundertwende Griechen ein. Skythen lassen sich Anfang des 7. Jh. in der ukrainischen Steppe nieder.
9.–10. Jh.	Begründung der Kiewer Rus; 988 Christianisierung des Großreichs.
1199	Vereinigung der Fürstentümer Galizien und Wolhynien.
1237–1240	Mongolische Invasion in die Rus.
14. Jh.	Das Fürstentum Galizien-Wolhynien wird zwischen dem Großfürstentum Litauen und dem Königreich Polen, die 1385–1386 eine Personalunion abschließen, aufgeteilt.
Anfang 16. Jh.	Begründung der Kosakenbefestigung Zaporožer Sič.
1569	Union von Lublin – Begründung Polen-Litauens.
1648–1654/76	Der Nationale Befreiungskrieg unter Bohdan Chmel'nyc'kyj führt den Vertrag von Perejaslav (1654) herbei.
1667	Teilung der Ukraine zwischen dem Russischen Reich und Polen-Litauen.
1699	Abschaffung des Hetmanats in Polen-Litauen.
1708/1709	Bündnis Ivan Mazepas mit Karl XII. von Schweden. In der Schlacht bei Poltava am 27. Juni 1709 unterliegen die schwedischen Truppen der russischen Armee.
1764	Abschaffung des Hetmanats im Russischen Reich.
1768	Hajdamakenaufstand Kolijivščyna in Polen-Litauen.

Galizien fällt an Österreich.	**1772**
Zerstörung der Zaporožer Sič.	**1775**
Eingliederung der Rechtsufrigen Ukraine in das Russische Reich.	**1793**
Abschaffung der Leibeigenschaft in Österreich und Russland.	**1848/61**
Begründung des Ukrainischen Zentralrates am 4. März und Proklamation der Ukrainischen Volksrepublik am 7. (20.) November.	**1917**
Unabhängigkeitserklärung der Ukrainischen Volksrepublik am 9. (22.) Januar und Proklamation der Westukrainischen Volksrepublik am 19. Oktober.	**1918**
Ukrainische Volksrepublik und Westukrainische Volksrepublik werden zu einem Staat vereinigt. Nach dem Friedensvertrag von Saint-Germain wird die Bukowina an Rumänien und die Karpaten-Ukraine an die Tschechoslowakei angegliedert.	**1919**
Gründung der UdSSR am 30. Dezember mit der Ukrainischen Sozialistischen Sowjetrepublik als Mitglied.	**1922**
Große Hungersnot (Holodomor) in der Sowjetukraine.	**1932–1933**
Katastrophe im Kernkraftwerk Tschernobyl (ukr. Čornobyl') am 26. April.	**1986**
Unabhängigkeitserklärung der Ukraine am 24. August.	**1991**
Orangene Revolution im Nov./Dez. und Sieg des oppositionellen Kandidaten Viktor Juščenko in den Präsidentschaftswahlen.	**2004**
Viktor Janukovyč wird im Februar zum Präsidenten der Ukraine gewählt.	**2010**
Verhaftung Julija Tymošenkos und Verurteilung zu sieben Jahren Haft wegen angeblichen Machtmissbrauchs.	**2011**
Die Ukraine ist gemeinsam mit Polen Gastgeberin der Fußball-Europameisterschaft.	**2012**

Gesellschaft und Alltagskultur

Vielfalt prägt die ukrainische Gesellschaft: Sie vereint die Kulturen von über 130 Ethnien sowie die Wertevorstellungen von über 50 Religionen. Der Osten konkurriert mit dem Westen, die Stadt mit dem Land, doch überall findet man Gleichgesinnte, die sich zu zahlreichen Festivitäten in allen Winkeln des Landes zusammenfinden.

Bevölkerung und Lebensweise

Von den rund 48 457 000 Ukrainern lebt der überwiegende Teil, 67 %, in den Städten, nur etwa ein Drittel, auf dem Land. Dabei ist der Urbanisierungsgrad in den traditionellen Industrieregionen – vorwiegend im Osten und Süden des Landes – am höchsten. Besondere Anziehungskraft üben mit ihren Beschäftigungsmöglichkeiten die regionalen Zentren Donec'k, Luhans'k und Dnipropetrovs'k aus. Ihnen folgen Charkiv und Kiew, die Hauptstadt, die nicht nur bessere Aufstiegschancen verspricht, sondern auch mit einem attraktiven Kulturangebot und einer grünen Umgebung lockt. Die Bevölkerungsdichte ist in den östlichen Gebieten entsprechend hoch, der Nordwesten und der Süden sind am dünnsten besiedelt.

Nationale Minderheiten

So turbulent wie die Geschichte der Ukraine, so bunt ist die ethnische Zusammensetzung ihrer Bevölkerung. Vor den beiden Weltkriegen, den nationalsozialistischen Vernichtungen, stalinistischen Säuberungen und Deportationen war das Völkergemisch auf ukrainischem Boden jedoch noch bunter, die ethnischen Nichtukrainer zahlreicher. Angesichts der instabilen wirtschaftlichen Situation im Land wandern heute noch Deutsche, Juden, Polen oder Ungarn aus. Die größte Minderheitengruppe stellen mit ca. 17 % die Russen. Sie sind vorwiegend im Osten und Süden der Ukraine angesiedelt. Zu den größeren Minderheiten zählen weiterhin die Weißrussen (0,6 %), die Moldauer (0,5 %) und die Krimtataren (0,5%). Die Moldauer sind in den Gebieten Černivci und Odesa am zahlreichsten vertreten. In diesen Gebieten leben auch Rumänen und Bulgaren. Die meisten der ukrainischen Ungarn sind in Transkarpatien angesiedelt. Sie machen wie die Polen etwa 0,3 % der Gesamtbevölkerung aus. Der Anteil der Juden, Armenier, Griechen und Tataren beläuft sich auf jeweils etwa 0,2 %, der der Roma, Aserbaidschaner, Georgier, Deutschen und Gagausen auf jeweils etwa 0,1 %.

Die Verfassung der Ukraine garantiert den nationalen Minderheiten Gleichberechtigung und kulturelle Autonomie – etwa durch die Unterstützung bei der Sprachförderung, die Einrichtung von Schulen und Kulturzentren sowie bei der Vertretung in den Medien. Die Wiederaufnahme der in der Sowjetzeit Deportierten, die landesweit existierenden fremdsprachigen Schulen, Vereine, Gebetshäuser, Theater, Zeitungen, Sendungen und Festivals belegen die Wirksamkeit der ukrainischen Gesetzgebung in der Praxis, obschon der Anteil an russischsprachigen Einrichtungen und Medien unproportional groß erscheint. Das Zusammenleben mit der russischen Minderheit gestaltet sich nicht spannungsfrei. Die Ablehnung des nachbarlichen Einflusses, insbesondere im Westen der Ukraine, resultiert aus der jahrhundertelangen Russifizierung und den ethnischen Säuberungen. Zu besonders hitzigen Debatten kommt es, wenn es um die Einführung des Russischen als zweite Staatssprache geht, da rund 15 % der Ukrainer, die sich auch ethnisch als ukrainisch definieren, russischsprachig sind. Die kulturelle und sprachliche Nähe samt der Assimilationsgefahr, die noch frische Erinnerung an historische Traumata und die wirtschaftliche Abhängigkeit der Ukraine von Russland – die bis heute von der russischen Regierung als politisches Druckmittel eingesetzt wird – spielen bei der Abweisung des Russischen wohl die entscheidende Rolle. Denn das Verhältnis zu den Polen, denen in der ukrainischen Geschichte eine ähnliche Unterdrückerrolle zukam, hat in der Zwischenzeit eine positive Wende genommen.

Ethnische Gruppen

Neben den nationalen Minderheiten unterscheidet man lokale ethnische Gruppen, die jeweils nur in einer bestimmten Region beheimatet sind. Die Bevölkerungen in den Grenzgebieten vermischten sich im Laufe der Jahrhunderte häufig und brachten immer wieder neue kulturelle Traditionen hervor. Manche Gruppen können aber als Nachfahren der alten slawischen Stämme gesehen werden. Insbesondere haben die Poliščuken in Polesien, die Lytvynen im Polesischen Mittleren Desna-Gebiet sowie die Bojken, Lemken und Huzulen in den Karpaten ihre traditionelle Lebensweise – ihren Dialekt, ihre Volkskunst, Trachten, Bräuche und Alltagskultur – bewahrt. Die Bojken, Lemken und Huzulen werden mitunter als Rusynen zusammengefasst, die in den Nachbarstaaten, nicht aber in der Ukraine, als Nationalität anerkannt sind. Ob es sich beim Rusynischen um eine Sprache oder um einen Dialekt handelt, ist bislang umstritten.

Sprache und Sprachpolitik

Rund 67,5 % der Gesamtbevölkerung der Ukraine bezeichnen das Ukrainische, 29,6 % das Russische als ihre Muttersprache. Die liberale ukrainische Sprachpolitik fördert die Mehrsprachigkeit im Land: Von diesem Recht profitieren vor allem die Minderheiten, so sprechen 96 % der Russen, 95 % der Ungarn, 92 % der Krimtataren und Rumänen sowie 72 % der Gagausen ihre Muttersprache. Unter den ukrainischsprachigen ethnischen Nichtukrainern haben die Polen den größten Anteil (ca. 71 %). Russisch sprechen dagegen ca. 89 % der Griechen, ca. 83 % der Juden, ca. 65 % der Deutschen, ca. 63 % der Weißrussen und ca. 59 % der Tataren.

Geschichte der ukrainischen Sprache

Neben dem Russischen und dem Weißrussischen zählt das Ukrainische zur Gruppe der ostslawischen Sprachen, die ihrerseits zur indoeuropäischen Sprachfamilie gehört. Das Ukrainische bedient sich des kyrillischen Alphabets, das nach dem christlichen Missionar Kyrill von Saloniki benannt wurde. Über die Entstehung der ukrainischen Sprache sind sich die Sprachwissenschaftler nicht einig. Die in der Sowjetunion aufgezwungene These, das Ukrainische habe sich aus der gemeinsamen altostslawischen Sprache der Kiewer Rus erst nach der mongolischen Invasion, also im 13./14. Jh., herausgebildet, gilt in vielen Forschungsarbeiten als überholt und als imperialen Interessen verpflichtet. Demgegenüber setzt sich die Erkenntnis durch, dass die einzelnen Ende des 8. Jh., Anfang des 9. Jh. existierenden ostslawischen Mundarten direkt aus dem Urslawischen hervorgegangen und die charakteristischen Züge u. a. des Altukrainischen bereits im 10./11. Jh. zu erkennen sind. Nach der Christianisierung der Rus im Jahr 988 wurde Altkirchenslawisch als Literatursprache eingeführt. In die in Altkirchenslawisch verfassten Altkiewer Schriften schlichen sich die regional gefärbten Elemente der ostslawischen Sprachen bzw. Dialekte ein, die wertvolle Aufschlüsse über die Entwicklung u. a. des Ukrainischen geben.

Im Großfürstentum Litauen (14.–16. Jh.) wurde neben dem Kirchenslawischen das allgemein verständliche Altukrainische (auch

Deutschsprachige Siedler in der Ukraine

Bereits im Mittelalter waren deutsche Kaufleute, Handwerker und Bauern in den von den Mongolen verwüsteten Gebieten der ukrainischen Länder erfolgreich angesiedelt worden. Sie belebten den Handel und leisteten einen wichtigen Beitrag zur Entwicklung der städtischen Kultur. Im 18. Jh. erhofften Maria Theresia von Österreich und Katharina II. von Russland von den angeworbenen Kolonisten ähnliche Impulse für die Ökonomie ihrer Reiche. Im 20. Jh. gerieten die einstigen Siedler zwischen die Fronten der Weltgeschichte.

In den 1760er-Jahren initiierte Katharina II. eine neue, bedeutende Einwanderungswelle von Bauern überwiegend aus Südwestdeutschland in die südukrainischen Gebiete, die dem Russischen Reich angehörten. Zum einen sollten die Kolonisten den osmanischen Gebietsansprüchen vorbeugen, zum anderen die russische Landwirtschaft aufbauen. Besondere Hoffnungen setzte die Zarin auf die den Deutschen nachgesagten Tugenden wie Fleiß, Ordentlichkeit und Unternehmergeist.

In der Tat waren die Kolonisten – Deutsche, Österreicher und Schweizer – wirtschaftlich sehr erfolgreich. Freilich trug die privilegierte Stellung, die sie in der Fremde genossen, zum Aufstieg bei: Während sich die ukrainischen Bauern mit der Last der Leibeigenschaft abfinden mussten, waren die neuen Siedler von Fronarbeit, Steuern und Militärdienst befreit. Darüber hinaus genossen sie religiöse wie kulturelle Freiheit. Insbesondere bei den in ihren Heimatländern unterdrückten Mennoniten waren die religiöse Freizügigkeit und die Befreiung vom Militärdienst ausschlaggebend für die Entscheidung, nach Russland zu ziehen. Unter allen Glaubensgemeinschaften – Mennoniten, Katholiken und Lutheranern – bildeten die Lutheraner die größte Siedlergruppe. Vor allem ab den 1770er-Jahren nutzte auch die österreichische Kaiserin Maria Theresia das migrationspolitische Instrument, um die östlichsten Provinzen ihres Reiches zu germanisieren und die dortige Landwirtschaft und den Handel anzuregen. Sie gewährte den Kolonisten zahlreiche Privilegien und Vergünstigungen. Neben Bauern begaben sich – sowohl innerhalb Österreich-Ungarns als auch innerhalb Russlands – Handwerker, Händler, Lehrer, Ärzte und Priester in die neuen Siedlungsgebiete. Die Kirche, die als Bildungsstätte fungierte, bildete den Mittelpunkt der deutschsprachigen Kolonien. Dank der Gebete und des Unterrichts konnten die Kolonisten ihre Muttersprache beibehalten. Mit der ukrainischen Stammbevölkerung und den anderen Volksgruppen pflegten die Einwanderer friedliche Beziehungen, obschon sie eher in abgeschotteten Gemeinschaften lebten: Oft sprachen die Kolonisten nur Deutsch, Mischehen mit den Ostslawen kamen selten vor.

Als in der zweiten Hälfte des 19. Jh. die Privilegien der Siedler beschnitten wurden und man ihnen kein weiteres Ackerland zugestand, wanderten viele Familien nach Übersee aus. Die Tumulte der russischen Revolutionen am Anfang des 20. Jh. mündeten in folgenschwere Enteignungen, Kollektivierungen und Kirchenschließungen. Doch am

Thema

härtesten wurden die Volksdeutschen von den politischen Manövern infolge des Zweiten Weltkrieges getroffen. Zunächst wurden sie nach dem deutsch-sowjetischen Pakt von 1939 aus verschiedenen ukrainischen Regionen vor allem ins sogenannte Wartheland im besetzten Polen gebracht, wo man ihnen die Häuser der zuvor enteigneten polnischen Bewohner übergab. Gegen Ende des Krieges flohen sie vor der heranrückenden Roten Armee Richtung Westen nach Deutschland. Diejenigen, die nicht fliehen konnten, wurden in die UdSSR repatriiert: Als ›Verräter‹ landeten sie meist in sowjetischen Arbeitslagern oder wurden nach Zentralasien deportiert. Die Mehrheit der Volksdeutschen hatte den Einmarsch der Nazi-Truppen begrüßt. Manche von ihnen arbeiteten in den deutschen Behörden mit oder traten in die Wehrmacht ein. Etliche andere waren innerhalb der Selbstschutzverbände an der Ermordung von Juden beteiligt.

Der offizielle Freispruch der deutschsprachigen Minderheiten vom Vorwurf kollektiver Kollaboration und des Heimatverrats in der Sowjetunion erfolgte erst in den 1960er-Jahren. Insbesondere nach Gorbatschows Perestrojka ergriffen viele Volksdeutsche die Chance, in die Heimat ihrer Vorfahren auszureisen. Auch die mittlerweile in Zentralasien ansässigen Kolonisten zogen in den 1990er-Jahren statt in die von der Wirtschaftskrise betroffene Ukraine zurück lieber nach Deutschland. Der letzten Volkszählung von 2001 zufolge leben in der Ukraine rund 33 100 Deutsche, was ca. 0,1 % der Gesamtbevölkerung ausmacht. Von ihnen sprechen aber nur etwa 12,2 % Deutsch, die Mehrheit ist russischsprachig. Schönborn, Schwalbach, Königsau, Zürichtal, Rosenfeld: Deutsche Ortsnamen, die seit der ukrainischen Unabhängigkeit zum Teil offiziell wiederhergestellt wurden, erinnern an die einstige Präsenz der deutschsprachigen Siedler in der Ukraine.

Museum für Wolhyniendeutsche in Linstow bei Rostock

Altweißrussisch genannt) als offizielle Kanzleisprache anerkannt. Nach der Union von Lublin im Jahr 1569 erfuhr es polnische, germanische und lateinische Einflüsse. Die Schriften jener Zeit wurden immer häufiger mit Elementen der Volkssprache ausgeschmückt; seit dem Ende des 17. Jh. wurde das Altkirchenslawische allmählich vom Altukrainischen verdrängt.

Ein wichtiges Werk des altukrainischen Schrifttums ist das Peresopnycjaer Evangelium (1556–1561), auf das – neben der Verfassung – die neu gewählten ukrainischen Präsidenten schwören. Im Jahr 1627 publizierte Pamvo Berynda (um 1560–1632) das erste gedruckte Lexikon der kirchenslawischen Sprache mit rund 7000 Einträgen und ihren altukrainischen Übersetzungen. Die entscheidenden Schritte zur Behauptung der modernen ukrainischen Sprache machten Ivan Kotljarevs'kyj (1769–1838), als er 1798 sein burleskes Versepos »Äneas« in der Volkssprache veröffentlichte, und Taras Ševčenko (1814–1861), der mit seiner Dichtung die ukrainische Sprache zur Literatursprache erhob. Unter den drei existierenden Dialektgruppen – der nördlichen, der südwestlichen und der südöstlichen – hat sich die Mundart des Mittleren Dnipro-Gebiets als Basis für das Hochukrainische durchgesetzt.

Nationalsprache heute

Die jahrhundertelange Unterdrückung und die Verbote der ukrainischen Sprache schlagen sich in der gegenwärtigen Sprachsituation nieder: Obwohl das Ukrainische 1991 zur Staatssprache erklärt wurde, spricht man hauptsächlich im Westen und im Zentrum des Landes ukrainisch, im Osten und Süden dagegen vorzugsweise russisch. Ähnliche Dichotomien sind zwischen Stadt (russisch) und Land (ukrainisch) zu beobachten. Die Konstellation, bei der die Sprache einer Minderheit offiziell bei 29,6 % der Bevölkerung, inoffiziell fast genauso verbreitet ist wie die Nationalsprache, ist in Europa einmalig. Deswegen stößt die Forderung der proukrainischen Politiker nach der Verminderung speziell des russischen Einflusses insbesondere in Westeuropa, wo die Nationenbildung mit einer einheitlichen Sprache weit zurückliegt und wo die Frage der Minderheiten heutzutage eines der zentralen Anliegen ist, manchmal auf Unverständnis. Die Gründe für dieses Unverständnis sind oft in der Unkenntnis der ukrainischen Geschichte und der immer noch vorkommenden Gleichsetzung des Ukrainischen mit dem Russischen zu suchen.

Die ukrainische Sprache ist mit ihren Medien, die mit dem russischsprachigen Import kaum konkurrieren können, immer noch auf die gezielte Förderung seitens der Regierung angewiesen. Mit dem Amtsantritt von Präsident Viktor Janukovyč, der in seinem Wahlprogramm die Einführung des Russischen als zweite Staatssprache ankündigte, sind die Befürchtungen um Rückschläge in der Ukrainisierungspolitik größer geworden. Die Verbreitung des sogenannten Suržyk – einer Mischsprache des Alltags, die infolge mangelnder Sprachbeherrschung im Zuge zunächst der Russifizierung und dann der Ukrainisierung entstanden und je nach Region stärker von der einen oder der anderen Sprache geprägt ist – verleiht der soziolinguistischen Frage in der Ukraine noch mehr Brisanz.

Religionen

Nach einer Erhebung des Oleksandr-Razumkov-Zentrums für ökonomische und politische Studien von 2006 bezeichnen sich etwa 74 % der ukrainischen Bürger als gläubig, wobei sich 40,5 % der Befragten keiner Kirche zuordnen. Rund 22 % geben an, Atheisten zu sein; ca. 4 % tun sich schwer damit, auf die Frage nach ihrer Religiosität zu antworten. Die Vielfalt der Religionen in der Ukraine – es existieren 55 Glaubensrichtungen – ist zuweilen verwirrend. Die meisten Kirchengemeinden finden sich im Westen und im Zentrum des Landes.

Orthodoxes Christentum

Die gewichtigste Religionsgemeinschaft bildet das orthodoxe Christentum, das sich in die Ukrainische Orthodoxe Kirche des Kiewer

Patriarchats, die Ukrainische Orthodoxe Kirche des Moskauer Patriarchats und die Ukrainische Autokephale Orthodoxe Kirche aufspaltet. Die in der orthodoxen Welt anerkannte Ukrainische Orthodoxe Kirche des Moskauer Patriarchats ist ein Teil der Russischen Orthodoxen Kirche. In den ukrainischen Ländern breitete sie sich seit der Eingliederung ins Zarenreich aus. Obwohl sie die meisten orthodoxen Gemeinden (11 704), Klöster (179) und Periodika (108) betreibt, stellt sie nur 29,4 % der Gläubigen. Die an Mitgliedern stärkste orthodoxe Gemeinschaft bildet die Ukrainische Orthodoxe Kirche des Kiewer Patriarchats: Die Zahl ihrer Anhänger beläuft sich auf ca. 39,8 %, wobei sie nur 4251 Gemeinden, 45 Klöster und 37 Periodika verwaltet. Die Entstehung der Kirche initiierte im Jahr 1992 der vom Moskauer Patriarchat abgesetzte Metropolit Filaret, der an die Spitze der Bewegung für die Autonomie von der Russischen Orthodoxen Kirche trat.

Während des ukrainischen Bürgerkrieges, im Jahr 1918, hatte sich schon die Ukrainische Autokephale Orthodoxe Kirche von Moskau abgelöst. Wegen der Verfolgung der Geistlichen und der Auflösung der Kirche durch die Bolschewiken im Jahr 1926 setzte sie ihre Aktivitäten im Ausland fort. 1990 wurde sie in der Ukraine wieder zugelassen. Der Ukrainischen Orthodoxen Autokephalen Kirche gehören etwa 2,8 % der Gläubigen an.

Unierte, Katholiken und Protestanten

Ca. 14,1 % der gläubigen Ukrainer gehören der unierten griechisch-katholischen Kirche an, die traditionell im Westen des Landes verbreitet ist. Sie zählt 3597 Gemeinden, 105 Klöster und 27 Periodika. Ihre Geschichte beginnt mit der Union von Brest im Jahr 1596, als sich die ukrainischen orthodoxen und die polnischen katholischen Geistlichen auf die Gründung der dem Papst unterstellten Kirche mit byzantinischem Ritus einigten. Die russische Orthodoxie bewertete die Union als Verrat; die unierte Kirche wurde im Zarenreich wie später in der Sowjetunion dementsprechend verboten und wirkte im Untergrund. Die Legalisierung der griechisch-katholischen Kirche erfolgte 1989.

Die Anhänger der römisch-katholischen Kirche, etwa 1,7 % der ukrainischen Gläubigen, gehören überwiegend nationalen Minderheiten an. Sie verfügen über 904 Gemeinden, 96 Klöster und 13 Periodika. Die protestantische Kirche gewinnt mit rund 2,4 % der Gläubigen immer mehr an Popularität. Zu den historischen Gemeinschaften zählen die ungarische Reformatenkirche und die deutsche lutherische Kirche.

Minderheitenkonfessionen

Neuerdings erhalten vor allem die 2532 Gemeinden der evangelischen Baptisten, 1472 Pfingstgemeinden, 1016 Gemeinden der Adventisten und 676 Gemeinden der Zeugen Jehovas Zulauf. Zu den Ethnokonfessionen, die im Süden am zahlreichsten repräsentiert sind, gehören u. a. die Muslime mit ca. 0,6 % und die Juden mit etwa 0,2 % der ukrainischen Gläubigen. Insbesondere der Chassidismus, eine jüdische Strömung, hat in der Ukraine – in Uman', Medžybiž und Berdyčiv – wichtige Wallfahrtsorte.

Feste und Brauchtum

Die Ukrainer feiern gerne und ausgiebig. Den Anlass dazu geben die staatlichen und religiösen Feiertage sowie Volksfeste, Geburtstage, Hochzeiten und Ähnliches. Manche Feste werden sogar zweimal begangen, da der Übergang zum gregorianischen Kalender die alten Festtage nach dem julianischen Kalender nicht aus dem kollektiven Gedächtnis gelöscht hat. So stößt man in der Ukraine z. B. nicht nur am 31. Dezember, sondern auch am 13. Januar jeweils um 24 Uhr auf das neue Jahr an. Um beide Feste auseinanderzuhalten, nennt man den 13./14. Januar einfach ›altes Neujahr‹.

Nikolaustag und Weihnachten

Am 19. Dezember wird der **Nikolaustag** begangen. In den Regionen der Ukraine, in denen viele Katholiken leben, ist der 6. Dezem-

Mit Blumenkränzen schmücken sich die Mädchen am Johannisfest

ber der Tag des hl. Nikolaus. Die Orthodoxen und Anhänger der griechisch-katholischen Kirche feiern Heiligabend am 6. und **Weihnachten** am 7. Januar. Der Mitternachtsgottesdienst ist der Höhepunkt des Festes. Doch davor wird der festliche Tisch mit zwölf Fastengerichten – mit der obligatorischen Kutja, einer Süßspeise aus Weizen, Nüssen, Mohn, Rosinen und Honig, sowie mit Pilzen, Fisch und Uzvar, einem Kompott aus getrockneten Früchten, gedeckt. Das Abendessen fängt mit der Verkostung der Kutja beim Aufgehen des ersten Sterns an. Der Weihnachtsliederumzug mit dem großen Stern, der Weihnachtskrippe, den verkleideten Hirten, drei Königen, einer Zigeunerin und dem Teufel ist wohl der heiterste Weihnachtsbrauch. Die Kinder, aber auch die Erwachsenen ziehen von Haus zu Haus und singen Weihnachtslieder *(koljadky),* wofür sie mit Süßigkeiten und Geld beschenkt werden. In den karpatischen Dörfern fallen die Feierlichkeiten besonders koloritvoll aus. In den Städten sind die Kirchen und Freilichtmuseen die traditionellen Veranstaltungsorte. Im Allgemeinen verläuft selten ein Fest ohne Gesang und Tanz, denn die Ukrainer singen und tanzen bei jeder passenden Gelegenheit sehr gern. Zu diesem Zeitpunkt haben die Katholiken der römisch-katholischen Kirche die Geburt Christi am 24. und 25. Dezember schon gefeiert. Besonders in gemischtkonfessionellen Familien kommen Nikolaus wie Christkind meist zweimal im Jahr.

Neujahrsfeierlichkeiten

Das **Neujahrsfest** nach dem gregorianischen Kalender am 31. Dezember und nach dem julianischen am 13. Januar ist eines der beliebtesten Feste, das man in vielen Regionen des Landes immer noch mit Großväterchen Frost – dem sowjetischen Ersatz für den heiligen Nikolaus und das Christkind – verbindet. Ein großes Gewicht hat insbesondere im ukrainischen Westen das **Malanka-Fest** – Tag der Ehrwürdigen Melanija – am 13. Januar und der anschließende Tag des heiligen Vasyl' (Basilius). Malanka heißt auch Ščedryj Večir (auch am 18. Januar) – großzügiger Abend. Im Gegensatz zu Heiligabend dürfen außer Kutja Fleischspeisen aufgetischt werden, es werden die Ščedrivky, Wünschlieder, gesungen. Das berühmteste von ihnen, »Ščedryk«, transformierte sich dank Mykola Leontovyč in das weltberühmte »Carol of the Bells«. Beim Malanka-Fest erheitern die umherziehenden als Malanka verkleideten jungen Männer und ihre maskierte Gefolgschaft die Zuschauer. Besonders authentisch kann dieses bunte Treiben in den Gebieten Černivci (etwa in Vaškivci) und Ternopil' (z. B. in Horošova) erlebt werden.

Am 19. Januar, dem Fest der **Taufe Christi,** wird das Wasser geweiht. In den zugefrorenen Flüssen und Seen schlägt man eine kreuzförmige Öffnung in das Eis. Tapfere Freiwillige tauchen ins Wasser ein, das an diesem Tag heilende Kraft haben soll. Der Vorabend wird mit Fastengerichten begangen. Die Taufe Christi schließt den weihnachtlichen Festzyklus ab.

Ostern

Eines der wichtigsten und zweifelsohne schönsten christlichen Feste in der Ukraine ist Ostern. Das Mysterium der Osternacht mit Kirchengesang und einem Meer von brennenden Kerzen zieht in seinen Bann. Die in Körben mitgebrachten Gaben wie Osterbrot, wunderschön bemalte Ostereier, Schinken, Wurst, Butter und Meerrettich werden gesegnet und zum Osterfrühstück gereicht. Am Ostermontag wird ein Brauch ausgeübt, bei dem die Männer Frauen mit Wasser oder Parfüm besprengen. Im Gegenzug schenkt die Frau dem Mann ein bemaltes Ei. Die Reigentänze und Osterlieder, die *hajivky,* leben bei den Jugendlichen wieder auf.

Frühlings- und Sommerfeste

Ein nach wie vor beliebtes sozialistisches Fest ist der **Internationale Frauentag** am 8. März. In den letzten Jahren konkurriert er mit dem Muttertag, der am zweiten Sonntag im Mai gefeiert wird. Die Bräuche der Mittsommernacht am Vorabend des **Johannisfestes** am 7. Juli finden immer mehr Zulauf. Dabei werden nächtliche Lagerfeuer übersprungen, Blumenkränze gebunden und blühender Farn gesucht, der Glück und Reichtum verheißt.

Historische Feiertage

Insbesondere der **Tag der Unabhängigkeit** am 24. August ist ein für die meisten Ukrainer bedeutendes Fest. Anders steht es um den **Tag des Sieges** am 9. Mai. Zwar sind sich die Ukrainer darüber einig, dass sie den Sieg über den deutschen Nationalsozialismus feiern möchten. Der Festtag wird jedoch von kontroversen Diskussionen über die Zahl

Staatliche Feiertage

1. Jan.: Neujahr
7. Jan.: Weihnachten
8. März: Internationaler Frauentag
Ostermontag
1.–2. Mai: Tag der Arbeit
9. Mai: Tag des Sieges
Pfingstmontag
28. Juni: Tag der Verfassung
24. August: Tag der Unabhängigkeit

der ukrainischen Opfer und die sowjetische ›Befreiung‹, die besonders im Westen als Okkupation interpretiert wird, überschattet. Insbesondere durch den stalinistischen Terror wurden für viele Ukrainer die Unterschiede zwischen den beiden totalitären Regimen – Nationalsozialismus und Stalinismus – eingeebnet. Außerdem wird bei den Feierlichkeiten stets aufs neue um die Rolle der Kämpfer der Ukrainischen Aufstandsarmee gestritten, die zwar für die Ukraine, aber nicht an der Seite der Sowjets kämpften und deshalb als Nazi-Kollaborateure gebrandmarkt wurden. Sowohl Politiker als auch Historiker versuchen immer wieder die unterschiedlichen Erinnerungskulturen auf einen gemeinsamen Nenner zu bringen.

Festivals und Veranstaltungen

Musik- und Kunstfestivals

Über die Landesgrenzen hinaus bekannt sind mittlerweile viele ukrainische Kunst- und Kulturevents, die sowohl Klassik als auch Moderne reflektieren. Eines der Highlights im März und Oktober ist die **Ukrainian Fashion Week,** die jungen Designern in Kiew eine Bühne bietet. Bei vielen Wettbewerben stellen angehende Musiktalente ihr Können unter Beweis: Das landesweit stattfindende traditionsreiche Festival **Rote Raute** und die **Taurischen Spiele** in Kachovka versammeln im März und im Mai die Pop-, Rock- und Volkssänger. Während der **Musikalischen Premieren der Saison** ertönt in der Kiewer Philharmonie im April Kammer-, Chor- und Opernmusik. Die besten Pianisten finden sich von April bis Mai beim **Internationalen Vladimir-Horowitz-Wettbewerb** in Kiew ein. Der Höhepunkt des klassischen szenischen Tanzes ist der internationale Ballettkunstwettbewerb **Serge Lifar International Ballet Competition,** der dem aus Kiew stammenden berühmten Tänzer der Ballets Russes, Serge Lifar, gewidmet ist.

Recht beliebt sind Rock-, Barden- oder alternative Musikfeste, die für ihre Fans eine ganz eigene Welt mit Workshops, Kulturprogramm und Zeltlager kreieren. Hierzu zählt das im Juni am Flugplatz ›Čajka‹ in Kiew veranstaltete Wochenendfestival **Open Air.** Der absolute Renner in dieser Kategorie ist jedoch das mehrwöchige Kult-Open-Air-Festival **KaZantyp** in Popivka auf der Krim. Die ausgerufene Republik Z mit eigenem Präsidenten und Visumsordnung ist ein experimentelles Terrain vor allem für elektronische Musik, junges Kino, bildende Kunst, Design, Sport und Unterhaltung, das sich in der Strandzone mit zahlreichen Bühnen, Tanzflächen, Restaurants, Bars und Sportplätzen ausbreitet. Immer mehr an Popularität gewinnen die Jazzfestivals, unter denen die **Windfahnen von L'viv** im Mai, **JazzBez** im Dezember und speziell das Open-Air-Fest **Jazz Koktebel'** im September besondere Beachtung verdienen.

Der Herbst ist die Zeit für Kino- und Theaterfeste sowie für moderne Kunst, die sich im Rahmen des Festivals **HOHOLFEST** im September und der **ART-KYIVcontemporary** im November, beide in Kiew, präsentiert. Das wandernde Festival der Animationsfilme **Krok,** das seine Anhänger ebenfalls im September versammelt, ist das berühmteste Event seiner Art im postsowjetischen Raum. Das etablierte internationale Filmfestival **Molodist'** im Oktober hat schon manches Mal mit außergewöhnlichen Filmen überrascht.

Historienfeste

Überall, wo es eine Festung, eine Burg, ein Schlachtfeld oder ein Freilichtmuseum gibt, finden Feste statt, die an historische Ereignisse erinnern. Beim Öko-Kultur-Festival **Der Kreis von Trypillja** im Juli bei Ržyščiv dreht sich alles um die geheimnisvolle Kultur von Trypillja (s. S. 30). In Werkstätten und Zelten leben die alten Handwerkskünste, uralten Spiele, Tänze und Musik auf. Die Rekonstruktion der Hauptstadt des alten Kiewer Reiches hat sich der vor kurzem eröffnete **Park Kiewer Rus** im Dorf Kopačiv bei Kiew zum Ziel gesetzt. Beim großen Festival im April finden hier Ritterturniere, Spiele und Konzerte statt. Zum Essen gibt es altostslawische Spezialitäten. An die Kultur des Mittelalters knüpft auch das **Ljubart-Fest** im Luc'ker Schloss an. Die Burg Medžybiž bevölkert im August beim Festival **Altes Medžybiž** ein am Mittelalter interessiertes Publikum. Ritterturniere, Heldenepen, Tänze und nächtliches Feuer-und-Schatten-Theater beleben die kahlen Felsen von Uryč, wenn dort im September das Fest der ukrainischen mittelalterlichen Kultur **TuStan'!** einzieht.

Auf der historischen Kosakeninsel Chortycja in Zaporižžja findet im Mai das Festival **Kosakeninsel** mit traditionellen Spielen, Meisterklassen und kulinarischen Köstlichkeiten statt. Ein ähnliches Flair verbreitet das musikalisch untermauerte Rock-Pop-Ethnofestival **Taras Bul'ba,** das im Juli an den Ruinen des Schlosses von Dubno veranstaltet wird. Im selben Monat findet das mehrtägige Ethnofestival **Pidkamin'** im gleichnamigen Ort statt.Die legendäre Schlacht mit den Türken von 1621 wird im September bei **Chotyn 1621** in den mächtigen Festungsmauern in Chotyn nachgestellt. Doch eines der ambitioniertesten osteuropäischen Historienfeste bleibt nach wie vor **Terra Heroica,** das in der eindrucksvollen Festung von Kamjanec'-Podil's'kyj Schlachten, Gelage im Zeltlager und eine grandiose Lasershow bietet.

Ethno- und Volksfeste

Bei den regionalen Ethno- und Volksfesten geht es besonders lebendig zu. Sie sind eine gute Gelegenheit, die einheimischen Kulturen mit ihren besonderen Sitten, Trachten, Handwerkskünsten und ihrer Volksmusik kennenzulernen. Witze erzählen und Lachen lernt man am besten in Odesa, während der **Humoryna** am Tag des Lachens, dem 1. April. Das für die Humorstadt bezeichnende Fest beginnt mit einem bunten Karnevalsumzug und schließt mit Tanz, Konzerten und Feuerwerk ab. Die ukrainische Ethnokunst in allen ihren Facetten präsentieren im Juli das mehrtägige Open-Air-Ethno- und Kunstfestival **Das Land der Träume** in Kiew und das **Art-Pole** in Vorobijivka.

Recht erlebenswert sind die wandernden Festivals der Bojken, Lemken und Huzulen: die **Bojko-Feste** und **Lemkivs'ka Vatra** (dt. Lemkisches Lagerfeuer) im Juli sowie das **Internationale huzulische Festival** im August. Unbedingt besuchenswert im August ist der **Jahrmarkt von Soročynci** mit Theatervorstellungen, Konzerten, Spielen und Meisterklassen.

Kulinarische Festivals

Die verschiedenen Landesküchen werden bei zahlreichen kulinarischen Festen gewürdigt. Im Sommer tourt das **BorschFest** durch das ganze Land, um die regionalen Rezepte des Kultgerichtes zu sammeln. Im August würdigen **Varenyky-Feste** in Ivano-Frankivs'k, Zbaraž oder Černihiv die ukrainische Lieblingsspeise. Im September ehrt das **Reibekuchenfest** in Korosten' das Kartoffelgericht. Der September erfreut ganz besonders mit dem huzulischen Schafskäsefestival **Huzulische Bryndzja** in Rachiv. Die Feinschmeckerstadt L'viv beteiligt sich am kulinarischen Geschehen im Lande mit dem **Fest der Schokolade** im März sowie dem **Bier-** und dem **Kaffeefest** im September und Oktober. Auch Weine kommen in diesem Reigen nicht zu kurz, im Januar stellen beim **Rotweinfestival** in Mukačeve Winzer ihre besten Tropfen vor.

Sportfeste

Dreimal im Jahr – im Januar, April und September – ziehen Outdoorfans aus der ganzen Ukraine, ausgerüstet mit Zelten, Schlafsäcken und Kochkesseln, zum Festival **Ukrainische Elbe** nach Novomoskovs'k. Die Wind- und Kitesurfer treffen sich im Mai in Ščolkine, um am Festival **Extreme Kazantyp** teilzunehmen. In Kosiv und Rachiv feiert man im September das **Festival des Pferdetourismus.** Im Bergdorf Jablynycja werden im Winter die Wettbewerbe **Extreme-Bike** und **Autorennen** sowie **Ski- und Schlittenmeisterschaften** durchgeführt. Speziell für Motorradfahrer gibt es mehrere, meist von Kulturprogrammen begleitete Events: im Juni die **Goblin-Show** in Odesa und **Taras' Berg** in Kaniv, im Juli das Fest **Karpatischer Biker** in Kosiv.

Architektur und Kunst

Die Ukraine wurde im Laufe ihrer Geschichte von vielen fremden Einflüssen geformt, wobei ein ganz eigenes, unverwechselbares Kulturgut entstanden ist. Die Kunstszene ist heute so lebendig wie nie zuvor und bringt Künstler hervor, die auch über die Landesgrenzen hinaus geschätzt werden.

Architektur

Das architektonische Erbe der Ukraine umfasst mehrere Zeitepochen und Kulturtraditionen. Frühe Zeugnisse sind die Überreste der altgriechischen antiken Städte Olbia, Chersonesos und Pantikapaion am Schwarzen Meer sowie die altchristlichen, frühbyzantinischen Sakralbauten auf der Krim. Die mittelalterlichen Fürstenpaläste und erhabenen Gotteshäuser der Kiewer Rus sind in Kiew und Černihiv zu sehen, der filigrane Khanspalast und die schlanken Moscheen der Krimtataren in Bachčysaraj auf der Krim. An friedliche und kriegerische Zeiten erinnern Festungen und Wehrklöster in Mukačeve, Chotyn, Kamjanec'-Podil's'kyj, Bilhorod-Dnistrovs'kyj und Sudak sowie die prächtigen Schlösser, Herrenhäuser und Landschaftsgärten in Karpaty, Pidhirci, Tul'čyn, Baturyn, Šarivka, Alupka, Livadija und Uman'. Die Architekturformen von Gotik, Renaissance, Barock, Klassizismus und der maurische Stil wurden in der Ukraine aufgenommen und ließen reizvolle Stadtansichten entstehen.

Der Architekt **Bernard Meretyn** (Ende des 17. Jh.–1759) und der Bildhauer **Jan Pinzel** (um 1707–1761) zeichnen für die spätbarocke und Rokoko-Gestaltung von L'viv, Bučač und Horodenka verantwortlich. Den ukrainischen Jugendstil prägten **Vladyslav Horodec'kyj** (Władysław Horodecki, 1863–1930) mit seinem Chimärenhaus in Kiew sowie **Vasyl' Kryčevs'kyj** (1872–1952) mit seinem ornamentalen Landstandsgebäude in Poltava. Die pompösen Bauten des sozialistischen Realismus kontrastieren in Kiew heute mit Bauten der Postmoderne. Neben den mitteleuropäischen Baustilen sind die Bauwerke des ukrainischen Barock sowie die traditionelle Holzarchitektur, die hauptsächlich auf dem Land zu finden ist, sehenswert.

Traditionelle Holzarchitektur

Zu den schönsten Denkmälern der ukrainischen traditionellen Architektur gehören die **Holzkirchen,** die in ihrer Mehrzahl von Meistern aus dem Volk gebaut wurden. Sie beeindrucken mit ihrer schlichten Eleganz. Hinsichtlich ihrer Formen und Konstruktionen sind sie sehr vielfältig, sodass sich die Forscher über die Zahl der regionalen Bauschulen immer noch nicht einig sind. Die Kirchen weisen, ob orthodox oder griechisch-katholisch, ob aus drei, fünf oder auch neun Blockbauten bestehend, immer die gleiche funktionelle Aufteilung auf: Sie sind in die Vorhalle (Narthex oder auch Babynec'), in der sich früher hauptsächlich die betagten Frauen aufhielten, das längliche Schiff und den Altarraum mit Ikonostase und Zarentor eingeteilt. Sie wurden in der Regel ohne Nägel gebaut, ihre Dächer mit Schindeln gedeckt. In vielen Kirchhöfen steht der Turm frei, der dann – insbesondere durch die offenen Galerien – an einen Wehrturm erinnert. Bei einer Ukrainereise ist die Besichtigung der Holzkirchen sehr zu empfehlen. Zur Wahl stehen die bojkischen

Kirchen mit den Kaskadenkuppeln z. B. im Museum für Volksarchitektur und Alltagskultur in L'viv, die Gotteshäuser der Lemken in Kostryna, die huzulischen Gebetshäuser in Kolomyja, Jaremče und Jasinja, die bodenständigeren galizischen Kirchen in Drohobyč oder Žovkva, die schlichten bukowinischen Hüttenkirchen in Černivci sowie die kosakischen Kirchen bei Berestečko. Die in Oles' Hončars Roman »Der Dom von Satschipljanka« besungene Dreifaltigkeitskirche in Novomoskovs'k ist mit ihren neun Kuppeln die prächtigste Holzkirche in der Ukraine.

Während die Holzkirchen immer noch den Mittelpunkt vieler ukrainischer Dörfer und Städtchen bilden, lassen sich die **Wirtschaftsbauten** und **Wohnhäuser** aus Holz in der Regel nur noch in den Freilichtmuseen von Pyrohiv, Perejaslav-Chmel'nyc'kyj, L'viv, Černivci oder Užhorod besichtigen. Besondere funktionale Bauten sind die **Wind-** und **Wassermühlen,** die **Storchenbrunnen** sowie die huzulische **Gražda,** eine Umfriedung mit einem Tor und allen Bauten um den Innenhof, die in ihrer Konstruktion einer volkstümlichen Festung ähnelt. Die Internetseite www.derev.org.ua bietet einen ausführlichen Überblick über die Holzarchitektur in der Ukraine mit vielen Fotos.

Ukrainischer, Kosaken- oder Mazepa-Barock

Im ukrainischen Barock, auch Kosaken- oder Mazepa-Barock genannt, vermischte sich der europäische barocke Baustil mit Elementen der einheimischen Architekturtradition. Vor allem die ukrainische Holzarchitektur diente den barocken Baumeistern als Inspirationsquelle. Die Meisterwerke des ukrainischen Barock des 17.–18. Jh. zeichnen sich durch Anmut und Dekorreichtum aus, ihr auffallendes Merkmal sind die birnenförmigen oder knospenartigen Kuppeln. Kosakenbarock heißt der Stil, weil die Bauten vom Kosakenadel finanziert und vom Geschmack der Kosaken geprägt wurden. Der ukrainische Barock entfaltete sich während der Blütezeit des Hetmanats. Mazepa-Barock wird der Stil ebenfalls genannt, da der Hetman Ivan Mazepa wohl der großzügigste Stifter der Bauwerke war. Der Architekt **Ivan Hryhorovyč-Bars'kyj** (1713–1791), der die Gemächer, Kirchen und Glockentürme in Kiew und Kozelec' gestaltete, zählt zu den he-

Elegantes Märchenschloss: der Khanpalast in Bachčysaraj

rausragenden Meistern des Kosakenbarock, wie auch **Stepan Kovnir** (1695–1786), der das Kiewer Höhlenkloster und die Kathedrale der hll. Antonij und Feodosij in Vasyl'kiv baute.

Literatur

Anfänge

Die Ursprünge der ukrainischen Dichtkunst sind im gemeinsamen Erbe der Ostslawen zu suchen, vor allen Dingen im Meisterwerk der mittelalterlichen Literatur, dem **»Lied vom Heereszug Ihors«** vom Ende des 12. Jh. Ein unbekannter Autor hielt darin den missglückten Feldzug des Fürsten Ihor von Novhorod-Sivers'kyj gegen die Polowezer im Jahr 1185 fest. Während der Barockzeit wirkte **Hryhorij Skovoroda** (1722–1794), eine der bedeutendsten Persönlichkeiten der ukrainischen Philosophie und Literatur. Er hinterließ neben philosophischen Traktaten, Dialogen und Poetik-Lehrbüchern zahlreiche Fabeln, Psalmen, Lieder und Gedichte, die in von ukrainischen Elementen beeinflusstem Kirchenslawisch verfasst sind. Besonders erwähnenswert ist die Gedichtsammlung »Der Garten der göttlichen Lieder«.

Von Kotljarevs'kyj bis Ševčenko

Das erste literarische Werk in ukrainischer Volkssprache erschien 1798. **Ivan Kotljarevs'kyj** (1769–1838) veröffentlichte in diesem Jahr seine »Äneas«, eine burleske Variation des Werkes Vergils in ukrainischer Sprache. Vergils Helden ließ Kotljarevs'kyj darin als ukrainische Kosaken, Adlige und Bauern auftreten; die Geschichte der Trojaner spielte im volkstümlichen ukrainischen Alltag mit nationalen Bräuchen, Liedern, Sprichwörtern, Trachten, Handwerk und Essen. Das burleske Versepos wurde zu einer Art Enzyklopädie der ukrainischen Volkskunde des 18. Jh. Die heute noch lesenswerte, amüsante Lektüre beeinflusste u. a. **Petro Hulak-Artemovs'kyj** (1790–1865), der sozialsatirische Fabeln schuf, und **Hryhorij Kvitka-Osnovjanenko** (1778–1843), den Autor der »Hexe von Konotop« und Begründer der modernen ukrainischen Prosa.

Während der westukrainischen Romantik veröffentlichten die Mitglieder der **Ruthenischen Triade** – Markijan Šaškevyč (1811–1843), Ivan Vahylevyč (1811–1866) und Jakiv Holovac'kyj (1814–1888) den ersten westukrainischen Almanach »Die Nixe vom Dnister« (1837), der Volkslieder und Gedichte genauso wie historische und ethnografischen Studien beinhaltet.

Die herausragendste Figur der ukrainischen Literatur ist zweifelsohne **Taras Ševčenko** (1814–1861), der mit seiner Dichtung die ukrainische Sprache zur Literatursprache erhob. Zum Nationaldichter machte den freigekauften Leibeigenen sowohl sein dramatischer Lebensweg, der das Schicksal seiner Heimat personifizierte, als auch das sozialkritische Werk, das zur Befreiung von den Fesseln aufrief und sich mit der ukrainischen Vergangenheit – explizit mit dem Kosakentum – sowie der Gegenwart des unterdrückten Volkes u. a. in der berühmten Gedichtesammlung »Kobzar« (1840) auseinandersetzte. Seine Kritik am Zarentum brachte Ševčenko eine zehnjährige Verbannung sowie ein Schreib- und Malverbot ein.

Die wichtigsten Vertreter des literarischen Realismus sind **Jurij Fed'kovyč** (1834–1888), **Marko Vovčok** (Marija Vilins'ka, 1833–1907) und **Ivan Nečuj-Levyc'kyj** (1838–1918).

Literarische Moderne

Beim Übergang vom Realismus zur literarischen Moderne spielte **Ivan Franko** (1856–1916) mit seinen Werken eine wichtige Rolle. Sein erfolgreichstes Theaterstück war das soziopsychologische Drama »Das gestohlene Glück« (1894). Die Gedichtsammlung »Vergilbte Blätter« (1896) machte Franko zum berühmten Lyriker. Als Prosaiker wurde er u. a. durch das Stück »Boryslav lacht« (1882), das von der Erdölgewinnung im österreichischen Galizien handelt, bekannt. **Mychajlo Kocjubyns'kyj** (1864–1913) reicherte sein anfänglich ebenfalls realistisches Werk mit impressionistischen Zügen und psychologischen Innenperspektiven der Protagonisten an. Die Bräuche und den Aberglauben der Huzulen verarbeitete er in seinem eindrucksvollen, mystisch angehauchten Prosastück »Schatten vergessener Ahnen« (1911). **Vasyl' Stefanyk** (1871–1936), der Meister der expressionistischen Novelle, **Ol'ha Kobyljans'ka** (1863–1942), die bedeutende Repräsentantin der Frauenbewegung in der ukrainischen Literatur, sowie **Volodymyr Vynnyčenko** (1880–1951), der Autor des ersten ukrainischen fantastischen Romans, sind weitere wichtige Namen jener Zeit.

Für die ukrainischen Künstler um 1900 bedeutete die Zuwendung zur europäischen Moderne gleichzeitig eine Auseinandersetzung mit Fragen der Kunstästhetik und des Künstlertums. Diese Reflexionen wurden zu Leitthemen im Schaffen der herausragenden Lyrikerin und Dramatikerin **Lesja Ukrajinka** (Larysa Kosač, 1871–1913). Meisterhaft vereinte sie die existenziellen, kunstästhetischen und sozialen Fragen, die sie sowohl anhand ukrainischer Stoffe, wie im Drama »Waldlied«, als auch anhand weltliterarischer Überlieferungen über Kassandra, Samson oder Don Juan reflektierte.

Die ›erschossene Renaissance‹ und die Sechziger

Unter der ›erschossenen Renaissance‹ versteht man die Generation von ukrainischen Künstlern, die in den liberalen 1920er-Jahren – nach sowjetischem Empfinden – mit der Ukrainisierung zu weit gingen und später zu Opfern stalinistischer Säuberungen wurden. Die prominenteste Figur unter ihnen war der Dichter, Schriftsteller und Publizist **Mykola Chvyljovyj** (Fitiljov, 1893–1933). Der zunächst überzeugte Kommunist proklamierte die Abwendung von Moskau und die Neuorientierung an Europa und nahm sich später das Leben. Zu dieser Generation gehörten auch die Neoklassiker: **Mykola Zerov** (1890–1937), **Mychajlo Draj-Chmara** (1889–1939), **Pavlo Fylypovyč** (1891–1937), **Jurij Klen** (Oswald Burghardt, 1891–1947) und **Maksym Ryl's'kyj** (1895–1964). Manche der Dichter der 1920er-Jahre wie **Maksym Ryl's'kyj** (1895–1964) oder **Pavlo Tyčyna** (1891–1967) konnten sich an die Forderungen der Partei anpassen und überlebten.

Die Geschichte wiederholte sich in den 1960er-Jahren, was der Dissidentengeneration den Namen **Sechziger** einbrachte. Die Literaten **Vasyl' Symonenko** (1935–1963), **Vasyl' Stus** (1938–1985), **Lina Kostenko** (geb. 1930), **Ivan Drač** (geb. 1936) und **Valerij Ševčuk** (geb. 1939) sowie die Filmregisseure **Sergej Paradžanov** (1924–1990) und **Jurij Illjenko** (1936–2010) mussten viele Repressalien hinnehmen. Die lange mit Publikationsverbot belegte Lina Kostenko erhob ihre kritische Stimme bei der Katastrophe von Tschernobyl (ukr. Čornobyl'). Andere, wie z. B. der Literaturwissenschaftler und Autor des Buches »Internationalismus oder Russifizierung?« (1965), **Ivan Dzjuba** (geb. 1931), wurden in der Unabhängigkeitsbewegung und im neuen ukrainischen Staat politisch aktiv. Zur ukrainischen Literatur dieser Zeit gehören auch die Exil-Schriftsteller wie **Ivan Bahrjanyj** (1907–1963), der die Schrecken des Stalinismus in seinen Romanen schilderte, sowie **Bohdan Lepkyj** (1872–1941) und **Mychajlo Orest** (1901–1963), die im deutschsprachigen Raum tätig waren. Zum Rilke-Übersetzer wurde **Bohdan Kravciv** (1904–1975). Die Dichterin und Malerin **Emma Andijevs'ka** (geb. 1931) veranstaltet immer noch Lesungen und Ausstellungen in München.

Aktuelle Literaturszene

Die Entstehung der literarischen Gruppe **Bu-Ba-Bu** (Burleske-Balagan-Buffonade) im Jahr 1985 begleitete die politischen Umwälzungen in der Ukraine und markierte den Übergang zur literarischen Postmoderne. Ihre einflussreichen Begründer – **Jurij Andruchovyč** (geb. 1960), **Viktor Neborak** (geb. 1961) und **Oleksandr Irvanec'** (geb. 1961) – nahmen gegenüber den Verwerfungen des kommunistischen Systems eine karnevaleske Haltung ein – ganz in der Tradition von Kotljarevs'kyj, Gogol (Hohol') und Bulgakov. Die Hauptfigur der Gruppe, der in Ivano-Frankivs'k geborene Dichter, Romancier und Essayist Andruchovyč, beteiligte sich nach dem Fall des Eisernen Vorhangs aktiv an der Entstehung des sogenannten Stanislauer Phänomens. Die Kunstschaffenden dieser Strömung verbanden die neuesten Positionen in der Weltkunst mit den ukrainischen Gegebenheiten und stellten in ihren Werken die wesentlichsten Merkmale der ukrainischen Postmoderne heraus. Andruchovyč etablierte sich als einer der meist gelesenen ukrainischen Autoren seit den Romanen »Rekreationen« (1992) und »Moscoviada« (1993). Ein Tag im Leben eines Studenten des Moskauer Literaturinstituts wird in »Moscoviada« zu einem mystischen Abenteuer, das zugleich den Zerfall des Sowjetimperiums mit seinen unglaublichen Gerüchten, Verschwörungen und KGB-Aktionen dokumentiert. Zu einem großen Erfolg wurde der Roman »Perversion« (1996). Diesmal reist Andruchovyčs Held nach Venedig, um die Absurdität der Welt in einem sich zum Karneval gewandelten Kongress bestätigt zu finden. Virtuoses Jonglieren mit der Sprache und narrativen Strategien wird zum Kennzeichen des Schriftstellers auch in den späteren Werken, wie z.B. in dem Roman »Zwölf Ringe« (2003), der das ukrainische postkommunistische Dasein um 2000 schildert. Im Jahr 2006 wurde Jurij Andruchovyč mit dem Leipziger Buchpreis zur europäischen Verständigung ausgezeichnet.

Auch **Taras Prochas'ko** (geb. 1968) aus Ivano-Frankivs'k macht sich in seinen Erzählungen auf den Weg in die westukrainische Vergangenheit, die er in der Familienchronik »Daraus lassen sich ein paar Erzählungen machen« (2005) mit der Gegenwart verknüpft. Die 1960 in Luc'k geborene und in Kiew wirkende Schriftstellerin und Literatur- und Philosophiewissenschaftlerin **Oksana Zabužko** ist ebenfalls eine unbestrittene Größe der literarischen Szene der Gegenwart. Viel Aufsehen erregte ihr Roman »Feldstudien über ukrainischen Sex« (1996), der gleich zum ersten ukrainischen feministischen Manifest erklärt wurde. Zum Skandal machte ihn die sehr aufrichtige Auseinandersetzung mit der Sexualität der Heldin, die die Autorin in den nationalen Diskurs der Unterdrückung einbindet. Die Abrechnung Zabužkos mit der verworrenen ukrainischen Geschichte erfolgt im 2009 erschienenen Roman »Museum der vergessenen Geheimnisse« (2009), der das Verschwiegene, Unausgesprochene, Geheimgehaltene – im Persönlichen wie im Öffentlichen, Gesellschaftlich-Politischen – anhand dreier Frauenschicksale zum Thema macht.

Der Roman »Wo ist dein Haus, Odysseus?« (2006) von **Tymofij Havryliv** entfaltet sich als philosophisch-poetische Reflexionen über das sich wandelnde Europa. Der 1971 in Ivano-Frankivs'k geborene, in L'viv lebende Schriftsteller und Publizist begibt sich auf die Suche nach Orientierung und Identität sowohl in der vertrauten Fremde als auch im entfremdeten Zuhause – in verschiedenen Gestalten, zwischen Traum und Realität.

Der 1974 in Starobil's'k geborene und in Charkiv lebende Lyrik- und Prosaautor, Übersetzer und Essayist **Serhij Žadan** machte 2006 im Westen mit dem Hubert-Burda-Preis für junge Lyrik auf sich aufmerksam. Der wortgewandte Beobachter seiner Zeit veröffentlichte mehrere Gedicht-, Essaysammlungen und Romane, u. a. »Depeche Mode« (2004), »Anarchy in the UKR« (2005), »Hymne der demokratischen Jugend« (2006) sowie »Die Selbstmordrate bei Clowns« (2009). In seinen Werken schildert Žadan die zwielichtigen Helden der Transformationszeit – die Drogenhändler, Gauner, Organschmuggler – sowie die Orientierungslosigkeit und nimmt die aktuellen ukrainischen Verhältnisse zwischen Finanzkrise und Oligarchen aufs Korn.

Der 1984 in L'viv geborene Schriftsteller **Ljubko Dereš** knüpft in seinen Romanen »Kult« (2002), »Die Anbetung der Eidechse oder Wie man Engel vernichtet« (2004), »Intent! oder Die Spiegel des Todes« (2007) an die Popkultur an und behandelt die Existenzprobleme der jungen ukrainischen Generation. Zuweilen in fantastischer Manier schreibt er über die erste Liebe, die ersten Drogenexzesse, die schwierige Selbstfindung, die überlieferten Werte und die Bekanntschaft mit der westlichen Kultur.

Fremdsprachige Schriftsteller

Die ukrainischen Gebiete waren über viele Jahrhunderte von Mehrsprachigkeit geprägt, sodass in der Region auch fremdsprachige Literatur entstanden ist. Allein die deutschsprachigen, besonders österreichischen Autoren vorwiegend jüdischer Herkunft brachten einen beträchtlichen Teil dieses Kulturgutes hervor wie z. B. **Paul Celan** und **Rose Ausländer,** beide in Černivci geboren, **Joseph Roth** aus Brody oder **Karl Emil Franzos** aus Čortkiv. In L'viv kam **Leopold von Sacher-Masoch,** in Berehomet **Moses Rosenkranz** zur Welt. Der Klassiker der jiddischen Literatur **Scholem Alejchem** wurde in Perejaslav geboren, der hebräische Prosaiker **Samuel Agnon** stammte aus Bučač. Zeit seines Lebens unterrichtete der polnische Schriftsteller jüdischer Herkunft **Bruno Schulz** in Drohobyč. Sein Kollege **Stanisław Lem** wie der Pole **Juliusz Słowacki** erblickten in L'viv und in Kremenec' das Licht der Welt. Die Gegend von Berdyčiv ist die Heimat des britischen Literaten polnischer Abstammung **Joseph Conrad.** Zu den berühmten russischen Schriftstellern zählen **Michail Bulgakov** und **Maksimilian Vološin** aus Kiew, **Vladimir Korolenko** aus Žytomyr, **Anna Achmatova** aus Odesa sowie **Isaak Babel'** und das **Duo Il'ja Il'f** und **Jevgenij Petrov** aus Odesa. Und natürlich Mykola Hohol' bzw. **Nikolaj Gogol** aus Velyki Soročynci, um dessen Erbe die ukrainischen und russischen Literaturwissenschaftler immer noch streiten. Heute wird in der Ukraine das russischsprachige Schrifttum durch den in Russland geborenen und in Kiew lebenden Schriftsteller **Andrej Kurkov** vertreten. Auch der krimtatarische Literaturbetrieb, der sich vor einigen Jahrzehnten infolge von Repressalien ins Exil verlagert hatte, erlebt neuerdings seine Wiedergeburt. Zu seinen Klassikern gehören Werke u. a. von **Ismail Gasprinskiy, Bekir Çoban-zade** und **Eşref Şemi-zade.**

Musik

Volksmusik

Selten vergeht in der Ukraine ein Fest oder spontanes Beisammensein, ohne dass ein Lied angestimmt wird. Heldenlieder, Weihnachts- und Frühlingslieder, Hochzeits-, Tafel- und Tanzgesänge, Liebeslieder und lyrische Balladen passen zu jeder Gelegenheit. Die wichtigste Institution, die zur Tradierung des umfassenden Liedguts beigetragen hat, waren die ukrainischen Barden, die **Kobzaren,** die ihren Gesang mit einem lautenartigen Zupfinstrument – Kobza oder Bandura – begleiteten. Die Anfänge ihrer Kunst reichen bis ins 15. und 16. Jh. zurück. Besonders großer Beliebtheit erfreuten sich die Kobzaren bei den Kosaken, deren Heldentaten sie priesen. Die Heldenlieder, **Dumy** genannt, avancierten zum Hauptrepertoire der Barden. Insbesondere im 19. Jh. organisierten sich die Kobzaren in Bruderschaften, in die nur Blinde zur Schulung und Einweihung eintraten. **Ostap Veresaj** (vermutlich 1803–1890) wurde zum bekanntesten blinden Volkssänger seiner Zeit. Da sich die Kobzaren in ihren Gesängen auch kritisch äußerten, blieben sie von Verfolgung nicht verschont: In den 1870er-Jahren erklärte die zaristische Regierung sie zu Bettlern und behandelte sie entsprechend. Zu Sowjetzeiten wurden sie den berüchtigten Repressalien unterzogen. Heute ist die Kunst der Kobzaren wieder gefragt.

Klassik

In der Mitte des 18. Jh. etablierten sich die Kiewer Petro-Mohyla-Akademie und die in Hluchiv gegründete Sängerschule als wichtigste Zentren musikalischen Lebens. Ihre Absolventen **Dmytro Bortnjans'kyj** (1751–1825), **Maksym Berezovs'kyj** (1745–1777) und **Artemij Vedel'** (1767–1808) zählen zu den bedeutenden Komponisten, Dirigenten und Sängern jener Epoche.

Im Jahr 1863 wurde die erste ukrainische Oper »Der Zaporožer hinter der Donau« von **Semen Hulak-Artemovs'kyj** (1813–1873) in Sankt Petersburg uraufgeführt. Ende des 19. Jh. begann die fruchtbarste Periode der ukrainischen klassischen Musik. Der Komponist, Musikwissenschaftler und Pädagoge **Mykola Lysenko** (1842–1912) feierte Erfolge mit seinen Opern, Operetten und musikalische Dramen, zahlreichen Stücke für Klavier, Instrumentalmusik und Chormusik sowie Sologesängen. Der bedeutendste seiner Nachfolger, der Komponist, Dirigent und Ethnograf **Mykola Leontovyč** (1877–1921), produzierte und arrangierte Meisterwerke der Chorkunst, darunter das Weihnachtslied »Ščedryk«, das als »Carol of the Bells« weltberühmt wurde. **Solomija Krušel'nyc'ka** (1872–1952) eroberte am Anfang des 20. Jh. die Opernbühnen der Welt. Der Pianist **Vladimir Horowitz** (1903–1989) begab sich aus Kiew ins Ausland, wo er Weltruhm erlangte.

Mit der Gründung der Gruppe **Kiewer Avantgarde** in den 1960er-Jahren und dem Schaffen der Komponisten **Leonid Hrabovs'kyj** (geb. 1935), **Valentyn Syl'vestrov** (geb. 1937), **Vitalij Hodzjac'kyj** (geb. 1936), **Jevhen Stankovyč** (geb. 1942) und **Ivan Karabyc'** (1945–2002) hielten moderne westeuropäische Strömungen in die eintönige sowjetische Musik des sozialistischen Realismus Einzug. In den 1970er- bis 1980er-Jahren entfaltete sich die künstlerische Begabung des prominentesten ukrainischen Komponisten der Gegenwart, **Myroslav Skoryk** (geb. 1938). In seinen Opern, Ballett-, Orchester- und Klavierstücken sowie in seiner Film- und Kindermusik vermischen sich moderne Klassik mit karpatischer Folklore und Jazzklängen. Zu den auch außerhalb der Ukraine anerkannten Musikern von heute zählen der ehemals in Bonn tätige Dirigent **Roman Kofman** (geb. 1936) und die in Wien, Berlin, Paris, Tokio und New York gastierende Opernsängerin **Viktorija Lukjanec'** (geb. 1966).

Pop, Rock & Co

Im September 1989 fand in Černivci das erste Festival der ukrainischen Pop-, Rock- und Bardenmusik **Rote Raute** statt, das einen entscheidenden Beitrag zur Wiederbelebung der ukrainischsprachigen, populären Musik leistete. Mit dem Namen Rote Raute gedachten die Festivalorganisatoren des Autors des gleichnamigen Liedes, **Volodymyr Ivasjuk** (1949–1979). Der beliebte ukrainische Pop-Musiker war im Brjuchovyčer Wald bei L'viv erhängt aufgefunden worden. Seine Beerdigung uferte in Massenproteste gegen das Sowjetregime aus. Bis heute hält sich der Verdacht, dass Ivasjuk vom KGB ermordet wurde. Das Festival wurde zur Geburtsstunde mehrerer berühmter ukrainischer Bands.

Taras Čubaj und die konzeptuelle Rock- und Barden-Band **Plač Jeremiji** (Jeremias Klagelied) vertont hochqualitative Dichtung und greift philosophische Themen auf. Seelenverwandt ist die Punk-Rock-Gruppe **Mertvyj piven'** (Toter Hahn). Die Auszeichnung der Roten Raute erhielt ebenfalls die Kultband **Vopli Vodopljasova** (Vodopljasovs Gejammer) mit ihrem charismatischen Frontmann Oleh Skrypka. Als eine der ersten Musikgruppen wandte sie sich dem Ethno-Rock zu und führte den Musikstil in die ukrainische Pop- und Rockszene ein. Alternative Musik zwischen Pop und neuer Romantik spielen und singen **Skrjabin** mit Leadsänger Andrij Kuz'menko (Kuz'ma). Zu den beliebtesten Rockgruppen zählt **Okean El'zy** (El'zas Ozean) mit dem Leadsänger Svjatoslav Vakarčuk. Nach wie vor begeistern die temperamentvolle Ethno-Pop-Sängerin **Ruslana** und die Jazz-Sängerin **Jamala** ihr Publikum. Beim Eurovision Song Contest 2004 gewann erstere mit ihrem Song »Wild Dances«. Immer mehr Anhänger gewinnt die 2003 gegründete Rockband **Mad Heads XL,** die Ska mit Swing und Folkklängen mixt, sowie **TiK** (Nüchternheit und Kultur), die mit Punk, Folk und Rock' n' Roll experimentiert.

Film

Ukrainisches poetisches Kino

Mit seinem Stummfilm »Erde« (1930) schrieb **Oleksandr Dovženko** (1894–1956) den ukrainischen Film in die Weltgeschichte der Kinematographie ein. Der lyrisch einstimmende Film wurde des Naturalismus und der Protektion der Grundbesitzer beschuldigt und verboten. **Dziga Vertov** (1896–1954) drehte in der Ukraine seine bahnbrechende Dokumentation »Der Mann mit der Kamera« (1929) und den Tonfilm »Enthusiasmus: Donbas-Sinfonie«. Das Meisterwerk Dovženkos wurde zum Vorboten des markantesten Phänomens der ukrainischen Filmgeschichte der

1960er- und 1970er-Jahre, des ukrainischen poetischen Kinos, das nationale Stoffe behandelte und mit der Kamera experimentierte. Seine Ära leitete der legendäre Film **Sergej Paradžanovs** »Schatten vergessener Ahnen« (»Feuerpferde«) im Jahr 1964 ein, der von der Liebe und den archaischen Riten der Huzulen handelt. Der Kultschauspieler **Ivan Mykolajčuk** (1941–1987) hatte hier die Hauptrolle inne. Später folgten die Filme **Jurij Illjenkos** »Eine Quelle für die Durstigen« (1965) über Generationenwerte und »Der weiße Vogel mit dem schwarzen Fleck« (1971) über die Brüder, die als Soldaten der Roten und der Ukrainischen Aufstandsarmee gegeneinander kämpfen, **Leonid Osykas** »Das steinerne Kreuz« (1968) – die tragische Geschichte eines galizischen Bauern auf der Suche nach dem Glück – und **Borys Ivčenkos** »Annyčka« (1968) über eine Huzulin, die für die Liebe zu einem sowjetischen Partisanen mit dem Leben bezahlt. Die kurze Blüte des ukrainischen poetischen Kinos endete mit der Verfolgung der Künstler und dem Verbot ihrer Produktionen.

Neue ukrainische Filmszene

Unmittelbar nach der Unabhängigkeitserklärung gewannen die unverarbeiteten Themen der ukrainischen Geschichte an Bedeutung. So produzierte allein **Oles' Jančuk** (geb. 1956) eine Reihe historischer Filme: »Hunger-33« (1991), »Attentat – ein Herbstmord in München« (1995) über die Ermordung des Anführers der Ukrainischen Nationalisten Stepan Bandera, »Der Unbesiegte« (2000) über den Anführer der Ukrainischen Aufstandsarmee Roman Šuchevyč sowie »Metropolit Andrej« (2008) über den griechisch-katholischen Metropoliten Andrej Šeptyc'kyj. Über die Flüge der Dissidenten in die Freiheit kurz vor Gorbatschows Perestrojka berichtete **Roman Balajan** (geb. 1941) in seinem Film »Paradiesvögel« (2008). Das anspruchsvolle Werk von Kira Muratova (geb. 1934), wie ihr letzter Film »Der Klavierspieler« (2005), verlässt den rein historischen Rahmen.

Die neueste Generation der ukrainischen Filmemacher wendet sich den Problemen der Gegenwart zu: Für seinen Kurzfilm »Straßenbahn Nr. 9 fährt« (2002), in dem Alltagsgespräche belauscht werden, erhielt **Stepan Koval'** (geb. 1965) den Silbernen Bären in Berlin. Der Kurzfilm »Weggefährten« von **Ihor Strembic'kyj** (geb. 1973), der das Dasein betagter Patienten in einer Klinik schildert, wurde in Cannes 2005 mit der Goldenen Palme honoriert. Ebenfalls mit einer Goldenen Palme wurde 2011 **Maryna Vroda** (geb. 1982) für den Kurzfilm »Kros« – eine Erinnerung an den Sportunterricht – geehrt.

Kunst

Von der Kirchenkunst zur klassischen Moderne

Prachtvolle Mosaiken, Fresken, strenge Heiligenbilder und üppige Ikonostasen – orthodoxe Kirchenkunst dominierte das bildnerische Schaffen bis ins 17. Jh. Die ukrainische barocke Malerei verbindet man vor allem mit den Ikonenmalern **Jov Kondzelevyč** (1667–gegen 1740) und **Ivan Rutkovyč** (Ende des 17. Jh.–Anfang des 18. Jh.). Am Ende des 17. Jh., Anfang des 18. Jh. wurden die religösen Themen allmählich von der Porträtmalerei abgelöst. Erwähnenswerte Künstler sind hier **Dmytro Levyc'kyj** (1735–1822) und **Volodymyr Borovykovs'kyj** (1757–1825). Im 18. Jh. bereitete **Taras Ševčenko** (1814–1861), nicht nur genialer Dichter, sondern auch hervorragender Maler, den Weg für den Realismus. Der großartige Porträtist **Oleksandr Muraško** (1875–1919), der meisterhafte Darsteller von Alltagsszenen **Mykola Pymonenko** (1862–1912), der beeindruckende Landschaftsmaler **Serhij Vasyl'kivs'kyj** (1854–1917), der impressionistisch inspirierte **Ivan Truš** (1869–1941), **Fedir Kryčevs'kyj** (1879–1947) und der begabte Bildhauer **Mychajlo Paraščuk** (1878–1963) gaben der ukrainischen Moderne ihre charakteristische Prägung. Ukrainische Motive finden sich im Schaffen des Marinemalers **Ivan Ajvazovskij** (1817–1900), des Landschaftsmalers **Archip Kuindži** (1841–1910) und des bedeutenden Vertreters der realistischen Malerei

Mosaik aus traditionell bemalten Ostereiern: Oksana Mas Genter Altar

Il'ja Repin (1844–1930). Auch mehrere einflussreiche Avantgardisten schlossen sich der Weltkunst an: der Begründer des Suprematismus **Kasimir Malewitsch** (1878–1935), der kubistische Maler und Bildhauer **Oleksandr Archypenko** (Alexander Archipenko, 1887–1964), der Futurist **David Burljuk** (1882–1967), **Alexandra Exter** (1882–1949) und die Abstraktionistin **Sonia Delaunay** (1885–1979). Der in der Ukraine wirkende Monumentalist **Mychajlo Bojčuk** (1882–1937) und sein Schüler **Ivan Padalka** (1894–1937) wurden wie einige andere im Zuge der stalinistischen Säuberungen erschossen.

Trotz der Eintönigkeit des sozialistischen Realismus konnten sich insbesondere die

Maler **Tetjana Jablons'ka** (1917–2005), **Mykola Hluščenko** (1901–1977), der Bildhauer, Regisseur und Dramaturg **Ivan Kavaleridze** (1887–1978) als interessante, facettenreiche Künstler behaupten. Farbenfrohe und fantastische Welten schufen die Meisterinnen der volkstümlichen dekorativen Kunst **Kateryna Bilokur** (1900–1961) und **Marija Prymačenko** (1909–1997).

Zeitgenössische Künstler

Ende der 1980er- und in den 1990er-Jahren fasste in der Ukraine die **New-Wave-Bewegung** Fuß, die insbesondere in der **Transavantgarde** ihren Ausdruck fand. Letztere Strömung wurde auch noch ›ukrainischer Neobarock‹ genannt, denn sie bediente sich der stilistischen Mittel des ukrainischen Barocks, des womöglich bedeutendsten Epochenstils des Landes. Barocker Überfluss provozierte eine ironische Betrachtung der überlieferten Stereotypen und Schönheitsideale. Der Maler und Fotograf **Arsen Savadov** (geb. 1962) gilt als einer der Pioniere des New Wave. **Oleksandr Hnylyc'kyj** (1961–2009) experimentierte als einer der ersten mit Installationen und Video-Art. Mit der Neuinszenierung von Mythen und Archetypen in Installationen, Foto- und Video-Projekten arbeitet **Oleksandr Rojtburg** (geb. 1961). Sowjetische Utopien reflektiert **Oleh Tistol** (geb. 1960). Die Brutalität und Schockeffekte der ukrainischen Transavantgarde treibt **Illja Čičkan** (geb. 1967) auf die Spitze. Über Zeit, Gedächtnis und Geschichte philosophiert mittels neuer Medien **Viktor Sydorenko** (geb. 1953). Der Klassiker der modernen Fotografie **Borys Mychajlov** (geb. 1938) dokumentiert soziale und politische Krankheiten der ukrainischen Gesellschaft. **Oksana Mas'** (geb. 1969) erregte mit ihrem aus Ostereiern komponierten Genter Altar auf der Biennale in Venedig 2011 Aufsehen.

Kunstbetrieb

Die aktuelle ukrainische Kunst erlebt kaum staatliche Unterstützung – bislang gibt es in der Ukraine kein staatliches Museum für zeitgenössische Kunst. Seit 2001 nimmt das Land immerhin an der Biennale in Venedig teil – in den letzten Jahren unter Mitwirkung des privaten Kiewer **PinchukArtCentres** (www.pinchukartcentre.org). Die Kunsthistorikerin, Kunstkritikerin und Kuratorin Ljudmyla Bereznyc'ka betreibt in Kiew und Berlin die **Galerie Bereznitsky** (www.bereznitsky-gallery.com), die ausschließlich ukrainische zeitgenössische Kunst präsentiert. Der Fonds für die Entwicklung der zeitgenössischen Kunst **Eidos** finanziert Projekte, die die ukrainische Kunst in den künstlerischen Weltbetrieb zu integrieren suchen. Die wichtigsten Kunstfestivals des Landes, **HOHOLFEST** und **ART-KYIV-contemporary,** finden in Kiew statt.

Volkskunst

Jede Region der Ukraine bietet ihr eigenes Kunsthandwerk mit exklusiven Mustern, Farben und Techniken. Liebhaber der **Holzschnitzerei** sollten sich in die Karpaten begeben, wo Ikonostasen, Teller, Truhen und Schatullen mit filigranen Schnitzmustern verziert werden. Dort sind die gewebten **Teppiche** und **Decken** besonders farbenfroh, der **Glasperlenschmuck** besonders kunstvoll. Um die heiteren, lebensfrohen **bestickten Tücher** zu bewundern, sollte man Krolevec' aufsuchen. Aber auch in anderen Regionen gibt es reichlich Auswahl an Stickereien, da bestickte Trachten und Tücher von vielen Ukrainern nach wie vor zu Festen wie Taufen oder Hochzeiten getragen werden.

Die **bemalten Ostereier** sind zu Recht zur Visitenkarte des Landes schlechthin geworden. Das Museum für bemalte Ostereier in Kolomyja informiert über die Geschichte und Anfertigung der einzigartigen Kunstwerke (s. S. 255). So leuchtend wie in Petrykivka sind die **dekorativen Malereien** wahrscheinlich nirgendwo in der Ukraine. Die faszinierende Welt der **Keramik** lädt in Opišnja ein. Die berühmte Schwarzkeramik ist in Havareččyna beheimatet. **Schmiedekunst, Glas-** und **Flechtwaren, Puppen** und **Scherenschnitte** – die Materialien wie die Fantasie der Kunsthandwerksmeister sind unerschöpflich.

Essen und Trinken

Herzhafte, nicht allzu komplizierte Gerichte aus nahrhaften Zutaten bilden die Grundlage der ukrainischen Küche, die ihre Wurzeln im Bäuerlichen hat. In der Vergangenheit sollten die opulenten, kalorienreichen Mahlzeiten den Hunger der Feldarbeiter stillen. Unangefochten zählen Borschtsch und Varenyky zu den Leibgerichten. Die vielfältigen regionalen Küchen bieten reichlich Abwechslung.

Besonders an Festtagen spielt das Essen und somit ein reich gedeckter Tisch in der Ukraine eine übergeordnete Rolle. Und obwohl sich auch die ukrainischen Frauen vom Küchenherd emanzipieren, ist das Kompliment, eine gute Köchin zu sein, immer noch willkommen. Bei einer Reise durch die Ukraine hat man die Gelegenheit, neben der ukrainischen Küche noch weitere Spezialitäten zu probieren: In Transkarpatien sind die ungarischen und slowakischen Speisen besonders populär, rumänische Spezialitäten lassen sich in der Bukowina verköstigen, polnische Einflüsse schmeckt man in Galizien, russische Küche dominiert im Osten und die krimtatarische sowie karäische im Süden. Litauische, deutsche, jüdische, türkische und kaukasische Spezialitäten sind allgemein von den Speisekarten des Landes nicht mehr wegzudenken.

Essgewohnheiten und Vorlieben

Den Ehrenplatz auf dem Esstisch nimmt das **Brot** ein. Auch wenn genügend gehaltvolles Essen da ist, dürfen ein paar Scheiben Weizen- oder Roggenbrot, Ofenbrot oder Brot mit Kümmel, Sonnenblumenkernen, Leinsamen, Sesam oder Koriander nicht fehlen. **Fleisch,** vor allem Schweinefleisch, ferner Geflügel, Rind- und Lammfleisch wird gern und reichlich verzehrt. **Speck,** ein in der Ukraine sagenumwobenes Nahrungsmittel, genießt besondere Beliebtheit. In feinen Scheiben kommt er aufs Schwarzbrot oder reichert als Zutat – gekocht, gebraten oder geräuchert – diverse Speisen an.

Fischgerichte werden in den meisten Regionen nicht so oft serviert, doch insbesondere an den Meeresküsten gehören sie zum Speiseplan. Karauschen in Sauerrahmsoße, gefüllter Hecht oder Brasse in Meerrettichsoße sowie Forellen, Zander, Krebse und Miesmuscheln schmecken hervorragend.

Gemüse, Pilze und **Obst** werden in der Regel sehr frisch verarbeitet, insbesondere wenn sie aus dem eigenen Garten, vom Wochenmarkt oder direkt aus dem Wald kommen. Kartoffeln, Rote Bete, Kohl, Kürbis, Buchweizen, Mais, Karotten, Zwiebeln, Tomaten, Gurken und Paprika sind die grundlegenden Gemüsesorten. Als Speisefett wird in erster Linie Sonnenblumenöl verwendet. Trotz des reichhaltigen Angebots an Gemüse und Obst haben es Vegetarier in den Gaststätten immer noch schwer, da muss man sich mit einigen wenigen Gerichten begnügen, z. B. mit eingelegtem Gemüse, Kartoffelpuffern (Deruny) oder Borschtsch – es gibt fleischlose Varianten – und Varenyky.

Ukrainische Spezialitäten

Zakuska, bei einem dreigängigen Menü der übliche kalte oder warme Vorspeisenteller, erfreut mit vielen kleinen kulinarischen Kostproben. Auf einem großen Teller oder einer

Platte sind geschichtete Salate – auch mit viel Mayonnaise –, marinierte Pilze, Salzgurken, eingelegte Tomaten, Heringe, gebratener und geräucherter Fisch, Speck, Fleisch- und Käseaufschnitte, Wurst, Würstchen und Sülzen durchaus in größeren Mengen arrangiert.

Als Vor- oder meist Hauptspeise wird **Borschtsch** serviert. Der bekannte aus der Ukraine stammende Eintopf wird aus Roter Bete, Rind- oder Schweinefleisch, Kartoffeln, Kohl und je nach Region auch mit Bohnen, Tomaten, Paprika sowie dem obligatorischen Klecks Schmand zubereitet. Im Umlauf sind unzählige Borschtsch-Rezepte, denn jede Hausfrau und jede Gegend haben ihre ganz eigene, köstliche, bewährte Rezeptur. Mit Pampušky, den kleinen, mit Knoblauchsoße begossenen Hefebrötchen, schmeckt der Borschtsch besonders gut. Der sogenannte grüne Borschtsch ist eine Variation aus Sauerampfer, Fleisch, Kartoffeln und Eiern, die beim Servieren ebenfalls mit saurer Sahne verfeinert wird. **Hühner-** und **Pilzsuppe, Kapusnjak,** eine Sauerkrautsuppe, **Kuliš,** eine Hirsesuppe mit Kartoffeln, Speck, Fleisch oder Fisch, **Soljanka,** ein Eintopf aus Salzgurken, mehreren Fleisch- oder Fischprodukten, Oliven, Zitronen und Kapern sind oft auf der Speisekarte zu finden.

Gerichte aus Teigwaren sind in der Ukraine besonders weit verbreitet. Nicht umsonst wurde den **Halušky** – ukrainischen Nudeln mit zerlassener Butter oder saurer Sahne und gebratenen Speckwürfeln – in Poltava ein Denkmal gewidmet. Das Spektrum der Füllungen der halbmondförmigen Teigtaschen **Varenyky** kennt beinahe keine Grenzen: Traditionelle Kartoffelfüllungen, zu denen gebratene Zwiebeln und Speckwürfel gereicht werden, wetteifern mit Füllungen aus Quark, Käse, Kohl, Sauerkraut, Pilzen, Fisch, Fleisch, Leber, Bohnen, Spinat, Rhabarber, Mohn, Pflaumen, Brombeeren, Erdbeeren und Sauerkirschen. Die süßen Varianten werden als Desserts serviert.

Holubci, mit Reis, Fleisch, Pilzen, Buchweizen oder Kartoffeln gefüllte Kohlrouladen, sowie **Deruny,** Kartoffelpuffer mit Schmand oder Pilzsoße, sind übliche Hauptgänge. **Mlynci,** Pfannkuchen mit diversen süßen Füllungen, und Sahnetorten schließen ein Menü ab. Die berühmte **Kiewer Torte** mit Baiserböden, diversen Buttercremearten und Nüssen sowie die **Torte Napoleon,** die delikate Nachspeise aus dem Zarenreich, bestehend aus feinem Blätterteig und Vanillecreme, verdienen hier besondere Beachtung. Schokolade und **Pralinen,** die von der legendären Marke Svitoč (www.nestle.ua) und der Marke Roshen (www.roshen.com) besonders gut schmecken, kommen auch gut an.

Kulinarischer Tagesablauf

»Frühstücken wie ein Kaiser« – dieser Teil des bekannten Sprichworts trifft in der Ukraine völlig zu, denn das ukrainische **Frühstück** kann sehr reichhaltig sein. Der Tag beginnt z. B. mit (Rühr-)Ei und/oder Bratkartoffeln, Brei, belegten Brötchen, Salat und Käse, Schinken, Frikadellen oder Schnitzel, Würstchen, Pfannkuchen oder in manchen Gegenden auch mit Suppe.

Mittag- und **Abendessen** bestehen traditionell aus drei Gängen. Zu Hause fällt das Abendessen nicht ganz so üppig aus, meist werden aber dieselben Gerichte gegessen wie am Mittag. Zuweilen begnügt man sich beispielsweise mit belegten Broten und Tee. Ist man eingeladen, kann ein Abendmahl sehr opulent sein: Das Abendessen ist das traditionelle Gastmahl in der Ukraine. Insbesondere bei einem Gastmahl oder einem Restaurantbesuch bildet Zakuska den Auftakt des Menüs. Ihre Menge und Vielfalt wird von denen keines anderen Gangs übertroffen.

Den Höhepunkt der Mahlzeit bildet das warme Hauptgericht, das sich gewöhnlich aus einer Beilage – Brat- oder Salzkartoffeln, Kartoffelbrei, Reis, Nudeln, Buchweizen, seltener Bohnen, Erbsen und anderem Gemüse – sowie gekochtem, gebratenem, gedünstetem oder gegrilltem Fleisch oder Fisch, Soße und Gemüsesalat zusammensetzt. Eintöpfe sind auch als Hauptgang üblich. Die abschließend servierten Desserts reichen von leichten Obstsalaten, Eclairs und Keksen bis zu den mit Quark oder Marmelade gefüllten Mlynci (Pfannkuchen) und Sahnetorten.

Trinkkultur

Kaffee, Tee und Erfrischungsgetränke

In der Ukraine trinkt man **Kaffee** – Espresso wie Cappuccino, Instant Coffee wie Milchkaffee – sehr gerne. Mehr als das: Der Ukrainer Jurij Kul'čyc'kyj oder Georg Kolschitzky (1640–1694) soll einer Sage nach das erste Kaffeehaus, den Hof zur Blauen Flasche, in Wien eröffnet und so die Kaffeekultur dorthin gebracht haben. Neben Kaffee ist auch **Tee** ein zu jeder Gelegenheit konsumiertes Getränk. Besonders die exquisiten, duftenden karpatischen oder krimschen Kräuterteemischungen sind hier zu empfehlen. Zum Durststillen ist in der Ukraine **Kvas,** ein säuerliches Brotgetränk, verbreitet. Kvas wird aus Schwarzbrot, Malz und Wasser durch Gärung zubereitet und manchmal mit Kräutern und Honig veredelt. Zu Mahlzeiten oder als Erfrischung wird **Uzvar,** ein aus getrockneten Äpfeln, Birnen, Pflaumen, Aprikosen und Rosinen gekochtes Getränk, gekühlt gereicht. Oft wird es auch mit Honig gesüßt. Uzvar ist zudem eine der zwölf traditionellen ukrainischen Weihnachtsspeisen.

Mineralwässer

Der ukrainische Boden ist reich an Mineralwässern. Die meisten Mineralquellen konzentrieren sich in der Karpatenregion. Die bekanntesten Mineralwässer sind hier Moršyns'ka (Моршинська) und Truskavec'ka (Трускавецька) aus der Gegend bei Moršyn und Truskavec', Šajans'ka (Шаянська) aus Šajan sowie Svaljava (Свалява) und Poljana Kvasova (Поляна Квасова) aus dem Kreis Svaljava. Des Weiteren genießt das Mineralwasser Myrhorods'ka (Миргородська) aus Myrhorod einen guten Ruf.

Alkoholische Getränke

Die Palette der alkoholischen Getränke ist groß und nicht auf Schnaps beschränkt. Allem voran erfreut sich **Bier** einer großen Beliebtheit. Die Biermarken L'vivs'ke (Львівське), Obolon' (Оболонь) oder Černihivs'ke (Чернігівське) werden im ganzen Land ausgeschenkt. Die lange Weinbautradition brachte den **Krimsekt,** der über die ukrainischen Grenzen hinaus bekannt ist, hervor. Für Liebhaber von Schaumweinen sind die Produkte der Hersteller Novyj Svet" (Новый Светъ) und Zolota Balka (Золота Балка) die erste Wahl. Einen vorzüglichen Ruf genießen die **Weine** der Kellerei Masandra (Масандра), auch wenn ihre süßlichen Tropfen nicht immer den westeuropäischen Geschmack treffen. Diejenigen, denen sie auch zum Aperitif oder Dessert nicht behagen, können auf Weine der Kellerei Inkerman (Інкерман) zurückgreifen, die sich auf trockene Weine spezialisiert hat.

An Hochprozentigem bietet die Ukraine die **Horilka** – eine Art Wodka. Sorten, die mit Honig (Medovucha), Meerrettich (Chrinovucha) oder Pfefferschoten (Percivka) angesetzt wurden, weisen eine besonders aromatische Note auf. Unter den Horilka-Marken sind Chortycja (Хортиця) und Nemiroff marktführend. Unter den **Cognacs** sind die Produkte der Odesaer Cognacbrennerei (Одеський коньячний завод) oder der Hersteller Tavrija (Таврія) und Koktebel' (Коктебель) am bekanntesten. Mehrmalige Aufforderungen zum Essen und zum Trinken sind bei den Ukrainern Tradition und gewissermaßen die Pflicht des Gastgebers. Jedoch bedeutet das keinen Zwang, denn der Respekt dem Gast gegenüber hat viel mehr Gewicht: Das dritte Nein wird auf jeden Fall ernst genommen.

Essen gehen

Neben einer großen Zahl von **Gaststätten** mit national dekoriertem Interieur und oft mit Livemusik und folkloristischem Programm wird die gastronomische Szene im Land von Jahr zu Jahr internationaler: Italienische, französische, mexikanische, indische, japanische, chinesische Restaurants tauchen insbesondere in den Städten immer häufiger auf. In der Provinz muss man sich jedoch oft mit dem einheimischen Angebot begnügen. Ungeachtet dessen ist die Qualität des Essens gut; der Service, dem in manchen Ortschaften noch die sowjetische Vergangenheit anhaftet, bessert sich zunehmend.

Die Preise können je nach Stadt oder Region sehr unterschiedlich ausfallen. Preisunterschiede ergeben sich darüber hinaus noch aus der Inflation der Nationalwährung. Dies sollte man bei den Preisangaben in diesem Reiseführer beachten. In Kiew, Dnipropetrovs'k, Donec'k, Odesa, L'viv, auf der Krim, also in den touristischen Zentren und etablierten Kurorten, muss man tiefer in die Tasche greifen, während man in der Provinz preiswert speist. Dort kann es allerdings manchmal schwierig sein, eine Gaststätte zu finden. Üblicherweise frühstückt man gegen 8 Uhr morgens und isst etwa um 13 Uhr zu Mittag und von 18 bis 20 Uhr zu Abend. Restaurants bieten meist von 10 bis 23 Uhr warme Küche. Speisekarten stehen in der Regel auf Ukrainisch und/oder Russisch zur Verfügung. Insbesondere in vornehmen Restaurants sollte man frühzeitig einen Tisch reservieren. Trinkgeld war bis vor Kurzem in der Ukraine unbekannt. In den touristischen Orten ist man aber mittlerweile eine finanzielle Anerkennung der Dienstleistungen in Höhe von etwa 10 % gewohnt.

Die **Fast-Food-Kultur** – allerdings mit nationalem Touch – ist auch in der Ukraine eingezogen: Borschtsch, Varenyky und Co. gibt es am Imbiss auf die Hand. Die Schnellrestaurantketten Puzata Chata (Пузата Хата), Švydko (Швидко) und Dva Husja (Два Гуся) mit landesweiten Filialen bieten unkomplizierte Nationalküche für diejenigen, die es besonders eilig haben.

Frische Zutaten sind die wichtigste Basis der ukrainischen Küche

Kulinarisches Lexikon

Im Restaurant

Haben Sie einen Tisch für zwei Personen?	U Vas je vil'nyj stolyk dlja dvoch osib?	У Вас є вільний столик для двох осіб?
Kann ich einen Tisch reservieren?	Čy možna u Vas zamovyty stolyk?	Чи можна у Вас замовити столик?
Die Speisekarte, bitte.	Bud'laska, menju.	Будьласка, меню.
Ich möchte gerne ...	Ja by chotiv/chotila...	Я би хотів/хотіла...
Wo ist die Toilette, bitte?	Skažit', bud'laska, de tualet?	Скажіть, будьласка, де туалет?
Die Rechnung, bitte.	Bud'laska, rachunok.	Будьласка, рахунок.
Es hat sehr gut geschmeckt, danke.	Bulo duže smačno, djakuju.	Було дуже смачно, дякую.
Guten Appetit!	Smačnoho!	Смачного!
Prost!/Zum Wohl!	Bud'mo!	Будьмо!
Kellner	oficiant	офіціант
Frühstück	snidanok	сніданок
Mittagessen	obid	обід
Abendessen	večerja	вечеря
Vorspeise	zakuska	закуска
Hauptspeise	osnovna strava	основна страва
Nachtisch	desert	десерт
vegetarische Gerichte	vehetarians'ki stravy	вегетаріанські страви
kleine/große Portion	mala/velyka porcija	мала/велика порція
Löffel/Gabel/Messer	ložka/vydelka/niž	ложка/виделка/ніж
Glas	skljanka	склянка
Pfeffer/Salz/Zucker	perec'/sil'/cukor	перець/сіль/цукор

Spezialitäten

борщ	boršč	Borschtsch
вареники	varenyky	gefüllte Teigtaschen
галушки	halušky	Nudelgericht mit Speck
голубці	holubci	Kohlrouladen
деруни	deruny	Kartoffelpuffer
зелений борщ	zelenyj boršč	Sauerampfersuppe
капусняк	kapusnjak	Sauerkrautsuppe
Київський торт	Kyjivs'kyj tort	Kiewer Torte
котлета по-київськи	kotleta po-kyjivs'ky	Hühnerbrust mit Butterfüllung
куліш	kuliš	Hirsesuppe
млинці	mlynci	Pfannkuchen
окрошка	okroška	kalte Gemüsesuppe
курячий бульйон	kurjačyj bul'jon	Hühnersuppe
грибна юшка	hrybna juška	Pilzsuppe
пахлава	pachlava	mit Honig übergossenes Blätterteiggebäck

пельмені	pel'meni	Teigtaschen mit Hackfleischfüllung
пампушки	pampušky	Hefebrötchen mit Knoblauch
плов	plov	Gemüsereis mit Fleisch/Fisch
сало	salo	Speck
солянка	soljanka	Soljanka
Торт Наполеон	tort Napoleon	Blätterteigtorte mit Creme
холодець	cholodec'	Sülze
чебуреки	čebureky	Mit Fleisch gefüllte Teigtaschen
шашлик	šašlyk	Fleischspieße, Schaschlik
шкварки	škvarky	Speckwürfel

Zum Frühstück

асорті	asorti	Aufschnitt
булочка	buločka	Brötchen
каша	kaša	Brei/Grütze
ковбаса	kovbasa	Wurst
маргарин	marharyn	Margarine
масло	maslo	Butter
мед	med	Honig
омлет	omlet	Rührei
повидло/джем	povydlo/džem	Marmelade
сир	syr	Käse
хліб	chlib	Brot
яйце	jajce	Ei

Gemüse und Beilagen

баклажан	baklažan	Aubergine
бурак	burak	Rote Bete
гарбуз	harbuz	Kürbis
гірчиця	hirčycja	Senf
горох	horoch	Erbsen
гречка	hrečka	Buchweizen
гриби	hryby	Pilze
капуста	kapusta	Kohl
картопля	kartoplja	Kartoffeln
картопляне пюре	kartopljane pjure	Kartoffelbrei
карфіол/цвітна капуста	karfiol/cvitna kapusta	Blumenkohl
квасоля	kvasolja	Bohnen
квашена капуста	kvašena kapusta	Sauerkraut
кукурудза	kukurudza	Mais
макарони/паста	makarony/pasta	Nudeln
маслини/оливи	maslyny/olyvy	Oliven
морква	morkva	Möhren/Karotten

овочі	ovoči	Gemüse
огірок	ohirok	Gurke
перець	perec’	Paprika
петрушка	petruška	Petersilie
помідори/томати	pomidory/tomaty	Tomaten
рис	rys	Reis
салат	salat	Salat
смажена картопля	smažena kartoplja	Bratkartoffeln
сметана	smetana	Saure Sahne/Schmand
солоні огірки	soloni ohirky	Salzgurken
соус	sous	Soße
суп/юшка	sup/juška	Suppe
цибуля	cybulja	Zwiebel
часник	časnyk	Knoblauch

Fleisch

баранина	baranyna	Lammfleisch
качка	kačka	Ente
котлета	kotleta	Frikadelle
кролик	krolyk	Kaninchen
курка	kurka	Huhn
курча	kurča	Hühnchen
ковбаски	kovbasky	Würstchen
печеня	pečenja	Braten
печінка	pečinka	Leber
свинина	svynyna	Schweinefleisch
телятина	teljatyna	Kalbfleisch
шинка	šynka	Schinken
яловичина	jalovyčyna	Rindfleisch

Fisch und Meeresfrüchte

карась	karas’	Karausche
короп	korop	Karpfen
лосось	losos’	Lachs
лящ	ljašč	Brasse
мідії	midiji	Miesmuscheln
морепродукти	moreprodukty	Meeresfrüchte
оселедець	oseledec’	Hering
рак	rak	Krebs
риба	ryba	Fisch
сом	som	Wels
судак	sudak	Zander
уха	ucha	Fischsuppe
форель	forel’	Forelle
щука	ščuka	Hecht

Desserts und Obst

абрикос	abrykos	Aprikose
апельсин	apel'syn	Orange
банан	banan	Banane
вершки	veršky	Sahne
виноград	vynohrad	Trauben
вишня	vyšnja	Sauerkirsche
горіх	horich	Nuss
груша	hruša	Birne
інжир	inžyr	Feige
кавун	kavun	Wassermelone
компот	kompot	Kompott
лимон/цитрина	lymon/cytryna	Zitrone
малина	malyna	Himbeere
мак	mak	Mohn
морозиво	morozyvo	Eis
персик	persyk	Pfirsich
полуниця	polunycja	Erdbeere
слива	slyva	Pflaume
тістечко	tistečko	Kuchen
торт	tort	Torte
фрукти	frukty	Obst
фруктовий салат	fruktovyj salat	Obstsalat
черешня	čerešnja	Süßkirsche
яблуко	jabluko	Apfel

Getränke

вино (червоне/біле)	vyno (červone/bile)	Wein (rot/weiß)
горілка	horilka	Schnaps
кава	kava	Kaffee
квас	kvas	Brotgetränk, Kwass
кефір	kefir	Kefir
коньяк	kon'jak	Cognac
медовуха	medovucha	Honigschnaps/Honigwein
мінеральна вода	mineral'na voda	Mineralwasser
газована/негазована	hazovana/nehazovana	mit/ohne Kohlensäure
молоко	moloko	Milch
перцівка	percivka	Pfefferschnaps
пиво	pyvo	Bier
сік	sik	Saft
узвар	uzvar	Saft aus Trockenfrüchten
хріновуха	chrinovucha	Meerrettichschnaps
чай (чорний/зелений/трав'яний)	čaj (čornyj/zelenyj/travjanyj)	Tee (schwarz/grün/Kräutertee)
шампанське	šampans'ke	Sekt/Champagner

Traumlage über dem Schwarzen Meer: Schloss Schwalbennest bei Jalta

Wissenswertes für die Reise

Informationsquellen

Infos im Internet

Websites auf Deutsch

http://ukrainians.de: Das ukrainisch-deutsches Nachrichtenportal mit Sitz in Berlin behandelt Themen aus den Bereichen Politik, Wirtschaft, Wissenschaft und Kultur.

www.ukraine-nachrichten.de: Hier gibt es aktuelle Nachrichten aus der ukrainischen Gesellschaft, Politik und Wirtschaft.

www.karpaty.info: Eine gute Übersicht über die Karpatenregion mit Unterkünften aller Art, Restaurants, Sport und Unterhaltung sowie Kuren, Wellness und Transfer.

Websites auf Englisch

www.ukrtourism.com.ua: Auf der offiziellen Website der Nationalen Tourismusbüros findet man umfangreiche Informationen zur Ukraine allgemein sowie zu einzelnen Regionen, Touren, Unterhaltung, Einreisebestimmungen und Verkehr.

www.euro2012ukr.com.ua: Die Site informiert über die Fußball-Europameisterschaft 2012 und stellt die Ukraine als Reiseziel vor. Die Städte Kiew, Donec'k, L'viv, Charkiv – samt einer umfangreichen Datenbank der Unterkunftsmöglichkeiten, Einkaufstipps und Touren – stehen im Mittelpunkt.

www.castles.com.ua: Aus den Reiseaktivitäten der Journalistin Iryna Pustynnikova ist eine umfangreiche Sammlung von Reiseberichten mit vielen Fotos und historischen Hintergrundinformationen entstanden.

www.tourism-carpathian.com.ua: Das gemeinsame ukrainisch-polnische touristische Portal erschließt die Karpatenregion. Vorgestellt werden Städte, Naturdenkmäler, Aktiverholungsmöglichkeiten und ethnografische Besonderheiten.

www.tourism.crimea.ua: Die Attraktionen der Krim stellt das Ministerium für Kurorte und Tourismus der Autonomen Republik vor. Infos zu den Orten, Naturdenkmälern, Exkursionen, Sanatorien und Unterkünften.

Tourismusämter

Bislang verfügt die Ukraine über keine Tourismusämter im Ausland. Reiseinformationen können stattdessen in den diplomatischen Vertretungen in Deutschland, Österreich und der Schweiz oder im Nationalen Tourismusbüro und in den touristischen Informationszentren direkt im Land eingeholt werden. Bis zur Fußball-Europameisterschaft 2012 soll sich die Zahl der touristischen Informationszentren erhöhen. Die üblichen Öffnungszeiten sind Mo–Fr 9–17 Uhr. In der Sommersaison sind die Büros länger sowie am Wochenende geöffnet. Manche Informationszentren – insbesondere in ländlichen Gegenden wie den Karpaten – werden privat oder gemeinnützig betrieben. Deswegen werden deren Öffnungszeiten, insbesondere wenn der Touristenbetrieb abnimmt, nicht immer eingehalten. Dafür sind aber solche Bürobetreiber bereit, ihre Dienste außerhalb der Öffnungszeiten anzubieten. Persönliche, frühzeitige Absprache funktioniert hier am besten. Auch die städtischen Reisebüros – übrigens auch die Museen in den kleineren Ortschaften – kommen den Reisenden nach Wunsch und Vereinbarung in den Nichtarbeitszeiten in der Regel entgegen.

Hilfreiche Ansprechpartner sind auch Reisebüros und manche Hotels. Wie in Sowjetzeiten erfüllen insbesondere die Inturyst-Hotels die Funktion einer Informationsstelle für ausländische Touristen. Überdies vermitteln sie Übersetzer, Dolmetscher sowie fremdsprachige Reisebegleiter.

Nationales Tourismusbüro
(Національний туристичний офіс)
01034 Kyjiv (Київ, Kiew)
vul. Jaroslaviv Val 36
(вул. Ярославів Вал, 36)
Tel. 067 503 12 20
Fax 044 272 08 96
www.ukrtourism.com.ua

Diplomatische Vertretungen

... in Deutschland

Botschaft der Ukraine
Albrechtstraße 26
10117 Berlin
Tel. 030 28 88 72 20
Fax 030 28 88 71 19
www.mfa.gov.ua/germany (auch dt.)

... in Österreich

Botschaft der Ukraine
Naaffgasse 23
1180 Wien
Tel. 01 479 71 72 55
Fax 01 479 71 72 48
www.mfa.gov.ua/austria (auch dt.)

... in der Schweiz

Botschaft der Ukraine
Feldeggweg 5
3005 Bern
Tel. 031 352 23 16, Fax 031 351 64 16
www.mfa.gov.ua/switzerland (auch dt.)

... in der Ukraine

Botschaft der Bundesrepublik Deutschland
vul. Chmel'nyc'koho 25
(вул. Хмельницького, 25)
01901 Kyjiv (Київ, Kiew)
Tel. 044 247 68 00
Fax 044 247 68 18
www.kiew.diplo.de

Botschaft der Republik Österreich
vul. Franka 33 (вул. Франка, 33)
01030 Kyjiv (Київ, Kiew)
Tel. 044 277 27 90
Fax 044 230 23 52
www.bmeia.gv.at/botschaft/kiew.html

Botschaft der Schweizerischen Eidgenossenschaft
vul. Kozjatyns'ka 12 (вул. Козятинська, 12)
Postfach 114
01015 Kyjiv (Київ, Kiew)
Tel. 044 281 61 28
Fax 044 280 14 48
www.eda.admin.ch/kiev

Nachhaltig reisen

Die Umwelt schützen, die lokale Wirtschaft fördern, intensive Begegnungen ermöglichen, voneinander lernen – nachhaltiger Tourismus übernimmt Verantwortung für Umwelt und Gesellschaft. Die folgenden Websites geben Tipps, wie man seine Reise nachhaltig gestalten kann.

www.greentour.com.ua: Der ukrainische Verband zur Förderung der Entwicklung des grünen Dorftourismus ist der wichtigste Ansprechpartner für nachhaltiges Reisen in der Ukraine (s. S. 19).

www.fairunterwegs.org: »Fair Reisen« anstatt nur verreisen – dafür wirbt der schweizerische Arbeitskreis für Tourismus und Entwicklung. Außerdem ökologische Infos zu Reiseländern in der ganzen Welt, darunter auch zur Ukraine.

www.zukunft-reisen.de: Das Portal des Vereins Ökologischer Tourismus in Europa erklärt, wie man ohne Verzicht umweltverträglich und sozial verantwortlich reisen kann.

Außerdem: forumandersreisen.de, respect.at.

Ukraine »nachhaltig«: In Großstädten wie Kiew und Charkiv erreichen Sie die meisten Sehenswürdigkeiten mit der Metro. Alle größeren ukrainischen Städte sind durch das Bahnnetz miteinander verbunden. Nehmen Sie private Quartiere des ›grünen Dorftourismus‹ in Anspruch, beeinflussen Sie die Beschäftigungssituation in den Dörfern positiv. Landwirtschaftliche Produkte aus der Region gibt es auf den lokalen Märkten zu kaufen.

Karten

Die beste Auswahl an Stadtplänen, Straßen- und Wanderkarten sowie Autoatlanten bietet der ukrainische Verlag **Kartohrafija** (www.ukrmap.com.ua, ukr.). Die überwiegend kyrillisch beschrifteten Karten können über den Online-Shop direkt beim Verlag bestellt oder in Buchhandlungen, touristischen Informationszentren, Hotels oder an den Tankstellen in der Ukraine erworben werden. Einige wenige Ausnahmen wie die Stadtpläne von Kiew, L'viv, Odesa, Jalta und Sevastopol' haben neben der kyrillischen auch lateinische Beschriftung. Die geschichtlichen und politischen Wenden der letzten Jahrzehnte brachten die Änderung zahlreicher Straßennamen mit sich. Dieser Prozess ist in manchen Gegenden noch nicht abgeschlossen: So kommt es vor, dass auf den Stadtplänen immer noch der eine oder andere alte Straßenname oder zwei Namen zugleich verzeichnet sind. Im deutschsprachigen Raum ist die **ADAC-Länderkarte »Ukraine«** (1: 750 000) mit gekennzeichneten Sehenswürdigkeiten, landschaftlich schönen Strecken sowie Natur- und Nationalparks empfehlenswert.

Lesetipps

Belletristik

Andruchowytsch, Juri: Geheimnis – Sieben Tage mit Egon Alt, Frankfurt am Main 2008. In einem siebentägigen Interview mit dem fiktiven Journalisten Egon Alt verpackt der Schriftsteller Geständnisse über sein Werk, sein Leben und sein Land. Ein gleichzeitig unterhaltsamer wie auch informativer Roman.

Hahn, Jaroslava/Hahn, Ralf (Hg.): Europa erlesen – Transkarpatien, Klagenfurt 2004. Über die schwer zugängliche Region am Rande der Ukraine und im Zentrum Europas sowie von deren Einwohnern berichten Andrzej Stasiuk, Jaroslav Hašek, Anna Seghers, Sándor Petőfi, Timothy Garton Ash, Ivan Olbracht, Hnat Chotkevyč und Martin Pollack.

Havryliv, Tymofij: Wo ist dein Haus, Odysseus?, Zürich 2009. Ein moderner ukrainischer Odysseus zieht durch Europa, um in mehreren Erzählsträngen durch zeitgenössische Impressionen, Begegnungen und Wandlungen zu seinem Zuhause zu finden.

Horbatsch, Anna-Halja (Hg.): Stimmen aus Tschornobyl – Eine Anthologie, Reichelsheim 1996. In der literarischen Auseinandersetzung namhafter ukrainischer Autoren mit den Folgen der Tschernobyler Katastrophe nehmen die realen Dramen der Betroffenen Gestalt an.

Rychlo, Petro (Hg.): Europa erlesen – Czernowitz, Klagenfurt 2004. Die Czernowitzer literarische Topografie erschließt man mit Autoren, die sich hier bestens auskennen oder auskannten: Paul Celan und Rose Ausländer, Mihai Eminescu, Mojsej Fišbejn, Ilana Shmueli und Moses Rosenkranz.

Sabuschko, Oksana: Museum der vergessenen Geheimnisse, Graz 2010. Die Schicksale dreier Frauen erzählen die komplexe, verworrene ukrainische Geschichte. Die verborgenen Familiengeheimnisse und die Kämpfe der ukrainischen Aufstandsarmee drängen in die Gegenwart ein; die Liebesgeschichten wiederholen sich.

Scheer, Evelyn (Hg.): Ukraine-Lesebuch – Literarische Streifzüge durch die Ukraine, Berlin 2006. Die eindrucksvollen Schilderungen von Autoren wie Oleksandr Dovženko, Rainer Maria Rilke, Nikolaj Gogol, Taras Ševčenko, Heinrich Böll, Mychajlo Kocjubyns'kyj, Alexander Puschkin, Adam Mickiewicz und Andrej Kurkov u. a. geben Einblick in die ukrainischen Landschaften und Kultur.

Warter, Karin/Woldan, Alois (Hg.): Zweiter Anlauf – Ukrainische Literatur heute, Passau 2004. Anthologie der modernen ukrainischen Literatur mit schriftstellerischen Kostproben von Oksana Zabužko, Mykola Rjabčuk, Halyna Petrosanjak, Jurij Andruchovyč, Tymofij

Mitreißender Erzähler: Juri Andruchowytsch liest aus einem seiner Bücher

Havryliv, Natalka Bilocerkivec', Serhij Žadan und Taras Prochas'ko.

Woldan, Alois (Hg.): Europa erlesen – Lemberg, Klagenfurt 2008. Dem Phänomen der Multikulturalität von L'viv, L'vov, Lwów, Lemberg, Leopolis nähern sich durch Zeiten und Sprachen Jurij Andruchovyč, Alfred Döblin, Tymofij Havryliv, Soma Morgenstern, Leopold von Sacher-Masoch, Józef Wittlin und Nathan Samuely.

Zhadan, Serhij: Hymne der demokratischen Jugend, Frankfurt am Main 2009. Zhadans großstädtische Helden sind Figuren der postkommunistischen Transformationszeit, die im neuen ukrainischen Kapitalismus Fuß zu fassen versuchen.

Sachbücher

Andruchowytsch, Juri: Das letzte Territorium, Frankfurt am Main 2003. Eine Essaysammlung, die die Ukraine ernst und humorvoll näherbringt – durch die Zeitreise in die k.-u.-k.-Monarchie sowie durch Stadt- und Provinzporträts.

Boeckh, Katrin/Völkl, Ekkehard: Ukraine – Von der Roten zur Orangenen Revolution, Regensburg 2007. Der Orangenen Revolution nähern sich die Autoren über die Ereignisse der jüngeren ukrainischen Geschichte – Staatsgründungen, Staatslosigkeiten, Kriege.

Kappeler, Andreas: Kleine Geschichte der Ukraine, München 2009. Die Geschichte des Landes und seiner Bewohner – Ukrainer und Nichtukrainer – wird vom Mittelalter bis zur Gegenwart erzählt.

Lüdemann, Ernst: Ukraine, München 2006. Kompakte und komplexe Darstellung der Ukraine: der Menschen und Identitäten, der Geschichte, Wirtschaft und Politik, der Kunst, Kultur und Religionen.

Rjabtschuk, Mykola: Die reale und die imaginierte Ukraine, Frankfurt am Main 2005. In seinen Beiträgen behandelt Mykola Rjabtschuk den schwierigen Weg der Ukraine zur Selbstständigkeit und beschreibt das Land, das sich im Spannungsfeld zwischen Ost und West, zwischen unterschiedlichen Mentalitäten und Zukunftsvisionen befindet.

Reiseland Ukraine

Die Ukraine ist ein viel versprechendes und facettenreiches Reiseland. Seien es Städte-, Kultur-, Natur- oder Aktivreisen – kaum ein Wunsch wird offen bleiben. Die Karpaten und das Krimgebirge laden zu Wanderungen, Orte wie Jalta, Sevastopol' oder Alupka auf der Halbinsel Krim zum Baden im Schwarzen Meer ein. Unter den ukrainischen Städten übt die Hauptstadt Kiew, wo sich Vergangenheit und Moderne treffen, eine besondere Anziehungskraft aus. Architektonische Prachtbauten, Museen, Theater und Konzerthallen, Art-Cafés oder Nachtclubs sorgen aber auch in L'viv, Dnipropetrovs'k oder Charkiv für Muße und Unterhaltung. Diejenigen, die sich für Geschichte begeistern, werden von der Vielzahl der historischen, archäologischen und kulturellen Sehenswürdigkeiten überrascht sein. Die Ukraine – in der Vergangenheit ständig Objekt der Begierde fremder Mächte – ist ein Land der Festungen, Schlösser und Burgen. Die Vielfalt der Bekenntnisse, die sich in diesem Schmelzpunkt der Kulturen herausgebildet hat, wird von den zahlreichen Gotteshäusern repräsentiert – von orthodoxen und griechisch-katholischen Kirchen, mächtigen Wehrklöstern, ornamentalen Synagogen und Kenesas, Moscheen und volkstümlichen Holzkirchen. Kulturinteressierte seien daran erinnert, dass die Ukraine Geburtsstätte vieler berühmter Persönlichkeiten und Wahlheimat bekannter Nichtukrainer war: Gedenkstätten erzählen die Lebensgeschichten z. B. von Nikolaj Gogol, Michail Bulgakov, Joseph Conrad, Bruno Schulz, Anton Tschechow und Ivan Ajvazovskij. In die Kulturen der einzelnen Regionen taucht man in mehreren Freilichtmuseen ein. Naturerlebnisse versprechen Wanderungen, Vogelbeobachtungen oder Spaziergänge in den Biosphärenreservaten und Naturschutzgebieten, Wellness und Entspannung die an Heilschlämmen reichen (Salz-)Seen und Limane.

Was ist sehenswert?

Aktivurlaub

Die Karpaten und die Halbinsel Krim sind die Top-Regionen für Aktivurlaube. In den **Karpaten** stehen von April bis Oktober vor allem Wander- und Radtouren auf dem Programm. Fast ein Muss ist der Aufstieg auf den höchsten ukrainischen Berggipfel, die Hoverla (2061), der in eine längere **Treckingtour** am Čornohora-Kamm einschließlich der Besteigung von Brebeneskul, Petros und Pip Ivan (Čorna Hora) integriert werden kann. Darüber hinaus sind **Wanderungen** entlang des Gorgany-Kammes oder aber im Užans'kyj-Nationalpark – einem Teil des internationalen Biosphärenreservats Ostkarpaten – mit der anschließenden Besteigung des Berges Pikuj in den Ostbeskiden zu empfehlen. Eine Öko-Wanderung durch das ukrainische Biosphärenreservat Karpaten (UNESCO-Erbe) mit seinen Buchenurwäldern bietet wunderbare Naturerlebnisse.

Mehrere markierte **Radwanderwege** weisen Radlern und Mountainbikern die Richtung: Green Bicycle (R-61), der das Biosphärenreservat Ostkarpaten in Transkarpatien und im Gebiet L'viv durchquert, sowie der Radweg R-63, der den Spuren des braven Soldaten Schwejk im Gebiet L'viv folgt. In den Karpaten gibt es außerdem viele Möglichkeiten für **Reitausflüge, Jeepsafaris** und **Quadfahrten.** Zum Winterhighlight kann ein Urlaub von Ende November bis Anfang April im größten ukrainischen **Skiresort Bukovel'** werden. Weitere kleinere Skigebiete sowie vereinzelte Sessel- und Schlepplifte liegen in den Karpaten zerstreut. Hochkonjunktur erleben derzeit **Raftingtouren:** Extrem geht es im Frühling auf dem Fluss Čeremoš zu. Eine mehrtägige Tour auf dem ruhigeren Dnister ist hier die bessere Wahl. Sie kann mit der Besichtigung der **Höhlen** im Gebiet Ternopil' kombiniert werden. Auf der Halbinsel **Krim** im Schwarzen Meer steht Wassersport hoch im

Kurs. **Taucher** zieht es ans Kap Tarchankut mit der Unterwasser-Führerallee und ans Kap Kazantyp, aber auch an die belebtere Küste vor Balaklava mit versunkenen Wracks, nach Sudak und Feodosija. In Jevpatorija, Sevastopol', Balaklava, Jalta können **Segelboote** und **Motoryachten** gemietet werden. **Wind- und Kitesurfer** kommen besonders am Kap Kazantyp und am See Donuzlav auf ihre Kosten. Auch für **Bergwanderungen** und **Treckingtouren** eignet sich die Krim mit ihren atemberaubenden Panoramen bestens. Die beliebtesten Erkundungsziele sind der Große Canyon, die Bergmassive Čatyr-Dah und Karabi-Jajla, Demerdži mit dem Geistertal oder Karadah (Naturschutzgebiet) mit dem Goldenen Tor. Besonders beliebt ist das Krimgebirge bei **Kletterern. Gleitschirmflieger** finden vor allem in Koktebel' und Feodosija Gleichgesinnte.

Badeurlaub am Meer

Die Badeurlauber haben in der Ukraine zwei Meere zur Auswahl: Am **Asowschen Meer** locken besonders Heničes'k, Berdjans'k, Prymors'k und Mariupol' mit wärmeren Wassertemperaturen, seichten, besonders für Kinder geeigneten Sandstränden und günstigeren Preisen Gäste an. Am beliebtesten ist jedoch die Schwarzmeerküste und dort insbesondere die Südküste der **Halbinsel Krim.** Sand- und Kieselstrände, subtropisches Klima, üppige Gärten, pittoreske Felsen und zahlreiche Sehenswürdigkeiten – wie Festungen, Paläste, Gärten, archäologische Stätten, Höhlen, Gotteshäuser und Gedenkstätten – machen die Krim ab Mitte Mai bis Ende Oktober zu einer besonders lohnenden Destination. Wegen der Nachfrage sind die Preise entsprechend hoch. Beide Meere sind durch ihre etablierten Kurorte bekannt.

Die beliebtesten Ferienorte auf der Halbinsel Krim sind Jalta, Alupka, Simejiz, Korejiz, Haspra, Hurzuf, Foros oder Sevastopol'. Preiswerter sind Jevpatorija, Sudak und Feodosija. Das Ausflugsprogramm kann sehr vielfältig sein: Mehrere (Höhlen-)Städte sowie Zeugnisse verschiedener Kulturen und Religionen warten darauf, entdeckt zu werden. Sinnliche Erlebnisse versprechen der Besuch des Botanischen Gartens von Nikita sowie Weinproben in den zahlreichen krimschen Wein- und Sektkellereien – u. a. in Masandra, Inkerman, Novyj Svit und Koktebel'. Auf dem Festland verdienen Odesa mit seinen Stränden und das nahe liegende Zatoka besondere Beachtung.

Dnipro-Kreuzfahrt

Einige der schönsten Städte und Sehenswürdigkeiten des Landes kann man auf dem Wasserweg kennen lernen: Die angebotenen Dnipro-Kreuzfahrten starten in der Regel in Kiew und enden an der Schwarzmeerküste in Odesa. Im Durchschnitt dauern sie zwei Wochen. Den Auftakt in Kiew bildet die Besichtigung der Hauptstadtsehenswürdigkeiten wie des Unabhängigkeitsplatzes, des Andreassteigs, des Höhlenklosters und der Sophienkathedrale. Nächste Stopps sind **Kremečuk** und **Kaniv** mit dem Museum und dem Grabmal des berühmtesten ukrainischen Schriftstellers Taras Ševčenko. Des Weiteren bewegt man sich Richtung **Zaporižžja** und der sagenumwobenen Kosakeninsel **Chortycja.** Nach Abstechern in die Flusshafenstadt **Cherson,** in das **Dnipro-Delta** und das vitale Wirtschaftszentrum **Dnipropetrovs'k** begibt man sich nach **Sevastopol',** um die Ruinen der antiken Siedlung **Taurisches Chersonesos** zu besichtigen und evtl. einen Ausflug in die Hauptstadt der Krimtataren, **Bachčysaraj,** zu unternehmen. Danach führt der Weg nach **Jalta** und zum Zarenpalast in **Livadija.** Die letzte Station ist **Odesa** mit dem wunderschönen Opernhaus und der belebten Potëmkischen Treppe. Von hier aus bieten sich Ausflüge in das **Donau-Delta** im Schwarzmeer-Biosphärenreservat sowie nach **Vylkove,** dem ukrainischen Venedig, an.

Vorschläge für Rundreisen

Alle Regionen in 10–14 Tagen

Wegen der aufgrund der Landesgröße beträchtlichen Entfernungen ist es nicht einfach, auch nur die wichtigsten Highlights des Landes in 10 bis 14 Tagen kennenzulernen. Eine solche Tour könnte folgendermaßen verlaufen: Vom Norden in die Zentralukraine, dann in den Westen und anschließend in den Süden und auf die Halbinsel Krim. Ein günstiger Startpunkt für die Rundreise ist **Kiew,** wohin es Flugverbindungen von Deutschland wie auch von Österreich und der Schweiz aus gibt. Zwei Tage in der Hauptstadt im Landesnorden sind nicht viel, müssten aber genügen, um die wichtigsten Sehenswürdigkeiten zu sehen und die Atmosphäre der Metropole zu erleben. Von hier aus sind Tagesausflüge nach **Černihiv, Perejaslav-Chmel'nyc'kyj** oder **Uman'** angebracht – falls man sich nicht allzusehr beeilt.

Von Kiew führt der Weg nach **L'viv,** das sich als Ausgangspunkt der Rundreise auch gut eignen würde. Ein Tag in L'viv und ein Tag für Ausflüge nach **Oles'ko, Pidhirci und Zoločiv** in der Umgebung sind auf jeden Fall einzuplanen. Danach geht es – jeweils für einen Tag – nach **Ivano-Frankivs'k** und **Černivci.** Die Reiseziele des folgenden Tages sind **Chotyn** und **Kamjanec'-Podil's'kyj.** Zu lange sollte man sich hier nicht aufhalten, da die über 600–700 km lange Reise in den Landessüden ansteht. Nach einem eintägigen Aufenthalt in **Odesa** fährt man nach **Jalta,** für dessen Erkundung ein Tag ebenfalls ausreichen müsste. Von dort unternimmt man einen Tagesausflug nach **Livadija, Haspra** und **Alupka.** Einen weiteren Tag sollte man unbedingt für **Bachčysaraj** reservieren und anschließend nach **Sevastopol'** und **Balaklava**

Mit dem Schiff geht es auf dem Dnipro von Kiew nach Odesa

reisen. Flüge nach Kiew oder Frankfurt am Main gibt es ab Simferopol'.

Ukraine in 3–4 Wochen

Die Reise beginnt in der Hauptstadt **Kiew** im Landesnorden. Nach einem Besichtigungstag kann man Tagesausflüge nach **Černihiv, Perejaslav-Chmel'nyc'kyj, Uman', Kaniv, Čyhyryn, Baturyn** oder **Novhorod-Sivers'-kyj** unternehmen. Aus Kiew fährt man nach **Ostroh, Dubno** und **Luc'k,** deren Besichtigung ca. ein bis zwei Tage in Anspruch nimmt. Die Rundreise kann in **L'viv** (1 Tag) und anschließend in **Oles'ko, Pidhirci** und **Zoločiv** (1 Tag) fortgesetzt werden.

Als Nächstes stehen **Užhorod** und **Mukačeve** – in einem Tag – auf dem Reiseplan. Von Užhorod gibt es eine direkte Zugverbindung nach **Ivano-Frankivs'k,** das zusammen mit **Halyč** innerhalb eines Tages besichtigt werden kann. Von Ivano-Frankivs'k geht es für einen Tag nach **Černivci,** am nächsten Morgen nach **Chotyn** und **Kamjanec'-Podil's'kyj** und dann für einen Tag nach **Ternopil'** und **Zbaraž.** Von Ternopil' verkehren Züge nach Odesa.

In **Odesa** und **Bilhorod-Dnistrovs'kyj** muss man sich ebenfalls mit einem Besichtigungstag begnügen, um am kommenden Morgen nach **Zaporižžja** (1 Tag) aufbrechen zu können. Dann folgt ein Tag in **Dnipropetrovs'k. Poltava und Opišnja** – in einem Tag – sind die nächsten Stationen der Rundreise, die nach **Charkiv** (1 Tag) weiterführt. Auf dem Weg nach **Donec'k** ist **Svjatohirs'k** unbedingt aufzusuchen. In Donec'k nimmt man dann ein Flugzeug nach **Simferopol',** von wo aus **Bachčysaraj** günstig zu erreichen ist. Nachdem man einen Tag in der einstigen Hauptstadt der krimtatarischen Khane verbracht hat, fährt man für einen Tag nach **Sevastopol'** und **Balaklava.** Mit dem Besuch von **Jalta** und **Livadija** beginnt die Erkundung der Krimschen Südküste. Zwei von der Stadt aus unternommene Tagesausflüge sind besonders lohnend: nach **Haspra** und **Alupka** sowie nach **Masandra** und **Nikita.** Weiter östlich sind **Sudak** und **Novyj Svit** sehenswert. Von Simferopol' gibt es Flüge nach Deutschland, von Kiew nach Deutschland und Österreich.

Tipps für die Reiseorganisation

Pauschalreisen

Das Angebot der Veranstalter im deutschsprachigen Raum reicht von Ukraine-Rundfahrten und Städtetrips bis zu Natur- und Aktivreisen. Die Reisedauer liegt in der Regel bei 10 bis 15 Tagen. Die besuchten Regionen beschränken sich meist auf die Hauptstadt Kiew, den Westen und den Süden – hier hauptsächlich auf Odesa und die Krim –, sodass alle anderen, zweifellos ebenfalls sehenswerten Landesteile Individualreisenden vorbehalten bleiben oder nur mithilfe ukrainischer Reiseveranstalter (pauschal) bereist werden können.

Beliebte Ziele bei Städtetrips sind Kiew, L'viv, Černivci, Odesa, Sevastopol', Jalta und Bachčysaraj. Die Reize der karpatischen oder krimschen Landschaften werden auf Bergwanderungen oder Fahrradausflügen entdeckt, die Schönheit des Dnister-Canyons auf Raftingtouren bewundert. Des Weiteren führen die Wege ins Donau-Delta oder auf einer Kreuzfahrt vom Dnipro ins Schwarze Meer. Der führende Anbieter sowohl für Gruppen- als auch für Individualreisen in der Ukraine im deutschsprachigen Raum ist:

Dreizackreisen
Graunstraße 36, 13355 Berlin
Tel. 030 46 77 71 46
www.dreizackreisen.de

Individualreisen

Wer die Ukraine auf eigene Faust bereist, kann deutlich mehr erleben, muss jedoch ei-

Transportmittelmix für Individualreisende
Weite Strecken, beispielsweise von Užhorod nach Kiew, von L'viv nach Odesa oder von Kiew nach Odesa, Simferopol', Dnipropetrovs'k, Charkiv und Donec'k, überwindet man am besten mit dem **Flugzeug.** Für eine Städtereise können **Nachtzüge** etwa von Kiew nach Luc'k, von L'viv nach Užhorod, von Užhorod nach Ivano-Frankivs'k, Černivci oder Ternopil', von Ternopil' nach Odesa, von Charkiv nach Donec'k und von Donec'k nach Simferopol' in Anspruch genommen werden. Innerhalb einer Region bewegt man sich am besten mit dem eigenen oder einem gemieteten **Auto** fort, da dies trotz der schlechten Straßen zeitlich wie räumlich Flexibilität gewährt. Oft können die Mietwagen direkt an den Flughäfen oder in den Hotels gemietet werden. Die Fortbewegung mit dem **Bus** ist in den Regionen auch möglich und einer meist zeitaufwendigen Zugfahrt vorzuziehen. In der Regel befinden sich die Busbahnhöfe in den zentralen Ortsvierteln, manchmal in der Nähe der Bahnhöfe. Entspannt und genussvoll reist man auf einem **Schiff** auf dem Dnipro oder entlang der Krimschen Küste.

nige Bürden in Kauf nehmen. Die Ukraine ist kein Land des Massentourismus, was auch angenehm sein kann. Auf die Verständigung auf Deutsch oder Englisch sollte man sich außerhalb der Hotels nicht verlassen. Bei der Reiseorganisation vor Ort sind die touristischen Informationszentren, Reisebüros oder Hotels behilflich. Um die Reservierung des gewünschten Hotels sollte man sich insbesondere in der Sommersaison und bei beliebten Reisezielen frühzeitig kümmern, denn die Privatquartiere vor Ort genügen in der Regel nicht den Komfortansprüchen. Frühzeitige Buchung gilt auch für Zugtickets, die für die gefragten Destinationen in der Hochsaison oft ausverkauft sind.

Reisen mit Kindern

Auch wenn nicht alle einheimischen Spielplätze einladend aussehen, kann der Urlaub in der Ukraine äußerst kinderfreundlich sein. In vielen Hotels stehen Kinderbetten zur Verfügung, zahlreiche Restaurants bieten Kindermenüs an. Viele private Pensionen und Ferienhäuser sind für den Aufenthalt von Kindern bestens ausgestattet, vor allem in den Karpaten und auf der Halbinsel Krim – den traditionellen touristischen Regionen. An den flachen Stränden des Asowschen, aber auch des Schwarzen Meeres ist gefahrloses Planschen selbst für die Kleinsten möglich. Aquaparks und Delphinarien bieten darüber hinaus kindgerechte Unterhaltung. Fast jedes regionale Zentrum verfügt über ein Puppentheater. In einigen Städten gibt es Märchenwiesen, Zirkusse, Planetarien, Zoos und Kindereisenbahnen. Wickelräume und kinderwagenfreundliche Wege sind dagegen eher selten anzutreffen.

Reisen mit Handicap

Sowohl die öffentlichen Einrichtungen als auch die öffentlichen Verkehrsmittel sind in der Regel nicht behindertengerecht ausgestattet. Niederflurfahrzeuge sollen in der Zukunft eingeführt werden; bis dahin gestaltet sich die Fortbewegung durchs Land – auch angesichts der oft schlechten Gehsteige – für Rollstuhlfahrer und Gehbehinderte kompliziert. In manchen Hotels können Zimmer mit behindertengerechter Ausstattung gebucht werden. Auf dem von der Nationalen Organisation der Behinderten der Ukraine initiierten Webportal »Die barrierelose Ukraine« findet man für Behinderte zugängliche Einrichtungen nach Städten aufgelistet (www.netbaryerov.org.ua). Der Ansprechpartner in Deutschland ist der Bundesverband Selbsthilfe Körperbehinderter e. V. (www.bsk-ev.org).

Einreise

Bürger aus Deutschland, Österreich und der Schweiz benötigen für einen Aufenthalt von max. 90 Tagen pro Halbjahr kein Visum, sondern lediglich einen gültigen Reisepass – Kinder einen Kinderreisepass. Eine Reisekrankenversicherung, die in der Ukraine gültig ist, ist bei der Einreise Pflicht. Entsprechende Auslandskrankenversicherungen bieten alle großen Versicherungsunternehmen an. Reist man mit dem eigenen Auto ein, sind der internationale Führerschein, die Grüne Versicherungskarte und, falls das Fahrzeug nicht dem Reisenden gehört, die beglaubigte Übersetzung einer Vollmacht vorzulegen. Für die Einfuhr von Tieren sind eine gültige Tollwutschutzimpfung sowie ein amtstierärztliches Gesundheitszeugnis erforderlich. Beide müssen im EU-Heimtierausweis belegt sein.

Zollbestimmungen

Die Einfuhr von 1 l Spirituosen, 2 l Wein sowie 200 Zigaretten oder 50 Zigarren oder 250 g Tabak ist zollfrei. Ebenfalls zollfrei dürfen etwa 2 kg Lebensmittel zu einem ungefähren Gesamtpreis von 50 € sowie Geschenke im Wert von bis zu 200 € eingeführt werden. Falls das mitgeführte Bargeld bei Privatpersonen den Betrag von 10 000 € übersteigt, muss es schriftlich deklariert und mit einem Herkunftsnachweis belegt werden. Es empfiehlt sich, alle wertvollen Gegenstände (z. B. Schmuck), in die Zollerklärung eintragen zu lassen, um eine reibungslose Wiederausfuhr sicherzustellen. Waffen und Drogen dürfen nicht eingeführt werden. Große Mengen an Medikamenten bedürfen eines ärztlichen Attests.

Die Ausfuhr von Kunstwerken, Antiquitäten und Edelsteinen ist verboten. Ausnahmen hiervon bilden Kunstgegenstände, die nach 1950 hergestellt worden sind. Das Ausfuhrverbot betrifft außerdem Bücher mit einem Erscheinungsdatum vor 1945, Briefmarken mit einem Ausgabedatum vor 1991, Münzen mit einem Prägedatum vor 1960 sowie ältere Musikinstrumente und Schallplatten, Uhren, Messinstrumente und Trachten. Nähere Informationen sind auf den Internetseiten www.auswaertiges-amt.de und www.customs.gov.ua (engl.) zu finden.

Anreise

... mit dem eigenen Auto

Reisende aus Norddeutschland wählen für gewöhnlich die Route über Polen (Wrocław und Kraków). Von den Grenzübergängen Korczowa/Krakovec' oder Werchrata/Rava-Rus'ka ist es nicht mehr weit nach L'viv. Die Grenzstationen Dorohusk/Jahodyn und Zosin/Ustyluh im Gebiet Volyn' (Wolhynien) weiter nördlich empfehlen sich denjenigen, die die Nordukraine und Kiew als Reiseziel anvisiert haben. Aus Süddeutschland, Österreich und der Schweiz reist man am besten und schnellsten über Wien und Budapest an und passiert die ungarisch-ukrainische Grenze in Záhony/Čop oder die slowakisch-ukrainische Grenze in Vyšné Nemecké/Užhorod.

Bei den vielen Vorteilen, die die Reise mit dem eigenen Fahrzeug bietet, muss man sich in der Ukraine mit manchen Unzulänglichkeiten abfinden: Obwohl die Straßen zunehmend ausgebaut und verbessert werden, ist ihr Zustand immer noch nicht einwandfrei. Beleuchtung und Beschilderung sind meist mangelhaft. An den Grenzübergangsstellen kann es zudem zu mehrstündigen Wartezeiten kommen.

... mit dem Flugzeug

Der ca. 30 km südöstlich von Kiew entfernt liegende **Internationale Flughafen Boryspil'** (Міжнародний аеропорт Бориспіль, www.airport-borispol.kiev.ua) ist der größte Flugplatz des Landes, auf dem die Maschinen aus Deutschland, der Schweiz und Österreich landen. Die Flugstrecken werden u. a. von Lufthansa, Austrian Airlines, Ukraine International Airlines und Wizz Air bedient. Vom Flughafen ins Zentrum von Kiew verkehren Shuttlebusse und Taxis. Als öffentliche Verkehrsmittel stehen die U-Bahn und Busse von/nach Boryspil' zur Verfügung. Direkt am Flughafen gibt es mehrere Autovermietungen.

Der **Internationale Flughafen L'viv** (Міжнародний аеропорт Львів, www.airport.lviv.ua) liegt ca. 7 km vom Stadtzentrum entfernt. Die Gesellschaften Lufthansa, Austrian Airlines und Wizz Air bedienen die Flüge aus Deutschland und Österreich. Ins Stadtzentrum fahren Taxis sowie öffentliche Busse und Trolleybusse. Ein Wagen kann bei Sixt gemietet werden. Am **Internationalen Flughafen Odesa** (Міжнародний аеропорт Одеса, www.airport.od.ua) gibt es Flüge aus Wien, am **Internationalen Flughafen Simferopol'** (Міжнародний аеропорт Сімферополь, www.airport.crimea.ua) saisonale Flüge aus Frankfurt am Main von Ukraine International Airlines. Flugzeuge aus Düsseldorf und Wien landen am **Internationalen Flughafen Charkiv** (Міжнародний аеропорт Харків). Am **Internationalen Flughafen Donec'k** (Міжнародний аеропорт Донецьк, www.airport.dn.ua) gibt es Verbindungen mit München (Lufthansa) und Wien (Austrian Airlines). Flüge zum **Internationalen Flughafen Dnipropetrovs'k** (Міжнародний аеропорт Дніпропетровськ, www.dniproavia.com) sind aus Wien mit Austrian Airlines und Berlin mit Ukraine International Airlines und Dniproavia möglich.

... mit der Bahn

Die Anreise in die Ukraine kann auch per Zug erfolgen: Gewöhnlich steigt man in Berlin ein, durchquert Polen und kommt in Kiew an. Die Zugreise dauert ca. 23 Std. Von Berlin aus gibt es außerdem direkte Zugverbindungen nach Odesa (mit Zwischenstopp in Vinnycja), nach Simferopol' (über Dnipropetrovs'k, Zaporižžja und Melitopol'), Charkiv (über Poltava) sowie nach Donec'k. Der Zug Wien–Kiew fährt momentan durch Tschechien und Polen und hält in L'viv, Ternopil', Chmel'nyc'kyj und Vinnycja. Die Reise nach L'viv dauert in diesem Fall etwa 26 Std., in Kiew kommt man erst nach 34 Std. an. Wegen der unterschiedlichen Eisenbahnspurweiten in Westeuropa und der Ukraine werden die Züge an der Grenze umgespurt. Auskünfte über die aktuellen Zugverbindungen erteilen die nationalen Bahngesellschaften in Deutschland (www.bahn.de), Österreich (www.oebb.at) und der Schweiz (www.sbb.ch) sowie die Ukrainische Eisenbahn (www.uz.gov.ua).

... mit dem Bus

Mit dem deutschen Fernbusunternehmen Touring (www.touring.de) kann man aus mehreren Städten Deutschlands nach Kiew, L'viv, Luc'k, Dnipropetrovs'k, Charkiv, Donec'k, Zaporižžja oder Odesa reisen. Von Berlin nach L'viv ist man ca. 21 Std., nach Kiew rund 24 Std. unterwegs. Die österreichischen Eurolines (www.eurolines.at) bieten folgende Busverbindungen: von Wien nach Užhorod (ca. 9 Std.), nach L'viv (ca. 13 Std.) und nach Kiew (ca. 22 Std.).

Verkehrsmittel im Land

Flugzeug

Die Entfernungen zwischen den ukrainischen Städten im äußersten Westen und Osten, Norden und Süden können recht groß sein: Flüge sind hier angebracht, etwa von Užhorod, L'viv oder Černivci nach Kiew oder von Ivano-Frankivs'k nach Dnipropetrovs'k, Donec'k und Charkiv. Von Kiew aus bestehen Flugverbindungen nach Luhans'k, Odesa,

Simferopol', Dnipropetrovs'k, Charkiv und Donec'k. Aktuelle Pläne und Termine werden auf den Websites der Flughäfen und der Fluggesellschaften (www.aerosvit.com, www.wizzair.com, www.dniproavia.com, www.donbass.aero) bekannt gegeben.

Bahn

Die Ukraine ist durch ein relativ dichtes Bahnnetz gut erschlossen, allerdings fahren die Züge nicht allzuoft und ziemlich langsam. Für Städtereisen, vor allem, wenn man Städte in verschiedenen Regionen besuchen möchte, ist die Bahn eine passende und preiswerte Transportvariante. Von Kiew aus ist jede ukrainische Region mit dem Zug erreichbar. Zugverspätungen kommen vor, zu wesentlichen Verzögerungen kommt es aber selten. Die **Fahrkarten** erwirbt man in der Regel an den Bahnhöfen. Sie sind ab dem 45. Tag vor Reiseantrittsdatum erhältlich und können nicht reserviert werden. Da Fahrkarten in den Ferien und in der Sommersaison – besonders Richtung Süden – schnell ausverkauft sind, sollte man sie frühzeitig besorgen.

In den **Nachtzügen** gibt es Wagen mit komfortablen Zweibett- (Ljuks/Люкс) und Vierbettabteilen (Kupe/Купе) oder Großraumwagen mit Schlafplätzen, sogenannte Platzkartenwagen (Plackartnyj vahon/Плацкартний вагон). Die Bettwäsche wird vom Schaffner verteilt. Die Fernzüge haben normalerweise einen **Speisewagen. Vorortzüge** – Elektryčka (Електричка) – können in der Ukraine unterschiedlich komfortabel sein. Die **Fahrpläne** sind der Website der Ukrainischen Eisenbahn (www.uz.gov.ua) zu entnehmen. Insbesondere für die Nahverkehrszüge empfiehlt sich die telefonische oder persönliche Auskunft am Schalter – für den Fall, dass die Aktualisierung im Internet einige Zeit zurückliegt. Auskünfte auf Deutsch oder Englisch darf man für gewöhnlich nicht erwarten.

Bus

Der Bus ist in der Ukraine ein sehr populäres Transportmittel – sowohl für Fahrten zwischen den Städten als auch innerhalb der Provinzen. Auf dem Land sind Busse die einzigen, nicht immer häufig verkehrenden öffentlichen Fahrzeuge. Mittlerweile gibt es zwischen den Bussen für die Fern- und den Kleinbussen für die nahen Fahrtziele, auch Maršrutka (Маршрутка) genannt, kaum noch Unterschiede. In allen Städten ist ein Busbahnhof vorhanden; in manchen Großstädten gibt es mehrere Busbahnhöfe für diverse Fahrtrichtungen oder für den Fern- und Nahverkehr. Über die einzelnen **Busverbindungen** kann man sich auf www.bus.com.ua informieren. Da die Fahrpläne kurzfristig geändert werden können, ist die zusätzliche Nachfrage am jeweiligen Busbahnhof angebracht. Die Busgesellschaften Avtoljuks (www.autolux.ua, engl.), Hjunsel (www.gunsel.com.ua, engl.), UkrBus (www.ukrbus.com), Šeryf Tur (www.sherif.com.ua, engl.) haben eigene Internetpräsenzen.

Schiff

Vor allem in der Sommersaison von Mai bis September sind Schifffahrten auf dem Dnipro und an der Schwarzmeerküste sehr gefragt. Die mit Landausflügen kombinierten Kreuzfahrten belohnen mit wunderschönen Landschaftskulissen. Die Schiffe verkehren etwa zwischen Odesa und Sevastopol' bzw. Jalta, zwischen Alupka, Haspra, Jalta, Hurzuf und Alušta, zwischen Jalta und Feodosija sowie zwischen Kerč und Berdjans'k bzw. Mariupol'. Von Odesa laufen die Schiffe nach Varna, Konstanza und Istanbul aus (www.ukrferry.com, www.ferrylines.com).

Auto

In der Ukraine existiert bislang kein Autobahnnetz. Als Ersatz dienen die autobahnartigen internationalen und nationalen **Fernstraßen,** die Magistralen (Abk. M auf Karten).

Verkehrsregeln
Die zugelassene **Höchstgeschwindigkeit** auf den ukrainischen Magistralen beträgt 130 km/Std., auf einer Landstraße sind 90 km/Std., in den Ortschaften 60 km/Std. erlaubt. Es besteht **Anschnallpflicht** und ein absolutes **Alkoholverbot.** Während der Autofahrt ist **Telefonieren** nur über eine Freisprechanlage gestattet. Im Winter sind **Winterreifen** vorgeschrieben. Am Tag darf das **Abblendlicht** eingeschaltet sein, es besteht jedoch diesbezüglich keine Pflicht. Verstöße gegen die Verkehrsregeln werden mit ziemlich hohen **Bußgeldern** bestraft. Ist der Grund für die Strafe zweifelhaft, sollte man sich eine Quittung ausstellen lassen oder zur Not auf der Aufnahme des Protokolls in einer Polizeidienststelle bestehen. **Kindersitze** gehören nicht zur obligatorischen Ausstattung eines Autos, werden aber von den Autoverleihern auf Anfrage zur Verfügung gestellt.

Die Straßeninfrastruktur befindet sich im Aufbau. Da der Zustand der Straßen im Allgemeinen sowie deren Markierung, Beleuchtung und Beschilderung in kyrillischer Schrift oft mangelhaft ist, ist vor allem bei nächtlichen Autofahrten besondere Vorsicht geboten. Dabei sollte man auf Fahrradfahrer – viele ohne Licht – achten, da es keine abgetrennten Radwege gibt. Auf **Landstraßen** verkehren außerdem Traktoren und Pferdegespanne.

Einen zentralisierten **Pannenservice** gibt es in der Ukraine nicht. Unterwegs informieren Straßenschilder über die Telefonnummern der lokalen Pannendienste. Das **Tankstellennetz** ist gut ausgebaut. An den Tankstellen ist sowohl Benzin als auch Diesel und Gas – gegen Vorkasse in Bargeld und mit Bedienung – erhältlich. Die Oktanzahlen 95 und 98 bei Benzin entsprechen den bleifreien deutschen Äquivalenten Super und SuperPlus. Das **Parken** ist in der Regel gebührenpflichtig.

Mietwagen

In jedem regionalen Zentrum gibt es mindestens eine Autoverleihfirma. In den Großstädten bieten meist mehrere Autovermietungen ihren Service an – oft an den Flughäfen oder in den Hotels. Darunter: Hertz (www.hertz.ua), Avis (www.avis.com.ua), Avto-Drajv (www.autodrive.com.ua), Sixt (www.sixt.ua), Avtobest (www.avtobest.com.ua) oder Rent-Cars (www.rent-cars.com.ua). Die Autoanmietung ist ab 21 Jahren und mit mindestens zwei Jahren Fahrpraxis möglich. Vor dem Abschließen eines Mietvertrags sollte man sich über Konditionen und Serviceangebote genau informieren. Einwegmiete, Automiete mit Fahrer sowie Zustellung des Wagens in einen gewünschten Ort können gegen Aufpreis arrangiert werden.

Öffentlicher Stadtverkehr

Die ukrainischen Städte verfügen über ein gut ausgebautes öffentliches Transportmittelnetz. Auch wenn es nicht unbedingt übersichtlich ist und die Fahrpläne nicht immer eingehalten werden, kommt man schnell ans gewünschte Ziel. In Kiew, Charkiv und Dnipropetrovs'k bewegt man sich mit der U-Bahn fort. Die Münzen für die Nutzung der Metro werden an den Kassen verkauft. Solange man den U-Bahn-Bereich nicht verlässt, kann man beliebig lange fahren und beliebig oft umsteigen. Ansonsten stehen Straßenbahnen, Trolley- und Kleinbusse zur Verfügung. Die Fahrscheine sind am Schalter oder bei den Schaffnern zu erwerben und müssen unter Umständen noch entwertet werden.

Taxis

Bei einer Taxifahrt empfiehlt es sich, die Kosten im Voraus auszuhandeln oder – falls vorhanden – das Taxameter einschalten zu lassen. Mehrere Taxidienste veröffentlichen ihre Preise auf den offiziellen Websites. Von Fahrten mit Privatpersonen ist abzuraten.

Hotels

Mittlerweile gibt es in der Ukraine schicke Fünf-Sterne-Hotels, noble Art- oder Boutique-Hotels, die dem erlesenen Geschmack und hohen Ansprüchen genügen. Es gibt aber auch die kleinen familiären Hotels und Pensionen mit angenehmem Service und unkomplizierter Kommunikation sowie die aus der Sowjetzeit geerbten, mehrstöckigen, architektonisch auffallenden Hotels, Erholungs- und Touristenheime, die Modernisierung und Sanierung benötigen. Insbesondere für die Fußball-Europameisterschaft 2012 wurden viele Hotels an die westlichen Standards angepasst, denn die Anzahl der Sterne entspricht bislang nicht immer dem in Westeuropa gewohnten Niveau und sorgt manchmal nur für überhöhte Preise.

In der Natur gelegene Hotelkomplexe, die ein Aktivprogramm anbieten, werden immer beliebter. Sie verfügen in der Regel über Schwimmbäder, einen Verleih von Fahrrädern, Booten und Angelausstattung, Minigolf- und Picknickplätze, Saunas, Tennis-, Volleyball- oder Basketball-Plätze. Auch Reit- und Yachtclubs bieten oft Übernachtungsmöglichkeiten an.

Um ein Zimmer sollte man sich in den Großstädten und beliebten Ferien- und Urlaubszielen frühzeitig kümmern. Am besten, man informiert sich über die einzelnen Konditionen – Frühstückpreis, Buchungsgebühr, Kurtaxe oder Übersetzerservice – im Voraus.

Apartments und Privatzimmer

Insbesondere in Großstädten sind **Apartments** eine preiswerte Alternative zum Hotel. Spezielle Vermittlungsagenturen informieren

Nobelhotel in historischem Haus: das Londonskaja in Odesa

Hotelzimmer online buchen
Auf den folgenden Internetseiten kann man Hotels in allen Regionen der Ukraine sichten und buchen: www.ukrainehotelsonline.com (dt.), www.ukraine-hotel.com (engl.). Eine Datenbank mit Hotels und privaten Unterkünften in der Karpatenregion findet man unter www.karpaty.info (dt.). Eine gute Auswahl an Hotels zum Buchen auf der Krim gibt es auf www.hotels-group.net (nur russ.).

über Standard und Preise: www.kievrent.net (engl.), www.uarent.net (engl.).

Privatzimmer sind vor Ort problemlos zu mieten. In touristischen Orten erhält man an Bahn- und Busbahnhöfen Übernachtungsangebote von Privatleuten. Über die Einrichtung, Konditionen und Preise sollte man sich im Voraus genau informieren, da die unterschiedlich komfortablen Zimmer nicht immer den (hohen) Erwartungen entsprechen.

Hostels

Seit einigen Jahren gibt es auch in der Ukraine die den Westeuropäern vertrauten Jugendherbergen, hierzulande werden sie Hostels genannt. Es sind keine großen Häuser, sondern meist schlichte, preiswerte Herbergen für Backpackers oder Familien mit Zwei- oder Mehrbettzimmern, Kühlschrank und Kochgelegenheit. Das Frühstück ist normalerweise im Preis nicht inbegriffen. Stadtpläne oder sonstiges touristisches Infomaterial werden aber oft zur Verfügung gestellt. Die Besitzer einer Hostelling-International-Card übernachten zum ermäßigten Preis. Sonstige Ausweise sind nicht erforderlich. Das ukrainische Hostelnetz ist noch nicht stark ausgebaut. Die Jugendherbergen können unter www.hihostels.com.ua (engl.) oder www.hostelworld.com, www.hostels.com, www.hostelbookers.com gebucht werden.

Ferien auf dem Land

Ferienhäuser auf dem Land und Unterkünfte im Bauernhaus zählen zu den attraktivsten Ferienquartieren in der Ukraine. Hier gibt es Hütten mit Strohdächern, traditionelle Mahlzeiten und Kräutertee, aber auch Saunas, Streichelzoos oder Weinproben. Unter www.greentour.com.ua und www.ruraltourism.com.ua findet man Angebote (s. auch S. 21).

Sanatorien

Mehrere Sanatorien und Kurheime stehen auch Individualtouristen zur Verfügung. Allerdings kann der Aufenthalt dort an eine bestimmte Zahl von Übernachtungen und/oder an Vollpension gebunden sein. In diesem Fall lohnt sich die Buchung nur für diejenigen, die länger in einer bestimmten Gegend bleiben wollen. Die Behandlungen, Kur- oder Wellnessanwendungen können in der Regel separat gebucht werden. Umfangreiches offizielles Infomaterial rund um die ukrainischen Sanatorien und Kurorte gibt es auf www.sankurort.ua (engl.).

Campingplätze

Die wenigen ukrainischen Campingplätze sind sehr schlicht ausgestattet. Näheres zu den Campingplätzen im Land auf www.autocamper.com.ua. In manchen Nationalparks stehen ausgewiesene Areale zum Zelten zur Verfügung – für diejenigen, die auf Komfort nicht viel Wert legen. Das Übernachten in Zelten oder Wohnmobilen bei Privatpersonen, auf dem Gelände von Ferienhäusern oder Bauernhöfen ist durchaus üblich.

Angeln

Einem am Fluss- oder Seeufer auf seinen Fang geduldig wartenden Angler begegnet man in der Ukraine sehr oft, denn Angeln gehört zu den Lieblingsbeschäftigungen der ukrainischen Männer. Dementsprechend gibt es viele sogenannte Fischwirtschaften, in denen man gegen Gebühr den gewünschten Fisch angeln kann. Häufig sind die Fischteiche in die Infrastruktur der Hotel- und Erholungskomplexe integriert. Recht beliebt ist im Winter das Eisangeln, das von manchen Reisebüros oder privaten Gastgebern organisiert wird. Das Angeln ist in den meisten natürlichen Gewässern ohne Angelschein erlaubt. Über zeitliche und räumliche Einschränkungen kann man sich beim Ukrainischen Jäger- und Fischerverein informieren (www.uoor.com.ua, dt.). Während der Laichperiode ist Angeln grundsätzlich verboten.

Ballonfliegen

In einem Heißluftballon über Kiew (www.ballooning-ua.com, engl.), Dnipropetrovs'k (www.nebo.dp.ua, russ.) oder die Halbinsel Krim (www.vozduhoplavanie.com, russ.) zu schweben, ist ein teures, aber unvergessliches Abenteuer. Die bunten Luftfahrtfestivals in Kamjanec'-Podil's'kyj, Černihiv oder Vasyl'kiv locken immer mehr Neugierige an.

Gleitschirmfliegen

Koktebel' und Feodosija sind die anerkannten Zentren für Gleitschirmfliegen. Soaring ist dort sowohl an der 7 km langen Kante des Klement'jev-Berges als auch am Meer möglich. Bei Sevastopol' oder Bachčysaraj kann man den Traum von einem Solo- oder Tandemflug ebenfalls verwirklichen (www.paraskif.com, engl.).

Golf

Golf hat in die Ukraine erst vor einigen Jahren Einzug gehalten. Der größte, den internationalen Standards entsprechende einheimische Golfclub hat in Havronščyna, in der Nähe der Hauptstadt, seinen Sitz (www.kievgolfclub.com, engl.). Weitere Golfplätze befinden sich direkt in Kiew, Pryvitne bei Luhans'k und in Odesa (www.golf.od.ua, engl.). Sie sind auch für Nichtmitglieder zugänglich. Es werden auch Golfkurse angeboten.

Höhlenerkundungen

Spannende Touren durch Höhlen sowohl für Erwachsene als auch für Kinder werden vor allem in Podolien und auf der Halbinsel Krim angeboten. Über organisierte Höhlenbesichtigungen in Podolien informieren die Anbieterwebsites www.terraincognita.info (engl.) und www.tourclub.com.ua (engl.).

Klettern

Das Krimgebirge ist ein Paradies für Kletterer. Die Felsgebilde an der Südküste, darunter die Laspi-Felsen, Kap Saryč, die Felsformationen in Simejiz, Nikita, der Rote Felsen in Krasnokamjanka bei Hurzuf sowie die Felsen in Sudak und Bachčysaraj, sind besonders beliebt. Attraktive Klettersteige gibt es aber auch im Landeswesten am Smotryč-Canyon in Kamjanec'-Podil's'kyj oder an den Dovbuš-Felsen bei Bubnyšče, im Norden in Žytomyr und Denyši und im Osten auf der Insel Chortycja. Die Ausrüstung sollte man mitbringen. Rat einholen kann man im Krimschen Bergclub (www.mountcrimea.com) oder im Club für Extremsportarten Ermitaž in Zaporižžja (www.ermitage.zp.ua). Vor den Kletteraktivitäten darf man die Anmeldung beim regionalen Rettungsdienst nicht vergessen (s. S. 96).

Quadfahrten und Jeepsafaris

Der schlechte Zustand mancher Landstraßen hat auch seine Vorteile: Sie eignen sich bestens für eine Quad- oder Jeepfahrt. Kein Wunder, dass dieser Sport in der Ukraine, u. a. in Kiew (www.quadroquest.kiev.ua.), viele Anhänger findet. Bei den adrenalinreichen Safaris stehen die Karpaten (www.green-ukraine.com, engl.; www.karpaty.info, dt.) und das Krimgebirge jedoch außer Konkurrenz (www.yalta-holiday.com, dt.).

Radfahren

Die Infrastruktur für den Fahrradtourismus ist in der Ukraine erst im Entstehen; Markierungen sind nicht überall vorhanden, Fahrradverleihe gibt es in den touristischen Regionen, ansonsten ist ihre Zahl gering. Mehrere interessante Fahrradrouten gibt es dennoch in jedem Landesteil, am beliebtesten sind die gemütlichen Radspazierfahrten oder anspruchsvollen Mountainbikepartien in der Karpatenregion und auf der Halbinsel Krim. Durch den ukrainischen Teil des Biosphärenreservats Ostkarpaten verläuft der internationale Fahrradweg Green Bicycle (R-61). Eine andere Fahrradroute folgt im Gebiet L'viv den Spuren des braven Soldaten Schwejk (R-63). Das Projekt ›Velokrajina‹ markiert Fahrradwege und verbreitet Infos über Radverleihe und Unterkünfte in den Karpaten: Katalog und Karten können auf der Website des Vereins heruntergeladen werden (www.bikeland.com.ua, engl.). Die schönsten Ausflugsziele auf der Krim sind die Kaps Tarchankut und Kazantyp; an der Südküste und rund um Bachčysaraj geht es extremer zu. Bei der Organisation einer Radtour ist das Reisebüro biss-Reisen in Berlin behilflich (www.biss-reisen.de). Eine Fahrradreise von Sevastopol' durch das Krimgebirge führt Dreizackreisen im Programm (www.dreizackreisen.de). Weitere Touren organisiert der Veranstalter Terra Incognita (www.terraincognita.info, engl.).

Rafting und Kanufahren

Die Reize des Dnister-Tals – die historischen Ortschaften wie die atemberaubenden Felswände des Dnister-Canyons – lassen sich auf einer Schlauchboot- oder Kanufahrt am besten erleben. Zur Wahl stehen sowohl ein- als auch mehrtägige Rafting- und Kanutouren – auch an den Flüssen Smotryč, Desna, Pivdennyj Buh oder Sivers'kyj Donec'. Die tosenden Gewässer des Čeremoš im Frühling sind die beste Wahl für ein abenteuerliches

Flusserlebnis. Raftingtouren bieten Dreizackreisen, von Kiew aus das Reisebüro Terra Incognita (www.terraincognita.info, engl.) sowie in der Westukraine der Touristische Club Ternopil' (www.tourclub.com.ua, engl.) an.

Reiten

Mehrstündige Ausritte oder mehrtägige Reittouren gehören mittlerweile zum Standardangebot der meisten Reitclubs, Hotel- und Erholungskomplexe und Urlauber-Bauernhöfe. Sie sind landesweit reichlich vorhanden und in den touristischen Regionen besonders populär. Eine neuntägige Reittour durch die Westukraine kann man unter www.rajdykonne.net (dt.) buchen. Reiten in den Karpaten ist mit Green Ukraine (www.green-ukraine.com, engl.) möglich. Wanderungen durch die Krim auf einem Eselrücken bietet die Eselfarm in Zalisne an (s. S. 447).

Segeln

Sowohl der Dnipro als auch das Schwarze Meer eignen sich hervorragend zum Segeln. Die einheimischen Yachtclubs u. a. in Kiew (www.rent-flot.kiev.ua, engl.), Odesa (www.yachting.odessa.ua, engl.) oder auf der Halbinsel Krim (www.nsk-yachts.com.ua) vermieten Segelboote und Motoryachten, erteilen Kurse oder bieten Bootsausflüge an. Möglich

Baden neben antiken Ruinen: Strand beim Taurischen Chersonesos, Sevastopol

sind kurze Trips entlang der Küste sowie mehrtägige Törns bis in die Türkei.

Skifahren

Die ukrainischen Karpaten sind auch im Winter faszinierend, besonders rund um Bukovel', das größte und exklusivste Skiresort des Landes. Auf kleinere Skigebiete und vereinzelte Skilifte samt Skiverleih trifft man in den Karpaten allerdings viel häufiger. Populär sind Slavs'ke (www.slavsko.inf), Drahobrat (www.dragobrat.poltava.ua), Krasija in Kostryna (www.krasiya.info, engl.) und Jablunycja.

Tauchen

Die Unterwasserwelten des Schwarzen und des Asowschen Meeres warten auf Entdekung: spektakuläre Seelandschaften, historische Wracks am Kap Tarchankut und am Kap Kazantyp, bei Sevastopol', Balaklava, Feodosija und Sudak sowie an der Südküste der Krim. Dort überall gibt es Tauchclubs, die Tauchkurse und -ausflüge anbieten. In der Sommersaison werben die Clubs auch an den Stränden. In den Šac'ker Seen kann man ebenfalls tauchen. Wer einen Tauchschein erwerben möchte, sollte beim jeweiligen Club oder Trainer nachfragen.

Wandern

Wer in der Ukraine wandert, bewegt sich abseits des Massentourismus. Es ist daher empfehlenswert, einen Bergführer zu engagieren. Wanderkarten im Maßstab 1 : 50 000 gibt es bei www.mapfox.de.

Die karpatischen Berggipfel Hoverla, Pip Ivan, Petros, Blyznycja und der pittoreske Bergsee Nesamovyte erfreuen sich bei Wanderern besonderer Beliebtheit. Infos zum europäischen Fernwanderweg E-8 und zu organisierten Touren findet man unter www.carpatroute.com. (dt.), www.terraincognita.info (engl.) oder www.tourclub.com.ua (engl.). Der ukrainische Süden verzaubert mit den felsigen Landschaften des Krimgebirges: dem Großen Canyon und Anharer Pass, Čatyr-Dah und Karabi-Jajla, dem Gipfel Roman-Koš, dem Wasserfall Džur-Džur und den unzähligen Höhlenstädten. Der Zarenpfad und der Golicyn-Pfad schlängeln sich entlang der Schwarzmeerküste. Eine Wanderung durch die Krim kann man auf www.outdoorukraine.com (dt.) buchen. Die Anmeldung beim lokalen Rettungsdienst vor einer Bergwanderung ist Pflicht (s. S. 96).

Wind- und Kitesurfen

Die Kaps Tarchankut und Kazantyp sowie der See Donuzlav sind für Wind- und Kitesurfer wie geschaffen. Die Surfclubs – auch in Odesa , Mariupol', Berdjans'k und Skadovs'k – verleihen Ausrüstung und erteilen Unterricht. Die Kiewer Windsurfer lassen sich am Dnipro blicken (www.uawindsurfing.com.ua).

Wellness und Kuren

Mit den an Heilschlämmen reichen Salzseen und Limanen sowie den zahlreichen renommierten See- und Luftkurorten ist die Ukraine ein attraktives Wellness- und Kurland. Einige Sanatorien und Kurheime wurden in den letzten Jahren modernisiert, andere warten noch auf neue Investoren, aber auch viele bessere Hotels verfügen über einen eigenen Spa-Bereich. Truskavec', Moršyn, Poljana, Synjak, Jaremče, Myrhorod, Saky, Jevpatorija, Feodosija und Slovjans'k sind die bekanntesten Kurorte (www.sankurort.ua, engl.). Kuraufenthalte werden von den lokalen touristischen Infozentren und Reisebüros vermittelt.

Neben modernen Supermärkten, großen, über- und unterirdischen Shoppingcentern und historischen Einkaufspassagen in den Großstädten gibt es in der Ukraine bunte Märkte und – immer noch – die Läden sowjetischer Prägung mit gewöhnungsbedürftigem Service. Auf dem Land stellen die Geschäfte mit Ostblockflair häufig die einzige Einkaufsmöglichkeit dar. Auf den sogenannten Kleidermärkten kann man neben Kleidung praktisch alles einkaufen. Eine Attraktion ist der Büchermarkt Petrivka in Kiew, der größte Bücher-, CD- und DVD-Markt des Landes, an der gleichnamigen U-Bahn-Haltestelle.

Lebensmittel

In den Supermärkten der Ketten Velyka Kyšenja (Велика кишеня), Eko-Market (Еко-Маркет), Furšet (Фуршет), Sil'po (Сільпо) und ATB Market (АТБ Маркет) sowie den kleinen Tante-Emma-Läden auf dem Land erhält man die gängigen Lebensmittel. Neben Gemüse und Obst kann man auf den Wochenmärkten normalerweise auch Brot, Fleisch und Fisch einkaufen. In kleinen Dörfern gibt es oft kein Geschäft. Nichtzertifizierte Privatverkäufer stehen manchmal am Straßenrand oder in Kiew an der U-Bahn. Auf den Märkten sind Obst und Gemüse meist billiger, jedoch nicht immer. Im Allgemeinen sollte man sich nicht auf allzu billige Produkte in der Ukraine einstellen, der Unterschied zu westeuropäischen Preisen ist nicht groß. Manche Lebensmittel sind sogar teurer.

Kunsthandwerk

Die großen Kunsthandwerkmärkte in Jaremče, am Jablunycjaer Pass oder in Kolomyja sind die besten Einkaufsadressen für Trachten und bestickte Tücher, huzulische Webteppiche und Holzschnitzereien, kunstvoll bemalte Ostereier und Glasperlenschmuck. Keramik kauft man am besten in Opišnja, dekorative Malerei in Petrykivka – oder aber in den zahlreichen Kunstsalons oder Souvenirläden, die außerdem Flechtwaren, Glas, Stoffpuppen und Scherenschnitte anbieten. Die attraktivsten Einkaufswinkel für Kunst und Kunsthandwerk sind jedoch der Kiewer Andreassteig und die L'viver Vernissage.

Souvenirs

Als Ukraineandenken sind die sogenannten touristischen Marken (Туристичнаі марки) gedacht. Sie gibt es ausschließlich in oder bei den Sehenswürdigkeiten zu kaufen, die auf ihnen abgebildet sind. Die Liste der Tourentaler, Wander- oder Erlebnismarken und deren Verkaufsstellen sind unter www.turystycni-marky.com.ua abrufbar. Weine, Sekt, Horilka und Cognac sowie Pralinen und Schokolade der Marken Svitoč und Roshen sind als Mitbringsel sehr beliebt. Man erhält sie in Supermärkten.

Öffnungszeiten

Geschäfte sind in der Ukraine meist von 9–18 Uhr geöffnet. Große Supermärkte und Einkaufszentren sind länger und oft am Wochenende, manche Supermärkte rund um die Uhr geöffnet. Die Lebensmittelmärkte in kleineren Orten und auf dem Land finden in der Regel vormittags, oft bis ca. 14 Uhr, statt.

Feilschen und Probieren sind erlaubt
Ein Markteinkauf hat seine Vorteile: Die Lebensmittel sind frisch – man darf sich durch Probieren selbst überzeugen – und der Preis darf verhandelt werden, denn Feilschen ist auf ukrainischen Märkten sehr verbreitet.

Ausgehen

Während man sich auf dem Land ohne, in den kleineren Ortschaften mit einigen wenigen Ausgehmöglichkeiten begnügen muss, ist das Nachtleben in den Großstädten, besonders in Kiew, aber auch in L'viv, Dnipropetrovs'k, Charkiv, Donec'k und Odesa , äußerst abwechslungsreich. Es reicht von **Bars, Pubs, Restaurants, Discos** und **Nachtclubs** bis hin zu großen Unterhaltungszentren, in denen all diese Optionen samt **Casinos, Billard-, Bowling- und Pokerclubs** unter einem Dach versammelt sind. Auch die großen Hotels unterhalten ihre Gäste in den Lounge-Bars oder hauseigenen Nachtclubs. Klassikliebhaber kommen in den **Opernhäusern** und **Philharmonien** in Kiew, L'viv und Odesa auf ihre Kosten. Auch die Theater und Musiksäle der regionalen Zentren präsentieren ein interessantes Programm. Etwas Besonderes sind **Jazz- und Art-Cafés,** wo Jazz, Blues, Folk von ukrainischen Bands live gespielt wird.

An den Meeresküsten beherrschen im Sommer **Strandpartys** und **Open-Air-Konzerte** die Szene. Besonders attraktiv sind die zahlreichen **Festivals.**

Sehr verbreitet sind **Livemusikabende** oder **folkloristische Unterhaltungsprogramme** in Restaurants mit nationalem Flair oder Ambiente der regionalen Minderheiten. Auf dem Land werden Folkloreveranstaltungen mitunter von den Landeskundemuseen, Freilichtmuseen oder Kulturmuseen u. a. der ethnischen Minderheiten angeboten.

Informationen zum Nachtleben gibt es in den Hotels, touristischen Informationszentren, Reisebüros, Periodikas oder auf www.nightlife.tochka.net (nur ukr.).

Besonders in den Urlaubsorten auf der Krim findet das Nachtleben draußen statt

Anrede und Begrüßung

Im Ukrainischen setzt sich die volle Namensform aus Vorname, Vatersname und Familienname zusammen. Die früher übliche höfliche Anrede mit dem Vor- und Vatersnamen weicht heutzutage einer Anrede mit Herr/Frau in Verbindung mit dem Vornamen, seltener dem Nachnamen. Duzen wird unter Unbekannten sowie bei einem Altersunterschied und mit Vorgesetzten nicht praktiziert. Händeschütteln zwischen Mann und Frau ist nicht üblich. Gute Bekannte werden bei der Begrüßung geküsst.

Fotografieren

Flughäfen, Militär- und Industrieanlagen dürfen nicht fotografiert werden. Insbesondere in orthodoxen Kirchen werden Fotokameras ungern gesehen.

Frauen allein

Alleinreisende Frauen haben bei der Fortbewegung im Land tagsüber keine Probleme zu erwarten. Fürs Ausgehen am Abend und in der Nacht ist dagegen Begleitung sinnvoll. Die patriarchalischen Sitten bekommt man in der Ukraine mehr zu spüren als in Westeuropa, dazu gehört aber auch der höfliche Umgang mit Frauen.

Rauchen

Auf Plätzen, an Haltestellen, in Parks, Unterführungen, Kultur-, Bildungs- und medizinischen Einrichtungen sowie in öffentlichen Verkehrsmitteln und Zügen sind Rauchen und der Konsum von Alkohol nicht gestattet. Einige Gaststätten verbieten das Rauchen oder haben Nichtraucherbereiche.

Schwule und Lesben

Homosexualität wird in der Ukraine gesetzlich respektiert, doch in der Öffentlichkeit stößt man meist auf wenig Verständnis. Dies versuchen landesweit mehrere Communities (www.gayua.com) sowie das Informations- und Rechtsschutzzentrum Naš Svit (www.gay.org.ua, engl.) zu ändern.

Straßennamen

Ist eine Straße nach einer Person benannt, findet man sie im alphabetischen Verzeichnis in den ukrainischen Stadtplänen nicht unter dem vorstehenden Vornamen oder Titel, sondern unter dem nachstehenden Familiennamen, z. B. ist die vul. Bohdana Chmel'nyc'koho (вул. Богдана Хмельницького) nicht unter ›Б‹, sondern unter ›X‹ zu finden.

Stromspannung

Die Stromspannung beträgt in der Ukraine 220 V. Ein Adapter ist nicht erforderlich.

Verhaltensregeln

In einem Restaurant setzt man sich gewöhnlich an einen freien Tisch oder fragt den Kellner nach freien Plätzen. Ist man eingeladen, sollte man sich um ein passendes Mitbringsel – Blumen, Pralinen oder eine Flasche Wein – kümmern.

Bei Kirchenbesuchen sollten insbesondere Frauen die Schultern und Knie bedecken, teilweise muss man auch eine Kopfbedeckung tragen. Bei der Besichtigung von Synagogen gilt Letzteres auch für Männer. Dass öffentliche Toiletten vielerorts fehlen, sollte man bedenken, bevor man Hotels und Restaurants verlässt.

Reisekasse und Reisebudget

Währung

Die ukrainische Währung heißt Hryvnja (UAH, грн., гривня), 1 Hryvnja = 100 Kopeken (копійок). 100 UAH = 9,58 € = 11,59 CHF, 1 € = 10,45 UAH, 1 CHF = 8,62 UAH (Stand März 2012).

Geldwechsel und Zahlungsmethoden

In der Regel ist der **Wechselkurs** in Wechselstuben günstiger als in Banken. In Banken wiederum ist er meistens besser als in Hotels oder auf Flughäfen.

Mit der Hryvnja kann man überall bezahlen. Auf Märkten und in manchen Hotels werden auch Euros angenommen. Viele Hotels, Restaurants und Geschäfte akzeptieren **Kreditkarten.** In den kleineren Ortschaften, auf dem Land oder in den Privatunterkünften zahlt man gewöhnlich mit Bargeld. In den Städten gibt es reichlich **Geldautomaten,** wo man Geld per Kreditkarte oder EC-Maestro-Karte abheben kann. Dies sollte man in den geschlossenen Räumen tun, um mögliche Manipulationen zu vermeiden. Die Banken sind in der Regel Mo–Fr 9–13 und 14–18 Uhr geöffnet, die Wechselstuben meist auch am Wochenende.

Sperrung von EC- und Kreditkarten bei Verlust oder Diebstahl*:

0049-116 116

oder 0049-30 4050 4050
(* Gilt nur, wenn das ausstellende Geldinstitut angeschlossen ist, Übersicht: www.sperr-notruf.de)
Weitere Sperrnummern:
- MasterCard: 0049-69-79 33 19 10
- VISA: 0049-69-79 33 19 10
- American Express: 0049-69-97 97 2000
- Diners Club: 0049-69-66 16 61 23

Bitte halten Sie Ihre Kreditkartennummer, Kontonummer und Bankleitzahl bereit!

Reisebudget

Im Allgemeinen sind die Lebenshaltungskosten in der Ukraine niedriger als in Westeuropa. Der Aufenthalt in einem besseren Hotel, besonders in der Hochsaison, oder ein Restaurantbesuch in Kiew und an der Südküste der Krim können jedoch ziemlich teuer ausfallen. Während sich eine Übernachtung dort auf 65–500 € belaufen kann, betragen die Unterkunftskosten in den nichttouristischen Regionen etwa 20–65 €. Genießt man eine Hauptspeise in den Urlaubsorten für ca. 6–16 €, ist sie anderorts für etwa 2–5 € erhältlich. Der Preis für eine Tasse Espresso schwankt zwischen 60 Cent und 3 €, für ein Glas einheimischen Weins zwischen 70 Cent und 5 €, für ein Bier zwischen 70 Cent und 4 €. Wesentlich preisgünstiger als in Westeuropa sind öffentliche Verkehrsmittel – rund 20 Cent kostet die U-Bahn, ca. 10 Cent die Straßenbahn und ca. 10–50 Cent der Bus. Für einen Liter Benzin muss man um 1 € bezahlen. Parkgebühren belaufen sich um 10–90 Cent, Museumsbesichtigungen um 20 Cent bis 4 €. Kinder und Studenten (mit Internationalem Studentenausweis) zahlen ermäßigte Preise. Die Inflationsempfindlichkeit der Nationalwährung ist bei den im Reiseteil angegebenen Preisen zu berücksichtigen.

Trinkgeld

In den touristischen Orten – sei es in Kiew, Odesa, auf der Krim oder in den gut besuchten Dörfern in den Karpaten – ist man eine finanzielle Anerkennung der Dienstleistungen in Höhe von etwa 10 % gewohnt.

Reisezeit und Reiseausrüstung

Klima

In der Ukraine herrscht überwiegend gemäßigtes Kontinentalklima – mit Ausnahme der Halbinsel Krim, die Merkmale des subtropischen Mittelmeerklimas aufweist. Im Sommer klettert das Thermometer landesweit durchschnittlich auf 18–23 °C. In den Steppengebieten können Staubstürme aufkommen. Vor allem im Süden kann es im Sommer tagsüber bis zu 39 °C heiß werden. Die Winter sind in der Regel kalt und schneereich, die Durchschnittstemperaturen reichen von –7 bis –12 °C, nur im Landessüden und auf der Halbinsel Krim bleibt es mit durchschnittlich 2–4 °C mild. Regnerischer ist es im Frühling und im Herbst besonders in den Karpaten und im Krimgebirge.

	J	F	M	A	M	J	J	A	S	O	N	D
Tagestemperaturen in °C	-3	-2	3	12	20	24	26	25	20	12	4	-1
Nachttemperaturen in °C	-9	-8	-3	4	10	13	15	14	10	4	-1	-6
Sonnenstd./Tag	1	2	4	5	8	9	9	8	6	4	2	1
Regentage/Monat	9	8	8	8	8	10	10	8	7	6	9	10

Klimadiagramm Kiew

Reisezeit

Die klassische Urlaubszeit beginnt in der Ukraine im Mai und endet im September. Die Hochsaison, die mit den Schulferien zusammenfällt, umfasst die Monate Juli und August. Die meisten Hotels und Restaurants, insbesondere am Schwarzen und am Asowschen Meer, verlangen dann Spitzenpreise. Doch die Krimbewohner schwören auf den Frühherbst, wenn das Meer noch warm ist und der Touristenbetrieb langsam abnimmt. Die Weintrauben sind schon reif und die Luft frischer. Das ist genau die richtige Zeit für Bergwanderungen. Im Frühling wandert es sich in der Ukraine auch hervorragend: Die Wasserfälle auf der Halbinsel Krim sind dann noch nicht ausgetrocknet und in den Bergflüssen schießt noch klares Wasser zu Tal. Auch Rafter sollten deshalb im Frühling anreisen. Von Dezember bis Februar stehen Skifahren und Eisangeln an. Für Rundreisen sind die Monate April und Oktober am schönsten. Über das aktuelle Ukrainewetter informieren www.wetter.de oder www.wetteronline.de.

Kleidung und Ausrüstung

Für einen Sommerurlaub gehören leichte Sommerkleidung samt einem Pullover für die kühleren Abendstunden, für einen Winterurlaub warme Kleidung, wie man sie von zu Hause gewohnt ist, ins Gepäck. Am Strand sind Badeanzug, Bikini und Badehose sowie Flip-Flops oder Sandalen und Sonnenschutz unentbehrlich. (Berg-)Wanderer müssen neben festen Bergschuhen immer eine Regen- und Windjacke zur Hand haben, das gilt auch für Zecken- und Mückenschutz. Skifahrer müssen einen Skianzug mitbringen. Sonstige touristische Ausrüstungsgegenstände – vom Rucksack und Kochkessel bis zum Mountainbike und Zelt – können vor Ort ausgeliehen werden. Nicht vergessen sollte man ein elegantes Kleidungsstück, wenn man einen Opern-, Theater- oder Philharmoniebesuch plant, sowie etwas Trendiges für einen Nachtclub oder eine Disco. Insbesondere die Ukrainerinnen legen viel Wert auf ihr Äußeres und haben ein ausgeprägtes Modebewusstsein.

Gesundheit und Sicherheit

Notrufnummern

Die Notrufnummern sind für Festnetz und Handy gültig.

Ambulanz: 103

Rettungsdienst/Feuerwehr: 101

Polizei: 102

Notruf: Voraussichtlich ab 2015 ist der europaweite Notruf 112 in der Ukraine gültig.

Ärztliche Versorgung

Mit einigen wenigen Ausnahmen entspricht die medizinische Versorgung in der Ukraine nicht den westlichen Standards. Gut ausgestattet sind die privaten **Kliniken** in den Großstädten, in den meisten staatlichen **Krankenhäusern** besteht Mangel an Arzneimitteln und Technik. Das städtische **Apothekennetz** ist sehr dicht, auch größere Dörfer verfügen meist über eine Apotheke, kleine eher nicht. Die meisten Apotheken sind täglich von 8/9–21, in den kleineren Orten bis 18 Uhr geöffnet. Die vereinzelten Dienstapotheken haben rund um die Uhr auf.

Auch wenn man krankenversichert ist, sind die Kosten für die Behandlung in der Regel sofort und in Bargeld zu entrichten. Ausreichender **Auslandsversicherungsschutz** mit Rückholversicherung ist ratsam. Spezielle Impfungen sind nicht vorgeschrieben, zu empfehlen sind die **Standardimpfungen** gegen Tetanus, Diphtherie und Keuchhusten sowie die Reiseimpfungen gegen Hepatitis A und gegen Frühsommer-Meningo-Encephalitis, die durch Zecken übertragen wird. Die Zahl der HIV/AIDS-Kranken hat in der Ukraine in den letzten Jahren stark zugenommen, deswegen sollte ungeschützter sexueller Kontakt vermieden werden. Die Gefahr, mit der sich ebenfalls ausbreitenden Tuberkulose angesteckt zu werden, ist für Reisende mit gesundem Immunsystem sehr gering. Auskunft zur Gesundheitsversorgung und zum Krankenschutz bekommt man beim Arzt und den Krankenkassen zu Hause sowie unter www.crm.de oder www.die-reisemedizin.de.

Sicherheit

Um die Ukraine als ein sicheres Reiseland zu erleben, sollte man die üblichen Vorsichtsmaßnahmen beachten. Bei der Anreise mit dem Flugzeug empfiehlt es sich, die Wertsachen im Handgepäck aufzubewahren und die Koffer abzuschließen, da in den Flughäfen Diebstähle vorkommen. Auch in den öffentlichen Verkehrsmitteln ist wegen Taschendiebstählen Vorsicht geboten. Das Auto sollte man immer zusperren. Auf Aufforderung fremder Personen oder bei Pannen fremder Fahrzeuge sollte man nicht anhalten, wie man auch einen scheinbar verlorenen Geldbeutel oder Ring nicht aufheben sollte, um nicht zum Opfer von Trickdieben zu werden.

Pannen-/Rettungsdienste

Die Anmeldung beim lokalen Rettungsdienst ist vor einer Bergwanderung Pflicht. Die Telefonnummern der lokalen Pannen- und Rettungsdienste können bei der städtischen Telefonauskunft unter der Festnetznummer 109 erfragt werden.

Wasser und radioaktive Belastung

Die Qualität des Leitungswassers ist nicht überall einwandfrei, zum Trinken sollte man lieber auf Mineralwasser zurückgreifen. In den von der Tschernobyler Katastrophe betroffenen Zonen, vor allem in den Gebieten Žytomyr, Rivne, Kiew, Černihiv und Luc'k, können Pilze, Beeren und Wild radioaktiv belastet sein.

Internet

Einen Internetzugang findet man mittlerweile auch in kleineren ukrainischen Orten in Internetcafés, Postämtern, Bibliotheken oder Touristeninformationen. Viele Hotels stellen ihren Gästen entweder Internetplätze oder Internetanschluss zur Verfügung. Immer mehr (städtische) Hotels, Restaurants und Cafés richten WLAN-Zonen ein, was sie durch entsprechende Aufkleber bekannt geben.

Post

Die Postämter sind Mo–Fr 9–13/14, 14/15–19, Sa 9–13/14, 14/15–17 Uhr geöffnet. Die zentrale Filiale hat länger, ohne Pause und meist auch sonntags auf. Auf der Post sind Briefmarken (poštova marka/поштова марка), Postkarten (lystivka/листівка) und Briefumschläge (konvert/конверт) erhältlich. Eine Postkarte oder ein einfacher Brief nach Deutschland, Österreich oder in die Schweiz kostet ab 4 UAH (0,37 €) und Luftpost ab 5,50 UAH (0,53 €). Die Post kommt normalerweise unversehrt an: nach Österreich und in die Schweiz in 4–5 Tagen, nach Deutschland in 8 Tagen. Wer auf Nummer sicher gehen will, kann ein Einschreiben für zusätzliche ca. 16 UAH (1,50 €) schicken.

Telefonieren

Die öffentlichen Telefonzellen funktionieren mit Telefonkarten, die auf der Post und in den Filialen der Ukrtelekom verkauft werden. Telefonieren mit Handy ist in der Ukraine oft zuverlässiger als das Festnetz. Wegen der hohen Roaminggebühren ist die Anschaffung einer ukrainischen Pre-Paid-Karte zu empfehlen. Die Tarife können auf den Websites der Anbieter verglichen werden: www.kyivstar.ua, www.mts.com.ua, www.life.com.ua (engl.).

Radio und Fernsehen

Die nationalen Fernsehsender strahlen in der Landessprache aus, mit Ausnahme von Inter, der sowohl ukrainisch- als auch russischsprachig konzipiert ist. Das Radio Ukraine International präsentiert deutschsprachige Sendungen (www.nrcu.gov.ua). Außerdem erreicht die Deutsche Welle die Ukraine (www.dw-world.de). Die lokalen Medien bieten ein Extra-Programm für die Minderheiten, auch für die deutschsprachige, in der jeweiligen Sprache an. Deutschsprachige TV-Sender sind in vielen Unterkünften über Satellit zu empfangen.

Zeitungen

Deutschsprachige Zeitungen sind in der Ukraine nur in manchen Hotels erhältlich, im Internet jedoch präsent. Die bekannte englischsprachige Zeitung Kyiv Post liegt in mehreren Hotels und Restaurants kostenlos aus (www.kyivpost.com). Die Online-Version des englischsprachigen Magazins »Welcome to Ukraine« findet man unter www.wumag.kiev.ua. Die wichtigsten ukrainischen Zeitungen sind Ukrajins'ka pravda (www.pravda.com.ua, ukr., russ.), Den' (www.day.kiev.ua, engl.) und Dzerkalo tyžnja (www.zn.ua, ukr., russ.).

Vorwahlen

Ukraine: 00 38
Deutschland: 00 49
Österreich: 00 43
Schweiz: 00 41
Der Landesvorwahl folgt die Ortsvorwahl ohne Null. Beim Telefonieren ins Ausland wie bei überregionalen Telefonaten innerhalb der Ukraine aus dem Festnetz sollte man nach der Wahl der ersten Null das Freizeichen abwarten.

Ukrainisches Alphabet und Ausspracheregeln

Das ukrainische Alphabet basiert auf der kyrillischen Schrift und besteht aus 33 Buchstaben. Man sollte sich mit ihm vor der Reise unbedingt vertraut machen, denn vielerorts wird man ausschließlich mit kyrillischen Buchstaben konfrontiert. Das Gleiche ist auch bei den meisten ukrainischen Karten und Stadtplänen der Fall.

Kyrillischer Buchstabe	Transliteration	Aussprache
А а	A a	a
Б б	B b	b
В в	V v	w
Г г	H h	h (wie in **H**erz, ist immer hörbar)
Ґ ґ	G g	g
Д д	D d	d
Е е	E e	ä
Є є	Je je	jä
Ж ж	Ž ž	wie j in **J**ournal
З з	Z z	stimmhaftes s (wie in **S**and)
И и	Y y	geschlossenes e (wie in M**e**hl)
І і	I i	i
Ї ї	Ji ji	ji
Й й	J j	j
К к	K k	k
Л л	L l	l (nicht palatalisiert)
М м	M m	m
Н н	N n	n
О о	O o	offenes o (wie in S**o**nne)
П п	P p	p
Р р	R r	r (Zungenspitzen-r)
С с	S s	stimmloses s (wie in bei**ß**en)
Т т	T t	t
У у	U u	u
Ф ф	F f	f
Х х	Ch ch	ch (wie in Da**ch**)
Ц ц	C c	z (wie in **Z**ug)
Ч ч	Č č	tsch
Ш ш	Š š	sch
Щ щ	Šč šč	schtsch (wie in Bor**schtsch**)
Ю ю	Ju ju	ju
Я я	Ja ja	ja
ь	' bzw. j [Weichheitszeichen]	palatalisiert die Konsonanten
'	[-] [Apostroph]	verhindert die Palatalisierung der Konsonanten

Allgemeines

Guten Morgen/Tag/Abend!	Dobroho ranku/dnja/večora!	Доброго ранку/дня/вечора!
Grüß dich/Sie!	Vitaju!	Вітаю!
Hallo!	Pryvit!	Привіт!
Tschüss!	Buvaj(te)!	Бувай(те)!
Auf Wiedersehen!	Do pobačennja!	До побачення!
Gute Nacht!	Na dobranič!	На добраніч!
Frau/Herr/Herr [im Vokativ]	pani/pan/pane	пані/пан/пане
ja/nein	tak/ni	так/ні
Danke(sehr)!	(Duže) Djakuju!	(Дуже) Дякую!
Bitte/Gern geschehen!	Prošu/Bud' laska!	Прошу/Будь ласка!
Entschuldigung!	Vybač(te)!	Вибач(те)!
Wie bitte?	Prošu?	Прошу?

Unterkunft

Hotel	hotel'	готель
Ferienhaus auf dem Land/ Bauernhof	zelena sadyba	зелена садиба
Einzel-/Doppelzimmer	odnomisnyj/dvomisnyj nomer	одномісний/двомісний номер
mit Bad/Dusche	z vannoju/dušem	з ванною/душем
mit Frühstück	zi snidankom	зі сніданком
mit Meerblick	z vydom na more	з видом на море
mit Balkon	z balkonom	з балконом
Warmwasser	harjača voda	гаряча вода
Heizung	opalennja	опалення
Klimaanlage	kondycioner	кондиціонер
Ankunft	prybuttja	прибуття
Abfahrt	vidjizd	від'їзд
Schlüssel	ključ	ключ
Rechnung	rachunok	рахунок

Unterwegs

Flughafen	aeroport	аеропорт
Bahnhof	vokzal	вокзал
Zug	potjah	потяг
Gepäckaufbewahrung	kamera schovu	камера схову
Busbahnhof	avtovokzal	автовокзал
Bus	avtobus	автобус
Haltestelle	zupynka	зупинка
Fahrkarte	projiznyj kvytok	проїзний квиток
Auto	avto	авто
Autowerkstatt	avtomajsternja	автомайстерня
Tankstelle	avtozapravna stancija	автозаправна станція
Benzin	benzyn	бензин

Diesel	dyzel'	дизель
Hafen	port	порт
Flusshafen	ričkovyj vokzal	річковий вокзал
Schiff	korabel'	корабель
Fähre	porom	пором
Metrostation	stancija metro	станція метро
Straßenbahn	tramvaj	трамвай
rechts	pravoruč	праворуч

Die wichtigsten Sätze

Allgemeines

Sprechen Sie Deutsch?	Vy rozmovljajete nimec'koju?	Ви розмовляєте німецькою?
Ich spreche kein Ukrainisch.	Ja ne rozmovljaju ukrajins'koju.	Я не розмовляю українською.
Ich verstehe nicht.	Ja ne rozumiju.	Я не розумію.

Unterwegs

Wo befindet sich …?	De znachodyt'sja?	Де знаходиться …?
Wie komme ich nach …?	Jak meni projichaty do …?	Як мені проїхати до …?
Was kostet das?	Skil'ky ce koštuje?	Скільки це коштує?
Wie spät ist es?	Kotra hodyna?	Котра година?

Notfall

Rufen Sie bitte einen Arzt/ einen Krankenwagen.	Vyklyčte, bud' laska, likarja/ švydku dopomohu.	Викличте, будь ласка, лікаря/швидку допомогу.
Ich habe Fieber/ Kopfschmerzen/Bauch-schmerzen/Zahnschmerzen/ Durchfall.	U mene harjačka/bolyt' holova/bolyt' žyvit/bolyt' zub/ diareja.	У мене гарячка/болить голова/болить живіт/ болить зуб/діарея.
Ich bin allergisch gegen …	U mene alerhija na …	У мене алергія на …

Übernachten

Haben Sie ein freies Zimmer?	U Vas je vil'nyj nomer?	У Вас є вільний номер?
Wie viel kostet das Zimmer?	Skil'ky koštuje nomer?	Скільки коштує номер?

Essen gehen

Haben Sie einen Tisch für zwei Personen?	U Vas je vil'nyj stolyk dlja dvoch osib?	У Вас є вільний столик для двох осіб?
Kann ich einen Tisch reservieren?	Čy možna u Vas zamovyty stolyk?	Чи можна у Вас замовити столик?
Die Speisekarte, bitte.	Bud' laska, menju.	Будь ласка, меню.
Ich möchte gerne …	Ja by chotiv/chotila …	Я би хотів/хотіла …
Die Rechnung, bitte.	Bud' laska, rachunok.	Будь ласка, рахунок.

links	livoruč	ліворуч
geradeaus	prjamo	прямо
nah/weit	blyz'ko/daleko	близько/далеко
hier/dort	tut/tam	тут/там
Postamt	poštamt	поштамт
Bank	bank	банк
Geschäft	kramnycja/mahazyn	крамниця/магазин
Supermarkt	supermarket	супермаркет
Markt	rynok	ринок
Wechselstube	punkt obminu valjut	пункт обміну валют
Touristisches Informationszentrum	turystyčno-informacijnyj centr	туристично-інформаційний центр
Toilette (Frauen/Männer)	tualet (žinočyj/čolovičyj)	туалет (жіночий/чоловічий)
geöffnet/geschlossen	vidčyneno/začyneno	відчинено/зачинено
Stadtplan	mapa mista	мапа міста

Im Krankheitsfall

Arzt	likar	лікар
Krankenhaus	likarnja	лікарня
Apotheke	apteka	аптека
Medikamente	medykamenty	медикаменти

Wochentage

Montag	ponedilok	понеділок
Dienstag	vivtorok	вівторок
Mittwoch	sereda	середа
Donnerstag	četver	четвер
Freitag	pjatnycja	п'ятниця
Samstag	subota	субота
Sonntag	nedilja	неділя

Zahlen

0	nul'	нуль	13	trynadcjat'	тринадцять
1	odyn	один	20	dvadcjat'	двадцять
2	dva	два	21	dvadcjat' odyn	двадцять один
3	try	три	30	trydcjat'	тридцять
4	čotyry	чотири	40	sorok	сорок
5	pjat'	п'ять	50	pjatdesjat	п'ятдесят
6	šist'	шість	60	šistdesjat	шістдесят
7	sim	сім	70	simdesjat	сімдесят
8	visim	вісім	80	visimdesjat	вісімдесят
9	devjat'	дев'ять	90	devjanosto	дев'яносто
10	desjat'	десять	100	sto	сто
11	odynadcjat'	одинадцять	200	dvisti	двісті
12	dvanadcjat'	дванадцять	1000	tysjača	тисяча

Die enge, durch das Gebirge geschützte Bucht von Balaklava war schon zur Zeit der Griechen besiedelt.

Unterwegs in der Ukraine

Die byzantinisch inspirierte Refektoriumskirche des Kiewer Höhlenklosters: aufwendiges Dekor und ornamentale Innenausmalungen des 19. Jh.

Kapitel 1

Kiew und der Norden

Das Herz der Ukraine schlägt in ihrer prächtigen Hauptstadt Kiew. Das Gesicht der Metropole ist vielfältig: Kaum hat man den lebendigen Rhythmus des herrlichen Unabhängigkeitsplatzes und der geschäftigen Flaniermeile Chreščatyk eingefangen, schon versetzt, nur einige Querstraßen entfernt, das feierliche, in sich versunkene Glockenspiel der Sophienkathedrale ins gemächliche, fürstliche Mittelalter. Das stolze Gotteshaus, eines der ältesten im ostslawischen Raum, ist UNESCO-Welterbe. Eine weitere zum UNESCO-Welterbe gehörende Sakralstätte, das prunkvolle, fast mystische Höhlenkloster, breitet sich inmitten der wunderschönen Grünanlagen am Dnipro aus. Die pittoreske grüne, hügelige Topografie bildet ein Gegengewicht zum rasanten Temperament der Stadt. Besonders verträumt präsentiert sich Kiew am Andreassteig, der legendären, kopfsteingepflasterten Straße der Kiewer Künstlerboheme. Zahlreiche Kirchen, wunderschöne Villen und pompöse Baudenkmäler der sozialistischen Epoche, üppige Parks, Museen, Theater und trendige Nachtclubs – Kiew bietet all das und noch viel mehr.

Im Umland von Kiew geht die historische Zeitreise weiter – zu den Ursprüngen der geheimnisvollen Trypillja-Kultur im gleichnamigen Ort. In Pyrohiv und Perejaslav-Chmel'nyc'kyj warten beeindruckende Freilichtmuseen auf Besucher. Nordöstlich von Kiew, im Desna-Tal, sind die alte Fürstenstadt Černihiv und die sagenumwobene Hetmanenhauptstadt Baturyn mit dem erhabenen Palast des letzten Kosakenhetmans einen Besuch wert. Südlich davon liegt Kaniv mit Taras' Berg und einem herrlichen Dnipro-Panorama.

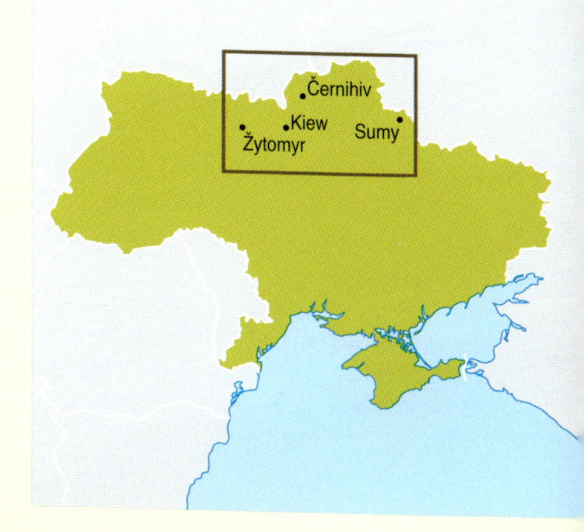

Auf einen Blick

Kiew und der Norden

Sehenswert

1 **Kiew:** Die wunderschöne Hauptstadt der Ukraine weiß sowohl mit ihren Kathedralen als auch mit hügeligen Grünanlagen und modernen Shopping-Malls zu faszinieren (s. S. 108).

2 **Černihiv:** Die altstädtische Kernburg versetzt ins ostslawische Mittelalter, als Černihiv Hauptstadt eines der einflussreichsten Fürstentümer der Kiewer Rus war (s. S. 139).

Baturyn: Die sagenumwobene Hetmanenhauptstadt ruft mit dem Palast des Hetmans Kyrylo Rozumovs'kyj die Kosakenzeit in Erinnerung (s. S. 147).

Perejaslav-Chmel'nyc'kyj: Die Museenstadt besitzt eine der schönsten Sammlungen für Volksarchitektur unter freiem Himmel (s. S. 163).

Schöne Routen

Von Kiews Zentrum ins Grüne: In Kiew steigt man in den Bus ein und gelangt, nach ca. 30 Min. Fahrt, in den grünen Vorort Pyrohiv mit dem größten Freilichtmuseum des Landes (s. S. 130).

Von Novhorod-Sivers'kyj in den Nationalpark Desna-Stara Huta: Zunächst folgt man den Spuren des Fürsten Ihor im Historischen Reservat, um danach die sumpfigen Landschaften des Nationalparks zu entdecken (s. S. 152).

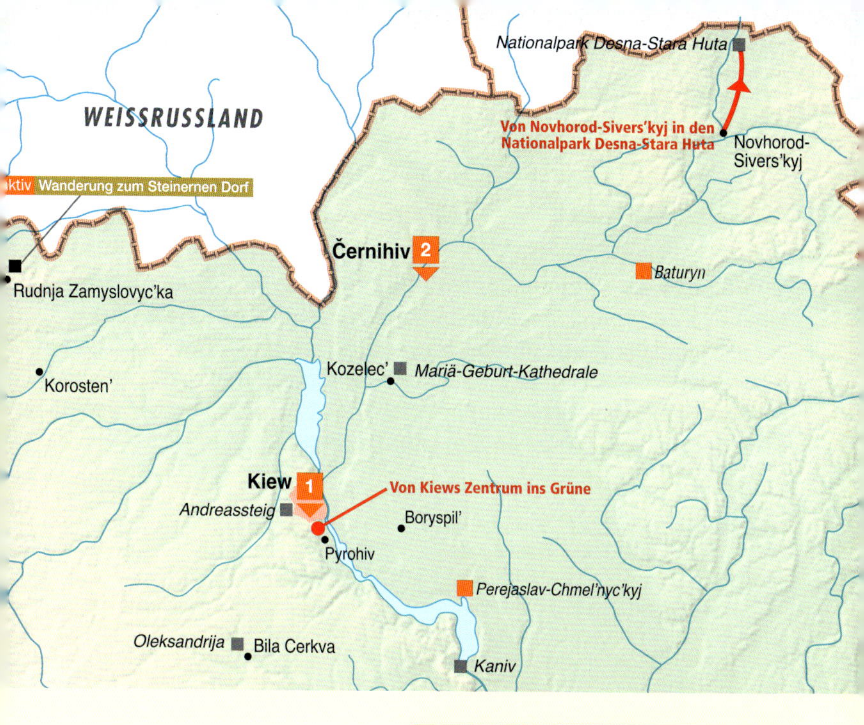

Meine Tipps

Andreassteig in Kiew: Der sich zwischen grünen Hügeln, historischen Gebäuden, Läden und Museen hinabschlängelnde Pflasterweg ist die Stätte der Kiewer Boheme (s. S. 115).

Mariä-Geburt-Kathedrale in Kozelec': Eines der schönsten Beispiele des ukrainischen Barocks wurde von Ivan Hryhorovyč-Bars'kyj entworfen (s. S. 138).

Kaniv: Nicht umsonst hat der Schriftsteller Taras Ševčenko diesen Ort für seine letzte Ruhestätte gewählt – von den Kaniver Bergen bietet sich ein herrliches Dnipro-Panorama (s. S. 166).

Oleksandrija in Bila Cerkva: Den verträumten Landschaftspark legte Aleksandra Branicka, die Ehefrau des polnischen Kronenhetmans, an (s. S. 170).

aktiv unterwegs

Wanderung zum Steinernen Dorf: Im Wald versteckt liegt dieser verzauberte Ort, der mit ein bisschen Fantasie wie ein Dorf mit urigen Hütten und Kirchen aussieht. Das Steinerne Dorf ist von Rudnja Zamyslovyc'ka aus im Rahmen einer Halbtageswanderung zu erreichen (s. S. 178).

1 Kiew / Kyjiv ▶ 1, K 4

Goldglänzende Kirchenkuppeln überragen die prachtvolle Stadt, die einst das Zentrum des mittelalterlichen Großreiches Kiewer Rus (Kyjiver Rus) und die Wiege des Ostslawentums war. Heute ist Kiew das kulturelle, wirtschaftliche und politische Herz der Ukraine. Die lebendige Metropole mit zahlreichen kulturhistorischen Schätzen breitet sich reizvoll über mehrere Hügel an den Ufern des Dnipro aus.

Schon wegen der wunderschönen Ausblicke von den Hügeln der Zweieinhalb-Millionen-Metropole und der unzähligen goldenen Kuppeln und kostbaren Denkmäler der ostslawischen Geschichte lohnt Kiew einen Besuch. In der Stadtlandschaft überraschen die zahlreichen Parks und Seen sowie der Fluss Dnipro (russ.: Dnjepr) mit seinen Inseln und Stränden. Charmante Winkel in den Künstlervierteln und stille Klostergärten bieten einen reizvollen Kontrast zu den trendigen Einkaufsmeilen und zum Nachtleben in den Clubs und Discos, in denen man den Takt einer lebendigen, modernen europäischen Metropole spürt.

Geschichte

482 gilt als Geburtsjahr von Kiew, das der Legende nach von den Brüdern Kyj, Šček, Choryv und ihrer Schwester Lybid' gegründet wurde. Der Stadtname erinnert bis heute an den ältesten der Brüder. Die erste urkundliche Erwähnung Kiews datiert von 862, als hier die mutmaßlichen Nachfahren von Kyj, Askol'd und Dir, regierten. 882 wurden sie vom Novgoroder Fürsten Oleh (russ.: Oleg, reg. 882–912) umgebracht.

Unter Fürst Volodymyr Svjatoslavovyč dem Großen (980–1015) bekehrten sich Stadt und Rus 988/989 zum Christentum. Nach einer Blütezeit unter Jaroslav dem Weisen (1019–1054) führten Kriege unter seinen Nachfahren zum Niedergang des ehemals mächtigen ostslawischen Staates. Der Verfall der Kiewer Rus begann mit der Herrschaft der Goldenen Horde und setzte sich später mit der litauischen und polnisch-litauischen Machtübernahme fort. Immerhin genoss Kiew seit dem 15. Jh. Magdeburger Recht, sodass sich armenische, genuesische, jüdische und griechische Kaufleute ansiedelten.

Seit dem 17. Jh. entwickelte sich die Stadt zum Zentrum der Orthodoxie. 1654 wurde sie dem Russischen Reich angegliedert. Insbesondere in der zweiten Hälfte des 19. Jh. erlebte sie eine Zeit der Blüte, der intensiven Bautätigkeit und Erweiterung, bis sie in den Strudel der russischen Revolution geriet. Zwar wurde 1918 die Ukrainische Volksrepublik ausgerufen, doch 1920 übernahmen die Sowjets die Macht. Ab 1934 war Kiew Hauptstadt der Ukrainischen Sowjetrepublik, unzählige Kirchen und Klöster wurden abgerissen, sie wichen monumentalen Regierungsbauten.

Der Zweite Weltkrieg vernichtete nicht nur Menschenleben, er brachte auch Zerstörungen. Zu Paradebeispielen der Erneuerung der Nachkriegsjahre wurden Konzert- und Sporthallen, Brücken und nicht zuletzt die Hauptstraße Kiews, der Chreščatyk mit dem Majdan Nezaležnosti – dem Unabhängigkeitsplatz –, auf dem die Ukrainer am 24. August 1991 die Unabhängigkeit ihres Staates feierten und auf dem sie sich im November 2004 unter orange-gelben Fahnen zum Protest gegen die gefälschten Wahlen zusammenfanden.

Die Oberstadt

Cityplan: S. 110
Auf einem Hügel über dem Fluss breitet sich die Oberstadt aus, im Mittelalter das politische, kulturelle und geistige Zentrum Kiews. Hier finden sich noch Spuren der prächtigen Fürstenstadt, die einst eine der mächtigsten und schönsten Europas war. Sie bestand aus einer wehrhaften Kernburg mit fürstlichen Palästen und erhabenen Gotteshäusern. Unter Fürst Volodymyr dem Großen breitete sich die Siedlung nach Norden um die vul. Volodymyrs'ka aus, und Fürst Jaroslav der Weise erweiterte die Stadt großflächig nach Süden.

Goldenes Tor 1

Den Hauptzugang zur Stadt Jaroslavs gewährte seit 1037 das **Goldene Tor** (Золоті Ворота, vul. Volodymyrs'ka/вул. Володимирська 40 a). Dieses einst schönste und mächtigste der vier Tore Kiews ist ein guter Ausgangspunkt für einen Rundgang durch die Oberstadt. Der Name spielt auf das gleichnamige Bauwerk in Konstantinopel an und wohl auch auf die Mariä-Verkündigungs-Torkirche, die sich einst mit ihrer goldenen Kuppel über der monumentalen Arkade erhob. Wie viele Denkmäler des alten Kiew fiel das Tor der Goldenen Horde zum Opfer, seine Ruinen befinden sich heute innerhalb der in den 1980er-Jahren vorgenommenen Rekonstruktion. Das im Torbau untergebrachte **Museum** vermittelt eine Vorstellung von den Ausmaßen der befestigten Jaroslav-Stadt. Von der **Aussichtsterrasse** schaut man über die alten Stadtviertel (Mi–Mo 10–20, Di 10–19 Uhr, 10/5 UAH).

Sophienkathedrale 2

Die vul. Volodymyrs'ka mündet in die großzügige Sofijivs'ka pl. mit dem **Denkmal für Bohdan Chmel'nyc'kyj** (s. S. 34) von 1888. Mit der barocken **›Sofija von Kiew‹** (Софія Київська), die zum UNESCO-Welterbe zählt, steht hier eine der bedeutendsten Sehenswürdigkeiten der Stadt. Die Gesamtanlage

Der Dnipro mit seinen Inseln und Wasserarmen prägt die Stadtlandschaft von Kiew

0
350
700 m
vul. Nyžnjojurkivs'ka
vul. Frunze
vul. Kostjantynivs'ka
vul. Ščekavyc'ka
vul. Nyžnij Val
vul. Počajnyns'ka
vul. Naberežno-Chreščatyc'ka
Naberežno-Rybal's'ka Doroha
Dnipro
Дніпро
siehe Detailplan ›Zentrum‹ links unten
Busstation Podil
Kontraktova Plošča
Kontraktova pl.
вул. Набережно-Хрещатицька
vul. Hlybočyc'ka
vul. Vozdvyžens'ka
vul. Andrijivs'ka
Poštova Plošča
Volodymyrs'kyj uzviz
Naberežne šos
vul. Desjatynna
vul. Artema
вул. Артема
vul. Čornovola
vul. Jurija Kocjubyns'koho
vul. Dmytrivs'ka
vul. Vorovs'koho
vul. Olesja
vul. Jaroslaviv Val
vul. Volodymyrs'ka
Majdan Nezaležnosti
vul. Mychajla Hruševs'koho
vul. Instytuts'ka
Busstation Dačna
Bul'var
Бульвар
Peremohy
Перемоги
Zoloti Vorota
vul. Prorizna
vul. Bohdana Chmel'nyc'koho
Teatral'na
Chreščatyk
vul. Chreščatyk
vul. Kominternu
вул. Комінтерну
Universytet
Bul'var Ševčenka
Бульвар Шевченка
Володимирська вул.
vul. Šovkovyčna
vul. Lyps'ka
Vokzal'na
vul. Žyljans'ka
vul. L'va Tolstoho
pl. L'va Tolstoho
Bul'var Lesi Ukrajinky
Бульвар Лесі Україн
Palac Sportu
vul. Mečnykova
Klovs'ka
vul. Hor'koho
вул. Горького
vul. Velyka Vasyl'kivs'ka
(Červonoarmijs'ka vul.)
Respublikans'kyj stadion
vul. Protasiv Jar
вул. Протасів Яр
vul. Boženka
вул. Велика Васильківська
vul. Predslavyns'ka
vul. Ščorsa
Pečers'ka
Palac Ukrajina
vul. Patrisa Lumumby
Lybids'ka
vul. Ivana Kudri
Bul'var Družby Narod
Zentraler Busbahnhof, Busstation Pivdenna
0
200
400 m
Kontraktova Plošča
vul. Kostjantynivs'ka
vul. Spas'ka
vul. Mežyhirs'ka
vul. Hryhorija Skovorody
vul. Illins'ka
Kontraktova pl.
vul. Prytys'ko-Mykil's'ka
vul. Brats'ka
vul. Andrijivs'ka
vul. Petra Sahajdačnoho
vul. Pokrovs'ka
vul. Boryčiv Tik
vul. Vozdvyžens'ka
Poštova Plošča
vul. Desjatynna
Volodymyrs'kyj uzviz
Ukrajins'kyj dim
Ukrainisches Haus
vul. Mychailivs'ka
vul. Sofijivs'ka
Majdan Nezaležnosti
vul. Chreščatyk
vul. Instytuts'ka
vul. Volodymyrs'ka
вул. Володимирська
Zoloti Vorota
vul. Prorizna

Kiew (Kyjiv)

Sehenswert

1 Goldenes Tor
2 Sophienkathedrale
3 Sophientor
4 Museum für die Geschichte der Ukraine
5 Andreaskirche
6 Andreassteig
7 Schloss von Richard Löwenherz
8 Turbin-Haus, Michail-Bulgakov-Gedenkstätte
9 Museum einer Straße
10 Kloster des hl. Michael mit den goldenen Kuppeln
11 Funicular/Standseilbahn
12 Unabhängigkeitsplatz/Majdan Nezaležnosti
13 Bessarabienplatz
14 PinchukArtCentre
15 Nationales Taras-Ševčenko-Museum
16 Museum russischer Kunst
17 Bohdan-und-Varvara-Chanenko-Kunstmuseum
18 Universität
19 Künstlerviertel Pan'kivščyna
20 Volodymyr-Kathedrale
21 Kontrakthaus
22 Handelshof
23 Mariä-Himmelfahrt-Kirche
24 Petro-Mohyla-Akademie
25 Christi-Himmelfahrt-Kloster des hl. Florus
26 Museumsapotheke
27 Kirche des hl. Nikolaus des Wundertäters
28 Haus Peters I.
29 Tschernobyl-Museum
30 Rosenberg-Synagoge
31 Museum des Hetmanentums
32 Naberežna-Kirche
33 Kirche Nikolaus' des Wundertäters/auf dem Wasser
34 Mariä-Schutz-Kirche
35 Christi-Geburt-Kirche

Fortsetzung s. S. 112

Kiew (Kyjiv)

36 Nationale Philharmonie
37 Bogen der Völkerfreundschaft
38 Valerij-Lobanovs'kyj-Stadion Dynamo
39 Nationales Kunstmuseum
40 Sitz des Ministerkabinetts der Ukraine
41 Ukrainisches Parlament
42 Marienpalast
43 Vul. Lyps'ka
44 Haus der weinenden Witwe
45 Haus mit den Chimären
46 Askol'ds Grab
47 Mahnmal für die Opfer der Hungersnöte in der Ukraine
48 Erlöserkirche in Berestove
49 Höhlenkloster
50 Kunstarsenal
51 Ivan-Hončar-Zentrum
52 Statue der Mutter Heimat, Museum des Großen Vaterländischen Krieges
53 Babyn Jar
54 Kyrillkirche
55 Freilichtmuseum in Pyrohiv

Übernachten
1 Opera
2 Premier Palace Hotel
3 Hyatt Regency Kiew
4 Vozdvyžens'kyj
5 Radisson Blu Hotel
6 Riviera
7 Podil Plaza Hotel
8 Dnipro
9 President Hotel
10 Kozac'kyj
11 Bakkara Art-Hotel

Essen & Trinken
1 Lipskij osobnjak
2 Concord
3 Veranda
4 Pervak
5 Osteria Pantagruel
6 Ani
7 SushiYa
8 Puzata chata

Einkaufen
1 Hlobus
2 Kvadrat
3 Metrohrad
4 Alta Centre
5 Mandaryn Plaza
6 Kaufhaus CUM
7 Bessarabs'kyj-Markt

Abends & Nachts
1 Art-pub Docker's ABC
2 Buddha Bar
3 Decadence House
4 Crystal Hall
5 PaTiPa
6 Ažur
7 Route 66

Aktiv
1 Prime Excursion Bureau
2 Free Tours
3 Mysterious Kyiv
4 Mamajeva Sloboda
5 Terra Incognita
6 Ausflugsschiffe
7 Dnipro Trip
8 Hydropark

betritt man durch den 76 m hohen **Glockenturm** (1698–1748), der üppig mit Stuckornamenten und Reliefs verziert ist. Von seinen Glocken blieb nur die 1705 gegossene Mazepa-Glocke erhalten.

Mittelpunkt des Ensembles ist die **Sophienkathedrale** (Софіївський собор) mit ihren 13 himmelwärts strebenden Kuppeln. Ihr Name – ein Widerhall der Hagia Sophia in Konstantinopel – dokumentiert symbolisch das Bekenntnis der Kiewer Fürsten zur Religion und zum geistigen Erbe von Byzanz. Der Legende nach verdankt Kiew dieses Gotteshaus dem Sieg Jaroslavs des Weisen über das Turkvolk der Petschenegen, doch ist das Jahr 1037 als Baudatum umstritten. Neueste Forschungen nehmen 1011 als Gründungsjahr der Sofija an, die schon damals durch ihre Größe und Pracht beeindruckte. Als Residenz der Kiewer Metropoliten war sie nicht nur eine religiöse, sondern auch eine politische und kulturelle Institution, in der sich die wichtigsten Personen des Staates zum Rat versammelten und ausländische Gesandte empfangen wurden. Die Sophienkathedrale besaß zudem eine bedeutende Bibliothek mit Skriptorium. Im 17./18. Jh. beherbergte die Anlage ein Kloster, und zu jener Zeit erhielt das mehrmals umgebaute Ensemble auch sein heutiges Gesicht im Stil des ukrainischen Barock. Seit 1934 ist die Sofija von Kiew ein Museumskomplex, der 1994 zum Nationalen Reservat erklärt wurde.

Trotz aller Umgestaltungen blieben hervorragende Überreste des Ursprungsbaus erhalten, darunter wertvolle **Mosaiken** aus dem 11. Jh., die durch ihre Farbgebung faszinieren, sowie die Darstellungen der Maria Orans und des Christus Pantokrator. Eine Besonderheit sind die **Fresken** mit Szenen aus dem Leben der Fürstenfamilie. Ebenfalls aus der altkiewer Zeit stammen die **Graffiti** (11.–

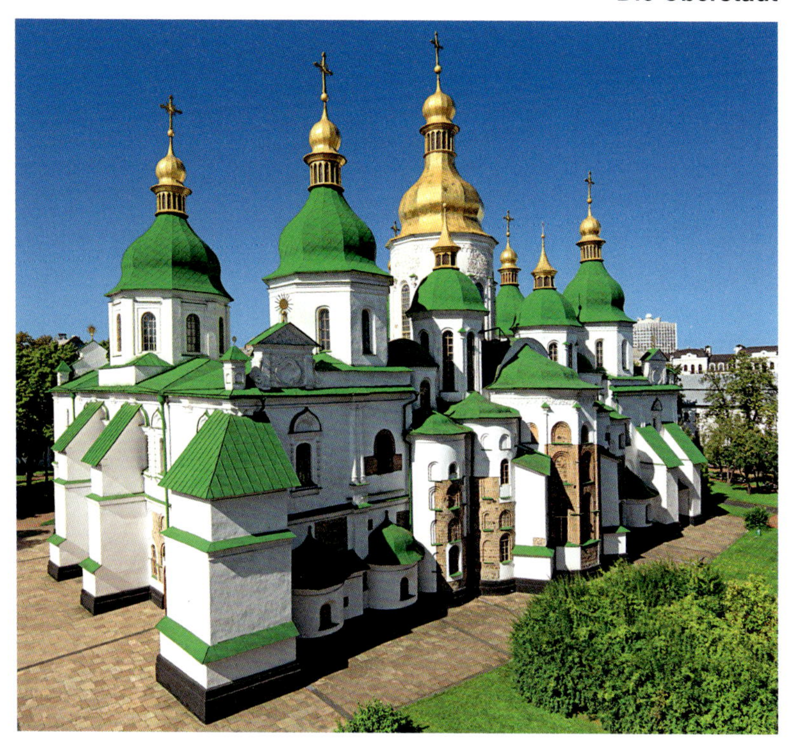

Welterbe mit 13 Kuppeln: die Sophienkathedrale

17. Jh.), unter denen sich der Autograph des Kiewer Fürsten Volodymyr Monomach findet. In einem der Nordaltare befindet sich die **Gruft Jaroslavs des Weisen** und seiner Gemahlin Iryna – die Kathedrale diente auch als fürstliche Bestattungskirche.

Die sogenannte ›Warme Sofija‹ südlich der Kathedrale – in der die Gottesdienste während der kalten Jahreszeit abgehalten werden – ist die ehemalige **Refektoriumskirche** (Трапезна церква) von 1722, die später in die Christi-Geburt-Kirche umgeweiht wurde. Überwiegend aus dem 18. Jh. stammen desgleichen das **Haus des Metropoliten** (Будинок митрополита), das **Konsistorium** (Консисторія), das **Geistliche Seminar** (Бурса) sowie die **Mönchszellen** (Монастирські келії). Gegen Ende des 19. Jh. wurde das **Klosterhotel** (Монастирський готель) hinzugefügt. Eine im 18./19. Jh. errichtete **Mauer,** die durch das ornamentale **Zaborovs'kyj-Tor** von 1746 und den im 17./18. Jh. erbauten **südlichen Einfahrtsturm** unterbrochen wird, umgibt die ganze Anlage (vul. Volodymyrs'ka/вул. Володимирська 24, http://nz sk.org.ua, Fr–Di 10–18, Mi 10–17 Uhr, Gelände 3 UAH, Kathedrale/Refektoriumskirche/Haus des Metropoliten 40/17 UAH, Glockenturm 8/5 UAH).

Mittelalterliche Stadt

Um den nördlichen Abschnitt der vul. Volodymyrs'ka/вул. Володимирська befand sich die mittelalterliche Stadt Volodymyrs mit der Kernburg, doch erinnern daran nur wenige Relikte. Beim Haus Nr. 11 sieht man noch die Reste des mittelalterlichen **Sophientors** 3 (Софіївські Ворота).

Einer der romantischsten Winkel Kiews – der Andreassteig

Spärliche Fragmente zeugen noch von der wichtigsten Kirche der Kernburg, der Mariä-Geburt-Kirche oder **Desjatynna-(Zehnt-) Kirche** (Десятинна церква), die Fürst Volodymyr 989–996 errichtet hatte und für die er ein Zehntel seiner Einkünfte stiftete – daher der zweite Name des Gotteshauses, das die Gruft Volodymyrs und seiner Gemahlin Anna barg. Es wurde von Batu-Khan zerstört. Seine Reste wie die von Petro Mohyla im 17. Jh. begonnene Rekonstruktion fielen endgültig den Wirren der nachrevolutionären Jahre und den Bolschewiken zum Opfer – im Gegensatz zu der jahrhundertealten **Linde,** die immer noch neben der Stelle wächst, an der die Desjatynna-Kirche stand.

Auf dem Gelände des **Museums für die Geschichte der Ukraine** 4 (Музей історії України, Nr. 2) entdeckt man die Überbleibsel eines **Götzentempels** (Капище) und hinter dem Museumsgebäude die **Fundamente des fürstlichen Palastes** (Залишки княжого палацу) aus der ersten Hälfte des 10. Jh. Das Museum selbst besitzt die landesweit reichste und bedeutendste Sammlung zur Geschichte der Ukraine von der Altsteinzeit bis zur Gegenwart (www.miku.org.ua, Do–Di 10–17.30 Uhr, 16/8 UAH).

Andreaskirche 5

Ein Meisterwerk Bartolomeo Francesco Rastrellis von 1747–1753 ist die elegante **Andreaskirche** (Андріївська церква, Andrijivs'kyj uzviz 23). Wunderschön liegt sie auf dem gleichnamigen Hügel, auf dem der wandernde Apostel Andreas einst ein Kreuz aufstellte, an dessen Standort eine Kreuzerhöhungskirche errichtet wurde. Zarin Elisabeth I. ließ das heutige Gotteshaus mit kreuzförmigen Grundriss erbauen, ein vollkommen harmonisches Gebäude mit barocken Zügen. Seine fünf türkisfarbenen, gold konturierten Kuppeln – eine große zentrale und vier weitere auf den zierlichen Seitentürmen – und das reiche Fassadendekor unterstreichen die Eleganz der Komposition. Das fast schon vom Rokoko inspirierte Innere steht dem Äußeren nicht nach: Es prunkt mit der vergoldeten Ikonostase, meisterhaft ausgeführten Malereien und üppigen Stuckverzierungen. Da die im Laufe der Jahrhunderte erfolgten Eingriffe in den 1970er-Jahren nach in Wien aufgefundenen Zeichnungen Rastrellis korrigiert wurden, spiegelt die Andreaskirche heute gut die ursprüngliche Bauidee. Seit den 1930er-Jahren wird hier kein Gottesdienst mehr gefeiert, die Kirche ist heute Teil des Nationalen Reservats ›Sofija von Kiew‹ (Do–Mo 10–18, Di 10–17 Uhr, Eintritt frei).

Andreassteig

Sein Charme und seine Atmosphäre machen den **Andreassteig** 6 (Andrijivs'kyj uzviz, Андріївський узвіз) zu einer Art Kiewer Montmartre, man sollte ihn bei einem gemächlichen Spaziergang erleben. Galerien und Antiquitätenläden, Cafés und historische Häuser säumen den gepflasterten Weg, der sich zwischen grünen Hügeln hinabschlängelt. Kunst- und Souvenirverkaufsstände reihen sich aneinander, malerische Terrassen laden zum Verweilen und Schauen ein.

Nicht zu übersehen ist das **Schloss von Richard Löwenherz** 7 (Замок Річарда Левине Серце, Nr. 15), in dessen Nähe sich eine Aussichtsterrasse befindet. Der legendenumwobene neugotische Palast wurde 1902 im Auftrag des Unternehmers Dmitrij Orlov erbaut. Nach seinem Tod im Fernen Osten wechselte das Schloss samt stöhnenden Geistern mehrfach den Besitzer und wurde zum beliebten Aufenthaltsort von Künstlern.

Der Andreassteig war seit dem 19. Jh. ein Magnet für die Kiewer Boheme. Verehrer von Michail Bulgakov (1891–1940), dem Meister der grotesk-absurden Prosa und der so treffenden Darstellung der Sowjetzeit, zieht es zu Nr. 13. dem 1888 erbauten **Turbin-Haus** 8 (Будинок Турбіних), in dem der Schriftsteller von 1906 bis 1919 lebte, während er an der »Weißen Garde« und »Die Tage der Turbins« arbeitete. Es beherbergt heute die **Michail-Bulgakov-Gedenkstätte** (Літературно-меморіальний музей М. Булґа-кова, www.bulgakov.org.ua, Mo 13–17, Di, Do–So 10–17 Uhr, 20/12 UAH).

Die Eindrücke vom Andreassteig lassen sich im stimmungsvollen **Museum einer Straße** 9 (Музей однієї вулиці, Nr. 2 b) zusammenfassen, das Legenden, Anekdoten und Geheimnisse des Andreassteigs und seiner Bewohner festhält (www.onestreet.kiev.ua, engl., Di–So 12–18 Uhr, 20/10 UAH). Der Andreassteig endet im historischen Viertel Podil (s. S. 119).

Kloster des hl. Michael mit den goldenen Kuppeln 10

Vom Andreassteig ist es nur ein kurzer Abstecher zur Mychajlivs'ka pl., dem **Michaelsplatz.** Dem imposanten neoklassizistischen Gebäude der Stalinzeit, heute Sitz des **Außenministeriums,** sollte eigentlich noch ein Zwillingsbau hinzugefügt werden, für den man damals das historische **Michaelskloster** (Михайлівський Золотоверхий монастир) abriss. Kunstexperten und Politiker, die dagegen protestierten, wurden kurzerhand inhaftiert oder umgebracht. 1997–2000 baute man das Kloster originalgetreu wieder auf, doch viele der seinerzeit beschlagnahmten Kunstschätze – großzügige Geschenke der

Tipp: Panoramafahrt mit der Funicularbahn

Seit 1905 existiert hinter dem Michaelskloster eine **Standseilbahn** 11 (Фунікулер), die Gäste von der Poštova pl. (Поштова пл.) im Stadtteil Podil zur Oberstadt befördert. Drei Minuten dauert die Fahrt auf der 220 m langen Strecke mit einem Höhenunterschied von etwa 75 m. Die Standseilbahn ist wegen des Ausblicks über die Kiewer Stadt-Fluss-Landschaft, über das mittlerweile modern bebaute Podil und das gesamte linke Dnipro-Ufer eine Touristenattraktion. Vor der Einführung von Straßenbahnen bot sie den Stadtbewohnern eine Alternative zu den steilen Treppenwegen zwischen Unter- und Oberstadt (Metro: Poštova pl., tgl. 6–23 im Sommer, bis 22 Uhr im Winter, ca. 1,5 UAH).

ukrainischen Hetmane, der russischen Zaren und der Gläubigen – sind für immer verloren. Die Reliquien der hl. Barbara konnten allerdings in die Volodymyr-Kathedrale überführt werden (s. S. 119).

Die Geschichte des Klosters reicht bis ins 11. Jh. zurück, in die Zeit des Fürsten Izjaslav Jaroslavovyč. 1108 ließ sein Sohn Svjatopolk eine Kirche errichten, die als Grablege der Kiewer Fürsten diente. Ihre vergoldete Kuppel war vermutlich die erste ihrer Art in der ganzen Rus. Nach seinem Aufstieg zur Residenz der Kiewer Metropoliten wurde das Ensemble im 17./18. Jh. im Stil des ukrainischen Barock erneuert. Dem damaligen Erscheinungsbild folgte die Wiederherstellung der Anlage: Sie glänzt mit den sieben goldenen Kuppeln der prachtvollen **Michaelskathedrale** (Собор Святого Михаїла), dem **Glockenturm** mit der **Kirche der drei Hierarchen** (Дзвінниця з церквою трьох Святителів) und der **Refektoriumskirche Johannes Evangelista** (Трапезна церква Іоана Богослова) von 1713 – dem einzigen erhalten gebliebenen Gotteshaus der von einer Mauer eingefassten Klosteranlage. Das Innere der Kathedrale schmücken die holzgeschnitzte barocke Ikonostase sowie Originale und Kopien der aus diversen Museen zurückgeholten Mosaiken und Fresken.

Im Glockenturm und den ehemaligen Mönchszellen von 1845–1858 ist das **Museum für die Geschichte des Michaelsklosters** untergebracht. Das Carillon spielt bekannte ukrainische Melodien (www.archangel.kiev.ua, Di–So 10–17 Uhr, 8/4 UAH).

Chreščatyk und Unabhängigkeitsplatz

Cityplan: S. 110

Kiews Prachtstraße **Chreščatyk** (Хрещатик) folgt einem ehemals bewaldeten Tal, in dem die Kiewer Fürsten auf die Jagd gingen. Ab der zweiten Hälfte des 18. Jh. wurde der Boulevard bebaut, und heute ist er mit seinen ansehnlichen Büro- und Wohnhäusern das Verwaltungs- und Geschäftszentrum der Stadt schlechthin. Die von Kastanienbäumen gesäumte Flaniermeile mit Geschäften, Restaurants und Cafés wird gelegentlich auch zum Schauplatz für Feierlichkeiten, Paraden oder Demonstrationen. Von der **Jevropejs'ka pl.** (Europaplatz) über den Majdan Nezaležnosti (s. u.) erstreckt sich die Magistrale über 1200 m Länge bis zur Bessarabs'ka pl. Im Zweiten Weltkrieg wurde sie fast komplett zerstört, monumentale Nachkriegsarchitektur prägt im Wesentlichen das heutige Bild.

Unabhängigkeitsplatz 12

Das Herz des Chreščatyk und ganz Kiews schlägt zweifellos am **Majdan Nezaležnosti** (Майдан Незалежності). Hier finden Kundgebungen, Feste, Festivals und Konzerte statt. Im Laufe der Geschichte wechselte der Platz mehrfach seinen Namen. Seit 1991 heißt er Unabhängigkeitsplatz. Ebenso wechselten die Platzsymbole, die letztendlich 2001 dem **Unabhängigkeitsmonument** (Монумент Незалежності) wichen: Auf der Spitze der 42 m hohen Säule hält die Gestalt der Beschützerin in ukrainischer Tracht einen Schneeballzweig. Das Säulenpostament ist als Gotteshaus im Stil des ukrainischen Barock gestaltet.

Architektonisch überwiegt der repräsentative Stil der Nachkriegsjahre: Das hinter dem Unabhängigkeitsmonument aufragende **Hotel Ukrajina** (Готель Україна, vul. Instytuts'ka/вул. Інститутська 4), das mit einer Arkadengalerie und Kolonnade geschmückte Opernstudio der **Nationalen Peter-Tschaikowsky-Musikakademie** (Оперна студія Національної музичної академії ім. П. Чайковського) an der Westseite und das **Hauptpostamt** (Головпоштамт, Nr. 20) an der Nordseite stammen aus den 1960er-Jahren. Das neoklassizistische **Haus der Gewerkschaften** (Будинок профспілок, Nr. 18) mit der markanten elektronischen Uhr wurde 1975–1980 errichtet. Mehrere schöne Springbrunnen zieren den Platz, unter dem sich der unterirdische Einkaufs- und Unterhaltungskomplex **Hlobus** (Глобус) ausbreitet. Seit dem 12. Jh. stand am Anfang der

Majdan Nezaležnosti – hoch oben auf ihrer Säule stehend wacht die Beschützerin der Ukraine über den Unabhängigkeitsplatz

heutigen vul. Sofijivs'ka/вул. Софіївська ein Tor, das zur Oberstadt führte. Das **Pečers'ker Tor** (Печерські ворота) aus dem 18. Jh. wurde 2001 durch eine Nachbildung ersetzt.

Zum Bessarabienplatz

Weiter entlang des Chreščatyk kommt man zur **Passage** (Пасаж, Nr. 15), einer im Stil des Neo-Empire ausgeführten Einkaufsgalerie von 1913–1915 und 1949–1951. Die hiesigen Wohnungen sind bei der Kiewer Prominenz beliebt, und neben Boutiquen gibt es Cafés, in denen auch der Architekt Vladyslav Horodec'kyj (Władysław Horodecki) häufig zu Gast war. Das **Denkmal,** in dem er 2009 verewigt wurde, erinnert daran. Der Stil der Nachkriegsjahre prägt auch das Gesicht des **Zentralen Kaufhauses CUM** 6 (ЦУМ, Nr. 38/2, z.Zt. geschl. wegen Modernisierung).

Die Straße mündet in die **Bessarabs'ka pl.** 13 (Бессарабська пл.) mit der historischen **Markthalle** 7 (Бессарабський ринок) von 1912. Unweit des Platzes, in der vul. Velyka Vasyl'kivs'ka (Červonoarmijs'ka), Ecke vul. Basejna (вул. Велика Васильківська/Червоноармійська und вул. Басейна 1/3–2) präsentiert das **PinchukArtCentre** 14 die hervorragende Sammlung zeitgenössischer Kunst des Unternehmers Viktor Pinčuk (www.pinchukartcentre.org, engl., Di–So 12–21 Uhr, Eintritt frei).

Das Universitätsviertel

Cityplan: S. 110

Der **bul'var Ševčenka** (бульв. Шевченка) ist mit der Universität und mehreren Museen ein Zentrum des wissenschaftlichen und kulturellen Lebens und zugleich ein mondänes Wohnviertel mit Professoren-, Künstler- und Industriellenvillen.

Taras-Ševčenko-Museum 15

Nr. 12, der Palast des Zuckerfabrikanten und großzügigen Mäzens Mykola Tereščenko aus der zweiten Hälfte des 19. Jh., beherbergt seit 1949 das **Nationale Taras-Ševčenko-Museum** (Національний музей Т. Шевченка). Es präsentiert persönliche Gegenstände und Handschriften des Dichters und Malers (1814–1861) sowie Gemälde und Grafiken (www.shevchenkomuseum.com.ua, 10/5 UAH).

Museum russischer Kunst 16

Das **Museum russischer Kunst** (Музей російського мистецтва) ist das bedeutendste seiner Art im Land. Das Gebäude gehörte einst dem Kunstliebhaber Fedir Tereščenko, dessen Privatsammlung nach der Revolution verstaatlicht wurde. Unter den mehr als 12 000 Artefakten aus dem 13.–20. Jh. finden sich kostbare Ikonen (13.–17. Jh.) und Meisterwerke von Malern wie Ivan Ajvazovskij, Vasilij Perov, Nikolaj Ge, Ivan Šiškin, Vasilij Polenov, Michail Vrubel' oder Michail Nesterov (vul. Tereščenkivs' ka/вул. Терещенківська 9, www.museumru.kiev.ua, engl., Mi, Sa, So 10–18, Di, Fr 11–19 Uhr, 25/5 UAH).

Bohdan-und-Varvara-Chanenko-Kunstmuseum 17

Seine bemerkenswerte Sammlung verdankt das **Bohdan-und-Varvara-Chanenko-Kunstmuseum** (Музей мистецтв ім. Богдана та Варвари Ханенків, Nr. 15) dem Juristen, Sammler und Mäzen Bohdan Chanenko und seiner Frau Varvara, geborene Tereščenko. Die Eheleute brachten die Stücke aus Westeuropa und dem Orient in ihrem Haus aus dem Jahr 1888 unter und richteten die Säle im Stil von Gotik, Renaissance, Barock und Klassizismus ein. Bohdan Chanenko vererbte der Stadt 1919 eine erlesene Sammlung mit Werken von Giovanni Bellini, Francesco Guardi, Tiepolo, Velázquez, Zurbarán, Rubens, van Dyck, Jacob Jordaens, François Bou-

Tipp: Abstecher ins Künstlerviertel Pan'kivščyna

Im Viertel **Pan'kivščyna** 19 südlich des Botanischen Gartens lebte um die Wende zum 20. Jh. die ukrainische Kulturelite: Dichter, Komponisten, Schauspieler wohnten hier in den stimmungsvollen Häusern. In der **vul. Pan'kivs'ka 9** (вул. Паньківська) wohnte von 1924–1931 der Vorsitzende des Zentralrates der Ukrainischen Volksrepublik Mychajlo Hruševs'kyj, an den eine Gedenkstätte erinnert (Історико-меморіальний музей М. Грушевського, Di–Sa 9–17 Uhr, 15/5 UAH).

Im Haus Nr. 93 – heute ebenfalls ein Museum (Музей М. Старицького) – lebte der 1904 verstorbene ukrainische Dramatiker und Schauspieler Mychajlo Staryc'kyj (Mi–Mo 10–17 Uhr). Gleich nebenan (Nr. 95 b) residierte der Komponist Mykola Lysenko (1842–1912), in dessen Gedenkstätte zu seinen Ehren ab und zu Konzerte stattfinden (Музей М. Лисенка, Di–So 10–17 Uhr).

Das Museum im Haus Nr. 97 gedenkt der Dichterin und Dramatikerin Lesja Ukrajinka (1871–1913) und ihrer Mutter Olena Pčilka, die sich ebenfalls als Schriftstellerin betätigte (Музей Лесі Українки, Mi–Mo 10–17 Uhr). Die drei letztgenannten Gedenkstätten sind zu einem Museumskomplex vereint (Tel. 044 288 06 18, 044 289 57 52, jeweils 15/5 UAH). In der **vul. Žyljans'ka 96** (вул. Жилянська) verbrachte Panas Saksahans'kyj (1859–1940), eine Koryphäe des ukrainischen Theaters, die letzten Jahre seines Lebens.

cher, Jean-Baptiste Greuze, Jacques-Louis David und Joshua Reynolds. Hinzu kommen altägyptische Statuen, byzantinische Ikonen aus dem 6./7. Jh., indische Plastiken, chinesische Malerei und japanische Radierungen (www.khanenkomuseum.kiev.ua, engl., Mi–So 10.30–17.30 Uhr, 25/12 UAH).

Universität 18

Jenseits des **Taras-Ševčenko-Parks** liegt die 1834 auf Initiative von Zar Nikolaus I. gegründete Lehranstalt, die später nach dem ukrainischen Schriftsteller und Mitglied der Archäologischen Kommission in **Nationale Taras-Ševčenko-Universität** (Київський національний університет ім. Т. Шевченка) umbenannt wurde. Die rot-schwarze Ausmalung des von Vincenzo Beretti entworfenen **Hauptgebäudes** (vul. Volodymyrs'ka/вул. Володимирська 60) greift die Ordensfarben eines Heiligen auf. Die Stätte der Wissenschaft und Lehre brachte bedeutende Akademiker hervor, hier wirkten oder studierten etwa der ukrainische Historiker Mykola Kostomarov, Mychajlo Hruševs'kyj, der Komponist Mykola Lysenko und der spätere Schriftsteller Michail Bulgakov.

Hinter der Hochschule breitet sich mit über 8000 Pflanzenarten der 1839 gegründete universitäre **Botanische Oleksandr-Fomin-Garten** aus (Ботанічний сад ім. О. Фоміна, vul. Kominternu/вул. Комінтерну 1, www.botanic.kiev.ua, engl., Führungen nach Voranmeldung Sa–Do 10, 13, 15 Uhr, 10/5 UAH).

Volodymyr-Kathedrale 20

Glanzstück des Ševčenko-Boulevards ist die **Volodymyr-Kathedrale** (Володимирський собор, Nr. 20), ein dreischiffiges Gotteshaus mit sieben Kuppeln, das 1862–1886 zum Jahrestag der Christianisierung der Kiewer Rus und zu Ehren Volodymyrs des Großen errichtet wurde. Nach der Revision des ursprünglichen Entwurfs einer 13-kuppeligen Kirche waren mehrere Baumeister am Werk. Die eigentliche Attraktion der Kathedrale ist ihr Inneres. Adrian Prachov, ein Kenner der altbyzantinischen Kunst, gewann die besten Maler seiner Zeit für die Fresken. Viktor Vasnecov malte das Hauptschiff aus und schuf u. a. das zentrale Bild der Gottesmutter mit dem Kind, des Christus Pantokrator an der zentralen Kuppel, der Taufe Volodymyrs und der Taufe der Rus sowie des Jüngsten Gerichts. Die Darstellungen der Geburt Christi, der Auferstehung Christi und der Erscheinung des Herrn stammen von Michail Nesterov, das Abendmahl, der Einzug Christi in Jerusalem und das Urteil des Pilatus von Pavel Svedomskij und Wilhelm Kotarbiński. An der ornamentalen Ausmalung beteiligte sich auch Michail Vrubel'.

Obwohl sie geplündert und von 1929 bis 1944 geschlossen wurde, um als Museum für antireligiöse Propaganda und als Büchermagazin zu dienen, überstand die Kathedrale das Sowjetregime. Heute ist sie die Hauptkirche der Ukrainischen Orthodoxen Kirche des Kiewer Patriarchats.

Podil

Cityplan: S. 110

Podil (Поділ), was soviel wie ›Untere Stadt‹ bedeutet, ist eines der ältesten und authentischsten Viertel von Kiew. Hier, zu Füßen der fürstlichen ›Oberstadt‹, siedelten einst hauptsächlich Handwerker, Händler und Kaufleute, die von der Nähe des Flusshafens profitierten. Nach dem Tatareneinfall im Jahr 1240 verlagerte sich der Mittelpunkt des städtischen Lebens von der zerstörten Oberstadt zeitweilig nach Podil – bis zum Ausbau des Chreščatyk. Doch litt das Viertel unter Überschwemmungen und Bränden und wurde nach dem verheerenden Brand von 1811 neu strukturiert.

Die malerischen krummen Gässchen wichen geradlinigen Straßen, die von den Jahrmärkten, Bruderschaftsschulen, Gemeinde- und Gebetshäusern der hier ansässigen Armenier, Juden, Griechen und Deutschen geprägt waren. Der Charme des alten Podil haftet noch manchem alten Baudenkmal an, doch prägen heute moderne Architektur und Geschäftigkeit immer mehr das Gesicht des Viertels.

Kontraktplatz

Der beste Ausgangspunkt für die Erkundung von Podil ist die **Kontraktova pl.** (Контрактова пл.), auf der früher Jahrmärkte stattfanden und Verträge – daher der Name – abgeschlossen wurden. Zeugnis des regen Handelslebens in Podil sind noch das klassizistische **Kontrakthaus** 21 (Контрактовий будинок) von 1817 an der Nordseite, in dem einst Kaufverträge mit Brief und Siegel versehen wurden, und der ab 1809 geschaffene **Handelshof** 22 (Гостинний двір, Nr. 4) im Zentrum des Platzareals, der schließlich erst in den 1980er-Jahren entsprechend den Originalplänen vollendet wurde. Ivan Hryhorovy-Bars'kyj schuf 1749 den nahe dem Handelshof stehenden **Samsonbrunnen** (Фонтан Самсон): Der Arkadenpavillon mit dem biblischen Helden, der das Maul eines Löwen zerreißt, schmückte einst die erste Kiewer Wasserleitung, wurde jedoch in den 1930er-Jahren abgetragen. Der heutige Brunnen ist eine Rekonstruktion.

Mariä-Himmelfahrt-Kirche 23

Seit 1136 stand am Platz die **Mariä-Himmelfahrt-Kirche,** auch Pyrohošča genannt (Церква Успіння Пресвятої Богородиці/Пирогощі, Nr. 6). Dieser Beiname verweist vermutlich auf eine Ikone der griechischen Gottesmutter, die in einem Turm (griech.: pirgotis) aufbewahrt und aus Byzanz nach Kiew gebracht worden war. Stifter der mehrmals zerstörten und wiederaufgebauten, schließlich 1935 abgetragenen Kirche war Fürst Mstyslav Volodymyrovyč. Die heutige Rekonstruktion von 1997/98 soll das Aussehen der dreischiffigen Kirche des 12. Jh. wiedergeben (www.cerkva.pyrogoscha.org.ua).

Petro-Mohyla-Akademie 24

Zur Akademie (Києво-Могилянська академія) auf der anderen Platzseite gehören das 1822–1825 erbaute, kurz darauf spätklassizistisch umgestaltete **Neue Akademiegebäude**, der halbrunde **Zirkel-** oder **Kovnir-Bau** von 1899–1953 und das **Alte Gebäude der Petro-Mohyla-Akademie** in der vul. Skovorody/Сковороди 2/2 a. Die Geschichte der Lehranstalt begann mit der Gründung des Kiewer orthodoxen Bruderschaftsklosters und der 1615 gestifteten Bruderschaftsschule sowie der von Petro Mohyla 1631 gegründeten Schule des Kiewer Höhlenklosters, die 1632 zu einem Kollegium vereint und 1701 in die Petro-Mohyla-Akademie umgewandelt wurden. Deren Lehrkonzept basierte auf der Synthese des orthodoxen Glaubens, der Errungenschaften der nationalen und der westlichen Kultur sowie der Ideen des Humanismus und der Aufklärung. Neben Latein und Ukrainisch studierte man Altkirchenslawisch, Altgriechisch, Polnisch, später Deutsch, Französisch und Russisch. Kollegium und Akademie wurden zur wichtigsten Ausbildungsstätte der ukrainischen Elite und zur Alma Mater zahlreicher russischer Geistlicher, Intellektueller und Staatsmänner. Dem Verbot des Ukrainischen als Unterrichtssprache im Jahr 1763 folgte 1817 die Schließung der Hochschule und 1819 ihre Umfunktionierung in die Geistliche Akademie, die bis 1918 existierte. Die 1991 wiedergeborene Akademie ist heute eine der angesehensten Hochschulen im Land.

Das ehemalige **Kiewer Bruderschaftskloster** (Братський монастир, Nr. 2) hinter dem alten Akademiegebäude wird gegenwärtig durch Bauten des 17.–19. Jh. repräsentiert: die Heiliggeist-Refektoriumskirche, Küche, Mönchszellen, Haus des Abtes, Hostienbäckerei und Sonnenuhr.

Rund um den Kontraktplatz

In der vul. Frolivs'ka/вул. Фролівська liegt das **Christi-Himmelfahrt-Kloster des hl. Florus** 25 (Свято-Вознесенський Флорівський монастир, Nr. 6/8), eines der ältesten Nonnenklöster in Kiew, das durch seine Stickereiwerkstätten Ruhm erlangte und dessen Äbtissin Marija-Magdalyna (Maryna) Mazepa die Mutter des ukrainischen Hetmans war. Das heutige Ensemble stammt aus dem 17.–19. Jh., sein Kernstück ist die dreischiffige **Christi-Himmelfahrt-Kirche** (Вознесенська церква) von 1722–1732.

An der vul. Prytys'ko-Mykil's'ka/вул. Притисько-Микільська 7 kehre man unbedingt

In Podil findet man viele Cafés und Restaurants vor historischer Kulisse

in die **Museumsapotheke** 26 ein, die älteste private Apotheke Kiews; 1728 hatte sie ein Deutscher eröffnet, im musealen Ambiente erwirbt man hier heute auch Kosmetika und Seifen (tgl. 9–16 Uhr, 10/7 UAH).

Die einkuppelige, kreuzförmige **Kirche des hl. Nikolaus des Wundertäters** 27 (Prytysk, Церква Миколи Чудотворця/Притиска) wurde Ende des 17./Anfang des 18. Jh. im Stil des ukrainischen Barock erbaut und nach Bränden mehrmals renoviert. Der klassizistisch angehauchte Glockenturm stammt in seiner heutigen Form aus dem 19. Jh. Eine Legende erklärt den rätselhaften Beinamen ›Prytysk‹ so: Die Nikolausikone ›drückte‹ – ukr. *prytyskaty* – einen nächtlichen Kirchenräuber so lange, bis die Gläubigen zum Morgengottesdienst kamen (vul. Choryva/вул. Хорива 5a, www.prytyska.kiev.ua).

Das sogenannte **Haus Peters I.** 28 (Будинок Петра I.) mit der Arkadengalerie in der vul. Kostjantynivs'ka/вул. Костянтинівська 6/8 stammt vom Ende des 17./Anfang des 18. Jh. Es soll dem russischen Zaren 1706 und 1707 als Herberge gedient haben.

Im prov. Choryva/пров. Хорива ragt die **Feuerwarte** (Пожежна каланча) aus dem Jahr 1910 auf. Nebenan befindet sich das **Tschernobyl-Museum** 29 (Čornobyl'-Museum, Музей Чорнобиль, Nr. 1), das sich anhand von Dokumenten, Fotos, Videos und Exponaten aus der Sperrzone mit der Nuklearkatastrophe im Kernkraftwerk von Tschernobyl im Jahr 1986 auseinandersetzt (www.chornobylmuseum.kiev.ua, engl., Mo–Fr 10–18, Sa 10–17 Uhr, 10/3 UAH).

Rosenberg-Synagoge 30

Einige Blocks nördlich erinnert in der vul. Ščekavyc'ka/вул. Щекавицька 29 ein jüdisches Gebetshaus daran, dass in Podil viele Juden lebten. Die **Rosenberg-Synagoge** (Синагога Розенберґа), 1895 im maurischen Stil errichtet und 1915/16 erweitert, gehört inzwischen schön renoviert wieder der jüdischen Gemeinde.

Museum des Hetmanentums 31

Das Museum des Hetmanentums (Музей гетьманства) widmet sich der Geschichte des Hetmanentums und seiner Bedeutung für die ukrainische Staatsbildung. Es ist in einem als ›Mazepas Haus‹ bekannten Gebäude aus dem 17.–19. Jh. untergebracht (vul. Spas'ka/вул. Спаська 16 b, www.getman-museum.kiev.ua, Sa–Do 10–17 Uhr, 15/5 UAH).

Im Chreščatyj-Park – der Bogen der Völkerfreundschaft, auch Völkerjoch genannt

Nikolauskirchen am Wasser

Um die verschiedenen Kiewer Nikolauskirchen voneinander zu unterscheiden, nennt man diejenige in der vul. Skovorody/вул. Сковороди 12 auch ›**Naberežna**‹ 32 (Церква Святого Миколи Набережного) – die ›am Ufer gelegene‹. Von hier zum Dnipro ist es tatsächlich nicht weit.

Am schlanken, einkuppeligen Gotteshaus, 1772–1775 von Ivan Hryhorovyč-Bars'kyj geschaffen, spürt man bereits klassizistische Einflüsse. Die spätklassizistische Ikonostase stammt aus dem Jahr 1852. Auch die abgebrannte, ursprünglich barocke Kuppel wurde neu gestaltet. Der Glockenturm mit der ›warmen‹ Kirche im russischen Stil nebenan entstand 1861–1863.

Eines der eindrucksvollsten Gotteshäuser Kiews ist die schlanke, schmucke **Kirche Nikolaus' des Wundertäters** 33 (Церква Миколая Чудотворця, 2004), auch ›Kirche auf dem Wasser‹ genannt. Sie steht in der Nähe des Flusshafens im Dnipro – eine kleine Brücke verbindet sie mit dem Ufer.

Zum Postplatz

An der Südseite des Kontraktplatzes, unweit des Denkmals für den Kosakenhetman Ivan Konaševyč-Sahajdačnyj, der einst die Türken besiegt hatte, zweigt die Pokrovs'ka-Straße/вул. Покровська ab. Man passiert die von Ivan Hryhorovyč-Bars'kyj erbaute **Mariä-Schutz-Kirche** 34 (Покровська церква, Nr. 7), ein großzügig dekoriertes Gotteshaus im ukrainischen Barock von 1766–1772, sowie das ursprünglich um 1800 entstandene klassizistische **Alte Kontrakthaus** (Nr. 4) und erreicht die **Poštova pl.** (Поштова пл.), den Postplatz mit der alten **Poststation** (Nr. 2) und der spätklassizistischen **Christi-Geburt-Kirche** 35 (Церква Різдва Христового). Seit hier 1861 die Prozession mit dem Sarg Taras Ševčenkos Halt machte, um die Totenmesse zu feiern, heißt sie auch ›Ševčenko-Kirche‹. Das 1935 zerstörte Gotteshaus wurde 2002–2005 vom Architekten der ›Kirche auf dem Wasser‹, Jurij Losyc'kyj, rekonstruiert. Hier beten ukrainische und georgische Orthodoxe.

Parkanlagen am Dnipro

Cityplan: S. 110

Chreščatyj-Park

Der Europaplatz (Jevropejs'ka pl., Metro: Majdan Nezaležnosti) ist ein guter Ausgangspunkt, um die weitläufigen Parks am Dnipro zu erkunden, die sich zwischen Uferstraße und vul. Hruševs'koho/вул. Грушевського–vul. Mazepy erstrecken und in die Gärten des Höhlenklosters im Stadtteil Pečers'k übergehen. Neben der **Nationalen Philharmonie 36**, einem Renaissancegebäude des 19. Jh., führen Treppen in den **Chreščatyj-Park** (Хрещатий парк) hinauf.

Sein Wahrzeichen ist der 1982 errichtete **Bogen der Völkerfreundschaft 37**, heute auch als ›Völkerjoch‹ bezeichnet, ein 60 m hoher Stahlbogen, unter dem zwei Arbeiter die Freundschaft zwischen der Ukraine und Russland symbolisieren sollen. Im Park liegt auch das **Valerij-Lobanovs'kyj-Stadion Dynamo 38** (Стадіон ім. В. Лобановського Динамо) von 1936.

Nationales Kunstmuseum

In der vul. Hruševs'koho gibt es schöne Beispiele der Zivilarchitektur aus verschiedenen Epochen, Regierungsgebäude und ehemals private Villen, die das besondere Flair des Stadtteils Lypky prägen (s. oben). In einem der repräsentativen Häuser zeigt das **Nationale Kunstmuseum 39** (Національний художній музей, Nr. 6) in der landesweit größten Sammlung ukrainischer Malerei die ganze Vielfalt künstlerischer Sujets, Stile und Strömungen von der Zeit der Kiewer Rus bis heute. Es besitzt beeindruckende Ikonen aus dem 12.–18. Jh., Porträts und Volksmalerei aus dem 18./19. Jh. (www.namu.kiev.ua, Mi, Do, So 10–18, Fr 12–20, Sa 11–19 Uhr, 20/5).

Nr. 12, ein 1936–1938 errichtetes pompöses neoklassizistisches Gebäude mit geschwungener Hauptfassade, ist Sitz des **Ministerkabinetts der Ukraine 40**.

Parlament und Marienpalast

Auch das monumentale **Gebäude des ukrainischen Parlaments (Verchovna Rada) 41** (Будинок Верховної Ради України, Nr. 5) wurde 1936–1939 in neoklassizistischer Tradition erbaut.

Neben dem Parlament steht das prächtigste Bauwerk der vul. Hruševs'koho: der **Marienpalast 42** (Маріїнський палац, Nr. 5a). Zarin Elisabeth ließ den barocken Palast 1752 von Architekt Ivan Mičurin für ihre Besuche in der Stadt errichten. Nach einem Brand wurde er 1870 stilgerecht restauriert

Tipp: Streifzüge durch den Stadtteil Lypky

Westlich der vul. Hruševs'koho liegt das vornehm-aristokratische Viertel **Lypky** (Липки). In der **vul. Lyps'ka 43** (вул. Липська) sieht man historische Villen und Stadthäuser. Ein schönes Jugendstilgebäude steht in der vul. Ljuterans'ka/вул. Лютеранська, das Haus Nr. 23. Es wird wegen seines Fassadenschmucks, einem bei Regen weinenden Frauengesicht, **Haus der weinenden Witwe 44** genannt.

Recht eigenwillig mutet in der vul. Bankova/вул. Банкова das **Haus mit den Chimären 45** (Будинок з химерами, Nr. 10) an, das der Architekt Vladyslav Horodec'kyj (Władysław Horodecki) 1901–1903 als Privathaus errichten ließ: Fantastische Figuren geben sich auf der Fassade ein Stelldichein: Nereiden, kämpfende Löwen und Adler, Elefanten, Nashörner, Antilopen, Krokodile, Pythone, Eidechsen und riesige Frösche – sie sind den Jagdfantasien des Hausherrn entsprungen. Heute dient das Haus neben dem Marienpalast als Residenz des Präsidenten der Ukraine. Gegenüber erhebt sich würdevoll das Gebäude des **Sekretariats des ukrainischen Präsidenten** (Nr. 11), in dem bis 1991 das Zentralkomitee der Kommunistischen Partei der Ukraine residierte.

und prunkvoll ausgestattet: mit Marmortreppen, vergoldetem Stuck, schönen Holzböden, aufwendigen Lüstern und Spiegeln. Einmalig ist die Lage des streng symmetrischen, einstöckigen Gebäudes zwischen Marienpark (Маріїнський парк) und Städtischem Garten (Міський сад). Der im Zweiten Weltkrieg beschädigte, später wieder aufgebaute Palast ist heute Residenz des ukrainischen Präsidenten (2012: Renovierung).

Askol'ds Grab und Park des Ewigen Ruhmes

Im Park Askol'ds Grab erhebt sich als klassizistische Rotunde die **Nikolauskirche** (1810), bekannt als **Askol'ds Grab** 46 (Аскольдова могила). Ungefähr dort, wo sich das Gotteshaus befindet, soll der 882 vom Rurikiden Oleh (Oleg) ermordete Kiewer Herrscher Askol'd seine letzte Ruhe gefunden haben.

Der angrenzende **Park des Ewigen Ruhmes** (Парк Вічної Слави) birgt gleich eine ganze Reihe an Denkmälern: den **Ruhmesobelisken,** das **Grab des unbekannten Soldaten** (1957) an der pl. Slavy/пл. Слави sowie das 2008 hinter dem Ruhmesobelisken angelegte **Mahnmal für die Opfer der Hungersnöte in der Ukraine** 47 (Меморіал пам'яті жертв голодоморів в Україні). Es erinnert an eine der größten Tragödien in der Geschichte des Landes, das Massensterben in den Jahren 1921–1923, 1932/33 und 1946/47 (s. S. 38). Das zentrale Denkmal hat man in Form einer riesigen Gedächtniskerze ausgeführt. In der Gedächtnishalle wird das Gedächtnisbuch – die umfangreichste Quelle zu den zahlreichen Opfern der Hungersnöte – aufbewahrt. Videoinstallationen vermitteln Besuchern eine Vorstellung von den Zeiten der Kollektivierung und des großen Hungersterbens (www.memorialgolodomors.org, dt. und engl., Di–So 10–18 Uhr, Eintritt frei).

Erlöserkirche in Berestove 48

Die **Erlöserkirche in Berestove** (Церква Спаса на Берестові) in der vul. Mazepy/вул. Мазепи 15 ist eines der geschichtsträchtigen Gotteshäuser der Stadt. Zur Zeit seiner Gründung war Berestove ein Vorort der

Stadt, in dem sich der fürstliche Landpalast befand. Die in dessen Nähe errichtete hölzerne Skite wurde um die Wende zum 12. Jh. durch die steinerne Verklärungs-Gruftkirche ersetzt – sie war die Grablege von Jurij Dolgorukij, dem Gründer von Moskau. Nach dem Tatareneinfall blieb vom Gotteshaus nur der Narthex erhalten. Petro Mohyla ließ es 1640–1643 im Stil des ukrainischen Barock wieder aufbauen; Andrij Melens'kyj ergänzte 1814 den klassizistischen Glockenturm. Zu den Kunstschätzen im Inneren der fünfkuppeligen Kirche gehören Fresken aus dem 12. und 17. Jh.

UNESCO-Welterbe – Refektoriumskirche und Mariä-Himmelfahrt-Kathedrale in der Oberen Lawra des Höhlenklosters

Höhlenkloster 49

Karte: S. 126; **Cityplan:** S. 110

Das **Kiewer Mariä-Himmelfahrt-Höhlenkloster** (Свято-Успенська Києво-Печерська Лавра, vul. Mazepy/вул. Мазепи 21, 25) ist mit seinen über 100 Kulturdenkmälern UNESCO-Welterbe. Es wurde 1051 von dem auf dem Berg Athos ins Mönchstum eingeweihten Antonij (Antonius) aus Ljubeč gegründet. Zunächst siedelte er in der Höhle des späteren Kiewer Metropoliten Ilarion, in den heute sogenannten Fernen Höhlen. Er sammelte eine Mönchsgemeinschaft um sich, zu der auch Feodosij (Theodosius), der Mitbegründer des Klosters, gehörte. 1062 zog sich Antonij in die sogenannten Nahen Höhlen zurück. Feodosij leitete die oberirdische Erweiterung der Anlage auf den vom Fürsten Izjaslav Jaroslavovyč geschenkten Ländereien ein, wo sich heute die Obere Lawra ausbreitet, und führte die Ordnung des Konstantinopeler Studionklosters ein. 1159 erhielt das Mariä-Himmelfahrt-Kloster den Ehrentitel ›Lawra‹, der in der orthodoxen und unierten Welt an besonders große, einflussreiche Klöster verliehen wird. Mehrmals erlitt die Anlage Zerstörungen und Plünderungen,

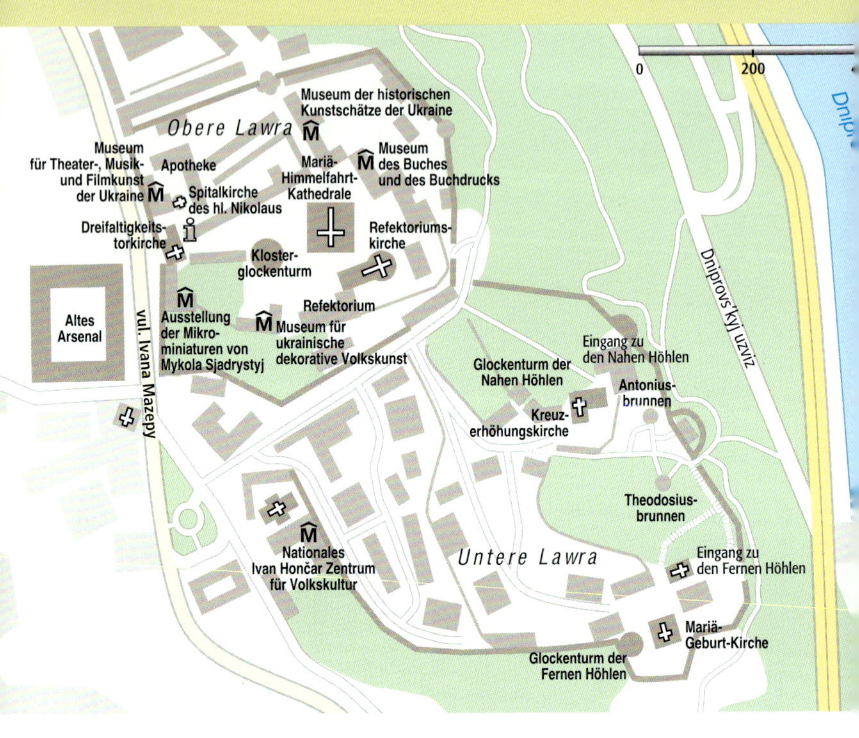

konnte aber immer wieder aufgebaut werden und ihr Ansehen – als Kloster wie auch 1923–1988 als Museumsstädtchen – bewahren. Heute ist das Höhlenkloster sowohl Mönchskloster (Untere Lawra) wie Nationales Historisch-kulturelles Reservat (Obere Lawra).

Die religiöse, aber auch kulturelle, künstlerische und wissenschaftliche Bedeutung des Kiewer Höhlenklosters ist kaum zu überschätzen: Hier ruhen die Reliquien der bedeutendsten Kiewer Heiligen, in den Mauern der Lawra entstanden wichtige Schriften der altostslawischen Geschichte und Literatur wie die »Chronik der vergangenen Jahre« oder Nestor-Chronik (Anfang des 12. Jh.), hier wurde das erste Kiewer Spital gegründet und eine Ikonenwerkstatt betrieben. In der Klosterdruckerei erschienen 1627 das erste gedruckte ukrainische Bedeutungswörterbuch von Pamvo Berynda und 1674 das erste Lehrbuch der ostslawischen Geschichte von Inokentij Gizel'.

Mariä-Himmelfahrt-Kathedrale

Wichtigstes Gotteshaus ist die **Mariä-Himmelfahrt-Kathedrale** (Успенський собор). 1073 legte Feodosij den Grundstein zur ursprünglich einkuppeligen, dreischiffigen Kirche. Sie wurde von Konstantinopeler Baumeistern errichtet, die, so heißt es, dem Ruf der Gottesmutter nach Kiew folgten und eine Marienikone mitbrachten. Der Legende nach erschien ihnen das Bild der künftigen Kathedrale in einer Himmelswolke.

Der Bau war 1077, die Ausschmückung des Inneren 1089 vollendet. Infolge des Umbaus in den Jahren 1722–1729 nahm die bereits siebenkuppelige Kathedrale Züge des ukrainischen Barock an. In dieser Form präsentiert sie sich auch heute, wobei es sich bei der gegenwärtigen Kirche um die Rekonstruktion von 1998–2000 handelt: Das Original wurde 1941 gesprengt, ob von den Sowjets oder den deutschen Nazitruppen ist ungeklärt. Fest steht, dass viele Kostbarkeiten damals ins Ausland verbracht wurden und nur teilweise zurückgeholt werden konnten. Wie ehedem strahlt die Kathedrale aber Größe und Erhabenheit aus. Rekonstruiert wurden ihre goldenen Kuppeln, das üppige Dekor und die aufwendigen Fassadendarstellungen, die Innenmalereien und die prunkvolle Ikonostase.

Die Kathedrale bewahrt das Andenken an mehrere prominente Persönlichkeiten, die hier einst ihre letzte Ruhestätte gefunden hatten: an Feodosij, den Gründer der Lawra, den Metropoliten und Mäzen Petro Mohyla oder den litauischen Hetman und Mäzen Kostjantyn Ostroz'kyj.

Klosterglockenturm

Der fast 100 m hohe **Klosterglockenturm** (Велика дзвінниця) entstand 1731–1745 im Stil des ukrainischen Barock nach Plänen Johann Gottfried Schädels unter Mitwirkung des Architekten Stepan Kovnir und des Mäzens Ivan Mazepa. Von der **Aussichtsterrasse,** die man über knapp 250 Treppenstufen erreicht, bietet sich ein herrlicher Blick über die Klosteranlage und die umliegende Landschaft. Derzeit (2012) kann der Klosterglockenturm wegen Renovierungsarbeiten nicht besichtigt werden.

Dreifaltigkeitstorkirche

Vom Turm sieht man auch die elegante, reich verzierte **Dreifaltigkeitstorkirche** (Троїцька Надбрамна церква, 17.–20. Jh.), die sich mit einer goldenen Kuppel über dem Haupttor erhebt und mit farbenprächtigen Fresken aus dem 18. Jh. geschmückt ist. Ihre Vorgängerin aus dem Jahr 1106 stiftete der Černihiver Fürst Svjatoslav, der sich später als Mönch ins Kloster zurückzog.

Spitalkirche des hl. Nikolaus

Mit goldenen Kuppelsternen auf blauem Grund präsentiert sich die 1958 restaurierte **Spitalkirche des hl. Nikolaus** (Шпитальна церква Святого Миколая), die im 17. und 18. Jh. im Stil des ukrainischen Barock errichtet wurde. Gleich nebenan steht das **Apothekengebäude** von 1903 (Аптека).

Refektoriumskirche

Das Gotteshaus mit der größten Kuppel, mit goldenen Strahlen verziert, ist die byzantinisch inspirierte **Refektoriumskirche der hll. Antonius und Theodosius** (Трапезна церква Святих Антонія і Феодосія), die Vladimir Nikolaev 1893–1895 erbaute. Besonders aufwendig sind ihr Dekor und die ornamentalen Innenausmalungen.

Neben der Kirche befinden sich die **Grabmäler** des russischen Premierministers **Pëtr Stolypin,** der 1911 in der Kiewer Oper erschossen wurde, sowie des Kosakenrichters **Vasyl' Kočubej** und des Obersts **Ivan Iskra.** Letztere hatten Ivan Mazepa beschuldigt, sich mit dem schwedischen König verschworen zu haben, doch Zar Peter I. glaubte ihnen nicht und ließ sie hinrichten. Nachdem Mazepas Allianz mit Karl XII. offenkundig geworden war, wurden Kočubej und Iskra im Kiewer Höhlenkloster als Märtyrer bestattet, und über Ivan Mazepa verhängte man den Kirchenbann. Bei der Ukrainischen Orthodoxen Kirche des Moskauer Patriarchats gilt der Bann übrigens bis heute, obwohl der Hetman zahlreiche Gotteshäuser stiftete, darunter auch die fünfkuppelige, harmonische **Allerheiligenkirche** (Церква Всіх Святих), die sich seit 1698 über dem **Wirtschaftstor** (Економічна брама) erhebt und 1906 von Ivan Jižakevyč und seinen Schülern ausgemalt wurde. Die mächtigen **Klostermauern** (Монастирські мури, 1698–1701) mit den Türmen wurden ebenfalls auf Kosten Mazepas errichtet.

Die Museen

Auf dem Gelände der Oberen Lawra findet man neben weiteren Klosterbauten sehenswerte Museen, darunter im barocken sogenannten Kovnir-Gebäude das **Museum der historischen Kunstschätze der Ukraine** (Музей історичних коштовностей України). Zu seinen Schätzen gehören das berühmte skythische goldene Pektorale, Schmuck aus der Kiewer Rus und jüdische Sakralgegenstände (www.miku.org.ua, Di–So 10–16.45 Uhr, letzter Fr. im Monat geschl., 18/9 UAH).

Die einstige Klosterdruckerei beherbergt das **Museum des Buches und Buchdrucks** (Музей книги і друкарства України), das altkiewer Handschriften und wertvolle Wiegen- und Erstdrucke zeigt (Mi–Mo 10–18 Uhr, 15/5 UAH).

Ikonen, Stickereien, bemalte Ostereier, Trachten und Keramik sind im ehemaligen Haus des Metropoliten im **Museum für ukrainische dekorative Volkskunst** ausgestellt (Музей українського народного декоративного мистецтва, www.mundm.kiev.ua, engl., Mi–Mo 10–18 Uhr, 20/7 UAH).

Eine Besichtigung lohnen auch das **Museum für Theater-, Musik- und Filmkunst der Ukraine** (Музей театрального, музичного та кіномистецтва України, Mi–Mo 9.30–17.30 Uhr, 15/7 UAH) sowie die einzigartige **Ausstellung der Mikrominiaturen von Mykola Sjadrystyj** (Виставка мікромініатюр Миколи Сядристого, Mi–Mo 9–19 Uhr, 10/3 UAH).

Nahe und Ferne Höhlen

Von der Oberen Lawra führen Wege zur **Unteren Lawra** (Нижня Лавра), dem Sitz des Metropoliten der Ukrainischen Orthodoxen Kirche des Moskauer Patriarchats, sowie zu den Nahen und den Fernen Höhlen. Dabei handelt es sich um schmale, niedrige unterirdische Labyrinthe mit Kirchen und Gräbern der Kiewer Heiligen. Die geheimnisvollen Gänge, die man mit einer Kerze in der Hand besichtigt, wurden von den Mönchen als Wohn- und Gebetsräume sowie als Grablegen genutzt; über die mumifizierten Reliquien sind immer noch viele Legenden in Umlauf. In den 383 m langen **Nahen Höhlen** (Ближні печери), auch Antoniushöhlen genannt, ruhen u. a. der hl. Antonij (Antonius), der Chronist Nestor, der Černihiver Fürst Svjatoslav und der legendäre Held Ilja von Murom. Hier liegen die **Kirche des ehrwürdigen Antonius von Pečers'k** (Церква Преподобного Антонія Печерського), die **Mariä-Einführungs-Kirche** (Церква Введення Богородиці до Храму) und die **Kirche des ehrwürdigen Varlaam** (Церква Преподобного Варлаама).

Über den Katakomben ragt die 1700 erbaute dreikuppelige **Kreuzerhöhungskirche** (Хрестовоздвиженська церква) im Stil des ukrainischen Barock mit einer prächtig geschnitzten und vergoldeten Ikonostase aus dem Jahr 1767 empor. An die Kirche schließt das **Gotteshaus aller ehrwürdigen Kirchenväter von Pečers'k** an (Церква Всіх Преподобних Отців Печерських, 1839). In der Nähe steht der 1759–1762 errichtete **Glockenturm der Nahen Höhlen.** Näher Richtung **Befestigungsmauer** kann man seinen Durst am **Antoniusbrunnen** (Колодязь Преподобного Антонія) und am **Theodosiusbrunnen** (Колодязь Преподобного Феодосія) stillen.

Unterhalb davon erheben sich die **Mariä-Geburt-Kirche** (Церква Різдва Богородиці) von 1696 und der von Stepan Kovnir ausgeführte **Glockenturm der Fernen Höhlen.** Die **Fernen Höhlen** (Дальні печери) erstrecken sich über eine Länge von 293 m. Da sich hier bis 1091 die Reliquien des hl. Theodosius befanden, werden sie auch Theodosiushöhlen genannt. Sie bergen 49 Gräber sowie drei unterirdische Gotteshäuser: die **Mariä-Verkündigungs-Kirche** (Церква Благовіщення Богородиці), die **Kirche des ehrwürdigen Theodosius von Pečers'k** (Церква Преподобного Феодосія Печерського) und die **Christi-Geburt-Kirche** (Церква Різдва Христового, www.kplavra.kiev.ua, Sommer tgl. 9–20 Uhr, Winter tgl. 9–18 Uhr, 20/10 UAH).

Alte Pečers'ker Festung und Mutter Heimat

Von der **Alten Pečers'ker Festung,** die seit Ende des 17. Jh. zum Schutz gegen Osmanen und Schweden und zum Schutz des Mariä-Himmelfahrt-Höhlenklosters begonnen und im 19. Jh. erweitert wurde und die aus mehreren Bastionen über dem Fluss bestand, ist nicht mehr viel zu sehen. Erhalten blieb jedoch das dazu gehörende klassizistische Gebäude des **Alten Arsenals** (Старий Арсенал, 1797–1803) gegenüber dem Höhlenkloster in der vul. Mazepy 30, das heute Teil des Museums- und Ausstellungskomplexes **Kunstarsenal** 50 (Мистецький Арсенал) ist. Hier finden ambitionierte Wechselausstellungen statt und im November eine bedeutende Kunstmesse.

In der ehemaligen Residenz und Kanzlei der Kiewer Gouverneurs von 1757–1759 in der vul. Mazepy Nr. 29 befindet sich das **Nationale Ivan-Hončar-Zentrum für Volkskultur** 51 (Музей Івана Гончара). Es basiert auf der privaten Sammlung des ukrainischen Malers, Bildhauers und Ethnografen (1911–1993) und zeigt Volkskunst und Kunsthandwerk der Ukraine, darunter Musikinstrumente, Glas, Keramik, Kleidung sowie Bücher und Volksmalerei (www.honchar.org.ua, engl., Di–So 10–17.45 Uhr, 15/3 UAH).

Auch das **Moskauer Tor** (Московська брама, 1765) im **Pečers'ker Landschaftspark** (Печерський ландшафтний парк) ist ein Relikt der Alten Pečers'ker Festung. Dahinter liegt heute der große Komplex des **Museums der Geschichte des Großen Vaterländischen Krieges** (Музей історії Великої Вітчизняної війни), zu erkennen an der riesigen **Statue der Mutter Heimat** 52 von 1981, deren Besichtigung vor allem wegen der Aussichtsplattform (50 UAH) lohnt. Zusammen mit dem Sockel, in dem die Ausstellung des Museums – mit Fotos, Dokumenten, Dioramen – untergebracht ist, erreicht sie die Höhe von 102 m (www.warmuseum.kiev.ua, engl., Di–So 10–17 Uhr, 10/3 UAH).

Außerhalb des Zentrums

Cityplan: S. 110

Babyn Jar 53

Eines der grausigsten Ereignisse in der Geschichte Kiews ist die Erschießung von fast 34 000 Juden durch deutsche Truppen am 29. und 30. September 1941 in **Babyn Jar** (russ.: Babij Jar, Бабин Яр, vul. Mel'nykova/Telihy, вул. Мельникова/вул. Теліги), der ›Weiberschlucht‹, in der zuvor bereits vereinzelte Gegner des Sowjetregimes und später Roma, Häftlinge des Konzentrationslagers Syrec', Kommunisten und ukrainische Patrioten den Tod fanden. An die Opfer von Babyn Jar gemahnen u. a. das erst 1991 enthüllte Menora-Denkmal, das hölzerne Kreuz (1992) zum Andenken an die 621 getöteten Mitglieder der Organisation der Ukrainischen Nationalisten, das Denkmal für die ermordeten Kinder von 2001 sowie das Denkmal für die erschossenen sowjetischen Bürger, Soldaten und Offiziere (1976).

Kyrillkirche 54

In der Nähe von Babyn Jar, in der vul. Telihy/вул. Теліги 12, steht ein ansehnliches Gotteshaus, dessen Ursprünge in die altkiewer Zeiten zurückreicht. Nachdem der Černihiver Fürst Vsevolod Ol'hovyč 1139 Kiew erobert hatte, gründete er zu Ehren seines Schutzpatrons an der nördlichen Stadtgrenze das Kloster des hl. Kyrill (Кирилівська церква). Die dreischiffige, ursprünglich einkuppelige Steinkirche aus dem 12. Jh. diente als Gruftkirche des Fürstengeschlechts. Im 17./18. Jh. wurde sie von Ivan Hryhorovyč-Bars'kyj barock umgestaltet und erhielt fünf Kuppeln; der Glockenturm existiert seit den 1930er-Jahren nicht mehr. In dem 1786 geschlossenen Kloster richtete man eine psychiatrische Klinik und später ein Spital ein.

Trotz aller Zerstörungen und Umgestaltungen blieben im Inneren wunderschöne Fresken aus dem 12. Jh. erhalten. Komposition und Ausdruckskraft wie auch die schiere Fläche – rund 800 m² – beeindrucken. »Das Jüngste Gericht« ist eines der ältesten und besterhaltenen Fresken im ostslawischen Raum. Ferner ziehen die »Eucharistie«, die »Darstellung des Herrn«, die »Himmelfahrt Mariens«, die »Geburt Christi« und die Szenen aus dem Leben der hll. Kyrill und Athanasius die Aufmerksamkeit auf sich.

Interessant sind auch die Arbeiten von Michail Vrubel' vom Ende des 19. Jh., darunter »Die Ausgießung des Heiligen Geistes«, »Der Einzug Christi in Jerusalem«, »Pietà« sowie die Darstellungen Moses', Salomons und des Erzengels Gabriel. Für die Ikonostase schuf er zudem vier Ikonen: »Die Gottesmutter mit dem Kind«, »Jesus Christus«, »Hl. Kyrill« und

Ausflugsziel Pyrohiv – im Freilichtmuseum für Volksarchitektur und Alltagskultur

»Hl. Athanasius« (http://nzsk.org.ua, engl., Sa–Mi 10–18, Do 10–17 Uhr, 10/5 UAH).

Freilichtmuseum in Pyrohiv 55

Am südlichen Stadtrand von Kiew, nahe dem Holosijiver Wald, eröffnete 1976 im Dorf Pyrohiv (Пирогів) das **Freilichtmuseum für Volksarchitektur und Alltagskultur** (Музей народної архітектури та побуту), eines der größten seiner Art in Osteuropa. Auf ca. 150 ha sind volkstümliche Baudenkmäler aus der ganzen Ukraine versammelt, über 300 vorwiegend hölzerne Bauten des 16.–20. Jh.: Kirchen, in denen einst Gottesdienste und Hochzeiten gefeiert werden, Hütten, Wind- und Wassermühlen, Schulen, Schmieden, Schenken, Scheunen, Pferdeställe, Bienenstöcke und Brunnen … Die Gebäude sind mit authentischen Möbeln und Alltagsgegenständen ausgestattet: Werkzeugen, Webteppichen, bestickten Tüchern, Trachten sowie Holz- und Keramikgegenständen.

Das Freilichtmuseum ist häufig Schauplatz von Jahrmärkten, Konzerten, Ausstellungen, Volksfesten und Festivals. Es gibt hier Werkstätten, eine Reitschule, Restaurants, Picknickplätze und Souvenirläden (vul. Krasnoznamenna /вул. Краснознаменна 1, Tel. 044 526 57 65, 526 57 87, 526 24 16, tgl. 10–17 Uhr, 15/7 UAH, fremdsprachige Führung 80 UAH. Anfahrt: Vom Bessarabienplatz verkehrt der Kleinbus 156 nach Pyrohiv).

Infos

Im Internet: www.kyiv.com (engl.) und www.kievcity.com.ua (engl.), sind informative Websites zu Sehenswürdigkeiten, Unterkünften, Einkaufen, Verkehr etc.; www.kvytky.ua (engl.) informiert über das Kulturprogramm und alle aktuellen Events.

Touristisches Informationszentrum Ukrajins'kyj dim (Туристично-інформаційний центр Український дім): vul. Chreščatyk/вул. Хрещатик 2), Tel. 044 278 89 13, Mo–Fr 10–18, Sa 10–14 Uhr. Infos zu Sehenswürdigkeiten, Unterkünften, Unterhaltung etc. in Kiew. Hier erhält man Stadtpläne und Broschüren.

Touristisches Informationszentrum Livoberežžja (Лівобережжя): vul. Karbyševa/вул. Карбишева 16/2, Tel. 044 510 03 20, Mo–Fr 10–17, Sa 10–14 Uhr. Neben Auskünften und Infomaterial werden Stadtführungen und Ausflüge vermittelt.

Übernachten

Luxus in Opernnähe ▶ **Opera** **1** (Опера): vul. Chmel'nyc'koho/вул. Хмельницького 53, Tel. 044 581 70 70, www.opera-hotel.com. Das 5-Sterne-Hotel in der Nähe von Oper und Volodymyr-Kathedrale residiert in einem historischen Gebäude von 1906. Elegante Interieurs, charmante, in verschiedenen Stilen eingerichtete Luxuszimmer, Schönheits- und Wellness-Salon. Das Restaurant Teatro serviert mediterrane Küche. DZ/ÜF 475–920 €.

Fünf Sterne ▶ **Premier Palace Hotel** **2** (Прем'єр Палац): bul'v. Ševčenka/vul. Puškins'ka, бульв. Шевченка/вул. Пушкінська 5–7/29, Tel. 044 244 12 00, 537 45 00, www.premier-palace.com. Hotelklassiker in einem Stadtpalais von 1911, dessen individuell eingerichtete Zimmer an historische Persönlichen wie Michail Bulgakov, Serge Lifar oder Kosakenhetmane erinnern. Mehrere Restaurants (u. a. japanische Spezialitäten), Bars (eine auf der Dachterrasse), Fitnessclub, Spa, Salon, Konditorei, Kabarett. DZ 350–550 €.

Bekannt hochwertige Kette ▶ **Hyatt Regency Hotel** **3**: vul. Tarasovoji/вул. Тарасової 5, Tel. 044 581 12 34, www.kiev.regency.hyatt.com (engl., dt.). Im Herzen der Altstadt, unweit der Sophienkathedrale gelegener moderner Glaspalast. Zimmer mit allem Komfort, Spa-Bereich und Fitnesshalle. Dazu ein asiatisches Restaurant mit offener Küche und zwei Bars. DZ 330–580 €.

Boutique-Hotel mit Gartenzauber ▶ **Vozdvyžens'kyj** **4** (Воздвиженський): vul. Vozdvyžens'ka/вул. Воздвиженська 60 a, Tel. 044 531 99 00, 531 99 55, www.vozdvyzhensky.com (dt., engl.). Exklusives Innendesign und Gemälde bekannter und junger Kiewer Talente zeichnen das Hotel aus. Der idyllische Garten und das Restaurant mit Sommerterrasse sind die i-Tüpfelchen, nicht zu vergessen die Lage nahe dem Andreassteig. DZ/ÜF 240–360 €.

Moderner Komfort ▶ **Radisson Blu Hotel** **5**: Jaroslaviv Val/Ярославів Вал 22, Tel. 044 492 22 00, www.radissonblu.de/hotel-kiev (dt., engl.). Das neue Hotel der bekannten Kette liegt in der Altstadt, unweit des Goldenen Tores, bedeutender Kirchen und des zentralen Chreščatyk. Zimmer- und Suiten mit WLAN, Fitnesshalle, Sauna, Bistro mit ukrainisch-französischer und ein Restaurant mit italienischer Küche und guter Enothek. DZ Ü/F 216–516 €.

Stadthaus mit Flair ▶ **Riviera** (Рів'єра) **6**: vul. Sahajdačnoho/вул. Сагайдачного 15, Tel. 044 581 28 28, rivierahotel.com.ua (engl.). Elegantes Boutique-Hotel in Podil mit 79 Zimmern in Pastelltönen und WLAN, Spa-Bereich. Im Hotelrestaurant werden ukrainische, russische, mediterrane und japanische Gerichte serviert. DZ/ÜF 255–470 €.

Vornehmes Stadthotel ▶ **Podil Plaza Hotel** **7**: vul. Kostjantynivs'ka/вул. Костянтинівська 7 a a', Tel. 044 503 92 92, www.podolplazahotel.com.ua (engl., franz.). Das Boutique-Hotel in Podil, ein Viersterner, hat 57 gediegene Zimmer mit Internetzugang, das Restaurant mit antikisierend wirkender Einrichtung bietet ein europäisches Menü. DZ Ü/F ab ca. 180 €.

Klassiker ▶ **Dnipro** **8** (Дніпро): vul. Chreščatyk/вул. Хрещатик 1/2, Tel. 044 254 67 77, 254 67 91, www.dniprohotel.ua (dt., engl.). Komfortabler Viersterner mit langjähriger Erfahrung im Tourismus an der zentralen Kiewer Magistrale nahe der Jevropejs'ka pl. Fitness- und Schwimmhalle gratis, der Wellnessbereich kostet extra. Im Panorama Club, dem

Restaurant unter der Glaskuppel, ertönt jeden Abend Klaviermusik. DZ/ÜF 110–150 €.

Breites Angebot ▶ President Hotel (Президент Готель) 9: vul. Hospital'na 12/вул. Госпітальна, Tel. 044 256 32 56, 256 38 57, www.presidenthotel.com.ua (engl.). Das Großhotel, 5 km vom Hauptbahnhof entfernt, bietet Standard- sowie gehobene Zimmer. Restaurant mit slawischer und mediterraner Küche, finnische Sauna, Hamam, Fitnesshalle, Massageangebote. DZ 90–380 €, Frühstück 18 €.

Funktional ▶ Kozac'kyj 10 (Козацький): vul. Mychajlivs'ka/вул. Михайлівська 1/3, Tel. 044 279 49 25, 050 333 43 49, www.kozatskiy.kiev.ua (engl.). Gepflegtes Hotel mit renovierten Zimmern im Herzen der Stadt, gutes Preis-Leistungs-Verhältnis. Café und Restaurant mit ukrainischer und europäischer Küche. DZ/ÜF 77–115 €.

Zimmer mit Aussicht ▶ Bakkara Art-hotel 11 (Арт-готель Баккара): vul. Naberežne šose, Treppe Nr. 6/вул. Набережне шосе, східці № 6), Tel. 044 537 73 08, www.bakkara-hotel.com.ua (engl.). 200 komfortable Zimmer in ansprechendem Design, zum Teil mit Blick auf den Dnipro – das Hotel liegt am Kai. Ein Restaurant bietet ukrainische und europäische Speisen; Autoverleih, Transfer- und Ticketservice. DZ/ÜF ca. 63–106 €.

Essen & Trinken

Die Adresse für Gourmets ▶ Lipskij osobnjak 1 (Липскiй особнякъ): vul. Lyps'ka/вул. Липська 15, Tel. 044 254 00 90, 502 22 22, www.karta.ua (engl.), tgl. 11–1 Uhr. Einer der 100 besten Gastronomiebetriebe des Landes, die Küche basiert auf alten Rezepten des 18./19. Jh. Dazu gibt es eine ausgezeichnete Weinkarte. Das Interieur prunkt mit der Festlichkeit der viktorianischen Epoche und der Üppigkeit des ukrainischen Barock. Hauptgerichte ca. 60–480 UAH.

Feine Fusion-Küche ▶ Concord 2 (Конкорд): vul. Puškins'ka/вул. Пушкінська 42/4, 8. Stock, Tel. 044 234 77 88, 235 95 55, www.carteblanche.ua (engl.), tgl. 12–2 Uhr. Die Anleihen aus der französischen, italienischen und orientalischen Küche überzeugen. Zu diesem Mix passt das eklektizistische Interieur. Ein Sommelier hilft bei der Weinauswahl. Von der Sommerterrasse bietet sich ein toller Blick. Hauptgerichte 80–420 UAH.

Am Fluss ▶ Veranda 3 (Веранда): vul. Naberežne šose/Набережне шосе, Dniprosche Anlegestelle, Treppe 6–7, Tel. 044 428 72 99, www.veranda-na-dnepre.com (engl.), tgl. 12–24 Uhr. Sommerlich hell und ländlich-gemütlich ist es in der hölzernen Villa am Dnipro. Im Mix aus acht Küchen – darunter der ukrainischen, italienischen, japanischen, türkischen und kaukasischen – findet jeder das Richtige. Hauptgerichte 62–248 UAH.

Ukrainische Spezialitäten ▶ Pervak 4 (Первак): vul. Rohnidyns'ka/вул. Рогнідинська 2, Tel. 044 235 09 52, www. pervak.kiev.ua (engl.), tgl. 11–24 Uhr. In acht charmanten Räumen, die das Ambiente der vorrevolutionären Zeit am Chreščatyk, im mondänen Lypky oder in Bibliotheksräumen nachahmen, werden schmackhafte Gerichte und gute Weine gereicht. Business-Lunch 48 UAH, Hauptgerichte 40–205 UAH.

Italienische Küche ▶ Osteria Pantagruel 5 (Остерія Пантаґрюель): vul. Lysenka/вул. Лисенка 1, Tel. 044 278 81 42, 279 73 01, www.pantagruel.com.ua (engl.), tgl. 8–23 Uhr. Eines der besten und gemütlichsten italienischen Restaurants in Kiew. Für die authentische italienische Küche bürgt Chefkoch Costantino Passalacqua. Unbedingt die hausgemachte Pasta und die Weine aus Italien probieren – zur warmen Jahreszeit auf der Sommerterrasse nahe dem Goldenen Tor. Hauptgerichte 65–190 UAH.

Tipp: Preiswerte Hostels

Preiswerte Hostels in Kiew können über die folgenden Websites gebucht werden:
www.hostelworld.com,
www.hostels.com,
www.hostelsclub.com,
www.hihostels.com.ua
Zur Auswahl stehen private und Mehrbettzimmer sowie Küchennutzung. Frühstück ist normalerweise im Preis nicht inbegriffen.

Hyatt-Glaspalast – die internationalen Hotelketten sind längst in Kiew angekommen

Armenisch ▶ **Ani** 6 (Ані): vul. Velyka Vasyl'kivs'ka/вул. Велика Васильківська 72, Tel. 044 590 25 65, www.2k.ua (engl.), tgl. 11–24 Uhr. Die authentische Einrichtung erinnert an die Legende von der alten armenischen Hauptstadt Ani. Livemusik und Show-Küche, es finden sich aber auch behagliche Rückzugsecken. Es gibt armenische und kaukasische Spezialitäten, armenischen Cognac, armenische und georgische Weine. Mittagsmenü 85 UAH, Hauptgerichte 65–180 UAH.

Sushi & Co. ▶ **SushiYa** 7 (СушіЯ): vul. Moskovs'ka/вул. Московська 29 a, Tel. 044 225 55 55, www.sushi-ya.com.ua, Mo–Sa 11–23, So 12–23 Uhr. Japanisches Kettenrestaurant mit elegantem Interieur und Sushi-Menü. Eine zentral gelegene Filiale findet man in der vul. Horodec'koho/вул. Городецького 2. Gerichte für 12–95 UAH.

Gut und günstig ▶ **Puzata chata** 8 (Пузата хата): vul. Chreščatyk/vul. Zan'kovec'koji 15/4 a – вул. Хрещатик/вул. Заньковецької, Tel. 044 391 46 99, www.puzatahata.com.ua (engl.), tgl. 8–23 Uhr. Im farbenfroh dekorierten Keller in der zentralen Passage werden Highlights der ukrainischen Küche angeboten. Das Selbstbedienungsrestaurant ermöglicht eine unkomplizierte und preiswerte Bekanntschaft mit den nationalen Spezialitäten. Filialen: vul. Basejna/вул. Басейна 1/2a; vul. Sahajdačnoho/вул. Сагайдачного 24 in Podil. Gerichte ca. 6–20 UAH.

Einkaufen

Die größte Auswahl an **Souvenirs und Kunsthandwerk** findet man in den Läden, Werkstätten und Souvenirständen am Andreassteig (s. S. 115). Typische Mitbringsel werden auch an den bedeutenden Sehenswürdigkeiten wie dem Goldenen Tor, dem Höhlenkloster oder im Freilichtmuseum Pyrohiv verkauft.

Einkaufszentren ▶ **Hlobus** 1 (Глобус), unter dem Majdan Nezaležnosti/Unabhängigkeitsplatz, www.globus.com.ua, tgl. 10–22 Uhr, beliebter unterirdischer Einkaufskomplex.
Kvadrat 2 (Квадрат), unter der pl. Slavy/пл. Слави, nahe den Metrostationen Majdan

Gaumenfreuden in reicher Auswahl – auf dem Bessarabs'kyj-Markt

Nezaležnosti/Майдан Незалежності und Chreščatyk/Хрещатик, tgl. 10–21 Uhr. **Metrohrad** 3 (Метроград), unter der Bessarabs'ka pl./Бессарабська пл., Metrostation Plošča L'va Tolstoho/Площа Льва Толстого, www.metrograd.com, tgl. 10–21 Uhr; Geschenke, Kleidung, Souvenirs, Unterhaltung und vieles mehr. **Alta Centre** 4 (Альта Центр): Moskovs'kyj prosp./Московський просп. 11 a, www.alta-center.kiev.ua), tgl. 10–22 Uhr. Außer den Läden weltbekannter Hersteller mit Qualitätsware locken hier nette Cafés und Restaurants. **Mandaryn Plaza** 5 (Мандарин Плаза): vul. Basejna/вул. Басейна 6, www.mandarin.kiev.ua, tgl. 10–22 Uhr. Modernes, gehobenes Einkaufszentrum neben dem Bessarabienplatz mit Läden und Boutiquen.

Traditionskaufhaus ▶ **CUM** 6 (ЦУМ): vul. Chmel'nyc'koho/вул. Хмельницького 2, Mo–Fr 10–20, Sa 11–20, So 11–19 Uhr. Das Kaufhaus ist ein Stück Tradition, das bereits in der Sowjetzeit existierte. Wegen Modernisierung derzeit geschlossen.

Bessarabischer Markt ▶ **Bessarabs'kyj-Markt** 7 (Бессарабський ринок): Bessarabs'ka pl./Бессарабська пл. 2, www.bessarabka.net, tgl. 8–18 Uhr. Hier gibt es Blumen, Kräuter, einheimische Lebensmittel, exotische Früchte und frische Fische. Erlebnisreiches Einkaufen ist garantiert, es darf gehandelt werden.

Abends & Nachts

Oper, Philharmonie und Kyiv Modern Ballet bieten hochkarätige Aufführungen. Aktuelle Programminfos unter www.opera.com.ua, www.filarmonia.com.ua und www.kiev-operetta.kiev.ua, jeweils auch auf Engl.

Cocktails mit Livemusik ▶ **Art-pub Docker's ABC** 1: vul. Chreščatyk/вул. Хрещатик 15/4, Tel. 044 278 17 17, 440 15 25, www.docker.com.ua (engl.), tgl. 12–6 Uhr. Auf der Bühne des im Docker-Stil designten Pubs treten jeden Abend beliebte ukrainische Musikgruppen auf. Internationale Küche, beliebt sind die Grillgerichte und Cocktails.

Chillen ▶ **Buddha-Bar** 2 (Будда-бар): vul. Chreščatyk/вул. Хрещатик 14, Tel. 044 270 76 76, 270 76 77, www.buddhabar.com.ua (engl.), Mo–Do 12–2, Fr, Sa 12–4, So 16–2 Uhr. Das indisch inspirierte, glamouröse Design entspricht dem Konzept der Weltkette. Um die Buddhastatue breiten sich auf drei Ebenen Restaurant-, Bar- und Lounge-Zone aus. DJs sorgen für Stimmung.

Loungen und Feiern ▶ **Decadence House** 3: vul. Rustaveli/вул. Руставелі 16, Tel. 044 206 49 20, www.carteblanche.ua (engl.), tgl. 12–2 Uhr. Nobles Restaurant mit Sommerterrasse und Lounge, die gelegentlich zum Schauplatz von Partys und Discos wird. Highlight des Abendprogramms ist der Auftritt des leidenschaftlichen Ballet Decadence.

Partys mit Prominenz ▶ **Crystal Hall** 4: Dniprovs'kyj uzviz/Дніпровський узвіз 1, Tel. 044 288 50 69, 067442 92 67, www.crystalhall.com.ua (engl.), tgl. 23–6 Uhr. Einer der größten und bekanntesten Clubs mit modernem Interieur, Laser- und Video-Shows veranstaltet Partys und Konzerte, zu denen sich einheimische und ausländische Prominenz blicken lässt. Auftritte berühmter Sänger und Bands, großer Tanzbereich, Restaurant, Bar.

Nightlife à la Kiew ▶ **PaTiPa** 5 (ПаТіПа): Muzejnyj prov./Музейний пров. 10, Tel. 044 253 01 50, www.patipa.com (engl.), ab 22 Uhr. Populärer, mehrfach ausgezeichneter Nachtclub mit Discokugeln, Neonlicht und Fusion-Fast-Food. Es gibt mitreißende Themenpartys, Performances und Tanzinszenierungen.

Disco-Club ▶ **Ažur** 6 (Ажур): vul. Leontovyča/вул. Леонтовича 3, Tel. 044 234 74 94, www.avalon.ua (engl.), tgl. 20–6 Uhr. Der Disco-Club gehört zum Unterhaltungskomplex Avalon, der außerdem ein Restaurant, Bars und einen Poker-Club unter seinem Dach vereinigt. Im Disco-Club lebt der Geist von Elvis Presley, den Beatles, Rolling Stones und den Doors fort. Zur Musik der 1960–1980er-Jahre passt das farbenfrohe Interieur aus jener Zeit.

Tipp: Strandleben in Kiew

Die populärsten und schönsten Flussstrände, darunter auch FKK-Bereiche, befinden sich auf der Insel Truchaniv (Труханів) und im Kiewer **Hydropark** 8 (Гідропарк). Für ein breites Angebot an Freizeitvergnügen sorgen hier ein Bootsverleih, Strandvolleyball, Tennisplätze, Minigolf, Bungee-Jumping, Lunaparks, Restaurants und Discos. Im Hydropark liegt auch das Freilichtmuseum **Kiew en miniature** (Парк Київ в мініатюрі) mit Modellen der bedeutendsten Sehenswürdigkeiten (Brovars'kyj prosp./Броварський просп. 9 в, www.minikiev.kiev.ua, Metrostation Hidropark/Гідропарк, Mo–Fr 10–19, Sa, So, Fei 10–20 Uhr, 15/10 UAH).

Bike-Rock 'n' Roll-Club ▶ **Route 66** 7: vul. Žyljans'ka/вул. Жилянська 87/30, Tel. 044 239 38 65, www.route66.com.ua, ab 21 Uhr. Eine Bühne für Rock 'n' Roll, Rock, Blues, Jazz und Autorenmusik. Auf der Speisekarte steht ein Extra-Menü für (ukrainische) Biker. Inneneinrichtung mit viel Holz, Bartheke.

Aktiv

Stadtführungen und Ausflüge ▶ **Prime Excursion Bureau** 1 (Перше екскурсійне бюро): vul. Ščekavyc'ka/вул. Щекавицька 30/39, Büro 4, Tel. 044 207 12 44, 207 12 55, 099 550 00 00, www.primetour.ua (dt., engl.), Metro: Kontraktova pl., Mo–Fr 9–18, Sa 10–15 Uhr. Fremdsprachige Stadtführungen zu verschiedenen Themen sowie Ausflüge in die Umgebung und in der ganzen Ukraine, darunter in die Tschernobyler Sperrzone. Kuraufenthalte, Hotelbuchungen, Transfer, Übersetzungen. **Free Tours** 2: Majdan Nezaležnosti (Майдан Незалежності), Tel. 066 851 85 58, www.freetours.kiev.ua (engl.). Kostenlose englischsprachige Stadtführungen, tgl. 12 und 16 Uhr ab dem Globus-Denkmal auf dem Unabhängigkeitsplatz. **Mysterious Kyiv** 3 (Захоплюючий Київ): vul. Illins'ka/вул. Іллінська 12, Büro 313, Tel. 068 121 44 58, www.interesniy.kiev.ua, Metro: Kontraktova pl., Mo–Fr 10–18 Uhr. Themenführungen (auch fremdsprachig) durch die geheimen Winkel und Tunnel von Kiew per Rad, Segway und Straßenbahn, mit dem Heißluftballon oder zu Pferd. Ausflüge in die Tschernobyler Sperrzone.

Dem Kosakenleben auf der Spur ▶ **Mamajeva Sloboda** 4 (Мамаєва Слобода): vul. Doncja/вул. Донця 2, Tel. 044 361 98 48, 093 872 48 77, www.mamajeva-sloboda.ua, tgl. 10–24 Uhr, Metro: Šuljavs'ka (Шулявська), von dort Trolleybus 27, 27k oder Kleinbus 201, 232 bis zur Haltestelle Vulycja Mychajla Doncja (Вулиця Михайла Донця). Das Freilichtmuseum, das nach dem legendären Kosaken Mamaj benannt ist, bietet traditionelle Mahlzeiten, Kosakenturniere, volkstümliche Festveranstaltungen, Führungen durch das Gut eines Kosakenadligen, eine Schmiede, Töpferei, Holzkirche etc. 40/10 UAH.

Aktivtourismus ▶ **Terra Incognita** 5**:** vul. Myšuhy/вул. Мишуги 11 б, 1. Stock, Tel. 044 361 68 01, 067 506 80 39, www.terra incognita.info (engl.). Im Angebot sind Stadttouren sowie Öko- und Aktivtourismus, Bergwanderungen, Höhlenbesichtigungen, Rafting-, Fahrrad- und Skitouren. Auch Verleih von Ausrüstungen.

Schiffsfahrten ▶ **Ausflugsschiffe** 6**:** am Flusshafen an der Poštova pl./Поштова пл. 3, Tel. 044 416 12 68, Mai–Sept. Die Schiffe fahren bis zum Kloster in Vydubyči und auch zum Kiewer Meer (Stausee).

Yacht-/Motorbootverleih ▶ **Dnipro Trip** 7**:** vul. Naberežno-Chreščatyc'ka 35, Büro 43, Tel. 044 332 54 77, www.yacht.org.ua.

Termine

Serge Lifar de la danse: April. Internationaler Wettbewerb klassischer und moderner Ballettkunst zu Ehren des berühmten ukrainischen Tänzers und Choreographen.

Internationaler Vladimir-Horowitz-Wettbewerb der jungen Pianisten (Міжнародний конкурс молодих піаністів пам'яті В. Горовиця): April/Mai. Renommierter Musikwettbewerb (www.horowitzv.org, engl.).

Čajka Open Air (Чайка): Juni. Wochenendfestival der Musik am Flugplatz ›Čajka‹ (Аеродром Чайка, www.chaykafest.com).

Krajina Mrij (Країна Мрій): Juli. Zweitägiges Ethno- und Musikfestival ›Land der Träume‹ (www.krainamriy.com, engl.).

Gogolfest (ГОГОЛЬFEST): Sept. Mehrtägiges Fest mit Programm auf verschiedenen Stadtbühnen (www.gogolfest.org.ua, engl.).

Art-Kyiv Contemporary: Nov. Eines der bedeutendsten Feste für zeitgenössische Kunst im Kunstarsenal (www.art-kyiv.com, engl.).

Verkehr

Internationaler Flughafen Boryspil' (Міжнародний аеропорт Бориспіль), 30 km südöstlich, Tel. 045 956 80 99, 044 490 49 55, www.airport-borispol.kiev.ua (engl.). Flüge u. a. von/nach Berlin, Lübeck, Hamburg, Düsseldorf, Köln, Dortmund, Frankfurt, München, Wien, Zürich sowie Inlandsflüge.

Flughafen Žuljany (Міжнародний аеропорт Жуляни), Povitroflots'kyj prosp./Повітрофлотський просп. 71, im Süden von Kiew, Tel. 044 242 23 08, 242 23 09, www.air port.kiev.ua (engl.)., Inlandsflüge.

Vom Flughafen Boryspil' in die Stadt: Zwischen dem Flughafen und dem Südbahnhof verkehrt der Trolleybus 9. Mit dem Zug fährt man bis zur Station Kyjiv-Volyns'kyj (Київ-Волинський), mit der U-Bahn bis zur Station Šuljavs'ka (Шулявська).

Hauptbahnhof: Vokzal'na pl./Вокзальна пл. 1, Tel. 044 503 70 05, 503 60 50. Züge in die gesamte Ukraine; auch Nahverkehrszüge starten hier.

Zentraler Busbahnhof: prosp. Nauky/просп. Науки 2/1, Tel. 044 527 99 86, 525 57 74. Verbindungen zu allen größeren Städten bzw. Gebietszentren der Ukraine sowie internationale Busverbindungen.

Busstation Podil (Поділ): vul. Nyžnij Val/вул. Нижній Вал 15 а, Tel. 044 417 32 15. Busse Richtung Bila Cerkva und Kaniv.

Busstation Pivdenna (Південна): vul. Hluškova/вул. Глушкова 3,Tel. 044 257 40 04, 257 12 51. Verbindungen nach Vasyl'kiv.

Busstation Polissja (Полісся): pl. Ševčenka/пл. Шевченка 2, Tel. 044 430 35 54, 430 43 48. Verbindungen nach Černihiv.

Busstation Darnycja (Дарниця): prosp. Haharina/просп. Гагаріна 1, Tel. 044 559 64

95, 559 46 18. Verbindungen nach Perejaslav-Chmel'nyc'kyj, Černihiv, Čerkasy.

Busstation Dačna (Дачна): prosp. Peremohy/просп. Перемоги 142, Tel. 044 424 15 03, www.avtovokzal.com.ua. Busse Richtung Žytomyr.

Mietwagen: Avis, am Internationalen Flughafen Boryspil' (s. S. 136), Tel. 044 591 69 55, 067549 66 67, Mo–Fr 7–21, Sa, So 8–17 Uhr; vul. Jams'ka/вул. Ямська 72, Tel. 044 502 20 10; im Hotel Radisson SAS, vul. Jaroslaviv Val/вул. Ярославів Вал 22, Tel. 044 502 20 10, Mo–Fr 8–17 Uhr, www.avis.com.ua (engl.). Hertz, am Internationalen Flughafen Boryspil' (s. o.), Terminal B (Термінал Б), Tel. 045 281 76 16; vul. Zdolbunivs'ka/вул. Здолбунівська 7, Tel. 044 492 32 70, www.hertz.ua (engl.), Mo–Fr 9–18 Uhr oder nach Vereinbarung.

Fortbewegung in der Stadt

Metro: Die Метро, www.metro.kiev.ua (ukr.), unterhält drei Linien und verbindet u. a. die beiden Flussufer. Die Bahnen verkehren in kurzen Abständen zwischen ca. 5.30 und 24 Uhr. Für eine Fahrt kauft man in den Eingangskassenhallen der Metro – am Schalter oder im Automaten – einen blauen Chip (2 UAH). Er berechtigt zu einer beliebig langen Fahrt mit beliebig vielen Umstiegen, bis man den Metro-Bereich verlässt.

(Trolley-)Busse, Straßenbahnen, Maršrutky: Betriebszeiten sind von ca. 5 bis ca. 24/1 Uhr. Das Ticket (1,50 UAH, an Kiosken oder beim Fahrer erhältlich, es muss entwertet werden!) gilt für eine beliebig lange Trolleybus- (Тролейбус), Bus- (Автобус) oder Straßenbahnfahrt (Трамвай); wer umsteigt, braucht eine neue Fahrkarte. Außer den städtischen (Trolley-)Bussen und Straßenbahnen gibt es privat betriebene Minibusse, die Maršrutky (Einzahl: Maršrutka/Маршрутка). Sie verkehren regelmäßig, verfolgen jedoch keine strikten Fahrpläne; bezahlt wird in den Maršrutky beim Zustieg direkt beim Fahrer (2,50–3 UAH).

Taxis: Etalon (Еталон), Tel. 044 501 55 01, 067463 54 54, 050 340 54 54, www.etalontaxi.com.ua (engl.). Breeze Chauffeur Drive Service, Tel. 050 50 440 01 44, www.cds.in.ua (engl.).

Lebhaft – Verkehr am Flussufer von Podil

Im Norden und Osten von Kiew

Landschaftlich wird die Gegend nordöstlich von Kiew durch die malerische Ebene des Flusses Desna und durch mehrere Erholungsgebiete, in denen man auch Wassersport betreiben kann, geprägt. Sehenswert sind Černihiv, die ehemalige Hauptstadt eines der mächtigsten Fürstentümer der Kiewer Rus, die Altstadt von Novhorod-Sivers'kyj sowie die einstigen Hetmanenhauptstädte Baturyn und Hluchiv.

Kozelec' ► 1, K 3

Auf dem Weg von Kiew nach Černihiv liegt das Kreiszentrum **Kozelec'** (Козелець, 9000 Einw.). Die erste urkundliche Erwähnung stammt aus dem 15. Jh. Früher hatte der beschauliche Ort sicherlich mehr Bedeutung als heute: Seit 1649 war er Standort und seit 1708 sogar Zentrum des Kiewer Kosakenregiments. An die einstige Blütezeit der Stadt erinnern wichtige Denkmäler.

Mariä-Geburt-Kathedrale

Zweifellos das kostbarste Architekturerbe in Kozelec' ist die **Mariä-Geburt-Kathedrale** (Собор Різдва Богородиці) in der vul. Danevyča/вул. Даневича 1. Die im Grundriss kreuzförmige, neunteilige Kirche mit fünf Kuppeln wurde in den Jahren 1752–1766 von Ivan Hryhorovyč-Bars'kyj, dem bedeutendsten Architekten des ukrainischen Barock, und Andrij Kvasov errichtet. Auftraggeberin war Natalija Rozumycha; das Gotteshaus war ein Zeichen ihrer Dankbarkeit für die Karriere ihrer Söhne – immerhin heiratete Oleksij Rozumovs'kyj Zarin Elisabeth, Kyrylo Rozumovs'kyj wurde zum Kosakenhetman.

Das reiche Außendekor entspricht dem Geschmack der Epoche des (Kosaken-)Barock, weist aber auch klassizistische Elemente auf. Glanzstück der Innenausstattung ist die rund 27 m hohe, vergoldete Ikonostase aus dem 18. Jh., die wohl höchste im ganzen Land. Die Ikonen schuf Hryhorij Stecenko, die Holzschnitzereien Sysoj Šalmatov. Nicht weit entfernt ragt der nicht minder beeindruckende Glockenturm (1766–1770) 50 m in die Höhe.

Die 1934 geschlossene Kathedrale diente im Zweiten Weltkrieg als Pferdestall und Gefangenenlager, danach als Gemüselager. Ihre mühevolle Rekonstruktion begann in den 1960er-Jahren und dauerte gut 30 Jahre.

Weitere Sehenswürdigkeiten

Ein bemerkenswertes Beispiel der barocken Zivilarchitektur ist die ehemalige kosakische **Regimentskanzlei** (Полкова канцелярія, vul. Svjato-Preobražens'ka/вул. СвятоПреображенська 3) mit Risalit und Arkadenterrasse. Das ebenfalls von Ivan Hryhorovyč-Bars'kyj und Andrij Kvasov 1740–1760 gestaltete Gebäude diente dem Magistrat und beherbergt heute die Kinderbücherei.

Die **Mariä-Himmelfahrt-Kirche** (Вознесенська церква) von 1866–1874 in der vul. Komsomol's'ka/вул. Комсомольська 28 vereinigt Elemente ukrainischer und altostslawischer Architektur. Derzeit ist hier das **Museum zur Geschichte der Weberei** untergebracht (Музей історії ткацтва, Mi–Fr 10–16, Sa, So 10–15 Uhr, 2/1 UAH).

Auch das – allerdings vernachlässigte – **Gut Pokorščyna** (Покорщина) ist interessant, besonders das hölzerne Hauptgebäude mit der Portikuskolonnade (18./19. Jh.). Der Name des Gutes, der vom ukrainischen Wort für ›erobern‹ oder ›sich verbeugen‹ abgeleitet ist, soll daran erinnern, dass sich hier einst die mit Oleksij Rozumovs'kyj verheiratete Zarin Elisabeth vor ihrer Schwiegermutter, einer einfachen Kosakin, verbeugt habe. Eine andere Version verbindet den Namen mit der ›Eroberung‹ des Herzens der Zarin durch Oleksij. Das Gut mit dem Steinhaus und dem Flügelbau war im Besitz der Kosakenfamilien Galagan und Darahan (vul. Rozumovs'kych/ вул. Розумовських 41).

Übernachten

Schlicht ▶ Berizka (Берізка): vul. Komsomol's'ka/вул. Комсомольська 40, Tel. 04646 417 03, 050 590 90 22. Mini-Unterkunft mit Gemeinschaftsbad für das ganze Stockwerk. DZ 150–270 UAH.

Essen & Trinken

Weidmannsheil ▶ Myslyvec' (Мисливець): km 79 an der Autobahn M-01 Kiew–Černihiv, Tel. 04646 424 54, tgl. 24 Std. Die Filiale des Autobahnraststättenbetreibers ist im folkloristischen Jägerstil eingerichtet. Aufgetischt werden Gerichte der ukrainischen und europäischen Küche sowie traditionelle Grillspeisen. Hauptgerichte ca. 23–98 UAH.

Aktiv

Stadtführungen und Ausflüge ▶ Führungen durch Kozelec' und Ausflüge in die Umgebung organisiert das **Museum zur Geschichte der Weberei** (s. S. 138).

Verkehr

Busse: Von der Busstation Verbindungen nach Černihiv und Kiew.

2 Černihiv ▶ 1, L 2

Cityplan: S. 140

Bis heute sonnt sich **Černihiv** (Чернігів, 300 000 Einw.), eine der ältesten ukrainischen Städte, im Mittelalter Hauptstadt eines reichen und angesehenen Fürstentums, im Glanz der Vergangenheit. Das heutige Verwaltungszentrum des Gebiets ist eines der attraktivsten Touristenziele der Ukraine.

Schon im 7./8. Jh. hatten sich hier ostslawische Stämme der Gegend zu einer Gemeinde verbunden und erste Befestigungsanlagen errichtete. Černihiv soll vom Fürsten Čornyj gegründet und nach ihm benannt worden sein. Die erste urkundliche Erwähnung der seit Ende des 9. Jh. zum Kiewer Reich gehörenden Stadt stammt aus dem Jahr 907. 1024 stieg sie zur Hauptstadt des Černihiver Fürstentums auf. Nach der mongolischen Invasion, die die Kiewer Rus im 13. Jh. erschütterte, ging Černihiv zunächst an Litauen (14. Jh.) und später, zu Beginn des 16. Jh., ans Moskauer Reich. 1618 geriet die Stadt unter polnische Herrschaft und erwarb einige Jahre später das Magdeburger Recht. Das Jahr 1648 markierte auch in Černihiv den Beginn des ukrainischen Befreiungskrieges und die Bildung eines Kosakenregiments. Nach der erneuten Angliederung an Russland bewirkten die kosakischen Obrigkeiten einen Aufschwung der Stadt: Sie förderten Kultur- und Bildungseinrichtungen und stifteten mehrere Gotteshäuser. Auch die Wirtschaft entwickelte sich positiv. Heute ist die am Fluss Desna gelegene Stadt ein bedeutendes kulturelles Zentrum der Ukraine.

Kernburgpark und Christi-Verklärungs-Kathedrale 1

Das Herz des alten Černihiv bildete vom 8. Jh. bis zum 18. Jh. die Kernburg (Дитинець), der zentrale, befestigte Ortsteil, der als politisches und religiöses Zentrum der Stadt und des Fürstentums fungierte. Die mächtige Befestigungsanlage mit Graben, Wall und Palisade, innerhalb derer sich Fürsten- und Bischofsresidenz, Kirchen, Kathedralen und die Häuser der Bojaren befanden, wurde von den Mongolen zerstört und im 16. Jh. wieder errichtet. Da die Befestigung ihre strategische Bedeutung einbüßte, wurde sie 1799 abgetragen, das Gelände in einen Boulevard und einen Park umgewandelt. Später entstand hier das Architektonisch-historische Reservat Altes Černihiv (Архітектурно-історичний заповідник Чернігів Стародавній), zu dessen Bestand die Denkmäler der altkiewer und der Kosakenepoche zählen. Zwölf **Ka-**

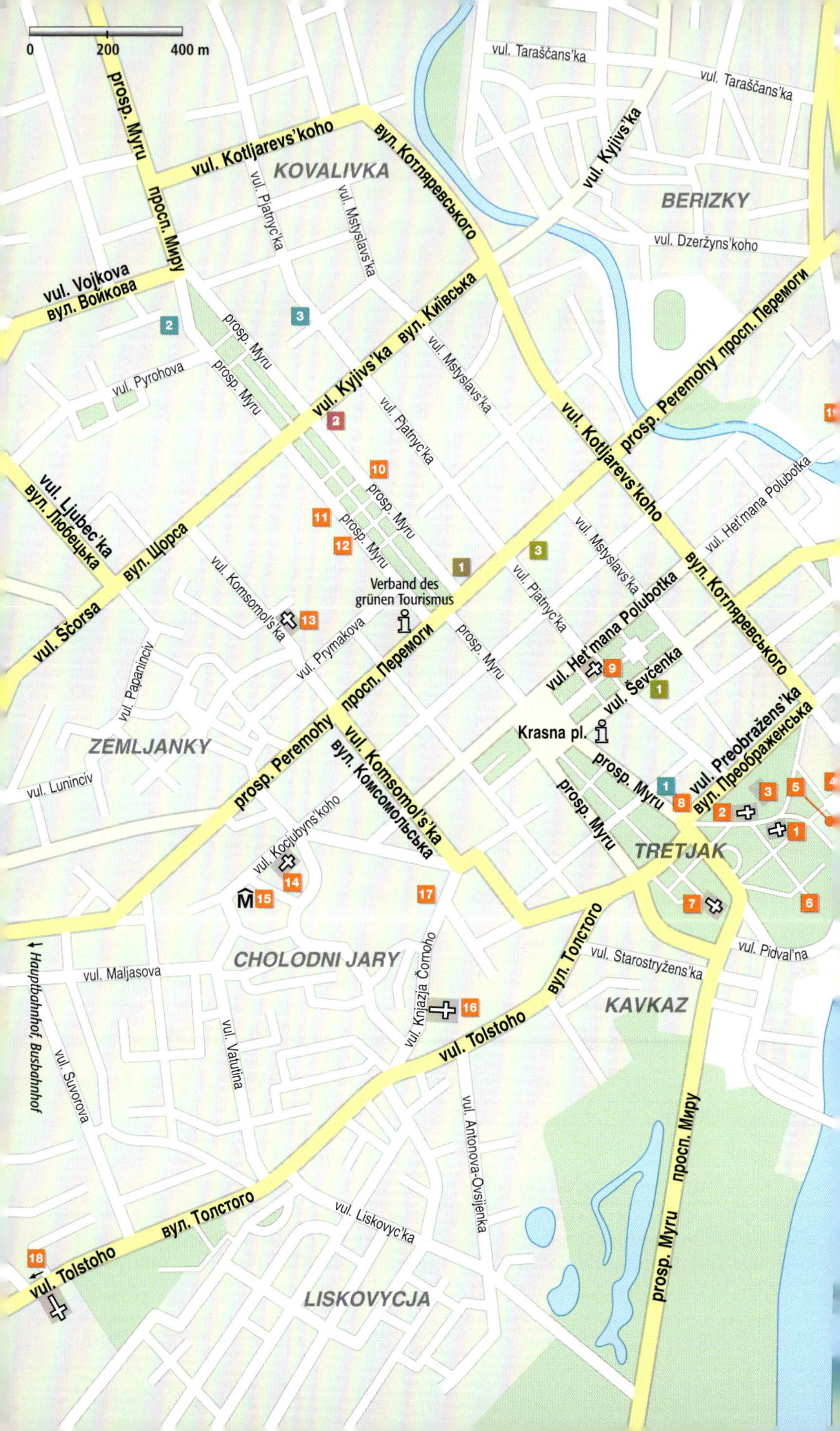

0
200
400 m
KOVALIVKA
BERIZKY
ZEMLJANKY
TRETJAK
CHOLODNI JARY
KAVKAZ
LISKOVYCJA
prosp. Myru
просп. Миру
vul. Kotljarevs'koho
вул. Котляревського
vul. Taraščans'ka
vul. Kyjivs'ka
вул. Київська
vul. Dzeržyns'koho
vul. Vojkova
вул. Войкова
vul. Pjatnyc'ka
vul. Mstyslavs'ka
prosp. Peremohy
просп. Перемоги
vul. Pyrohova
vul. Ljubec'ka
вул. Любецька
vul. Ščorsa
вул. Щорса
vul. Het'mana Polubotka
vul. Komsomol's'ka
вул. Комсомольська
vul. Prymakova
vul. Papaninciv
vul. Šerčenka
Verband des grünen Tourismus
Krasna pl.
vul. Preobražens'ka
вул. Преображенська
vul. Luninciv
vul. Kocjubyns'koho
vul. Tolstoho
вул. Толстого
vul. Starostryžens'ka
vul. Pidval'na
vul. Maljasova
vul. Knjazja Čornoho
vul. Vatutina
vul. Suvorova
vul. Antonova-Ovsijenka
vul. Liskovyc'ka
Hauptbahnhof, Busbahnhof

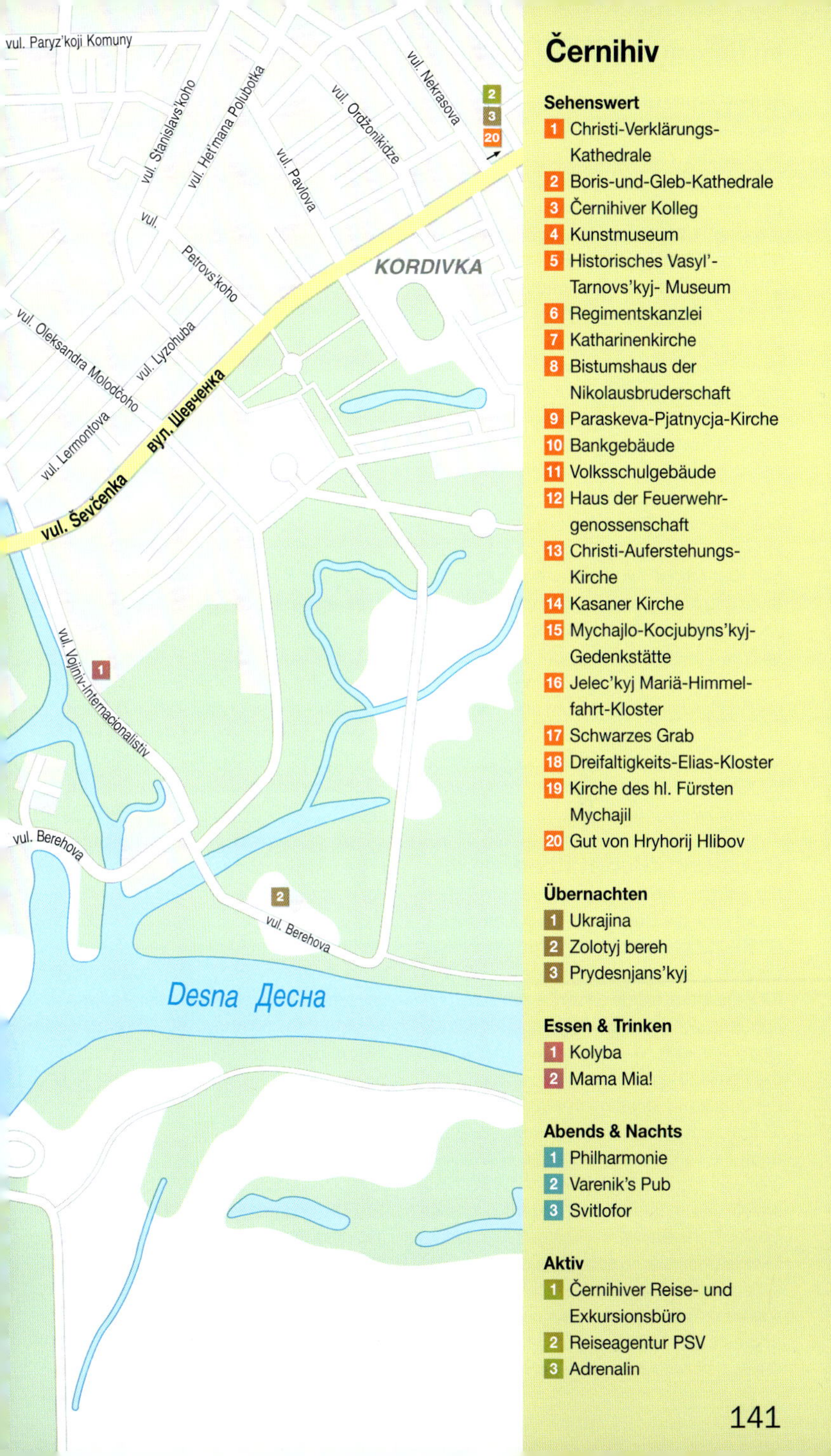
vul. Paryz'koji Komuny
vul. Stanislavs'koho
vul. Het'mana Polubotka
vul. Ordžonikidze
vul. Nekrasova
vul. Pavlova
vul. Petrovs'koho
KORDIVKA
vul. Oleksandra Molodčoho
vul. Lyzohuba
вул. Шевченка
vul. Lermontova
vul. Ševčenka
vul. Vojiniv-Internacionalistiv
vul. Berehova
vul. Berehova
Desna Десна
Černihiv
Sehenswert
1 Christi-Verklärungs-Kathedrale
2 Boris-und-Gleb-Kathedrale
3 Černihiver Kolleg
4 Kunstmuseum
5 Historisches Vasyl'-Tarnovs'kyj- Museum
6 Regimentskanzlei
7 Katharinenkirche
8 Bistumshaus der Nikolausbruderschaft
9 Paraskeva-Pjatnycja-Kirche
10 Bankgebäude
11 Volksschulgebäude
12 Haus der Feuerwehr-genossenschaft
13 Christi-Auferstehungs-Kirche
14 Kasaner Kirche
15 Mychajlo-Kocjubyns'kyj-Gedenkstätte
16 Jelec'kyj Mariä-Himmel-fahrt-Kloster
17 Schwarzes Grab
18 Dreifaltigkeits-Elias-Kloster
19 Kirche des hl. Fürsten Mychajil
20 Gut von Hryhorij Hlibov
Übernachten
1 Ukrajina
2 Zolotyj bereh
3 Prydesnjans'kyj
Essen & Trinken
1 Kolyba
2 Mama Mia!
Abends & Nachts
1 Philharmonie
2 Varenik's Pub
3 Svitlofor
Aktiv
1 Černihiver Reise- und Exkursionsbüro
2 Reiseagentur PSV
3 Adrenalin

nonen (Гармати, 16.–18. Jh.), die früher an der Zitadelle aufgestellt waren, erinnern an die einstige Bestimmung der Festung.

Das älteste und kostbarste Architekturdenkmal des Reservats ist die um 1033/34 erbaute **Christi-Verklärungs-Kathedrale** (Спасо-Преображенський собор). Das steinerne Gotteshaus wurde von Fürst Mstyslav Volodymyrovyč (dem Tapferen) gestiftet – der Herrscher von Černihiv wurde in der Kirche beigesetzt, ohne jedoch ihre Vollendung erlebt zu haben. In der Architektur der mit fünf Kuppeln bekrönten Basilika sind romanische Stilelemente und vor allem byzantinische Bautraditionen zu erkennen. Im Innern blieben Fragmente der alten Fresken und der bunten Fußbodenmosaiken (11. Jh.) erhalten. Das ursprüngliche Erscheinungsbild der Kathedrale hat etliche Veränderungen durchgemacht. Insbesondere die im 18./19. Jh. angebauten, klassizistisch anmutenden spitzen Türme und Tamboure verfremdeten ihre altostslawische Erscheinung, aber auch die Stuckverzierungen außen und eine barocke Ikonostase vom Ende des 18. Jh. im Innenraum fügen sich schön, jedoch stilfremd in die ursprüngliche Architektur des Gotteshauses ein (tgl. 10–18 Uhr).

Boris-und-Gleb-Kathedrale 2

Ein weiteres Gotteshaus aus der fürstlichen Epoche ist die **Boris-und-Gleb-Kathedrale** (1120–1123). Bevor die Orthodoxen die Kathedrale in der zweiten Hälfte des 17. Jh. zurückerlangten, wurde sie zu Beginn des Jahrhunderts von polnischen Katholiken in eine Dominikanerkirche umgewandelt. 1672 erhielt die Fassade einen Turm, der während der Restaurierung abgetragen wurde. Im 19. Jh. wurde die Kathedrale noch einmal erweitert, doch die schlimmsten Schäden entstanden während des Zweiten Weltkriegs. 1952–1958 erhielt das monumentale, byzantinisch-altostslawische Bauwerk durch den Architekten Mykola Cholostenko sein ursprüngliches Aussehen zurück. Heute zieren es eine Kuppel sowie mit Tierornamenten verzierte mächtige Arkaden. Der kostbarste Schatz der Kathedrale, das filigrane, gold-silberne Zarentor aus dem 18. Jh., wurde – samt der verloren gegangenen barocken Ikonostase – vom Kosakenhetman Ivan Mazepa gestiftet (tgl. 10–18 Uhr, 6/2 UAH).

Černihiver Kolleg 3

Die Entstehung des **Černihiver Kollegs** (Чернігівський колегіум) in der vul. Preobražens'ka/вул. Преображенська 1 reicht in die Blütezeit des Hetmanats um die Wende vom 17. zum 18. Jh. zurück. Es wurde von dem Pädagogen, Geistlichen und Schriftsteller Ioan Maksymovyč (1651–1715) gegründet, von Ivan Mazepa finanziert und war eine der ältesten und wichtigsten höheren Bildungseinrichtungen der Linksufrigen Ukraine. Das nach westeuropäischen Unterrichtsprinzipien organisierte Kolleg folgte den Traditionen der Kiewer Petro-Mohyla-Akademie. 1786 wurde es in ein geistliches Seminar umgewandelt, als das es bis 1917 fortbestand.

Das Gebäude ist eine bemerkenswerte Schöpfung ukrainischen Barocks. Der westliche Teil – die ehemaligen Mönchszellen des Klosters der hll. Boris und Gleb – stammt aus dem 16./17. Jh. und wurde 1700–1702 um den Glockenturm ergänzt. In dieser Zeit entstand auch der östliche Teil. Der zentrale Abschnitt mit dem einstigen Refektorium wurde in der zweiten Hälfte des 17. Jh. erbaut. Trotz zahlreicher Umbauten hat das Gebäude nichts an Eleganz eingebüßt. Im Innern sind die **Ikonensammlung** (Виставка українського іконопису, 6/2 UAH) sowie die **Ausstellung zur Geschichte des Kollegs und der Stadt Černihiv vor 100 Jahren** zu sehen (Виставка Чернігів та чернігівці 100 років тому, 2/1 UAH; beide tgl. 10–18 Uhr).

Kunstmuseum 4

Das ehemalige **Mädchengymnasium** (Жіноча гімназія) von 1899 beherbergt seit 1983 das **Kunstmuseum** (Художній музей) mit rund 8000 Objekten: einheimische und ausländische Malerei des 17.–19. Jh., Gemälde ukrainischer Künstler des 20. Jh., Ikonen, volkstümliche Artefakte, Werke der dekorativen und angewandten Kunst (Di–So 9–17 Uhr, 2/1 UAH).

Historisches Vasyl'-Tarnovs'kyj-Museum 5

Im klassizistischen ehemaligen **Gouverneurshaus** (Будинок губернатора) aus dem Jahr 1804 in der vul. Hor'koho/вул. Горького 4 befindet sich das **Historische Vasyl'-Tarnovs'kyj-Museum** (Історичний музей ім. В. В. Тарновського), das mit seinen rund 160 000 Objekten die alte und neue Geschichte des Gebiets Černihiv präsentiert. Besonders wertvoll sind die Ausstellungsstücke der altkiewer und der Hetmanat-Epoche (Fr–Mi 9–17, im Sommer Mo–Mi, Fr 9–17, Sa, So 10–18 Uhr, 5/3 UAH).

Regimentskanzlei 6

Südlich der Sakralbauten steht das Haus des Kosakenobersten Jakiv Lyzohub (Будинок Лизогуба), ein Beispiel für die Wohnarchitektur der 1690er-Jahre. Im 18. Jh. beherbergte es die **Kanzlei des Černihiver Kosakenregiments** (Полкова канцелярія) und bis zum Anfang des 20. Jh. das historische Archiv. Heute werden dort Bestände des Historischen Museums aufbewahrt. Einzigartig ist das reiche Reliefdekor des Hauses.

Katharinenkirche 7

Die **Katharinenkirche** (Катерининська церква) in der Heldenallee (алея Героїв) entstand 1715 anstelle einer altkiewer Vorgängerin zum Gedenken an die Heldenhaftigkeit der Kosaken. Sie ist ein hervorragendes Beispiel der Sakralarchitektur des ukrainischen Barock. Ihre imposante Erscheinung verdankt sie der pyramidalen, für ukrainische Holzkirchen charakteristischen Konstruktion und der Fassadengestaltung. Nach Fertigstellung des Baus wurden keine wesentlichen Umgestaltungen mehr vorgenommen. Die infolge des Zweiten Weltkrieges entstandenen Schäden behob man während zweier Restaurierungsphasen.

Bistumshaus der Nikolausbruderschaft 8

Bevor man sich zur Kirche der hl. Paraskeva begibt, sollte man einen Blick auf das ehemalige **Bistumshaus der Nikolausbruderschaft** am prosp. Myru/просп. Миру 15 werfen. Der 1911/12 im altostslawischen Stil errichtete Bau wurde in die frühere Aleksandr-Nevskij-Kapelle (1870) integriert. Heute spielen in seinen Mauern die Černihiver Philharmoniker.

Paraskeva-Pjatnycja-Kirche 9

Die schmucke, ornamentierte **Paraskeva-Pjatnycja-Kirche** (П'ятницька церква) vom 12./13. Jh. in der **Bohdan-Chmel'nyc'kyj-Grünanlage** (Сквер ім. Б. Хмельницького) ist ein exemplarisches Bauwerk der letzten, vormongolischen Etappe der altkiewer Zeit. Ursprünglich wurde sie am Marktplatz errichtet und der Patronin der Kaufleute und des Handels geweiht. Zu Gesicht bekommt man allerdings kein Original, sondern die von Pëtr Baranovskij in den 1960er-Jahren durchgeführte Rekonstruktion des einige Male umgestalteten und im Zweiten Weltkrieg zerstörten Gotteshauses. Besonders interessant ist der durch mehrere Arkaden geschaffene Übergang vom quadratischen Grundriss zum runden Kuppeltambour.

Prospekt Myru und Umgebung

Neben den Sakralbauten finden sich in Černihiv einige sehenswerte Denkmäler der Zivilarchitektur wie das ehemalige **Bankgebäude** 10 (Будинок Поземельного банку, Nr. 41) aus den Jahren 1910–1913, das einstige **Volksschulgebäude** 11 (Будинок Народної школи, Nr. 38) vom Anfang des 20. Jh. und das **Haus der Feuerwehrgenossenschaft** 12 (Будинок Пожежного товариства, Nr. 34) von 1893.

In der vul. Komsomol's'ka/вул. Комсомольська 46 erhebt sich die barocke **Christi-Auferstehungs-Kirche** 13 mit dem Glockenturm (Воскресенська церква і дзвіниця) aus den Jahren 1772–1775.

Stadtteil Cholodni Jary

In der Nachbarschaft der **Kasaner Kirche** 14 (Казанська церква, vul. Kocjubyns'koho/вул. Коцюбинського 5) von 1820–1827, die an den russischen Sieg im Krieg gegen Napoleon erinnert, befindet sich die **Mychajlo-**

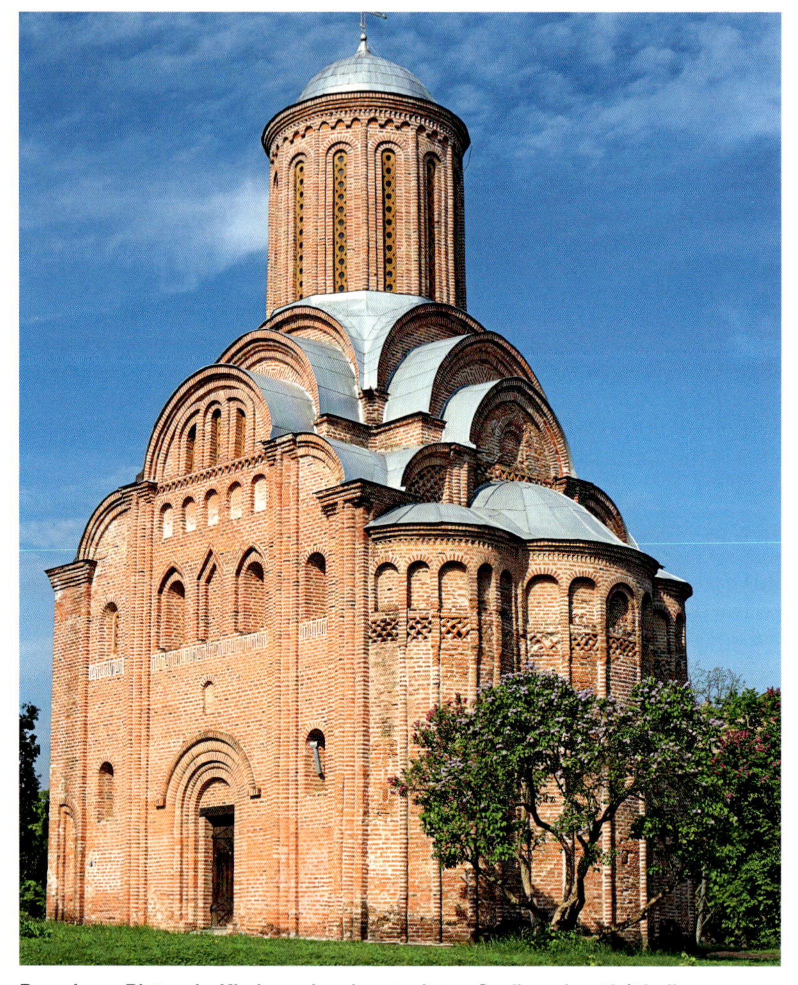

Paraskeva-Pjatnycja-Kirche – ein rekonstruierter Saalbau des 12./13. Jh.

Kocjubyns'kyj-Gedenkstätte 15 (Музей-заповідник М. Коцюбинського). Sie ist einem der bedeutendsten Vertreter der modernen ukrainischen Literatur gewidmet. Mychajlo Kocjubyns'kyj (1864–1913) kaufte das Haus 1898 und verbrachte hier 15 äußerst produktive Jahre, er verfasste u. a. »Intermezzo«, »Fata Morgana« und »Schatten vergessener Ahnen«. Das Museum besitzt Handschriften, Erstdrucke, Briefe, Lichtbilder und persönliche Gegenstände des Schriftstellers und liegt in einem schönen, stillen Garten, der von ihm selbst gepflegt wurde (www.kotsubinsky.at.ua, dt., Mo–Fr 9–17.30, Sa, So 10–17.30 Uhr, 5/3 UAH).

Laut Überlieferung wurde das **Jelec'kyj Mariä-Himmelfahrt-Kloster** 16 (Єлецький Успенський монастир, vul. Knjazja Čornoho/вул. Князя Чорного) noch im 11. Jh. von Svjatoslav Jaroslavovyč gegründet, nachdem ihm das Bild der Gottesmutter erschienen war. An der Stelle der wunderbaren Erscheinung entstand die erhabene **Mariä-Himmelfahrt-Kathedrale** (Успенський собор), die heute noch die Klosteranlage dominiert. An dem Sakraldenkmal aus dem 12. Jh. sind spätere Umgestaltungen nicht zu verkennen: Die zentrale Kuppel wurde im 17. Jh. um Nebenkuppeln ergänzt und im Stil des ukrainischen Barock ausgeformt. Im Innenraum entdeckt man Wandmalereien sowohl aus dem 12. als auch aus dem 17. Jh. An die Südseite des Gotteshauses wurde 1689 die **Gruftkirche** des Kosakenobersten Jakiv Lyzohub (Церква-усипальня Якова Лизогуба) angebaut. Dem hölzernen Glockenturm folgte 1670–1675 der 36 m hohe steinerne Nachfolger. Das Klosterensemble wird ergänzt von den Mönchszellen (15.–17. Jh.), der **Peter-Paul-Kirche** mit Refektorium (Церква Святих Петра і Павла з трапезною) sowie dem **Haus des Archimandriten Feodosij Uhlyc'kyj** (Будинок архимандрита Феодосія Углицького) von 1688, einem der ältesten erhaltenen hölzernen Wohnbauten in der Linksufrigen Ukraine. Im Kloster wirkten bedeutende Personen des religiösen und politischen Lebens der Ukraine. 1921 wurde es geschlossen und in den 1990er-Jahren als Nonnenkloster wieder eröffnet.

In der Nähe befindet sich das **Schwarze Grab** 17 (Курган Чорна могила, 10. Jh.). Der Grabhügel ist die Ruhestätte von Fürst Čornyj, des Begründers von Černihiv. Der Name des Fürsten wird vom altostslawischen Wort für ›schwarz‹ abgeleitet.

Eliaskloster 18

Die Gründung des **Eliasklosters** (Іллінський монастир) südwestlich der Altstadt in der vul. Tolstoho/вул. Толстого 92 geht auf Antonij von Pečers'k, den Begründer des Kiewer Höhlenklosters (s. S. 125), zurück. Nach den politischen Tumulten in Kiew kam er nach Černihiv und richtete sich die **Höhlen** (Антонієві печери, 1069) ein, die jetzt seinen Namen tragen. Im Laufe der Jahrhunderte wurde die Anlage erweitert und umgestaltet, sodass sie nun hauptsächlich barock geprägt ist. Zu besichtigen sind drei unterirdische Kirchen, die Zelle von Antonij und die Galerien. Im 12. Jh. wurde über den Höhlen die hübsche **Eliaskirche** (Іллінська церква) errichtet. Das pfeilerlose, einschiffige Gotteshaus wurde im 17. Jh. barockisiert. Eine spätere, hervorragende Schöpfung im Stil des ukrainischen Barock, das mit dem ehemaligen Eliaskloster zu einem Sakralensemble vereint wurde, ist das **Dreifaltigkeitskloster** (Троїцький монастир). Es entstand als Gegengewicht zum polnischen Katholizismus und entwickelte sich zu einem der Zentren der ukrainischen Orthodoxie. Die Errichtung der erhabenen und doch zierlichen **Dreifaltigkeitskathedrale** (Троїцький собор, 1679–95), der Hauptkirche der Anlage, initiierte Lazar Baranovyč. Wesentlich zurückhaltender dagegen wirkt die benachbarte **Mariä-Einführungs-Refektoriumskirche** (Введенська трапезна церква) von 1677. Das Ensemble wird überragt von dem reich dekorierten, 58 m hohen Glockenturm (1771–1775). Des Weiteren entdeckt man das **Haus des Archimandriten** (Будинок архимандрита, 1750), die **Mönchszellen** (Келії) sowie die Mauer und Tore aus dem 17./18. Jh.

Kirche des hl. Fürsten Mychajil und des Bojaren Fedir 19

Die einst klassizistische **Kirche des hl. Fürsten Mychajil und des Bojaren Fedir** (Церква Святого Князя Михаїла та боярина Федора, vul. Het'mana Polubotka/вул. Гетьмана Полуботка 40) von 1805 erhielt ihr pseudobyzantinisches Aussehen in der zweiten Hälfte des 19. Jh. Ihr Inneres schmückt die 2008 eingeweihte Holzikonostase.

Gut von Hryhorij Hlibov 20

In der vul. Ševčenka/вул. Шевченка 97 befindet sich das **Gut von Hryhorij Hlibov** (Садиба Глібова, Ende 19. Jh.) an. Interessant ist das asymmetrische Hauptgebäude mit seinen neogotischen Formen.

Infos

Touristinfo (Турінфоцентр): vul. Ševčenka/вул. Шевченка 9, Tel. 0462 69 83 09 77 70

21, www.chernihivtourist.com.ua (dt.), Mo–Sa 10–17 Uhr, So telefonische Auskunft. Informationen zu Sehenswürdigkeiten und Unterkünften (Buchung), Stadtführungen, Ausflüge, Autoverleih, Stadtpläne.

Verband des grünen Tourismus Siverjans'ki oberehy (Асоціація зеленого туризму Сіверянські обереги): prosp. Peremohy/просп. Перемоги 85/39, Tel. 0462 93 42 40, 094 988 52 40, 050 237 81 28, www.siverobereg.at.ua (dt.), Mo–Fr 9–18, Sa 9–14 Uhr. Infos zu öko-touristischen Angeboten: Privatquartiere, Wanderungen, Angeln, Reiten, Bootsfahrten, Ethno-Touren, Volksfeste etc.

Übernachten

Komfort im Zentrum ▶ **Ukrajina** 1 (Україна): prosp. Myru/просп. Миру 33, Tel. 0462 69 83 44, 67 41 77, www.hotel-ukraina.com.ua (engl.). Das vor Kurzem renovierte Gebäude stammt aus den 1960er-Jahren. DZ/ÜF 490–580 UAH.

Familienfreundlich ▶ **Zolotyj bereh** 2 (Золотий берег): vul. Berehova/вул. Берегова 30, Tel. 046 261 30 04, 068 235 35 05, www.zolotoybereg08.com.ua (engl.). Der Hotelkomplex auf einem grünen Gelände an der Desna bietet kleinere und größere Ferienhäuser aus Holz, eine Diskothek, einen Fahrradverleih, Möglichkeiten zum Angeln und Tennisspielen sowie einen Spielplatz. DZ/ÜF 350–500 UAH.

Sowjetflair ▶ **Prydesnjans'kyj** 3 (Придеснянський): vul. Ševčenka/вул. Шевченка 99 a, Tel. 0462 95 48 02, 95 49 58, www.chernigivhotel.com.ua (engl.). Das mehrstöckige Haus im Park wurde zu Sowjetzeiten für Parteifunktionäre gebaut und jüngst renoviert. Zimmer unterschiedlicher Preiskategorien, Café, hauseigenes Reisebüro, Dolmetscher- und Übersetzerservice. DZ/ÜF 300–540 UAH.

Essen & Trinken

Am Desna-Ufer ▶ **Zolotyj bereh** 2: im gleichnamigen Hotelkomplex (s. o.), tgl. 12–24 Uhr. Mehrere Säle mit viel Holz, große Sommerterrassen im Grünen, ukrainische und klassische europäische Küche, Kindermenü, Spielplatz. Mit Disco. Hauptgerichte ca. 28–58 UAH.

Im Grünen ▶ **Kolyba** 1 (Колиба): vul. Vojiniv-Internacionalistiv/вул. Воїнів-Інтернаціоналістів, Krasnyj Mist (Красний Міст), Tel. 0462 66 62 19, 068 340 56 76, http://koluba04.com.ua, tgl. 11–23 Uhr. Gemütliches, im huzulischen Stil eingerichtetes Restaurant am Fluss Stryžen' mit vorwiegend nationaler Küche, Sommerterrasse und Kinderspielplatz. Bootsverleih, Angelmöglichkeit, Verkauf von Souvenirs aus Holz und Keramik. Hauptgerichte ca. 16–38 UAH.

Stilvoll ▶ **Mama Mia!** 2 (Мама мія!): prosp. Myru/просп. Миру 47, Tel. 0462 67 57 76, tgl. 11–1 Uhr. Nettes, einladendes Lokal in zentraler Lage. Das leichte, kreative europäische Menü lässt sich am besten auf der Sommerterrasse genießen. Hauptgerichte ca. 16–35 UAH.

Einkaufen

Die besten Einkaufsmöglichkeiten bieten der **prosp. Myru** (просп. Миру) und das historische Stadtzentrum.

Abends & Nachts

Klassisch ▶ **Philharmonie** 1 (Філармонія): prosp. Myru/просп. Миру 15, Tel. 0462 27 35 10, 27 34 61/34.

Livemusik ▶ **Varenik's Pub** 2: prosp. Myru/просп. Миру 54, Tel. 0462 60 59 42, www.varenik.com.ua, tgl. 11–24 Uhr. Pop, Rock, Jazz, Rock 'n' Roll und Blues, Gangster-Abende, Di English Club, gute Bierauswahl und Fleischgerichte.

Disco-Glamour ▶ **Svitlofor** 3 (Світлофор): vul. Pjatnyc'ka/вул. П'ятницька, Tel. 0462 66 58 79, www.svetofor.in.ua, tgl. 23–5 Uhr. Beliebter Bowling- und Dancing-Club mit Diskothek, Showprogrammen und Themenpartys.

Aktiv

Stadtführungen & Ausflüge ▶ **Černihiver Reise- und Exkursionsbüro** 1 (Чернігівське бюро подорожей та екскурсій): vul. Ševčenka/вул. Шевченка 103, Tel. 0462 23 81 55, 95 21 85, Mo–Sa 8–17 Uhr. Organisierte Stadtführungen bieten außerdem das **Historische Reservat Altes Černihiv** (vul. Preobražens'ka/вул. Преображенська 1, Tel. 0462 60 86 03, tgl. 10–18 Uhr, www.naiz1.pp.net.ua, engl.) und das **Historische Vasyl'-Tarnovs'kyj-Museum** (s. S. 143) an.

Floßtouren ▶ **Reiseagentur PSV** 2 (Тур-агенція ПСВ): vul. 50 rokiv SRSR/вул. 50 років СРСР 8/117, Tel. 0462 61 09 20, 050 541 10 49, 067 656 89 32, www.psv.allcn.biz (engl.). Auf der Desna im ganzen Gebiet Černihiv.

Outdoor-Ausrüstung ▶ **Adrenalin** 3 (Адреналін): prosp. Peremohy/просп. Перемоги 93, Tel. 0462 77 71 15, www.adrenalin.cn.ua, tgl. 10–19 Uhr. Verkauf und Verleih von Outdoor-Ausrüstung, z. B. Zelte, Schlaf- und Rucksäcke, Kanus.

Radverleih ▶ **Zolotyj bereh** 2: im gleichnamigen Hotelkomplex (s. S. 146).

Kanufahrten ▶ Individuelle und Gruppentouren auf der Desna (Mai–Sept.) organisiert **Jaroslav Ljubarec'**, Tel. 0462 61 07 53, 050 313 50 69, www.recreation.in.ua (engl.).

Termine

Polis'ke kolo (Поліське коло): Aug. Das Festival der nationalen Kulturen der historischen Region Polesien präsentiert die Vielfalt der volkskünstlerischen Traditionen. Konzerte und Ausstellungen finden in Černihiv und in den anderen Orten der Region statt.

Mstyslav-fest (Мстислав-фест): Sept. Männer in Harnischen und Frauen in schönen Gewändern feiern im Städtischen Park ein Fest der mittelalterlichen Kultur, das mit einem Rockkonzert ausklingt.

Verkehr

Züge: Bahnhof, prosp. Peremohy/просп. Перемоги 1, Tel. 0462 24 43 76. Züge Richtung Kiew.

Busse: Busbahnhof, prosp. Peremohy/просп. Перемоги 3, Tel. 0462 24 50 27. Verbindungen u. a. nach Kiew, Žytomyr, Sumy, Novhorod-Sivers'kyj und nach Baturyn (über Sumy).

Taxis: Jevro (Євро), Tel. 0462 67 80 76, 67 74 00, 099 504 44 40, 093 304 40 33.

Sosnycja ▶ 1, M 2

Vor allem Filmliebhaber pilgern nach **Sosnycja** (Сосниця, 8000 Einw.), ca. 90 km östlich von Černihiv, um das schlichte, von Scheune und Storchenbrunnen umgebene Geburtshaus des ukrainischen Schriftstellers, Regisseurs und Pioniers der ukrainischen Filmkunst **Oleksandr Dovženko** (1894–1956) aufzusuchen. Seit 1960 beherbergt das Gebäude eine **Literarische Gedenkstätte** (Літературно-меморіальний музей О. П. Довженка, s. S. 148).

Sehenswert im Ort sind außerdem die hölzerne **Mariä-Schutz-Kirche** (Покровська церква) von 1724 und das **Jurij-Vynohrads'kyj-Landeskundemuseum** (Краєзнавчий музей ім. Ю. С. Виноградського) in der vul. Desnjaka/вул. Десняка 35 (Mo, Di, Do, Fr 8–17, Sa 8–16 Uhr, 2/1 UAH).

Verkehr

Busse: Busbahnhof, prosp. Peremohy/просп. Перемоги 3, Tel. 0462 24 50 27. Verbindungen in alle Orte der Umgebung.

Baturyn und Umgebung

▶ 1, M 2

Ca. 180 km östlich von Černihiv liegt **Baturyn** (Батурин, 3000 Einw.), das als ehemalige Residenz der Hetmane eine besondere Rolle in der ukrainischen Geschichte spielt. Die Festungssiedlung wurde 1625 gegründet, als die Region zu Polen-Litauen gehörte. Im ukrainischen Befreiungskrieg war sie zunächst Standort des Černihiver und dann des Nižyner Kosakenregiments. 1654 fiel Baturyn ans Russische Reich, 1663 wurden hier die Baturyner Artikel – die Ergänzungen des Perejaslaver Vertrags (s. S. 34) – unterzeichnet. Nachdem Baturyn 1669 Residenz der ukrainischen Hetmane wurde, hatten Demjan Mnohohrišnyj, Ivan Samojlovyč und Ivan Mazepa hier ihren Sitz. Dem Bündnis Mazepas mit dem schwedischen König Karl XII. gegen Peter I. folgte 1708 die von Aleksandr Men'šikov geleitete grausame Vergeltungsaktion

Oleksandr Dovženko

Oleksandr Dovženko – einer der Pioniere des ukrainischen und sowjetischen Films – lebte und wirkte in einer komplizierten Epoche: Der unnachahmliche Stil des Meisters, der die entscheidenden Impulse für die Entstehung des ukrainischen ›poetischen‹ Films gab, entfaltete sich vor dem Hintergrund des Totalitarismus, der den ganzen Kunstbetrieb des Landes in einen engen ideologischen Rahmen zwängte.

Dovženko wurde am 29. August 1894 im Weiler Vjunyšče nahe Sosnycja (s. S. 147) im Gebiet Černihiv in einer Bauernfamilie geboren. Nach dem Studium an der Pädagogischen Hochschule arbeitete er einige Zeit als Lehrer und besuchte dazu Vorlesungen an der Kaufmännischen Hochschule und der Ukrainischen Akademie der Künste. Während des Bürgerkrieges trat er als Soldat in das Heer der Ukrainischen Volksrepublik ein. Später wechselte Dovženko zu den national orientierten und den Kommunisten nahestehenden Borotbisten, was seine Karriere begünstigte: Seinen 1921 angetretenen diplomatischen Dienst in Warschau und den nachfolgenden Aufenthalt in Berlin nutzte der zukünftige Filmemacher, um als Stipendiat der Ukrainischen Sozialistischen Republik Malerei zu studieren. Zurück in der Ukraine arbeitete Dovženko als Illustrator für ein Satiremagazin in Charkiv.

Oleksandr Dovženkos Zusammenarbeit mit der VUFKU (Allukrainische Foto- und Kinoverwaltung) sowie seine Begeisterung für eine der »demokratischsten Massenkunstarten« dieser Zeit führte 1926 zu seiner Anstellung als Regisseur in der Odessaer Kinofabrik. Von nun an schuf der Künstler bewegte Bilder, zunächst satirische wie »Vasja – Reformator« und »Die Liebesfrucht« (1926). 1927 erschien der vom deutschen Expressionismus beeinflusste Abenteuerstreifen »Die Tasche des diplomatischen Kuriers«, der in dem ihm vertrauten diplomatischen Milieu spielt. Dieser Film – der einzige, in dem Dovženko jemals als Schauspieler auftrat – diente ihm als Eintrittskarte in die einheimische Filmindustrie.

Prägend für die Entfaltung seines innovativen Stils war jedoch der historisch-philosophische Film »Zvenyhora« (1928) – mit der eigentümlichen Dovženko'schen Poetik, die sich der Avantgardekunst mit ihrer Ästhetisierung von Maschinen und urbanen Räumen entgegenstellte und rege öffentliche Debatten hervorrief. Die Kritiken reichten von begeistertem Lob für »das lyrischste Werk der unlyrischsten Epoche« über Vorwürfe der Mystifizierung bis zu vollständigem Unverständnis bei der breiten Masse. Dovženkos Begabung als Regisseur hingegen wurde gepriesen, und so beschloss die Partei, sein Talent zu unterstützen und in den Dienst des Sozialismus zu stellen.

1929 drehte Dovženko den von echter revolutionärer Romantik erfüllten Film »Arsenal« und 1930 sein unbestrittenes Meisterwerk, »Die Erde«, das den Stil und die Thematik von »Zvenyhora« fortsetzt: die Kollektivierung in einem ukrainischen Dorf, eines der brisantesten Themen der nationalen Geschichte. Der Film – wenn auch ideologisch zensiert – wurde international gefeiert und ließ mehr Raum für Deutungen, als von der Parteizentrale erwünscht. So verurteilte das berüchtigte Feuilleton des Kollegen Dem'jan Bednyj die konterrevolutionäre Propaganda und die Unparteilichkeit des Werkes aufs Schärfste. Ähnliche Vorwürfe – die Klassenlosigkeit der Hauptperson, die falsche Darstellung der Rolle der Partei und des proletarischen Kollektivs etc. – wurden auch beim nächsten Film, »Ivan« (1932), laut. Der Filmemacher zog daraufhin nach Russland, verhielt sich gegenüber dem Regime jedoch loyal. Seine ›Rettung‹ verdankte er vermutlich einem persönlichen Treffen mit Stalin. In Moskau überbrückte Dovženko die turbulente Kriegszeit, die zahlreichen anderen ukrainischen Intellektuellen Repression und Tod brachte.

1935 schuf der Filmemacher ein Kinopoem über den Fernen Osten, »Aerohrad«. 1939 vollendete er den Regierungsauftrag »Ščors«, den er seinem Landsmann, dem roten Truppenführer, widmete. In den Kriegsjahren verfasste er mehrere Werke, in denen er seine Gedanken über die sowjetische Politik, die Kriegsdiplomatie, strategische Verfehlungen, Verrat und Menschenopfer äußerte. Diese Thematik wollte Dovženko in dem Film »Die Ukraine in Flammen« (1943) weiterentwickeln, doch die Erzählung und ihre Inszenierung wurden als Angriff auf die Partei und die Politik der Sowjetregierung gesehen und verboten. Danach drehte Dovženko einen Film über den Botaniker Mičurin (1948) und schrieb mehrere Erzählungen, u. a. »Die verzauberte Desna« (1942–1948), die heute zum Kanon der ukrainischen Literatur zählen. Auf der Weltausstellung in Brüssel 1958 wurde Dovženkos Film »Die Erde« von einer internationalen Jury als einer der zwölf besten Filme aller Zeiten ausgezeichnet. Das Kiewer Filmstudio trägt nun seinen Namen. In Sosnycja kann man das Elternhaus des Filmemachers besichtigen.

Ein Filmemacher aus Sosnycja – Oleksandr Dovženko (hinter der Kamera) bei Dreharbeiten zu »Aerohrad«

des Zaren. Zum Gedenken an die Opfer des Baturyner Gemetzels wurde in der Zitadelle 2004 ein Denkmal aufgestellt.

Durch die nicht standesgemäße Ehe von Zarin Elisabeth mit Oleksij Rozumovs'kyj (s. S. 35) und die Besetzung des Hetmanspostens mit dessen Bruder Kyrylo bot sich 1750 die Gelegenheit, die Hauptstadt des Hetmanats wiederzubeleben. Kyrylo Rozumovs'kyj baute in Baturyn seinen Palast und fand hier auch seine letzte Ruhe. Seit 1994 gehören die Bauten zum Historisch-kulturellen Reservat ›Hetmanenhauptstadt‹ (Історико-культурний заповідник Гетьманська столиця).

Rund um die Zitadelle

2008 wurde die Rekonstruktion der **Zitadelle der Baturyner Festung** (Цитадель Батуринської фортеці) in der vul. Partyzans'ka/вул. Партизанська vollendet. Auf dem Gelände stehen der **Palast des Hetmans** (Палац гетьмана) im Stil des ukrainischen Barock, die **Schatzkammer** (Скарбниця) und die schlichte **Holzkirche der Auferstehung des Herrn** (Церква Воскресіння Господнього). Sie sind von einem Staketenzaun, der Wehrmauer mit Aussichtstürmen und einem Graben umgeben (Di–So 10–18 Uhr, 5/3 UAH).

In der Nähe der Zitadelle ragt in der vul. Partyzans'ka/вул. Партизанська die weiße **Christi-Auferstehungs-Kirche** (Воскресенська церква) mit angebautem Glockenturm empor. Das Gotteshaus im Empirestil entstand 1799–1803 im Auftrag von Kyrylo Rozumovs'kyj. Der Hetman wurde hier auch beigesetzt, doch die Gruft mit seinen sterblichen Überresten fiel einer Plünderung der Sowjets zum Opfer.

Im Nachbargebäude der ehemaligen Pfarrschule (Церковно-приходська школа, 1904) befindet sich das **Archäologische Museum** (Музей археології, vul. Partyzans'k/вул. Партизанська 10, www.baturin-capital.gov.ua, Di–So 10–18 Uhr, 5/3 UAH).

Kočubej-Haus

In der vul. Het'mans'ka 74/вул. Гетьманська 74 steht das **Haus von Vasyl' Kočubej** (Будинок Кочубея, 17.–19. Jh.), des Haupt-

An die Bedeutung von Baturyn als Residenz der Hetmane erinnert die Zitadelle

richters und Schriftführers von Ivan Mazepa. Als einzige Einrichtung des Hetmanats in Baturyn wurde dieses Gebäude 1708 verschont, anders als sein Besitzer: Dieser hatte Ivan Mazepa der Verschwörung mit dem schwedischen König beschuldigt, doch Peter I. erschien der Vorwurf dermaßen unglaubwürdig, dass er den Richter zum Tod verurteilte.

Zum kontroversen Verhältnis zwischen Kočubej und Mazepa gehört auch die Liebesgeschichte zwischen dem Hetman und Kočubejs Tochter Motrja. Der erfolgreiche, in der Dichtkunst bewanderte Hetman eroberte das Herz seiner jungen Patentochter, doch wurde sein Heiratsantrag von Vasyl' Kočubej abgelehnt, u. a. wegen des christlichen Eheverbots zwischen Pate und Patenkind. Die Verliebten schrieben sich weiterhin heimlich Briefe, die sie in einer alten Eiche im Park versteckten. Dort steht jetzt ein Denkmal. Und die Allee, die zum Haus führt, wurde Liebesallee (Алея Кохання) getauft. Im Haus selbst ist derzeit das **Museum ›Haus des Hauptgerichts‹** (Музей Будинок Генерального суду) untergebracht (www.baturin-capital.gov.ua, Di–So 10–18 Uhr, 5/3 UAH).

Rozumovs'kyj-Palast

Eine Erinnerung an Baturyn als Residenz der Hetmane ist der von **Kyrylo Rozumovs'kyj** zwischen 1799 und 1803 erbaute **Palast** (Палац К. Розумовського). Das prächtige klassizistische Gebäude am Fluss Sejm in der vul. Naberežna/вул. Набережна 1 ist ein Meisterwerk von Charles Cameron und ein seltenes Beispiel des Palladianismus in der Ukraine.

Eigentlich begann die Errichtung des zweigeschossigen Palastes, als das Hetmanat von Katharina II. bereits abgeschafft worden war. Rozumovs'kyj kehrte von St. Petersburg nach Baturyn zurück, doch seine Residenz wurde nie ganz vollendet. Das später dem Militär, Plünderern und Bränden ausgesetzte Herrenhaus verfiel, bis man 2002 mit der Renovierung begann. Inmitten des Landschaftsgartens erstrahlt das Palastensemble heute in neuem Glanz (www.baturin-capital.gov.ua, Di–So 10–18 Uhr, 50 UAH).

Übernachten

Schlicht ▶ **Fortecja** (Фортеця): vul. Butka/вул. Бутка 14, Tel. 04635 480 38. Motel an der Autobahn Kiew–Hluchiv, Zimmer mit und ohne Bad. In der Nähe befindet sich das rund um die Uhr geöffnete Café U Het'mana. DZ 180–300 UAH.

Termine

Kosakenfest (Козацьке свято): Juli. Nach der Andacht für die Opfer der Baturyner Tragödie folgen Konzerte, traditionelle kosakische Kämpfe, Spiele und Kulinarisches.

Verkehr

Busse: Von der Busstation in Baturyn Verbindungen nach Hluchiv und Kiew.

Kačanivka ▶ 1, M 3

Im winzigen Dorf **Kačanivka** (Качанівка, 50 Einw.), 110 km südlich von Baturyn, liegt ein prächtiges **Herrengut** (Садиба Качанівка), das zunächst dem Generalgouverneur von Kleinrussland, Pëtr Rumjancev-Zadunajskij, gehörte. Nach Plänen von Karl Blank ließ dieser den romantischen Palast nebst Wirtschaftsbauten und einem großzügigen **Landschaftspark** 1770 schaffen. 1824 ging das Gut an Hryhorij Tarnovs'kyj, einen wohlhabenden Unternehmer und Mäzen zahlreicher Künstler, die auch im Palast zu Gast waren, u. a. Taras Ševčenko, Nikolaj Gogol, Marko Vovčok, Michail Glinka, Ilja Repin, Karl Brjullov, Michail Vrubel'.

Unter Tarnovs'kyj begann man mit der Erbauung des klassizistischen Palastes einschließlich eines Wasserturms (1866) an einem der Seitenflügel und der Neustrukturierung der Parkanlage. Vollendet wurden die Arbeiten von Vasyl' Tarnovs'kyj, Ševčenko-Verehrer und Sammler ukrainischer Altertümer, und dessen Sohn. Die nachfolgenden Besitzer des Herrengutes, die Zuckermagnaten Charytonenko, nahmen keine wesentlichen Veränderungen vor. Ergänzt wird das Ensemble von der **Georgskirche** (1817–1828) im Empirestil.

Nach der Revolution waren in dem Gut eine Kinderkommune und ein Sanatorium für Tuberkulosekranke untergebracht. 1981 erklärte man es zum Historisch-kulturellen Reservat und nutzte es für museale Zwecke (www.kachanovka.com.ua, Mo–Fr 8–17, Sa, So 10–18 Uhr, 6/4 UAH).

Übernachten, Essen

Ökologisch ▶ **Sokolynyj chutir** (Соколиний хутір): in Petrušivka (Петрушівка), 1 km nördlich von Kačanivka, vul. Naberežna/вул. Набережна 68, Tel. 04633 241 34, 067 956 67 51, www.hutir.net (engl.). Der ›Falkenweiler‹ ist eines der sogenannten grünen Bauerngüter im Dorf. Hier übernachtet man in traditionellen ukrainischen Hütten und speist in einer malerischen Schenke, wo Hausmannskost und frischer Kräutertee serviert werden. Extras: Reit- und Radausflüge, Bootsfahrten, Angeln, Exkursionen. DZ 170–500 UAH.

Verkehr

Busse: Verbindungen von/nach Černihiv.

Krolevec' ▶ 1, N 2

Das knapp 40 km nordöstlich von Baturyn gelegene **Krolevec'** (Кролевець, 25 000 Einw.) ist das Zentrum der traditionellen ukrainischen Weberei. Die weißen, mit leuchtend roten Mustern aus Linien, Rauten, Blumen und Vögeln verzierten, festlichen Krolevecer Tücher sind in der ganzen Ukraine bekannt und ein traditionelles Hochzeitsattribut. Die Tücher werden in einer staatlichen wie auch in mehreren privaten Webereien hergestellt.

Im schlichten **Gutshaus der Familie Ohijevs'kyj** ist ab 2012 das Museum für Krolevecer Weberei (Музей Кролевецького ткацтва, bul'v. Ševčenka/бульв. Шевченка 33) untergebracht. Sehenswert ist auch das **Landeskundemuseum** (Краєзнавчий музей, vul. Sverdlova/вул. Свердлова 33, Tel. 05453 950 47, Mo–Fr 8–17 Uhr, 2/1 UAH).

Die bekannteste Sehenswürdigkeit ist jedoch ein einzigartiges Naturphänomen: die über 200 Jahre alte **Apfelbaumkolonie** (Яблуня-колонія) in der vul. Andrijivs'ka/вул. Андріївська 71. In einem kleinen Garten stehen mehrere ›miteinander vernetzte‹ Apfelbäume: Sobald ein Baumstamm im Absterben begriffen ist, neigen sich seine Äste zum Boden und schlagen Wurzeln, sodass ein neuer Baum entsteht. Erstaunlicherweise scheint die Koloniebildung nur an dieser einen Stelle möglich zu sein – an anderen Orten gepflanzte Triebe von Krolevecer Apfelbäumen haben nicht diese Eigenschaft.

Einkaufen

Krolevecer Tücher ▶ Die traditionell bestickte Tuchware kauft man bei **Chudožnje tkactvo** (Художнє ткацтво), vul. Petrovs'koho 38/вул. Петровського 38, Tel. 098 081 70 14, http://ukrainskijmeditsins.ua.prom.net, oder bei **Košovec'** (Кошовець), vul. Andrijivs'ka/вул. Андріївська 77, Tel. 098 889 68 94, http://koshovets.uaprom.net. Vorherige telefonische Absprache wird gewünscht, eine Führung durch die Unternehmen ist möglich.

Verkehr

Züge: Verbindungen nach Sumy.

Novhorod-Sivers'kyj

▶ 1, N 1

Novhorod-Sivers'kyj (Новгород-Сіверський, 15 000 Einw.) ist von Sosnycja (s. S. 147) über die P 12 gut zu erreichen. Von Krolevec' oder Hluchiv geht es über kleine Landstraßen nach Norden. Im Mittelalter war der Ort Zentrum des gleichnamigen Fürstentums. Fürst Ihor Svjatoslavovyč (1152–1202), der Herrscher über die Stadt, schuf mit seinem Feldzug (und seiner Niederlage) 1185 gegen die Polowezer den Stoff für das bedeutendste mittelalterliche Epos der Ostslawen, »Das Lied vom Heereszuge Ihors« (1187). Dann nahm die Geschichte ihren Gang: mongolische Invasion, litauische und polnische Herrschaft, ukrainischer Befreiungskrieg – und danach ging es bergauf. 1649 wurde Novhorod-Sivers'kyj zum Standort des Nižyner,

1663 des Starodubеr Kosakenregiments. In den Zeiten des Hetmanats entwickelte es sich zu einem bedeutenden kulturellen Zentrum der Linksufrigen Ukraine, u. a. dank der von Lazar Baranovyč gegründeten Druckerei. In den Jahren 1781–1796 etablierte sich die Stadt als Zentrum der Statthalterschaft und einige Jahre nach der Eingliederung in die Sowjetunion (1918) wurde sie Kreiszentrum.

Christi-Verklärungs-Kloster

Das **Christi-Verklärungs-Kloster** (Спасо-Преображенський монастир) in der vul. Puškina/вул. Пушкіна 1 ist die bedeutendste Sehenswürdigkeit der Stadt und Mittelpunkt des Historisch-kulturellen Reservats ›Das Lied vom Heereszuge Ihors‹. Aus der Gründungszeit im 11./12. Jh. verblieben lediglich die Fundamente der **Hauptkathedrale** (Фундаменти Спаського собору) und des **Fürstenpalastes** (Фундаменти Княжого терему) aus dem 12./13. Jh. Das infolge vieler Kriege verwüstete Kloster entstand im 16. Jh. neu. Seine Blütezeit erlebte es im 17. Jh., als der Černihiver Erzbischof Lazar Baranovyč seine Residenz hierher verlegte. Er und sein Nachfolger Dmytro Tuptalo stehen für die Zeit, in der die Anlage im Stil des ukrainischen Barock weiterentwickelt wurde, zu sehen u. a. am **Palastbau** mit der **Peter-Paul-Kirche** (Петропавлівська церква, Ende 16./17. Jh.), dem **Torglockenturm** (16.–19. Jh.), den **Mönchszellen** (17. Jh.) oder dem im Wesentlichen von der Renaissance inspirierten **Geistlichen Seminar** (1657–1667) und den mächtigen Mauern mit den Aussichtstürmen und Galerien (1699).

Die erhabene **Christi-Verklärungs-Kathedrale** (Спасо-Преображенський собор, 1796–1806) dagegen, eine Schöpfung Giacomo Quarenghis, ist klassizistisch geprägt. Die **Gemächer des Abtes** (Покої настоятеля) mit der **Eliaskirche** (Іллінська церква) stammen aus dem 16.–18. Jh. **Unterirdische Gänge** (1/0,50 UAH) führen von der Klosteranlage zum Fluss Desna. Das Kloster ist eines der wertvollsten Beispiele der ukrainischen sakralen Wehrarchitektur. Weder die im Zweiten Weltkrieg entstandenen Schäden noch die zweckfremde Nutzung vermochten die Harmonie und Schönheit der Anlage zu beeinträchtigen (www.ns-slovo.org.ua, tgl. 9.15–17.45 Uhr, Klosterführung 50/30 UAH pro Gruppe).

Auf dem Klostergelände findet man außerdem das **Landeskundemuseum** (Краєзнавчий музей, tgl. 9.15–17.45 Uhr, 2/1 UAH) und das **Museum ›Das Lied vom Heereszuge Ihors‹** (Музей Слово о полку Ігоревім, tgl. 9.15–17.45 Uhr, 3/1,50 UAH).

Weitere Sehenswürdigkeiten

Der **Triumphbogen** (Тріумфальна брама) in der vul. Marksa/вул. Маркса 34 wurde 1786 zu Ehren des Besuchs von Katharina II. errichtet. Das benachbarte **Knabengymnasium** (Чоловіча гімназія, Nr. 38) stammt aus dem Jahr 1804.

An den **Kaufhallen** (Торгівельні ряди, vul. 50-riččja Žovtnja/вул. 50-річчя Жовтня) vorbei kommt man zur 1671–1715 errichteten **Mariä-Himmelfahrt-Kathedrale** (Успенський собор) in der vul. Soborna/вул. Соборна 3. Das frühe Bauwerk des ukrainischen Barock wurde 1820 umgestaltet, seine fünf birnenförmigen Kuppeln durch Zwiebelkuppeln ersetzt. Der angebaute Glockenturm stammt aus demselben Jahr.

Der Stadtrundgang endet mit der Besichtigung der hübschen, hölzernen **Nikolauskirche** (Миколаївська церква) in der vul. Korotčenka/вул. Коротченка 18. Das malerisch auf einem Hügel gelegene Gotteshaus im kosakischen Stil wird in das Jahr 1720 datiert.

Übernachten

Komfortabel an der Desna ▶ Slovjans'kyj (Слов'янський): vul. Lunačars'koho/вул. Луначарського 2, Tel. 04658 315 51. Modernes Hotel nahe dem Christi-Verklärungs-Kloster, klassisch-elegante Zimmer, Restaurant, Disco-Bar, Sauna, Billard, Fitnessraum und Friseursalon. DZ 350–610 UAH.

Aktiv

Stadtführungen ▶ Organisation durch das **Historisch-kulturelle Reservat ›Das Lied**

Wasserlandschaft – im Nationalpark Desna-Stara Huta

vom Heereszuge Ihors‹ mit Sitz im Christi-Verklärungs-Kloster (80/60 UAH pro Gruppe).
Floßfahrten ▶ **Reiseagentur PSV** (Тур-агенція ПСВ) in Černihiv (s. S. 147). Touren auf der Desna mit Startpunkt in Novhorod-Sivers'kyj.

Verkehr

Busse: Busstation, vul. Vokzal'na/вул. Вокзальна 23, Tel. 04658 211 34. Verbindungen nach Černihiv und Kiew.

Nationalpark Desna-Stara Huta ▶ 1, N 1

Nördlich von Novhorod-Sivers'kyj erstreckt sich im Tal der Desna auf mehr als 16 000 ha der 1999 geschaffene **Nationalpark Desna-Stara Huta** (Деснянсько-Старогутський національний природний парк), der durch malerische Flussauen, Sümpfe, Seen, Wiesen und Mischwälder geprägt ist. Rund 800 Pflanzen- und 300 Tierspezies wurden hier gezählt, darüber hinaus 200 Vogelarten. Das Besondere an der Fauna ist, dass in diesem Gebiet die Tiere des bewaldeten und sumpfigen Nordens auf die der südlichen Steppe treffen.

Hier sind sowohl Bären, Luchse, Hasen als auch Blind- und Springmäuse zu sehen. Dazu kommen die am Wasser lebenden Biber und Otter. Erschlossen wird das Areal durch Öko-Pfade.

Infos

Nationalparkverwaltung in Seredyna-Buda (Середина-Буда): südöstlich des Parks vul. Novhorod-Sivers'ka/вул. Новгород-Сіверська 62, Tel. 05451 714 49, 721 70, www.nppds.narod.ru. Auskünfte über Wanderwege und Aktivitäten wie Schwimmen, Angeln oder Bootfahren.

Übernachten

Im Nationalpark ▶ Am Rande der Dörfer Očkyne (Очкине) und Borovyči (Боровичі), 52 km bzw. 57 km westlich von Seredyna-

Buda, liegen die schlichten Touristenheime **Desnjanka** (Деснянка) und **Borovyčanka** (Боровичанка) mit 2-, 3-, 4- und 6-Bett-Zimmern, Küche, Sauna und Bootsverleih. Sie werden von der Nationalparkverwaltung vermittelt. Hier kann man auch zelten.

Verkehr

Züge: Von Krolevec' verkehren Nahverkehrszüge nach Seredyna-Buda (Station Zernove/Зернове).
Busse: Verbindungen von Hluchiv und Sumy.

Hluchiv ► 1, N 2

Die ca. 35 km nordöstlich von Krolevec' gelegene Kreisstadt **Hluchiv** zählt heute 35 000 Einwohner. Die erste urkundliche Erwähnung des Orts stammt aus dem Jahr 1152, als er zum Černihiver Fürstentum innerhalb des Kiewer Reichs gehörte. Der 1239 von den Mongolen besetzte Ort fiel im 14. Jh. an Litauen, 1503 ans Moskauer Reich, 1618 an Polen-Litauen und nach 1654 wieder an Russland und wurde zum Standort des Nižyner Kosakenregiments. Eine Blütezeit erlebte Hluchiv, als die Hetmanenresidenz 1708 vom zerstörten Baturyn hierher verlegt wurde. Ab 1722 war die Stadt Sitz des wichtigsten Verwaltungsorgans der ukrainischen Länder in Russland, des Kleinrussischen Kollegiums.

Den Stadtbrand von 1748 nutzte der Hetman Kyrylo Rozumovs'kyj, um das in Ungnade gefallene Baturyn erneut zur Hauptstadt der Hetmane zu machen. Das wieder auf- und umgebaute Hluchiv entwickelte sich – insbesondere nach der Abschaffung des Hetmanats – zu einer Handels- und Handwerksstadt, deren Entwicklung im 19. Jh. die Zuckerfabrikanten Tereščenko belebten. Die Denkmäler der einstigen Residenz der ukrainischen Hetmane stehen seit 1994 unter dem Schutz des Historisch-kulturellen Reservats Hluchiv.

Kiewer Tor

Das frühklassizistische, noch barock beeinflusste **Kiewer Tor** (Київська брама) in der vul. Kyjevo-Moskovs'ka/вул. Києво-Московська 1 war der Westeingang in die nicht mehr existierende Hluchiver Festung. Das Tor wurde 1766–1769 von Andrej Kvasov an der Stelle des hölzernen Vorgängerbaus errichtet, die Seitenarkaden kamen Anfang des 19. Jh. hinzu. Über seine Verteidigungsfunktion setzte das Kiewer Tor einen Akzent in der Bebauung der historischen Altstadt, und es verband die Stadtteile an beiden Ufern der Esman'.

Nikolauskirche

Zu den geschichtsträchtigsten Bauten von Hluchiv gehört die **Nikolauskirche** (Миколаївська церква) an der Soborna pl./Соборна пл. 1. Vor der Kirche fanden Kosakenversammlungen und die Wahlen der Hetmane statt. 1708 wurde hier von der russisch-orthodoxen Kirche, auf Initiative des Zaren, der Kirchenbann über Ivan Mazepa verhängt – eine Aktion, die wegen ihres politischen Hintergrunds bei den ukrainischen Kirchen keine Anerkennung fand und noch heute für Streit zwischen den Glaubensgemeinschaften wie auch im politischen Milieu sorgt. Das kompakte Gotteshaus im Stil des ukrainischen Barock steht seit 1693 auf dem Kathedralenplatz. Im 18. Jh. wurde es erweitert und in der zweiten Hälfte des 19. Jh. ersetzte man die dritte Kuppel über dem Narthex durch den Glockenturm. Die Wandmalereien im Innern und die Ikonostase gingen in den 1930er-Jahren verloren. Seit den 1990er-Jahren ist die Kirche renoviert.

Weitere Sehenswürdigkeiten im Zentrum

In der vul. Tereščenkiv/вул. Терещенків 47 steht das **Haus der Familie Tereščenko** (Садибний будинок Терещенків, 1866), der Zuckerfabrikanten, deren Karriere Mitte des 19. Jh. vom Bauern Artem Tereščenko begründet wurde. Seine Söhne, besonders Mykola Tereščenko, der spätere Bürgermeister von Hluchiv, wussten den Reichtum zu mehren. Die Familie stiftete und unterhielt Schulen, Museen, Waisen- und Krankenhäuser in Hluchiv und auch in Kiew.

Vorbei am ehemaligen Gebäude der **Kreis- und Stadtverwaltung** (Повітове і міське земство, Nr. 45) von 1912–1915 und dem **Wasserturm** von 1929, den man besteigen kann, um von oben ein herrliches Stadtpanorama zu genießen, gelangt man zur Gruftkirche der Familie Tereščenko in der vul. Spas'ka/вул. Спаська 2.

Die monumentale **Kirche der drei Anastasijas** (Церква Трьох Анастасій) erstrahlt heute im neobyzantinischen Stil. Das gleichnamige erste gemauerte Gotteshaus an dieser Stelle wurde 1717 von Anastasija Skoropads'ka, der Ehefrau des Hetmans, gestiftet. Nach einem Brand ließ Artem Tereščenko ihre klassizistische Rekonstruktion erweitern, die jedoch bald im Schatten der neuen, auf Betreiben von Mykola und Fedir Tereščenko 1884–1893 errichteten Kirche stand und schließlich abgetragen wurde. An der neuen Kirche nach Plänen von Andrej Gun ziehen vor allem die fünf von Arkaden getragenen Kuppeln die Aufmerksamkeit des Betrachter auf sich. Das Innere schmücken Malereien der Brüder Svedomskij und Vasilij Vereščagins. Die in der Kirche eingerichtete Familiengruft wurde von roten Revolutionären geplündert, ist aber inzwischen wiederhergestellt.

In der Nachbarschaft der Anastasienkirche steht die vom Kosakenataman Hryhorij Kolohryvyj gestiftete, barock-klassizistische **Christi-Verklärungs-Kirche** (Спасо-Преображенська церква, Nr. 4) von 1765. Bis zum Anbau der länglichen Kirche an der Westseite 1867 war das Gotteshaus symmetrisch angelegt.

Das **Hluchiver Lehrerinstitut** (Учительський інститут, vul. Kyjevo-Moskovs' ka/вул. Києво-Московська 22, 24) wurde 1874 von Mykola Tereščenko initiiert und finanziert. Zum Ensemble des **Humanistischen Komplexes** (Гуманітарно-просвітницький комплекс) gehörten außerdem das **Knabengymnasium** (Чоловіча гімназія, 1898) sowie die **Gymnasiale Pension** (Пансіон чоловічої гімназії, 1898), die heute allesamt der Pädagogischen Oleksandr-Dovženko-Universität zur Verfügung stehen.

In der vul. Ševčenka/вул. Шевченка 10 sieht man das ehemalige **Bankinstitut von Tereščenko** (Банк Терещенка, 18./19. Jh.). Weiter nördlich, in der Parallelstraße vul. Tereščenkiv/вул. Терещенків, findet man im Haus der ehemaligen Adelsversammlung (Дворянське зібрання, 1811) das **Landeskundemuseum** (Краєзнавчий музей) mit Exponaten zu Geschichte, Natur und Kultur von Hluchiv und seinem Umland (Nr. 42, Tel. 05444 227 94, Di–Sa 8–12, 13–17 Uhr, 2/1 UAH).

Die 1767 errichtete und genau 100 Jahre später umgebaute, klassizistische **Christi-Himmelfahrt-Kirche** (Вознесенська церква) steht mitten auf dem gleichnamigen Friedhof in der vul. Vojkova/вул. Войкова. Innen entdeckt man Ölgemälde aus der zweiten Hälfte des 19. Jh.

Übernachten

Zentral ▶ Jevropa (Європа): vul. Ciolkovs'koho/вул. Ціолковського 4, Tel. 099 440 44 40. Neues, privates Hotel mit 18 gepflegten Zimmern und einem Café im Untergeschoss. DZ 170–270 UAH.

Essen & Trinken

Traditionell ▶ Stare misto (Старе місто): vul. Kyjevo-Moskovs'ka/вул. Києво-Московська 55, Tel. 05444 235 96, tgl. 10–24 Uhr. Das gemütliche Restaurant-Café in einem stilvoll eingerichteten Kellerraum in der historischen Altstadt lädt zu ukrainischen und russischen Speisen ein. Hauptgerichte ca. 18–30 UAH.

Aktiv

Stadtrundgänge ▶ Historisch-kulturelles Reservat Hluchiv: vul. Ševčenka 30/вул. Шевченка 30, Tel. 0544 42 35 57, 066 785 43 33, www.nz-hlukhiv.com.ua.

Verkehr

Busse: Busbahnhof, Soborna pl./Соборна пл. 2, Tel. 05444 225 06. Verbindungen nach Sumy, Sosnivka, Krolevec'.

Taxis: Volha (Волга), Tel. 05444 310 10, 330 00, 067 834 77 25, 066 251 85 75.

Sumy ▶ 1, O 3

Cityplan: S. 160
Die Stadt **Sumy** (Суми, 292 000 Einw.), ca. 140 km südöstlich von Hluchiv, ist das administrative Zentrum des Gebiets. Mehrere im Zentrum verteilte Grünanlagen machen die Erkundung besonders angenehm.

In der Geschichtsschreibung wird das Jahr 1652 als Gründungsdatum von Sumy genannt. Sicher ist auch, dass hier bereits zur Zeit des Kiewer Reiches eine altostslawische Siedlung existierte; doch nach der mongolischen Invasion verfiel sie und das Land verödete. Eine neue Siedlung wurde an der Mündung der Sumka in den Psel von Umsiedlern aus der Rechtsufrigen Ukraine – Bauern und Kosaken – gegründet. 1658 gab es in Sumy eine Festung mit Wall und Graben, die von den Tataren mehrmals angegriffen wurde, doch nicht eingenommen werden konnte. Die Siedlung wurde Standort eines Kosakenregiments, das sich in den russisch-osmanischen Kriegen auszeichnete.

Im 18. Jh. verwandelte Sumy sich in einen belebten Handelsort mit vier großen Jahrmärkten, im 19. Jh. wurde die Stadt eines der wichtigsten Zentren der Zuckerproduktion im Russischen Reich. Unterbrochen durch die Revolution und Kriege, nahm das Tempo der Industrialisierung erst seit der Mitte des 20. Jh. zu. Insbesondere Maschinenbau und chemische Industrie sind auch heute von großer Bedeutung.

Das Zentrum

Auf dem zentralen **Unabhängigkeitsplatz** (pl. Nezaležnosti/пл. Незалежності) sticht die **Christi-Auferstehungs-Kathedrale** 1 (Воскресенський собор) aus dem Jahr 1702 hervor. Die zweigeschossige Wehrkirche ist ein wunderbares, wenngleich mehrmals umgestaltetes Beispiel des ukrainischen Barock. Wie viele Bauten dieses Stils weist sie typische Züge der sakralen Holzarchitektur auf, wie die Raumzellenbauweise und die Kuppelform. Das von Kosakenoberst Herasym Kondrat'jev und seinem Sohn Andrij gestiftete Gotteshaus war das erste Steingebäude in Sumy und diente ursprünglich als Familiengruftkirche. Der barock stilisierte Glockenturm stammt aus dem Jahr 1906.

Unweit der Kirche, in der vul. Voskresens'ka/вул. Воскресенська, steht das **Denkmal für die mit Gold gefüllte Tasche** 2 (Пам'ятник Сумка, 2008): Der Sage nach entstand Sumy – der Name ist abgeleitet von *sumka* (dt. Tasche) – an einer Stelle, an der man einst drei Taschen voller Gold gefunden hatte. Sie wurden zum legendären Anlass für die Ortsgründung. Nicht umsonst zieren sie das heutige Stadtwappen.

Die erhabene **Christi-Verklärungs-Kathedrale** 3 (Спасо-Преображенський собор) an der Soborna pl./Соборна пл. 31 erkennt man an ihrer golden schimmernden Kuppel und dem 56 m hohen Glockenturm. Die Kirche wurde 1776 fertiggestellt und 1892 umgestaltet und zeigt eine Mischung aus Barock und Klassizismus. Beachtenswert sind das aufwendige Außendekor sowie die aus weißem Marmor und Malachit gefertigte Ikonostase im Innern.

Die Galerie der Gotteshäuser ergänzt die klassizistische **Eliaskirche** 4 (Іллінська церква, 1836–1851) in der vul. Červonohvardijs'ka/вул. Червоногвардійська 10, deren Glockenturm ein Spitzdach ziert (www.prorok-iliya-church.org.ua).

Südlich des Zentrums

Auf der **Červona plošča** (Червона пл.) zieht ein wunderschöner, filigraner **Holzpavillon** 5 (1905) die Blicke auf sich. Sumys Wahrzeichen stammt aus der Werkstatt von Matvij Ščaveljov, der auf dem Bau mehrere heidnische, christliche und jüdische Symbole dargestellt hat.

An der Červona pl./Червона пл. 1 befindet sich das **Nykanor-Onac'kyj-Kunstmuseum** 6 (Художній музей ім. Н. Онацького). Einen wesentlichen Teil seiner Sammlung machen nach der Revolution beschlagnahmte Kunstwerke, Porzellan und Glas aus. Vertreten sind westeuropäische, ukrainische sowie vorrevolutionäre russische und sowjetische Maler (Tel. 0542 22 04 81, 27 23 67, Sa–Do 10–16 Uhr, 2/1 UAH).

Das **Landeskundemuseum** 7 (Краєзнавчий музей) in der vul. Kirova/вул. Кірова 2 präsentiert eine umfangreiche Ausstellung zu Geschichte, Natur und Kultur des Gebiets Sumy. Das Museum residiert im ehemaligen Gebäude der Landesverwaltung aus dem Jahr 1886 (Tel. 0542 22 16 59, Di–So 10–16 Uhr, 3/1,5 UAH).

Nach der Besichtigung der Museen kann man sich in dem nahe gelegenen **Ivan-Koževdub-Park** 8 (Парк ім. І. Кожедуба) erholen. Vorbei am **Gutshaus der Familie Suchanov** 9 (Садиба Суханових, 1895) in der vul. Petropavlivs'ka/вул. Петропавлівська geht es dann zur **Peter-Paul-Kirche** 10 (Петропавлівська церква) auf dem zentralen städtischen Friedhof (Кладовище). Das klassizistische Gotteshaus mit Kuppel, Portikus und Glockenturm stammt aus dem Jahr 1851. Neben der Kirche befindet sich das **Grab der Familie Charytonenko** (Родове поховання Харитоненків) mit wunderschönen Skulpturen.

Die **Pantaleonskirche** 11 (Пантелеймонівська церква) von 1915 in der vul. Romens'ka/вул. Роменська 1 bildete einst den Mittelpunkt des gleichnamigen Klosters, von dem die Klosterzellen und einige Wirtschaftsbauten erhalten geblieben sind. Seinem Plan legte der Architekt Aleksej Ščusev die Pskover und Novgoroder Bautraditionen des 12./13. Jh. zugrunde. Das Gotteshaus krönt eine geräumige Kuppel, an die Westseite schließt der zweigeschossige Glockenturm an. Gleich nebenan steht das Geistliche Seminar, das frühere Erzpriesterhaus (Архиєрейський корпус, 1915).

Nördlich des Zentrums

In der vul. Psil's'ka/вул. Псільська 1 steht die römisch-katholische **Verkündigungskirche** 12 (Благовіщенський костел) aus den Jahren 1901 bis 1911. Nur wenige Schritte entfernt liegt der **Kinderpark Kazka** 13 (Дитячий парк Казка) mit einer Märchenfestung und einem Kindercafé.

Einer der schönsten Sakralbauten in Sumy ist dem Zuckermagnaten Pavlo Charytonenko zu verdanken. Er war der Auftraggeber der **Dreifaltigkeitskathedrale** 14 (Троїцький собор) in der vul. Trojic'ka (Dzeržyns'koho)/вул. Троїцька (Дзержинського) 24 a. Die zwischen 1901 und 1914 entstandene Kirche wurde nach Plänen des Sumer Bauingenieurs deutscher Abstammung Gustav Šol'c (Scholz) gebaut. Einzigartig ist die meisterhafte Harmonie klassizistischer und barocker Züge mit aufwendigem ornamentalen Dekor. Die Malereien in Innern von Michail Nesterov sind leider nicht erhalten. Lange Zeit als Orgelsaal und Museum genutzt, dient die Kathedrale heute wieder ihrem ursprünglichen Zweck.

Nicht weit entfernt steht das ehemalige **Herrenhaus der Familie Charytonenko** 15 (Садиба Харитоненка, Nr. 28). Ein weiteres Gut, das der Familie Lintvarjov (Садиба Лінтварьових), liegt nordöstlich vom Bahnhof im Stadtteil Luky. Zwar sind Haus (18./19. Jh.) und Ostflügel nicht in bestem Zustand, aber im renovierten Westflügel kann die **Anton-Tschechow-Gedenkstätte** 16 (Буди-

нок-музей А. П. Чехова) besucht werden. Anhand von Fotos, Werkausgaben und Einrichtungsgegenständen kann eine Schaffensperiode des berühmten Schriftstellers nachvollzogen werden, der hier von 1888 bis 1889 lebte (vul. Čechova/вул. Чехова 79, 92, Tel. 0542 25 11 96, www.chechov.sumy.ua, Sa–Mi 10–17, Do 10–16 Uhr, 3/1,50 UAH).

Infos

Touristinfo (Турінфоцентр): im Landeskundemuseum, vul. Kirova/вул. Кірова 2, Tel. 0542 22 14 41. Informationen über Sumy und die Region.

Übernachten

Märchenhaft ▶ Šafran 1 (Шафран): vul. Zamostjans'ka/вул. Замостянська 1/4, Tel. 0542 67 13 50, www.shafran.sumy.ua (engl.). Die eleganten, modernen Standard- und Luxuszimmer sind im orientalischen Stil gehalten. Ein Zimmer ist für Behinderte eingerichtet. Das malerisch am See gelegene 4-Sterne-Hotel hat außerdem ein Restaurant (s. S. 162), einen Billardraum und eine Sauna. DZ 560–900.

Elegant ▶ Juvilejnyj 2 (Ювілейний): Pryvokzal'na pl./Привокзальна пл. 9 a, Tel. 0542 25 51 33, 25 53 47, www.jubilejnaya.com.ua (engl.). Das 3-Sterne-Hotel liegt gleich beim Bahnhof, einige Minuten zu Fuß vom Zentrum entfernt. Es hat 78 geräumige, komfortable Zimmer, ein Restaurant mit ukrainischem und europäischem Menü, Sauna und eine schöne Parkanlage. Das mediterrane Frühstück ist im Zimmerpreis inbegriffen. DZ/ÜF 400–590 UAH.

Am Flussufer ▶ Chimik 3 (Хімік): vul. Psil's'ka/вул. Псільська 14, Tel. 0542 22 45 00, 61 94 28, www.khimik.sumy.ua (engl.). Von den komfortablen Zimmern des zentral gelegenen 3-Sterne-Hotels genießt man den Blick auf den Fluss Psel. Speisen kann man – ukrainisch und europäisch – im Hotelrestaurant, entspannen in der Sauna. DZ/ÜF 270–630 UAH.

Sumy ist als Handelsstadt nach wie vor bedeutsam, touristisch anziehend sind u. a. die vielen Kirchen der Stadt

Sumy

Sehenswert

1 Christi-Auferstehungs-Kathedrale
2 Denkmal für die mit Gold gefüllte Tasche
3 Christi-Verklärungs-Kathedrale
4 Eliaskirche
5 Holzpavillon
6 Nykanor-Onac'kyj-Kunstmuseum
7 Landeskundemuseum
8 Ivan-Kožedub-Park
9 Gutshaus der Suchanovs
10 Peter-Paul-Kirche
11 Pantaleonskirche
12 Verkündigungskirche
13 Kinderpark Kazka
14 Dreifaltigkeitskathedrale
15 Herrenhaus Charytonenkos
16 Anton-Tschechow-Gedenkstätte

Übernachten

1 Šafran
2 Juvilejnyj
3 Chimik
4 Ukrajina

Essen & Trinken

1 Fonconi
2 Bilja kamina
3 Sumka

Einkaufen

1 Červona pl.

Abends & Nachts

1 Philharmonie
2 San Remo
3 Zdybanka

Aktiv

1 Sumyturyst

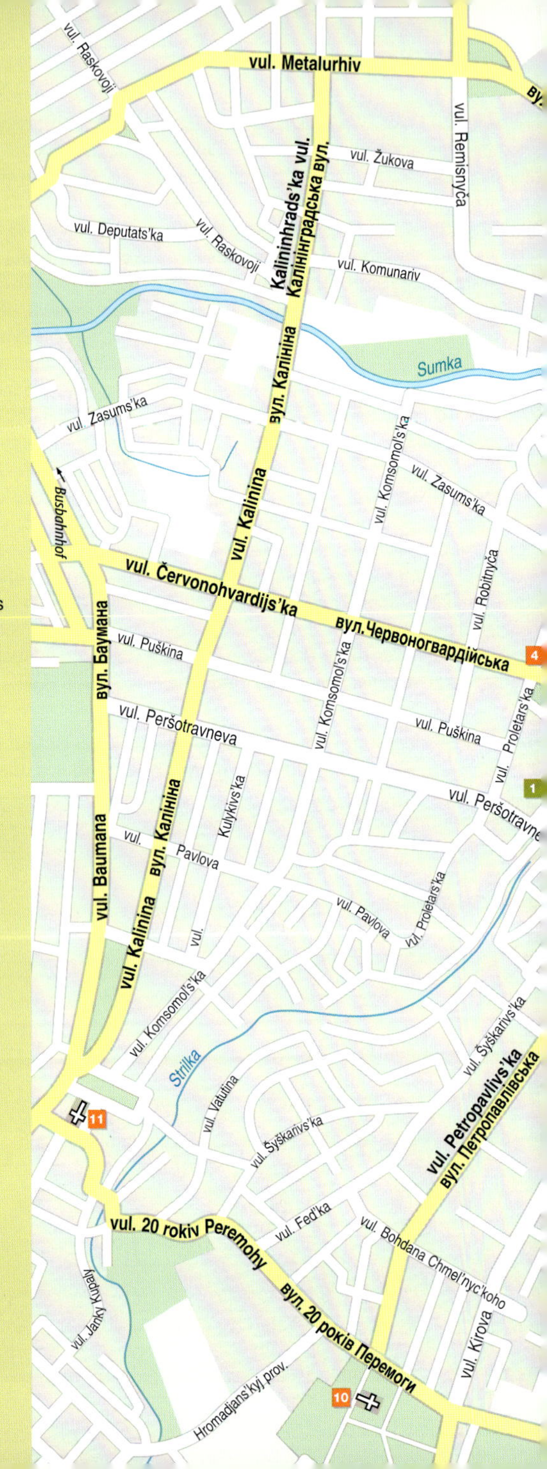

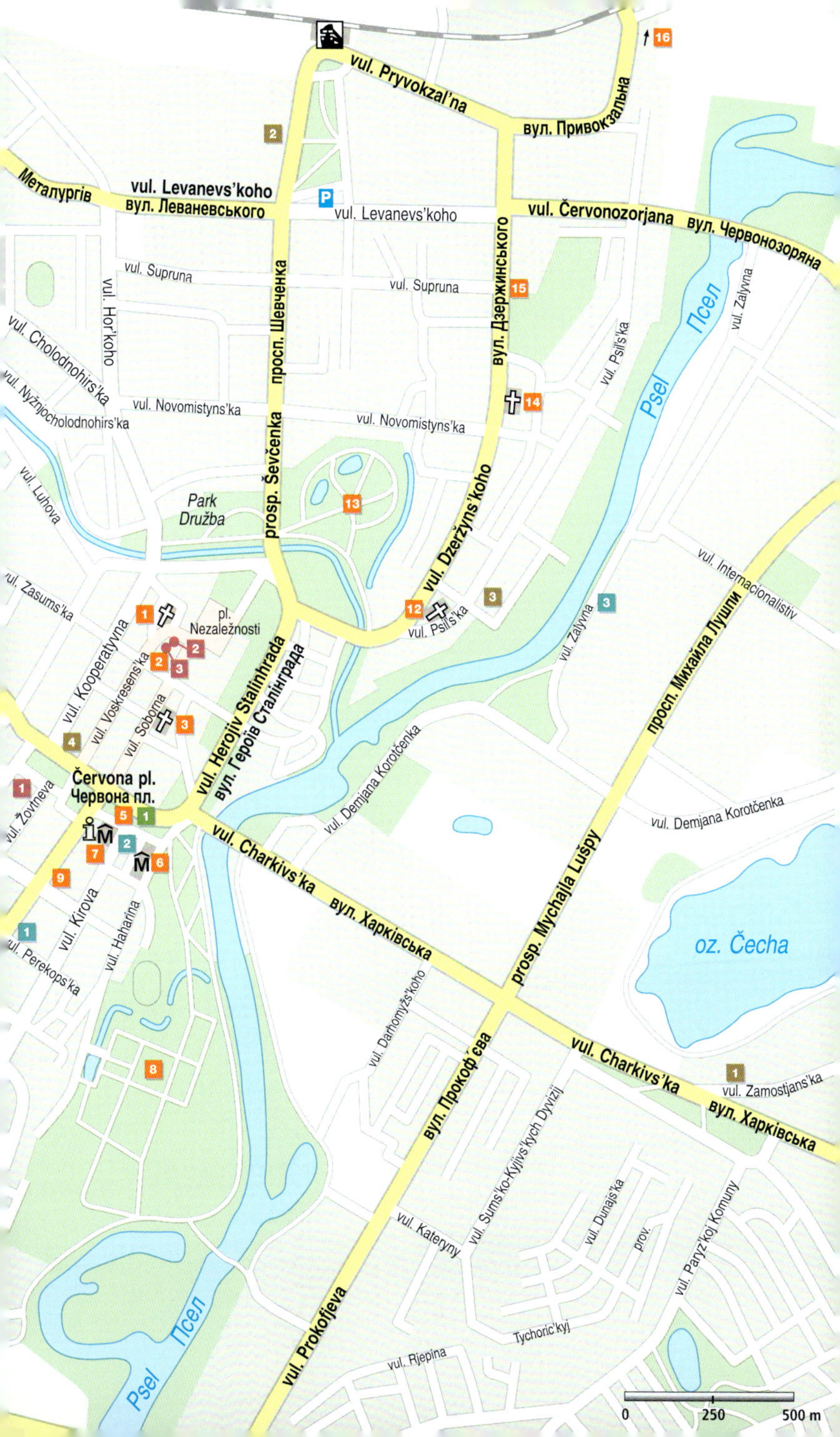

vul. Pryvokzal'na
вул. Привокзальна
Металургів
vul. Levanevs'koho
вул. Леваневського
vul. Levanevs'koho
vul. Červonozorjana
вул. Червонозоряна
vul. Supruna
vul. Supruna
vul. Hor'koho
просп. Шевченка
вул. Дзержинського
vul. Cholodnohirs'ka
vul. Nyžnjocholodnohirs'ka
vul. Novomistyns'ka
vul. Novomistyns'ka
vul. Psil's'ka
vul. Zalyvna
Псел
Psel
vul. Luhova
Park Družba
prosp. Ševčenka
vul. Dzeržyns'koho
vul. Zasums'ka
pl. Nezaležnosti
vul. Psil's'ka
vul. Internacionalistiv
vul. Kooperatyvna
vul. Voskresens'ka
vul. Soborna
vul. Herojiv Stalinhrada
вул. Героїв Сталінграда
vul. Zalyvna
просп. Михайла Лушпи
Červona pl.
Червона пл.
vul. Žovtneva
vul. Demjana Korotčenka
vul. Demjana Korotčenka
vul. Charkivs'ka
вул. Харківська
prosp. Mychajla Lušpy
vul. Kirova
vul. Hahaŕina
vul. Perekops'ka
oz. Čecha
vul. Darhomyžs'koho
вул. Прокоф'єва
vul. Charkivs'ka
вул. Харківська
vul. Zamostjans'ka
vul. Sums'ko-Kyjivs'kych Dyvizij
vul. Kateryny
vul. Dunajs'ka
prov.
vul. Paryz'koj Komuny
Tychoric'kyj
vul. Rjepina
vul. Prokofjeva
Psel
Псел
0
250
500 m

Im Norden und Osten von Kiew

In der historischen Altstadt ▸ **Ukrajina** 4 (Україна): vul. Voskresens'ka/вул. Воскресенська 1, Tel. 0542 22 25 20, 22 27 93, 60 07 75, www.hotel-ukraine.com.ua (engl.). Einladendes und gemütliches 2-Sterne-Hotel in einem Haus aus den 1960er-Jahren. Die Zimmer gehobenen Standards wurden jüngst renoviert. Gutes Preis-Leistungs-Verhältnis, Sauna und Restaurant. DZ 220–550 UAH.

Essen & Trinken

La dolce vita ▸ **Fonconi** 1 (Фонконі): vul. Pokrovs'ka (Žovtneva)/вул. Покровська (Жовтнева) 4, Tel. 0542 61 00 99, 050 618 20 18, www.fonconi.sumy.ua (engl.), tgl. 9–1 Uhr. Ein Stückchen mittelalterliches Italien versteckt sich im Innenhof mit Springbrunnen, außerdem Sommerterrasse mit vielen Blumen in einer der zentralen Straßen der Stadt. Hier werden köstliche leichte Salate, herzhafte Fleisch- und Fischgerichte sowie leckere Desserts und Weine serviert. Hauptgerichte ca. 45–150 UAH.

Orientalisch ▸ **Šafran** 1 (Шафран): im gleichnamigen Hotel (s. S. 159), tgl. 11–24 Uhr. Das üppig mit Ornamenten, Seidenstoffen, gemütlichen Sofas und bunten Teppichen dekorierte Restaurant strahlt die Atmosphäre des fernen Orients aus. Gereicht werden vor allem usbekische, aber auch einige europäische Speisen. Business-Lunch 65 UAH, Business-Dinner 75 UAH, Hauptgerichte 40–73 UAH.

Griechisch ▸ **Bilja kamina** 2 (Біля каміна): vul. Soborna/вул. Соборна 32, Tel. 0542 78 66 42, www.ukamina.com.ua, tgl. 12–3 Uhr. Das gemütliche Restaurant in der historischen Altstadt bietet vom Chefkoch aus Griechenland zubereitete Gerichte, u. a. Fisch und vegetarisch. Auch gute Weinkarte. Für die Kleinen gibt es eine extra Speisekarte. Hauptgerichte ca. 24–135 UAH.

Art-Café ▸ **Sumka** 3 (Сумка): vul. Soborna/вул. Соборна 32, Tel. 0542 70 59 99, tgl. 11–23 Uhr. Leichte Küche, gute Getränkekarte sowie abendliche Livekonzerte und Lesungen direkt neben dem Denkmal für die legendäre Tasche. Interieur mit Holztischen im nationalen Kolorit. Hauptgerichte ca. 20–50 UAH.

Einkaufen

Die Einkaufsstraßen von Sumy konzentrieren sich rund um die **Červona pl.** 1 (Червона пл.): vul. Voskresens'ka/вул. Воскресенська, vul. Soborna/вул. Соборна und vul. Petropavlivs'ka/вул. Петропавлівська.

Abends & Nachts

Klassik ▸ **Philharmonie** 1 (Філармонія): vul. Petropavlivs'ka/вул. Петропавлівська 63, Tel. 0542 27 63 26.

Unterhaltungskomplexe ▸ **San Remo** 2 (Сан Ремо): Červona pl./Червона пл. 2, Tel. 0542 27 51 37, 78 66 80, www.san-remo.sumy.ua (engl.), tgl. 9–4, Nachtclub ab 20 Uhr. Bestehend aus Disco-Club (mit Shows und Themenpartys), Bar, Restaurant und Billardraum. **Zdybanka** 3 (Здибанка): vul. Zalyvna/вул. Заливна 7/1, Tel. 0542 60 45 37, 050 407 08 44, www.zdybanka.com, tgl. 12–24 Uhr. Der populäre Unterhaltungskomplex am Flussufer unterhält seine Gäste mit Sauna und Billard. Im Erdgeschoss befindet sich außerdem ein Restaurant mit ukrainischer und europäischer Küche, das auch eine große Auswahl an Pizzen aus dem Ofen bietet.

Aktiv

Stadtführungen & Ausflüge ▸ **Sumyturyst** 1 (Сумитурист): vul. Naberežna/вул. Набережна 46, Tel. 0542 27 23 10, 61 00 73, 78 13 78, Mo–Fr 9–13, 14–18 Uhr. Thematische Stadtführungen und Touren in der ganzen Region, Reittouren, Ausflüge in die Mychajlivkaer Neulandsteppe etc.

Verkehr

Züge: Bahnhof, Pryvokzal'na pl./пл. Привокзальна 1, Tel. 0542 25 73 13. Züge Richtung Kiew, Žytomyr, Poltava.

Busse: Busbahnhof, vul. Baumana/вул. Баумана 40, Tel. 0542 27 43 13. Verbindungen u. a. nach Hluchiv und Kiew.

Taxis: Impul's-taksi (Імпульс-таксі), Tel. 0542 36 13 88, 050 963 99 77.

Ausflüge von Kiew Richtung Süden und Westen

Von Perejaslav-Chmel'nyc'kyj mit einem der schönsten Freilichtmuseen der Ukraine geht es nach Kaniv mit Taras-Berg und herrlichem Dnipro-Panorama. In Trypillja entdeckt man die Ursprünge der rätselhaften Trypillja-Kultur und in Vasyl'kiv eines der reizvollsten Gotteshäuser des Kosakenbarock. Bila Cerkva verzaubert mit dem verträumten Landschaftspark Oleksandrija. Auf den Spuren Honoré de Balzacs wandelt man in Berdyčiv und Verchivnja, in Žytomyr auf denen der Raumfahrt.

Perejaslav-Chmel'nyc'kyj

▶ 1, L 4

Das ca. 80 km südöstlich von Kiew gelegene Kreiszentrum **Perejaslav-Chmel'nyc'kyj** (Переяслав-Хмельницький, 32 000 Einw.) war einst eine der größten Städte der Kiewer Rus, was bereits 907 in Quellen erwähnt wird. Im Mittelalter war die Siedlung ein befestigter Vorposten an der südlichen Grenze der Kiewer Rus. Nach der Christianisierung des Reichs wurde sie zum Bistumszentrum, im 11./12. Jh. zur Hauptstadt eines Teilfürstentums. 1239 beendete ein verheerender Mongoleneinfall die Blütezeit der Stadt, und gut 200 Jahre später, 1482, wurde sie erneut von Krimtataren verwüstet.

In der ersten Hälfte des 16. Jh. entwickelte sich Perejaslav zu einer der wichtigsten Residenzen der Kosaken. Nach der Union von Lublin (1569) geriet die Stadt unter polnisch-litauische Herrschaft. Dies führte zu dauerhaften Auseinandersetzungen zwischen den ukrainischen Kosaken und der polnischen Oberschicht und mündete schließlich im Befreiungskrieg des ukrainischen Volkes (1648–1654). Bei der Lösung des ukrainisch-polnischen Konflikts spielte Perejaslav eine bedeutende Rolle: Hier wurde der schicksalhafte, immer noch heiß diskutierte Vertrag unterschrieben, in dem die Kosaken dem russischen Zaren die Treue schworen. Seit 1943 trägt die Stadt zusätzlich den Namen des Initiators dieses Vertrags: (Bohdan) Chmel'nyc'kyj.

Bis heute bezeugen mehrere Denkmäler den Glanz der Vergangenheit. Für ein Provinzstädtchen besitzt Perejaslav-Chmel'nyc'kyj eine Rekordzahl (über 25) an Museen. In der Umgebung gibt es mehrere kosakische Holzkirchen.

Christi-Himmelfahrt-Kloster

Im Stadtzentrum, in der vul. Skovorody/вул. Сковороди 54, steht ein schönes Beispiel des ukrainischen Barock, das vom Kosakenhetman Ivan Mazepa gestiftete (ehemalige) **Christi-Himmelfahrt-Kloster** (Вознесенський монастир). Die wohlproportionierte **Christi-Himmelfahrt-Kathedrale** (Вознесенський собор, 1695–1700) dominiert das Ensemble. Das Diorama im Innern, das den Kampf um den Dnipro bei Perejaslav-Chmel'nyc'kyj im Jahr 1943 darstellt, wird hier wohl nicht mehr lange ausgestellt sein: Nach der Renovierung soll das Gotteshaus wieder seine ursprüngliche Bestimmung erfüllen.

Neben der Kirche stehen der repräsentative **Glockenturm** (1770–1776) und das eher schlichte **Kollegsgebäude** (1753–1757) mit Malereien aus dem 18. Jh. Die **Hryhorij-Skovoroda-Gedenkstätte** (Меморіальний музей Г. С. Сковороди) in den Räumen des 1738 gegründeten Kollegs ehrt dessen berühmtesten Lehrer, den Philosophen, Dichter, Humanisten und Pädagogen Hryhorij Skovoroda (1722–1794). Sein verschollenes Werk »Betrachtung über die Poesie und Anleitung zur Kunst derselben« war der Kirche zu unkonventionell und führte letztlich zur Entlassung des Professors kurz nach Beginn seiner Lehrtätigkeit 1753 (Mi–So 9–17 Uhr, 5/2 UAH).

Museen im Zentrum

In der Parallelstraße, in der vul. Mazepy/вул. Мазепи 7, befindet sich die **Gedenkstätte** für den Architekten **Volodymyr Zabolotnyj** (1898–1962, Меморіальний музей В. Г. Заболотного). Im 1903 errichteten Familienhaus sind Dokumente, Bücher, Bilder und Modelle des Begründers der ukrainischen Architekturakademie versammelt (Tel. 04567 515 52, Fr–Di 9–17 Uhr, 5/2 UAH).

Nur ein paar Schritte sind es von hier in die vul. Ševčenka/вул. Шевченка 8 zum einstigen Haus des Arztes Andrij Kozačkovs'kyj aus dem Jahr 1820, in dem Taras Ševčenko (s. S. 54) seinerzeit zu Gast war und das gegenwärtig das **Museum des Vermächtnisses von Taras Ševčenko** (Музей Заповіту Тараса Шевченка) beherbergt. Benannt ist es nach dem gleichnamigen programmatischen Gedicht Ševčenkos (tgl. 9–17 Uhr, 6/3 UAH).

Schräg gegenüber steht in der vul. Himnazijna/вул. Гімназійна 1 die im altostslawischen Stil in Kombination mit Elementen des Klassizismus erbaute **Dreifaltigkeitskirche** (Троїцька церква) von 1804. Ihr Glockenturm stammt aus dem Jahr 1864.

Weiter südlich, in der vul. Chmel'nyc'koho/вул. Хмельницького 20, findet man das **Museum des Kobzarentums** (Музей кобзарства) mit ukrainischen volkstümlichen Musikinstrumenten und Objekten zur Geschichte der blinden Sänger und Musikanten (Mi–So 9–17 Uhr, 5/2 UAH, s. auch S. 57).

Rund um die Plošča Perejaslavs'koji Rady

Die ziegelrote **Mariä-Himmelfahrt-Kirche** (Успенська церква) an der pl. Perejaslavs'koji Rady/пл. Переяславської Ради wurde 1896 errichtet. In einem Vorgängerbau hat Bohdan Chmel'nyc'kyj seinerzeit dem Zaren die Treue geschworen. An den Vertrag von Perejaslav erinnert auch das zu Sowjetzeiten errichtete umstrittene **Monument Für ewig zusammen** (Навіки разом) nahe der Kirche.

In der vul. Moskovs'ka/вул. Московська 34 befindet sich das älteste Gotteshaus des Ortes, die **Klosterkirche des hl. Michael** (Михайлівська церква) im Stil des ukrainischen Barock. Die zwischen 1646 und 1666 erbaute und im 18./19. Jh. sowie nach dem Zweiten Weltkrieg gründlich renovierte Kirche steht auf den Fundamenten der gleichnamigen Kathedrale aus der zweiten Hälfte des 11. Jh., die sich ursprünglich mitten in der alten Perejaslaver Kernburg erhob. Sie galt als eine der prachtvollsten Kathedralen des Kiewer Reiches und diente den Perejaslaver Fürsten als Gruftkirche. Mitte des 20. Jh. wurden ihre Überreste freigelegt, die heute zum **Pavillonmuseum für die Architektur des altostslawischen Perejaslav** gehören (Музей архітектури давньоруського Переяслава, Fr–Di 9–17 Uhr, 5/2 UAH).

Freilichtmuseum

Absolut sehenswert ist das auf dem Tatarenberg in der vul. Litopysna/вул. Літописна 2 gelegene **Freilichtmuseum für Volksarchitektur und Alltagskultur des Mittleren Dnipro-Gebiets** (Музей архітектури і побуту Середньої Наддніпрянщини). Das 30 ha große Museumsdorf zählt über 100 architektonische Objekte, etwa 20 000 Werke der Volkskunst und 13 Museen. Die Datierung der Ausstellungsstücke reicht von der Vorgeschichte bis ins 20. Jh. Hier kann man mehrere Stunden verbringen, um sich Bauernhöfe, wunderschöne alte Holzkirchen, Windmühlen, Schenken, Schulen, eine Schmiede, einen kosakischen Verteidigungsposten und ein hübsches Jagdhäuschen auf einer Teichinsel anzuschauen. Dazu kommen die Museen: u. a. das **Museum des ukrainischen bestickten Tuches** (Музей українського рушника), das **Museum für ukrainische Bräuche** (Музей українських обрядів), das **Brot-**

Ukrainische Schmuckstücke – Volkssängerinnen im Freilichtmuseum von Perejaslav-Chmel'nyc'kyj

museum (Музей хліба), das **Museum für die Geschichte der Bienenzucht** (Музей історії бджільництва), das **Museum für volkstümliche Landverkehrsmittel** (Музей народного сухопутного транспорту), das **Poststationsmuseum** (Музей Поштова станція), das **Museum für die Geschichte der Forstwirtschaft** (Музей історії лісового господарства), das **Weltraummuseum** (Музей космосу) sowie das **Scholem-Alejchem-Museum** (1859–1916, Музей Шолом-Алейхема) für den in Perejaslav geborenen Klassiker der jiddischen Literatur (tgl. 10–17 Uhr, Di–Do sind Teile des Freilichtmuseums geschlossen, Freilichtmuseum 15/5 UAH, Museen jeweils 3/2 UAH).

Kirche der hll. Boris und Gleb

Im nordwestlichen Stadtteil Borysivka, am Fluss Al'ta, steht die spätklassizistische **Kirche der hll. Boris und Gleb** (Борисоглібська церква) aus dem Jahr 1839. Der Legende nach wurde sie an der Stelle errichtet, wo der (später kanonisierte) Fürst Boris, der Sohn Volodymyrs des Großen, von seinem Bruder Svjatopolk im Kampf um die Macht getötet wurde.

Übernachten

Im Zentrum ▶ **Pektoral'** (Пектораль): vul. Chmel'nyc'koho/вул. Хмельницького 55, Tel. 04567 553 31, 050 994 44 66, www.pectoral-hotel.com.ua. Das renovierte Hotel bietet Zimmer unterschiedlichen Standards und ein Café mit ukrainischer Küche. DZ/ÜF 140–480 UAH.

Essen & Trinken

Häuslich-gemütlich ▶ **Kozačok** (Козачок): vul. Chmel'nyc'koho/вул. Хмельницького 296, Tel. 067 468 07 68, tgl. 9–23 Uhr. Museumsrestaurant im ukrainischen Volksstil. Auf den Tisch kommen entsprechende Gerichte. Hauptgerichte ca. 45–110 UAH.

Einkaufen

Souvenirs ▶ Taras (Тарас): vul. Ševčenka/вул. Шевченка 3, tgl. 9–17 Uhr. Hier gibt es eine gute Auswahl an Keramik, Gemälden, Holzschnitzereien etc.

Abends & Nachts

Unterhaltungskomplex ▶ Milenium (Міленіум): vul. Chmel'nyc'koho/вул. Хмельницького 129, Tel. 04567 575 59, 066 740 13 36, tgl. 9–5 Uhr. Mit Disco, Restaurant und Billardraum.

Termine

Perejaslav-Fest (Переяслав-fest): Juli. Ethno-Öko-Festival mit Handwerkern, Malern, Musikern, Imkern, Landwirten etc.

Verkehr

Busse: Busbahnhof, vul. Chmel'nyc'koho/вул. Хмельницького 102, Tel. 04567 518 36. Verbindungen nach Kiew.

Taxis: Klasik (Класік), Tel. 067 234 50 00, 063 338 11 80.

Kaniv ▶ 1, L 5

Ca. 50 km weiter südlich liegt am Westufer des Dnipro das Städtchen **Kaniv** (Канів, 26 500 Einw.). Es grenzt an das 1923 gegründete **Kaniver Naturschutzgebiet** (Канівський природний заповідник) mit den Kaniver Bergen (Канівські гори) und den Zmijini-Inseln (Зміїні острови, Schlangeninseln). Zu Zeiten der Kiewer Rus galt Kaniv als gut befestigter Grenzposten. Als 1239/40 die Mongolen in das Gebiet der heutigen Ukraine eindrangen, wurde der Ort zur Residenz der Statthalter Batu Khans. Seit Kaniv im 14. Jh. von Litauen erobert wurde, entwickelte es sich zu einem erfolgreichen Handelsort. 1601 erhielt es Magdeburger Recht, musste jedoch wegen seiner günstigen strategischen Lage am Fluss häufige Herrscherwechsel über sich ergehen lassen. Im 16./17. Jh. wurde Kaniv zu einem Kosakenheiligtum. Im Kloster an der Černeča Hora (Mönchsberg) lebten viele Kosakenveteranen, die davon träumten, wie ihr Held Hetman Ivan Pidkova hier ihre letzte Ruhestätte zu finden. Auch der ukrainische Nationaldichter Taras Ševčenko (1814–1861), der wie kein anderer Dichter den Weg zur Selbstbestimmung der Ukrainer ebnete, wollte an dieser symbolträchtigen Stätte begraben werden.

Mönchsberg (Taras-Berg)

Das **Grab von Taras Ševčenko,** des einflussreichsten ukrainischen Wortkünstlers und Aufklärers, liegt an der Černeča (Tarasova) Hora (Чернеча/Тарасова Гора), dem Mönchs- oder Taras-Berg. Hier wurde ein Kurgan (Grabhügel) aufgeschüttet und 1939 ein Denkmal vom Architekten Jevgenij Levinson und dem Bildhauer Matvej Manizer errichtet. Neben der Grabstätte befinden sich die literarische **Taras-Ševčenko-Gedenkstätte** (Літературно-меморіальний музей Т. Шевченка) und **Taras' Stube** (Тарасова світлиця), eine Hütte und zugleich ein Museum mit historischer Einrichtung, Schenkungen und dem Gästebuch mit den Einträgen vieler prominenter Ukrainer der Gegenwart und Vergangenheit (5/2 UAH).

Das Gelände mit den Denkmälern steht unter Obhut des Nationalen Taras-Ševčenko-Reservats (Шевченківський національний заповідник). Vom Stadtzentrum (vul. Lenina/вул. Леніна) zum etwa 4,5 km entfernten Taras-Berg fahren in regelmäßigen Abständen Busse.

Weitere Sehenswürdigkeiten

Die weiteren Sehenswürdigkeiten von Kaniv konzentrieren sich in einer der zentralen Straßen, der vul. Lenina/вул. Леніна, darunter das **Historische Museum** (Історичний музей, Nr. 15, www.kaniv-museum.at.ua, Mo–Fr 9–13, 14–17 Uhr, 6/3 UAH) und das **Museum für dekorative Volkskunst** (Музей народного декоративного мистецтва, Nr. 64) in der ehemaligen Basilianerschule aus dem 18. Jh. (Tel. 04736 423 91, Mo–Fr 9–13, 14–17 Uhr, 5/3 UAH).

Neben dem Museum steht die 1144 angelegte **Mariä-Himmelfahrt-Kathedrale** (Свято-Успенський собор), ehemals Georgskirche, die im 18. und 19. Jh. umgestaltet wurde.

In der Nr. 78 befindet sich das dem sowjetischen Kinderbuchautor Arkadij Gajdar gewidmete **Bibliotheksmuseum** (Бібліотека-музей Аркадія Ґайдара, Tel. 04736 320 63, Mo–Fr 9–13, 14–17 Uhr, 5/3 UAH).

Übernachten, Essen

Am Fuß des Fürstenberges ▶ **Knjaža hora** (Княжа гора): vul. Dniprovs'ka/вул. Дніпровська 1, Tel. 04736 315 88, 095 283 38 33, www.knyazhagora.com.ua. Das Erholungszentrum bietet neben dem herrlichen Blick auf den Dnipro modern eingerichtete Zimmer, ein Restaurant mit ukrainischer und europäischer Küche (Kindermenüs) sowie eine gute Wein- und Teekarte. Im Restaurant sind Gemälde lokaler Künstler zum Verkauf ausgestellt. Auf dem Hotelgelände gibt es Holzpavillons, einen Kinderspielplatz und einen Sandstrand. Auf Wunsch können Exkursionen organisiert werden, beispielsweise eine Wanderung im Kaniver Naturschutzgebiet, Bootsfahrten, Angelausflüge oder Picknicks. Auch einen Fahrradverleih gibt es. DZ 450–800 UAH.

Verkehr

Busse: Busbahnhof, vul. 206-ji dyviziji/вул. 206-ї дивізії 1, Tel. 04736 322 13. Verbindungen nach Kiew, Uman', Čyhyryn und Trypillja.

Trypillja ▶ 1, K 4

Im Dorf **Trypillja** (Трипілля, 3000 Einw.), ca. 50 km südlich von Kiew am Westufer des Dnipro gelegen, entdeckte der Archäologe Vikentij Chvojka 1896 Spuren einer Ackerbaukultur aus dem 6. Jt. bis 3. Jt. v. Chr. Zwei kleine Museen sind den Funden der Trypillja-Kultur gewidmet: das regionale **Archäologische Museum** (Археологічний музей) in der vul. Herojiv Trypillja/вул. Героїв Трипілля 12 (Tel. 04572 332 99, Mo–Fr 9–17, Sa, So 9–16 Uhr, 5/3 UAH) und das private **Historisch-Archäologische Museum Uraltes Aratta – Ukraine** (Історико-археологічний музей Прадавня Аратта - Україна) in der vul. Rybolovec'ka/вул. Риболовецька 1 mit über 500 Exponaten und der Rekonstruktion einer Trypilljaer Behausung (Tel. 067 771 90 10, www.arattaukraine.com,

Blick vom Mönchs- oder Taras-Berg in Kaniv über den Dnipro

Di–So 10–17 Uhr oder nach Vereinbarung am Mo, 20 UAH, s. auch S. 30).

Übernachten

Stilmix ▶ **Trypillja** (Трипілля): Tel. 044 585 55 66/72, 050 383 31 17, www.trypillya.com.ua (engl.). Das moderne Landhotel am Blauen See ist im Stil der Trypillja-Kultur gehalten – typische Ornamente und Keramik schmücken die vornehmen, komfortablen Zimmer und das Restaurant. DZ/ÜF ab 800 UAH.

Vasyl'kiv ▶ 1, K 4

Die alte ostslawische Kreisstadt **Vasyl'kiv** (Васильків, 40 000 Einw.), ein Ausflugsziel ca. 35 km südwestlich von Kiew, führt ein gemächliches Dasein im Schatten der Metropole. 988 von Volodymyr dem Großen gegründet und zunächst nach dem christlichen Namen des Kiewer Großfürsten Vasyliv benannt, war die Siedlung zur Zeit der Kiewer Rus eine wichtige Befestigung zum Schutz vor den Angriffen der Nomaden. Fürst Volodymyr kämpfte hier mit den Petschenegen. Für seine wunderbare Rettung am Tag der Verklärung des Herrn bedankte er sich mit der Errichtung der Verklärungskirche, nahe der heutigen Kathedrale. 1157 wurde Vasyliv in Vasyl'kiv – zu Ehren des neuen Herrschers Vasyl'ko – umbenannt.

Nach seiner Verwüstung durch die Mongolen 1240 wurde der Ort als alte Domäne des Kiewer Höhlenklosters in den 70er-Jahren des 16. Jh. wieder aufgebaut, er bekam ein Schloss und Befestigungsanlagen und erhielt 1586 das Magdeburger Recht. Zwischen 1648 und 1654 war Vasyl'kiv Schauplatz des Befreiungskrieges und Standort des Kiewer Kosakenregiments. Die militärische Bedeutung dauerte fort: Nach der Eingliederung der Rechtsufrigen Ukraine ins Russische Reich befand sich in Vasyl'kiv eine der Dekabristenzentralen. Am Aufstand des Černihiver Regiments gegen den Zaren beteiligten sich die Vasyl'kiver Kompanien. Der Aufruhr endete mit der Hinrichtungen oder Verbannung der Aufständischen.

Historisch-Landeskundliches Museum

Sehenswert ist das **Historisch-Landeskundliche Museum** (Історико-краєзнавчий музей) in der vul. Volodymyrs'ka/вул. Володимирська 2 mit seiner archäologischen Sammlung von Funden aus der Zeit der Skythen und der Kiewer Rus sowie den Objekten aus der Vasyl'kiver Majolikafabrik (Tel. 04571 518 77, Di–Sa 9–17 Uhr, 5/3 UAH.

Kirchen

Beeindruckend ist zweifellos die schöne **Kathedrale der hll. Antonius und Theodosius** (Собор Святих Антонія і Феодосія) in der vul. Soborna/вул. Соборна 61. Sie wurde 1758 im Stil des ukrainischen Barock vom Architekten Stepan Kovnir (1695–1786) entworfen und ist mit ihren abgerundeten Apsiden und fünf ovalen Kuppeln harmonisch proportioniert. Im Innern sind Malereien aus dem 19. Jh. zu sehen. Die Kathedrale trägt den Namen eines der Begründer des Höhlenklosters in Kiew (s. S. 125), des in Vasyliv geborenen Theodosius (Feodosij) von Pecers'k (um 1036–1074). Nach jahrelanger Zweckentfremdung ab 1961 wurde sie renoviert und 1990 wieder eröffnet. Die Kathedrale steht an der Stelle der mittelalterlichen Festungssiedlung Vasyliv (Городище, 10.–13. Jh.), deren Schutzwälle in der Umgebung des Gotteshauses noch zu erkennen sind.

Die **Nikolauskirche** (Миколаївська церква, 1792) in der vul. Ševčenka/вул. Шевченка 11 verbindet Barock und Klassizismus. Im nördlichen Stadtteil Zapadynka (Западинка) steht die bescheidene hölzerne **Mariä-Geburt-Kirche** (Церква Різдва Богородиці) von 1859 (vul. Dekabrystiv/вул. Декабристів 216).

Verkehr

Busse: Busstation, vul. Volodymyrs'ka/вул. Володимирська. Verbindungen nach Kiew, Bila Cerkva und Fastiv. In Obuchiv (Обухів) – von Kiew aus erreichbar – Anschlussbusse nach Trypillja.

Taxi: Servis-Taksi (Сервіс-Таксі), Tel. 067 936 45 45, 050 330 80 60, 063 134 33 33.

Bila Cerkva ►1, J 5

Am Fluss Ros', ca. 50 km südlich von Vasyl'kiv und 85 km südlich von Kiew, liegt **Bila Cerkva** (Біла Церква, 196 000 Einw.). Die nach Kiew zweitgrößte Stadt des Gebiets, die sich im 20. Jh. zu einem wichtigen Industriestandort entwickelte, besitzt wertvolle Architekturdenkmäler und einen der schönsten Landschaftsparks des Landes.

1032 ließ der Kiewer Großfürst Jaroslav der Weise an der südlichen Grenze der Kiewer Rus die Befestigung Jurjiv errichten. Der heutige Ortsname (›Weiße Kirche‹) geht auf die 1050 erbaute bischöfliche Kirche zurück.

Wie die meisten Städte des Kiewer Reiches litt im 13. Jh. auch Bila Cerkva unter den Angriffen der Mongolo-Tataren. Erst Mitte des 16. Jh. erwachte der Ort zu neuem Leben, er erhielt ein Schloss, das während der Aufstände und im ukrainischen Befreiungskrieg von den Kosaken zerstört wurde. Im Laufe mehrerer Jahrzehnte entwickelte sich Bila Cerkva zu einem strategisch wichtigen Zentrum des ukrainischen Kosakentums.

Unter den Polen kam die Stadt 1620 in den Genuss des Magdeburger Rechts. 1774 ging sie in den Besitz des Hetmans der Polnischen Krone, Franciszek Ksawery Branicki, über, der sich durch die Hinrichtung der Hajdamaken hervorgetan hatte. Er erweiterte seine neue Residenz um eine prächtige Palastanlage und einen üppigen Landschaftspark.

1793 geriet Bila Cerkva unter russische Herrschaft. Gegen Ende des 19. Jh. verzeichnete man erneut lebhafte Handelsaktivitäten und in der zweiten Hälfte des 20. Jh. etablierte sich Bila Cerkva als Industriestadt.

Kathedralenplatz

Seit je bildet der Kathedralenplatz oder **Soborna plošča** (Соборна пл.) den Mittelpunkt von Bila Cerkva. Hier, auf dem Schlossberg, erhoben sich die alte Kernburg und die weiße Kirche, der die Stadt ihren Namen verdankt. Heute schmückt den Platz ein imposanter klassizistischer Bau, die römisch-katholische **Kirche Johannes Baptista** (Костел Іоана Предтечі 4/1, 1796–1812) mit reicher Innenausstattung. Sie wurde von den Branickis als Familiengruftkirche gestiftet. Nach der Schließung in den 1930er-Jahren war sie während der deutschen Okkupation für kurze Zeit geöffnet und diente u. a. als Lager. Seit ihrer Wiedereröffnung und der Installation einer Orgel der tschechischen Firma Rieger-Kloss im Jahr 1990 werden hier auch Orgel- und Kammerkonzerte gegeben.

In der Nähe befindet sich das regionale **Landeskundemuseum** (Краєзнавчий музей) mit numismatischen, ethnografischen, archäologischen und naturkundlichen Exponate, darunter Stücke aus der Kosakenzeit sowie alte Drucke des 16.–19. Jh. und Kunstwerke des 17.–19. Jh. (www.bkm.org.ua, engl., Do–Di 10–19.30 Uhr, 8/4 UAH).

Vulycja Haharina

Aleksandra Branicka stiftete ein weiteres klassizistisches Gotteshaus, die zwischen 1833 und 1839 errichtete **Verklärungskathedrale** (Преображенський кафедральний собор, vul. Haharina/вул. Гагаріна 10), in der sie auch ihre letzte Ruhe fand.

Gleich nebenan steht die bescheidene, barocke **Nikolauskirche** (Микільська церква, 1706). Ihr Stifter, der in der Nähe von Bila Cerkva geborene und eine Zeit lang in der Stadt residierende Kosakenhetman Ivan Mazepa, wollte eigentlich ein weitaus erhabeneres Gebäude verwirklichen, doch der Nordische Krieg machte seine Pläne zunichte. Die 1852 erbaute Kirche ist das Seitenschiff des ursprünglichen Projektes.

Kaufhallen

Die **Kaufhallen** (Торгівельні ряди, 1809–1814) an der Torhova pl./Торгова пл. wurden von den Branickis zur Verpachtung an die eingewanderten jüdischen Kaufleute errichtet und bildeten schnell den Mittelpunkt jüdischen Lebens in Bila Cerkva.

Oleksandrijs'kyj bul'var

Spaziert man den vom Kathedralenplatz Richtung Nordwesten führenden bul'v. Oleksandrijs'kyj/бульв. Олександрійський (50-riččja Peremohy/50-річчя Перемоги) ent-

In Oleksandrija lebt die vergangene Pracht des 19. Jh. in Wasserläufen, Ruinen und altem Baumbestand weiter

lang, passiert man zunächst in Nr. 7 den 1796 erbauten ehemaligen **Branicki-Winterpalast** (Зимовий палац). In ihm ist gegenwärtig die Kunstschule untergebracht. Beachten sollte man auch die klassizistische **Poststation** (Поштова станція, Nr. 41 und 45) aus den Jahren 1825–1831 mit Hotel, Wächterhaus, Wagenschuppen, Pferdestall und Schmiede sowie das ebenfalls klassizistische **Lagergebäude** (Nr. 62). Der Boulevard führt weiter zum Landschaftsgarten Oleksandrija.

Landschaftsgarten Oleksandrija

Mit seinen 300 ha zählt der **Landschaftsgarten Oleksandrija** (Дендрологічний парк Олександрія, Skvyrs'ke šose, Сквирське шосе) mit zu den größten und zugleich schönsten der Ukraine. Er wurde um die Wende vom 18. zum 19. Jh. von Aleksandra Branicka, geborene Engelhardt, angelegt. Die Nichte des Fürsten Potëmkin und Gemahlin von Franciszek Ksawery Branicki war ein Hoffräulein von Katharina der Großen und wollte auf ihrem neuen Familiensitz die Schönheit und Pracht des Petersburger Zarendorfes aufleben lassen. Am Fluss Ros' ließ sie ihre herrliche Sommerresidenz errichten, die jedoch im Laufe der Kriegswirren u. a. den Sommerpalast samt Gästehaus, Zaren- und Ballpavillon einbüßte. Später wurde der Park rekonstruiert und glänzt heute mit rund 2000 Pflanzenarten. Für ausreichend Abwechslung sorgen Wasserspiele, verträumte Teiche und Lauben, Kolonnaden und romantische Ruinen, schattige Alleen und sonnige Wiesen, Brücken und Skulpturen (www.alexandriapark.kiev.ua, 16. April–Nov. Mi–Mo 9–12, 13–17, Dez.–15. April Mo–Fr 9–12, 13–17 Uhr, 6/3 UAH, Museum 6/4 UAH).

Auf der anderen Flusseite

Am rechten Ros'-Ufer, in der vul. Škil'na/вул. Шкільна, 11/16, kann die ebenfalls von Aleksandra Branicka gestiftete **Kirche der hl. Maria Magdalena** (Церква Святої Марії Магдалини) von 1843 besichtigt werden. In der Sowjetzeit war sie die einzige religiösen Zwecken dienende Kirche in Bila Cerkva. Seit 1997 ist sie Mittelpunkt des gleichnamigen orthodoxen Nonnenklosters.

Tipp: Abstecher zum Gut Hańskis nach Verchivnja ▶ J 5

Auf halbem Weg zwischen Bila Cerkva und Berdyčiv kann man in **Verchivnja** (Верхівня, 1100 Einw.) auf den Spuren des großen französischen Schriftstellers **Honoré de Balzac** wandeln – sein Name ist eng verbunden mit dem Herrengut der polnischen Adelsfamilie Hański (Садиба Ганських).

Ewelina Hańska erhielt das Gut als Hochzeitsgeschenk ihres Mannes Wacław Hański. 1832 schrieb sie Balzac einen ersten Brief mit Reflexionen zu seinem Werk, ein Jahr später kam es zu einem persönlichen Treffen in der Schweiz. Der Briefwechsel der beiden zog sich über fast zehn Jahre hin und zwischen 1847 und 1850 weilte Balzac mehrere Male in Verchivnja. 1850 heiratete er die inzwischen verwitwete Ewelina. Anschließend zog das Ehepaar nach Frankreich, wo Ewelina auch nach dem Tod ihres Mannes blieb.

Den Mittelpunkt des ehemaligen Gutes bildet der in den 1780er-Jahren im Empirestil errichtete **Palast** mit erhabenem Portikus. Das Ensemble wird ergänzt von zwei **Flügelbauten** vom Ende des 18. Jh. mit unterirdischen Gängen und der **Kirche** von 1810 mit der Gruft der Familie Hański. Die Gebäude liegen in einem schönen **Landschaftspark** – mit Balzac-Brunnen. In den seinerzeit von ihm bewohnten Räumen ist ein **Museum** (Музей О. де Бальзака) eingerichtet (Tel. 04138 956 23, 097 945 32 98, Di–Fr 9–17 oder nach Vereinbarung am Wochenende, 3/1,50 UAH).

Übernachten

Zentral ▶ **Sobornyj** (Соборний): Soborna pl./Соборна пл. 1/1, Tel. 04563 996 20, www.hotel-sobornuy.com.ua (dt.). Das Hotel liegt am historischen Kathedralenplatz. Die Zimmer sind komfortabel und elegant eingerichtet. Das dazugehörige Restaurant serviert europäische und ukrainische Küche. DZ/ÜF 400–700 UAH.

Essen & Trinken

Rustikal ▶ **Traktir"** (Трактиръ): bulv. Oleksandrijs'kyj (50-riččja Peremohy)/бульв. Олександрійський (50-річчя Перемоги) 13 a, Tel. 04563 918 17, 067 230 53 56, www.traktir-bc.com.ua, tgl. 12–2 Uhr. Nationale und kaukasische Küche, am Wochenende Grillgerichte und Livemusik. Im Sommer speist man in gemütlichen Lauben im Freien – neben einem Kinderspielplatz und einer Bootsanlegestelle. Mit Mini-Hotel. Hauptgerichte ca. 15–60 UAH.

Einkaufen

Souvenirs ▶ **Oberih** (Оберіг): vul. Chmel'nyc'koho/вул. Хмельницького 8, Mo–Fr 10–18, Sa 10–15 Uhr. Bestickte Tücher und ukrainische Volkstrachten.

Abends & Nachts

Sláinte! ▶ **Dublin** (Дублін): vul. Pidval'na/вул. Підвальна 10, Tel. 04563 903 75, www.hostdvir.com.ua, tgl. 11–24 Uhr. Irische, aber auch englische und französische Küche, herzhafte Vorspeisen und gute Bierauswahl.

Termine

Hnizdo (Гніздо): Aug. Zum alljährlichen Pop-Rock-Festival kommen am Flugplatz Hajok die populärsten Bands des Landes zusammen (www.gnizdo.com.ua).

Verkehr

Züge: Bahnhof, vul. Pryvokzal'na/вул. Привокзальна 32, Tel. 04563 526 33. Züge nach Kiew.

Busse: Busstation, vul. Kucenka/вул. Куценка 1, Tel. 04563 556 79. Verbindungen zu allen Orten der Umgebung.

Taxis: Tel. 04563 555 55.

Berdyčiv ▶ 1, H 4/5

Berdyčiv (Бердичів, 87 000 Einw.) ist die zweitgrößte Ortschaft des Gebiets Žytomyr und befindet sich ca. 40 km südlich dieser

Stadt. Der Ort liegt in einem seit der Bronzezeit besiedelten Territorium, wurde aber erst im Laufe des 15. Jh. gegründet und 1545 erstmals schriftlich erwähnt. 1569 geriet Berdyčiv unter polnische Herrschaft, 1793 wurde der Ort ins Russische Reich eingegliedert und erlebte daraufhin einen spürbaren Aufschwung – insbesondere aufgrund der zahlreich zugewanderten Juden, die in der zweiten Hälfte des 19. Jh. über 90 % der Bevölkerung ausmachten. Überdies war Berdyčiv, im 19. Jh. eine der größten Städte der Ukraine, auch ein Zentrum der katholischen Pilger. Da die wichtigsten Verkehrswege am Ort vorbeiführten, wirkt Berdyčiv heute eher wie ein Provinzstädtchen.

Wehrkloster der Barfüßigen Karmeliter

Stolz und Zierde der Stadt ist das **Wehrkloster der Barfüßigen Karmeliter** (Монастир Кармелітів Босих, Soborna pl./Соборна пл. 25). 1630 schenkte der Kiewer Wojwode und Starost Janusz Tyszkiewicz den Barfüßigen Karmelitern ein Grundstück und dazu die Familienreliquie – eine wundertätige Ikone der Muttergottes, die Berdyčiv berühmt machte. Der Legende nach kam Tyszkiewicz durch das Versprechen, ein Karmeliterkloster zu stiften, aus der türkischen Gefangenschaft frei. Die Ikone, die bald weitere Wunder bewirkte, wurde von Papst Benedikt IV. bekrönt und machte das Kloster zu einem prominenten Wallfahrtsziel. Seit das Original des heiligen Bildes im Zweiten Weltkrieg verloren ging, beten die Gläubigen vor einer von Papst Johannes Paul II. geweihten Kopie.

Das Kloster war eine der mächtigsten sakralen Wehranlagen der Region, eingefasst von massiven Verteidigungsmauern mit Wehrtürmen und einer Zugbrücke. Über dem Haupteingang erhebt sich der Torbau aus der zweiten Hälfte des 18. Jh. Das zentrale Gebäude ist die barocke **Marienkirche** (Костел Діви Марії) mit der Unteren Kirche (Нижній храм, 1634) und der Oberen Kirche (Верхній храм, 1739–1754) nach Plänen von Jan de Witte. An beiden Seiten schließen die **Mönchszellen** mit den Glockentürmen an. Ein Gebäudeflügel beherbergt das überaus besuchenswerte **Museum der Geschichte von Berdyčiv** (Музей історії Бердичева; Di–Fr 9–13, 14–18, Sa, So 9–13, 14–17 Uhr, Eintritt frei).

Seit seiner Gründung wurde das Kloster mehrmals angegriffen und geschlossen. Im Jahr 1926 löste man es ganz auf und wandelte es in ein Kino und in ein Museum für Religionsgeschichte um. 1941 wurde das Gebäude bei einem Brand stark beschädigt. In den 1990er-Jahren schließlich kamen die Barfüßigen Karmeliter hierher zurück.

Synagogen

Am **Taras-Ševčenko-Park** (Парк ім. Т. Г. Шевченка) an der vul. Lenina/вул. Леніна vorbei gelangt man zur ehemaligen, im Jahr 1850 errichteten **Choralsynagoge** (Хоральна синагога) in der vul. Sverdlova/вул. Свердлова 5/2. Gegenüber steht die zentrale **Synagoge** (Центральна синагога) von 1891 – zwei Überbleibsel der zahlreichen jüdischen Gebetshäuser, die in der Stadt im 18. und 19. Jh. existierten.

Liebknechtstraße

In der vul. Libknechta/вул. Лібкнехта befinden sich die **Nikolauskirche** (Миколаївська церква, Nr. 2) aus dem Jahr 1910 sowie das ehemalige **Theatergebäude** (Театр, Nr. 21) von 1908–1912, in dem heute der Kulturpalast residiert.

In der römisch-katholischen **Barbarakirche** (Костел Святої Варвари, Nr. 25) heirateten am 14. März 1850 Honoré de Balzac und die polnische Gräfin Ewelina Hańska. Das erste aus Holz errichtete Gotteshaus an dieser Stelle wurde 1759 gestiftet, die heutige Kirche stammt von 1826 (www.parafia.swbarbara.org.ua).

Jüdischer Friedhof

Auf dem **Jüdischen Friedhof** (Кіркут) im Norden der Stadt (vul. Lenina/вул. Леніна 78) liegt der einflussreiche chassidische Rabbiner Zaddik **Levi Jizchak von Berdyčiv** (1740–1810) bestattet. Über seinem Grab wurde ein Mausoleum errichtet.

Übernachten

Komfortabel ▶ Pan Hotel' (Пан-Готель): Pryvokzal'na pl./Привокзальна пл. 1 a, Tel. 04143 412 22, 067 235 37 37, www.pan.zt.ua. 3-Sterne-Hotel mit Zimmern unterschiedlicher Kategorien im Gebäude des Busbahnhofs. DZ 100–440 UAH.

Aktiv

Stadtführungen und Ausflüge ▶ Reise- und Exkursionsbüro von Berdyčiv (Бердичівське бюро подорожей та екскурсій): vul. Libknechta/вул. Лібкнехта 8, Tel. 04143 210 78, Mo–Fr 9–17 Uhr.

Verkehr

Züge: Bahnhof, Pryvokzal'na pl./Привокзальна пл. 1, Tel. 04143 903 11, 902 11. Verbindungen nach Žytomyr, Bila Cerkva und Kiew.

Busse: Busbahnhof, Pryvokzal'na pl./Привокзальна пл. 1 a, Tel. 04143 213 31. Verbindungen in die Umgebung sowie nach Žytomyr.

Taxis: Tel. 04143 240 62, 410 62, 050 463 10 62, 067 501 60 62.

Žytomyr ▶ 1, H 4

Cityplan: S. 174

Die Gebietshauptstadt **Žytomyr** (Житомир, 283 000 Einw.) ist eine der ältesten Städte der Ukraine. Über die M 06 ist sie von Kiew aus schnell zu erreichen (ca. 130 km). Die gut ausgebaute P 10 verbindet sie mit Berdyčiv und Vinnycja.

Eine Legende führt die Gründung und den Namen der Stadt auf Žytomyr zurück, einen Gefolgsmann der Kiewer Fürsten, der sich 884 am Zusammenfluss von Teteriv und Kamjanka niederließ. Als Siedlung der Kiewer Rus wurde Žytomyr zunächst 1320 und erneut 1362 von Litauen eingenommen. 1444 erhielt die Stadt Magdeburger Recht, doch dies konnte sie nicht vor den Übergriffen der Tataren schützen. Deren Vernichtungswerk vollendete der große Brand von 1522, dem viele historische Denkmäler zum Opfer fielen. Erst als die Stadt ab 1569 wieder zu Polen-Litauen gehörte, lebte sie erneut auf und wurde 1668 zur Kreisstadt. Aus dieser Zeit stammen die meisten katholischen Gotteshäuser – das Erbe der intensiven Katholisierung der Region.

Die nächste historische Zäsur markierte Žytomyrs Eingliederung in das Russische Reich 1793. 1804 etablierte sich die Stadt als Zentrum des Gouvernements. 1918 residierte hier einige Wochen lang die Regierung der Ukrainischen Volksrepublik.

Das Zentrum rund um den Schlossplatz

Žytomyrs Geschichte beginnt am Schlossberg, der **Zamkova Hora** (Замкова Гора). Die Gründung des Ortes hängt unmittelbar mit der Errichtung der Burg zusammen, von der heute nur noch schwer identifizierbare Wälle übrig sind. Wo sich im Mittelalter die Residenz des Stadtgründers befand, breitet sich heute einer der zentralen Plätze Žytomyrs aus, der **Schlossplatz** (Zamkovyj majdan/Замковий майдан). Unmittelbar daran angrenzend beherbergt der neobarocke ehemalige Bischofspalast (Палац єпископів) heute das **Landeskundemuseum** 1 (Краєзнавчий музей), in dem man Näheres über Geschichte und Kultur des Gebiets und seiner Hauptstadt erfährt. Ausgestellt sind wertvolle Möbel und westeuropäische Kunst des 16.–19. Jh., die zum großen Teil aus nach der Revolution von 1917 verlassenen Adelspalästen stammen (Tel. 0412 47 49 20, 47 49 24, Mo–Fr, So 10–17 Uhr, 6/3 UAH).

Dominierend auf dem Schlossplatz ist die römisch-katholische **Sophienkathedrale** 2 (Кафедральний костел Святої Софії) im barock-klassizistischen Stilmix. Zwischen 1737 und 1751 wurde sie nach barocken Vorgaben errichtet, doch bald darauf von russischen Truppen zerstört, da sich die Žytomyrer polnischen Adligen und ihrer gegen Russland gerichteten Barer Konföderation angeschlossen hatten.

Die an den Schlossplatz anschließende vul. Kafedral'na/вул. Кафедральна schmücken das aus dem Jahr 1789 stammende

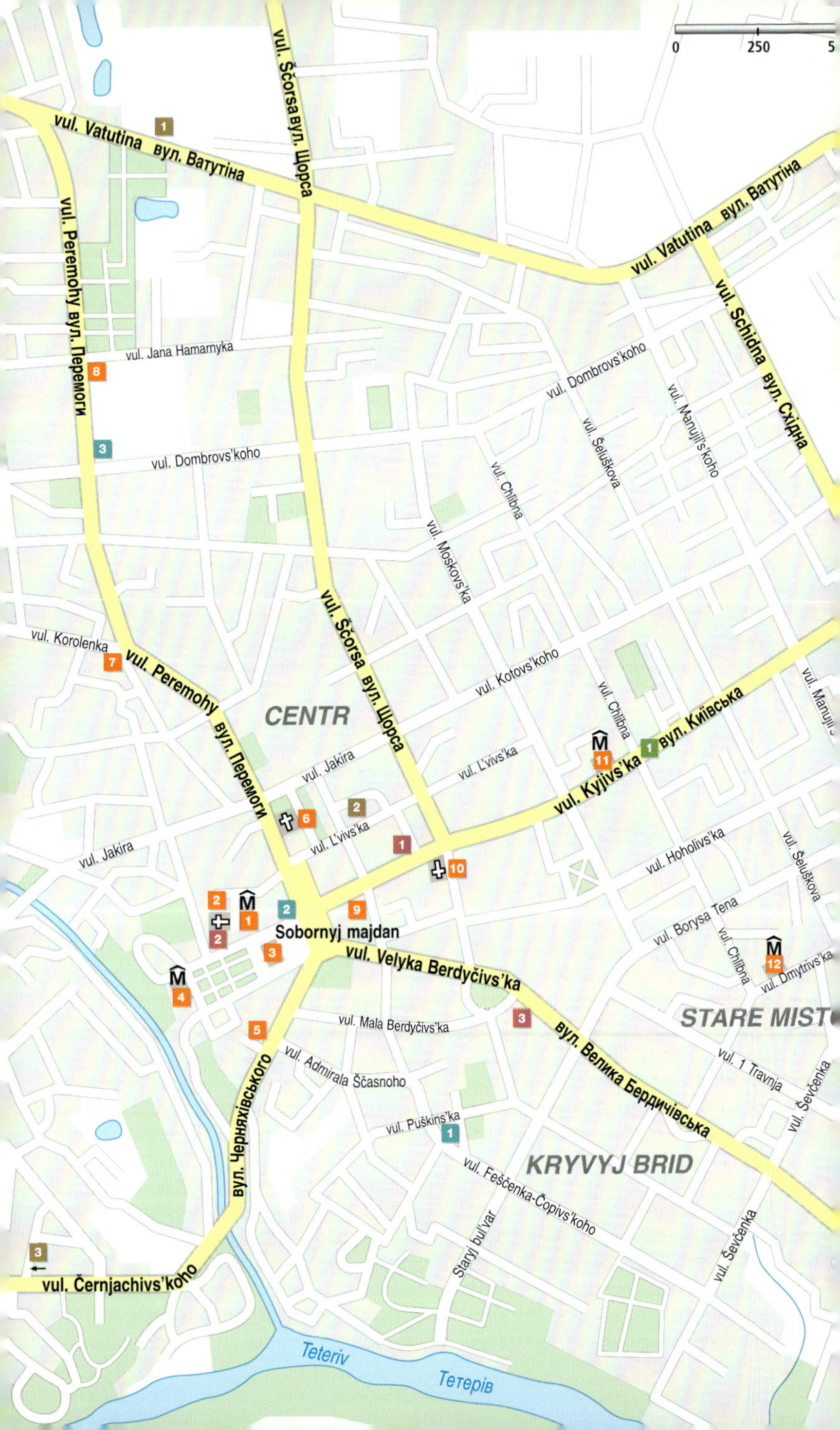

0
250
vul. Vatutina
вул. Ватутіна
vul. Ščorsa
вул. Щорса
vul. Peremohy
вул. Перемоги
vul. Schidna
вул. Східна
vul. Jana Hamarnyka
vul. Dombrovs'koho
vul. Manujil's'koho
vul. Šeluškova
vul. Chlibna
vul. Moskovs'ka
vul. Korolenka
vul. Kotovs'koho
CENTR
vul. Jakira
vul. L'vivs'ka
vul. Kyjivs'ka
вул. Київська
vul. Hoholivs'ka
vul. Borysa Tena
vul. Dmytrivs'ka
Sobornyj majdan
vul. Velyka Berdyčivs'ka
вул. Велика Бердичівська
STARE MISTO
vul. Mala Berdyčivs'ka
vul. Admirala Ščasnoho
vul. 1 Travnja
vul. Ševčenka
vul. Puškins'ka
вул. Черняхівського
KRYVYJ BRID
vul. Feščenka-Čopivs'koho
Staryj bul'var
vul. Černjachivs'koho
Teteriv
Тетерів

Žytomyr

Sehenswert
1 Landeskundemuseum (ehemaliger Bischofspalast)
2 Sophienkathedrale
3 Magistratsgebäude
4 Naturkundemuseum (Kreuzerhöhungskirche)
5 Jesuitenkloster
6 Verklärungskathedrale
7 Vladimir-Korolenko-Gedenkstätte
8 Poststation
9 Seminarkirche des hl. Johannes von Dukla
10 Michaelskathedrale
11 Literarisches Museum
12 Raumfahrtmuseum

Übernachten
1 Dodo
2 Žytomyr
3 Domašnij hotel'

Essen & Trinken
1 12 stil'civ
2 Zamkovyj
3 SušiJa

Einkaufen
1 Shoppingmeile vul. Kyjivs'ka

Abends & Nachts
1 Philharmonie
2 Schulz
3 Indigo

Aktiv
1 Žytomyrturyst

Magistratsgebäude 3 (Маґістрат, Nr. 3) und die **Kreuzerhöhungskirche** (Церква Здвиження Чесного Хреста, Nr. 14). Das im 19. Jh. im byzantinisch-russischen Stil erbaute Gotteshaus beherbergt seit seiner Schließung in den 1930er-Jahren das **Naturkundemuseum** 4 (Музей природи) mit geologischen und zoologischen Sammlungen (Di–Sa 10–17.15 Uhr, 6/3 UAH).

Südlich davon, in der vul. Černjachivs'koho/вул. Черняхівського 12, findet man die Ruinen des **Jesuitenklosters** 5 (Монастир єзуїтів). Die Mönchszellen stammen aus der Zeit von 1724.

Die Siegesstraße entlang

Am **Siegesplatz** (majdan Peremohy/майдан Перемоги 12/14) steht einer der schönsten Sakralbauten von Žytomyr, die dreischiffige orthodoxe **Verklärungskathedrale** 6 (Преображенський кафедральний собор). Sie wurde zwischen 1866 und 1874 in russisch-byzantinischer Bautradition errichtet und birgt wunderschöne Wandmalereien aus dem 19. Jh. sowie sehenswerte Steinmetzornamente.

Bewegt man sich auf der vul. Peremohy/вул. Перемоги) in Richtung Norden, kommt man zur **Vladimir-Korolenko-Gedenkstätte** 7 (Літературно-меморіальний музей В. Г. Короленка) in der links abzweigenden vul. Korolenka/вул. Короленка 1. In dem Haus verbrachte der Schriftsteller seine Kindheit und Jugendzeit (Di–Sa 10–17.30 Uhr, 6/3 UAH). Noch weiter nördlich, in der vul. Peremohy/вул. Перемоги 72, befindet sich die historische **Poststation** 8 (Поштова станція) aus der Mitte des 19. Jh. – mit Postgebäude, Hotel und Pferdeställen.

Vulycja Kyjivs'ka

Die römisch-katholische **Seminarkirche des hl. Johannes von Dukla** 9 (Семінарський костел Святого Іоана з Дуклі) in der vul. Kyjivs'ka/вул. Київська 4 entstand 1838–1842 anstelle einer hölzernen Klosterkirche. Bis zur Oktoberrevolution 1917 beherbergte das Gotteshaus das Geistliche Seminar. Danach wurde die Kirche geschlossen und erst 1992 den Franziskanermönchen zurückgegeben.

Die 1856 vom Kaufmann Mychajlo Chabotin gebaute orthodoxe **Michaelskathedrale** 10 (Михайлівський кафедральний собор, vul. Kyjivs'ka/вул. Київська 18) mit ihrer großen zentralen Kuppel diente zu Sowjetzeiten als Vereinshaus und Puppentheater. (www.smk-sobor.org.ua).

In der vul. Kyjivs'ka/вул. Київська 45 lädt das **Literarische Museum** 11 (Літературний музей) zu einem Besuch ein. Es informiert über die literarischen Werke regionaler Schriftsteller und über den Übersetzer und Dichter Borys Ten (1897–1983; Tel. 0412 37 48 82, 42 18 94, Mo–Fr 9–18 Uhr oder nach Vereinbarung, 3/1,50 UAH).

Raumfahrtmuseum 12

Eines der interessantesten und spannendsten Museen der Stadt ist das **Raumfahrtmuseum** (Музей космонавтики ім. С. П. Корольова) in der vul. Dmytrivs'ka/вул. Дмитрівська 5. Seine Geschichte begann mit der Einrichtung einer Gedenkstätte für den in Žytomyr geborenen Serhij Koroljov (Sergej Korolëv), der als Raketenkonstrukteur berühmt geworden ist. Nach und nach kamen weitere Ausstellungen hinzu, die sich geschichtlichen und technischen Themen der Raumfahrt widmen. Regelmäßige Sonderschauen beschäftigen sich mit der Stellung des Menschen im Weltall (www.cosmosmuseum.info, engl., Di–So 10–13, 14–18 Uhr, 4/2 UAH).

Übernachten

Ansprechend ▶ **Dodo** 1 (Додо): vul. Vatutina/вул. Ватутіна 13, Tel. 0412 46 46 64, www.dodo.in.ua. Das neue, moderne Hotel des gleichnamigen Unterhaltungskomplexes nahe dem Stadtzentrum zeichnet sich durch das individuelle Design seiner Zimmer aus. Restaurant mit europäischer Küche und Sushi, Bowling, Billard, Diskothek. DZ/ÜF 650–850 UAH.

Zentral ▶ **Žytomyr** 2 (Житомир): pl. Peremohy/пл. Перемоги 6, Tel. 0412 234 43, 234 44, www.hotel-zhytomyr.com (engl.). 250 Zimmer unterschiedlicher Ausstattung und Preiskategorie. Im Restaurant speist man ukrainisch. Zu den Extras gehören Friseursalon, Dolmetscherservice und Exkursionen. DZ/ÜF 365–700 UAH.

Gepflegt ▶ **Domašnij hotel'** 3 (Домашній готель): prov. Pioners'kych Taboriv/пров. Піонерський Таборів 4, Tel. 097 228 27 56, 063 897 96 51, www.hotelzt.at.ua (dt.). Das Zimmerangebot in dem privaten Familienhotel reicht von Standard- bis zu Luxusunterkünften und Apartments. Es gibt eine Sauna und einen gemütlichen, grünen Innenhof mit

Die didaktisch ansprechende Präsentation gepaart mit Originalrelikten der Raumfahrt macht das gleichnamige Museum sehenswert

Grillmöglichkeit. Das Frühstück für zwei kostet zusätzlich 50 UAH. DZ 180–500 UAH.

Essen & Trinken

Literarisch ▶ **12 stil'civ** 1 (12 стільців): vul. Kyjivs'ka/вул. Київська 13, Tel. 0412 42 23 27, tgl. 11–24 Uhr. Das Menü und die Einrichtungsgegenstände aus den 1920er/1930er-Jahren wurden im Geiste des Romans »Zwölf Stühle« von Il'f und Petrov zusammengestellt: gestreifte Stühle, Fotografien, samtene Lampenschirme und ein Grammofon bilden den Rahmen für sowjetische, kreativ-minimalistische Küche. Hauptgerichte ca. 30–80 UAH.

In der Altstadt ▶ **Zamkovyj** 2 (Замковий): vul. Kafedral'na/вул. Кафедральна 8, Tel. 0412 46 03 02, 46 03 04, tgl. 9–2 Uhr. Beliebtes Restaurant mit mittelalterlichem Dekor auf dem Schlossberg. Europäisch-ukrainisches Menü und Livemusik. Hauptgerichte ca. 22–50 UAH.

Frischer Fisch ▶ **SušiJa** 3 (СушіЯ): vul. Velyka Berdyčivs'ka/вул. Велика Бердичівська 12, Tel. 0412 41 88 63, www.sushi-ya.com.ua, tgl. 10–24 Uhr. Zentral gelegen, funktional-modern und dennoch einladend: Die Sushi-Bar bietet traditionelles Sushi und andere japanische Köstlichkeiten an. Gerichte ca. 14–95 UAH.

Einkaufen

Shoppingmeile ▶ **vul. Kyjivs'ka** 1 (вул. Київська): Die Haupteinkaufsstraße von Žytomyr mit zahlreichen Läden.

Abends & Nachts

Anspruchsvoll ▶ **Philharmonie** 1 (Філармонія): vul. Puškins'ka/вул. Пушкінська 26, Tel. 0412 37 41 54.

Frisches Bier ▶ **Schulz** 2: vul. Peremohy/вул. Перемоги 1, Tel. 0412 41 89 96, 063 533 03 00, www.schulz.com.ua, tgl. 11–23 Uhr. Kneipe einer Privatbrauerei im Stil deutscher oder tschechischer Bierstuben. Livemusik, Show-Programme und Jazz-Abende.

Bis in die Puppen ▶ **Indigo** 3: vul. Peremohy/вул. Перемоги 68, Tel. 067 410 09 60, 0412 42 67 67, www.indigoclub.info, ab 21 Uhr. Nachtclub mit großer Tanzfläche. Sushi-Bar und Poker-Club.

Aktiv

Stadtführungen und Ausflüge ▶ **Žytomyrturyst** 1 (Житомиртурист): vul. Velyka Berdyčivs'ka/вул. Велика Бердичівська 67, Tel. 0412 34 15 41, Mo–Fr 9–18 Uhr.

Verkehr

Züge: Bahnhof, Pryvokzal'nyj majdan/Привокзальний майдан 2, Tel. 0412 37 40 09. Züge nach Korosten', Vinnycja, Berdyčiv und Kiew.

Busse: Zentraler Busbahnhof, vul. Kyjivs'ka/вул. Київська 93, Tel. 0412 36 14 56, 41 27 98. Verbindungen u. a. nach Černihiv, Korosten', Vinnycja, Berdyčiv und Kiew.

Taxis: Radio Taksi 083 (Радіо Таксі 083), Tel. 0412 41 30 93, 42 03 04, 44 51 77; Pik-nik (Пік-нік), Tel. 04136 213 66.

Mietwagen: Avto-Drajv (Авто-Драйв), vul. Vatutina/вул. Ватутіна 57, Tel. 0412 41 77 97, www.autodrive.ua (engl.).

Korosten' ▶ 1, H 3

Die Kreisstadt **Korosten'** (Коростень, 67 000 Einw.) ca. 90 km nördlich von Žytomyr ist eine der ältesten Städte der Ukraine und hat eine dramatische Geschichte hinter sich. Am Anfang des 10. Jh. war Iskorosten' eine gut befestigte Siedlung, die das Zentrum des Fürstentums der Drewljanen bildete. Spuren der altostslawischen Siedlung sind bis heute erhalten. Die Auseinandersetzung der nach Unabhängigkeit strebenden Bevölkerung mit den Kiewer Fürsten schrieb eine der tragischsten Szenen in die Geschichte der Kiewer Rus ein: Als Fürst Ihor die Drewljanen zur erneuten Tributzahlung zwingen wollte, organisierten sie einen Aufstand und töteten ihn 945. Ihors Gemahlin, die Fürstin Olga (Ol'ha), rächte sich grausam: Sie schlug den Aufstand nieder, indem sie die Iskorostener Festung samt der Stadt niederbrennen ließ. Mehrere Tausend Bewohner kamen ums Leben. Der Legende nach ließ sie vor ihrem blutigen

aktiv unterwegs

Wanderung zum Steinernen Dorf

Tour-Infos

Start: In Rudnja Zamyslovyc'ka (▶ 1, G 2, Рудня Замисловицька), ca. 30 km nordöstlich von Olevs'k, Anfahrt mit Pkw oder Bus ab Olevs'k.
Länge: etwa 7 km hin und zurück
Dauer: ca. 3 Std.
Tipp: Am besten ein Picknick mitnehmen.

Das **Steinerne Dorf** (Камінне Село) in der Nähe der Ortschaft Rudnja Zamyslovyc'ka ist ein einzigartiges Naturdenkmal, um das sich zahlreiche Legenden gebildet haben. Ein schöner Waldspaziergang führt dorthin. In Rudnja Zamyslovyc'ka angekommen, stellt man den Wagen ab und quert zu Fuß die malerische, alte Brücke über den Ortsbach. Dann muss man sich rechts halten, bis der Weg in den Wald hineinführt. Immer geradeaus spazierend, kommt man direkt zum Steinernen Dorf.

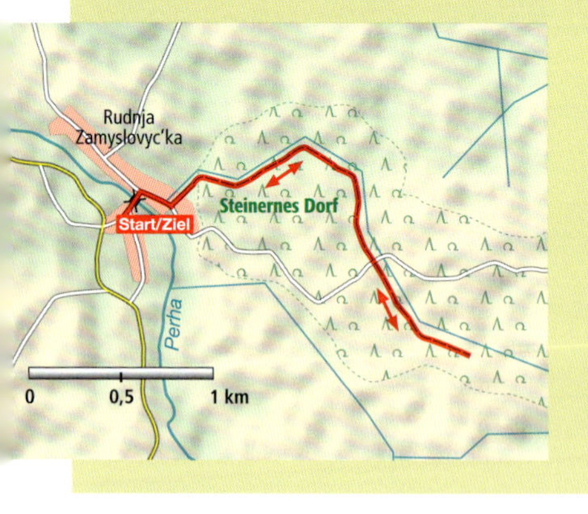

Es besteht aus einer einzigartigen Ansammlung sonderbar aufgereihter, steinerner Riesen. Tatsächlich erinnern die Geröllsteine an Hütten mit moosbewachsenen oder – im Winter – schneebedeckten Dächern. Mit etwas Fantasie erkennt man eine Dorfstraße, Häuser und Ställe und den Dorfplatz mit einer Kirche und Schule. Die Steine haben vermutlich eiszeitliche Gletscher hierhergebracht, oder sie blieben nach dem Ende der Eiszeit als Relikte einer früheren Bergkette übrig.

Die Legende berichtet jedoch eine andere Geschichte. Die einst wohlhabende Siedlung sei versteinert, nachdem ihre Bewohner Gott, als Bettler verkleidet, ein Stück Brot verweigert hatten. Als der Herrgott wieder zum Himmel hinauffuhr, hinterließ er seine Fußabdrücke auf einem der Felsbrocken. Sie sind noch heute an dem Stein zu sehen, an dem eine Leiter angelehnt ist. Das Berühren des ›Fußabdruckes Gottes‹ soll Wünsche erfüllen. Seit 1988 gehören die geheimnisvollen Steine zu einem geologischen Reservat, das sich auf 15 ha Fläche ausbreitet.

Rachefeldzug den Fürsten der Drewljanen, Mal, der um ihre Hand angehalten hatte, und die von ihm entsandten Brautwerber umbringen. Die von nun an den Kiewer Fürsten unterstellte Siedlung wurde im 13. Jh. von den Tataren angegriffen und lebte erst im 14. Jh., unter litauischer Herrschaft, auf. Im 16. Jh. erhielt Iskorosten' ein neues Schloss, 1589 Magdeburger Recht. Einen Entwicklungsschub brachte das Jahr 1902, als die Eisenbahn die Stadt mit Kiew und Kovel' verband. Trotz und wegen seiner turbulenten Historie hat Korosten' kaum spektakuläre architektonische Denkmäler vorzuweisen. 1986 kam ein weiterer Schicksalsschlag: Nach der Katastrophe von Tschernobyl (ukr. Čornobyl') musste ein Großteil der Einwohner Korosten' aufgrund hoher Strahlenwerte verlassen inzwischen kehren die Bewohner nach und nach in die Stadt am Rande des Sperrbezirks zurück. Insbesondere wegen eines Bunkers aus der Zeit des Zweiten Weltkriegs und wegen seines schönen Parks ist Korosten' ein beliebtes Ausflugsziel.

Landesmuseum

Interessante Funde aus der Epoche der Drewljanen sowie naturkundliche und ethnographische Sammlungen kann man im örtlichen **Landesmuseum** (Краєзнавчий музей) in der vul. Hruševs'koho/вул. Грушевського 6 besichtigen (Tel. 04142 441 98, Mi–So 10–17 Uhr, 6/3 UAH).

Kathedrale und Park

Das Bild der heutigen Stadt prägen die **Christi-Geburt-Kathedrale** (Собор Різдва Христового) von 1990 in der vul. Ol'hyns'ka/вул. Ольгинська 2 und besonders der malerische **Nikolaj-Ostrovskij-Park** (Парк ім. М. Островського), dessen baumüberschattete Wege über die Fußgängerbrücke zum Už-Ufer mit pittoresken **Granitgebilden** führen. Sie haben die Namen ›Bad der Fürstin Olga‹ (›Купальня княгині Ольги‹), ›Gigantische Kessel‹ (›Гігантські казани‹) und ›Hammelstirne‹ (›Баранячі лоби‹). 2008 stellte man neben dem ›Bad der Fürstin Olga‹ ein effektvolles Denkmal für die Kiewer Fürstin auf, und davor enthüllte man das Denkmal für Mal, den Anführer der Drewljanen.

Skelja

Im Park, in der vul. Sosnovs'koho/вул. Сосновського, befindet sich das ehemalige Militärobjekt **Skelja** (Об'єкт Скеля, dt.: Felsen) – ein unterirdischer Kommandopunkt, dessen Bau 1929 eingeleitet wurde und der zur sogenannten Stalin-Linie an der alten Grenze der UdSSR (bis 1939) zählte. Der Betonbunker soll in Tunneln angelegt worden sein, die noch auf die Zeit der Drewljanen zurückgehen. Viele Gänge dieser Anlage, die im Krieg den Vormarsch der Nazis aufzuhalten half, wurden später zugeschüttet oder zugemauert. In den freigelegten unterirdischen Räumen ist nun ein **Museum** mit Exponaten aus der Zeit des Zweiten Weltkriegs – Waffen, Gasmasken, Fotos und Bunkermodellen – eingerichtet (Di–Sa 9–16 Uhr, 10 UAH).

Übernachten

Sympathisch ▶ Hostynnyj dvir (Гостинний двір): vul. Prykordonna/вул. Прикордонна 6, Tel. 04148 420 87, 425 53. Das 2009 eröffnete Hotel erinnert an Schweizer Chalets. Es bietet 52 komfortable Zimmer und ein Restaurant mit europäischem Menü und Veranda. DZ 300–600 UAH.

Aktiv

Mit dem Rad ▶ Das Kiewer Reisebüro **Terra Incognita** bietet eine dreitägige Fahrradtour mit Start in Korosten' an. Zu den Stationen der Route gehören Olevs'k und das Steinerne Dorf (s. links). Transfer von und nach Kiew möglich. Adresse s. Kiew S. 136.

Verkehr

Züge: Bahnhof, vul. Tabukašvili 18/вул. Табукашвілі 18, Tel. 04142 932 32, 921 31. Züge nach Olevs'k und Žytomyr sowie Verbindungen Richtung Kiew und Berlin.

Busse: Busstation, vul. Bazarna/вул. Базарна, Tel. 04142 422 87. Verbindungen nach Žytomyr und Olevs'k.

Olevs'k ▶ G 2

Über die Kreisstadt Korosten' erreicht man den Ort **Olevs'k** (Олевськ, 10 850 Einw.). Das einstige Zentrum der sogenannten Olevs'ker Republik (1941) wurde 1488 erstmals urkundlich erwähnt. Hauptsehenswürdigkeit ist die hübsche **Wehrkirche des hl. Nikolaus** (Миколаївська церква) in der vul. Svjato-Mykolajivs'ka/вул. Свято-Миколаївська 8 aus dem Jahr 1595. Das ursprünglich einkuppelige Gotteshaus erhielt im Zuge seiner Rekonstruktion im 19. Jh. vier zusätzliche Kuppeln.

Übernachten

Zentral ▶ Edem (Едем): vul. Herojiv Afhanciv /вул. Героїв Афганців 6, Tel. 098 871 77 63. Kein großes, aber ein gepflegtes, neues Hotel mit mehreren Standard- und einem Luxuszimmer. DZ 200 UAH.

Verkehr

In Olevs'k Busverbindungen nach Rudnja Zamyslovyc'ka (s. Aktiv unterwegs S. 178).

Wasserfall am Berg Smotryč im Čornohora-Massiv

Kapitel 2

L'viv und der Westen

Der ukrainische Westen gehört zu den attraktivsten touristischen Zielen des Landes. Und das nicht umsonst: Sein kulturelles Erbe ist sehr vielfältig. Neben ukrainischen Kulturdenkmälern entdeckt man hier Stätten der polnischen, ungarischen, österreichischen, jüdischen, slowakischen und rumänischen Kultur.

Städte wie L'viv, Užhorod, Ivano-Frankivs'k, Černivci, Ternopil', Kamjanec'-Podil's'kyj oder Luc'k haben mehrere Gesichter und wissen die Geschichten aller ihrer Bewohner zu erzählen. Die Kathedralen von Halyč und Volodymyr-Volyns'kyj entführen ins ostslawische Mittelalter. Die Schlösser in Oles'ko und Pidhirci, die Festungen in Mukačeve, Chotyn, Zbaraž und Dubno geben die Geheimnisse ihrer früheren Herren preis. Schlichte und üppige, wunderschöne karpatische Holzkirchen stellen die Kunst der volkstümlichen Baumeister zur Schau. Die Pilgerorte Počajiv und Zarvanycja laden – wie die Klöster in Univ und Manjava – zur Besichtigung ein.

Die Karpaten machen die Region für Naturbegeisterte und Aktivurlauber reizvoll. Hier wartet der höchste ukrainische Berggipfel Hoverla auf die Besteigung. Der Blick schweift von oben über die Buchenurwälder des zum UNESCO-Welterbe gehörenden Biosphärenreservats Karpaten. Der Užans'kyj-Nationalpark lädt zu Wanderungen, das Skiresort Bukovel' zum Winterurlaub ein. Der Dovbuš-Weg und die Dovbuš-Felsen verraten die geheimen Wege und Verstecke des ukrainischen Robin Hood. Die Kristallhöhle in Podolien offenbart ihre unterirdischen Welten, während in der Nähe der Dnister zu einer Paddeltour ruft. Die Šac'ker Seen in Wolhynien verlocken zum Baden und zu Kanuexpeditionen.

Auf einen Blick

L'viv und der Westen

Sehenswert

3 **L'viv:** Einmalige Architektur, Kunst- und Kulturszene in einer der charismatischsten Städte der Landes (s. S. 184).

4 **Rund um das Čornohora-Massiv:** Im Biosphärenreservat Karpaten liegen einmalige Buchenurwälder und der höchste Berg des Landes, der Hoverla (s. S. 243).

5 **Černivci:** Die Stadt mit k.-u.-k.-Flair und einem der schönsten Universitätsgebäude der Ukraine (s. S. 269).

6 **Chotyn:** Die mächtigen Mauern der Chotyner Festung sind Zeugen entscheidender Momente osteuropäischer Geschichte (s. S. 282).

7 **Kamjanec'-Podil's'kyj:** Die romantische Festung mitten in der Smotryč-Schleife und die historische Altstadt machen den Charme der Stadt aus (s. S. 284).

Schöne Routen

Karpatische Route: Von Rachiv geht es per Auto oder Bus nach Jasinja mit seiner Struk'schen Holzkirche, in den Kurort Jaremče und dann nach Kryvorivnja mit seiner huzulischen Gražda. An der ca. 140 km langen Strecke liegen die Ski- und Ferienresorts Drahobrat und Bukovel' (s. S. 244).

Unterwegs mit der polesischen Schmalspurbahn: Die Bahn fährt auf der 106 km langen Strecke von Antonivka nach Zarične über eine Holzbrücke, vorbei an Wäldern, Mooren und Weilern (s. S. 312).

Zu den schönsten Orten Wolhyniens: Die ungefähr 160 km lange Auto- oder Busfahrt führt nach Luc'k mit seinem majestätischen Schloss, nach Volodymyr-Volyns'kyj mit seinen alten Kathedralen sowie zu den Seen im Nationalpark Šac'k (s. S. 316).

Meine Tipps

Schloss Palanok in Mukačeve: Vier Terrassen eines der würdigsten Schlösser der Ukraine erzählen die Geschichte seiner Errichtung und seiner Besitzer (s. S. 233).

See Synevyr: Der malerische Bergsee mitten in den karpatischen Wäldern mit eigener Legende wird Meerauge genannt (s. S. 243).

Ostereimuseum in Kolomyja: Im einzigartigen Haus bewundert man Pysanky, ukrainische Ostereier, aus verschiedenen Regionen des Landes und deren Herstellungstechnik (s. S. 255).

Skite von Manjava: Das mitten im Wald gelegene Kloster umgibt eine hohe Mauer mit Wehrtürmen und Schindeldächern. In der Nähe rauscht der Manjavaer Wasserfall (s. S. 265).

aktiv unterwegs

Wanderung im Užans'kyj-Nationalpark: Die Wanderung beginnt in Kostryna mit seiner hübschen Holzkirche und führt über den Berg Javornyk nach Velykyj Bereznyj (s. S. 231).

Bergwanderung auf die Hoverla: Vom Nationalberg bieten sich herrliche Karpatenpanoramen (s. S. 247).

Wanderung auf dem Dovbuš-Weg: Der Dovbuš-Weg folgt den Spuren des ukrainischen Robin Hood und endet an den Dovbuš-Felsen (s. S. 252).

Paddeltour im Dnister-Canyon: Ein Ausflug vorbei an Felsen, Höhlen, Wasserfällen, Kirchen und Palästen (s. S. 266).

Die unterirdischen Welten der Kristallhöhle: Die Höhle bei Kryvče fasziniert mit ihren schön verzierten Hallen (s. S. 301).

3 L'viv ►1, C 4

Die Gebietshauptstadt L'viv ist mit ihrer wechselvollen Geschichte, die sich in ihrem architektonischen Erbe aus mehreren Epochen und Stilen widerspiegelt, eine der charismatischsten Städte des Landes. Zu ihrem einzigartigen Flair tragen atmosphärische Kunstmärkte und Innenhöfe, originelle Kneipen und stilvolle Kaffeehäuser bei.

L'viv (725 000 Einw.) – einst L'vov, Lwów, Lemberg, Leopolis – ist nicht nur das bedeutendste wirtschaftliche, politische und kulturelle Zentrum sowie Wissenschaftsstandort der Westukraine, sondern auch eines der wichtigsten Zentren des ganzen Landes. Das Kommen und Gehen der Kulturen und damit verbunden der vielfältige Wechsel geistiger und politischer Ordnungen waren seit jeher für die Stadt auf der Meerbeckenwasserscheide zwischen Ostsee und Schwarzem Meer prägtend. In den 1990er-Jahren hatte die Unabhängigkeitsbewegung hier eine ihrer Hochburgen. 2012 ist L'viv eine der Gastgeberstädte der Fußball-Europameisterschaft. Das historische Stadtzentrum gehört zum UNESCO-Welterbe.

Geschichte

An den Hängen des L'viver Hohen Schlosses, von denen man sich in nebliger Morgenröte in das unnachahmliche Wesen der Stadt einfühlen kann, wurden die Reste einer slawischen Siedlung aus dem 10. Jh. gefunden. Das historische Gedächtnis der Stadt reicht bis in das Jahr 1256, als der Fürst von Galizien-Wolhynien, Danylo Romanovyč, auf dem Hügel eine Festung erbauen ließ und die Siedlung nach seinem Sohn Lev benannte. Die Stadtanlage des 13. Jh. gliederte sich in drei Teile: die befestigte Kernburg, die befestigte Unterstadt, die sich an den nördlichen Hang des Hügels anschmiegte, und die Vorstadt, die sich auf dem rechten Poltva-Ufer ausbreitete. Das der Stadt 1356 verliehene Magdeburger Recht belebte den Handel und begründete die Entstehung der Neuen Stadt, deren Zentrum sich um das Rathaus am Marktplatz bildete. 1387, nach dem Niedergang des Fürstentums Galizien-Wolhynien, geriet L'viv unter langjährige polnische Herrschaft, die 1772 – nach der ersten Teilung Polens – von den Österreichern abgelöst wurde. 1918/19 residierte in L'viv die Regierung der Westukrainischen Volksrepublik, bis polnische Truppen die Stadt wieder besetzten. Im Jahr 1939 okkupierte sie die Sowjetarmee. 1941 wurde L'viv zur Hauptstadt des Distrikts Galizien innerhalb des deutschen Generalgouvernements – allerdings nur bis 1944, als sich die Sowjets für mehrere Jahrzehnte in der Stadt erneut niederließen.

Altstadt

Cityplan: S. 188

Marktplatz 1

An der **pl. Rynok** (пл. Ринок), dem **Marktplatz,** schlägt das Herz von L'viv. Hier flaniert man und verabredet sich auf eine Tasse Kaffee. Nur das Geklingel der legendären alten L'viver Straßenbahn unterbricht ab und zu das gelassene Treiben zwischen den verträumten Statuen und Häusern. Aber vor allen Dingen nimmt hier die historische Architektur von seltener Schönheit, Vielfalt, Harmonie und Konzentration gefangen.

Mit dem Beginn der polnischen Herrschaft über die Stadt L'viv in der zweiten Hälfte des 14. Jh. verlor der Stadtteil um das Hohe Schloss allmählich seine Bedeutung. Die Neue Stadt mit der pl. Rynok und dem Rathaus in ihrer Mitte lebte dagegen auf. Im 14. Jh. durften nur die wohlhabenden Stadtbürger am Marktplatz ihr Heim errichten. Ihr Wohlstand und sozialer Status ließ sich an der Zahl der Fenster ablesen: Lediglich die Häuser der Adligen und Geistlichen durften sechs Fenster besitzen. Die Kaufleute, Ärzte und Handwerker, die die Fenster für Werbungszwecke nutzten, durften dreifenstrige Häuser bauen. Die Gebäude mit vier oder fünf Fenstern stammen frühestens aus dem 18. Jh., als die Fensterregelung ihre Bedeutung verlor.

Die pl. Rynok ist immer noch von 44 einzigartigen Bürger- und Herrenhäusern umstanden. In der Mehrzahl zeigen sie Renaissance- oder frühbarocke Fassaden, die sie im 16./17. Jh. erhielten. Der mächtige Stadtbrand von 1527 tilgte zum großen Teil ihre gotischen Züge. Die Stilpalette reicht trotzdem von der Gotik bis zum Jugendstil. Die Skulpturen von Neptun, Diana, Amphitrite und Adonis – Arbeiten von Hartman Witwer aus dem Jahr 1793 – schmücken vier Springbrunnen, die an den Ecken des Marktplatzes aufgestellt sind.

Rathaus

Das heutige, eher schlichte vierflügelige **Rathaus** (Ратуша) im klassizistischen Stil wurde in den Jahren 1827–1835 nach den Plänen von Josef Markl und Franz Trescher erbaut. Die Errichtung des 65 m hohen quadratischen Turmes erfolgte 1851, nachdem der alte Turm 1848 eingestürzt war. Von der Aussichtsterrasse eröffnet sich ein wunderschönes Stadtpanorama. Das frühere, hölzerne Rathaus aus dem 14. Jh. war 1527 abgebrannt. Sein Nachfolger von 1532 mit dem Renaissanceturm überdauerte etwa drei Jahrhunderte, bis das gegenwärtige Gebäude errichtet werden musste. Die Südseite

Den Marktplatz von L'viv säumen historische Bürgerhäuser

des Rathauses hebt sich durch einen Risalit mit fünf Arkaden hervor. Den Eingang in die mittlere Arkade bewachen zwei Löwen (1948), die das Wappen von L’viv halten (Di–Fr 10–17, Sa, So, Fei 11–19 Uhr, Turmbesteigung 14/7,5 UAH).

Ostseite

Die Ostseite des Marktplatzes (pl. Rynok) ist wohl die prachtvollste. Der **Bandinelli-Palast** (Nr. 2) wurde nach seinem Besitzer, dem Florentiner Kaufmann Roberto Bandinelli, der das Haus im 17. Jh. erwarb und hier die erste L’viver Poststelle eröffnete, benannt. Infolge des Umbaus von 1737–1739 befindet sich der Geschäftseingang an der Fassadenseite, das Wohnhaus ist über die vul. Stavropihijs’ka/вул. Ставропігійська zu betreten. Authentisch sind das Portal und die Steinmetzornamente an den Fenster- und Türrahmungen. Zurzeit befindet sich im Palast das **Glasmuseum** (Музей скла, Tel. 032 272 06 71, www.lhm.lviv.ua, engl., Do–Di 10–17.30 Uhr, 3/1,5 UAH).

Das seit dem 16. Jh. der Patrizierfamilie Wolf gehörende **Haus Nr. 3** kaufte 1713 der Magnat Rzewulski, worauf das Haus seine gegenwärtige barocke Gestalt erhielt. Im Jahr 1772 wurde es um den dritten Stock ergänzt. Der Bildhauer Franciszek Olędzki schuf die Portalskulpturen der Genien, die den Balkon stützen, und die Ruhmesfigur, die die Attika krönt. Das markante **Schwarze Haus** (Nr. 4) im Renaissancestil, das seinen Namen der Verfärbung des Sandsteins verdankt, entstand 1588/89. 1596 wurde das Haus von Jan Lorencowicz, der hier eine Apotheke einrichtete und noch eine Etage erbauen ließ, erworben. Im 17. Jh., als es einen neuen Besitzer, den Sekretär von Johann III. Sobieski, Martin Anczowski, bekam, wurde das Haus grundlegend umgestaltet. Aus jener Zeit stammen die Diamantquader und die Figuren der Gottesmutter und des hl. Martin an der Fassade. Im Schwarzen Haus ist die **Neugeschichtliche Sammlung** des Historischen Museums (Історичний музей) untergebracht (Tel. 032 272 06 71, www.lhm.lviv.ua, engl., Do–Di 10–17.30 Uhr, 4/3 UAH).

Das ursprünglich reich verzierte **Haus Nr. 5** wurde 1571–1577 von Piotr Krasowski für die Patrizierin Sofia Hanel errichtet. Am Ende des 16. Jh. wohnten hier die ersten Jesuiten, die nach L’viv kamen. Den herrlichen Palast Nr. 6 mit seinen stolzen sechs Fenstern nennt man auch Königspalast oder **Kornjakt-Haus.** Pietro Barbone errichtete es 1580 im Stil der italienischen Renaissance an der Stelle zweier älterer gotischer Häuser. Der kretische Kaufmann Konstantin Kornjakt durfte den sechsfenstrigen Palast errichten lassen, weil er dem polnischen König Sigismund II. August viele gute Dienste erwiesen hatte und von ihm den Adelstitel verliehen bekam. Der Palast wurde mehrmals umgebaut, seine architektonische Pracht blieb aber erhalten: Wunderschön sind der Gotische Saal, das mit Fruchtgirlanden verzierte Eingangsportal, die filigrane Attika mit sieben Ritterfiguren und der italienische Arkadeninnenhof, in den der Straßenlärm kaum eindringt. Wer in den Innenhof gelangt, sollte sich eine Pause im hiesigen Café gönnen. Das Haus wechselte seit dem Tod von K. Kornjakt mehrfach den Besitzer: Hier weilten u. a. die Barfüßigen Karmeliter, Jakub Sobieski und die Familie Rzewulski. 1908 wurde der Palast von der Stadt erworben und in das Nationale Museum zu Ehren von Johann III. Sobieski umgewandelt. Seit 1940 beherbergt er das **Historische Museum** (Історичний музей, Tel. 032 274 33 04, www.lhm.lviv.ua, engl., Do–Di 10–17.30 Uhr, 7/3 UAH; Italienischer Hof 1,50/0,80 UAH).

Das im 19. Jh. umgebaute **Haus Nr. 8** gehörte im 17. Jh. dem wohlhabenden Armenier Awedyk Barnatowicz, der im Jahr 1648 an Bohdan Chmel’nyc’kyj die Lösegelder für die Stadt L’viv auszahlte. Der Palast unter der Nr. 9 war seit 1376 das Eigentum der galizischen Erzbischöfe, weswegen er den Namen **Erzbischöflicher Palast** erhielt. Die erste Residenz brannte im Jahr 1527 ab. Der neue Bau wurde abgetragen und 1634 durch den heutigen Palast ersetzt. Der Goldene Saal (Porzellanpalast) soll mit vergoldeten Ziegeln und Kacheln ausgelegt gewesen sein. Im Palast hielten sich die litauischen Fürsten und polnischen Könige auf. Im Jahr 1673 starb hier der polnische König Michael Korybut Wisniowiecki.

Der **Lubomirski-Palast** (Nr. 10) ist ein schönes Beispiel der barocken Bürgerarchitektur. Er wurde 1763 von Jan de Witte an der Stelle mehrerer kleinerer Häuser errichtet. An der Gestaltung des Palastes, der damals den Fürsten Lubomirski gehörte, beteiligten sich namhafte Meister wie Bernard Meretyn und Johann Fessinger. Von 1772 bis 1821 wohnten hier die österreichischen Gouverneure Galiziens. Zurzeit präsentiert das **Möbel- und Porzellanmuseum** (Музей меблів та порцеляни) in einem Teil der Räumlichkeiten seine Exponate (Tel. 032 274 33 88, Do–So 11–17 Uhr, 7/3 UAH).

Tipp: Heißer Schokoladengenuss

Die exklusive **L'viver Schokoladenwerkstatt** 10 (Львівська майстерня шоколаду) in der vul. Serbs'ka/вул. Сербська 3 ist das süßeste Örtchen in der Stadt! Denn hier dreht sich alles um Schokolade: heiße Trinkschokolade, über 40 Variationen von klassischen und modernen Pralinen, darunter 16 Trüffelarten, Schokotafeln, fantasievolle Schokoladenfiguren wie das L'viver Rathaus, Löwen, Lokomotiven, Hufeisen, Fußbälle, Engelchen und vieles mehr. Wie das alles von Hand gemacht wird, kann man durch eine Glasscheibe beobachten. Ein kleines Café im Erdgeschoss und eine Sommerterrasse laden zum Probieren und Genießen ein (Tel. 050 430 60 33, tgl. 10–22 Uhr, www.chocolate.lviv.ua, engl.).

Südseite

Seine Nummer erhielt das einst im Stil der Renaissance erbaute **Haus Nr. 13** erst in den 1940er-Jahren. Zuvor wurde es – aus Aberglauben – offiziell unter der Nummer 12 a geführt. Seine Bewohner waren zunächst Jan Alembek, Autor der ersten Beschreibung von L'viv (1618), und dann, in der zweiten Hälfte des 18. Jh., die Gebrüder Signi, die durch häufige Bälle und dreifüßige Tische bekannt wurden. Das **Venezianische Haus** (Nr. 14) gehörte dem aus Dalmatien kommenden venezianischen Botschafter Antonio de Massaro, der in der zweiten Hälfte des 16. Jh. dieses ursprünglich gotische Haus im Stil der italienischen Renaissance mithilfe von Paul dem Römer neu gestaltete. Das Flachrelief des venezianischen Wappens ist über dem Eingang zu sehen. Im Zuge des Umbaus im 19. Jh. wurde das Haus um Fassadenfenster und ein Stockwerk ergänzt.

Das im 15. Jh. errichtete **Wening-Haus** (Nr. 17) bewohnte im 16. Jh. der Bürgermeister von L'viv, Franz Wening. Das **Haus Nr. 18** von 1533 (im 18. Jh. umgebaut) ist wohl das älteste am Marktplatz. Die großen Säle des Hauses wurden vom Stadtmagistrat für Empfänge und Bankette gern in Anspruch genommen. Das aus dem 16. Jh. stammende **Kaiserhaus** (Nr. 20) wurde 1779 von Franciszek Kulczycki umgebaut und 1786 von Franciszek Olendzki dekoriert. Das **Dombrowski-Haus** im Stil der Renaissance (Nr. 21) stammt aus der ersten Hälfte des 17. Jh.

Westseite

Die Häusergalerie an der westlichen Seite des Marktplatzes (pl. Rynok) eröffnet das im Jahr 1630 erbaute **Szolc-Wolfowicz-Haus** (Scholz-Wolf-Haus, Nr. 23), der einstige Besitz der wohlhabenden Familie, deren Namen es würdigt. Seine vertikal gegliederte Architektonik besitzt die Züge der Spätrenaissance. Die Fassade schmücken Pilaster, Masken, Ornamente und die Skulpturengruppe »Die Taufe Christi«.

Im **Haus Nr. 24** weilte im Jahr 1707 der russische Zar Peter der Große, als er mit Polen über gemeinsame Aktionen gegen Schweden verhandelte. Der ursprüngliche Bau stammte aus dem 15. Jh. Nach dem Stadtbrand von 1527 wurde er im Stil der Renaissance wieder aufgebaut. Der Reliefgiebel kam im 20. Jh. hinzu. Im Haus befindet sich die **Urgeschichtliche Sammlung** des Historischen Museums (Історичний музей, Tel. 032 235 68 74, www.lhm.lviv.ua, engl., Do–Di 10–17.30 Uhr, 4/3 UAH).

L'viv

Sehenswert

1 Marktplatz
2 Lateinische Marien-kathedrale
3 Jesuitenkirche der hll. Peter und Paul
4 Armenische Kirche
5 Christi-Verklärungs-Kirche
6 Apothekenmuseum
7 Dominikanerkirche
8 Synagoge Goldene Rose
9 Pulverturm
10 Königliches Arsenal
11 Mariä-Himmelfahrt-Kirche
12 Städtisches Arsenal
13 Klosteranlage der Barfüßigen Karmeliter
14 Bernhardinerkloster
15 Klarissenkirche
16 Maria-Schnee-Kirche
17 Benediktinerinnenkloster
18 Kirche Johannes Baptista
19 Nikolauskirche
20 Klosterkirche des hl. Onuphrius
21 Paraskeva-Pjatnycja-Kirche
22 Hohes Schloss
23 Prospekt Svobody
24 Opernhaus
25 Andrej-Šeptyc'kyj-Nationalmuseum
26 Museum für Ethnografie und Kunstgewerbe
27 Philharmonie
28 Nikolauskirche
29 Sammlung ukrainischer Bildender Kunst
30 Apotheke Unter dem goldenen Stern
31 Nationalbank
32 Potocki-Palast
33 Palast der Künste
34 Museum Rusalka Dnistrova
35 Ossolineum
36 Ivan-Franko-Universität

Fortsetzung s. S. 190

0 150 300 m
vul. Zolota
vul. Ševčenka вул. Шевченка
vul. Jaroslava Mudroho
vul. Oleny Stepanivny
vul. Marka Vovčka
vul. Zamknena
vul. Horodoc'ka вул. Городоцька
vul. Ozarkevyča
Bahnhof
Busbahnhof Dvirceva pl.
vul. Šeptyc'kych
vul. O. Nevs'koho
vul. Karpins'koho
vul. Stepana Bandery
37
38
39
40

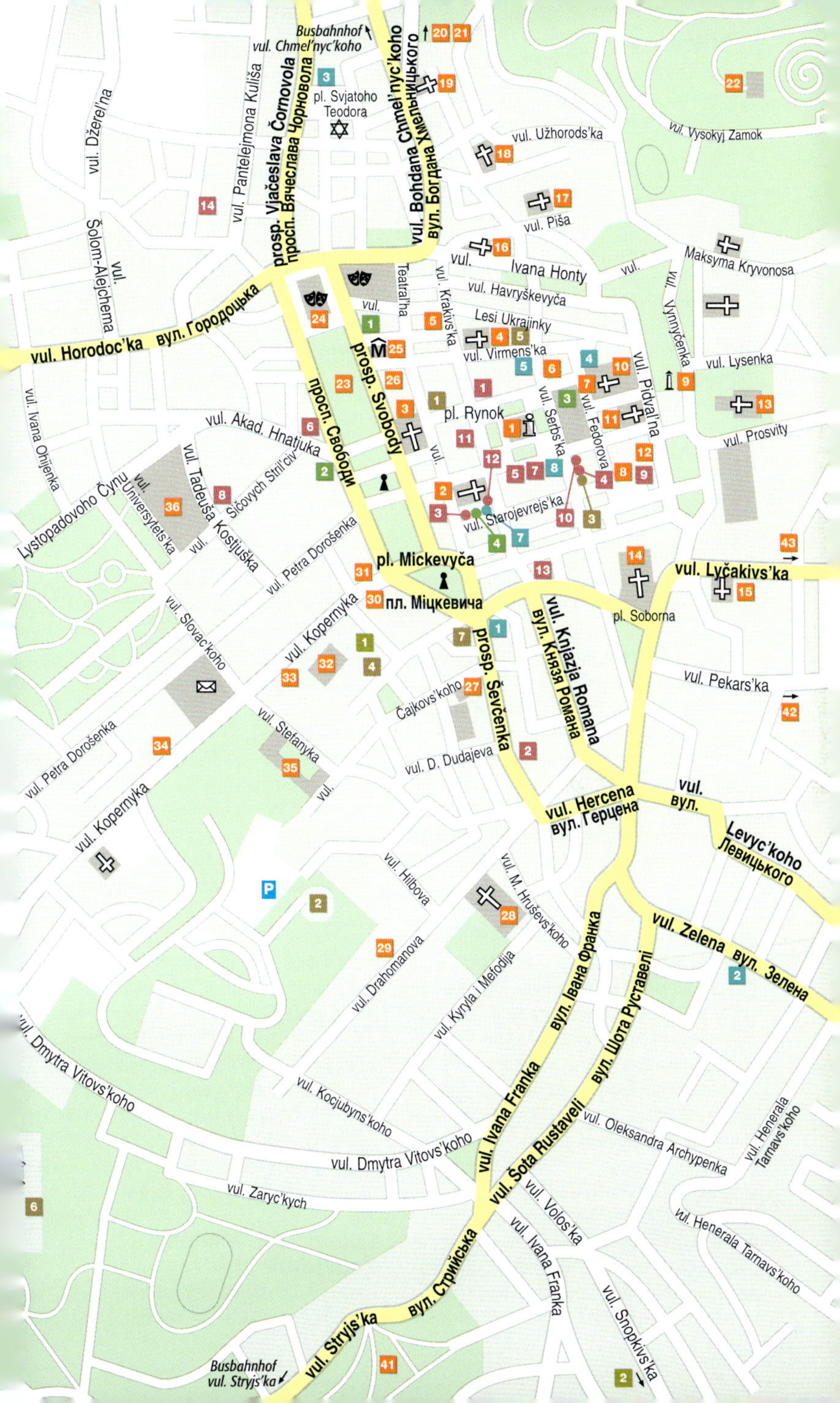
Busbahnhof
vul. Chmel'nyc'koho
pl. Svjatoho Teodora
vul. Vysokyj Zamok
vul. Užhorods'ka
vul. Bohdana Chmel'nyc'koho
вул. Богдана Хмельницького
prosp. Vjačeslava Čornovola
просп. Вячеслава Чорновола
vul. Pantelejmona Kuliša
vul. Džerel'na
vul. Šolom-Alejchema
vul. Piša
vul. Ivana Honty
vul. Maksyma Kryvonosa
vul. Teatral'na
vul. Krakivs'ka
vul. Havryškevyča
vul. Lesi Ukrajinky
vul. Virmens'ka
vul. Vynnyčenka
vul. Lysenka
vul. Horodoc'ka
вул. Городоцька
prosp. Svobody
просп. Свободи
pl. Rynok
vul. Serbs'ka
vul. Fedorova
vul. Pidval'na
vul. Prosvity
vul. Akad. Hnatjuka
vul. Ivana Ohijenka
vul. Lystopadovoho Čynu
vul. Universytets'ka
vul. Tadeuša Kostjuška
vul. Sičovych Stril'civ
vul. Starojevrejs'ka
vul. Petra Dorošenka
pl. Mickevyča
пл. Міцкевича
vul. Lyčakivs'ka
pl. Soborna
vul. Knjazja Romana
вул. Князя Романа
prosp. Ševčenka
vul. Kopernyka
vul. Slovac'koho
vul. Čajkovs'koho
vul. Pekars'ka
vul. Stefanyka
vul. D. Dudajeva
vul. Hercena
вул. Герцена
vul. Levyc'koho
вул. Левицького
vul. Hilbova
vul. M. Hruševs'koho
vul. Zelena
вул. Зелена
vul. Ivana Franka
вул. Івана Франка
vul. Šota Rustaveli
вул. Шота Руставелі
vul. Drahomanova
vul. Kyryla i Metodija
vul. Dmytra Vitovs'koho
vul. Kocjubyns'koho
vul. Zaryc'kych
vul. Oleksandra Archypenka
vul. Henerala Tarnavs'koho
vul. Volos'ka
vul. Snopkivs'ka
vul. Stryjs'ka
вул. Стрийська
Busbahnhof
vul. Stryjs'ka

L'viv

- 37 Kathedrale des hl. Georg
- 38 Polytechnische Universität
- 39 Kirche der hll. Olga und Elisabeth
- 40 Hauptbahnhof
- 41 Stryjer Park
- 42 Lyčakiver Friedhof
- 43 Freilichtmuseum für Volksarchitektur und Alltagskultur

Übernachten
- 1 Leopolis
- 2 Citadel Inn Hotel & Resort
- 3 Vintage Boutique Hotel
- 4 Chopin Hotel
- 5 Reikartz Medievale Lviv
- 6 Zamok Leva
- 7 Žorž

Essen & Trinken
- 1 Kentavr
- 2 Veronika
- 3 Amadej
- 4 Masoch-Café
- 5 Zolotyj Vepr
- 6 Praha
- 7 Kryjivka
- 8 Puzata Chata
- 9 Unter der Goldenen Rose
- 10 L'viver Schokoladenwerkstatt
- 11 Na Bambetli
- 12 Cukernja
- 13 Alte Straßenbahn
- 14 Kaffeehaus Štuka

Einkaufen
- 1 Vernissage
- 2 Ravlyk
- 3 Gothic-Hall
- 4 Svit kavy

Abends & Nachts
- 1 Split
- 2 Metro
- 3 Millennium
- 4 Kabinet 35
- 5 Hasova ljampa
- 6 Chmil'nyj dim Roberta Domsa
- 7 Café Nr. 1
- 8 Pid synjoju fljaškoju

Aktiv
- 1 Vsesvit
- 2 Komančero

Das schöne **Heppner-Haus** (Nr. 28) wurde im 15. Jh. für den Bürgermeister Paweł Heppner errichtet. Einer der Anführer der ukrainischen Kosaken, Ivan Pidkova, verbrachte hier 1578 die Nacht vor seiner Hinrichtung. Das gotische Portal ist erhalten geblieben. Reizvoll ist die Ausschmückung des Eingangsportals und der Fenster mit fein gearbeiteten kannelierten Säulen und dreieckigen Giebeln.

Das **Haus Nr. 29** hieß im 19. Jh. – nach dem hier wohnenden Konditor – Andreolli-Haus. An seiner Stelle stand zunächst das im 16. Jh. für die Patrizierfamilie Kampian erbaute und im 18. Jh. abgetragene Haus, das sich mit der Zeit in zwei Domizile verwandelte: in das des L'viver Bürgermeisters Józef Bartłomiej Zimorowicz und das des königlichen Arztes Stanisław Dybowicki. Das **Haus Nr. 31** aus dem 16. Jh. gehörte zwischen zwei Kriegen der Familie Baczewski, die durch ihren Wodka- und Likörbetrieb bekannt war. Der Architekt Bronislaw Viktor baute das Haus 1923 um. Das einzige Jugendstilgebäude des Marktplatzes, das **Zipper-Haus** (Nr. 32), wurde 1912 nach Plänen von Michał Łużecki anstelle mehrerer ursprünglicher Bauten errichtet. Es beherbergte das erste L'viver Kaufhaus.

Nordseite

Die Häuser der nördlichen Reihe waren den Umgestaltungen am meisten unterworfen. Das im 17. Jh. erbaute **Kilianst-Haus** (Nr. 33), benannt nach dem Apotheker Jan Kilianst, wurde im 18. Jh. im Rokokostil nach Plänen von Bernard Meretyn, aber auch später, im 19. und 20. Jh., umgestaltet. Die Entstehung des **Hauses Nr. 34** wird auf das Jahr 1767 datiert. Das heutige **Haus Nr. 36** mit den geschnitzten steinernen Balkonkonsolen entstand in den Jahren 1778–1788 (Umbau im 19. Jh.) anstelle eines Vorgängerbaus aus dem 17. Jh. Beachtenswert sind außerdem das **Haus Nr. 40** mit seinen kunstvoll gestalteten Balkonatlanten, das 1778 errichtete barocke **Haus Nr. 43** mit der verspielten Balustrade sowie das **Haus Nr. 45,** eines der würdigsten Vertreter des Empirestils in L'viv.

Lateinische Marienkathedrale 2

Unweit der pl. Rynok ragt auf der Katedral'na pl./Катедральна пл. 1 der 65 m hohe, barocke Turm der **Lateinischen Marienkathedrale** (Латинський кафедральний собор) auf. Der Bau des Gotteshauses – eines der ältesten in L'viv – wurde im Jahr 1360 eingeleitet. Der Entwurf des Architekten Peter Stecher wurde von den Baumeistern Joachim Grom und Ambroży Rabisz im Laufe der Jahre 1478–1481 realisiert und durch einen Brand im Jahr 1527 fast vollständig zerstört. Der langsame Wiederaufbau brachte eine große Stilvielfalt hervor, 1760–1768 erhielt die Kathedrale, dank der Bemühungen von Piotr Polejowski, ihr barockes Aussehen. An ihrem Äußeren sind Züge des Rokoko, Klassizismus und Jugendstils zu entdecken. Im Inneren der strengen, majestätischen dreischiffigen Kirche sind der barocke Altar mit den von Maciej Polejowski geschaffenen Skulpturen, die Fresken von Stanisław Stroiński, die Orgel sowie die prächtigen Buntglasfenster zu bewundern. Die Kathedrale gehört heute der polnischen Gemeinde und ist Sitz des L'viver Erzbischofs.

Die reich ausgeschmückte **Kampian-Kapelle** (Каплиця Кампіанів) an der Nordseite der Kathedrale verdient besondere Beachtung. Das Grabmal der Familie Kampian, unter deren Mitglieder Gelehrte, Ärzte, Bürgermeister und Stadträte waren, wurde als Familienmausoleum im 16. Jh. im Stil der Renaissance errichtet und im 17. Jh. vollendet. In den Altarnischen sind die Skulpturen der Apostel Peter und Paul zu sehen. Die marmornen und alabasternen Wände sind mit Ornamenten verziert. An den Kartuschen sind die Epitaphe aufgetragen. An der Außenwand der Kapelle geben drei aufwendige Nischenreliefs die Geschichten der Kreuzabnahme, der Auferstehung und Christus als Gärtner wieder. Über ihnen, am oberen Gesims, sieht man drei Medaillons, die die Treue, die Vergänglichkeit des menschlichen Lebens und die Unsterblichkeit versinnbildlichen.

Die einer kostbaren Schatulle gleichende prunkvolle Boim-Kapelle (Каплиця Боїмів) aus den Jahren 1609–1615 ist das Werk des Architekten Andrzej Bemer und der Bildhauer Jan Pfister und Hanusz Scholz. Als Gruft der Familie Boim befand sie sich frei stehend auf dem einstigen Kathedralenfriedhof. Die Westfassade der Spätrenaissancekapelle ist dicht mit den Reliefs von Heiligen und der Passion Christi geschmückt. Die Nordseite zeigt Georg, den Drachentöter; an der Ostseite sind die Bilder von Jadwiga und Jerzy Boim zu sehen. Von der Kuppel blickt nachdenklich der sitzende Jesus herab.

Das Kapelleninnere ist mit üppiger Ornamentik und Stuck geschmückt. Der verzierte Altar reicht bis zur Kuppel, deren Innenseite als Kassettendecke gestaltet ist. Die Südseite ziert ein Alabasterrelief von J. Pfisters von 1617; hier ist das geschnitzte Epitaph der Familie Boim zu lesen. Die Porträts der Ehegatten Boim befinden sich über der Eingangstür.

Jesuitenkirche der hll. Peter und Paul 3

Die dreischiffige barocke **Jesuitenkirche der hll. Peter und Paul** (Костел єзуїтів) in der vul. Teatral'na/вул. Театральна 11 wurde 1630 fertiggestellt. Vom Ende des Zweiten Weltkriegs bis vor kurzem diente die Kirche als Bibliothek, in der ein Teil der Sammlung Ossolinski untergebracht war (s. S. 197). Das Gotteshaus wurde im Dezember 2011 wieder eröffnet und neu geweiht. Das angrenzende Klostergebäude (Nr. 13) aus dem Jahr 1723 war Sitz des Jesuitenkollegs, das im Jahr 1661 die Geschichte der L'viver Universität einleitete. Die hintere Fassade der Kirche am prosp. Svobody/просп. Свободи grenzt an die Krämerbastion und die rekonstruierten Fragmente der Stadtmauer. Das **Ivan-Pidkova-Denkmal** (1982) auf der pl. Pidkovy/пл. Підкови gedenkt des Kosakenanführers, der 1578 in L'viv hingerichtet wurde.

Armenische Kirche 4

Die wunderschöne **Armenische Kirche** (Вірменська церква) oder Mariä-Himmelfahrt-Kathedrale (Собор Успіння Пресвятої Богородиці) ziert die vul. Virmens'ka/вул. Вірменська 7/9 – den Lebensmittelpunkt im einstigen Armenischen Viertel L'vivs. Der L'viver Baumeister Doring errichtete sie

Geräte von anno dazumal im L'viver Apothekenmuseum

im Jahr 1363. Infolge der Erneuerungen und Umgestaltungen stammt lediglich ihr östlicher, armenisch-orientalischer Teil aus dem 14. Jh.; der mittlere entstand im 18. Jh., der westliche im 20. Jh. Das Gotteshaus besteht aus drei Schiffen und drei Apsiden, an deren Wänden man armenische Freskenmalereien aus dem 14./15. Jh. sowie Werke von Jan Henryk Rosen aus den Jahren 1925–1929 entdeckt. Als einer der ersten Zubauten im Jahre 1437 entstanden die Arkadengänge an der Südseite der Kathedrale. Hier, im Kirchhof, befindet sich eine einzigartige Holzkapelle, in der die fein ausgearbeiteten Figuren Christi und Mariens aus dem 18. Jh. zu bewundern sind. Weitere Gebäude im Hof sind die ehemalige Armenische Bank aus dem 18. Jh. und der Palast der armenischen Metropoliten aus dem 18. Jh.

Die fantasievoll ausgeschmückten **Wohnhäuser** in der vul. Virmens'ka Nr. 20, 25, 27, 31 aus dem 16.–19. Jh. vermitteln den raffinierten Geschmack der früher hier ansässigen armenischen Handelsleute und Kunsthandwerker.

Christi-Verklärungs-Kirche 5

Die 1906 eingeweihte (seit 1990 wieder) griechisch-katholische **Christi-Verklärungs-Kirche** (Преображенська церква) befindet sich – von schönen Wohnhäusern aus dem 18./19. Jh. umgeben – in der vul. Krakivs'ka/вул. Краківська 21. Sie entstand auf den Überresten der ehemaligen Trinitarierklosteranlage (18. Jh.), die nach der Auflösung des Ordens zunächst als Universitätsgebäude, Universitätsbibliothek und Gymnasium diente und im Jahr 1848 unter den Schüssen der österreichischen Truppen stark zerstört wurde. Das sehenswerte Innere der Kirche wurde u. a. von Leonard Marconi und Kornylo Ustyjanovyč gestaltet.

Apothekenmuseum 6

Das Haus Nr. 2 in der vul. Drukars'ka/вул. Друкарська beherbergt die älteste Apotheke von L'viv, die seit 1735 und bis zum heutigen Tag geöffnet ist. Das hier 1966 eingerichtete **Apothekenmuseum** (Музей-аптека) zeigt ein Alchimistenlabor, Handschriften und alte Rezepturen (Tel. 032 235 70 41, tgl. 10–17 Uhr, 4/3 UAH).

Dominikanerkirche 7

Die erhabene **Dominikanerkirche** (Домініканський собор) auf der Muzejna pl./Музейна пл. 1, heute griechisch-katholische Corpus-Christi-Kirche (Церква Пресвятої Євхаристії), ist ein hervorragendes Beispiel des L'viver Barock des 18. Jh. Der Plan wurde von Jan de Witte erarbeitet und von Martin Urbanik verwirklicht. Das Gotteshaus entstand an der Stelle seines 1745 abgetragenen gotischen Vorgängers. Sein Grundriss hat eine elliptische Form, an den sich das rechteckige Presbyterium anschließt. Von der Mitte ordnen sich strahlenförmig die Seitenkapellen an. Die Kirche krönt eine mächtige Kuppel, unter der 18 Holzstatuen von Dominikanerheiligen aufgereiht sind. Den monumentalen Altar zieren vier Skulpturen von Sebastian Fesinger. Zu den wertvollen Artefakten im Inneren zählen das marmorne Grabmal für die Gräfin Dunin-Borkowska von Bertel Thorvaldsen (1816), das Franz-von-Hauer-Denkmal von Anton Schimser (1824) sowie das Arthur-Grottger-Denkmal von Walery Gadomski (1880). Die zum Ensemble gehörenden Mönchszellen stammen aus den Jahren 1556–1778, der Glockenturm aus dem Jahr 1865. In der Dominikanerkirche hat heutzutage das **Museum für Religionsgeschichte** (Музей історії релігії) seinen Sitz (Tel. 032 272 00 32, www.museum.lviv.ua, Di–So 10–18 Uhr, 7/3 UAH).

Synagoge Goldene Rose 8

Der Hinterhof des Hauses Nr. 27 in der vul. Fedorova/вул. Федорова bewahrt die Überreste (die Mauer mit dem Gewölbe) der **Synagoge Goldene Rose** (Синагога Золота Роза). Die von Paul dem Römer in den Jahren 1582 erbaute private Synagoge gehörte zunächst der Familie des wohlhabenden Finanziers Isaak Nachmanowicz (Nachman). 1604 wurde sie zum städtischen Gebetshaus, das 1942 von den Nazis zerstört wurde. Seinerzeit war die Synagoge – eine der schönsten in der Stadt – das Zentrum des jüdischen Gemeindelebens, das sich in der ehemaligen Jüdischen Straße und in der heutigen Altjüdischen Straße (vul. Starojevrejs'ka/вул. Староєврейська) konzentrierte.

Vulycja Pidval'na

Die vul. Pidval'na/вул. Підвальна bewahrt die meisten Spuren des mittelalterlichen L'viv. Im Mittelalter verlief sie westlich der Stadtbefestigung, im 18. Jh. zog sie zwischen der Stadtmauer und den Erdwällen hin. Als der Wassergraben zugeschüttet und die Erdwälle eingeebnet wurden, entstand die seinerzeit als Gouverneurswälle bekannte Straße, die 1871 in vul. Pidval'na umbenannt wurde.

Der **Pulverturm** 9 (Порохова вежа) in der vul. Pidval'na zeugt noch von der mittelalterlichen Bebauung. Der mächtige steinerne Turm mit den schmalen Schießscharten und drei eisernen Türen wurde in den Jahren 1554–1556 erbaut. Er diente als Bastion im Krieg und als Lager, Kornspeicher und

Tipp: Jüdisch speisen unter der Goldenen Rose

Ein bisschen vom Flair des einstigen jüdischen Viertels in L'viv vermittelt die galizisch-jüdische Kneipe **Unter der Goldenen Rose** 9 (Галицька жидівська кнайпа Під Золотою Розою) – mit gehäkelten Tischdecken, Menoras, Nähmaschinen, Geigen, jüdischer Musik und natürlich jüdischer Küche. Die Speisekarte ähnelt einem literarischen Almanach. Doch nach den Preisen sucht man hier vergeblich, denn so wie es sich gehört, sollen sie in einer jüdischen Kneipe verhandelt werden! Von der gemütlichen Sommerterrasse blickt man direkt auf die Reste der bekannten Synagoge, von der die Gaststätte ihren Namen ableitet (vul. Starojevrejs'ka/вул. Староєврейська 37, Tel. 050 370 36 63, www.fest.lviv.ua, tgl. 11–2 Uhr, Preise Verhandlungssache).

Gefängnis im Frieden. Das von Władysław IV. Wasa gestiftete **Königliche Arsenal** 10 (Королівський арсенал) aus den Jahren 1639 bis 1649 auf der gegenüberliegenden Straßenseite sieht mit seinen barocken Zierelementen feiner und eleganter aus als sein städtisches Pendant. Seinerzeit bildete es einen der Schutzbauten der mittelalterlichen Befestigung. Direkt vor dem Arsenal befindet sich das 1977 errichtete **Denkmal für Ivan Fedorov** (1510–1583), dem auf russischem und ukrainischem Gebiet ersten Buchdrucker. Von seiner Erfindung profitieren die L'viver Antiquare, die sich rund um das Denkmal mit ihren altertümlichen Ausgaben auf Klapptischen ausbreiten.

Die in den Jahren 1591–1629 von Paul dem Römer erbaute **Mariä-Himmelfahrts-Kirche** 11 (Успенська церква) südlich des Arsenals ist ein wunderschönes Erbe der Renaissance, das die ältere abgebrannte Vorgängerin ersetzte. Die üppig gestaltete Kirche entstand dank der Initiative der Stauropigianischen Bruderschaft, die sich für die Pflege und Verbreitung der ukrainischen Kultur und der Orthodoxie einsetzte. In den an die Kirche anschließenden Gebäuden unterhielt die Bruderschaft eine Schule, ein Spital und eine Druckerei. In seiner Grundrissgestaltung imitiert das Gotteshaus die Bauweise der traditionellen altukrainischen Holzkirchen, die aus drei Raumzellen mit drei Kuppeln als Krönung bestehen. Das Kircheninnere bereichern einige altukrainische Artefakte von hohem Wert: der Hauptaltar und die Seitenaltäre, die Ikonostase, die Gemälde und Passionsbilder. Zum Ensemble gehören die **Kapelle der Drei Hierarchen** (Каплиця Трьох Святителів) aus den Jahren 1578–1591 und der festlich elegante, 66 m hohe **Kornjakt-Turm** aus den Jahren 1572–1695. Der Turm, der nach seinem Stifter Konstantin Kornjakt benannt wurde, ist das älteste Bauelement der Anlage und das Wahrzeichen der Stadt L'viv.

Das schmucklose, massive **Städtische Arsenal** 12 (Міський арсенал) ein paar Schritte weiter wurde auf Kosten der Stadtbürger 1574/75 neu errichtet. Das ursprüngliche Gebäude von 1430 wurde 1554 abgetragen und 1555/56 durch das neue ersetzt, das später einem Brand zum Opfer fiel. Sehenswert ist die hintere Fassade des Arsenals mit den Holzgängen sowie das im Inneren eingerichtete **Museum für altertümliche Waffen** (Музей стародавньої зброї Арсенал, Tel. 032 272 70 60, www.lhm.lviv.ua, engl., Do–Di 10–17.30, 7/3 UAH).

Klosteranlage der Barfüßigen Karmeliter

Die ehemalige **Klosteranlage der Barfüßigen Karmeliter** 13 (Комплекс монастиря кармелітів босих), heute ein Studitenkloster, besteht aus der griechisch-katholischen Michaelskirche (Храм Антистратига Михаїла, 1634–1906), den Mönchszellen (17./18. Jh.) und der Wehrmauer (17. Jh.). Da man das Karmeliterkloster außerhalb der Stadtmauer errichtete, wurden ihm Elemente der Wehrarchitektur verliehen. Ein Fragment der Wehrmauer ist bis heute erhalten geblieben. Die barocken Einflüsse sind am Klosterensemble deutlich zu sehen. Das Innere der dreischiffigen Kirche schmücken Fresken (1731/32) von Giuseppe Carlo Pedretti und Benedykt Mazurkiewicz.

Die besten Beispiele für Bürgerarchitektur in der vul. Vynnyčenka sind das **Wohnhaus Nr. 8** (1839) im Empirestil, das klassizistische **Haus Nr. 14** von 1821, das **Haus Nr. 16** aus dem gleichen Jahr, das **Haus des Regierungsrats Nr. 18** (1877–1880) sowie das **Haus der Taras-Ševčenko-Gesellschaft** (19. Jh., Nr. 24, 26).

Bernhardinerkloster

Als eines der großzügigsten und interessantesten Sakralensembles in L'viv, das ursprünglich außerhalb der Stadtmauern lag und als Wehranlage konzipiert war, präsentiert sich das **Bernhardinerkloster** 14 (Бернардинський монастир) auf der Soborna pl./Соборна пл. Zum Komplex gehören die griechisch-katholische Kirche des hl. Andreas (Храм Святого Андрія Первозванного, 1600–1630), der frei stehende Glockenturm (17./18. Jh.), die Rotunde (1761), die Wehrmauer mit dem Torturm (1600) und die Gedenksäule (1736), auf der sich vor der Sowjetära die Statue des Bernhardinermönchs Jan Dukla befand: Seine Erscheinung soll den Kosakenhetman Bohdan Chmel'nyc'kyj vom Angriff auf die Stadt abgehalten haben.

Als erster Schöpfer der Anlage gilt der Bernhardinermönch Paul der Römer, als nächste Ambrosius Przychylny und Andrzej Bemer, die das Kloster an der Stelle eines früheren Baus errichteten. Der Hlynjanyer Torturm und das in den 1970er-Jahren restaurierte Fragment der Schutzmauer sind am günstigsten von der vul. Valova/вул. Валова aus zu betrachten. Die dreischiffige Andreas-Basilika hat einen verlängerten Chor und eine dreiseitige Apsis. Ihre Fassade ist mit Skulpturen der Ordensheiligen verziert. Der Sakralbau vereinigt in sich Stilelemente der Renaissance und des Barock, der insbesondere die Gestaltung des Turmes prägte. In dem im 18. Jh. üppig gestalteten Inneren sind die zahlreichen wunderschönen Holzaltäre, die wertvollen Fresken von Benedykt Mazurkiewicz sowie die kunstvoll geschnitzten Bänke zu bewundern.

Östlich des Klosters, in der vul. Lyčakivs'ka/вул. Личаківська 2, steht die ehemalige **Klarissenkirche** 15 (Костел кларисок) von 1607 (renoviert 1939), an deren Gestaltung die Schöpfer des Bernhardinerklosters arbeiteten. Jetzt beherbergt sie das **Jan-Pinzel-Museum** (Музей сакральної барокової скульптури Пінзеля, Tel. 032 275 69 66, Di–Sa 10–16, So 12–17 Uhr, 7/3 UAH).

Pidzamče – die Unterstadt

Im 13. Jh. zog sich die befestigte Unterstadt, Pidzamče, halbkreisförmig um die Burg und reichte bis zum einstigen Wolhynischen Weg, der heutigen vul. Chmel'nyc'koho. Das Areal war am dichtesten bebaut. Auf dem Weg von der Altstadt zum Hohen Schloss passiert man zahlreiche Kirchen, die ältesten in L'viv. Auf der pl. Volodymyra Velykoho/пл. Володимира Великого 1 steht die von deutschen Kolonisten im 14. Jh. errichtete **Maria-Schnee-Kirche** 16 (Костел Святої Марії Сніжної). Das früheste schriftliche Zeugnis ihres Bestehes bezieht sich auf das Jahr 1352. Im Laufe der Jahrhunderte wurden an das zunächst allein stehende, rechteckige Schiff das verlängerte Presbyterium und der Turm an der Westfassade angebaut. Julian Zachariewicz rekonstruierte die älteste katholische Kirche L'vivs im neoromanischen Stil.

Das eher bescheiden dekorierte Ensemble des **Benediktinerinnenklosters** 17 (Монастир бенедиктинок) an der Vičeva pl./Вічева пл. ist ein wertvolles Sakraldenkmal der Renaissance, an dessen Erbauung Paul der Römer beteiligt war. Reizvoll ist die mit Arkaden und Skulpturen verschönerte offene Loggia der Klosteranlage. Die Nonnenzellenbauten stammen von 1595–1627.

Die **Kirche Johannes Baptista** 18 (Костел Івана Хрестителя) an der pl. Staryj Rynok/пл. Старий Ринок wurde laut Überlieferung im Jahr 1260 von Fürst Lev für seine Gemahlin Konstanze errichtet. Konstanze übergab sie den Dominikanern. Zahlreiche Umbauten tilgten das ursprünglich gotische Aussehen der Kirche, die nach der von Julian Zachariewicz durchgeführten gründlichen Restaurierung (1887) neoromanisch dasteht. Seit 1989 beherbergt sie das **Museum der ältesten Denkmäler von L'viv** (Музей найдавніших пам'яток Львова) – mit archäologischen Funden, Kunst- und Sakralgegenständen (Tel. 032 272 28 86, Di–Sa 11–17 Uhr, 1,50/0,80 UAH).

Die ukrainisch-orthodoxe **Nikolauskirche** 19 (Церква Святого Миколая) gilt als ursprünglich fürstliche Hofkirche aus dem 13. Jh. Im 17. und 19. Jh. wurde sie wesentlich umgestaltet. Ihre Architektur prägt die eigentümliche Synthese der klassischen byzantinisch-altukrainischen und der romanischen Bautradition. Zu den Kostbarkeiten des Kircheninneren gehören die Ikonen und Wandmalereien.

Die Erbauung der **Klosterkirche des hl. Onuphrius** 20 (Церква Святого Онуфрія) ein Stück weiter nördlich auf der vul. Chmel’nyc’koho/вул. Хмельницького wird auf 1518 datiert, als Kirchenstifter gilt Kostjantyn Ostroz’kyj. Auf dem Klosterfriedhof fand 1583 der Buchdrucker Ivan Fedorov seine letzte Ruhestätte. Sein Denkmal ist auf dem Kirchhof zu sehen.

Eines der interessantesten historischen und sakralen Denkmäler des alten L’viv, die **Paraskeva-Pjatnycja-Kirche** 21 (Церква Святої Параскеви П’ятниці) in der vul. Chmel’nyc’koho/вул. Хмельницького 63, geht auf eine vermutlich Ende des 13. Jh., Anfang des 14. Jh. errichtete Vorgängerin zurück. Ihr heutiger Bau stammt aus den Jahren 1644/45. Das Geld für die Erbauung der Kirche spendete der moldauische Fürst Lupul: Das moldauische Wappen und die Gedenktafel des Stifters sind an der Südmauer zu sehen. Über der Vorhalle erhebt sich der massive Turm, der vom Kuppeldach mit vier zierlichen Ecktürmchen gekrönt wird. Die Schießscharten am oberen Teil des Turmes verraten die Bestimmung der Kirche als Wehranlage. Der kostbarste Kirchenschatz ist die prächtige, mehrrangige Ikonostase aus dem 17. Jh.

Hohes Schloss 22

Das, was man heute die Hochburg oder das **Hohe Schloss** (Високий Замок) nennt, bezeichnet lediglich den 413 m hohen Hügel, auf dem sich die Burg einst befand. Von der Festung sind nur einige Mauerfragmente übrig geblieben, aber der Stadtblick, der sich von der Anhöhe bietet, ist nach wie vor herrlich, besonders, wenn die Abendsonne die Türme, Kuppeln, Dächer und Schornsteine der Altstadt in goldenes Licht taucht.

Die allererste, altukrainische, von Lev Danylovyč erbaute hölzerne Befestigungsanlage stammte bereits aus dem 12. Jh. Die Festung wurde infolge der Angriffe der Tataren, Litauer und Polen einige Male abgetragen und dann wieder aufgebaut, bis sie abbrannte. Nach der endgültigen Eroberung der Stadt wurde am Ende des 14. Jh. auf der Anhöhe eine steinerne Hochburg errichtet. Aber auch diese Anlage fiel den Kosakenanstürmen von 1648 sowie dem Rückbau durch die österreichische Regierung im 18./19. Jh. zum Opfer. Die kläglichen Überreste verschwanden unter dem Gedächtnishügel, der zum 300. Jahrestag der Union von Lublin (1569) im Jahr 1869 aufgeschüttet wurde. Nur noch ein Stück der verbliebenen Südmauer beflügelt die Fantasie der Besucher. An den Hängen des Schlosshügels breitet sich ein Park aus.

Prospekt Svobody und Umgebung

Der **prosp. Svobody** 23 (просп. Свободи), der Prospekt der Freiheit, mit dem breiten mittleren Grünstreifen ist ein ausgezeichneter Treffpunkt zum Plaudern, Flanieren, Ausruhen und Spielen. Im Schatten der Bäume tauscht man die letzten Neuigkeiten aus, auf den Bänken erholen sich Mütter mit ihren Kindern, Rentner spielen Schach und Dame, Sammler verkaufen Memorabilien und Staatssymbole als Souvenirs. Der Boulevard entstand im Jahr 1777, als die Stadtbefestigung abgebaut werden musste. Damals hieß seine rechte Seite Hetmanenwälle, die linke Karl-Ludwig-Straße. Die hier früher fließende Poltva wurde in unterirdische Kanäle gelenkt.

Neben der 12 m hohen, die nationale Wiedergeburt symbolisierenden Stele im mittle-

Sommerliche Erfrischung vor prächtiger Kulisse: Prospekt Svobody mit Opernhaus

ren Abschnitt der Prachtstraße steht das **Taras-Ševčenko-Denkmal** (1992) – zu Ehren des Begründers der ukrainischen Literatursprache und des bedeutendsten Schriftstellers des Landes. Der **Brunnen** mit der Marienskulptur am südlichen Ende des Prospekts ist eine 1997 ausgeführte Nachbildung des ursprünglich 1904 hier errichteten Denkmals. Die Das Original der Skulptur (1862) befindet sich in der Andreaskirche an der Soborna pl.

Opernhaus 24

Die Krönung des prosp. Svobody stellt zweifellos das prächtige, von weitem sichtbare **Opernhaus** (Львівський національний академічний театр опери та балету) dar – ein Meisterwerk von Zygmunt Gorgolewski. Die Oper wurde von 1897–1900 im Neorenaissance- bzw. Wiener Stil, der mehrere Stilrichtungen in sich vereinigt, erbaut. Über drei Eingangsportalen der Fassade befindet sich die großartige Loggia mit korinthischen Säulen. In den Seitennischen sieht man die Personifikation von Komödie und Tragödie; die Reliefs am Tympanon erzählen Mythengeschichten nach. Die in den Himmel ragenden geflügelten Plastiken des weiblichen Ruhmesgenius, des Genius der Poesie und des Genius der Musik krönen das Theatergebäude. Prunkvolle Stuckarbeiten, edle, bewegte Marmorierung, kunstvolle Malereien, kristallene Spiegel und üppige Lüster machen den Besuch des Opernhauses zu einem Fest (Tel. 032 272 85 62, www.opera.lviv.ua, engl.).

Andrej-Šeptyc'kyj-Nationalmuseum 25

In dem Neorenaissance-Gebäude am prosp. Svobody/просп. Свободи 20 ist das **Andrej-Šeptyc'kyj-Nationalmuseum** (Національний музей ім. Андрея Шептицького) mit über 100 000 Exponaten untergebracht. Als Kirchenmuseum aus der Stiftung des Metropoliten Andrej Šeptyc'kyj zwecks Pflege und Verbreitung der ukrainischen Kultur 1905 entstanden, besitzt es unter anderem eine hervorragende Ikonensammlung (12.–18. Jh.), die Bibliothek der Handschriften und Inkunabeln aus dem 11.–18. Jh. und die Sammlung der ukrainischen Malerei aus dem 19./20. Jh. (Tel. 032 235 88 56, www.nm.lviv.ua, Di–So 10–18 Uhr, 20/11 UAH).

Museum für Ethnografie und Kunstgewerbe 26

Am prosp. Svobody/просп. Свободи 15, neben dem Grand Hotel, befindet sich das **Museum für Ethnografie und Kunstgewerbe** (Музей етнографії та художнього промислу). Das einstige Gebäude der Galizischen Sparkasse wurden nach den Plänen von Julian Zachariewicz im Stil der Neorenaissance in den Jahren 1874–1891 erbaut. Zu bewundern sind mehr als 72 000 farbenfrohe Exponate, die mit den ukrainischen Bräuchen, der Volkskultur und Volkskunst vertraut machen: Trachten, Stickereien, Holzschnitzereien, Glas, Keramik und Uhren (Tel. 032 272 78 08, Di–So 11–17 Uhr, 7/3 UAH).

Philharmonie 27

Vom prosp. Svobody setzt sich die Flanierzone im prosp. Ševčenka/просп. Шевченка nach Süden fort. In einer Seitenstraße, der vul. Čajkovs'koho/вул. Чайковського, befindet sich die **Philharmonie** (Обласна філармонія, Tel. 032 272 10 42, www.philharmonia.lviv.ua). In dem 1907 erbauten, mit schönen Ornamenten ausgeschmückten Sezessionsgebäude ist die Konzertorgel von 1880 ein besonderes Schmuckstück. Der Spaziergang auf dem Prospekt Ševčenka endet beim **Mychajlo-Hruševs'kyj-Denkmal,** das 1994 zu Ehren des Historikers und Politologen enthüllt wurde.

Weststadt

Vulycja Drahomanova

Vom prosp. Ševčenka zweigt die vul. Drahomanova nach Südwesten ab. An der Ecke zur vul. Hruševs'koho/вул. Грушевського erblickt man die von Francesco Placidi errichtete **Nikolauskirche** 28 (Костел Святого Миколая) aus den Jahren 1739–1745, die zunächst als barocke Trinitarier-Ordenskirche, später als Pfarr- und Universitätskirche diente. Nach dem Zweiten Weltkrieg wurde das Gotteshaus der orthodoxen Gemeinde zugesprochen, danach geschlossen und seit 1990 wieder genutzt. Sein Inneres – mit dem Altar aus dem Jahr 1595, dem Hauptaltar von Sebastian Fesinger aus dem 18. Jh., dem Alabasteraltar und der Rokokokanzel – ist besonders sehenswert.

In dem 1897/98 umgestalteten barocken Palast in der vul. Drahomanova/вул. Драгоманова 42 befindet sich die **Sammlung ukrainischer Bildender Kunst** 29 des Nationalmuseums (Національний музей). Zu sehen sind moderne Malerei und Volkskunst vom Anfang des 20. Jh. (Tel. 032 261 35 92, Di–So 10–18 Uhr, 4/1,50 UAH).

Vulycja Kopernyka

Über die pl. Mickevyča/пл. Міцкевича mit dem von Antoni Popiel und Mychajlo Paraščuk geschaffenen Adam-Mickiewicz-Denkmal von 1904 und dem Hotel Žorž/George (Жорж, 1901, Nr. 1), in dem seinerzeit Franz Joseph I., Honoré de Balzac und Ethel Lilian Voynich weilten, gelangt man zu einer der belebtesten Stadtstraßen, der **vul. Kopernyka** (вул. Коперника).

Im Haus Nr. 1, der ehemaligen **Apotheke Unter dem goldenen Stern** 30 (Аптека Під золотою зіркою, heutige Innenausstattung aus dem 19. Jh.), haben Ignacy Łukasiewicz und Jan Zeh die Petroleumlampe erfunden. Das neoklassizistische Gebäude unter der Nr. 4 ist die von Alfred Zacharewicz 1914 entworfene einstige Kreditanstalt, die heutige **Nationalbank** 31 (Національний банк).

Im ehemaligen **Potocki-Palast** 32 (Палац Потоцьких, Nr. 15) residiert die **L'viver Galerie der Künste** (Львівська галерея мистецтв) mit der Sammlung der älteren europäischen Kunst aus dem 14.–18. Jh. (Tel. 032 298 67 99, Di–Sa 11–17, So 12–16 Uhr, 7/3 UAH). Der Palast, einer der anmutigsten L'vivs, wurde im Stil des französischen Klassizismus nach den Plänen von Louis de Verny und Julian Cybulski im Jahr 1880 errichtet.

Im Gebäudekomplex (1996) in der vul. Kopernyka/вул. Коперника 17 ist der **Palast der Künste** 33 (Палац Мистецтв) untergebracht, eines der größten Ausstellungsgelände für Wechselausstellungen in der Ukraine (Tel. 032 261 47 33, www.artpalace.org.ua, Di–So 10–17 Uhr).

Der barocke Glockenturm der einstigen Heiliggeistkirche in der vul. Kopernyka/вул. Коперника 40 beherbergt das **Museum Rusalka Dnistrova** 34 (Музей Русалка Дністрова), das seinen Namen von dem in der Westukraine zum ersten Mal in der Nationalsprache verfassten Almanach (1837) herleitet. Im Museum erfährt man Näheres über die Ursprünge der ukrainischen Literatur (Tel. 032 272 47 96, Mi–So 11–16 Uhr, 7/3 UAH).

Ossolineum 35

Hinter dem Vasyl'-Stefanyk-Denkmal von 1971, das dem ukrainischen Schriftsteller und Meister der psychologischen Novelle gewidmet ist, steht die Vasyl'-Stefanyk-Bibliothek der Ukrainischen Akademie der Wissenschaften (Наукова бібліотека ім. В. Стефаника), das ehemalige **Ossolineum** (Оссолінеум). Der polnische Graf Józef Maksymilian Ossoliński, der Begründer des Ossolinski-Instituts, kaufte hier 1817 das ehemalige, zerstörte Klosterensemble der Karmeliterinnen, das im klassizistischen Stil umgebaut und nach dem Tod von Ossolinski im Jahr 1827 mit seiner Wiener Kollektion gefüllt und 1832 öffentlich zugänglich gemacht wurde. Zum Zeitpunkt der Besatzung von L'viv durch die Rote Armee im Jahr 1939 versammelte man in der Bibliothek fast alle Denkmäler des polnischsprachigen Schrifttums Kleinpolens. Zum Ende der deutschen Besatzung im Jahr 1944 verschwanden die wertvollsten Werke der Sammlung (darunter die Handschriften und Kupferstiche von Albrecht Dürer), die später gefunden und der Ossolinski-Sammlung in Breslau und der Nationalbibliothek in Warschau übergeben wurden. In den Nachkriegsjahren fanden ähnliche, von der sowjetischen Regierung initiierte Schenkungsaktionen statt, die etwa zwei Drittel des Bestandes betrafen (vul. Stefanyka/вул. Стефаника 2, www.lsl.lviv.ua, engl., Mo–Sa 10–18 Uhr).

Zeit für eine Partie Schach: Rentner in einer L’viver Grünanlage

In der vul. Stefanyka/вул. Стефаника 3 auf der gegenüberliegenden Straßenseite befindet sich das Hauptgebäude (1872–1874) der **L’viver Galerie der Künste** (Львівська галерея мистецтв) mit einer Sammlung europäischer Kunst des 19./20. Jh., ukrainischer Malerei aus dem 16.–19. Jh. sowie einer Ikonen- und Möbelsammlung (Tel. 032 261 46 47, Di–Sa 11–18, So 12–17 Uhr, 7/3 UAH).

Ivan-Franko-Universität 36

Das imposante Hauptgebäude (1877–1881) der **Ivan-Franko-Universität** (Львівський національний університет ім. І. Франка) im Stil der Neorenaissance war ursprünglich kein Haus der Wissenschaften, sondern das von Juliusz Hochberger entworfene Quartier für den Galizischen Seim (Parlament). Erst 1919, nach dem Zusammenbruch Österreich-Ungarns, wurde es vom Geist der Erkenntnis belebt und zu Studienzwecken bestimmt. Bis 1939 trug die Universität den Namen des polnischen Königs Johann Kasimir. Majestätisch ragen die Säulen der Balkonloggia empor. Am Haupteingang stehen die allegorischen Figuren der Bildung und der Arbeit. Die Attika zieren die Allegorien Galiziens, des Dnisters und der Weichsel, unten sind Liebe, Gerechtigkeit, Recht und Glaube dargestellt. Das Treppenhaus der Universität schmücken Neorenaissance-Ornamente von Leonard Marconi, die Eingangshalle erheitern Malereien im Stil des sozialistischen Realismus. Ihre großzügige Anlage bewahrt die Universitätsaula – der ehemalige Sitzungssaal des Seims.

Vor der Universität steht das **Ivan-Franko-Denkmal** (1964) zu Ehren des bedeutenden ukrainischen Schriftstellers, des Namensgebers der Hochschule und der **Parkanlage,** die sich seit dem 16. Jh. hinter dem Denkmal hinzieht. Bis 1773 gehörte der Park dem L’viver Jesuitenkolleg, weswegen er unter dem Namen Jesuitengarten bekannt war. 1799 entstand an seiner Stelle eine französisch gestaltete Grünanlage, die im 19. Jh. in einen englischen Garten mit exotischen Bäumen und Pflanzen umgewandelt wurde.

Kathedrale des hl. Georg 37

An der pl. Svjatoho Jura/пл. Святого Юра erhebt sich auf einem Hügel die prächtige, rokoko-barocke griechisch-katholische **Kathedrale des hl. Georg** (Собор Святого Юра), deren Vorgängerinnen eine im 13. Jh. von Fürst Lev Danylovyč gestiftete Holzkirche und eine spätere Steinkirche aus dem 15. Jh. waren. Das heutige, von Bernard Meretyn und Sebastian Fesinger entworfene Ensemble (1744–1770) verdankt seine Existenz den Bemühungen der Bischöfe Atanazij und Lev Šeptyc'kyj. Durch das verzierte Haupttor gelangt man in den Innenhof. Die kreuzförmige Kathedrale mit der Skulptur des hl. Georg als Drachentöter an der Portalattika krönt ein vierkantiger Kuppelturm. Der zweiseitige Treppenaufgang führt zu dem im Rokokostil üppig ausgeschmückten Inneren. Seine wertvollsten Kostbarkeiten sind das von zwei Säulen umrahmte Zarentor aus dem Jahr 1768, die wundertätige Ikone der Muttergottes von Terebovlja aus dem 17. Jh. und die Christusikone vom Ende des 18. Jh. In der Gruft der Kathedrale ruhen die Bischöfe der unierten griechisch-katholischen Kirche (tgl. geöffnet, Eintritt frei).

Der 1762–1772 von Sebastian Fesinger erbaute **Metropolitenpalast** gegenüber der Kathedrale ist im Rokokostil gehalten und um einige klassizistische Elemente ergänzt. Seine Vollendung findet er im Glockenturm, der eine 1341 in L'viv gegossene Glocke beherbergt.

Polytechnische Universität 38

Das Hauptgebäude der **Polytechnischen Universität** (Львівська Політехніка) in der vul. Bandery/вул. Бандери 12 wurde 1874–1877 vom Architekten Julian Zachariewicz in der Tradition der Neorenaissance und des Neoklassizismus erbaut. Die Fassade schmücken eine Balkonloggia und sechs korinthische Säulen. Die Skulpturengruppe von Leonard Marconi auf der Attika personifiziert das Ingenieurwesen, die Mechanik und die Architektur. Im repräsentativen Gebäude sind die Vorhalle mit dem Treppenhaus, die Bibliothek mit Holzschnitzereien und die mit den Bildern von Jan Matejko dekorierte Aula besonders sehenswert.

Kirche der hll. Olga und Elisabeth 39

An der pl. Kropyvnyc'koho/пл. Кропивницького, wo die vul. Bandery ihren Anfang nimmt, ragt die von Teodor Talowski entworfene dreischiffige neogotische **Kirche der hll. Olga und Elisabeth** (Церква Святих Ольги та Єлизавети) von 1903–1911 auf, die ursprünglich zu Ehren der österreichischen Kaiserin Elisabeth so benannt worden war. Zu Sowjetzeiten entfernte oder zerstörte man einige wertvolle Bauelemente der Innenausstattung und verwandelte das Gotteshaus in ein Lebensmittellager. In den vergangenen Jahren wurde die Kirche renoviert und der griechisch-katholischen Gemeinde übergeben (www.olha-church.org.ua).

Hauptbahnhof 40

Wer mit der Bahn fährt, kommt in L'viv an einem der schönsten Bahnhöfe des Landes an. Das aus einer großen Halle und zwei Seitenpavillons bestehende pompöse **Bahnhofsgebäude** (Залізничний вокзал) wurde 1904 nach dem Entwurf von Władysław Sadłowski im Stil der Neorenaissance errichtet.

Stryjer Park 41

Der **Stryjer Park** (Стрийський парк), eine der schönsten Grünanlagen von L'viv, in den Jahren 1876/77 vom städtischen Garteninspektor Arnold Röhring angelegt, umfasst heute ca. 56 ha. Der Haupteingang befindet sich in der vul. Parkova/вул. Паркова. Die Hauptallee führt an der Orangerie und dem Denkmal für den Führer des Warschauer Aufstandes im Jahr 1794, Jan Kiliński, vorbei zu einem verträumten Teich mit Schwänen. Das Denkmal schuf Julian Markowski im Jahr 1894, als in L'viv die Allgemeine L'viver Landesausstellung mit dem Ausstellungsgelände im Stryjer Park stattfand. Später, von 1921 bis 1938, nutzte man das Ausstellungsareal für die jährlich veranstaltete ›Ostmesse‹. Die meisten Pavillons sind allerdings nicht erhalten geblieben. Im Park gedeihen immer noch einige seltene und exotische Baum- und Pflanzenarten.

Im Südosten des Parks, in der vul. Franka/вул. Франка 150–152, wartet auf den Besucher das **Ivan-Franko-Gedenkmuseum** (Літературно-меморіальний музей І. Франка). Im 1902 erbauten Familienhaus werden persönliche Gegenstände und Originalschriftstücke des Dichters und Schriftstellers aufbewahrt (Tel. 032 276 44 16, Mi–Mo 10–16 Uhr, 7,50/4 UAH).

Lyčakiver Friedhof 42

Der **Lyčakiver Friedhof** (Личаківське кладовище) an der vul. Mečnykova/вул. Мечникова ist einer der schönsten Friedhöfe Europas, der in der Art eines Landschaftsparks gestaltet und zum Rang eines Museums erhoben wurde. Seine Gründung wird auf 1786 datiert, als sich die Ansicht durchsetzte, Friedhöfe besser vor die Tore der Stadt zu verlegen. Auf dem vom damaligem Zentrum weit entfernten Gelände wurden bereits im 16. Jh. die Pesttoten beigesetzt. Die wunderschöne Architektur der Stätte der Vergänglichkeit fasziniert: die pompösen Mausoleen, die rührenden trauernden Grabskulpturen, die von der Zeit verwischten Fotoporträts, das den Stein durchdringende Grün, die Inschriften in mehreren Sprachen sowie das Kerzenlicht, das die steinernen Gesichter belebt. Auf dem Lyčakiver Friedhof fanden viele berühmte Persönlichkeiten ihre letzte Ruhestätte, unter ihnen die Dichter Ivan Franko und Markijan Šaškevyč, die Opernsängerin Solomija Krušel'nyc'ka, der Pop-Sänger Volodymyr Ivasjuk, die Architekten Zygmunt Gorgolewski, Julian Zachariewicz, Antoni Popiel und Leonard Marconi.

Hier befinden sich die Ehrenhaine für Soldaten mehrerer Völker, die alle um ihre eine Heimatstadt gekämpft haben: für die ukrainischen Gefallenen, für die jungen polnischen ›Adler‹, für die Kämpfer der Ukrainischen Galizischen Armee sowie für die sowjetischen Soldaten. Seit 1975 werden auf dem Friedhof nur verdienstvolle Bürger von L'viv bestattet (tgl. 10–18 Uhr, 13,50/6,50 UAH).

Freilichtmuseum für Volksarchitektur und Alltagskultur 43

Nördlich des Lyčakiver Friedhofs, im Taras-Ševčenko-Hain, dem ehemaligen Kaiserwald, breitet sich auf der Fläche von ca. 60 ha das **Freilichtmuseum für Volksarchitektur und Alltagskultur** (Музей народної архітектури та побуту) aus. Im üppigen Grün verstecken sich idyllische alte Bauernhäuser, Kirchen, Mühlen, Ställe und Wirtschaftsbauten, die die Holzarchitektur aus zehn historischen Gebieten der Westukraine präsentieren. Insgesamt sind es über 120 Baudenkmäler mit mehreren Tausend Gegenständen aus dem 18.–20. Jh. Das Kleinod der Sammlung ist die im Jahr 1930 aus dem Dorf Kryvky nach L'viv versetzte **Nikolauskirche** (Миколаївська церква) von 1763 – eines der vollkommensten Beispiele der bojkischen Bauschule. Besonders festlich ist es in ihrem Inneren, wenn sich die durch die schmalen Fenster eindringenden Sonnenstrahlen im Gold der Ikonostase spiegeln (vul. Černeča Hora/вул. Чернеча Гора 1, Tel. 032 243 78 23, www.skansen.lviv.ua, engl., Di–So 9–21 Uhr, 14/7 UAH).

Infos

Touristinfo (Турінфоцентр): pl. Rynok/пл. Ринок 1, www.touristinfo.lviv.ua (engl.), Mo–Fr 10–19 Uhr. Pläne, Karten, Broschüren, Reiseführer, Postkarten, Souvenirs. Auskünfte zu Unterkünften und Restaurants; Hotelbuchungen, (fremdsprachige) Führungen durch die Stadt und in der Umgebung.

Übernachten

Top-Hotel ▶ **Leopolis** 1 (Леополіс): vul. Teatral'na/вул. Театральна 16, Tel. 032 295 95 00, www.leopolishotel.com (engl.). Eines der besten ukrainischen Hotels zeichnen historische Gebäude, zentrale Lage, elegante Einrichtung und guter Service aus. Im Hotelrestaurant serviert man europäische und galizische Gerichte. Für Gästeempfang steht die Bibliothek zur Verfügung. DZ/ÜF 2050–4700 UAH.

Exklusiv ▶ **Citadel Inn Hotel & Resort** 2: vul. Hrabovs'koho/вул. Грабовського 11, Tel. 032 295 77 77, www.citadel-inn.com.ua (engl.). Die mit fünf Sternen ausgezeichnete Unterkunft residiert in einer Zitadelle aus dem 19. Jh., umgeben von einem Park. Exklusivität und Komfort versetzen in die Zeiten der Habsburgermonarchie. Das empfehlenswerte Restaurant Harmata (Гармата) bietet erlesene europäische und ukrainische Gerichte sowie eine gute Weinkarte bei einem herrlichen Ausblick. Im Hotel gibt es außerdem einen Weinkeller, eine Lobby-Lounge und einen Spa-Bereich. DZ/ÜF 1400–1800 UAH.

Mit Charme ▶ **Vintage Boutique Hotel** 3 (Вінтаж Бутік Готель): vul. Starojevrejs'ka/вул. Староєврейська 25/27, Tel. 032 235 68 34, www.vintagehotel.com.ua (engl.). Geschmackvoll und mit Charme ausgestattetes Hotel im Herzen der Altstadt. Es besitzt ein Restaurant mit europäischer Küche und ein einzigartiges Archiv der Fotos von L'viv aus dem 19. Jh. Eine weitere Attraktion ist der Weinkeller mit einer gehobenen Weinkollektion. Die Zimmer sind individuell mit galizischem Flair eingerichtet. Transfer-, Dolmetscher- und Fremdenführerservice. DZ/ÜF 960–1570 UAH.

Mit polnischem Restaurant ▶ **Chopin Hotel** 4 (Готель Шопен): pl. Malanjuka/пл. Маланюка 7, Tel. 032 261 10 20, www.chopinhotel.com.ua (engl.). Das kleine, aber feine Hotel mit 16 klassisch eingerichteten Zimmern befindet sich in der Nähe der Philharmonie, des Potocki-Palastes und der Galerie der Künste. Es hat ein Restaurant mit polnischer und europäischer Küche, einen Weinkeller, eine Bibliothek, WLAN und bietet Dolmetscher- und Fremdenführerservice an. DZ/ÜF 900–1100 UAH.

Zentral und gediegen ▶ **Reikartz Medievale Lviv** 5 (Reikartz Медіваль Львів): vul. Drukars'ka/вул. Друкарська 9, Tel. 032 235 08 90, www.reikartz.com (engl.). Am europäischen Geschmack orientiertes Hotel mit 23 Zimmern und Lobby-Bar in unmittelbarer Nähe des zentralen Marktplatzes. Die Erweiterung des Hotels um weitere 70 Zimmer und ein Restaurant ist vorgesehen. Führungen durch L'viv können als Extra gebucht werden. DZ/ÜF 680–935 UAH.

Schlosshotel ▶ **Zamok Leva** 6 (Замок Лева): vul. Hlinky/вул. Глінки 7, Tel. 032 238 61 15, www.lioncastlehotel.com (engl.). Imposantes steinernes Schlösschen mit gemütlichen, eleganten Zimmern neben der Parkzone. Das Hotel organisiert die Freizeitgestaltung der Gäste, seien es Exkursionen, Kulturprogramm, Unterhaltung, Wellness oder Sport (Fußball, Basketball, Tennis, Reiten, Angeln). DZ/ÜF 350–1250 UAH.

Historisch ▶ **Žorž** 7 (Жорж): pl. Mickevyča/ пл. Міцкевича 1, Tel. 032 272 59 52, www.georgehotel.com.ua (engl.). Das im Stadtzentrum gelegene Hotel atmet noch den Geist jener Epoche, in der es von den Wiener Architekten Fellner und Helmer erbaut wurde. Es gibt auch preiswertere Mehrbettzimmer mit Etagenbad. Reiseführer- und Dolmetscherservice. DZ/ÜF 300–760 UAH.

Essen & Trinken

Künstlerambiente ▶ **Kentavr** 1 (Кентавр): pl. Rynok/пл. Ринок 34, Tel. 032 272 05 12, restkentavr@gmail.com, tgl. 10–23 Uhr. Eines der besten ukrainischen Restaurants mit eigener Konditorei. Vereint die Traditionen nationaler und klassischer europäischer Küche. Sommerterrasse, Ausstellungen moderner Kunst. Hauptgerichte ca. 50–85 UAH.

Vegetarisches & mehr ▶ **Veronika** 2 (Вероніка): prosp. Ševčenka/просп. Шевченка 21, Tel. 032 298 60 28, www.veronica.ua (engl.), tgl. 10–23 Uhr. Das elegante Haus ist in der Liste der 100 besten Restaurants der Ukraine zu finden. Zur Auswahl stehen feine ukrainische und europäische Fleisch- und Fischgerichte, vegetarische Küche und Frühstücksmenü, ausgesuchte Weine. Eigene Konditorei. Hauptgerichte ca. 40–200 UAH.

Raffiniert ▶ **Amadej** 3 (Амадей): pl. Katedral'na/пл. Катедральна 7, Tel. 032 297

Tipp: L'viv-Rundfahrten

In einem rot-gelben Touristenbähnchen (Чудо поїзд) geht es zu den interessantesten Sehenswürdigkeiten der Altstadt bequem und begleitet von Erklärungen in mehreren Sprachen (u. a. Deutsch). Startpunkt der 50-minütigen Fahrt ist der Diana-Brunnen am Marktplatz (pl. Rynok/пл. Ринок, tgl. zu jeder vollen Stunde, Mo–Fr 50/25 UAH, Sa, So, Fei 60/30 UAH). Der Rundfahrtbus (Чудо бус), der die Attraktionen wie das Hohe Schloss und den Stryjer Park außerhalb der Altstadt anfährt, startet neben dem Ivan-Fedorov-Denkmal in der vul. Pidval'na/вул. Підвальна (ab 9.30 Uhr alle 2 Std., Dauer 1,5 Std., auch Deutsch, 60/30 UAH).

80 22, www.veronica.ua (engl.), tgl. 10–23 Uhr. Raffinierter Geschmack europäischer Speisen, sehr guter Service, elegantes Innendesign, Livemusik und günstige Lage in der Altstadt. Hauptgerichte ca. 40–120 UAH.

Zu Gast bei Sacher-Masoch ▶ **Masoch-Café** 4 (Мазох-café): vul. Serbs'ka 7/вул. Сербська 7, Tel. 032 235 68 75, www.masoch-cafe.com.ua, tgl. 11–2 Uhr. Durch eine als riesiges Schlüsselloch stilisierte Tür gelangt man ins Masoch-Café, eine vom literarischen Werk des in L'viv geborenen Leopold von Sacher-Masoch beflügelte Kneipe, in der aphrodisische Speisen und Cocktails samt würziger Zitate gereicht werden. Einige Attribute des Interieurs sowie Souvenirs gedenken des Schriftstellers als Inspirator des Masochismus. Hauptgerichte ca. 40–110 UAH.

Rustikal ▶ **Zolotyj Vepr** 5 (Золотий Вепр): pl. Rynok/пл. Ринок 17, Tel. 032 272 67 94, tgl. 10–22 Uhr. Gewölbedecke, grobe Holztische und -stühle versetzen in die Ritterepoche. Die Auswahl an europäischen und ukrainischen Fleischgerichten und schmackhafter Hausmannskost ist groß und gut. Hauptgerichte ca. 30–80 UAH.

Art nouveau ▶ **Praha** 6 (Прага): vul. Hnatjuka/вул. Гнатюка 8, Tel. 032 260 24 42, www.praga.lviv.ua (engl.), tgl. 12–24 Uhr. Ein edles Restaurant, in dem sich die dekorativen Formen und Ornamente des Art nouveau bei sanftem Licht verschlingen. An den Wänden hängen Reproduktionen von Alfons Mucha. Das Weinangebot ist ausgezeichnet, die Küche europäisch, wobei tschechische und eigentümliche ukrainische Speisen als Spezialität des Hauses gelten. Romantisches Café und progressiver Pub gehören ebenfalls zum Prager Eckchen in L'viv. Hauptgerichte ca. 22–112 UAH.

Kultkneipe ▶ **Kryjivka** 7 (Криївка): pl. Rynok/пл. Ринок 13, Tel. 095 260 45 46, www.kryjivka.com.ua, tgl. 24 Std. In einem Keller am Marktplatz befindet sich die Kneipe, die als Unterschlupf der Ukrainischen Aufstandsarmee stilisiert ist. Ohne die Parole »Herojam slava!« (»Ruhm den Helden!«) gelangt man nicht hinein. An den Wänden Soldatenfotos, Postkarten, Gaslampen und Waffen. Die Feldkost wird im Blechgeschirr gereicht. Hauptgerichte ca. 15–55 UAH.

Schnellrestaurant ▶ **Puzata Chata** 8 (Пузата Хата): vul. Sičovych Stril'civ/вул. Січових Стрільців 12, Tel. 032 240 32 65, www.puzatahata.com.ua (engl.), tgl. 8–23 Uhr. Trotz Fast Food wirkt das Restaurant gemütlich und ist durchaus empfehlenswert. Innendesign mit Elementen mittelalterlicher Befestigungsarchitektur, leckere ukrainische Küche. Hauptgerichte ca. 6–20 UAH.

Tipp der Autorin ▶ **Unter der Goldenen Rose** 9 s. S. 193

Cafés und Kaffeehäuser

Tipp der Autorin ▶ **L'viver Schokoladenwerkstatt** 10: s. S. 187

Urgemütlich ▶ **Na Bambetli** 11 (На Бамбетлі): pl. Rynok/пл. Ринок 29, Tel. 032 235 45 44, www.nabambetli.com, tgl. 10–22 Uhr. Ein Kaffeehaus mit vielen gestrickten Kissen, in dem es so häuslich zugeht wie auf dem Lande. Es ist in der historischen Passage, die nach dem Kaufmann Domenico Andreolli, dem Inhaber der ersten L'viver Konditorei, benannt ist, zu finden. Die gemütlichsten Sitzplätze befinden sich auf den sogenannten Bankbetteln – von daher der Name des Hauses. Die Zeit scheint hier langsamer zu vergehen, der Kaffee schmeckt hervorragend. 12–30 UAH.

Desserts mit Tradition ▶ **Cukernja** 12 (Цукерня): vul. Starojevrejs'ka/вул. Староєврейська 3, Tel. 032 235 69 49, www.cukiernia.com.ua (engl.), tgl. 10–22 Uhr. Hier werden die besten Rezepte der jahrhundertelangen städtischen Tradition der Süßigkeitenherstellung gepflegt und serviert: Torten, Pfannkuchen, Kekse, Strudel, Rouladen, Eclairs, Eis und Obstsalate. Dazu gibt es duftenden Kaffee, Tee oder heiße Schokolade. Frühstücksmenü. 12–40 UAH.

Kaffeepause ▶ **Alte Straßenbahn** 13: Halyc'ka pl./Галицька пл., Tel. 050 371 38 53, www.fest.lviv.ua, tgl. 10–24 Uhr. In L'viv wurde am 31. Mai 1894 die zweite Straßenbahn in der Ukraine und die vierte in Österreich-Ungarn in Betrieb genommen. In einem original rekonstruierten Wagen der legendären Straßenbahn kann man bei einer Tasse Kaffee historische Fotos der Bahn und von L'viv auf sich wirken lassen. Getränke/Snacks 12–35 UAH.

Künstlercafé ▶ **Kaffeehaus Štuka** 14 (Кав'ярня Штука): vul. Kotljars'ka/вул. Котлярська 8, Tel. 097 586 81 95, 097 435 81 27, www.shtuka.net.ua, tgl. 9–22 Uhr. Ins Štuka geht man nicht nur wegen einer Tasse Kaffee, sondern wegen der Atmosphäre: Die Wandbemalung vom Anfang des 20. Jh. ist restauriert, die Schilder sind wie damals mehrsprachig. Außerdem gibt es aromatischen Kaffee, frische Krapfen, Wechselausstellungen und ein Frühstücksmenü. Getränke/Snacks 8–32 UAH.

Beim Einkaufsbummel in L'viv gibt es Neues zu entdecken

Einkaufen

Kunst und Antiquitäten ▶ Vernissage 1 (Вернісаж): Vičeva pl./Вічева пл., tgl. 9–17 Uhr. L'viver Montmartre – berühmter und traditionsreicher Kunst- und Antiquitätenmarkt unter freiem Himmel. Bilder, Ikonen, Holzhandwerk, Münzen, Schmuck und Trachten in bunter Vielfalt. **Ravlyk** 2 (Равлик): prosp. Svobody/просп. Свободи 15, Tel. 032 243 35 99, www.ravlyk-art.com.ua, tgl. 10–18 Uhr. Galerie und Kunstsalon bieten vor allem hochwertige Mitbringsel und Kunstwerke für den anspruchsvollen Geschmack – Bilder ukrainischer Künstler, Schmuck, Artefakte aus Keramik, Holz, Metall, Glas, Stickereien und Gewebtes. **Gothic-Hall** 3 (Готик-Холл): pl. Rynok/пл. Ринок 6, Tel. 032 272 60 91, www.gothic-hall.com, Mo–Sa 10–18, So 10–15 Uhr. Bilder ukrainischer und europäischer Maler, Ikonen und Kultgegenstände, Bronze, Porzellan, Gold- und Silberschmuck, alte Postkarten, Münzen, Uhren und Möbelstücke im Antiquitätenladen in den gotischen Museumsräumen.

Kaffee ▶ Svit kavy 4 (Світ кави): Katedral'na pl./Катедральна пл. 6, Tel. 032 297 56 75, tgl. 8–22 Uhr. Ein geschätzter Laden mit bis zu 40 Kaffeesorten aus aller Welt. Auf Wunsch individuelle Mischungen.

Abends & Nachts

Klassik ▶ Opernhaus 24 (Театр опери та балету ім. Соломії Крушельницької): prosp. Svobod/просп. Свободи 28, Tel. 032 272 86 72, www.opera.lviv.ua (engl.). Klassische Opern- und Ballettstücke in einer architektonischen Perle. **Philharmonie** 27 (Львівська філармонія): vul. Čajkovs'koho/вул. Чайковського 7, Tel. 032 74 10 86, www.philarmonia.lviv.ua. Konzerte, Kammermusik und literarische Abende.

Nachtclubs ▶ Split 1: pl. Mickevyča/ пл. Міцкевича 6/7, Tel. 032 242 22 00, www.split.lviv.ua (engl.), tgl. 24 Std. Ein großer Unterhaltungskomplex, der Pub, japanisches Restaurant, Poker-Club und Show-Bar unter seinem Dach vereinigt. **Metro** 2 (Метро): vul. Zelena/вул. Зелена 14, Tel. 032 242 07 88, www.metroclub.com.ua (engl.), Di–So 21–6 Uhr. Ein von ausländischen Gästen gern besuchter Nachtclub mit verschiedenen Dancefloors und Cocktailbars sowie Tanzwettbewerben; Pop, R'n'B, Rap, Hip-Hop. **Millennium** 3 (Міленіум): prosp. Čornovola/просп. Чорновола 2, Tel. 032 240 35 91, www.favorite-club.com (engl.), tgl. 20–6 Uhr. Disco mit Bar, Restaurant.

Jazz-Konzerte ▶ Kabinet 35 4 (Кабінет 35): vul. Virmens'ka/вул. Вірменська 35, Tel. 096 784 14 17, www.dzyga.com (engl.). Jeden Donnerstag um 19 Uhr finden im Art-Café im 2. Stock Jazz-Konzerte und Jam-Sessions statt.

Bierkneipe ▶ Hasova lampa 5 (Гасова лямпа): vul. Virmens'ka/вул. Вірменська 20, Tel. 050 371 09 08, tgl. 11–2 Uhr, www.fest.lviv.ua. Einer der beiden L'viver Erfinder der Petroleumlampe begrüßt als Skulptur die Besucher bereits am Eingang. Neben historischen Lampen als Dekoration gibt es vor allem schmackhafte Vorspeisen und gutes Bier – nicht selten mit pyrotechnischen Effekten und Tricks serviert. Dachterrasse mit Blick auf die Altstadt. **Chmil'nyj dim Roberta Domsa** 6 (Хмільний дім Роберта Домса): vul. Kleparivs'ka/вул. Клепарівська 18, Tel. 032 242 25 94, www.robertdoms.lviv.ua, tgl. 12–24 Uhr. In Robert Doms Bierhaus serviert man in vier alten Bierhallen mit hölzernen Tischen gutes Bier und Hausmannskost. Gelegentlich Livekonzerte. Hauptgerichte ca. 25–65 UAH.

Vinothek ▶ Café Nr. 1 7 (Кафе No. 1): Katedral'na pl./Катедральна пл. 5, Tel. 032 242 33 69, tgl. 10–22 Uhr. Gemütliche Vinothek aus der L'viver Vorkriegszeit mit nostalgischem Ambiente. Die angebotenen Weine passen wunderbar zu den italienischen Antipasti, Salaten und Meeresfrüchten. Hauptgerichte 12–60 UAH.

Mit k.-u.-k.-Flair ▶ Pid synjoju fljaškoju 8 (Під синьою фляшкою): vul. Rus'ka/вул. Руська 4, Tel. 032 294 91 52, tgl. 10–22 Uhr. Bereits seit dem Mittelalter befand sich in diesen Wänden eine Weingaststätte. Auch heute lebt im Lokal ›Zur blauen Flasche‹ der Geist des österreichisch-ungarischen Lemberg auf. Hauptgerichte 12–60 UAH.

Aktiv

Stadtführungen ▶ Die **Touristinfo** organisiert Führungen und Ausflüge (s. S. 202).
Exkursionen ▶ **Vsesvit** 1 (Всесвіт): vul. Lista/вул. Ліста 3, Tel. 032 297 15 58, www.wseswit.lviv.ua (engl.), Mo–Fr 10–18, Sa 10–15 Uhr. Stadtführungen in L'viv, Ausflüge in der Westukraine, Ski- und Spa-Urlaub, Aktivtourismus, Fremdenführerservice.
Sportgeräteverleih ▶ **Komančero** 2 (Команчеро): vul. Lystopadna/вул. Листопадна 16, Tel. 032 270 70 63, www.fira.com.ua, Mo–Fr 10–19, Sa 10–17 Uhr. Verkauf und Verleih von Skiern, Snowboards, Rollerblades, Zelten, Schlafsäcken, Ausrüstung fürs Klettern und Windsurfing.

Termine

Festival der Straßenmusikanten (Фестиваль вуличних музик): Mai. Eingeladen sind alle, die singen und musizieren können und einen Hut zum Geldsammeln mitbringen.
Fljuhery L'vova (Флюгери Львова): Mai. Internationales Jazz- und Folk-Festival mit Jam-Sessions im Innenhof des Rathauses.
Virtuozy (Віртуози): Mai. Das internationale Festival klassischer Musik findet in den beliebtesten Konzertstätten von L'viv statt: im Potocki-Palast, im Italienischen Hof, auf dem Marktplatz.
Etnovyr (Етновир): Aug., www.etnovyr.org.ua (engl.). Das von der UNESCO initiierte Ethno-Folk-Festival versammelt in den Konzerthallen und Straßen der Stadt Folkbands und Tanzgruppen aus allen Kontinenten.
Na kavu do L'vova (На каву до Львова): Sept., www.coffeefest.lviv.ua. ›Auf einen Kaffee nach L'viv‹ heißt das Fest, das sich hauptsächlich als Bummel von einem gemütlichen Kaffeehaus zum anderen gestaltet. In den zentralen Straßen breiten sich die Kaffeehändler aus (www.coffeefest.lviv.ua).
Festival altertümlicher Musik (Фестиваль давньої музики): Okt. In L'viver Konzertsälen werden altertümlichen Instrumenten lang vergessene Melodien entlockt.
JazzBez: Dez., www.dzyga.com (engl.). Das mehrtägige internationale Jazz- und Blues-Festival ist unter anderem in L'viv zu Gast.

Verkehr

Flüge: Internationaler Flughafen L'viv, vul. Ljubins'ka/Любінська 168, Tel. 032 229 85 78, www.airport.lviv.ua. Flüge nach Kiew, Simferopol', Wien, München, Frankfurt am Main und Dortmund. Vom Stadtzentrum zum Flughafen fahren der (Klein-)Bus 95 oder der Trolleybus 9.
Züge: Hauptbahnhof, Dvirceva pl./Двірцева пл. 1, Tel. 1505 oder 032 226 20 68, www.railway.lviv.ua. Verbindungen nach Užhorod, Rachiv, Černivci, Ivano-Frankivs'k, Ternopil', Kovel', Luc'k, Rivne, Chmel'nyc'kyj, Kiew, Charkiv, Dnipropetrovs'k, Donec'k, Zaporižžja, Mariupol', Luhans'k, Odesa, Cherson, Simferopol'. Nahverbindungen nach Truskavec', Moršyn, Sambir, Zoločiv. Internationale Züge nach Berlin.
Busse: In L'viv gibt es mehrere Busbahnhöfe, die unterschiedliche Reiserichtungen bedienen. Vom Bushauptbahnhof in der vul. Stryjs'ka/вул. Стрийська 109 (Tel. 032 234 44 44) Busse in alle Gebietszentren der Westukraine, nach Kiew, Žovkva, Brody, Pidkamin', Zoločiv, Drohobyč sowie nach Deutschland und Österreich; vom Bahnhof in der vul. Chmel'nyc'koho/вул. Хмельницького 225 (Tel. 032 252 04 89) Verbindungen nach Brody, Žovkva, Oles'ko, Pidkamin', Pidhirci; auf der Dvirceva pl./Двірцева пл. 1 (Tel. 032 238 83 08) Busse nach Žovkva, Oles'ko, Brody und Truskavec'.
Mietwagen: Sixt, vul. Antonovyča/вул. Антоновича 122a, Tel. 032 237 18 17, www.sixt.ua (engl.).

Fortbewegung in der Stadt

Straßenbahn/Busse: Das städtische Transportnetz ist gut ausgebaut. Ein Ticket für Straßenbahn oder Trolleybus kostet, unabhängig von der Länge der Strecke, 1,25 UAH und ist in Kiosken an den Haltestellen erhältlich. Es muss im Transportmittel entwertet werden. Beim Umsteigen braucht man eine neue Fahrkarte. Eine Fahrt in einem Kleinbus kostet 2 UAH und ist beim Fahrer zu bezahlen.
Taxis: L'viv-Taxi (Львів-Таксі), Tel. 032 244 50 44; Viraž-Taxi (Віраж-Таксі), Tel. 032 032 059 oder 032 298 33 33.

Die Umgebung von L'viv

Von der Renaissancestadt Žovkva geht es zu den repräsentativen Schlössern von Oles'ko und Pidhirci und dann in die Stadt Drohobyč mit der wunderschönen hölzernen Georgskirche. Die legendäre Festung Tustan' im Nationalpark Skoler Beskiden und die Dovbuš-Felsen bei Bubnyšče sind weitere Highlights der Region.

Žovkva ▶ 1, C 4

Das ursprünglich als Renaissance-Idealstadt entworfene **Žovkva** (Жовква) 30 km nördlich von L'viv hat gut 13 000 Einwohner.

Geschichte

In den schriftlichen Zeugnissen beginnt die Geschichte des Ortes im Jahr 1368 mit der altukrainischen Siedlung Vynnyky. Die 1597 vorgenommene Namensänderung verbindet man mit der Familie Żołkiewski, die die Siedlung kaufte. Im Jahr 1603 erhielt Žovkva das Magdeburger Recht. Der Ort blühte auf, als er in der zweiten Hälfte des 17. Jh. zur Residenz des polnischen Königs Johann III. Sobieski wurde. 1706/07 weilte in seinem Residenzschloss der russische Zar Peter I. In einem eher verfallenen Zustand fanden die Österreicher die Stadt im Jahr 1772 nach der ersten Teilung Polens vor. 1951 wurde Žovkva zu Ehren des russischen Piloten Pëtr Nesterov, der 1913 als erster einen Looping flog, in Nesterov umbenannt; 1991 erhielt es seinen alten Namen zurück.

Żołkiewski-Schloss

An der Südseite der Vičeva pl./Вічева пл. befindet sich das 1594–1606 im Stil der Renaissance erbaute **Żołkiewski-Schloss** (Замок Жолкевських). Das Projekt entwarf der durch seine architektonischen Meisterwerke in L'viv bekannt gewordene Baumeister Paul der Römer. In der zweiten Hälfte des 18. Jh. fand im Schloss die Umgestaltung der Innenräume statt; die Renovierungsarbeiten im 20. Jh. wurden immer wieder unterbrochen. Der quadratische Bau hat vier Flügel und vier Ecktürme, die sowohl Wohn- als auch öffentlichen Zwecken dienten. Beachtenswert sind das Portal des Nordflügels und die Steinmetzarbeiten an den Fenstern. Hinter dem Schloss befand sich ein Tiergarten, an den das **Zvirynec'ka-Tor** (Звіринецька брама, 17. Jh.) erinnert. Außer ihm sind von der Stadtbefestigung noch das **Hlyns'ka-Tor** (Глинська брама, 17. Jh.) und drei **Stadtmauertürme** erhalten geblieben (Tel. 067 996 96 68, Di–Sa 10–17, So 12–17 Uhr, 4/1,50 UAH).

Vičeva plošča

Das Zentrum des beschaulichen Städtchens bildet das nach Plänen von Bronisław Wiktor 1932 erbaute **Rathaus** (Ратуша) an der Vičeva pl./Вічева пл. Neben dem Rathaus sieht man die mittelalterlichen, im 17. Jh. rekonstruierten **Kasematten.** Den Platz umgeben schöne Bürgerhäuser – Baudenkmäler des 17.–20. Jh. Den Halbkreis der historischen Gebäude schließt die römisch-katholische **Laurentiuskirche** (Костел Святого Лаврентія) ab, die in den Jahren 1606–1618 von Paul dem Römer und Ambrosius Przychylny im Stil der Renaissance geschaffen und von Stanisław Żołkiewski als Mausoleumskirche gestiftet wurde. Ihrer Umgestaltung unter Johann III. Sobieski folgte eine gründliche Renovierung im Jahr 1861. Nach der zweckfremden Nutzung in den Nachkriegsjahren wurde das Gotteshaus im Jahr 1989 der katholischen Gemeinde zurückgegeben. Der Kreuzkuppelbau verblüfft mit seinem reichen, ausgesuchten Schmuck: den Rittergestalten, Erzengeln, Heiligen und Evangelisten außen, den Altären, Steinschnitzereien, Kassetten und Rosetten im Inneren. In der Krypta wurden mehrere berühmte Persönlichkeiten bestattet: der Königsvater Jakub Sobieski, Mitglieder der Familien Żołkiewski und Daniłowicz. Neben der Kirche steht der Wehrglockenturm aus dem 17. Jh.

Basilianerkloster

Das **Basilianerkloster** (Василіянський монастир) in der vul. Vasilijans'ka/вул. Василіянська 4–8 entstand an der Stelle der von S. Żołkiewski gestifteten Holzkirche aus dem Jahr 1612. Sie wurde 1682 den Basilianermönchen übergeben und bald darauf durch die steinerne barocke Nachfolgerin ersetzt. Deren wesentlicher Aus- und Umbau im byzantinischen Stil erfolgte im Jahr 1906. Das Kircheninnere wurde 1911–1939 gestaltet. Die seit 1994 von den Basilianermönchen wiederbelebte Klosterdruckerei war seinerzeit ein wichtiges Verlagszentrum der griechisch-katholischen Kirche.

Synagoge

Obwohl sich die Žovkvaer **Synagoge** (Синагога) in der vul. Zaporiz'ka/вул. Запорізька derzeit in einem Zustand des Verfalls befindet, ist ihr die einstige Pracht noch anzusehen. Einst eine der größten und schönsten Wehrsynagogen Europas, wurde sie 1692–1698 im Stil der Renaissance errichtet. Das Innere mit dem säulengestützten Gewölbe wurde im Zweiten Weltkrieg verwüstet. Beachtenswerte Elemente ihrer Außenarchitektur sind das wunderschöne Dach mit der Bogenattika, dem filigranen dekorativen Kamm und den Ecktürmchen und die reich verzierten, spätbarocken Portale.

Dominikanerkloster

Die Stifterin des **Dominikanerklosters** (Домініканський монастир) in der vul. L'vivs'ka/вул. Львівська 5 war Teofila Sobieska, Enkelin von S. Żołkiewski und Mutter von Johann III. Sobieski. Die ehemalige Marienkirche mit dem kreuzförmigen Grundriss wurde 1655 im barocken Stil nach dem Vorbild neapolitanischer Gotteshäuser erbaut, die Mönchszellen entstanden etwas später, in den Jahren 1754–1792. Das Kircheninnere wurde Anfang des 20. Jh. ausgemalt. Hier sind die Grabmäler der Stifterin und ihres Sohnes Marek zu sehen. Während im Ensemble zu Sowjetzeiten diverse administrative Einrichtungen untergebracht waren, verfiel es langsam. Seit 1994 kümmert sich die griechisch-katholische Gemeinde um die 1995 umgeweihte Kirche des hl. Josaphat (Церква Святого Йосафата).

Vulycja L'vivs'ka

Die Geschichte der **Lazaruskirche** (Церква Святого Лазаря) in der vul. L'vivs'ka/вул. Львівська 21 beginnt 1624, als hier ein hölzernes Gotteshaus entstand. Im Jahr 1627 kam ein Armenspital hinzu, 1735 wurde der Baukomplex mit finanzieller Unterstützung von Johann III. Sobieski durch die gemauerten Gebäude ersetzt. Von 1861 bis zum Zweiten Weltkrieg dienten sie als Felicianerinnenkloster, seit 1994 gehört die Kirche der ukrainischen orthodoxen autokephalen Kirche.

Die hölzerne **Dreifaltigkeitskirche** (Троїцька церква) in der vul. L'vivs'ka/вул. Львівська 90 mit drei emporstrebenden helmartigen Kuppeln wurde 1720 erbaut. Das Kleinod des mit Schindeln bedeckten Gotteshauses ist die mehrrangige Ikonostase mit farbenfrohen Ikonenmalereien: Deren fein geschnitzte Weinreben, Blätter und Blumen spielen heiter mit Licht und Schatten.

Mariä-Geburt-Kirche

Etwas weiter vom Stadtzentrum entfernt, in der vul. Franka/вул. Франка 9 im Stadtteil Vynnyky, befindet sich die galizische **Mariä-Geburt-Kirche** (Церква Різдва Пресвятої Богородиці) – eine Schöpfung des Baumeisters Kunaš aus dem Jahr 1705. Die Kirche krönt nur eine Kuppel über dem mittleren Blockbau. Die die gesamte Kirche umge-

Vergangene Pracht: fürstliche Schlafstatt im Schloss von Oles'ko

bende Abdachung lässt sie als einheitlichen Bau erscheinen. In dem sich in die Höhe öffnenden Kircheninnenraum beeindruckt vor allem die von Ivan Rutkovyč 1709 geschaffene Ikonostase.

Infos

Touristinfo (Турінфоцентр): Vičeva pl./Вічева пл. 2, Tel. 03252 224 98, www.zhovkva-tour.info (engl.), Mo–Fr 9.30–18, Sa, So 10–16 Uhr. Reiseführer- und Pläneverkauf, Stadtführungen und Ausflüge, Übersetzungen, Unterkunftsvermittlung, Souvenirs.

Übernachten

Zentral ▶ **Styl'** (Стиль): vul. Hasyna/вул. Гасина 5, Tel. 03252 619 42, www.hotelstyl.com.ua. Gepflegtes, gemütliches Hotel mit einem Restaurant ukrainischer und europäischer Küche; Exkursionsangebot und thematische Stadtführungen durch L'viv. Mietautos und -kleinbusse stehen Gästen zur Verfügung. DZ 150–350 UAH.

Essen & Trinken

Romantisch ▶ **Na pidsinnju** (На підсінню): Vičeva pl./Вічева пл. 14, Tel. 03252 220 01, tgl. 11–23 Uhr. Das gemütliche Café mit ukrainisch-europäischen Gerichten befindet sich in den Arkadengängen der Kaufhallen mitten in der Altstadt. Interieur mit Buntglasfenstern, Wandmalereien und geschmiedeten Details. Gute Auswahl an Desserts. Hauptgerichte 15–35 UAH.

Verkehr

Züge: Bahnhof, vul. Vokzal'na/вул. Вокзальна. Züge nach L'viv.

Busse: Busbahnhof neben der Synagoge, pl. Konoval'cja/пл. Коновальця, Tel. 03252 211 09. Verbindungen nach L'viv.

Oles'ko ►1, D 4

An der Fernstraße M 06 gelegen, ist die Ortschaft **Oles'ko** (Олесько, 1800 Einw.) auf dem Weg von L'viv nach Brody gut zu erreichen. Bereits im Jahr 1327 stand das **Schloss** (Олеський замок) auf dem einsamen steilen Hügel, der von 10 m hohen Mauern und Sümpfen umgeben war. Die steinerne Festung wurde von einem der Söhne des galizisch-wolhynischen Fürsten Jurij L'vovyč anstelle einer hölzernen Anlage errichtet und bald vom polnischen König Kasimir III. erobert. Fürst Ivan Danylovyč verwandelte die eifrig umkämpfte Burg am Anfang des 17. Jh. in eine prächtige Adelsresidenz im Stil der italienischen Renaissance. Der spätere Kosakenhetman Bohdan Chmel'nyc'kyj soll hier seine Kinderjahre verbracht haben, da sein Vater im Dienst des Fürsten stand. Der Hetman eroberte 1648 das Schloss, in dem der polnische König Johann III. Sobieski 1629 geboren worden war. In der Zeit der österreichisch-ungarischen Monarchie verfiel die Anlage allmählich. Nach ihrer Restaurierung in den Jahren 1965–1975 wurde hier die Filiale der L'viver Kunstgalerie für regionale Kunst des Mittelalters – Gemälde, Skulpturen, Möbel – eingerichtet (Tel. 03264 251 93, Di–So 10–16 Uhr, 15/7,50 UAH).

Das **Kapuzinerkloster** (Монастир Капуцинів) von 1739 gegenüber dem Schloss besteht aus der barocken Josefskirche und den Mönchszellen. Nach der Kassation des Ordens zogen die im Kloster lebenden Mönche weg, worauf ihr Zuhause seit 1785 in ein Lazarett umfunktioniert wurde. 1788 kamen die Kapuziner ins Kloster zurück, mussten es aber 1939 endgültig verlassen. Das Ensemble wird zurzeit renoviert. Die römisch-katholische **Dreifaltigkeitskirche** (Троїцький костел) – an der Abbiegung zum Schloss – wurde 1545 erbaut und 1627 umgestaltet. Im Inneren des Gotteshauses sind die Epitaphe der Familie Danylovyč erhalten geblieben.

Essen & Trinken

Im Schlosskeller ► **Hrydnycja** (Гридниця): Sommer Di–So 11–20, Winter 11–18 Uhr (länger nach Vereinbarung), Tel. 032 242 38 49 oder 067 671 13 03, www.grydnycia.lviv.ua (engl.). Das Restaurant mit mittelalterlicher altukrainischer Küche befindet sich in den Räumlichkeiten des Schlosses. Auf Wunsch können ein romantisches Essen für zwei Personen oder inszenierte Gelage mit dem Fürsten, Musik und Tänzen bestellt werden. Hauptgerichte ca. 16–50 UAH.

Termine

Kozac'ki zabavy (Козацькі забави): Aug. Während des mehrtägigen Festes im Schloss vergnügen sich die Kosaken bei Turnieren, Spielen und traditionellen Tischgelagen.

Brody ▸ 1, D 4

Das Städtchen **Brody** (Броди), der Geburtsort des österreichischen Schriftstellers und Journalisten Joseph Roth (1894–1939), zählt heute rund 23 000 Einwohner.

Geschichte

Die erste schriftliche Erwähnung Brodys stammt aus dem Jahr 1084, aus der Zeit der Kiewer Rus. Danach gehörte es zu Galizien-Wolhynien, Polen, Österreich-Ungarn und der Sowjetunion. Die Verleihung des Magdeburger Rechts im Jahr 1584 lockte zahlreiche jüdische Einwanderer ins polnische Brody, die den Ort in ein bedeutendes Handwerks- und Handelszentrum verwandelten. Die jüdische Gemeinde vergrößerte sich, als im 17. Jh. die Juden aus L'viv hierher übersiedelten. Vor dem Zweiten Weltkrieg waren etwa 70 % der gesamten Stadtbevölkerung jüdischen Glaubens, weswegen der Ort den Beinamen Galizisches Jerusalem erhielt. Brody gilt als Geburtsstätte des Chassidismus, da der Begründer der chassidischen Bewegung, Israel ben Elieser, hier lebte und wirkte.

Synagoge

Von den Denkmälern der jüdischen Kultur sind das verfallene Gebäude der **Synagoge** (Синагога) in der vul. Hončars'ka/вул. Гончарська 12 und der **jüdische Friedhof** (Єврейське кладовище) vom 19./20. Jh. am nordwestlichen Stadtrand in der vul. Čuprynky/вул. Чупринки erhalten geblieben. Die einst schöne und große Festungssynagoge wurde 1742 an der Stelle ihrer abgebrannten hölzernen Vorgängerin erbaut. Das quadratische Gebäude vollendet eine Attika mit Arkadenornamenten. An der westlichen und der nördlichen Seite sind Anbauten zu sehen. Die Fassade ist mit Pilastern geschmückt. Die Neue Synagoge, die daneben stand, ist dem Krieg zum Opfer gefallen.

Schlossfestung

Von der ehemaligen **Schlossfestung** (Замок) in der vul. Škil'na/вул. Шкільна ist wenig übrig geblieben: Reste der Erdwälle, zwei Bastionen und die Kasematten. Schon im 14. Jh. befand sich auf dem Gelände ein befestigtes Schloss, das in den 30er-Jahren des 17. Jh. einer Festung in Form eines Fünfsterns mit Ecktürmen wich. Der Entwurf wurde von Andrea dell'Aqua und Guillaume de Beauplan nach dem Vorbild holländischer Befestigungsanlagen erstellt. Heute steht inmitten des Innenhofes der eingeschossige **Potocki-Palast** im Stil des Barock aus der Mitte des 18. Jh. Das Gebäude wurde mehrmals zerstört und wieder aufgebaut. Derzeit beherbergt der schlichte Palast die Ausstellungen des Landeskundemuseums (Tel. 03266 421 13, Mo–Fr 9–18, So 10–16 Uhr, 4/1,50 UAH).

Stadtzentrum

Die griechisch-katholische **Georgskirche** (Церква Святого Юра) aus dem Jahr 1625 in der vul. Poštova/вул. Поштова 11 ist ein wertvolles architektonisches Denkmal der galizischen Bauschule. Ihr Inneres bewahrt eine meisterlich ausgeführte Ikonostase im Stil des Rokoko. Die Kirche wurde im 19. Jh. umgestaltet, ihre Malereien 1933 erneuert.

Die **Mariä-Geburt-Kirche** (Церква Різдва Пресвятої Богородиці) in der vul. Franka/вул. Франка 14 wurde um 1600 als Verteidigungskirche errichtet und 1758 umgebaut. Turm und Seitenkapellen sind spätbarock gestaltet. Die heute griechisch-katholische **Kreuzerhöhungskirche** (Церква Воздвиження Чесного Животворящого Хреста) in der vul. Stusa/вул. Стуса 9 stammt aus dem Jahr 1660. Zunächst gehörte das Gotteshaus der römisch-katholischen Gemeinde; ab dem Zweiten Weltkrieg bis 1990 diente sie als Turnhalle.

Am majdan Svobody/майдан Свободи 5 befindet sich das 1984 gegründete städtische **Landeskundemuseum** (Бродівський історико-краєзнавчий музей) in einem

Haus aus dem 18. Jh. Anhand archäologischer Funde, Münzen, Waffen, Alltagsgegenständen, Dokumente und Fotos wird hier die Stadtgeschichte nacherzählt (Tel. 03266 421 13, Mo–Fr 9–18, So 10–16 Uhr, 4/1,50 UAH).

Östlich des Stadtzentrums

In der vul. Kocjubyns'koho/вул. Коцюбинського 2 steht das **Gymnasium** (Гімназія), in dem einst Joseph Roth lernte. Vor dem Gebäude erinnert ein Denkmal an den zu Ruhm gelangten Absolventen. Das Werk Roths, das den Untergang der österreichisch-ungarischen Monarchie eindringlich schildert, durchzieht ein leitendes Thema: die Erfahrung des Heimatverlusts, die u. a. die galizischen Juden erlebt haben. Bekannt wurde Joseph Roth durch seine journalistischen Arbeiten, vor allem aber durch die Romane »Hotel Savoy«, »Hiob«, »Radetzkymarsch« oder »Die Kapuzinergruft«. Noch etwas weiter vom Stadtzentrum entfernt, in der vul. Velyki Fil'varky/вул. Великі Фільварки 26, steht die **Dreifaltigkeitskirche** (Церква Святої Трійці), die 1726 aus Holz gebaut wurde.

Übernachten

Klassisch eingerichtet ▶ **Jevropa** (Європа): vul. Jurydyka/вул. Юридика 9, Tel. 03266 260 35 oder 097 976 63 05. Das vornehme 3-Sterne-Hotel im Stadtzentrum hat geräumige Zimmer sowie ein Restaurant und eine Café-Bar. DZ 200–400 UAH.

Essen & Trinken

Grillgerichte ▶ **Šalena škvarka** (Шалена шкварка): vul. 22 sičnja/вул. 22 січня 73a, Tel. 03266 432 17, tgl. 10–23 Uhr. Angenehmes Restaurant ukrainischer Küche mit Sommerterrasse, Livemusik und Billardraum. Spezialitäten sind Grillgerichte und Fleisch auf huzulische Art. Hauptgerichte 11–20 UAH.

Aktiv

Stadtführungen & Ausflüge ▶ **Landeskundemuseum:** s. links. Führungen durch Brody und Ausflüge in die Umgebung (Pidkamin', Pidhirci, Oles'ko, Počajiv, Kremenec').

Exkursionen ▶ **Arij. Brody-Tur** (Арій. Броди-Тур): vul. Stefanyka/вул. Стефаника 8, Tel. 03266 279 68 oder 067 251 99 36, www.tour.brody.lviv.ua (dt.), Mo–Fr 9–13, 14–18, Sa 10–13 Uhr. Das Reisebüro bietet Exkursionen in der ganzen Region um L'viv an.

Verkehr

Züge: Bahnhof, vul. Pryvokzal'na/вул. Привокзальна 1, Tel. 03266 265 22. Züge nach L'viv, Ivano-Frankivs'k, Černivci, Užhorod.
Busse: Busbahnhof, vul. Pryvokzal'na/вул. Привокзальна 1, Tel. 03266 431 46. Verbindung nach L'viv, Oles'ko, Pidhirci, Pidkamin', Bus'k.
Taxis: Tel. 03266 263 63, 277 77, 273 73.

Pidkamin' ▶ 1, E 4

Die prominente Sehenswürdigkeit des ca. 25 km südöstlich von Brody gelegenen Dorfes **Pidkamin'** (Підкамінь, 2300 Einw.) ist das ehemalige **Dominikanerkloster** (Домініканський монастир, 13.–18. Jh.), in dessen Mauern – nach langen Jahren der zweckfremden Nutzung – heute die Basilianermönche des griechisch-katholischen Studitenordens ihr Heim gefunden haben. Das barocke, von weitem sichtbare Klosterensemble, das zurzeit renoviert wird, besteht aus der Wehrmauer mit Tor und Türmen, dem frei stehenden Glockenturm mit Arkaden und Schießscharten (18. Jh.), dem Mönchszellenbau (1612–1746), der imposanten Mariä-Himmelfahrt-Kirche (Церква Успіння Пресвятої Богородиці) aus den Jahren 1464–1760, der Paraskevakapelle (Каплиця Святої Параскеви, 1739–1741) und der korinthischen Säule mit der vergoldeten Statue der Muttergottes von 1719 (Tel. 097 470 95 15, tgl. 7.30–20.30 Uhr, Eintritt frei, Spende erwünscht).

Auf dem benachbarten Hügel am Rande des Dorfes sieht man eine bizarre Schöpfung der Natur – einen einsamen, ca. 17 m hohen Sandsteinfelsen, der **Steinriese** (Камінь-Велетень) genannt wird. Offensichtlich ist er der Überrest eines 25 Mio. Jahre alten Meeresriffs. Die mystisch wirkenden steinernen Kreuze um den Stein sind **Kosakengräber** aus dem 17. Jh.

Termine

Ethnofestival Pidkamin' (Етнофестиваль Підкамінь): Juli, www.pidkamin.ridne.net. Das mehrtägige Festival mit Kosakenturnieren, Spielen, Wettbewerben, Handwerkskursen und Konzerten findet direkt am Steinriesen bei Pidkamin' statt.

Pidhirci ▶ 1, D 4

Auf der Fahrt von Brody oder Oles'ko nach Zoločiv lohnt ein Halt im Örtchen **Pidhirci** (Підгірці, 1000 Einw.). Hier ist das alte Erdwall- und Grabensystem, das die mittelalterliche Stadt Plisnes'k schützte, erhalten geblieben. Plisnes'k, im 12./13. Jh. eine der größten Städte Galizien-Wolhyniens, wurde 1241 während des Tatareneinfalls vernichtet. Etwas nördlicher entstand im 15. Jh. die neue Siedlung, Pidhirci, deren Mittelpunkt die Festung von Janusz Podhorecki bildete.

Der Kronenhetman Stanisław Koniecpolski wandelte 1635–1640 die alte Befestigungsanlage in den üppigen **Schlosspalast** (Підгорецький замок) im Stil der Spätrenaissance um. Die Residenz war seinerzeit eine der schönsten im damaligen Polen. Den rechteckigen zweistöckigen Palast umgaben Bastionen mit Graben und Kasematten. Die Befestigung wurde von Guillaume le Vasseur de Beauplan, der eigentliche Palast von Andrea dell'Aqua entworfen. An den Steinportalen sieht man immer noch die Wappen der ehemaligen Schlossherren. Am Eingang zum Palastgelände steht das barocke Tor, ringsum erstreckt sich der Landschaftspark aus dem 17./18. Jh. Der Palast wurde bis zur Ankunft der Bolschewiken bewohnt, seine Schätze wurden ins Ausland ausgeführt. Die Sowjetmacht richtete hier eine Lungenheilanstalt ein. Im Jahr 1997 begannen umfassende Renovierungsarbeiten. Zum Schlossensemble gehören das **Gästehaus** (Ende des 17. Jh.) und die spätrenaissancene **Josefskirche** (Костел Святого Йосипа), die der Familie Rzewulski als Schloss- und Mausoleumskirche diente: An den Schwellen sieht man die eingemeißelten Namen des Stifters und seiner Gemahlin.

Am südlichen Rand von Pidhirci befindet sich das 1989, nach der Wiedergeburt der griechisch-katholischen Kirche, zum Leben erweckte **Basilianerkloster** (Василіанський монастир). Das Kloster wurde 1180 gegründet, später zerstört und wiederaufgebaut. Seine heutigen Bauten stammen aus den Jahren 1771–1786; die barocke Onuphriuskirche mit der authentischen Ikonostase wurde in den Jahren 1726–1750 errichtet.

Zoločiv und Umgebung

▶ 1, D 4/5

Zoločiv

Der zunächst 1442 urkundlich erwähnte Ort **Zoločiv** (Золочів, 23 000 Einw.) erwarb im Jahr 1523 das Magdeburger Recht dank seiner Lage an den Handelswegen zwischen Kolomyja und Luc'k sowie zwischen L'viv und Ternopil'. Die Stadt war eine beliebte Residenz der Familie Sobieski.

Das **Schloss** (замок) von Zoločiv baute Jakub Sobieski in den Jahren 1634–1636 an der Stelle einer Holzfestung vom Ende des 16. Jh. Das Schloss war von hohen Mauern mit fünfeckigen Bastionen, die von Türmen gekrönt waren, umgeben. An den Türmen ist das Basrelief des Sobieski-Wappens immer noch zu sehen. Von türkischen Truppen zerstört, später von den Besitzern wieder erneuert, verwandelte sich das Schloss zur Zeit der österreichisch-ungarischen Monarchie in ein Gefängnis. Diese berüchtigte Rolle spielte es auch während des Zweiten Weltkrieges und danach. Heute dienen die auf dem Schlosshof aus der Epoche der Renaissance erhalten gebliebenen **Paläste** vom Anfang des 17. Jh., der Große und der Chinesische, musealen Zwecken. Im Schlosshof finden ab und zu Ritterturniere, im Chinesischen Palast Teezeremonien statt (Tel. 03265 433 85, Di–Sa 10–16, So 12–16 Uhr, 15/7,50 UAH).

Pferdegespanne sind in der ukrainischen Landwirtschaft noch im Einsatz

Das älteste Gebäude der Stadt befindet sich im Zentrum in der vul. Šaškevyča/вул. Шашкевича. Die Architektur des **Zoločiver Hofes** (Золочівський двір) vom 14. Jh. vereinigt in sich die Züge eines Donjon und eines Herrenhauses. Sein Stil markiert den Übergang von der Spätromanik zur Renaissance. Die **Auferstehungskirche** (Церква Воскресіння Господнього) aus den Jahren 1624–1627 mit dem Glockenturm aus dem 19. Jh. befindet sich in der vul. Šaškevyča/вул. Шашкевича. Die **Mariä-Himmelfahrt-Kirche** (Костел Успіння Пресвятої Богородиці) von 1731–1763 und die Bauten des ehemaligen Dominikanerklosters in der vul. Skovorody/вул. Сковороди gehören heute dem Basilianerkloster. Sehenswert ist außerdem die **Nikolauskirche** (Церква Святого Миколая) in der vul. Valova/вул. Валова, die aus dem 16. Jh. stammt und im 18. Jh. umgestaltet wurde. Ihr Glockenturm wurde im Jahr 1886 errichtet.

Übernachten

Mini-Hotel ▶ **Hostynnyj Dim** (Гостинний Дім): vul. Fen'veši/вул. Феньвеші 22, Tel. 097 951 46 56, 067 313 88 30. Ein gemütliches, kleines Hotel in zentraler Lage. DZ 150–250 UAH.

Verkehr

Züge: Bahnhof, vul. Vokzal'na/вул. Вокзальна 1. Verbindungen nach L'viv.

Busse: Busstation, vul. Sičovych Stril'civ/вул. Січових Стрільців 46 a, Tel. 03265 422 55. Busse nach L'viv, Pidhirci und Brody.

Univ

Von der Fernstraße H 02 Zoločiv–L'viv zweigt nach etwa 30 km in südlicher Richtung eine Landstraße zum Ort Peremyšljany (Перемишляни) ab. Nur 5 km weiter duckt sich das Dorf **Univ** (Унів, 500 Einw.) unter die bewaldete Hügelkette Holohory (Гологори). Seine Hauptsehenswürdigkeit ist das griechisch-katholische **Mariä-Himmelfahrt-Kloster** (Свято-Успенська Унівська Лавра) – ein hervorragendes Beispiel der sakralen Wehrarchitektur. Bereits im 13. Jh. soll hier ein orthodoxes Mönchskloster existiert haben. Es wurde von den Mönchen des Kiewer Höhlenklosters, die den Tataren zu entfliehen suchten, gegründet. Nachdem die Tataren die erste hölzerne Anlage verbrannt hatten, initiierte Fürst Aleksander Łahodowski in den Jahren 1549–1574 die Errichtung eines neuen Wehrklosters: Seine mächtigen, aus dem 15.–18. Jh. stammenden Wehrmauern mit Schießscharten, Türmen und Tor sind heute noch zu sehen; die hohen Wälle und der Wassergraben sind nicht erhalten geblieben. Die **Mariä-Himmelfahrt-Kirche** – ein weiteres wehrarchitektonisches Denkmal mit Schießscharten und Strebepfeilern – stammt aus dem Jahr 1550.

Im 17. Jh. war das Kloster ein wichtiges Zentrum der ukrainischen Kultur: In den Jahren 1667–1671 existierte hier eine Druckerei, die durch mehrere Buchkunstraritäten Ruhm erlangte. 1810–1820 erfolgte die Umgestaltung des Klosterensembles: Zu jener Zeit entstanden der **Metropolitenpalast** und die **Mönchszellen,** die zum Teil die Befestigungsmauer ersetzt haben. Seit 1946 beherbergte die Anlage ein Konzentrationslager für katholische Geistliche, später ein Altersheim und ein Internat für psychisch Kranke. Seit 1991 gehört das bekannte Wallfahrtskloster mit seiner legendären Heilquelle wieder dem Studitenorden.

Drohobyč ▶1, C 5

Das hübsche Städtchen **Drohobyč** (Дрогобич, 77 000 Einw.) ca. 80 km südwestlich von L'viv sollte man bei einer Reise durch die Westukraine nicht verpassen. Seine gut erhaltene Altstadt strahlt historisches Flair aus. Die einstige fürstliche Siedlung Byč verdankte ihre Entstehung den zahlreichen Salzquellen. Heute wird in der Gegend um Drohobyč, insbesondere bei Boryslav (Борислав), Erdöl und Ozokerit gewonnen und verarbeitet.

Geschichte

Drohobyč wird als eines der wichtigsten Zentren der Salzgewinnung in Europa bereits 1392 schriftlich erwähnt: An diese stolze Vergangenheit erinnert das Stadtwappen mit neun Salzfässern, die die neun einst existierenden Salinen symbolisieren. Seit seiner Gründung im 11. Jh. gehörte Drohobyč zur Kiewer Rus. Es war von mächtigen Wehrmauern und tiefen Gräben umgeben, sodass niemand in die Stadt eindringen konnte, nicht einmal der Polowezer Khan Boniak (Bönek), der Ende des 11. Jh. das ganze Land rund herum verwüstete. Mehrmals versuchte er die Siedlung zu stürmen und versprach endlich abzuziehen, wenn jeder Stadtbewohner sich mit einer Taube und einem Spatzen loskaufe. Die Bewohner willigten ein. Doch in der Nacht brachten die Vögel mit angebundenen glimmenden Schwämmen Feuer in die Stadt. Nun mussten die Bewohner etwas südlicher Druhyj Byč, das ›zweite Byč‹, gründen, das sich zu Drohobyč entwickelte.

Im 14. Jh. war Drohobyč Bestandteil des Fürstentums Galizien-Wolhynien, bis die Region 1340 von polnischen Adligen erobert wurde. Im Jahr 1422 erhielt die Stadt das Magdeburger Recht.

1772 kamen die Österreicher hierher, die 1914 von den Russen abgelöst wurden. 1919, ein Jahr nach der Proklamierung der Westukrainischen Volksrepublik, kehrten die Polen nach Drohobyč zurück, bis die Rote Armee im Jahr 1939 eindrang. Es folgten Massenrepressalien gegen die Bevölkerung. Die Nazi-Deutschen setzten die Repressalien nach ihrem Einmarsch im Jahr 1941 gegenüber den jüdischen Einwohnern fort. Seit 1991 ist Drohobyč ukrainisch.

Rathaus und Dreifaltigkeitskathedrale

Der Stadtrundgang beginnt auf dem Marktplatz, der pl. Rynok/пл. Ринок, am monumentalen **Rathaus** (Ратуша) aus dem Jahr 1928, das anstelle seines Vorgängers aus dem 17. Jh. errichtet wurde. Die erhabene griechisch-katholische **Dreifaltigkeitskathedrale** (Катедральний храм Пресвятої Трійці) in der vul. Truskavec'ka/вул. Трускавецька wurde 1690 als römisch-katholisches Gotteshaus und die späteren, dazugehörigen Bauten als Karmeliterkloster erbaut. Die ursprüngliche Holzkirche stammte aus dem Jahr 1555. Nach der Auflösung des Klosters im 18. Jh. wurde das Ensemble an die ukrainische Gemeinde verkauft. Ab 1802 gehörte es der Stadt; ab 1813 richteten sich hier die Basilianermönche für einige Zeit ein. Die dreischiffige Basilika hat zwei mit Skulpturen geschmückte Türme an der Fassade. Die Malereien (1909) der in Gold funkelnden Ikonostase sind das Werk von Modest Sosenko.

Bruno-Schulz-Haus

Von der nördlichen Seite des Marktplatzes sollte man kurz nach Westen spazieren. Die Gedenktafel am **Haus Nr. 10** in der vul. Drohobyča/вул. Дрогобича informiert darüber, dass hier der polnisch-jüdische Schriftsteller (»Die Zimtläden«) und Zeichner Bruno Schulz geboren wurde und wohnte. Bruno Schulz verbrachte den größten Teil seines Lebens in Drohobyč: Hier studierte und unterrichtete er. Vom SS-Hauptscharführer Felix Landau mit der Ausmalung des Kinderzimmers in der Villa Landau in der vul. Tarnavs'koho/вул. Тарнавського 14 beauftragt, wurde er bald darauf von einem anderen SS-Offizier, Karl Günther, erschossen. Lange Zeit hielt man die Malereien für eine Legende. Nach ihrer Entdeckung im Jahr 2001 wurden die meisten von ihnen abgenommen und in die Gedenkstätte Yad Vashem nach Jerusalem ausgeführt.

Bartholomäuskirche und Christi-Himmelfahrt-Kirche

Gleich nördlich von der vul. Drohobyča und nordwestlich vom Marktplatz breitet sich die pl. Zamkova Hora/пл. Замкова Гора aus, umgeben von den Denkmälern für Papst Johannes Paul II. und einen berühmten Sohn der Stadt, den Philosophen, Mediziner und Astronomen Jurij Drohobyč (Kotermak). Hier erhebt sich die römisch-katholische **Bartholomäuskirche** (Костел Святого Апостола Варфоломія). Ihre Gründung im Jahr 1392 geht auf den polnischen König Kasimir den Großen zurück. Am Südportal der dreischiffigen spätgotischen Kirche entdeckt man das Wappen von Drohobyč. Die im 18. Jh. durchgeführten Restaurierungsarbeiten bereicherten ihr gotisches Inneres um barocke Malereien. Besonders schön wirkt das Gewölbe des Kircheninnenraums. Die Rosenkranzkapelle stammt aus den Jahren 1795–1800. Sowohl die Bartholomäuskirche als auch die römisch-katholische **Christi-Himmelfahrt-Kirche** (Костел Вознессіння Господнього) vom 14./15. Jh. mit wertvollen Fresken im Inneren und dem frei stehenden Glockenturm (1551) in der vul. Ševčenka/вул. Шевченка gehören zu den ältesten Sakralbauten von Drohobyč.

Tipp: Für Literaturfans

Ca. 12 km westlich von Drohobyč liegt das Dorf **Nahujevyči** (▶ 1, B 5, von 1951 bis 2009 Ivana Franka, ca. 2500 Einw.) – der Geburtsort des bedeutenden ukrainischen Schriftstellers und Denkers **Ivan Franko** (1856–1916). Sein im Jahr 1981 rekonstruiertes Geburtshaus vermittelt den schlichten Alltag des Poeten. Der Ivan-Franko-Weg aus Holzskulpturen veranschaulicht die Stationen seines Lebens und Schaffens (Tel. 03244 786 26, Di–So 10–18 Uhr, 5/2 UAH).

Museen

Vorbei am Stepan-Bandera-Park (Парк ім. С. Бандери) mit dem Denkmal für den Ideologen der ukrainischen Nationalbewegung im 20. Jh. gelangt man – Richtung Westen spazierend – zum **Palast der Künste** (Палац Мистецтв) in der vul. Ševčenka/вул. Шевченка 38 mit seiner ethnografischen Sammlung und einigen Wandmalereien von Bruno Schulz (Tel. 03244 220 35, Di–So 9–17 Uhr, 3/1,50 UAH).

Die **Gemäldegalerie** (Картинна галерея) in der vul. Sičovych Stril'civ/вул. Січових Стрільців 18, die sich mit der vul. Ševčenka kreuzt, beherbergt profane und sakrale Kunst des 16.–20. Jh. sowie einen Teil der Sammlung des Grafen Lanckoroński (Tel. 03244 337 98, Di–So 10–17 Uhr, 3/1,50 UAH).

In der vul. Franka/вул. Франка 32, die sich weiter nördlich mit der vul. Sičovych Stril'civ kreuzt, befindet sich das **Museum für Natur und Geschichte des Gebiets Drohobyč** (Музей природи та історії Дрогобиччини, Tel. 03244 217 17, Di–So 10–17 Uhr, 3/1,50 UAH).

Das **Bruno-Schulz-Museum** (Музей Бруно Шульца) ist in derselben Straße unter der Nr. 24 im Hauptgebäude der Pädagogischen Universität zu finden (Tel. 03244 511 22, Besichtigung nach Vereinbarung).

Synagoge

Östlich von der pl. Zamkova Hora, dem Schlossberg-Platz, befindet sich in der vul. Orlyka/вул. Орлика 4 die neue **Synagoge** (Синагога). Das Gebetshaus der jüdischen Gemeinde erinnert daran, dass die Juden eine der größten Bevölkerungsgruppen in der Stadt bildeten. Es wurde 1865 im neoromanischen Stil errichtet. Während des Zweiten Weltkriegs wurde die Synagoge als Pferdestall, danach als Möbelgeschäft genutzt und im Jahr 1993 der jüdischen Gemeinde zurückgegeben.

In der von der vul. Orlyka abzweigenden vul. Hruševs'koho/вул. Грушевського 16 hat ein seltenes Denkmal der Wirtschaftsarchitektur, ein barocker **Kornspeicher** (Шпихлір) von 1778, überdauert.

Georgskirche

Südwestlich des Zentrums, nach Überquerung des Flüsschens Seret, ragen zwei Meisterwerke der Holzarchitektur besonders aus dem Stadtbild hervor: die Georgskirche und die Kreuzerhöhungskirche. Das genaue Erbauungsdatum der galizischen **Georgskirche** (Церква Святого Юра) ist nicht überliefert; bekannt ist, dass die Kirche 1657 aus dem Dorf Nadijiv nach Drohobyč in die vul. Solonyj Stavok/вул. Солоний Ставок gebracht wurde, sodass sie wahrscheinlich aus dem 15. oder 16. Jh. stammt. Die Umbauten nach der Überführung der Kirche (1678, 1592, 1708, 1711) verliehen dem ursprünglich Renaissancebau seine barocken Züge. Heute besteht die Kirche aus drei Raumzellen. An das quadratische Schiff schließen bemerkenswerte Seitenkapellen an. Drei prächtige barocke Kuppeln, die die Kirche umringende Galerie und deren herunterwallende Bedachung lassen das Gebäude monolithisch und in sich geschlossen erscheinen. Genauso gekonnt ist das Innere der Kirche

Barocke Holzbauweise: Zwiebelkuppeln krönen die Georgskirche in Drohobyč

mit Wandmalereien aus den Jahren 1657–1659 und 1678 im Schiff und von 1711–1714 in der Vorhalle gestaltet. Die geschnitzte Ikonostase wirkt besonders feierlich. Die Kirchenstilistik vollendet der frei stehende Glockenturm mit der barocken Kuppel aus dem Jahr 1670 (Tel. 03244 226 39, Mo–Di, Do 9–18, Fr–So 9–17 Uhr, 7,50/3 UAH).

Kreuzerhöhungskirche

Die Errichtung der galizischen **Kreuzerhöhungskirche** (Церква Воздвиження Чесного Хреста) in der sich nördlich anschließenden vul. Zvaryc'ka/вул. Зварицька wird mit dem Jahr 1613 datiert. Von Anfang an bestand sie aus drei Raumzellen, von denen die quadratische mittlere massiver und höher wirkt. Die Vorhalle krönen eine Galerie und eine Kapelle von 1661, die Einflüsse der bojkischen Bauschule verraten. Die Abdachung, die die 1715 und 1823 unwesentlich veränderte Kirche umgibt, unterstreicht die Einheitlichkeit der Baukomposition. Das Kircheninnere bereichern eine mehrrangige Ikonostase aus dem 17./18. Jh. sowie Wandmalereien aus dem Jahr 1736 im Schiff und aus dem Jahr 1672 in der Kapelle. Der Wehrturm aus dem 17. Jh. mit Zeltdach und Bogengang behielt sein ursprüngliches Aussehen (Tel. 03244 226 39, Mo–Di, Do 9–18, Fr–So 9–17 Uhr, 7,50/3 UAH).

Übernachten

Außerhalb des Zentrums ▶ **Lymon** (Лимон): vul. Kozlovs'koho/вул. Козловського 1, Tel. 03244 45 02 61, 41 02 62, www.lemon.lviv.ua. Das Hotel mit Zimmern unterschiedlicher Preiskategorien, Restaurant, Sauna und Fitnesshalle liegt nahe der Ausfahrt nach Truskavec'. DZ 100–380 UAH.

Essen & Trinken

Mit nationalem Kolorit ▶ **Mal'vy** (Мальви): vul. Boryslavs'ka/вул. Бориславська 6, Tel. 03244 371 54, tgl. 11–23 Uhr. In der im nationalen Stil eingerichteten Café-Bar mit getünchtem Ofen und hölzernen Tischen wird ukrainische Küche serviert. Hauptgerichte ca. 11–35 UAH.

Aktiv

Urlaub auf dem Land ▶ **Touristisches Zentrum Posvit Drohobyččyny** (Посвіт Дрогобиччини): vul. Boryslavs'ka/вул. Бориславська 8, Tel. (03 24) 41 02 63, 097 555 06 67. Organisiert Wanderungen, Radtouren, Exkursionen und Kuren und vermittelt Unterkünfte auf dem Land.

Termine

Bruno-Schulz-Festival (Художньо-літературний фестиваль ім. Бруно Шульца): Mai. Das mehrtägige internationale Festival gedenkt des Schriftstellers und Malers mit Kunstausstellungen, Theater- und Kinovorführungen und Lesungen.

Verkehr

Züge: Bahnhof, majdan Zluky/майдан Злуки 1, Tel. 03244 225 89. Züge von und nach L'viv und Truskavec'.

Busse: Busbahnhof, vul. Orlyka/вул. Орлика, Tel. 03244 233 33. Verbindung u. a. nach L'viv, Truskavec' und Nahujevyči.

Taxi: Tel. 03244 318 71, 097 431 67 35.

Truskavec' ▶ 1, C 5

Die kleine Stadt **Truskavec'** (Трускавець, 23 000 Einw.) ca. 10 km südlich von Drohobyč ist mit 14 Mineralquellen und zahlreichen Sanatorien, eingebettet in eine grüne Hügellandschaft, der größte und der bekannteste balneologische Kurort der Westukraine. Als offizielles Datum der Kurortgründung gilt das Jahr 1827, als an eines der hiesigen Gasthäuser acht Badekabinen angebaut und in Betrieb genommen wurden. Im Jahr 1843 fing man mit Schlammbäderkuren und im Jahr 1947 mit der Ozokeritbehandlung an. Der lebhafte Ausbau des Kurortes begann in der zweiten Hälfte des 19. Jh., seine Europäisierung und intensive Nutzung am Anfang des 20. Jh. Aus jenen Zeiten stammen die wunderschönen Beispiele der Holzarchitektur im Zakopane-Stil – die hübschen **Villen** mit filigranen, luftigen, aus Holz geschnitzten Verzierungen, die jetzt hauptsächlich Sanatorien oder Privatpensionen beherbergen. Sie sind vor allem in der vul. Ševčenka/вул. Шевченка, vul. Bandery/вул. Бандери und vul. Suchovolja/вул. Суховоля zu bewundern.

Infos

Touristinfo (Турінфоцентр): vul. Ševčenka/вул. Шевченка 2, Tel. 03247 511 19, 067 420 11 50. Infos rund um Kuraufenthalte.

Übernachten

Mit Karpatenpanorama ▶ **Zamok** (Замок): vul. Zarična/вул. Зарічна 22, Tel. 032 276 59 69, www.zamok-kurort.com.ua (engl.). Das als romantisches Schlösschen stilisierte Hotel mit vornehmen Zimmern schmücken schöne Buntglasfenster und kunstvoll geschmiedete Elemente der Inneneinrichtung. Es hat eine Sommerterrasse, Sauna, Freibad, Kinderspielplatz, Holzlauben und Alpengärtchen. Exkursionen nach L'viv und in die Umgebung. DZ 500 UAH

Vornehm ▶ **Villa Šokolad** (Вілла Шоколад): vul. Ševčenka/вул. Шевченка 30, Tel. 03247 559 85, www.villa-chocolate.com.ua (engl.). Die Räume des modernen, komfortablen Hotels sind mit Designermöbeln und Werken regionaler Maler ausgestattet. Es gibt einen Schönheitssalon, ein Spa-Center und eine Fitnesshalle. DZ 300 UAH.

Essen & Trinken

Im Ethno-Stil ▶ **Ë-moë** (Ё-моё): vul. Horodyšče/вул. Городище 8, Tel. 03247 680 75, 067 353 04 53, www.e-moe.in.ua, tgl. 11–1 Uhr. Das Ethno-Restaurant ist mit diversen historischen Alltagsgegenständen des Karpatenlandes eingerichtet. Auf der Speisekarte stehen ukrainische, georgische und europäische Gerichte. Der Sommelier hilft bei der Weinauswahl. Extras sind Diätspeisen, Kindermenü und -betreuung, Fr 20–23 Uhr Karaoke. Hauptgerichte ca. 20–270 UAH.

Einkaufen

Souvenirs ▶ **Vyšyvanka** (Вишиванка): in der vul. Herojiv UPA/вул. Героїв УПА 3, Tel. 098 457 87 08, Mo–Fr 10–19, Sa 10–13 Uhr. Weitere Souvenirmärkte befinden sich am bul'var Drohobyča/бульвар Дрогобича und neben der zentralen Trinkhalle.

Aktiv

Reiten ▶ **Reitsportzentrum Halop** (Кінноспортивна база Галоп): vul. Stebnyc'ka/вул. Стебницька, im Sanatorium Polonyna (Санаторій Полонина), Tel. 03247 550 76. Reitstunden und -ausflüge.

Verkehr

Züge: Bahhof, vul. Vorobkevyča/вул. Воробкевича 1, Tel. 03247 513 81. Züge von und nach L'viv.

Busse: Busbahnhof, vul. Drohobyc'ka/вул. Дрогобицька 35, Tel. 03247 502 63. Verbindungen nach L'viv und Drohobyč.

Nationalpark Skolivs'ki Beskydy ▶ 1, B/C 5/6

Der **Nationalpark Skolivs'ki Beskydy** (Національний природний парк Сколівські Бескиди, dt. Nationalpark Skoler Beskiden) mit einer Gesamtfläche von gut 356 km² entstand aus einem Verbund mehrerer kleinerer Naturschutzareale im Jahr 1999. Drei Kreise – Drohobyč, Skole und Turka – erfreuen sich seiner Natur- und Kulturschätze. Seine Mittelgebirgslandschaften mit zahlreichen Flüsschen liegen inmitten von Tannen-, Fichten- und Buchenwäldern. Im Nationalpark wachsen über 100 (Heil-)Pflanzenarten. Hier leben Hirsche, Rehe, Bären, Wildschweine, Wölfe, Luchse, Füchse, Marder, Hasen, Eichhörnchen und Wisente. Im Sommer locken zahlreiche Mineralquellen und Wanderrouten, in der Wintersaison verschiedene Skimöglichkeiten (www.beskydy.lviv.ua) Touristen an.

Die Hauptattraktion des Nationalparks sind die **Felsen von Uryč** (Урицькі скелі) im Dorf **Uryč** (Урич, ca. 30 km von Skole entfernt) mit den Resten der altukrainischen **Festung Tustan'** (Історико-ландшафтний комплекс Тустань) aus dem 9.–13. Jh. Die ca. 50 m hohen bizarren Felsen sind Überreste etwa 55 Mio. Jahre alter Sandsteinblö-

Tipp: Die Dovbuš-Felsen bei Bubnyšče ►1, C 6

Östlich des Nationalparks Skolivs'ki Beskydy, ca. 15 km von Bolechiv entfernt in der Nähe des Dorfes **Bubnyšče** (Бубнище), schuf die Natur eigenartige Sandsteinfelsen, die zu Ehren des karpatischen Robin Hood, Oleksa Dovbuš, **Dovbuš-Felsen** (Скелі Довбуша) heißen. Um sie zu erreichen, fährt man nach Bolechiv und von dort zum Eingangsbereich des Polanycjaer Regionalparks Richtung Südwesten, anschließend spaziert man ca. 4 km zu Fuß.

Vor etwa 70 Mio. Jahren auf dem Meeresgrund entstanden, ragen die Felsen heute wie fantastische versteinerte Wesen bis zu 80 m in die Höhe. Ihr ca. 200 m breites und 1 km langes Labyrinth schlängelt sich durch Buchen- und Fichtenwälder. In vorchristlichen Zeiten beherbergten die Felsen eine heidnische Kultstätte. Mit der Verbreitung des christlichen Glaubens in den Karpaten wurde in den Felsen eine Einsiedelei eingerichtet. Kurz darauf entstand hier eine Festung, die die Tatarenüberfälle überdauerte und bis ins 16. Jh. existierte. Aus diesen Zeiten sind die ausgehöhlten Treppen, Fugen und Spuren der Holzanbauten geblieben. Laut Überlieferung dienten die Felsen als Zuflucht und Herberge für die Opryšky, Aufständische im 16.–19. Jh., die in Transkarpatien, Galizien und der Bukowina gegen die Leibeigenschaft und die Feudalherren kämpften. Zu ihnen gehörten Oleksa Dovbuš (1700–1745) und seine Schar. In den Felsenhöhlen, so die Legende, versteckten sie das den Adligen und Wucherern weggenommene Gold. Oleksa Dovbuš, ein Rebell für die einen, ein Held und Retter für die anderen, agierte mit seinen ›schwarzen Kerlen‹ im Karpatenvorland, in Transkarpatien und der Bukowina. Dovbuš wurde durch Verrat gefangen genommen und erschossen, doch in zahlreichen Liedern und Legenden lebt er fort. In den Karpaten finden sich mehrere naturhistorische Denkmäler, die nach ihm benannt sind.

Die Dovbuš-Felsen bestehen aus frei stehenden Felsen und ausgehöhlten Felsengruppen. Bemerkenswert sind die architektonischen Überreste teils natürlichen, teils menschlichen Ursprungs: ein Innenhof, ein Graben, der früher von einem Schutzwall umgeben war, die natürlichen und künstlich geschaffenen Wohnhöhlen, die steinernen Bänke und Nischen, ein Brunnen sowie ein riesiger steinerner Löwenkopf – vermutlich vom galizischen Fürsten Danylo Romanovyč zu Ehren seines Sohns Lev in Auftrag gegeben. Die Felsen sind auch ein beliebtes Kletterresort.

cke, die sowohl natürliche Risse als auch von Menschenhand geschaffene Höhlen, Grotten, unterirdische Gänge und Wasserbrunnen aufweisen. Historiker behaupten, dass sich in der Gegend die ca. 3 ha große altukrainische Fürstensiedlung Tustan' befand. Die Vorsprünge der Felsengruppe krönte dabei eine mehrstöckige hölzerne Felsenfestung, die von 15 m hohen Schutzmauern umgeben war. Als auf dem Fürstenweg gelegener Wehr- und Grenzposten im Südwesten der Kiewer Rus, später von Galizien-Wolhynien und Polen, erfüllte die Festung eine wichtige strategische Funktion und stand im 14. Jh. den Siedlungen L'viv, Halyč oder Przemyśl nicht nach. Im 16. Jh. wurde sie aufgegeben. Im 20. Jh. dienten die Felsenhöhlen als Quartier der Ukrainischen Aufstandsarmee und als Stätte für patriotische Versammlungen. Es entstanden um sie zahlreiche Legenden. Über die Geschichte der Festung informiert das **Museum für die Geschichte von Tustan'** (Музей історії Тустані) im Dorf Uryč (Tel. 032 244 43 26, www.tustan.com.ua, Di–So 9–18 Uhr, 7,50/3 UAH).

Verkehr

Busse: 2 x tgl. fahren Busse von Stryj nach Uryč mit Zwischenstopp in Skole. Da die An- und Abreise mit dem Bus recht umständlich ist, empfiehlt sich ein Besuch mit dem eigenen Auto.

Transkarpatien und Karpaten

Die Grenzregion Transkarpatien präsentiert sich als ein buntes Gemisch der Ethnien, Sprachen und Kulturen: Allein im 20. Jh. waren ihre Bewohner innerhalb weniger Jahrzehnte, ohne den Lebensraum zu wechseln, Bürger von Österreich-Ungarn, Ungarn, Rumänien, der Tschechoslowakei, der Sowjetunion und der Ukraine. Zahlreiche Mineralwasserquellen, Buchenurwälder und die reine Bergluft machen das Gebiet zur Erholungsoase.

Transkarpatien, Zakarpattja, ist die westlichste Region der Ukraine, deren Landschaft vom Tal der Tysa (Тиса, dt. Theiß) und dem Bogen der Ostkarpaten geprägt wird. Die Karpaten trennen geografisch das Theißtal mit den Städten Užhorod, Mukačeve und Rachiv vom Rest der Ukraine ab. Die Berge sind mit Wanderwegen gut erschlossen, die touristische Infrastruktur ist aber noch nicht überall ausgebaut. Jede Kleinregion hat ihre Hausberge, die Wanderung auf die Hoverla im Čornohora-Massiv zählt zu den beliebtesten.

Užhorod ▸ 1, A 6

Cityplan: S. 226

Užhorod (Ужгород), mit rund 120 000 Einwohnern die kleinste Gebietshauptstadt der Ukraine, liegt am Fuß der ukrainischen Karpaten am Fluss Už, von dem es auch seinen Namen – Stadt am Už – ableitet.

Geschichte

872 wird der Ort erstmals erwähnt. Damals befand sich die städtische Festung im Besitz des altslawischen Fürsten Laborec'. Vom 11. bis zum 13. Jh. gehörte Užhorod den ungarischen Königen; 1323 nahm es der Adlige Drugeth in Besitz. Seine Nachfolger herrschten hier bis zum Ende des 17. Jh. 1691 traten sie die Stadt an den Feudalherrn Miklós Bercsényi ab. 1711, nach Beendigung der Befreiungsbewegung der Kuruzen, fiel die Stadt an die Habsburger.

Nach dem Zusammenbruch der österreichisch-ungarischen Monarchie 1919 wurde Užhorod als Hauptstadt der Podkarpatská Rus in die Tschechoslowakei eingegliedert; 1939 wurde sie offiziell wieder ungarisch, 1946 dann bis zur Unabhängigkeit der Ukraine sowjetisch. Die wechselvolle Geschichte der Stadt prägt ihr heutiges Bild. Hier sieht man ein Gemisch verschiedener Baustile: Klassizismus, Barock, Jugendstil und Konstruktivismus. Zahlreiche traditionelle Holzkirchen findet man in den Bergen nördlich von Užhorod auf dem Gebiet des Užans'kyj-Nationalparks (s. Aktiv unterwegs S. 231).

Theaterplatz

Auf der zentralen **Teatral'na pl.** (Театральна пл.) steht die 1904 im neomaurischen Stil erbaute Synagoge, die seit 1945 die **Philharmonie** 1 (Філармонія) beherbergt. In das rötliche, einem orientalischen Palast ähnelnde Gebäude wurde 1974 eine Orgel eingebaut, jüdische Symbolik wurde entfernt. An der Ostseite des Theaterplatzes befindet sich das **Puppentheater** 2 (Ляльковий театр).

Georgskirche 3

Der Weg führt durch eine Passage zur vul. Vološyna/вул. Волошина, wo sich die rö-

Im modernen Teil von Užhorod steht die orthodoxe Christi-Erlöser-Kathedrale gegenüber dem Hotel Inturyst-Zakarpattja

misch-katholische **Georgskirche** (Церква Святого Георгія Переможця, Nr. 22) befindet. Das Gotteshaus von 1332 erhielt seine barocke Gestalt in den Jahren 1762–1767. Wenige Schritte weiter lassen in der immer belebten **vul. Korzo** (вул. Корзо), einer der ältesten Straßen der Stadt, gemütliche Cafés, Restaurants und Läden mediterranes Flair aufkommen.

Kunstmuseum 4

Will man das **Josyp-Bokšaj-Kunstmuseum** (Художній музей ім. Йосипа Бокшая) besichtigen, sollte man sich weiter zur Županats'ka pl./Жупанатська пл. begeben. Das ehemalige städtische Verwaltungshaus aus der Zeit der Podkarpatská Rus beherbergt heute die beste Sammlung von Malern der transkarpatischen Schule wie Adal'bert Erdeli, Josyp Bokšaj und Andrij Kocka sowie die vollständigste Sammlung ungarischer Malerei des 18.–20. Jh. in der Ukraine (Nr. 3, Di–So 10–17 Uhr, Tel. 03122 370 81, 8 UAH).

Dem Kunstmuseum schließt sich rechts die barocke **protestantische Kirche** aus dem Jahre 1796 an. In einem Park unterhalb des Museums kann man sich neben den in Bronze gegossenen Malern Josyp Bokšaj und Adal'bert Erdeli auf eine Bank setzen.

Kreuzerhöhungskathedrale 5

Der Rundgang führt über die vul. Kapitul'na/вул. Капітульна zur griechisch-katholischen **Kreuzerhöhungskathedrale** (Хрестовоздвиженський собор). 1640 schenkte Graf Jan Drugeth den Jesuiten das große Grundstück am Schlosshügel, wo sie den Bau der römisch-katholischen Kirche und des Kollegiums 1646 fertigstellten. Nach der Vertreibung der Jesuiten übergab die österreichische Kaiserin Maria Theresia das Gotteshaus 1775 der griechisch-katholischen Kirche. Beim da-

Bojken, Lemken und Huzulen – Völker der ukrainischen Karpaten

Die wechselvolle Geschichte der Karpaten, die die Staatsgrenzen auf der politischen Karte immer wieder neu markierte, brachte freiheitsliebende Bergvölker hervor, die ihre souveräne, einzigartige Kultur und ihren Legendenschatz über die Jahrhunderte bewahrt haben.

Woher die Bojken, Lemken und Huzulen ursprünglich stammen, ist heute immer noch umstritten. Das Gleiche betrifft die Herkunft ihrer Namen. Eine der populärsten Erklärungen leitet die Bezeichnungen der ethnischen Gruppen von den häufig vorkommenden Namen Bojko, Lemko und Huzul ab, eine andere führt sie auf dialektale Besonderheiten zurück. So sollen die Bojken nach dem gebräuchlichen *bo je* (dt. jawohl) und die Lemken nach *lem* (dt. nur) benannt worden sein. Bei den Huzulen verweist man häufig auf das rumänische *hoţul,* das Räuber bedeutet – womit man den Mythos von der eigenwilligen, unangepassten Gesinnung dieser Gruppe aufrechterhält. Wie dem auch sei, die Lebens- und Denkart der Bojken, Lemken und Huzulen hat interessante Kulturen mit eigenen Sitten, Dialekten, Kleidung, Architektur und Küchen hervorgebracht.

Die meisten ukrainischen Bojken leben heute in den Kreisen Skole, Turka, teilweise Stryj, Drohobyč, Sambir und Staryj Sambir im Gebiet von L'viv, in großen Teilen der Kreise Dolyna und Rožnjativ im Gebiet von Ivano-Frankivs'k und in den Kreisen Volovec' sowie den nördlichen Teilen der Kreise Mižhirja und Velykyj Bereznyj in Transkarpatien. Als inoffizielle Hauptstadt des ukrainischen Bojkengebiets gilt Turka. Außerhalb der Ukraine sind Bojken in Polen wohnhaft.

Die Lemken besiedeln den transkarpatischen Norden – den Kreis Perečyn und den südlichen Teil des Kreises Velykyj Bereznyj. Eine beträchtliche Zahl lebt auch in der Slowakei und in Polen. Nach dem Zusammenbruch Österreich-Ungarns riefen die Lemken im Jahr 1918 ihre eigene Lemkische Republik aus – sie existierte bis 1920. Nach dem Zweiten Weltkrieg wurden zahlreiche lemkische Familien in die Ukraine zwangsumgesiedelt, die in Polen Verbliebenen wurden 1947 im Rahmen der Aktion Weichsel aus den Karpaten in den Nordwesten deportiert. Auf diese Weise sollte eine schnelle Assimilierung der ethnischen Minderheit bewirkt werden.

Das Land der Huzulen mit der inoffiziellen Hauptstadt Kosiv erstreckt sich auf die Kreise Verchovyna, teilweise Kosiv und Nadvirna im Gebiet von Ivano-Frankivs'k, die Kreise Putyla und zum Teil Vyžnycja im Gebiet von Černivci, den Kreis Rachiv in Transkarpatien und die rumänische Karpatenregion Maramuresch. Seit je war ihr Reich, das sich für kurze Zeit in die Huzulische Republik (1918/19) mit der Hauptstadt Jasinja verwandelte, von Räuber- und Befreiungskämpferlegenden umwoben. Die Kleidung der Huzulen ist besonders farbenfroh, ihre volkstümlichen Alltagsgegenstände mit besonders feinen Mustern verziert. Die originale Wohnform der Huzulen ist die Gražda, ein wehrhaft umzäuntes Gehöft mit Wohn- und Wirtschaftsbauten, dessen Fenster ausschließlich auf den Innenhof gehen.

Alle drei Gruppen verfügen über ein herausragendes Erbe traditioneller Holzarchitektur. Die Holzkirchen mit den für die einzelnen Bauschulen charakteristischen Merkmalen lassen sich in der ganzen Karpatenregion

Thema

antreffen. Die traditionellen bojkischen Kirchen bestehen aus drei Raumzellen und besitzen drei kaskadenartig geformte Kuppeln, von denen die zentrale höher ist als die seitlichen. Der ganze Bau ist von einer breiten Abdachung umgürtet. Die dreiteiligen lemkischen Gotteshäuser bestehen aus zwei Raumzellen, wobei der Altarteil schmaler ausfällt als das Schiff und die Vorhalle, die gleich bemessen sind. Charakteristisch ist die Platzierung des Kirchturms über der Vorhalle. Die kreuzförmigen huzulischen Holzkirchen basieren auf fünf Raumzellen und haben eine achtflächige Kuppel über dem Schiff als Krönung. Der Altarraum und die Seitenanbauten tragen Satteldächer. Die breite Abdachung wird von Konsolen gestützt.

Während die Huzulen traditionell Viehzucht und Almwirtschaft betrieben, widmeten sich die Bojken und Lemken in erster Linie dem Ackerbau. Die Arbeit mit Holz – Holzbearbeitung und -schnitzerei sowie Flößerei – war allen drei Gruppen geläufig. Sie hinterließen wunderschöne stilbewusste Zeugnisse ihrer materiellen Kultur: gestickte Trachten, Webteppiche, Holzschnitzereien, Keramik, Ostereier oder Glasperlenschmuck.

Während die Tracht der Bojken etwas archaischer wirkt und die gestickten Ornamente der Lemken etwas einfacher ausfallen, so ist die Kleidung der Huzulen, einschließlich des einfallsreichen Kopfputzes, der Westen, der Gürtel und Taschen, besonders farbenfroh und abwechslungsreich. Auch die Bräuche der Huzulen, insbesondere die Hochzeitsbräuche, sind faszinierend. Die schnellen, hinreißenden huzulischen Rhythmen laden gleichsam zum feurigen Tanz ein.

Bestickte Lederschuhe gehören zu den huzulischen Trachten

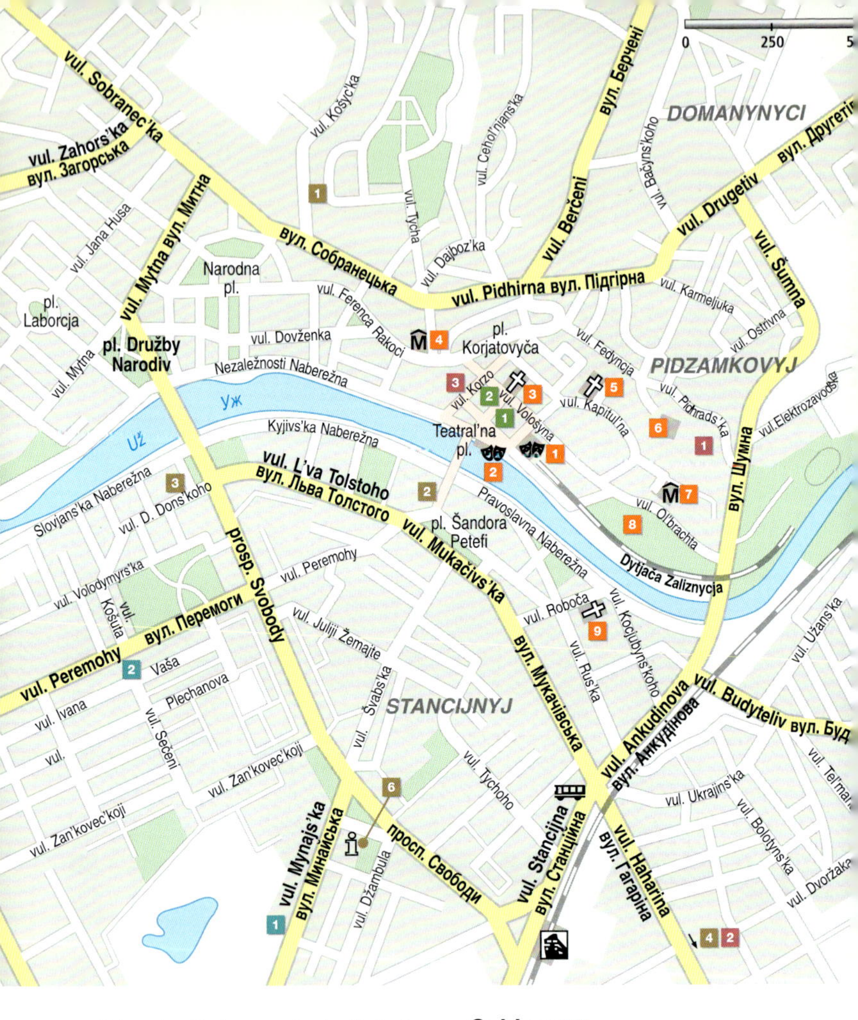

rauffolgenden Umbau wurde das Kollegium zur Residenz des Bischofs, der von Mukačeve nach Užhorod zog. Während der Sowjetzeit 1944, als die griechisch-katholische Kirche verboten war, nutzte die Universitätsbibliothek die Gebäude; erst 1991 erhielten die Gläubigen sie zurück. Heute erstrahlt die eklektizistische Kathedrale, die klassizistische und spätbarocke Elemente vereint, wieder in ihrer ganzen architektonischen Pracht. Das Innere ist komplett im Stil des Spätbarock gehalten. Mit der Ausmalung wurde der transkarpatische Maler Josyp Bokšaj beauftragt. Die Turmuhr wurde in Wien angefertigt.

Schloss 6

Die Geschichte des Užhoroder **Schlosses** (Ужгородський замок), das sich weiter östlich in der vul. Kapitul'na/вул. Капітульна 33 befindet, beginnt bereits in vorgeschichtlicher Zeit, als auf dem Schlosshügel die ersten Siedlungen und somit die ersten Befestigungsanlagen entstanden. In mittelalterlichen Annalen wird das Schloss bald als Castrum, bald als Oppidum bezeichnet. Im 16. Jh. erfolgte eine grundlegende Überbauung nach den damaligen Errungenschaften der Fortifikationsarchitektur: Mächtige Mauern und rautenförmige Basteien sowie ein umlaufen-

Užhorod

Sehenswert
1 Philharmonie
2 Puppentheater
3 Georgskirche
4 Kunstmuseum
5 Kreuzerhöhungskathedrale
6 Schloss
7 Freilichtmuseum für Volksarchitektur und Alltagskultur
8 Botanischer Garten
9 Mariä-Schutz-Kirche
10 Annenkirche

Übernachten
1 Duet Pljus
2 Old Continent
3 Užhorod
4 Zolota Hora
5 Ungvar"skij
6 Inturyst-Zakarpattja

Essen & Trinken
1 Užhorods'kyj Zamok
2 Deca u Notarja
3 Kaktus

Einkaufen
1 Malachitova škatulka
2 Degustationshalle Šardone

Abends & Nachts
1 Viper Club
2 Babalu

der Graben, über den die Zugbrücke gelegt werden konnte, schützten fortan das Residenzgebäude, das mit seinen massiven Ecktürmen gleichzeitig als Zitadelle diente. Im Keller befanden sich die Kasematten und das Gefängnis. Nachdem die Festung ihre strategische Bedeutung eingebüßt hatte, wurde sie dem Bistum Mukačeve übergeben, das hier ein Priesterseminar einrichtete. Im beschaulichen Hof mit Brunnen wurden die Reste einer **gotischen Kirche** (vermutlich Mitte des 13. Jh.) entdeckt. In ihren Mauern soll 1646 die Urkunde über die Gründung der unierten griechisch-katholischen Kirche in Transkarpatien unterschrieben worden sein.

Die geheimen Gänge, die den Renaissancepalast mit der Außenwelt verbanden, riefen einige schaurige Legenden ins Leben: Einst verliebte sich die schöne Tochter des Schlossherrn in einen fremden Heerführer, der, um die Festung zu erobern, nach Užhorod kam und dem Fräulein das Geheimnis der Geheimgänge entlockte. Als der Schlossherr vom Verrat der Tochter erfuhr, ließ er sie lebendig in die Festung einmauern. Seitdem findet die Jungfrau keine Ruhe: Weinend tritt sie um Mitternacht im weißen Gewand aus ihrem Kerker und wandert in den Fluren, Galerien und auf den Basteien umher. Erst nach dem dritten Hahnenschrei kehrt sie in ihr Gefängnis zurück.

Heute beherbergen 30 Räume des Schlosses das historische **Landeskundemuseum** (Краєзнавчий музей). Zu sehen sind Alltagsgegenstände, archäologische Funde und eine der größten mitteleuropäischen Sammlungen von Bronzen, insbesondere aus dem 13.–12. Jh. v. Chr., Raritäten der ostslawischen Buchkultur und eine wertvolle Münzkollektion (Tel. 03122 344 42, Di–So 9–18 Uhr, 13,50 UAH).

Freilichtmuseum für Volksarchitektur und Alltagskultur 7

Am südlichen Hang des Schlosshügels dehnt sich seit 1970 das **Freilichtmuseum für Volksarchitektur und Alltagskultur** (Закарпатський музей народної архітектури та побуту) aus, ein altes schmuckes transkarpatisches Dorf, das nach den feudalen Palästen die Schlichtheit des Bauernlebens und bescheidene Schönheit der Volkskunst erleben lässt. Hier sind ukrainische, rumänische, ungarische, bojkische, lemkische und huzulische Baudenkmäler ausgestellt, darunter eine alte Wassermühle, eine Schmiede, ein Gasthaus und eine Schule. Anschaulich spiegeln sie die östlichen und westlichen Einflüsse auf die transkarpatische Architekturtradition wider. Außerdem zeigt das Museum noch zahlreiche Gebrauchs- und Kunstgegenstände. Einen besonderen Stellenwert hat die 1777 aus Holz erbaute lemkische **Erzengel-Michael-Kirche** (Церква Архангела Михаїла), die, um sie vor dem Verfall zu retten, zunächst von Šelestovo nach Mukačeve und später hierhin versetzt wurde. Eine Ausstellung informiert über gegenwärtige Tendenzen in der transkarpatischen Dorfarchitektur (vul. Kapitul'na/вул. Капітульна 33 a, Mi–Mo 10–18 Uhr, Tel. 03122 373 92, 15 UAH).

Botanischer Garten 8

Nicht weit vom Museum breitet sich der 1946 angelegte städtische **Botanische Garten** (Ботанічний сад) aus. In seiner Sammlung verdient der Papiermaulbeerbaum besondere Aufmerksamkeit: Bedingt durch das milde Klima Transkarpatiens wächst er hier schneller als in seiner Heimat China und Japan (vul. Ol'brachta/вул. Ольбрахта 60, Mo–Fr 8–16 Uhr, Tel. 03122 335 92, Eintritt frei, kostenlose Führungen nach telefonischer Vereinbarung).

Mariä-Schutz-Kirche 9

Wie einem russischen Märchen entsprungen, steht an der Ecke Pravoslavna Naberežna/vul. Kocjubyns'koho (Православна набережна/вул. Коцюбинського) am gegenüberliegenden Flussufer die kleine rot-grüne orthodoxe **Mariä-Schutz-Kirche** (Покровська церква), die von russischen Emigranten zu Ehren der im Ersten Weltkrieg Gefallenen 1930 als verkleinerte Nachbildung der Kirche in Kolomenskoe bei Moskau errichtet wurde. Besichtigung während der Gottesdienste möglich.

Annenkirche 10

Eine der bedeutendsten Sehenswürdigkeiten von Užhorod, die **Rotunde von Horjany,** eigentlich **Annenkirche** (Горянська Ротонда/церква Святої Анни), befindet sich im Vorort Horjany (Горяни), den man mit dem (Klein-)Bus 2 von der pl. Petefi/пл. Петефі erreicht. Die romanische Rotunde, die dem Kirchlein den Namen gab, stammt wahrscheinlich aus dem 9.–12. Jh. Vermutlich diente sie als Kapelle im Herrengut, das sich ursprünglich auf dem Hügel befand. Das rechteckige gotische Schiff kam im 14./15. Jh. hinzu. Die Rotunde ist vor allem wegen ihres Freskenzyklus zum Leben Christi, ausgeführt von italienischen Meistern im 14. Jh., bekannt. Von den Fresken ist »Die Flucht nach Ägypten« wohl das hervorra-

Kleinstädtischer Charme prägt die historische Innenstadt von Užhorod

gendste. Die Besichtigung ist während der Gottesdienste möglich.

Infos

Inturyst-Zakarpattja (Інтурист-Закарпаття): vul. Kyryla i Mefodija/вул. Кирила і Мефодія 5, Tel. 0312 69 75 04, www.tourinform.org.ua, Mo–Fr 8.30–17.30 Uhr.

Übernachten

Mit Alpenterrasse ▶ **Duet Pljus** 1 (Дует Плюс): vul. Košyc'ka/вул. Кошицька 6, Tel. 0312 64 09 09, www.hotel-duet.com (engl.). Das nicht weit vom Stadtkern entfernte 4-Sterne-Hotel mit klassisch-elegant ausgestatteten Zimmern hat eine schöne Alpenterrasse mit Holzlauben, Teich und frischem Grün. DZ 818–1100 UAH.

Direkt in der Altstadt ▶ **Old Continent** 2 (Олд Континент): pl. Petefi/пл. Петефі 4, Tel. 0312 66 93 66, www.hotel-oldcontinent.com (engl.). Das schön am Fluss Už in der Altstadt gelegene 4-Sterne-Hotel ist in Marmor, Holz und Kristall gekleidet. Inneneinrichtung mit klassischen und Art-déco-Möbeln. DZ 439–749 UAH.

Modern eingerichtet ▶ **Užhorod** 3 (Ужгород): pl. Chmel'nyc'koho/пл. Хмельницького 2, Tel. 0312 61 90 50, www.hoteluzhgorod.com (engl.). Komfortables Hotel im Stadtzentrum, modernes Design, geräumige Lobby-Bar, Billardraum. DZ 439–749 UAH.

Im Grünen ▶ **Zolota Hora** 4 (Золота Гора): im Dorf Barvinok (с. Барвінок), 10 km südöstlich von Užhorod, Tel. 0312 72 85 80, www.zolota-gora.com (engl.). Die mit vier Sternen ausgezeichnete Hotel-Ranch ist einzigartig mitten in der hügeligen Waldlandschaft gelegen, ein paar Kilometer von Užhorod entfernt. Ihre Hauptattraktion sind der Pferdestall und die Manege, die den Gästen zur Verfügung stehen. DZ 420 UAH.

Ethno-Hotel ▶ **Ungvar"skij** 5 (Унг-варъскій): vul. Elektrozavods'ka/вул. Електрозаводська 2, Tel. 0312 61 65 65, www.ungvarskiy-hotel.com.ua (engl.). Die Geschichte des Ethno-Wellness-Hotels reicht in das Jahr 1876 zurück, als an der Stelle der künftigen Herberge eine Mineralwasserquelle entdeckt wurde. Seitdem hat sich das Hotel mit balneologischem Zentrum den traditionellen Wellness- und Heilungsmethoden verschrieben. DZ 300–495 UAH.

Funktional ▶ **Inturyst-Zakarpattja** 6 (Інтурист-Закарпаття): vul. Kyryla i Mefodija/вул. Кирила і Мефодія 5, Tel. 0312 69 13 10, www.intur-zak.com. Das graue Hotelgebäude im Zentrum der Stadt – zu Sowjetzeiten das einzige, das ausländischen Touristen zur Verfügung stand – punktet durch langjährige Erfahrung, ein breites Serviceangebot und mäßige Preise. DZ 160–550 UAH.

Essen & Trinken

Mit Livemusik ▶ **Old Continent** 2 (Олд Континент): pl. Petefi/пл. Петефі 4, Tel. 0312 66 93 77, www.hotel-oldcontinent.com (engl.), tgl. 12–24 Uhr. Mit seiner raffinierten europäischen Küche gehört Old Continent zu den besten ukrainischen Restaurants. Elegante Säle, gemütliche Sommerterrasse, abends Livemusik, am Sonntag Brunch. Hauptgerichte ca. 70–130 UAH.

Hotelküche ▶ **Ungvar"skij** 4 (Унгваръскій): vul. Elektrozavods'ka/вул. Електрозаводська 2, Tel. 0312 61 65 65, www.ungvarskiy-hotel.com.ua (engl.), tgl. 7.30–24 Uhr. Die meisten Speisen im Ethno-Restaurant werden nach alten transkarpatischen Rezepten zubereitet. Es gibt deftige Grillgerichte, Kinder- und Fitnessmenüs sowie – als spezielles Angebot – Fastenspeisen und koschere Verpflegung. Mit Sommerterrasse, Hauptgerichte ca. 16–132 UAH.

Im Schloss ▶ **Užhorods'kyj Zamok** 1 (Ужгородський Замок): vul. Kapitul'na/вул. Капітульна 33, Tel. 0312 44 36 68, www.uzhgorodcastle.com (engl.), tgl. 8–24 Uhr. Wo einst die Wächter des Užhoroder Schlosses wohnten, kann man heute romantisch speisen: Das Restaurant befindet sich direkt in den Räumen des alten Schlosses, die Degustationshalle in dem mittelalterlichen Schlosskeller, den ehemaligen Kasematten. Hauptgerichte ca. 24–124 UAH.

Museal ▶ **Deca u Notarja** 2 (Деца у Нотаря): vul. Haharina/вул. Гагаріна 98, Tel. 0312 66 11 66, www.deca.net.ua, tgl. 10–

Tipp: Transkarpatische Weine kosten

Die Weinherstellung in Transkarpatien blickt auf eine fast tausendjährige Geschichte zurück. Das Angebot reicht von trockenen Tropfen über Dessertweine bis zu dem berühmtesten süßen Wein der Gegend, dem Trojanda Zakarpattja (dt. Transkarpatische Rose, Троянда Закарпаття). In Užhorod kann die Degustationshalle Šardone besucht werden. Dort gibt es auch Infos zu einer organisierten dreitägigen Weintour auf der Transkarpatischen Weinstraße (Закарпатський туристичний винний шлях). Die Fahrt führt an alten Festungen und Schlössern vorbei durch die sonnigsten Gegenden Transkarpatiens – Kreise Užhorod, Mukačeve und Berehove – und schließt fünf Weinwirtschaften ein. Die Degustationen (25–40 UAH) werden mit der Geschichte der Weinherstellung in Transkarpatien eingeleitet und – nach Wunsch – um transkarpatische Mahlzeiten erweitert.
Degustationshalle Šardone 2 (Шардоне): in Užhorod, vul. Vološyna/вул. Волошина 186, für Terminabsprachen Tel. 0312 61 75 89, www.winehall-shardone.com.ua.

2 Uhr. Diese empfehlenswerte Gaststätte am Stadtrand ist ein Freilichtmuseum, das leckere regionale Küche mit originellen Sprüchen würzt. Auf dem Gelände gibt es z. B. einen Kinderspielplatz mit der Eingangsüberschrift »Den Eltern Bier, den Kindern Freude«. Hauptgerichte ca. 10–50 UAH.
Wild-West-Bar ▶ **Kaktus** 3 (Кактус): vul. Korzo/вул. Корзо 7, Tel. 0312 61 22 95, www.cactus-bar.com.ua, tgl. 24 Std. Eine gut besuchte Imbissoase im Stil eines Planwagens. Geboten wird nationale und – dem Konzept der Einrichtung entsprechend – kreative Küche: unkompliziert und doch mit dem beständigen Wunsch, das Publikum zu überraschen. Hauptgerichte ca. 8–30 UAH.

Einkaufen

Transkarpatisches Handwerk ▶ **Malachitova škatulka** 1 (Малахітова шкатулка): vul. Pasaž/вул. Пасаж 7, Tel. 03122 296 02, tgl. 8–23 Uhr. Der mit Stickereien, Keramikgeschirr und Schmuck gefüllte kleine Souvenirladen versteckt sich in der Passage an der Teatral'na pl.

Abends & Nachts

Diskotheken ▶ **Viper Club** 1: vul. Mynajs'ka/вул. Минайська 16, Tel. 0312 67 25 26, www.viperclub.com.ua, Mo–Do 10–2, Fr–So 22–5 Uhr. Disco, Dance-Partys, Shows, Modeschauen und ein Casino. **Babalu** 2: vul. Vaša/вул. Ваша 2 б, Tel. 03122 245 98, Fr, Sa 22–4 Uhr. Disco-Club im High-Tech Design mit Aqua-Bar, Billard, Bowling, Sauna. Bevorzugte Musikstile sind Disco, Retro, Latino, House, Tribal, Progressive, Goa.

Aktiv

Touren ▶ **Inturyst-Zakarpattja** 6 (Інтурист-Закарпаття): vul. Kyryla i Mefodija/вул. Кирила і Мефодія 5, Tel. 0312 67 14 67, www.intur-zak.com (engl.). Stadtführungen und Ausflüge in die Region – auch für Nichtgäste – gehören zu den Serviceleistungen des Hotelkomplexes.
Wandern ▶ Ein beliebtes Wandergebiet in der Nähe von Užhorod ist der **Užans'kyj-Nationalpark,** s. Aktiv unterwegs rechts.

Termine

Sakurafest (Сакурафест): Mai, www.sakurafest.org.ua. Wenn in Užhorod die Sakura-Kirschbäume blühen, feiert die Stadt ihr schönstes Fest: Neue Bäume werden gepflanzt, es werden Konzerte veranstaltet, Wein, Bier und Honig verkostet.
Stadtgründungsfest (День міста Ужгорода): Oktober. Kunst-, Kultur- und Sportprogramm. Besonders beliebt ist der Jahrmarkt ›Goldener Herbst‹.

Verkehr

Flüge: Internationaler Flughafen Užhorod, vul. Sobranec'ka/Собранецька 145, Tel. 0312 64 29 74. Regelmäßige Flüge nach Černivci und Kiew. Vom Stadtzentrum aus erreicht man den Flughafen am besten mit dem Taxi.

aktiv unterwegs

Wanderung im Užans'kyj-Nationalpark

▶ 1, B 6

Tour-Infos

Strecke: Kostryna (Кострина) – Berg Javornyk (Яворник) – Velykyj Bereznyj (Великий Березний)
Länge: 8 km
Dauer: ca. 4 Std.
Schwierigkeitsgrad: leicht
Wegmarkierung: hellblau
Organisierte Touren: Informationen bei der Verwaltung des Užans'kyj-Nationalparks in Velykyj Bereznyj (vul. Nezaležnosti/вул. Незалежності 7, Tel. 03135 210 37, www.unpp.com.ua).
Individuelle Anreise: Von Užhorod führt die Straße H 13 nach Velykyj Bereznyj/Kostryna (43 km/59 km). Zwischen Užhorod und Kostryna bzw. Velykyj Bereznyj verkehren 6–7 x tgl. Busse. Von Užhorod fahren Züge nach Kostryna um 6.48 und 8.38 Uhr (Ankunft 8.26, 10.13 Uhr). Die Rückfahrt von Velykyj Bereznyj nach Užhorod ist um 15.36, 16.49 und 17.53 Uhr möglich.
Rettungsdienst: Hilfe in Notfällen leistet der Užhoroder Rettungsdienst, Tel. 0312 67 14 13, 097 585 66 85.

Nördlich von Užhorod sind in den Dörfern Čornoholova (Чорноголова), Sil' (Сіль), Kostryna (Кострина), Vyška (Вишка), Suchyj (Сухий), Husnyj (Гусний) oder Užok (Ужок) hervorragende Beispiele lemkischer oder bojkischer Holzkirchen zu finden. Die Besichtigung der Ortschaften lässt sich gut mit Wanderungen verbinden, da alle Orte in dem bei Bergwanderern beliebten **Užans'kyj-Nationalpark** (Ужанський національний природний парк) liegen. Der Nationalpark ist Teil des unter dem Schutz der UNESCO stehenden, internationalen polnisch-slowakisch-ukrainischen Biosphärenreservats Ostkarpaten, das 1999 auf einer Fläche von rund 400 km² gegründet wurde. Bereits die österreichisch-ungarische Regierung ließ im Jahr 1900 die Region nach Urwäldern durchsuchen und schuf 1908 das Reservat Stužycja in der Nähe des gleichnamigen Dorfes.

Eine 8 km lange Wanderung ab dem Dorf Kostryna führt über den Berg Javornyk nach Velykyj Bereznyj. **Kostryna** ist als Skigebiet und wegen seiner Mariä-Schutz-Holzkirche (Покровська церква) bekannt. Die Kirche wurde 1645 als klassisches bojkisches Gotteshaus im Dorf Sjanok errichtet. Nachdem man sie 1703 nach Kostryna versetzt hatte, erlebte sie mehrere Transformationen, die ihr die Züge der lemkischen Bauschule verliehen. Das zeigt u. a. der 1761 erbaute Glockenturm. In ihrer gegenwärtigen Variante besteht die Kirche aus drei Raumzellen, die von einer Abdachung umgeben sind, und drei Kuppeln. Über der Vorhalle befinden sich die Empore und der Glockenturm mit der Galerie. Trotz der eigentümlichen Stilmischung ist das Gotteshaus ein wunderschönes und wertvolles Denkmal der Holzarchitektur, das mit der umgebenden Landschaft harmoniert.

Nach der Besichtigung der Kirche beginnt die Wanderung am westlichen Ortsende Kostrynas. Der hellblau markierte Weg führt über den Fluss Už (Уж), durchquert das Feld, mündet in Aufforstungen und steigt zum Gipfel des Berges **Kyčera** (Кичера) auf. Dann biegt er rechts zum Ternovs'kyj-Bach (Терновський потік) ab und schlängelt sich weiter durch den Buchenwald bis zum Berg **Javornyk** (1017 m), an dessen Gipfel sich das gleichnamige, noch zu Zeiten der Tschechoslowakischen Republik erbaute Touristenheim befindet. Von hier führt der Weg zum **Landschaftsgebiet Reformy** (Урочище Реформи) und weiter nach **Velykyj Bereznyj,** wo die Route endet. Zurück geht es per Bus oder Zug nach Užhorod. Falls man das Auto in Kostryna geparkt hat, fährt man mit Bus oder Bahn zum Start der Wanderung zurück.

Züge: Bahnhof, vul. Stancijna/вул. Станційна 9, Tel. 0312 69 29 62. Verbindungen nach Mukačeve, L'viv, Černivci, Kiew.
Busse: Busbahnhof, vul. Stancijna/вул. Станційна 2, Tel. 03122 321 27. Verbindungen nach Mukačeve, Rachiv, Jasinja, Mižhirja, L'viv, Ivano-Frankivs'k, Černivci, Rivne, Luc'k.
Mietwagen: Avto-Draiv (Авто-Драйв), vul. Kyryla i Mefodija 5, Büro 422/вул. Кирила і Мефодія 5, оф. 422, Tel. 0312 44 10 75, www.autodrive.com.ua (engl.).

Fortbewegung in der Stadt
Busse: Innerhalb der Stadt verkehren (Klein-)Busse. Eine Fahrt kostet 2 UAH.
Taxis: Siti Taxi, Tel. 0312 61 48 88.

Mukačeve und Umgebung ▶ 1, B 6

Cityplan: S. 234
Mukačeve (Мукачеве, 82 000 Einw.) am Fluss Latorycja ist ein kleiner, aber bemerkenswerter Ort, in dem unterschiedliche Sprachen und Kulturen aufeinandertreffen; und obschon er Reisenden als übersichtlich und beschaulich in Erinnerung bleibt, ist er ein wichtiger Verkehrsknotenpunkt – einst Kreuzungspunkt der Handelswege.

Geschichte

Die Geschichte von Mukačeve prägen seine abwechselnden Zugehörigkeiten zu den verschiedensten Staaten und Staatsgebilden: Im 10./11. Jh. gehörte Mukačeve zur Kiewer Rus und erlitt wie viele andere Städte der Rus mehrere Polowezer- und Tatareneinfälle. Etwas später, im 11. Jh., war es Bestandteil von Ungarn, danach des Fürstentums Galizien-Wolhynien und im 14. Jh. wieder von Ungarn. 1396–1414 übernahm der podolische Fürst Fedir Korjatovyč die Herrschaft über die Stadt. Kurz danach, im Jahr 1445, erwarb Mukačeve das Magdeburger Recht. Im 16./17. Jh. gehörte es zum Fürstentum Siebenbürgen und seit dem Ende des 17. Jh. bis 1918 zu Österreich-Ungarn. 1919 bis 1938 war Mukačeve als Bestandteil der Podkarpatská Rus in die Tschechoslowakei eingegliedert. 1938 geriet es wieder unter die Herrschaft Ungarns, doch bereits im Jahr 1944 wurde es von der Tschechoslowakei annektiert. Im Jahr 1945 brach für die Stadt die sowjetische Ära an, die bis ins Jahr 1991 andauerte. Seit 1991 ist Mukačeve eine Stadt der unabhängigen Ukraine.

Friedensplatz

Der Stadtrundgang beginnt am zentral gelegenen Friedensplatz – der pl. Myru/пл. Миру. Das in Hellgrün gestrichene **Rathaus** 1 (Ратуша) mit einem Uhrturm, gotischen Bögen und Erkern ähnelt eher einem Palast. Nur die ukrainische Fahne am Turm verrät die heutige Bestimmung des neogotischen Gebäudes, das seit 1904 die Stadt ziert. Seitdem erklingt auch das Glockenspiel der Turmuhr zu jeder Viertelstunde. Die seitlichen Fassadenerker schmückt das alte Stadtwappen mit der Darstellung der Mantelspende des hl. Martin, des Schutzpatrons von Mukačeve (vul. Puškina/вул. Пушкіна 2).

Im Zentrum des Platzes steht die **Gedenksäule** für die im Zweiten Weltkrieg gefallenen Soldaten der Sowjetarmee. Ein paar Schritte weiter sieht man das 1896–1899 im Stil des Barock erbaute **Russische Dramatische Theater** 2 (Російський драматичний театр, Tel. 03131 230 12). Die bronzenen **Figuren von Kyrill und Methodius** unweit des Theaters erinnern an die Christianisierung Transkarpatiens im 9. Jh. und die Verbreitung der kyrillischen Schrift.

Rákóczi-Palast 3

Den Namen des ungarischen realistischen Malers Mihály Munkácsy trägt die Kunstschule für Kinder und Jugendliche in der vul. Myru/вул. Миру 26. Der Maler verbrachte einen Teil seiner Kindheit in der Stadt. Die Kunstschule befindet sich im **Rákóczi-Palast** (Палац Ракоці), dem sogenannten Weißen Haus (Білий Дім). Die einstige Residenz der siebenbürgischen Fürsten Rákóczi wurde im 17. Jh. zunächst im Stil der Renaissance erbaut und im 18. Jh., als der Palast dem Grafen Schönborn zugefallen war, nach Plänen von Balthasar Neumann barock umgestaltet. Die Gedenktafel mit dem Relief Ferencz Rákóczis an der Fassade erinnert an den ursprünglichen Besitzer. Zum Haupteingang des etwas abseits der Straße gelegenen Palastes führt ein kunstvoll gearbeitetes eisernes Tor. Der kleine Park um das Gebäude und die hübschen Laternen davor strahlen Ruhe aus. Es lohnt sich – wegen der schönen hölzernen Treppe –, auch ins Innere der Kunstschule einen Blick zu werfen (Mo–Fr 9–18 Uhr).

Latorycja-Hof 4

Die enge, meist belebte Passagengasse vul. Dostojevs'koho/вул. Достоєвського gegenüber der Kunstschule heißt im Volksmund **Latorycja-Hof** (Латоричний двір). Hier herrscht ständiges Treiben: Von alters her gibt es hier Schneidereien, Friseursalons, Schuster, Fotoateliers, Cafés, Mode- und Schmuckläden. Auf der Terrasse des für seine ausgesuchten Kuchen berühmten Cafés Eduscho (heute Bondarenko) kann man Beobachter des städtischen Alltags werden. Die Passage führt direkt zum Lebensmittelmarkt (Продуктовийринок) in der vul. Vozzjednannja/вул. Возз'єднання 35 (tgl. 7–17 Uhr).

Martinskirche 5

An der Ecke der vul. Myru/vul. Duchnovyča (вул. Духновича) ragen die Türme der spätgotischen römisch-katholischen **Martinskirche** (Церква Святого Мартина) auf. Älter als das Gotteshaus ist die sich links bescheiden anlehnende frühgotische Kapelle, ebenfalls dem hl. Martin geweiht. Noch im 14. Jh. war sie Bestandteil der alten Kirche und diente als Altarraum im ursprünglichen Gotteshaus, das 1904 zerstört wurde. Im Jahr 1969 erfolgte die Renovierung der Kapelle, die eines der bemerkenswerten Beispiele für Steinsakralbauten in der Region ist. Die Inneneinrichtung ist ebenso beachtenswert (Mo–Sa 8–19, So 8–16 Uhr, Tel. 03131 546 70, www.munkacs-diocese.org).

Nikolauskloster 6

Das orthodoxe **Nikolauskloster** (Свято-Миколаївський монастир) in der vul. Pivnična/вул. Північна 2 liegt mitten im Grünen an den Hängen des Mönchsbergs. Zu dem heutigen Nonnenkloster führt ein schöner Spaziergang von der Alten oder der Neuen Brücke an der Flusspromenade entlang. Die Stadtgeschichte schreibt die Gründung des Klosters dem podolischen Fürsten Fedir Korjatovyč am Ende des 14. Jh. zu. Zunächst bestand die Anlage aus einer hölzernen Kirche und den Mönchszellen, die in den Kriegen zwischen Siebenbürgen und Österreich-Ungarn zerstört wurden. Im Jahr 1661 wurde die Holzkirche durch die steinerne Rotunde ersetzt. Die Kuruzenaufstände in den Jahren 1703–1711 brachten dem Kloster wieder Zerstörung und Verfall. Erst in der zweiten Hälfte des 18. Jh. wurde die gegenwärtige Anlage mit der Kirche, den Wohnzellen, der Schutzmauer und der Brennerei im Stil des Barock vollendet, obschon sie 1865 infolge eines Brands renoviert werden musste.

Das Nikolauskloster etablierte sich vom Beginn seiner Gründung als Mittelpunkt des geistigen Lebens der Stadt und der Region. In seinem Skriptorium wurden Annalen geschrieben, die Klosterbibliothek beherbergte seinerzeit kostbare Handschriften und Inkunabeln, die später in die Bibliotheken und Museen Moskaus und Užhorods gelangten, die Mönche unterhielten eine Schule.

Die Krypta der klassizistisch-barocken Nikolauskirche bewahrt die Reliquien von Fedir Korjatovyč, dem Gründer des Klosters. Zu den Kostbarkeiten des Gotteshauses zählen die wundertätige Ikone der Muttergottes vom Berge Athos sowie die Ikone der Jungfrau Maria von Počajiv. Die Gottesdienste werden von Nonnengesang begleitet (Mo–Sa 4.30–18, So 5.30–18 Uhr, Tel. 03131 212 98, www.nik-mykachiv.narod.ru).

Schloss Palanok 7

Schloss Palanok (Замок Паланок), eines der hervorragendsten Beispiele der Fortifikationsarchitektur in der Ukraine, ist die eigentliche Visitenkarte von Mukačeve. Die auf ei-

Mukačeve

Sehenswert
1. Rathaus
2. Russisches Dramatisches Theater
3. Rákóczi-Palast
4. Latorycja-Hof
5. Martinskirche
6. Nikolauskloster
7. Schloss Palanok

Übernachten
1. Star
2. Červona Hora
3. Palanok
4. Al'fa

Essen & Trinken
1. Munkácsy
2. Milenium
3. Traktir"

Einkaufen
1. Svjatyj Martyn
2. Honighaus

Abends & Nachts
1. Black & White

Aktiv
1. Reisebüro Ekskursija
2. Wildwestbike

nem frei stehenden, 68 m hohen Hügel errichtete Burg ist bei der Einfahrt in die Stadt als Erstes zu sehen. Der Name Palanok wird vom Staketenzaun, der das Schloss ursprünglich umgab, abgeleitet. Der Aus- und Umbau der Anlage dauerte mehrere Jahrhunderte; währenddessen wechselte das Schloss oft den Besitzer. Im Jahr 1705 gründete hier Ferenc Rákóczi II. (1676–1735) den Münzhof, der für die Selbstbestimmung der aufständischen Kuruzen eine herausragende Rolle spielte. Vom 11. Dezember 1805 bis zum 9. März 1806, als die napoleonischen Truppen Wien belagerten und in Ungarn eindrangen, wurde im Schloss die ungarische Krone aufbewahrt.

Der intensive Ausbau des Schlosses erfolgte unter dem podolischen Fürsten Fedir Korjatovyč (1396–1414), der infolge der Auseinandersetzungen mit dem litauischen Fürsten Vytautas aus Podolien fliehen musste und sich in Mukačeve niederließ. Eine bronzene Figur von Korjatovyč steht heute im Innenhof des Oberen Schlosses und verspricht denjenigen, die ihren Zeigefinger berühren, Reichtum und Glück. Doch ihre Ruhmeszeit erlebte die Festung während der Herrschaft der siebenbürgischen Fürsten Rákóczi, als sie zum Schauplatz mehrerer Kuruzenaufstände wurde. Eines der heldenhaftesten Kapitel der Schlossgeschichte wurde 1685–1688 geschrieben, als die siebenbürgische Fürstin Iloná Zrinyi im Laufe von insgesamt drei Jahren der Belagerung der Festung durch die österreichischen Truppen Widerstand leistete. Nach der Niederlage der Kuruzen geriet das Schloss in Besitz der österreichischen Krone und büßte nach der Teilung Polens seine strategische Bedeutung ein. Seitdem diente es als Lager, Gefängnis, Kaserne und Berufsschule.

Die Lage des Schlosses bedingte seine Baugeschichte: Es wurde von oben nach unten errichtet; im Laufe der Jahrhunderte entstanden mehrere Terrassen, die sich wie Kaskaden über die Hänge des Schlossberges herabziehen. Ihr heutiges Aussehen erhielt die Burgfestung im 17. Jh. Die Anlage besteht aus drei Schlössern, die sich auf vier Terrassen ausbreiten. Von der ersten Terrasse, die vom Graben umringt wird, ist bloß das steinerne Fundament übrig geblieben. Ins **Untere Schloss** (1670) auf der zweiten Terrasse gelangt man über die Zugbrücke. Es ist von zwei mächtigen Basteien umgeben. Das **Mittlere Schloss** auf der dritten Terrasse beherbergte früher Wirtschafts- und Diensträume: die Kommandantur, das Arsenal, die Kaserne, die Schmiede und die Küche. Das Obere oder **Alte Schloss,** in dem die Besitzer von Palanok wohnten, liegt auf der vierten Terrasse. Seine zwei- und dreistöckigen Arkadenbauten und die Kapelle bilden einen schönen Innenhof, der nur vom Mittleren Schloss aus zu betreten ist. Man sagt, dass es im tiefen Schlossbrunnen einst einen geheimen unterirdischen Gang zum Flussufer gab. Wasser gibt es im Brunnen heute wie zu Zeiten von Fedir Korjatovyč nicht. In einer Legende heißt es, dass der Fürst demjenigen einen Sack Gold versprach, der dem Brunnen Wasser entlocken würde. Nun meldete sich der Teufel und erfüllte den Wunsch. Da Fedir Korjatovyč aber das versprochene Gold nicht aufzubringen imstande war, entlohnte er den Teufel mit einem kleinen Säckchen, in das gerade drei goldene Münzen hineinpassten. Wütend sprang der Teufel in den Brunnen, aus dem sein erbostes Schreien gelegentlich noch heute zu hören ist.

Der **mittleren Bastion** des Schlosses mit dem rührenden Denkmal für Iloná Zrinyi und ihren Sohn Ferenc Rákóczi II. liegt ein großartiges Panorama der Stadt und der Umgebung zu Füßen. Im Oberen Schloss ist das **Historische Museum** (Історичний музей) samt der Gemäldegalerie der transkarpatischen Maler und einer Ikonensammlung zu besichtigen (Di–So 9–17 Uhr, Tel. 03131 440 53, www.zamokpalanok.mk.uz.ua, 7,50 UAH).

Infos

Touristinfo (Турінфоцентр): vul. Duchnovyča/вул. Духновича 13, Tel. 050 924 24 28, www.tur-info.ucoz.ru. Infomaterial, Stadtführungen, Organisation von Raftingtouren und Ausflügen in der Region.

Übernachten

Zentral ▶ Star 1: pl. Myru/пл. Миру 10–12, Tel. 03131 220 08, www.star-ar.mk.uz.ua (engl.). Das direkt gegenüber dem Rathaus gelegene 4-Sterne-Hotel befindet sich in der ehemaligen Residenz des Grafen Schönborn aus dem 18. Jh. Außer den Standard-, Luxus- und Präsidentenapartments stehen Business- und Fitnesscenter, Schönheitssalon, Sauna, Schwimmbad, Casino, Restaurant zur Verfügung. DZ 430–690 UAH.

Am Weinberg ▶ Červona Hora 2 (Червона Гора): vul. Červona Hora/вул. Червона Гора 1a, Tel. 03131 223 26, www.langer.mk.uz.ua. Das komfortable 3-Sterne-Hotel liegt malerisch am Fuß des Roten Berges, Červona Hora, nahe der Autobahn von Kiew nach Čop. Standard- und Luxuszimmer mit Balkonterrassen und Internetzugang. Im Hotelkomplex gibt es einen Fitnessraum, ein Schwimmbad, eine Sauna, ein Restaurant, ein Weinkeller und ein Apfelgarten. Außerdem Angebot an Exkursionen für Sommer- und Winterzeit. DZ 300–450 UAH.

Am Schloss ▶ Palanok 3 (Паланок): vul. Šenborna/вул. Шенборна 2a, Tel. 050 351 10 08, www.hotelpalanok.com (engl.). Das familiäre Hotel mit acht mit Satelliten-TV und WIFI-Internet versehenen Standard- und Luxuszimmern liegt am Schloss Palanok, der Hauptattraktion von Mukačeve. In dem rustikal eingerichteten Restaurant mit Sommerterrasse sind regionale transkarpatische Gerichte zu verkosten. Auch Organisation von Stadtführungen und Ausflügen in die nähere Umgebung. DZ 220–450 UAH.

Gemütlich ▶ Al'fa 4 (Альфа): vul. Universytets'ka/вул. Університетська 78, Tel. 03131 520 10, www.alfa-apollon.com.ua. Die Hotelgebäude nahe der Autobahn Kiew–Čop beherbergen Standard- und Luxuszimmer, Schönheitssalon, Sauna, Schwimmbad und Russisches Billard. Das Hotelrestaurant mit Sommerterrasse bietet transkarpatische Spezialitäten an. DZ 150–350 UAH.

Essen & Trinken

Hotelrestaurant ▶ Zirka 1 (Зірка): pl. Myru/пл. Миру 10–12, Tel. 03131 310 31, www.star-ar.mk.uz.ua (engl.), tgl. 11–24 Uhr. Das Restaurant im Hotelkomplex Star mit dem üppigen Bankettsaal, dem Großen und dem Sommersaal verwöhnt mit europäischer und transkarpatischer Küche sowie mit Livemusik. Hauptgerichte ca. 40–60 UAH.

Kunst-Ambiente ▶ Munkácsy 1 (Мункачі): vul. Fedorova/вул. Федорова 6a, Tel. 050 924 90 56, tgl. 10–24 Uhr. Das Restaurant ist nach dem berühmten Stadtsohn, dem Maler Mihály Munkácsy, benannt. Serviert werden europäische Küche, ukrainische und transkarpatische Spezialitäten. Unter den Vorspeisen muss die deftige, aber sehr charakteristische, aus verschiedenen Wurst- und Specksorten bestehende Munkácsy hervorgehoben werden. Diverse Lammfleischgerichte sind ebenfalls zu empfehlen. Hauptgerichte ca. 30–70 UAH.

Grill und Sommerterrasse ▶ Milenium 2 (Міленіум): vul. Užhorods'ka/вул. Ужгородська 2a, Tel. 03131 318 88, tgl. 10–24 Uhr. Diese Adresse ist besonders für den Sommer zu empfehlen: Ans Restaurant am Latorycja-Ufer schließt eine geräumige Terrasse mit Brunnen und Grünanlagen an. Dort schmecken Schaschlik und andere Grillgerichte am besten. Ansonsten empfiehlt sich die Einrichtung mit ukrainischer, europäischer Küche und leckeren Desserts. Hauptgerichte ca. 25–70 UAH.

Bierlokal ▶ Traktir" 3 (Трактіръ): vul. Puškina/вул. Пушкіна 12, Tel. 03131 414 62, tgl. 10–24 Uhr. Originell eingerichteter Saloon – eine Imbissstube mit witzigen Karikaturen vieler Berühmtheiten an den Wänden und mit alten Flügeln statt Tischen, wo einfache und preiswerte Gerichte zu gutem tschechischem Bier bestellt werden. Die Bedienung ist flink, das Publikum meistens jünger. Hauptgerichte ca. 20–45 UAH.

Einkaufen

Souvenirs ▶ Svjatyj Martyn 1 (Святий Мартин): vul. Hruševs'koho/вул. Грушевського 5, Tel. 03131 230 37, Mo–Fr 10–18, Sa 10–16 Uhr. Gemälde transkarpatischer Maler, traditionelles Handwerk, Schmuck, Stickereien, Holzschnitzereien, Trachten und

Antiquitäten. Daneben das gleichnamige Art-Café mit Bildergalerie.

Honig ▶ **Honighaus** 2 (Медовий дім): vul. Stara/вул. Стара 50, Tel. 096 300 57 75. Das privat betriebene Honighaus (Eintritt nach vorheriger Absprache) ist seit 2010 eine Attraktion von Mukačeve, das Museum, Verkostung von Honig und Honiggetränken und Laden in sich vereint.

Abends & Nachts

Nachtclub ▶ **Black & White** 1: vul. Ljermontova/вул. Лєрмонтова 33, Tel. 03131 550 02, www.blackandwhiteclub.com.ua, Fr, Sa 22–4 Uhr (Disco), Mo–Do 10–24, Fr, Sa 10–4 Uhr (Billardclub). Der Nacht- und Billardclub in stilvollem Schwarz-Weiß-Design veranstaltet Disco- und Partyabende mit diversen DJs und Musikrichtungen.

Aktiv

Stadttouren & Ausflüge ▶ **Reisebüro Ekskursija** 1 (Туроператор Екскурсія): vul. Fedorova/вул. Федорова 4, Tel. 03131 231 77, www.exkursia.com.ua (engl.). Das Reisebüro organisiert Stadtführungen u. a. in deutscher Sprache, Touren in die Karpaten (Bergwanderungen, Rafting) und durch die Ukraine. Auch die **Touristinfo** bietet Führungen und Exkursionen an (s. S. 235).

Fahrradverleih ▶ **Wildwestbike** 2 (Велосалон Дикий Захід): vul. Drahomanova/вул. Драгоманова 45, Tel. 050 540 69 38, 066 015 48 49, www.wildwestbike.com.ua. Fahrradverleih, -verkauf und -service.

Termine

Etno-Dia-Sfera (Етно-Діа-Сфера): Mai. Bei dem internationalen Theaterfestival werden Werke der ungarischen, russischen, jüdischen, polnischen, Roma-, serbischen, deutschen und weißrussischen Minderheit im Russischen Dramatischen Theater gezeigt.

Verkehr

Züge: Bahnhof, vul. Vokzal'na/вул. Вокзальна 3, Tel. 03131 220 52. Verbindungen nach Užhorod, L'viv, Černivci, Kiew.

Busse: Busbahnhof, vul. Pavlova/вул. Павлова 14–16, Tel. 03131 214 71. Verbindun-

Auf dem Wochenmarkt von Mukačeve ist das Gemüse immer frisch

gen nach Užhorod, Rachiv, Jasinja, Mižhirja, L'viv, Ivano-Frankivs'k, Černivci.

Fortbewegung in der Stadt
Busse: Es verkehren (Klein-)Busse. Ticketpreis 2 UAH.
Taxis: Pedro Taxi, Tel. 03131 518 23.

Karpaty ▶ 1, B 6

Ca. 20 km nordöstlich von Mukačeve, im Dorf **Karpaty** (Карпати), ließ Graf Lothar Franz Schönborn seine Sommerresidenz errichten, ein wunderschönes **Jagdschloss** (Мисливський замок, 1890–1895), das heutzutage mit seinen Nebengebäuden als Sanatorium (Санаторій Карпати) genutzt wird. Es wurde anstelle eines Holzschlösschens aus dem Jahr 1840 erbaut und ähnelt französischen Renaissanceschlössern. Die Architektur der Sommerresidenz der Schönborns ahmt das astronomische Jahr nach: Das Schloss soll 365 Fenster, 52 Gemächer sowie 12 Eingänge haben. Jedes Bauelement der Residenz – sei es einer der unzähligen Schornsteine oder ein Turm – erfüllt nicht nur seine praktische Funktion, sondern ist ein richtiger Zierrat.

Das Schloss ist von einem **Landschaftspark** mit über 40 seltenen Baumarten umgeben. Der künstlich angelegte Teich nahm zu seiner Zeit die Konturen des damaligen Österreich-Ungarns auf. Die ganze Anlage fügt sich ideal in die hügelige grüne Waldlandschaft ein. Der Park ist jederzeit frei zugänglich, die Räume des Schlosses beherbergen die Sanatoriumsverwaltung und können Mo–Fr tagsüber besichtigt werden (5 UAH).

Berehove ▶ 1, B 7

Berehove (Берегове, 26 000 Einw.) liegt in einer sonnigen, warmen, mit Weinstöcken, Pfirsichbäumen und Tabak bepflanzten Gegend, die durch Weinanbau und -herstellung bekannt wurde. Ohne Wein und Weinproben ist ein Besuch von Berehove deshalb nicht zu denken! Hier wohnen die meisten Ungarn: Ungarisch wird gesprochen, ausgeschildert, unterrichtet und Theater gespielt.

Geschichte

Erste schriftliche Zeugnisse weisen auf das 11. Jh. zurück, als der Ort von einem Sohn des ungarischen Königs Béla I., Lampert, geerbt wurde und bald darauf den Namen Lampertháza oder auch Luprechtháza – also Villa Lamperti – erhielt. 1141 ließ König Géza II., der um die Entwicklung des Weinbaus besorgt war, sächsische Siedler hierher kommen, die die Siedlung in Lampertszász umbenannten. Seit 1504 wurde die Stadt als Beregszász, was im Ungarischen ›Sachsenhain‹ bedeutet, dokumentarisch geführt. Im Jahr 1247 erhielt der Ort das Freihandelsrecht und 1342 den Status einer königlichen Stadt. Mehrmals wurde er im Laufe der Geschichte von türkischen, polnischen, habsburgischen Truppen verwüstet. Seine hervorragende Rolle in den Befreiungskriegen der Ungarn gegen die österreichische Krone 1703–1711 wurde mit dem Entzug des Stadtrechts bis 1869 bestraft. Nach dem Zusammenbruch der österreichisch-ungarischen Monarchie gehörte Berehove bis 1938 der Tschechoslowakei und bis zum Machtantritt der Sowjets im Jahre 1944 Ungarn an.

Rákóczi-Platz

Unter den Sehenswürdigkeiten der Altstadt dominiert die massive römisch-katholische **Kreuzerhöhungskirche** (Костел Воздвиження Чесного Хреста) auf der pl. Rakoci/пл. Ракоці. Der ursprünglich romanische Bau aus dem 12. Jh. wurde 1370 im gotischen Stil umgestaltet und ist im 17. Jh. abgebrannt. In den Jahren 1839–1846 wurde das Gotteshaus neogotisch erneuert und 1900 rekonstruiert. Mit dieser wichtigsten Kirche der Stadt verbindet man ihre inoffizielle Gründungsgeschichte: Einer der Stiere des Hirten Sász grub an der Stelle, wo sich jetzt die Kirche befindet, einen Topf voll Gold aus, worauf der dankbare Hirte die Kirche und den Ort erbauen ließ. Vor dem Haupteingang der

Kirche steht das Denkmal für den Gründer Ungarns – König Stephan den Heiligen, gleich gegenüber dem ungarischen Dichter Sándor Petőfi.

Ebenfalls auf der pl. Rakoci prangt das **ehemalige Offizierskasino** ((Офіцерське казино, Nr. 1) aus dem Jahr 1900 – eines der besten Beispiele für die europäische (Budapester) Sezession in der Ukraine. Heute beherbergt es das stilvolle, seiner Vergangenheit bewusste, empfehlenswerte Restaurant Zolota Pava (Goldener Pfau).

Bethlen-Palast

In der benachbarten vul. Betlena/вул. Бетлена 1 befindet sich der sogenannte Gräfsche Hof (Графський двір) oder **Bethlen-Palast** (Палац Бетлена) aus dem Jahr 1629 – ein schlichtes, längliches Haus mit Mezzanin und Wirtschaftsgebäuden, das dem siebenbürgischen Grafen Gábor Bethlen und später den Rákóczis gehörte. Heutzutage befindet sich hier das **Landeskundemuseum** (Музей Берегівщини), in dem sich die Geschichte der Region verfolgen sowie Werke hiesiger Maler bewundern lassen (Tel. 067 100 13 23, Di–So 10–17 Uhr, 4 UAH).

Weitere Sehenswürdigkeiten

Nicht weit, in der vul. Mukačivs'ka/вул. Мукачівська 1, ist ein Denkmal der Bürgerarchitektur, das ehemalige **Hotel Oroszlán** (Готель Орослан, dt. Löwenhof), zu sehen. Das im 17. Jh. erbaute Haus leitet seinen Namen von dem über dem Haupteingang abgebildeten Löwen ab. Heute hat hier das Ungarische Nationale Gyula-Illyés-Theater seinen Sitz. Gedenktafeln erinnern an den Aufenthalt zweier berühmter ungarischer Dichter: Ferenc Kazinczy und Sándor Petőfi. In der vul. Mukačivs'ka 3 trifft man auf ein neoklassizistisches Gebäude aus dem Jahr 1880, das ehemalige **Komitatsverwaltungsgebäude** (Будинок Березького комітату), heute Sitz der Medizinischen Hochschule. An der pl. Herojiv/пл. Героїв steht die 1775 erbaute, 1897 und 1922 umgestaltete **Reformatenkirche** (Реформатська церква) mit restaurierter Orgel.

Infos

Touristinfo (Турінфоцентр): vul. Zrini/вул. Зріні 25/2, Tel. 03141 432 70, www.berehovo-tour.info, tgl. 8–17 Uhr. Organisation von Exkursionen (u. a. zu den Thermalbädern), Unterkunftsvermittlung und -buchung, Karten.

Übernachten

Mit Weinkeller ▶ **Žajvoronok** (Жайворонок): vul. Ševčenka/вул. Шевченка 112, Tel. 03141 230 71, www.zhayvoronok.com.ua (engl.). Der am Rande der Stadt gelegene Hotelkomplex bietet fast alles für einen komfortablen Aufenthalt: gutes Restaurant mit schönen Holzlauben draußen, eine Degustationshalle, eine Salzkammer, russische Banja, Massage. DZ 240–390 UAH.

Essen & Trinken

Jugendstil-Ambiente ▶ **Zolota Pava** (Золота Пава): pl. Rakoci/пл. Ракоці 1, Tel. 03141 232 32, www.zolotapava.extra.hu (engl.), tgl. 11–24 Uhr. Im Goldenen Pfau werden Leckereien der ukrainischen, ungarischen und europäischen Küche serviert, gelegentlich bei Zigeunermusik. Ein kleines Hotel gehört dazu (DZ 130–400 UAH). Hauptgerichte ca. 11–98 UAH.

Einkaufen

Wein ▶ **Staryj Pidval** (Старий Підвал): vul. Vynohradna/вул. Виноградна 37/2, Tel. 03141 422 37, www.beregvine.com (engl.), nach telefonischer Vereinbarung. Die beste Adresse zum Weineinkauf. Im 300 Jahre alten, mit Edelschimmel befallenen Weinkeller werden die örtlichen Weine zur Probe gereicht und verkauft.

Aktiv

Stadttouren ▶ s. **Touristinfo** oben.

Reiten ▶ **Sportclub Mustanh** (Кінно-спортивний клуб Мустанг): vul. Puškina/вул. Пушкіна 28, Tel. 03141 237 70. Reiten, Sporthalle, russische Banja.

Thermalbad ▶ **Sportkomplex Zakarpattja** (Навчально-спортивна база Закарпаття): vul. Korjatovyča/вул. Корятовича 1, Tel.

Große Weideflächen ziehen sich in den Karpaten teilweise bis in die Höhen

03141 231 81. Das natriumchloridhaltige Thermalwasser wirkt sich positiv auf das Nervensystem aus. Die Sprungschanze über dem Becken darf nicht verwundern: Früher wurde hier Skispringen geübt.

Termine

Stadtgründungsfest (День міста Берегове): 17. Mai. Ausstellungen, Märkte, Konzerte, Weinproben und Wettbewerb um die beste Zubereitung von Bogrács (Kesselsuppe).

Verkehr

Züge: Bahnhof, vul. Vokzal'na/вул. Вокзальна 1, Tel. 03141 433 18. Berehove liegt an der Strecke Čop–Batjovo–Solotvyno.

Busse: Busbahnhof, vul. Mužajs'ka/вул. Мужайська 52, Tel. 03141 233 68. Verbindungen Richtung Užhorod und Rachiv.

Taxis: Arbat-Taxi (Арбат-таксі), Tel. 03141 231 26.

Vynohradiv ► 1, B 7

Das Kreisverwaltungszentrum **Vynohradiv** (Виноградів) mit ca. 25 000 Einwohnern liegt ca. 40 km südöstlich von Berehove am Westhang des 570 m hohen Schwarzen Berges, eines botanischen Reservats mit Wildweinstöcken. Ähnlich wie Berehove ist Vynohradiv eine ertragreiche Weingegend, worauf bereits sein Name hindeutet.

Geschichte

Die erste Siedlung entstand hier wohl als Grenzposten des neu gegründeten ungarischen Königreichs im 10./11. Jh. In den schriftlichen Zeugnissen wird sie erst 1262 als Zceuleus (ungarisch Nagyszöllös), eine königliche Stadt, erwähnt. Im Jahr 1399 fällt sie als königliches Geschenk Péter Perényi zu, dessen Nachfolger im Laufe mehrerer Jahrhunderte hier regierten. Die antihabsburgischen Kriege im 17./18. Jh. brachten die fast völlige Zerstörung der Bebauung. Im Sommer 1919 wurde Nagyszöllös/Sevljuš an die Tschechoslowakei angegliedert, im Jahre 1939 an Ungarn und 1944 an die Sowjetunion. 1946 wurde der Ort in Vynohradovo umbenannt.

Christi-Himmelfahrt-Kirche

Die römisch-katholische **Christi-Himmelfahrt-Kirche** (Вознесенський костел) aus dem 14. Jh. an der pl. Myru/пл. Миру, die architektonische Elemente der Romanik (Glockenturm) wie der Gotik in sich vereinigt, prägt das historische Stadtbild von Vynohradiv. Das Südportal ist reich mit gotischen Ornamenten verziert. Besonders wertvoll sind die gotischen Steinmetzarbeiten über dem Schrein aus dem 15. Jh. im Inneren der Kirche. Im 16. Jh. wurde die Kirche von den Protestanten, 1690 von den Franziskanern übernommen und 1748 den Katholiken übergeben. Heute gehört sie wieder den Franziskanern. Ein weiteres franziskanisches Gotteshaus des einstigen Klosters auf der gegenüberliegenden Straßenseite wird zurzeit renoviert.

Das **Historische Stadtmuseum** (Історичний музей) befindet sich in der vul. Ševčenka/вул. Шевченка 6. Archäologische Artefakte, aber auch Kleidung und Haushaltsgegenstände aus dem 18./19. Jh. erläutern die Geschichte der Region (Tel. 03143 211 72, tgl. 9–13, 14–17 Uhr, 1,50/0,75 UAH).

Perényi-Palast

Auf dem Weg zum Schwarzen Berg, einige Hundert Meter vom Kloster entfernt, versteckt sich in der vul. Kopans'ka/вул. Копанська 10 im Schatten der Parkbäume der **Palast der Familie Perényi** (Палац Перені). Seine neue Residenz ließ der Baron Ende des 14. Jh. erbauen, als er sich in dem ihm erteilten Komitat niederließ. Die Umgestaltung des Palastes, der heute die Bezirksverwaltung für Bildung beherbergt, erfolgte im 17. Jh., worauf das Haus sein barockes Aussehen annahm. Das Konzept war relativ unkompliziert: Der ursprüngliche Bau wurde um die quadratischen Ecktürme ergänzt. Die Frontseite ziert ein Giebel mit dem Stuckwappen Perényis. Auch der schlichte barocke Flügel mit Satteldach und Giebeln gehört zur Anlage.

Schloss Kanko

An den Hängen des Schwarzen Berges erheben sich die Ruinen des **Schlosses Kanko**

(Замок Канків), das seinen Namen vermutlich vom Räuber Kanko ableitet. Früher stellte es einen rechteckigen Bau mit massiven quadratischen Ecktürmen dar. Als die Ugren in die Theiß-Donau-Niederung kamen, trafen sie hier auf eine befestigte Siedlung eines slawischen Anführers. Nach der Angliederung der Gegend an das ungarische Königreich wurde an der Stelle ein Schloss für den hiesigen Feudalherrn errichtet. Doch im 14. Jh. trat dessen Besitzer gegen König Károly Róbert auf und trug damit zur Verwüstung des Schlosses bei. Da sich der neue Stadtherr, Baron Perényi, seinen eigenen Palast einrichtete, übergab er Kanko den Franziskanern, die es in ein Kloster verwandelten. Allerdings entschied sich einer der Nachfolger des Barons im Zuge der Reformationsbewegung für die evangelische Religion und überfiel im Jahr 1556 das katholische Kloster. 1557 vollendeten die kaiserlichen Truppen, im letzten Drittel des 16. Jh. die österreichische Armee im Kampf gegen die aufständischen ungarischen Adligen das Zerstörungswerk.

Übernachten

Zentral ▶ **Vynohradiv** (Виноградів): pl. Myru/пл. Миру 4, Tel. 03143 230 76, www.hotel.sevlush.net. Vierstöckiges Haus mit Zimmern unterschiedlicher Kategorien, Restaurant, Sauna, Billard. DZ 170–260 UAH.

Essen & Trinken

Ungarische Küche ▶ **Svitlana** (Світлана): vul. Kopans'ka/вул. Копанська 10, Tel. 050 940 46 68, tgl. 7–22 Uhr. Das Restaurant-Café mit transkarpatischer und ungarischer Hausmannskost befindet sich direkt gegenüber dem Perényi-Palast. Hier werden Babgulyás, Gulyásleves und Bohnen mit Kraut zubereitet. Sommerterrasse, Billard. Hauptgerichte ca. 8–40 UAH.

Termine

Winzerfestival (Фестиваль виноградарів і виноробів): Mai. Fest mit Winzerumzug, Degustationen und Wettbewerb um den besten Weinhersteller und den besten Koch.

Verkehr

Züge: Bahnhof, vul. Stancijna/вул. Станційна 70, Tel. 03143 216 46. Zugverbindungen Richtung Užhorod, Tjačiv, L'viv und Donec'k.

Busse: Busbahnhof, vul. Čkalova/вул. Чкалова 87, Tel. 03143 228 02. Verbindungen nach Užhorod und Rachiv.

Taxis: Sevljuš-Taxi (Севлюш-таксі), Tel. 03143 247 47.

Nationalpark Synevyr

▶ 1, C 6/7

Wer Ende Mai, Anfang Juni den Nationalpark Synevyr vom Theiß-Tal aus besucht, sollte zuvor noch einen Halt im **Narzissental** (Долина нарцисів) einlegen. Im **Landschaftsgebiet Kireši** (Кіреші), 4 km östlich von **Chust,** bietet sich zu dieser Zeit ein wundervoller Anblick: Blühende schmalblättrige Narzissen verwandeln ein Tal von ca. 260 ha in ein weißes Meer. Das Naturwunder gehört zum Karpaten-Biosphärenreservat. Ähnliche Narzissenvorkommen sind sonst nur auf einer Höhe von ca. 1100–2060 m anzutreffen. Nach Kireši (200 m über dem Meeresspiegel) gelangte die Bergblume noch in der Eiszeit.

Der Ort **Mižhirja** (Міжгір'я) befindet sich am Eingang, das Dorf **Koločava** (Колочава) inmitten des **Nationalparks Synevyr** (Національний парк Синевир), der sich auf einer Fläche von 404 km² über das Quell- und obere Sammelgebiet des Flusses Tereblja ausbreitet. Ein bereits seit 1974 bestehendes Reservat um den See Synevyr wurde im Jahr 1989 zum Nationalpark erweitert. Seine höchsten, überwiegend von Buchen- und Fichtenwäldern bedeckten Gipfel sind Strymba (1719 m) und Nehrovec' (1707 m). Hier findet man 914 Pflanzenarten, von denen ein Zehntel als sehr selten gelten oder im Verschwinden begriffen sind. Hirsche, Bären, Rehe, Wildschweine, Wölfe, Füchse, Marder, Hasen, Eichhörnchen, Otter, Dachse und Hermeline leben in dem Gebiet.

Die Perle des Nationalparks ist der etwa 0,5 km² große, bis zu 22 m tiefe, auf 989 m

Höhe gelegene **See Synevyr,** auch ›Meerauge‹ genannt, der sich infolge eines Bergrutsches im Flusstal in der Nähe von Synevyrs'ka Poljana (Синевирська Поляна) gebildet hat. Sein Blau überrascht inmitten der riesigen Fichtenbäume. Man sagt, dass einst die Tränen der Grafentochter Syn' den See füllten, die hier ihren von den Dienern ihres Vaters erschlagenen Geliebten, den armen Hirten Vyr, beweinte. Im Seewasser spiegeln sich die aus Holz geschnitzten Gestalten der beiden Liebenden.

Infos

... in Mižhirja:

Touristinfo (Турінфоцентр): vul. Ševčenka/вул. Шевченка 97/116, Tel. 03146 233 30, www.mizghiryatur.mgir.net.ua, Mo–Fr 9–13, 14–16 Uhr. Infos zu Unterkünften und Verpflegung, Organisation von Exkursionen, Schlitten- und Skiaktivitäten, Fahrten auf Quads und Schneemobilen, Reittouren.

... in Koločava:

Ažio-Tur (Ажіо-Тур): vul. Družby/вул. Дружби 26, Tel. 097 177 32 04, www.kolochava.com, tgl. 8–18 Uhr. Auskünfte und Exkursionen.

Übernachten, Essen

... in Mižhirja:

Mitten in der Natur ▶ **Kamjanka** (Кам'янка): Synevyrs'kyj pereval/Синевирський перевал 1, Tel. 03146 226 53, www.kamyanka.com.ua (engl.). Das im Nationalpark Synevyr in den Bergen gelegene Hotel ist komfortabel und gemütlich. Es bietet Wanderungen mit eigenem Bergführer sowie Ski-, Reit- und Angelausflüge an. Im Haus gibt es Billard, Sauna und ein Restaurant mit transkarpatischer Küche (tgl. 8–23 Uhr, Hauptgerichte ca. 12–40 UAH). DZ/ÜF 350–500 UAH.

... in Volovec' (ca. 37 km nordwestlich von Mižhirja, außerhalb des Nationalparks):

Für Aktivurlauber ▶ **Hrand** (Гранд): vul. Puškina/вул. Пушкіна 15, Tel. 03136 227 53, www.hotel-grand.com.ua (engl.). Einladendes Hotel mit Zimmern unterschiedlicher Kategorien, Sauna, Restaurant (tgl. 8–22 Uhr, Hauptgerichte ca. 15–25 UAH) und einem reichen Angebot an Aktivitäten: Ausflüge in die Natur und Städte Transkarpatiens, Bergwanderungen, Skiverleih- und Skilehrerservice. DZ/ÜF 200–400 UAH.

Termine

... am See Synevyr:

Folklorefest Na Synevyr trembity klyčut' (На Синевир трембіти кличуть): Ende Aug. Eines der populärsten Festivals der Region mit ukrainischen Sängern, Bands und Folkloregruppen. Die Handwerker breiten sich mit ihrer Ware, die Winzer, Imker und Käsehersteller mit ihren Spezialitäten aus.

Aktiv

Wandern, Radfahren, Reiten ▶ Im Nationalpark Synevyr existieren mehrere ökologische Wanderwege sowie Routen für Radfahrer und Reiter. Nähere Auskünfte erteilen die Touristeninformationen, Unterkünfte sowie die Verwaltung des Nationalparks Synevyr im Dorf Synevyr-Ostriky (Tel. 03146 276 18, www.synevir.karpat.org). Empfehlenswert ist eine Wanderung zum Wasserfall Šypit (Шипіт), 6 km von Pylypec' entfernt.

Verkehr

Züge: Volovec', ca. 40 km nordwestlich von Mižhirja, liegt an der wichtigen Bahnstrecke Čop–Kiew bzw. Mukačeve–L'viv.

Busse: Zwischen allen Orten bestehen regelmäßige Busverbindungen. Mižhirja und Volovec' sind von Užhorod und Mukačeve aus gut erreichbar.

4 Rund um das Čornohora-Massiv ▶ 1, D 7

Karte: S. 245

Das **Massiv Čornohora** ist der höchste Gebirgszug der ukrainischen Karpaten. Es breitet sich vom Tal der Schwarzen Theiß nach Osten aus. Die höchsten Gipfel sind die Hoverla (Говерла, 2061 m), der Petros (Петрос, 2020 m) und die Čorna Hora (Чорна Гора, 2020 m), der Schwarze Berg, von dem der Gebirgsstock seinen Namen ableitet. Die

Čorna Hora wird auch noch Pip Ivan (Піп Іван), Pope Ivan, genannt, weil die Form des Berges einst an einen in einen Priesterrock gekleideten Popen erinnerte.

Das Gebiet südlich und südwestlich der Linie Petros–Hoverla gehört zum **Biosphärenreservat Karpaten** (Карпатський біосферний заповідник), dessen Buchenurwälder in die Naturschätzeliste der UNESCO aufgenommen wurden. Das Biosphärenreservat, das auf der Grundlage des seit 1968 existierenden Naturschutzgebiets Karpaten geschaffen wurde, nahm seine gegenwärtige Ausdehnung mit einer Gesamtfläche von 578,80 km² im Jahr 1993 an. Es schließt die Kreise Rachiv, Tjačiv, Chust, Vynohradiv ein und besteht aus sechs einzelnen Naturschutzgebieten (Čornohora, Svydovec', Uhol'ka-Šyrokyj Luh, Maramoroš, Kuzij-Trybušany, Narzissental) und zwei Reservaten (Čorna Hora, Julivs'ka Hora). 90 % des Biosphärenreservats bestehen aus Buchen-, Eichen-, Tannen-, Fichten-, seltener Kiefern-, Birken- und Erlenwäldern. Die Vielfalt seiner Landschaften – Hochwälder, Alpenwiesen, Steinfelder, Felsen, Flüsse, Bäche – ist im Vergleich zu anderen Reservaten, Naturschutzgebieten und Nationalparks des Landes besonders beeindruckend: Zu jeder Jahreszeit eröffnen sich atemberaubende Kulissen. Im Biosphärenreservat Karpaten sind 1962 Pflanzen-, 65 Säugetier-, 179 Vogel-, 13 Amphibien- und 23 Fischarten sowie über 15 000 wirbellose Spezies beheimatet. Der Eintritt in das Reservat (20/10 UAH) kann im Museum für Ökologie der Berge in Rachiv oder bei den Posten an den diversen Wanderwegen bezahlt werden.

An das Biosphärenreservat schließt sich nach Nordosten der **Nationalpark Karpaten** (Карпатський національний природний парк, 503,03 km²) an, der das obere Prut-Stromgebiet, die Berge nördlich der Linie Petros–Hoverla sowie die Orte Jaremče, Mykulyčyn, Tatariv und Vorochta umfasst. Dar Park ist eines der am dichtesten besiedelten Naturschutzgebiete der ukrainischen Karpaten mit einem gut ausgebauten Straßennetz. Die Hauptstraße über den Jablunycjaer Pass verbindet Transkarpatien mit dem Gebiet Ivano-Frankivs'k. Zur Fauna gehören Hirsche, Bären, Rehe, Wildschweine, Wölfe und Füchse. Die Zutrittsgebühr von max. 27/13,50 UAH zahlt man im Ökotouristischen Zentrum in Jaremče oder bei den Parkposten (s. S. 251).

Rachiv 1

Der sich mitten in den Bergen malerisch ausbreitende Touristenort **Rachiv** (Рахів, 15 000 Einw.), die höchst gelegene ukrainische Stadt, wurde 1447 gegründet. Auf dem Weg vom Theiß-Tal nach Rachiv passiert man kurz hinter Dilove (Ділове) einen Obelisken (1887), der das geografische **Zentrum Europas** markiert. Auch andere europäische Orte erheben freilich diesen Anspruch. Bekannt ist Rachiv wegen der hiesigen huzulischen Festivals, beliebt ist es als Ausgangspunkt für Wanderungen. Die Verwaltung des Biosphärenreservats Karpaten hat im Ort ihren Sitz.

Im **Museum für Ökologie der Berge** (Музей екології гір) erläutert eine Ausstellung die Geschichte, Geologie, Flora und Fauna sowie die Landschaften der Karpaten und deren Nutzung durch die Bergbevölkerung vom Paläolithikum bis heute. Die Dioramen zeigen eine Karsthöhle und Buchenurwälder mit ihren 300 bis 500 Jahre alten Riesenbäumen. Das Museum hat sich der Förderung des bewussten Umgangs mit der Natur verschrieben, zugleich dient es als Informationszentrum des Biosphärenreservats. Im Museum erhält man auch Auskunft über ökologische Wander- und Bergrouten sowie die Tickets für das Biosphärenreservat Karpaten. Einige Touren sind auf der Museumswebsite auf Englisch beschrieben (vul. Krasne Pleso/вул. Красне Плесо 77, Tel. 03132 229 14, http://cbr.nature.org.ua, Mo–Fr 8–12, 13–17 Uhr, Sa, So nach Vereinbarung, 16/7,50 UAH).

Infos

Touristinfo (Турінфоцентр): vul. Myru/вул. Миру 42, Tel. 03132 213 45, 067 995 73 56, www.rakhivtour.com.ua (engl.), Mo–Fr 9–12 Uhr. Vermittlung von Unterkünften, Organisation und Infos zu Rad-, Reit-, Berg-, Ski- und

Rund um das Čornohora-Massiv

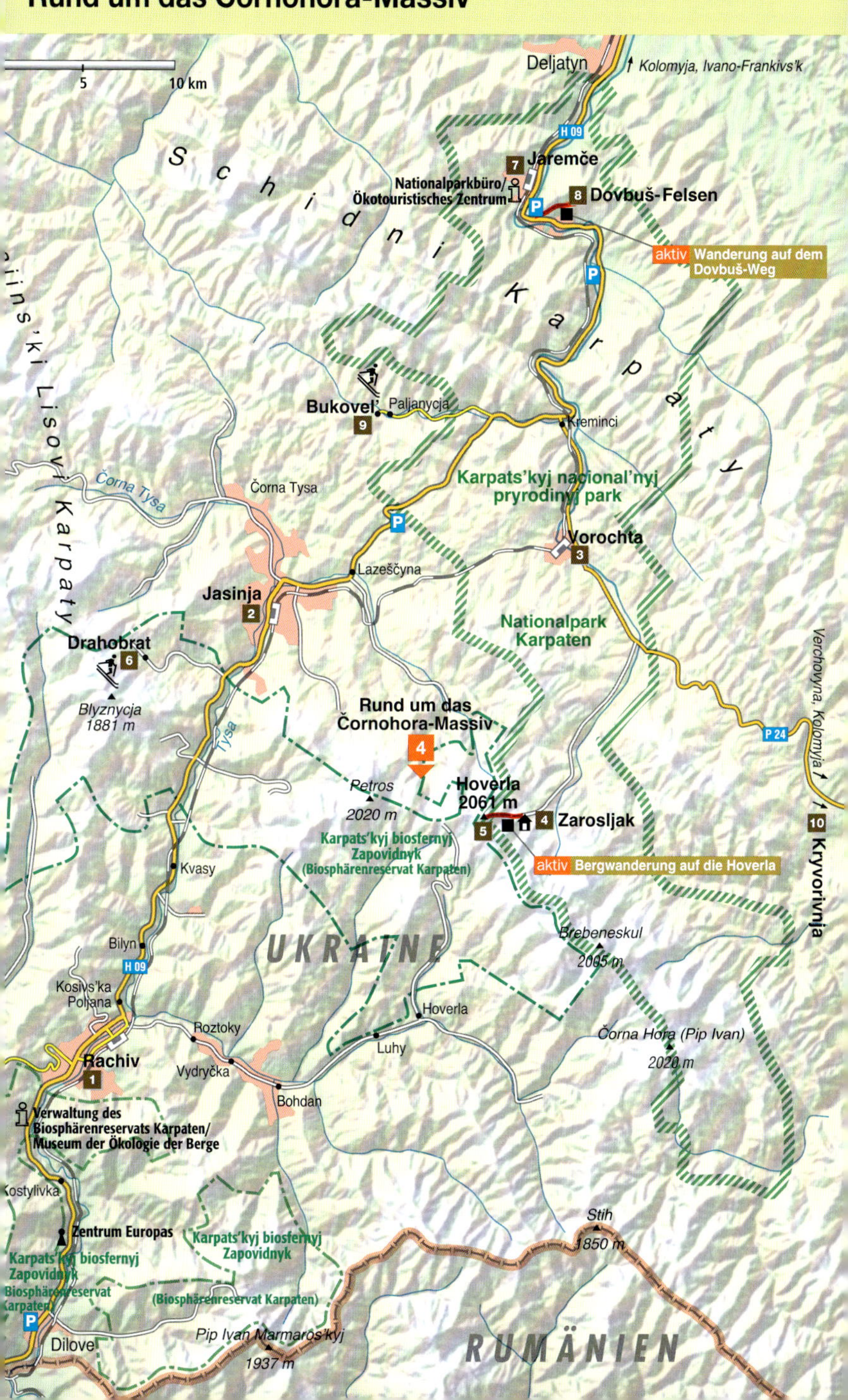

individuellen Touren, Jeeping, Rafting und Fallschirmspringen. Besonders interessant sind die Öko-Wanderungen entlang dem Transkarpatischen touristischen Weg (Закарпатський туристичний шлях) und im Biosphärenreservat Karpaten.

Übernachten, Essen

Hotel mit Tradition ▶ Jevropa (Європа): vul. Myru/вул. Миру 42, Tel. 03132 212 48, www.hotel-europa.com.ua (engl.). Das seit 1933 bestehende Restaurant-Hotel bietet seinen Gästen 15 Zimmer unterschiedlicher Kategorien, Sauna, Schwimmbad, Billard, Rad-, Skiverleih, Transferservice an und organisiert Wander- und Reittouren im Biosphärenreservat Karpaten und in der Umgebung. Im Restaurant werden huzulische, ukrainische und ungarische Gerichte serviert (tgl. 8–23 Uhr, Hauptgerichte ca. 20–35 UAH). DZ 120 UAH.

Aktiv

Wandern ▶ Auskünfte im Museum der Ökologie der Berge (s. S. 244) und in der Touristinfo (s. S. 244).

Wandern und Reiten ▶ Agentur für Agro-Öko-Tourismus (Рахівське агентство агро-екотуризму): vul. Myru/вул. Миру 1, Tel. 03132 217 95, 067 944 15 80. Organisierte Wander- und Reittouren mit Fokus auf dem bewussten und schonenden Umgang mit der Natur.

Angeln ▶ Einer der Öko-Wanderwege durch das Biosphärenreservat führt zu einer Forellenzucht, wo Bach- und Regenbogenforellen geangelt werden können. Die Forellenzucht kann im Rahmen einer Exkursion besichtigt werden (Buchungen beim Infozentrum des Biosphärenreservats im Museum der Ökologie der Berge).

Termine

Almauftrieb (Проводи тваринників на полонину): Ende Mai/Anfang Juni. Bevor sich die Hirten mit ihren Herden für den ganzen Sommer auf die Almen begeben, wird ein Fest mit Musik und kulinarischen Spezialitäten veranstaltet.

Hucul's'ka Bryndzja (Гуцульська Бриндзя): Sept. An einem Septembersonntag dreht sich alles um den huzulischen Schafskäse (Bryndzja, Brimsen) und das, was die Gastgeber daraus zubereiten. Unbedingt probieren: das traditionelle huzulische Maismehlgericht Banoš mit Brynza.

Verkehr

Züge: Bahnhof, vul. Pryvokzal'na/вул. Привокзальна 4, Tel. 03132 228 01. Zugverbindungen Richtung L'viv.

Busse: Busbahnhof, vul. Pryvokzal'na/вул. Привокзальна 2, Tel. 03132 215 58. U. a. Verbindungen nach Užhorod, Mukačeve, Chust, Jasinja, Ivano-Frankivs'k, Černivci.

Jasinja 2

Jasinja (Ясіня, 8000 Einw.) liegt zwischen den drei Gipfeln Hoverla (Говерла, 2061 m), Petros (Петрос, 2020 m) und Blyznycja (Близниця, 1882 m). Der malerische, erstmals 1555 erwähnte Ort ist einer der schönsten Erholungsorte im Land und ein beliebter Ausgangspunkt für Bergwanderungen. Nach dem Zusammenbruch von Österreich-Ungarn am 7. November 1918 wurde in Jasinja die unabhängige Huzulische Republik proklamiert. Doch sie existierte nicht lange: Die ungarische Regierung reagierte auf die Kundgebung mit dem Einsatz ihrer Truppen in der Hauptstadt der Huzulen; die rumänische Armee, die den Südosten Transkarpatiens von Anfang 1919 bis August 1920 besetzte, beseitigte die Republik endgültig. Über diese und andere Ereignisse sowie über die Kultur der Huzulen informiert das **Landeskundemuseum** (Історико-краєзнавчий музей) in der vul. Hruševs'koho/вул. Грушевського 21 (Tel. 03132 420 13, Mo–Fr 10–17, So 10–15 Uhr, 3/1,50 UAH).

Neben der herrlichen Natur besitzt Jasinja ein sehenswertes Denkmal huzulischer Sakralarchitektur in Holz, die **Christi-Himmelfahrt-** oder **Struk'sche Kirche** (Вознесенська/Струківська церква), die seit 1824 den Hügel krönt. Einst im späten Herbst – so geht die Sage – weidete der Hirt Struk seine Herde auf dem Hügel. Plötzlich wurde er von star-

aktiv unterwegs

Bergwanderung auf die Hoverla

Tour-Infos

Start: Touristenheim Zarosljak (Турбаза Заросляк), in Vorochta, vul. Hoverljans'ka/вул. Говерлянська 31, Tel. 044 221 05 96, www.zaroslyak.com (engl.)
Länge: ca. 9 km hin und zurück
Dauer: ca. 6 Std.
Schwierigkeitsgrad: leicht
Markierung: durchgängig rot
Wichtige Hinweise: Die Eintrittsgebühr zum Nationalpark Karpaten von 20/10 UAH zahlt man bei den Posten. Man sollte bedenken, dass auch im Sommer die Temperatur auf dem Gipfel bis 0 °C sinken kann. Es ist ratsam, sich vor der Bergwanderung bei einem der Rettungsdienste in Vorochta (vul. Halyc'koho/вул. Галицького 41, Tel. 03434 411 49 oder 097 706 75 47) oder in Verchovyna (vul. Stusa/вул. Стуса 7, Tel. 03422 219 41 oder 096 372 44 00, skala2002@ukr.net) anzumelden.

Die **Hoverla** (2061 m), der höchste Berg der ukrainischen Karpaten, liegt im Biosphärenreservat Karpaten an der Grenze zum Nationalpark Karpaten und kann von Mai bis September von beiden Seiten bestiegen werden. Sie ist für die Ukrainer ein fast kultischer Gipfel, der jedes Jahr – im Winter wie im Sommer – zahllose Bergwanderer und Touristen anlockt. Ex-Präsident Viktor Juščenko pflegte den Berg jedes Jahr am Tag der Unabhängigkeit zu besteigen und verlieh ihm damit noch mehr Symbolkraft. 2007 wurden die ukrainische Fahne und das Gipfelkreuz auf der Hoverla Opfer eines Vandalismusaktes russischer Extremisten und in den letzten Jahren ist die Gipfelzone wegen der großen Besucherzahl in der Hochsaison zunehmend verschmutzt. Dennoch zieht der Berg beständig Wanderer an, die den atemberaubenden Ausblick auf den gesamten Čornohora-Kamm genießen.

Als günstigster Ausgangspunkt für eine Wanderung hat sich, ca. 20 km von **Vorochta** 3 (Ворохта) entfernt, das Touristenheim **Zarosljak** 4 (Турбаза Заросляк) etabliert. Da eher selten Busse von Vorochta aus dorthin fahren, reist man am besten mit dem eigenen Auto oder einem Taxi an. Der vom Touristenheim sich allmählich in die Höhe schlängelnde rot markierte Weg ist auch für ungeübte Bergwanderer geeignet. Die Route führt zunächst durch sich abwechselnde Laub- und Nadelwälder zur Lichtung Zarosljak mit einer Quelle, dann zur Mala Hoverla und anschließend zum **Hoverla-Gipfel** 5 mit dem Bergkreuz und den ukrainischen Staatssymbolen – der blau-gelben Fahne und dem Dreizack.

Die Aussicht auf die grün-blauen Bergkämme mit feinsten Farbschattierungen und -übergängen fasziniert hier am meisten. Zu Füßen liegen winzige Bergdörfer, Weiler, Seen, Bäche und Wege, die sich in den Wäldern verlieren. Zu erkennen sind die Nachbarberge Rebra, Brebeneskul, Pip Ivan (Čorna Hora) mit dem alten Observatorium und Petros.

kem Schneefall überrascht. Mit einem Armvoll Stroh verließ er schweren Herzens seine Tiere und begab sich ins Dorf. Als er im Frühling zurückkam, fand er nicht nur seine Tiere unversehrt, sondern auch ihren Nachwuchs. Aus Dankbarkeit ließ Struk ein Gotteshaus erbauen, das nach ihm benannt ist. Die Kirche ist mit Schindeln gedeckt, ihr Inneres schmückt eine goldschimmernde traditionelle Ikonostase mit meisterlich geschnitztem Zarentor. Der neben der Kirche stehende Glockenturm aus dem Jahr 1813 ahmt ihre Formen nach (Besichtigung während der Gottesdienste möglich).

Durch Jasinja fließt die Schwarze Theiß

In der Umgebung von Jasinja sind außerdem mehrere Beispiele der traditionellen huzulischen Behausung – **Gražda** (Ґражда) – zu sehen. In einem solchen Baukomplex, dessen Fenster ausschließlich auf den Innenhof gehen, wohnten normalerweise mehrere Generationen.

Übernachten

Zentrale Lage ▶ **Jasinja** (Ясіня): vul. Majakovs'koho/вул. Маяковського 56, Tel. 03132 42 077, www.yasinya.net. Das vierstöckige Hotel befindet sich im Zentrum des Ortes. Es hat eine gemütliche Eingangshalle mit Kamin, sowie Sauna, Billard und eine Sommerterrasse mit Holzlauben. Im Winter Transfer zu Skigebieten und Skiverleih. Das Hotelrestaurant bietet regionale huzulische und ungarische Küche. DZ 200 UAH.

Essen & Trinken

Regionale Spezialitäten ▶ **Merydian** (Меридіан): vul. Myru/вул. Миру 7, Tel. 03132 422 45, meredian7@rambler.ru, tgl. 8–24 Uhr. Hotelrestaurant mit ukrainischer, transkarpatischer und huzulischer Küche. Hauptgerichte ca. 20–30 UAH.

Aktiv

Wandern ▶ Die Besteigung der Hoverla beginnt in der Nähe von Jasinja, s. Aktiv unterwegs S. 247.

Verkehr

Züge: Bahnhof, vul. Pryvokzal'na/вул. Привокзальна 4, Tel. 03132 432 22. Züge nach Rachiv, Jaremče, Tatariv, Mykulyčyn, Vorochta, Kolomyja, Ivano-Frankivs'k.

Busse: Busbahnhof, vul. Myru/вул. Миру 6, Tel. 03132 422 32. Verbindungen Richtung Rachiv, Užhorod, Ivano-Frankivs'k, Černivci, Ternopil', Kiew.

Skigebiet Drahobrat 6

Ca. 20 km westlich von Jasinja befindet sich das höchst gelegene ukrainische Skigebiet **Drahobrat** (Драгобрат, www.dragobrat-go.com) auf etwa 1400–1700 m Höhe. Es liegt nicht mehr im Čornohora-Massiv, sondern auf dem östlich der Čorna Tysa, der Schwarzen Theiß, verlaufenden Gebirgszug Svydovec' (Свидовець). Acht 150–1500 m lange Skilifte sowie acht Abfahrtsstrecken unterschiedlicher Schwierigkeitsgrade stehen den Wintersportlern zur Verfügung. Im Ort gibt es mehrere Unterkünfte und Einkehrmöglichkeiten sowie einen Skiverleih und eine Skischule.

Verkehr

Busse: Im Winter Busse von Jasinja.

Jaremče 7

Die Stadt **Jaremče** (Яремче, 7500 Einw.) am Prut – ein berühmter Kurort inmitten einer Landschaft von seltener Schönheit – wurde offiziell 1895, nach der Errichtung der Eisenbahnlinie Deljatyn–Voronenka gegründet. Ein älteres Anwesen namens Jaremče, das zwischen den Dörfern Dora und Jamna – heute Stadtteile von Jaremče – lag, ist jedoch bekannt. Dank der neuen Eisenbahnlinie, der frischen Luft und der herrlichen Naturszenerien entwickelte sich der Ort rasch zum populärsten Kurzentrum, in dem sich am Anfang des 20. Jh. in den neu gebauten Villen und Pensionen die wohlhabenden Gäste aus L'viv, Krakau, Warschau und Wien zur Erholung versammelten. Im Jaremče von heute – mit seinen zahlreichen Sanatorien, Erholungsheimen sowie Aktivitäten- und Rekreationsangeboten – ist man sehr bemüht, dieses Flair zu beleben und aufrechtzuerhalten.

In der Stadt gibt es drei alte, im huzulischen Stil erbaute Holzkirchen. Auf dem Friedhof des Stadtteils Dora (vul. Halana/вул. Галана 32) befindet sich die griechisch-katholische **Michaelskirche** (Михайлівська церква) aus dem 17. Jh. mit ornamentalen Wandmalereien aus dem 20. Jh. In der vul. Svobody/вул. Свободи in Dora steht noch die schmucke griechisch-katholische **Eliaskirche** (Студитська церква Святого Іллі), die auf Initiative der Studitenmönche in den Jahren 1937–1939 erbaut wurde. Einzigartig ist ihre in der Technik der Holzbrandmalerei und Holzschnitzerei geschaffene Ikonostase. Die von einer Abdachung umgürtete **Kirche des hl. Johannes des Barmherzigen** (Церква Святого Іоана Милостивого) aus dem 18. Jh. mit einem frei stehenden Glockenturm ist im ehemaligen Dorf Jamna (vul. Kovpaka/вул. Ковпака 2) zu finden.

Außerdem befindet sich das **Ökotouristische Zentrum** (Екотуристичний візит-центр) in Jaremče. Hier kann man den Zutritt zum Nationalpark, je nach Route höchstens 27/13,50 UAH inkl. Parkgebühr, bezahlen und sich in einem kleinen Museum über den Naturraum informieren (20/13 UAH, engl.). Das Zentrum ist auch bei der Organisation von Bergwanderungen behilflich (vul. Stusa/вул. Стуса 6, Tel. 03434 211 55, 222 59, www.cnnp.yaremcha.com.ua).

Infos

Touristinfo (Турінфоцентр): vul. Svobody/вул. Свободи 266, Tel. 03434 212 07, www.yaremche.org, tgl. 9–18 Uhr. Unterkünfte, Verpflegung, Sportaktivitäten, Ausrüstungsverleih, Unterhaltung – Beratung und Organisation, auch Übersetzungen.

Übernachten, Essen

Huzulisches Kolorit ▶ **Club-Hotel Jaremče** (Клуб-готель Яремче): vul. Petraša/вул. Петраша 6, Tel. 03434 222 38, www.yaremche-club-hotel.com (engl.). Die Hotelzimmer sind im huzulischen Stil eingerichtet und mit eleganten Holzmöbeln ausgestattet. Das mit den Attributen huzulischer Alltagskultur geschmückte Restaurant bietet europäische, nationale und regionale Küche an (tgl. 8–23 Uhr, Hauptgerichte ca. 12–50 UAH). Das Angebot an Aktivitäten ist hier besonders groß: Exkursionen, Wander- und Radtouren, Reiten, Jagen, Angeln, Rafting und Jeeping. DZ/ÜF 350–550 UAH.

Komfortabel ▶ **Vodospad** (Водоспад): vul. Svobody/вул. Свободи 363a, Tel. 03434 449 00, www.hotelvodospad.com.ua. Dieses gepflegte 3-Sterne-Hotel verfügt über Sauna, Schwimmbad, Fitnesshalle, Lobby-Bar im englischen Stil und einen Kinderspielraum. Im Restaurant mit Livemusik werden ukrainische, huzulische und europäische Speisen

Mit Blechdach: die Kirche des hl. Johannes des Barmherzigen in Jaremče

aktiv unterwegs

Wanderung auf dem Dovbuš-Weg

Tour-Infos

Start: Bushaltestelle/Dovbuš-Stein in Jamna, Stadtteil von Jaremče
Länge: 5 km hin und zurück
Dauer: ca. 1 Std. ohne Aufenthalt
Schwierigkeitsgrad: leicht
Markierung: durchgängig grün
Nationalparkgebühr: 20/10 UAH

Der **Dovbuš-Weg** (Стежка Довбуша) beginnt in Jamna (Ямна), einem Stadtteil von Jaremče, am Dovbuš-Stein (Камінь Довбуша) in der Nähe der Bushaltestelle. Vom Stein führt der grün markierte, etwa 4 km lange Wanderweg durch die Jamnaer Försterei (Ямнянське лісництво) und das Landschaftsgebiet Dribka (Урочище Дрібка) direkt zu den **Dovbuš-Felsen** 8 (Скелі Довбуша). Die malerische Felsengruppe im Wald erinnert mit ihrem Namen an den karpatischen Volkshelden Oleksa Dovbuš, der mit seinen Gefährten in Transkarpatien, Bukowina und im Karpatenvorland wirkte. Oleksa Dovbuš ist und war in der Karpatenregion so beliebt, dass gleich mehrere Steine, Felsen, Höhlen oder Wege in der Gegend nach ihm benannt wurden. In den Höhlen, heißt es, soll er sein Gold versteckt, an den Steinen soll er sich ausgeruht und hinter den Felsen sollen er und seine Kameraden sich versteckt haben. Das bekannteste und schönste von allen Dovbuš-Naturdenkmälern liegt bei Bubnyšče (s. S. 221).

Die Dovbuš-Felsen bei Jamna laden zum Verweilen im Schatten der Bäume ein, über ihre Vorsprünge und Einbuchtungen kann man springen und klettern. Nach einer Pause geht es auf dem gleichen Weg wieder zurück.

zubereitet (tgl. 8–23 Uhr, Hauptgerichte ca. 15–42 UAH). Skiverleih und Organisation von Transfer und Exkursionen. DZ/ÜF 280–580 UAH.

Einkaufen

Regionales ▶ **Souvenirmärkte** (Сувенірні ринки): Die farbenfrohe Souvenirmärkte von Jaremče (tgl. ca. 10–18 Uhr) mit einer Fülle huzulischer Handwerkserzeugnisse – Kleidung, Teppiche, Schmuck, Geschirr und vieles mehr – sind in der ganzen Karpatenregion bekannt. Einen Markt findet man in der vul. Svobody/вул. Свободи 278, einen anderen am wegen seiner Holzbauweise auffälligen Restaurant Huzul'ščyna (Гуцульщина) in der vul. Dačna/вул. Дачна 2 ganz in der Nähe des Wasserfalls Probij (Пробій).

Aktiv

Wandern ▶ **Dovbuš-Weg** (Стежка Довбуша): s. Aktiv unterwegs oben.

Radverleih ▶ **Velo-Tur:** vul. Svobody/вул. Свободи 264, Tel. 03434 222 58 oder 067 343 57 03, tgl. 9–20 Uhr. Organisation von Radtouren.

Rafting ▶ **Extreme Point** (Екстрім Поінт): vul. Svobody/вул. Свободи 367a, Tel. 03434 217 35 oder 050 432 08 14, www.extreme-point.com. Spannende Raftingtouren auf Wildwasser, Seilbrücken über Flüsse usw. Organisierte Touren nach telefonischer Vereinbarung.

Skifahren ▶ In **Bahrivec'** (Багрівець), rund 2 km vom Stadtzentrum entfernt, gibt es zwei Schlepplifte für Anfänger sowie einen Skiverleih. **Dzvin-Ski:** vul. Svobody/вул. Свободи, 286/1, Tel. 050 338 94 27, www.dzvin-ski.com.ua, tgl. in der Saison von 8–21.30 Uhr. Skiverleih.

Quadfahrten ▶ **Quadro-Tour:** vul. Svobody/вул. Свободи 278a, Tel. 067 844 38 54 oder 097 890 81 23. Touren nach telefonischer Vereinbarung.

Termine

Stadtgründungsfest (День міста Яремче): Juli. Der Geburtstag der Stadt wird mit Konzerten, Handwerker-Workshops und Unterhaltung auf huzulische Art gefeiert.
Zug nach Jaremče (Потяг до Яремче): Aug. Festival zeitgenössischer ukrainischer Kultur mit Lesungen, Konzerten, Ausstellungen und Workshops (www.fest.if.ua, engl.).
Huzulische Feiertage: Am Fest des hl. Andreas (Андріївські вечорниці) in der Nacht zum 13. Dez., an Weihnachten (Розколяда) am 7. Jan., am Fest der Taufe Jesu (Водохреще) am 19. Jan. und am Johannisfest (Купальське свято) in der Nacht zum 7. Juli werden die alten huzulischen Bräuche zum Leben erweckt. Ein Ausflug nach Jaremče verspricht dann eindrucksvolle Erlebnisse.

Verkehr

Züge: Bahnhof, vul. Svobody/вул. Свободи 268, Tel. 03434 223 56, 220 44. Verbindungen nach Jasinja, Vorochta, Tatariv, Mykulyčyn, Rachiv, Ivano-Frankivs'k, L'viv, Kiew.
Busse: Busstation, vul. Svobody/вул. Свободи 234, Tel. 03434 223 17. Verbindungen nach Jasinja, Rachiv, Užhorod, Ivano-Frankivs'k, Černivci, L'viv.

Skiresort Bukovel' 9

Bukovel' (Буковель) – das prominenteste und komfortabelste Skigebiet der Ukraine – liegt mitten in den karpatischen Fichtenwäldern auf einer Höhe von ca. 920 m in unmittelbarer Nähe des Dorfes Paljanycja. Da sich das Skiareal an den nördlichen Hängen des Gebirges ausbreitet, fängt die Saison bereits Anfang November an und endet erst Mitte April. Dabei ist Bukovel' nicht nur Winterurlaubern bekannt: Es ist auch zu allen anderen Jahreszeiten ein beliebtes Erholungsgebiet mit einem Gesundheitszentrum und einer Mineralwasserquelle.

Die 13 Vier-, Drei- und Zweisessellifte sowie zwei Schlepplifte des Skiresorts sind auf fünf Berge verteilt: Bukovel' (1139 m), Čorna Kleva (1241 m), Dovha (1372 m), Bul'čynjocha (1455 m) und Babyn Pohar (1180 m). Die Gesamtlänge der über 80 blauen, roten und schwarzen Pisten beträgt etwa 50 km. Sie alle sind präpariert und mit Schneekanonen ausgestattet; einige sind für Nachtabfahrten beleuchtet. In zahlreichen Skiverleihen (tgl. 9–20 Uhr) wird ein umfangreicher Service angeboten. Es gibt Skischulen, Foto- und Video-Service, einen Kinderplatz mit Multiskilift, ein Skikarussell, eine Eisfläche, mehrere Funparks, Panoramabars, Restaurants sowie Sportläden. Zum Entspannen bietet das Gesundheitszentrum Sauna, Schönheits-, Wellness- und Spa-Anwendungen. Im Sommer starten von Bukovel' aus Wandertouren auf die Nachbarberge und zu den Wasserfällen sowie Reit- und Klettertouren; es gibt einen Bike-Park (www.bukovelbikepark.com, engl.) und man kann Kanus und Inlineskates leihen.

Gleich vor Ort bietet Bukovel' sehr gute Unterkunfts- und Verpflegungsmöglichkeiten, obschon sie ihren – besonders in der Hauptsaison – ziemlich hohen Preis haben. Auf ein hohes Preisniveau sollte man sich im Januar und Februar auch bei Skipässen, Ski- und Snowboardverleih einstellen. Die gute Nachricht: Frühbucher finden sehr attraktive Angebote für Haupt- und Nebensaison (www.bukovel.com, engl.). Zahlreiche preiswertere Übernachtungsmöglichkeiten haben außerdem die benachbarten Ortschaften Mykulyčyn, Tatariv, Jablunycja, Jaremče oder Jasinja zu bieten.

Infos

Info-Center: an den unteren Stationen der Sessellifte 1R und 2R, Tel. 8 800 50 50 880, www.bukovel.com.

Übernachten

Chalet-Komplex ▶ **Hotel Bukovel'** (Готель Буковель): Tel. 0342 55 95 46, www.bukovel.com (engl.). Das ›Hotel‹ besteht aus sympathischen Holzchalets mit komfortablen Zimmern in modernem und karpatischem Design. Teuer in der Weihnachtszeit und an Sylvester. DZ/ÜF 445–6707 UAH.
Direkt am Lift ▶ **Shelter** (Шелтер): an der unteren Station des Skiliftes 2R, Tel. 050 434 96 96, www.bukovel.com (engl.). Das 3-Sterne-Hotel bietet 22 komfortable Zimmer

Mit dem Sessellift geht es in Bukovel ab zur Piste

mit WLAN sowie ein Café und eine Grillbar. Hohe Preise in der Weihnachtszeit und an Sylvester. DZ/ÜF von 445–4142 UAH.

Verkehr

Züge: Anreise von L'viv, Ivano-Frankivs'k oder Rachiv bis Tatariv oder Mykulyčyn.
Busse: Die (privaten) Busverbindungen zwischen den Nachbarorten und Bukovel' sind in der Saison gut. Bukovel' bietet auch einen offiziellen Taxi- und Bustransfer von und nach Ivano-Frankivs'k (Tel. 050 373 32 51 oder 067 343 12 31) an. Bustouren starten auch von L'viv oder und Černivci aus. Der Transfer von Mukačeve und Užhorod aus ist dagegen problematisch. Kontakte, Termine und Preise werden auf der Website (s. Infos S. 253) rechtzeitig bekannt gegeben. Die meisten örtlichen Reisebüros und Unterkünfte sind bei der Transferorganisation behilflich.

Tipp: Huzulische Küche

Die nette **Café-Bar No. 1** (Кафе-бар No. 1) mit Kamin in Bukovel' bietet authentische huzulische Gerichte: schmackhafte Vorspeisen, Fleisch und Fisch, Banoš (Maismehlbrei) mit Schafskäse und Pilzsoße sowie karpatischen Kräutertee (untere Station des Skilifts 1R, im Hotel Skilandhouse, tgl. 9–23 Uhr, Tel. 0342 55 93 73, www.skilandhouse.at.ua, Hauptgerichte ca. 25–70 UAH).

Kryvorivnja 10

Die Bevölkerung des am Fluss Čornyj Čeremoš idyllisch gelegenen Dorfes **Kryvorivnja** (Криворівня) war, wie üblich, mit Viehzucht, Holzflößerei und Handwerk beschäftigt, als es durch Sommeraufenthalte von Ivan Franko und später anderen Intellektuellen berühmt wurde. Im Haus, wo sich Ivan Franko aufhielt, wurde eine Gedenkstätte für den Dichter eingerichtet. Heute pilgern Filmfans nach Kryvorivnja, da der Filmklassiker »Schatten vergessener Ahnen« 1965 hier gedreht wurde (s. S. 59. Liebhaber ländlicher Holzarchitektur fasziniert im Ortsteil Zariččja (Заріччя) die huzulische **Gražda** (Музей Гуцульська Ґражда, Tel. 03432 534 06 oder 096 372 44 00, Besichtigung nach telefonischer Vereinbarung). Von Kryvorivnja reist man weiter nach Kolomyja (s. S. 255).

Karpatenvorland und Dnistertal

Am Fuß der Karpaten liegt die Verwaltungsstadt Ivano-Frankivs'k mit einem sehenswerten historischen Zentrum. Davor passiert man von Westen kommend Kolomyja, den zweitgrößten Ort des Karpatenvorlandes mit k.-u.-k.-Flair. Unbedingt zu besichtigen sind außerdem Halyč, die einstige Hauptstadt des legendären Fürstentums Galizien, und die bukowinische Universitätsstadt Černivci. Weiter im Osten geht die hügelige Landschaft in das Dnistertal über, das sich ab Zališčyky als pittoresker Canyon präsentiert – ein Eldorado für Raftingtouren.

Kolomyja ▶ 1, D 6/7

Kolomyja (Коломия) ist mit 62 000 Einwohnern die drittgrößte Stadt des Gebiets Ivano-Frankivs'k. Es ist die Heimat der *kolomyjka,* des temperamentvollen huzulischen Tanzes und der gleichnamigen Volksliedgattung. Außerdem beherbergt die Stadt das einzigartige Ostereimuseum. In den von Märkten, Händlern und Cafés belebten Straßen der Altstadt sieht man viele sorgsam renovierte Gebäude.

Geschichte

Kolomyja wurde erstmals 1240 urkundlich erwähnt. Die langen Jahre der polnischen Herrschaft von der Mitte des 14. Jh. bis 1772 wurden durch die kurzen Zugehörigkeiten zum Fürstentum Moldau in den Jahren 1367–1390 und 1502–1505 unterbrochen. Im Jahr 1405 erwarb Kolomyja das Magdeburger Recht und wurde bald darauf zu einem wichtigen Handelszentrum. Den Tatarenangriffen im 16. und 17. Jh. folgte ein erneuter wirtschaftlicher und kultureller Aufschwung, insbesondere durch die Entdeckung von Erdölvorkommen im 18. Jh. und den Bau der Eisenbahnlinie L'viv–Černivci im Jahr 1866. Im Laufe der Jahre etablierte sich Kolomyja als informelles Kulturzentrum der Regionen Huzulenland und Pokutien.

Rund um den Marktplatz

Das **Rathaus** (Ратуша) von Kolomyja in der vul. Hruševs'koho/вул. Грушевського 1 ist ein auffallendes, etwas ungewohnt an der Ecke platziertes Neorenaissance-Gebäude aus dem Jahr 1877 mit emporragendem Turm. In der vul. Hruševs'koho/вул. Грушевського 11 befindet sich die griechisch-katholische **Michaelskirche** (Церква Святого Архистратига Михаїла) aus dem Jahr 1864 mit beachtenswerten Wandmalereien. Mit der Errichtung der seit 1990 griechisch-katholischen **Josaphatkirche** (Церква Святого Йосафата) in der vul. Mazepy/вул. Мазепи 2 wurde im Jahr 1762 nach einem Entwurf von Bernard Meretyn begonnen. Die ehemals römisch-katholische Kirche wandelte man nach dem Zweiten Weltkrieg in ein Kinderheim um und versuchte dabei, die sakralarchitektonischen Spuren zu tilgen.

Ostereimuseum

Das 1987 gegründete **Ostereimuseum** (Музей писанкового розпису) am prosp. Čornovola/просп. Чорновола 43 widmet sich der Ostereierbemalung und -verzierkunst. Schon sein Bau weist auf den Museumsinhalt hin, er hat die Gestalt eines in traditionellen ukrainischen Mustern bemalten Ostereis. Die Ausstellung vermittelt einen Überblick über die Geschichte der Ostereier *(pysanky)*, die Bedeutung der Symbolik sowie die ukrainischen Osterbräuche. Die Unterschiede zwischen den Pysanky aus den verschiedenen Landesteilen zeigen den Reichtum und die Vielfalt der Ornamente und Herstellungstechniken. Besonders kunstvoll sind die mit Wachs aufgetragenen und dann mit Farbe gefüllten Muster. Neben den ukrainischen Ostereiern sind auch zerbrechliche Artefakte aus Ost- und Westeuropa, Amerika und Afrika zu sehen (Tel. 03433 278 91, www.pysanka.museum, Di–So 10–18 Uhr, 4/2 UAH).

Museum für Volkskunst des Huzulenlandes und Pokutiens

Nicht weit vom Ostereimuseum zeigt das **Museum für Volkskunst des Huzulenlandes und Pokutiens** (Музей народного мистецтва Гуцульщини та Покуття ім. Йосафата Кобринського) in der vul. Teatral'na/вул. Театральна 25 herausragende Exponate der regionalen Volks- und Sakralkunst des 17.–20. Jh. aus Holz, Keramik, Stoff, Leder, Schafswolle, Buntmetallen und Glas. Das repräsentative Gebäude stammt aus dem Jahr 1902, das Museum wurde 1926 eröffnet (Tel. 03433 239 12, www.hutsul.museum, Di–So 10–18 Uhr, 4/2 UAH).

Jesuitenkirche des hl. Ignatius von Loyola

Die **Jesuitenkirche des hl. Ignatius von Loyola** (Костел Святого Ігнатія Лойоли) aus den Jahren 1896/97 nördlich des Museums für Volkskunst in der vul. Franka/вул. Франка 20 hieß seinerzeit im Volksmund Herrenkirche, weil sie hauptsächlich von wohlhabenden Stadtbürgern besucht wurde. Ab dem Zweiten Weltkrieg diente sie bis in die 1990er-Jahre als Lager. Neben der Kirche existierte früher das Ursulinenkloster, in dessen Gebäude (20. Jh.) heutzutage ein Gymnasium untergebracht ist.

Friedhofskirche Mariä Verkündigung

Das architektonische Kleinod von Kolomyja ist die hölzerne huzulische **Friedhofskirche Mariä Verkündigung** (Церква Благовіщення Пресвятої Діви) aus dem Jahr 1587 in der vul. Karpats'ka/вул. Карпатська 2 im Südwesten der Stadt (in unmittelbarer Nähe des Busbahnhofes, mehrere Busse fahren vom Stadtzentrum dorthin). Ursprünglich aus drei Raumzellen bestehend, nahm sie mit dem Anbau zweier Seitenteile – vermutlich im 17. Jh. – einen kreuzförmigen Grundriss an. Der zentrale Blockbau ist nicht besonders hoch, und die Kirche wirkt bodenständig. Ihr frei stehender Glockenturm aus dem 18. Jh. mit der breiten Abdachung unterstreicht die kompositorische Besonderheit des Ensembles. Die Kirche gehört heute der orthodoxen Gemeinde.

Übernachten

Mitten in der Natur ▶ Silver Lake Cottage: Tel. 096 274 19 99, gavrylak@gmail.com. Das hölzerne Cottage liegt romantisch und verträumt am Seeufer, 20 km vom Stadtzentrum entfernt. Nach telefonischer Absprache werden die Gäste in Kolomyja abgeholt. Holzmöbel und Leinenbettwäsche passen wunderbar zum ländlichen Stil der Einrichtung. Die Gastgeber organisieren Exkursionen, Wanderungen, Transfer und Angeln. Es gibt einen Ski-, Schlittschuh- und Radverleih. DZ/ÜF 250 UAH.

Mit Info-Center ▶ Pysanka (Писанка): vul. Čornovola/вул. Чорновола 41, Tel. 03433 203 56 oder 278 55, www.pysankahotel.com.ua (engl.). Ein gemütliches Familienhotel am Ostereimuseum mit Schönheitssalon, touristischem Info-Center und Exkursions-, Informations- und Transferangebot. Im Restaurant wird ukrainische Küche serviert. DZ/ÜF 210–350 UAH.

Zentral ▶ Kolomyja (Коломия): vul. Čornovola/вул. Чорновола 26, Tel. 03433 50 343, www.kolomiya.com.ua (engl.). Das gepflegte komfortable Hotel mit Zimmern unterschiedlicher Kategorien liegt im Herzen der Stadt, gegenüber dem Ostereimuseum. Im Restaurant serviert man nationale Küche. Zusätzlicher Service: Exkursionen, individuelle Touren und Transfer nach Bukovel'. DZ/ÜF 200–350 UAH.

Das Ostereimuseum in Kolomyja ist nicht zu übersehen

Essen & Trinken

Auf Wunsch mit Musik ▶ **Samarjanka** (Самарянка): bul'var Lesi Ukrajinky/бульвар Лесі Українки 35, Tel. 03433 267 17, tgl. 10.30–22.30 Uhr. Im Hotelrestaurant werden ukrainische Gerichte und Fischspezialitäten serviert. In einem der Säle gibt es eine Tanzfläche. Hauptgerichte ca. 8–25 UAH.

Im huzulischen Stil ▶ **Chvalena Chata** (Хвалена Хата): vul. Vahylevyča/вул. Вагилевича 5, Tel. 03433 269 29, xvalenaxata@mail.ru, tgl. 10–19 Uhr. Das im traditionellen ukrainischen Stil gestaltete Schnellrestaurant bietet nationale Gerichte. Hauptgerichte ca. 8–20 UAH.

Einkaufen

Traditionelles ▶ **Stickereimarkt** (Ринок вишиванок): auf dem Markt Torhovycja (Торговиця), Do ab 3 Uhr morgens. Kunsthandwerker verkaufen ihre Stickereien. Zu einem höheren Preis kann man ihre Erzeugnisse im Laden Vyšyvanka (Вишиванка) erwerben (vul. Teatral'na/вул. Театральна 21, Tel. 03433 234 63). **Chudožnij Salon** (Художній Салон): vul. Teatral'na/вул. Театральна 23, Tel. 03433 202 63 oder 067 730 63 47, Mo–Sa 9–18, So 10–15 Uhr. Webteppiche, Ostereier, Schmuck, Holz, Keramik, Glasmalerei.

Termine

Pysanka (Писанка): April, am Ostereimuseum. Meister und Amateure stellen ihre schönsten verzierten Ostereier aus, während sich die Gäste des Festivals bei traditionellen Osterspielen, Aufführungen und Konzerten unterhalten.

Verkehr

Züge: Bahnhof, vul. Krypjakevyča/вул. Крип'якевича 13, Tel. 03433 722 23. Verbindungen nach Vorochta, Zališčyky, Rachiv, Ivano-Frankivs'k, Černivci, L'viv, Užhorod.

Busse: Busbahnhof, vul. Antonenka-Davydovyča/вул. Антоненка-Давидовича 15, Tel. 03433 202 51. Verbindungen Richtung Ivano-Frankivs'k, Ternopil', Černivci.

Taxi: Prestyž (Престиж), Tel. 03433 620 62 oder 726 26.

Ivano-Frankivs'k ▶ 1, D 6

Cityplan: S. 262
Ivano-Frankivs'k (Івано-Франківськ), ehemals Stanislaviv, die einladende Gebietshauptstadt mit ca. 224 000 Einwohnern, liegt zwischen den Flüssen Bystrycja-Solotvyns'ka und Bystrycja-Nadvirnjans'ka im karpatischen Vorgebirge. Ihr abwechslungsreiches architektonisches Stadtbild verrät die frühere Zugehörigkeit zu Polen, Österreich-Ungarn und der Sowjetunion.

Geschichte

Die Geschichte der Stadt beginnt im 15. Jh. mit den altukrainischen Dorfsiedlungen Pasična, Knjahynyn und Zabolottja. Im Zuge der polnischen Eroberung des Karpatenvorlandes gründete der polnische Magnat Andrzej Potocki auf deren Territorium im Jahr 1662 eine Festungssiedlung, die er – vermutlich zu Ehren seines Sohnes Stanisław – Stanisławów (ukr. Stanislaviv) nannte und für die er sich im Jahr 1663 um das Magdeburger Recht bemühte. Die der Einladung Potockis folgenden Armenier und Juden verwandelten zum Ende des 17. Jh. die Stadt, die am Handelsweg von L'viv nach Moldawien günstig lag, in ein belebtes Handels- und Handwerkerzentrum. Im 18.–19. Jh. war Stanislaviv neben L'viv eines der populärsten galizischen Einwanderungsziele der Deutschen.

Bei der ersten Teilung Polens fiel Stanislaviv Österreich-Ungarn zu und wurde dank seiner günstigen geografischen Lage zu einem wichtigen Eisenbahnknotenpunkt. Die österreichische Obrigkeit ließ 1809 die Befestigung abbauen und den Graben zuschütten, damit sich die Stadt in die Breite ausdehnen konnte. Der intensive Stadtausbau am Ende des 19. und Anfang des 20. Jh. prägt heute noch ihr architektonisches Gesicht. Einige wenige Monate des Jahres 1919 war Stanislaviv die Hauptstadt der Westukrainischen Volksrepublik. Doch es dauerte nicht lange, bis die Region wieder von polnischen Truppen besetzt wurde. Im Jahr 1962 wurde Stanislaviv zu Ehren des ukrainischen Schriftstellers und Denkers Ivan Franko in Ivano-Frankivs'k umbenannt.

Rathaus 1

Das **Rathaus** von Ivano-Frankivs'k auf der pl. Rynok, dem Marktplatz, ist ein originelles Baudenkmal des Konstruktivismus. Die vier mehrstufigen Gebäudeflügel auf einem kreuzförmigen Grundriss werden von einem hohen Turm in der Mitte überragt. Die eigenartige Konstruktion wurde in den Jahren 1929–1932 verwirklicht. Seit 1959 hat das **Landeskundemuseum** (Краєзнавчий музей) mit Zeugnissen der Geschichte, des kulturellen Lebens, der Natur und der Volkskunst der Region darin seinen Sitz. Hier sind historische Drucke, Fotos und Postkarten, Möbel, Kleidung, Waffen, Kunst-, Alltagsgegenstände und Tiermumien versammelt (Tel. 0342 75 00 26, Di–So 10–17 Uhr, 1,50/0,80 UAH).

Christi-Auferstehungs-Kathedrale 2

Am majdan Šeptyc'koho/майдан Шептицького steht die erhabene griechisch-katholische **Christi-Auferstehungs-Kathedrale** (Кафедральний Собор Святого Воскресіння). Das barocke Gotteshaus wurde 1753–1763 als Jesuitenkirche mit Mönchszellenbauten und einem Kollegium errichtet. Das erste an dieser Stelle erbaute Gotteshaus von 1729 war gleich nach der Fertigstellung wegen einer Fehlkonstruktion der Fundamente abgetragen worden. Nach der Kassation des Jesuitenordens wurde die Kirche der griechisch-katholischen Gemeinde übergeben. Nach dem Verbot der unierten Kirche haben hier die Orthodoxen Gottesdienste gefeiert, bis die griechisch-katholische Gemeinde die Kirche 1990 wiedererlangte. Die 1885 und 1955 renovierte dreischiffige Basilika hat zwei Fassadentürme. Das Kircheninnere ist mit Fresken meisterlich ausgemalt. Wunderschön ist die in ihrer Goldpracht üppige fünfrangige Ikonostase. Das **Jesuitenkollegium** (Єзуїтський колегіум) befindet sich gleich neben der Kirche (Nr. 21) und beherbergt die Medizinische Fakultät.

Marienkirche 3

Die römisch-katholische **Marienkirche** (Костел Пресвятої Діви Марії) am majdan Šeptyc'koho/майдан Шептицького, auch als Stanislaver Kollegium bekannt, entstand in den Jahren 1672–1703. Stanisław Potocki brachte aus Rom für die Stiftskirche die Reliquien des hl. Vinzenz, die ihn bei einem Schiffsunglück auf dem Rückweg auf wunderbare Weise gerettet haben sollen. Er, sein Vater und Stadtgründer, Andrzej Potocki, sowie seine Gemahlin Anna Rysińska wurden in der Krypta der Kirche bestattet; nur das Herz von Stanisław ruht in der Kapuzinerkirche in Wien. Die dreischiffige barocke Basilika mit Transept und zwei Fassadentürmen wurde 1737 ausgebaut und 1877 ausgemalt. Nach der Schließung der Kirche 1945 ist sie seit 1979 als **Museum für die sakrale Kunst Galiziens des 15.–20. Jh.** (Сакральне мистецтво Галичини 15–20 ст.) wieder zugänglich. Neben Ikonen der galizischen Meister sind hier barocke Skulpturen und Klassiker der westukrainischen Malerei ausgestellt (Tel. 0342 23 00 39, Di–So 10–17 Uhr, 13/4 UAH).

Mariä-Schutz-Kathedrale 4

In der vul. Virmens'ka/вул. Вірменська ist die ehemalige armenische Kirche, seit 1990 ukrainische orthodoxe autokephale **Mariä-Schutz-Kathedrale** (Катедральний Покровський Собор), in einem guten Zustand erhalten. Sie wurde in den Jahren 1742–1762 im Stil des Barock von der armenischen Gemeinde an der Stelle des hölzernen Vorgängerbaus von 1665 errichtet. Anlass für die Errichtung des steinernen Baus waren die vergossenen Tränen der Muttergottesikone. Allerdings wurde das Bild 1944 nach Polen ausgeführt und befindet sich jetzt in Danzig. Die Fresken, der Altar und die vergoldeten Holzskulpturen im Kircheninneren sind schön gestaltet und reich verziert.

Um die Ecke ist das **Gebietsverwaltungsgebäude** (Облдержадміністрація) in der vul. Mychajla Hruševs'koho/вул. Грушевського 21 ein Beispiel der städtischen Architektur der Sowjetperiode.

Potocki-Palast 5

Von der alten Befestigung von Stanislaviv sind nur einige Mauerreste am majdan Šeptyc'koho/майдан Шептицького übrig geblieben; vom **Potocki-Palast** (Палац Потоцьких), der anstelle eines hölzernen Jagdschlösschens im alten Zabolottja 1672–1682 errichtet wurde, ist in seiner ursprünglichen Gestalt nur noch das Eingangstor in der vul. Špytal'na/вул. Шпитальна zu sehen. Der Palast wurde während der österreichisch-ungarischen Zeit in ein Militärspital umfunktioniert und entsprechend umgebaut. In dieser Funktion wurde er bis vor kurzem genutzt.

Weitere Sehenswürdigkeiten

Nördlich der pl. Rynok ist das griechisch-katholische **Basilianerinnenkloster** 6 (Монастир Сестер Василіянок) mit der Christ-König-Kirche (Монастир Христа Царя) aus dem 20. Jh. in der vul. Vasylijanok/вул. Василіянок 17 sehenswert.

In der vul. Tarnavs'koho/вул. Тарнавського 22 noch etwas weiter nördlich finden Geschichtsinteressierte eine bedeutende Stätte der Erinnerungskultur der Westukraine, das **Museum für die Befreiungsbewegung im Karpatenvorland** 7 (Музей визвольних змагань Прикарпатського краю). Hier werden die Befreiungs- und Unabhängigkeitsbestrebungen der ukrainischen Bevölkerung der Region, die Aktivitäten der Ukrainischen Aufstandsarmee und die Geschichte der (West-)Ukrainischen Republik dokumentiert (Tel. 0342 24 80 14, Mo–Sa 9–17, 1,50/0,80 UAH).

Östlich der pl. Rynok befindet sich die seit 1990 wieder geöffnete **Tempel-Synagoge** 8 (Синагога Темпль) von 1899. In der nahe liegenden **Philharmonie** 9 (Філармонія) in der vul. Kurbasa/вул. Курбаса traten die berühmte ukrainische Opernsängerin Solomija Krušel'nyc'ka und die verdienstvolle Schauspielerin Marija Zan'kovec'ka auf.

Südlich der pl. Rynok liegt das **Oleksa-Dovbuš-Museum** 10 (Музей Олекси Дов-

Das Gebietsverwaltungsgebäude wird auch ›Weißes Haus‹ genannt

буша) in der vul. Mazepy/вул. Мазепи 1 mit einer Ausstellung zu dem beliebten Volkshelden (s. S. 221). Die sich in den Südwesten erstreckende vul. Ševčenka/вул. Шевченка führt zum stillen **Taras-Ševčenko-Park** mit einem See und einem Denkmal für den Poeten. Doch unterwegs lohnt es sich, einen kurzen Blick auf das **Haus des Volkes** 11 (Nr. 1, Народний Дім) zu werfen: Hier tagte das Parlament der Westukrainischen Republik, hier wurde die Vereinigung mit der Ukrainischen Republik proklamiert. Im **Hotel Dnister** 12 in der vul. Sičovych Stril'civ/вул. Січових Стрільців 12 hatte die Regierung der Westukrainischen Republik ihren Sitz.

Infos

Touristinfo (Турінфоцентр): vul. Sičovych Stril'civ/вул. Січових Стрільців 15, 1. Stock, Tel. 0342 50 20 20, www.cti.if.ua, Mo–Fr 9–18 Uhr. Weiteres Büro in der vul. Mazepy/вул. Мазепи 2, 1. Stock, Tel. 0342 50 20 20, zps@com.if.ua, Mo–Fr 9–18 Uhr. Buchung von Unterkünften, Organisation von Führungen in der Stadt, Ausflüge in die Umgebung sowie Wanderungen auf die Hoverla u. Ä.

Regionale Touristinfo (Регіональний туристично-інформаційний центр): vul. Halyc'ka/вул. Галицька 4a, Tel. 0342 50 24 74, www.rtic.if.ua, www.tourism-carpathian.com.ua (engl.), Mo–Fr 10–16 Uhr. Informationen zu Sehenswürdigkeiten und Naturerlebnissen in der gesamten Karpatenregion.

Übernachten

In jüdischer Tradition ▶ **Museumshotel Zum Tempel** 1 (Готель-музей Під Темплем): vul. Stračenych/вул. Страчених 7a, Tel. 0342 59 53 33, www.tempel.if.ua (engl.). Neben der Tempel-Synagoge gelegen, sucht das 2010 eröffnete 3-Sterne-Hotel etwas vom Flair des alten Stanislaviv zu vermitteln. Dabei bietet es elf moderne, komfortable Zimmer. Die Besonderheit der Unterkunft ist die koschere Lobby-Bar Cymes. Dolmetscher- und Fremdenführerservice gegen Aufpreis möglich. DZ/ÜF 400–600 UAH.

Charmant ▶ **Auskoprut** 2 (Аускопрут): vul. Hrjunval'ds'ka/вул. Грюнвальдська 7/9, Tel. 0342 22 34 01, www.auscoprut.if.ua (engl.). 3-Sterne-Unterkunft mit Restaurant in historischem Sezessionsgebäude (um 1900). Geschmiedete Treppengeländer und Buntglasfenster unterstreichen den historischen Charme. Geldwechsel, Übersetzerservice. DZ 330–750 UAH.

Anspruchsvoll ▶ Nadija 3 (Надія): vul. Nezaležnosti/вул. Незалежності 40, Tel. 0342 72 70 77, www.nadia.if.ua (dt.). Das noble Hotel mit gelobtem Service liegt im Herzen der Altstadt. Zum Haus gehören ein Restaurant, eine eigene Konditorei, ein Business-Center, Schönheitssalon und Reisebüro mit Exkursions- und Übersetzerservice. DZ/ÜF 336–512 UAH.

Mit Stil ▶ Lehenda 4 (Легенда): vul. Ivasjuka/вул. Івасюка 25, Tel. 0342 71 33 33, www.legenda-f.info/ua.php (engl.). Die Zimmer sind geschmackvoll und ohne Überfluss ausgestattet. Sauna, Schwimmbad und Restaurant, Sommerterrasse, Organisation von Exkursionen. DZ 300–520 UAH.

Gepflegt ▶ Stanislaviv 5 (Станіславів): vul. Čornovola/вул. Чорновола 7, Tel. 034275 24 70, www.stanislaviv.org.ua (dt.). Ansprechendes Hotel in historischem Gebäude mitten im Stadtzentrum. DZ 220 UAH.

Essen & Trinken

Gehobene Küche ▶ Nadija 3 (Надія): vul. Nezaležnosti/вул. Незалежності 40, Tel. 0342 72 14 54, www.nadia.if.ua (dt., engl.), tgl. 7–24 Uhr. Das schicke Hotelrestaurant mit europäischer und nationaler Küche ist in drei Sälen untergebracht. Huzulische sowie saisonale Kürbisgerichte gehören zum speziellen Angebot. Ausgezeichnete Auswahl an Weinen. Hauptgerichte ca. 30–85 UAH.

Londoner Chefkoch ▶ Churchill 1 (Черчілль): vul. Halyc'ka/вул. Галицька 31, Tel. 0342 55 78 78, www.atrium.if.ua (engl.), tgl. 12–24 Uhr. Die Einrichtung ist im Stil des aristokratischen London des 19. Jh. gehalten. Zu den Höhepunkten angebotener europäischer Küche gehören nordländische Fisch-, Meeresprodukte- und Fleischgerichte. Hauptgerichte ca. 26–140 UAH.

Kreativ ▶ Šanson 2 (Шансон): vul. Bel'veders'ka/вул. Бельведерська 17, Tel. 0342 22 33 02, www.shanson-cafe.com, tgl. 10–23 Uhr. Europäische, ukrainische und georgische Speisen werden in den im klassischen Design der französischen Restaurants des 19. Jh. stilvoll eingerichteten Räumen und auf der Sommerterrasse gereicht. Hier legt man Wert auf gesunde und kreative Ernährung; saisonale Menüs und Autorenküche. Hauptgerichte ca. 18–80 UAH.

Zentral und gemütlich ▶ Slovan 3 (Слован): vul. Šaškevyča/вул. Шашкевича 4, Tel. 0342 71 25 94, tgl. 8–24 Uhr. Einladendes Restaurant mit ukrainischer und europäischer Küche und schöner Sommerterrasse in der zentralen Fußgängerzone. Hauptgerichte ca. 15–55 UAH.

Im Ethno-Stil ▶ Lehenda 4 (Легенда): vul. Ivasjuka/вул. Івасюка 25, Tel. 0342 71 34 34, www.legenda-f.info/ua.php (engl.), tgl. 8–24 Uhr. Das Innere des Restaurants ist im Volksstil geschmackvoll in Holz gekleidet. An den weiß getünchten Wänden hängen historische Alltagsgegenstände. Traditionelle ukrainische, europäische Küche und gute Weine. Abends gibt es Livemusik auf der Sommerterrasse. Hauptgerichte ca. 15–50 UAH.

Im Grünen ▶ Stara Fortecja 4 (Стара Фортеця): vul. Ciolkovs'koho/вул. Ціолковського 39 a, Tel. 096 756 23 20, tgl. 11–23 Uhr. Wunderschön am Stadtrand gelegen, schmackhafte ukrainische Gerichte, Blick auf den Schwanenteich, Gartenterrasse. Hauptgerichte ca. 12–45 UAH.

Einkaufen

Kunsthandwerk ▶ Ole-Tur 1 (Оле-Тур): vul. Sičovych Stril'civ/вул.Січових Стрільців 19/1, Tel. 0342 77 21 09, Mo–Sa 9–19, So 11–17 Uhr. Regionales Kunsthandwerk: Ikonen, Schmuck, Geschirr, Kleidung.

Abends & Nachts

Konzerte ▶ Philharmonie 9 (Обласна філармонія): vul. Kurbasa/вул. Курбаса 3, Tel. 0342 75 11 25. Klassische Konzerte.

Disco-Club ▶ Edison 1: vul. Nezaležnosti/вул. Незалежності 3, Tel. 0342 50 26 76, www.edison.if.ua, tgl. 21–4 (Diskothek), 10–21 Uhr (Restaurant). Zentral gelegener, in Hightech-Design ausgestatteter Nachtclub mit guter Küche. Zu hören sind Euro Pop, Dance, House, Electro, R'n'B, Disco 80.

Tanzen und Bowling ▶ Panorama Club 2: Pivničnyj bul'var/Північний бульвар 2 a, Tel. 0342 71 12 04, www.panoramaclub.sv.

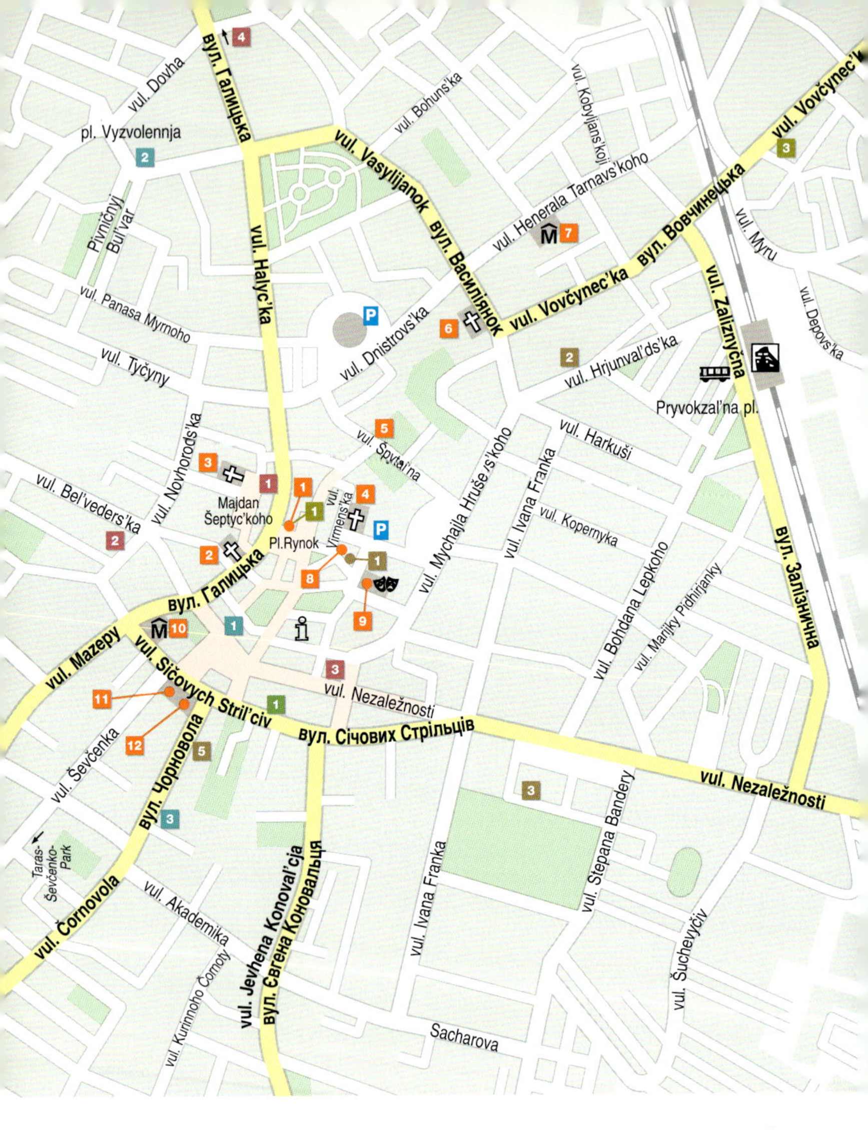

if.ua, tgl. 10–4 Uhr. Disco, Bar, Pizzeria, Bowling, thematische Partys, So Kinderprogramm (12–16 Uhr).

Für Kunstliebhaber ▶ Art-Café Chymera 3 (Арт-кафе Химера): vul. Čornovola/ вул. Чорновола 23, Tel. 0342 52 50 74, www.hymera.com.ua. Im Art-Café trifft sich die alternative Kunstszene. Hier haben Jurij Andruchovyč, Ljubko Dereš, Andrij Kurkov ihre Werke vorgestellt. Literarische Abende, Kunst- und Fotoausstellungen, Konzerte, Filmbesprechungen und Jazz-Partys.

Aktiv

Stadttouren & Ausflüge ▶ Nadija 1 (Надія): pl. Rynok/пл. Ринок 1, Tel. 0342 72 70 40, 72 70 80, www.karpaty-tour.com (engl.), Mo–Fr 9–12, 13–18, Sa 10–17, So 10–17 Uhr. Stadtführungen und Ausflüge im ganzen Karpatenvorland. Ein zweites Büro befindet

Ivano-Frankivs'k

Sehenswert
1 Rathaus
2 Christi-Auferstehungs-Kathedrale
3 Marienkirche
4 Mariä-Schutz-Kathedrale
5 Potocki-Palast
6 Basilianerinnenkloster
7 Museum für die Befreiungsbewegung im Karpatenvorland
8 Tempel-Synagoge
9 Philharmonie
10 Oleksa-Dovbuš-Museum
11 Haus des Volkes
12 Hotel Dnister

Übernachten
1 Museumshotel Zum Tempel
2 Auskoprut
3 Nadija
4 Lehenda
5 Stanislaviv

Essen & Trinken
1 Churchill
2 Šanson
3 Slovan
4 Stara Fortecja

Einkaufen
1 Ole-Tur

Abends & Nachts
1 Edison
2 Panorama Club
3 Art-Café Chymera

Aktiv
1 Nadija
2 Velocentr
3 Velochata

sich im Hotel Nadija 3. Auch die **Touristinfo** organisiert Touren (s. S. 260).

Radfahren ▶ **Velocentr** 2 (Велоцентр): vul. Mel'nyka/вул. Мельника 9б, Tel. 0342 74 44 12, www.mtbbike.com.ua, tgl. 10–19 Uhr. Radverkauf, -verleih und -service. **Velochata** 3 (Велохата): vul. Vovčynec'ka/вул. Вовчинецька 68, www.adrenalinstyle.if.ua, tgl. 10–19 Uhr. Verleih diverser Räder, Service und Beratung.

Wassersport ▶ **Dnisterfahrten** s. Aktiv unterwegs S. 266

Termine

Schmiedefest (Свято ковалів): Mai. Internationale Zusammenkunft der Schmiede mit Handwerksschau.

Karpats'kyj vernisaž (Карпатський вернісаж): Sept. Kunsthandwerker stellen ihre Erzeugnisse am majdan Šeptyc'koho aus.

Verkehr

Flüge: Internationaler Flughafen Ivano-Frankivs'k, vul. Konoval'cja/вул. Коновальця 264a, Tel. 0342 59 83 48 oder 006, airport@il.if.ua. Flüge nach Kiew, Charkiv, Dnipropetrovs'k, Luhans'k, Odesa. Zwischen dem Flughafen und dem Bahnhof/Busbahnhof verkehrt die Buslinie 50.

Züge: Bahnhof, Pryvokzal'na pl./Привокзальна пл. 9, Tel. 005 oder 0342 21 22 23. Verbindungen nach Užhorod, L'viv, Kovel', Černihiv, Charkiv, Donec'k, Odesa, Cherson, Simferopol'.

Busse: Busbahnhof, Pryvokzal'na pl./Привокзальна пл. 9, Tel. 0342 75 08 30. Busse nach Užhorod, L'viv, Ternopil', Rivne, Chmel'nyc'kyj, Kiew, Odesa, Jalta sowie nach Kolomyja, Jaremče, Bukovel' und Nyžniv.

Mietwagen: Avto-Drajv (Авто-Драйв), vul. Nezaležnosti/вул. Незалежності 67, Büro 2, 1. Stock, Tel. 0342 23 20 97, www.autodrive.com.ua (engl.).

Fortbewegung in der Stadt

Busse: Eine Fahrt mit dem Trolleybus kostet 1,25 UAH, mit dem (Klein-)Bus 2 UAH.

Taxis: Tel. 0342 58 47 77.

Tipp: Karpatische Schmalspurbahn

Von der H 10 zwischen Hošiv und Dolyna zweigt die P 21 nach **Vyhoda** (▶ 1, C 6, Вигода) ab. In dem kleinen Dorf mitten in den Karpaten beginnt eine spannende Fahrt mit der **Karpatischen Schmalspurbahn** (Карпатський Трамвай) von 1898. Der Ausflug schließt die Besichtigungen von historischen Stätten, Naturschutzgebieten, Wasserfällen und Mineralquellen ein (Abfahrt in Vyhoda Sa, So um 11 Uhr, bei Nachfrage auch um 15 Uhr, telefonische Anmeldung erforderlich, Tel. 03477 613 34, 050 373 24 75, 067 342 83 89, www.carpathiantram.org, engl., www.greentrain.com.ua, Ticket 50 UAH). Bei der Organisation des Ausflugs ist die Touristeninformation in Ivano-Frankivs'k behilflich (s. S. 260).

Die Umgebung von Ivano-Frankivs'k ▶ 1, C 6

Hošiv

Ca. 70 km westlich von Ivano-Frankivs'k liegt das Dorf **Hošiv** (Гошів) am linken Ufer der Lužanka. Dort erhebt sich auf dem Berg Jasna malerisch das griechisch-katholische **Basilianerkloster** (Гошівський монастир). Die Annalen berichten von der Gründung eines kleineren Wehrklosters aus Holz (1570), das sich südlich des heutigen Komplexes befand. Seit dem 18. Jh. krönt das Kloster den Berg Jasna. 1739 nahm es die wundertätige Ikone der Muttergottes – eine Nachbildung der Ikone der Muttergottes von Tschenstochau in Polen – als Geschenk der Familie Hoszowski entgegen. Die Holzbauten des Klosters überdauerten bis 1834 und wurden dann durch steinerne ersetzt: Die neue Dreifaltigkeitskirche, Mönchszellen und der achteckige Glockenturm wurden 1842 vollendet. Im Zweiten Weltkrieg stark zerstört, wurde das Kloster erst 1989, nach der Wiederzulassung der griechisch-katholischen Kirche, wiederbelebt. Heute ist es eine bekannte Wallfahrtsstätte, denn die Muttergottesikone soll mehrmals Blindheit, Lähmungen und Tollwut geheilt haben. Zum Kloster führt ein Kreuzweg.

Aktiv

Wandern ▶ **Ostkarpatischer touristischer Weg** (Східно-Карпатський туристичний шлях): Die farbig markierten Wanderrouten nehmen im Kreis Dolyna, zu dem Hošiv gehört, ihren Anfang, z. B. am Toruner Pass, und durchziehen die malerischen Landschaften. Nähere Infos zu Bergtouren, Begleitung, Übernachtung und Transfer in Ivano-Frankivs'k Tel. 050 327 89 95, in Kaluš Tel. 050 777 20 70 und auf der Website www.stezhky.org.ua (engl.). Wanderkarten für das Gebiet können bei der Regionalen Touristinfo in Ivano-Frankivs'k erworben werden (s. S. 260).

Verkehr

Busse: Von Ivano-Frankivs'k Verbindungen über Bolechiv nach Hošiv.

Manjaver Skite

Das Dorf **Manjava** (Манява) ca. 45 km südwestlich von Ivano-Frankivs'k wurde durch sein orthodoxes Wehrkloster **Manjavaer Skite** (Манявський Скит) bekannt. Das Klostergelände ist von einer mächtigen Steinmauer mit Wehrtürmen und hohen Schindeldächern umgrenzt. Die Legende besagt, dass die einzigartig mitten in den Bergen und Wäldern gelegene Skite von den Mönchen Iony-kij und Pachomij gegründet wurde, nachdem die Ordensbrüder aus dem von Batu Khan 1240 verwüsteten Kiewer Höhlenkloster geflohen waren. Ihre Erneuerung erlebte die Skite im Jahr 1608, nachdem auch sie von tatarischen Truppen angegriffen worden war. 1611 erlangte sie die Unabhängigkeit und das Selbstverwaltungsrecht. Die Blütezeit im 17./18. Jh. brachte der Skite höchsten Ruhm ein. Die Mönche kauften ihre Landsleute aus der tatarischen Gefangenschaft frei, unterrichteten Kinder in Theologie, Chorgesang sowie Ikonenmalerei und betrieben eine Holzschnitzerei und Salzsiederei. Der bedeutende Ikonenmaler Iov Kondzelevyč schuf hier Ende des 17. Jh., Anfang des 18. Jh. sein Meisterwerk: die Ikonostase von Bohorodčany. Im Jahr 1724 zerstörten die Tataren die Anlage. Nach einer kurzen Belebung wurde sie von der österreichischen Regierung geschlossen. Im Jahr 1970 fanden die Rekonstruktion des Klosters und die Einrichtung des Museums statt. Die Orthodoxen bekamen ihr Heiligtum im Jahr 1998 zurück und errichteten 2003 auf den alten Fundamenten die hölzerne Kreuzerhöhungskirche. In der Skite sollen der ukrainische Hetman Ivan Vyhovs'kyj und seine Gemahlin Ol'ha ihre letzte Ruhe gefunden haben. Rund um die Skite wandernd, kommt man zum **Segenstein** (Блаженний Камінь) mit der heilenden Wasserquelle – einem Ort für Gebet und Reinigung. Etwa 6 km weiter weg rauscht der herrliche **Manjavaer Wasserfall** (Манявський водоспад).

Verkehr

Busse: Verbindungen von und nach Ivano-Frankivs'k.

Halyč ►1, D 6

Ein Besuch von **Halyč** (Галич, 6400 Einw., ca. 25 km nördlich von Ivano-Frankivs'k) und seines Umlandes bedeutet eine spannende und bereichernde Zeitreise in die Geschichte, ins alte Fürstentum Galizien, denn hier wurde seine allererste Hauptstadt gegründet.

Geschichte

Das alte Halyč breitete sich südwestlich der heutigen Stadt auf dem Berg Krylos (Крилос) aus. Die Geschichtsschreibung von Halyč reicht in das Jahr 1113 zurück, doch es wird vermutet, dass die Siedlung schon lange davor existierte. 1144 wurde Halyč zur Hauptstadt des Fürstentums Halyč (Galizien) und im Jahr 1199 von Halyč-Volyn' (Galizien-Wolhynien). Nachdem es 1241 von den Tataren verwüstet worden war, verlegte Fürst Danylo Halyc'kyj die Hauptstadt des Fürstentums zunächst nach Cholm, heute Chełm in Polen, und später nach L'viv. Die alte Stadt wurde zur bischöflichen Residenz und in Krylos umbenannt, die neu aufgebaute erhielt den Namen Halyč.

Ohne jegliche Befestigung wechselte Halyč im 14. Jh. mehrfach den Besitzer, bis es im Jahr 1349 von Polen annektiert wurde. Bald darauf, im Jahr 1367, begann die Errichtung eines Schlosses in Holzbauweise, das im 16. Jh. durch einen Steinbau ersetzt wurde. Die Überfälle der Türken 1676 und der Österreicher 1796 verwandelten es in eine Ruine. Im Ersten Weltkrieg wurde die Halyčer Altstadt beinahe komplett zerstört, sodass von seiner ruhmreichen Vergangenheit fast nur die Annalenberichte übrig geblieben sind. Immerhin: Im 13. Jh. wurde hier die Chronik von Galizien-Wolhynien geschrieben, in der Mariä-Himmelfahrt-Kirche entstand im 12. Jh. das berühmte Halyčer Evangelium.

Die Ortschaften sowie die historischen und kulturellen Denkmäler, die einst den Mittelpunkt des Fürstentums bildeten, sind in dem 1994 gegründeten National-historischen Reservat Altes Halyč (Національний історико-культурний заповідник Давній Галич) vereinigt und unter Schutz gestellt.

aktiv unterwegs

Paddeltour im Dnister-Canyon ►1, D 6

Tour-Infos

Strecke: Nyžniv (Нижнів)–Dolyna (Долина)
Länge: ca. 35 km
Dauer: 6–8 Std.
Saison: April–Okt.
Schwierigkeitsgrad: leicht
Katamaranverleih: Der Verleih von Katamaranen kann unter www.tinigard.info (engl.) vereinbart werden.
Organisierte Touren: Empfehlenswerte Veranstalter sind das Reisebüro Halyčyna-Tour in Halyč oder der Touristische Sportclub in Ternopil' (s. S. 268 und 299).
Individuelle Anreise: Von Ivano-Frankivs'k gelangt man nach Nyžniv mit dem Auto über die Landstraße H 18 oder mit dem Bus. Bei den organisierten Touren ist der Transfer inbegriffen.

Der **Dnister** (Дністер, 1362 km), der antike Fluss Tyras, entspringt im Nordosten der ukrainischen Karpaten und durchquert, bis er in die Dnisterschen Limane und das Schwarze Meer mündet, sieben Regionen der Ukraine sowie Moldawiens. Im Mittellauf durchfließt er einen Canyon (Дністровський каньйон), der sich 100 bis 120 m tief in die Podolische Platte eingeschnitten hat. Die Tatsache, dass meist nur das eine Ufer des Flusses von steilen Felsabbrüchen begrenzt wird, während die jeweils gegenüberliegende Seite vorwiegend flach ist, vermindert die Herrlichkeit der Szenerie keinesfalls. Zahlreiche Mäander überraschen mit immer neuen Landschaftseindrücken.

Als beliebter Startpunkt für ein- bis mehrtägige Dnister-Fahrten mit einem Katamaran, Schlauchboot oder Kanu gilt das Dorf **Nyžniv** (Нижнів) bei Ivano-Frankivs'k. Nach der ersten großen Dnisterschleife passiert man das Dorf **Luh,** nach der Pipeline Urengoj–Užhorod biegt der Dnister rechts ab. Bald darauf, gegenüber dem Dorf **Smerkliv** (Смерклів), sieht man rote Devonfelsen. Man paddelt an einer Insel und dem Dorf **Kutyšče** (Кутище) mit einer malerischen Kirche und den Odajiver Felsen (Одаївські печери) mit Grotten und Aufenthaltsspuren von Urmenschen vorbei. Eine Pause bietet sich im Ort **Koropec'** (Коропець) an, denn hier befindet sich der imposante Badeni-Palast aus dem 19. Jh. Der Travertinfelsen beim Dorf **Stinka** (Стінка) überrascht mit frühchristlichen Höhlenkirchen. Bei **Kosmyryn** (Космирин) entdeckt man noch einen Travertinfelsen mit einem Wasserfall. Von hier ist es nicht mehr weit bis zum Dorf **Dolyna** (Долина, Kreis Tlumač), wo die eintägige Wassertour endet. In Dolyna gibt es Busse nach Tlumač und weiter nach Ivano-Frankivs'k.

Die Sehenswürdigkeiten entlang der Strecke lassen sich zu Fuß vom Ufer aus erreichen. Die Ausstiegsstellen eignen sich gut für Picknicks. Insbesondere bei mehrtägigen Dnister-Touren lohnt es sich, die umliegenden Dörfer aufzusuchen, um u. a. Lebensmittel einzukaufen. Kanus oder Katamarane

Neben der Christi-Geburt-Kirche und dem Schloss in Halyč gehören dazu die Mariä-Himmelfahrt-Kirche in Krylos, die Kirche des hl. Pantaleon im Dorf Ševčenkove, das Karmeliterkloster in Bil'šivci sowie andere historische Denkmäler und überwiegend um Krylos zerstreute archäologische Stätten, meist Gebäudereste und Fundamente alter Kirchen und Klöster, deren Freilegung immer noch andauert. Im Reservat bieten das Museum der Geschichte des Alten Halyč und das Museum für Volksarchitektur und Alltagskultur des Karpatenvorlandes in Krylos sowie das Museum der karäischen Geschichte und Kultur in Halyč Führungen an (http://en.davniyhalych.com.ua).

ohne Aufsicht am Ufer zu lassen, ist allerdings nicht ratsam. Deshalb sind organisierte Gruppentouren in der Regel die einfachste Lösung.

Eine Kanu- oder Katamaranfahrt im Dnister-Canyon kann um etwa vier oder fünf Tage bis nach **Zališčyky** verlängert werden (s. S. 280). Die zehn- bis zwölftägige Tour endet bei der majestätischen Festung in **Chotyn** (s. S. 282). Diverse Veranstalter bieten unterschiedliche Startpunkte für eine Paddeltour auf dem Dnister an. Auf der Strecke Nyžniv–Zališčyky (140 km) durchfährt man den schönsten Abschnitt des Dnister-Canyons, der sich durch steile, bewaldete Ufer, vorwiegend rötliches Devongestein und zahlreiche Travertinfelsen mit Grotten, Höhlen und Wasserfällen auszeichnet.

Spritziges Vergnügen: eine Paddeltour auf dem Dnister

Christi-Geburt-Kirche

Die griechisch-katholische **Christi-Geburt-Kirche** (Церква Різдва Христового) auf dem majdan Rizdva/майдан Різдва stammt vermutlich aus dem 14. Jh., obschon die historischen Dokumente erst 1550 Zeugnis von ihr ablegen. Sie erlebte mehrere Umgestaltungen: Renovierungen wurden unter anderem 1757 und 1825 durchgeführt. Die in den Jahren 1904–1906 erfolgte Umgestaltung verlieh der Kirche ihr heutiges Aussehen. Das dreischiffige Gotteshaus wurde 1960 noch einmal erneuert. Die Ölmalereien mit biblischen Geschichten im Inneren stammen vom Anfang des 20. Jh. Der **bronzene Reiter** vor der Kirche stellt Fürst Danylo Halyc'kyj dar.

Das Denkmal wurde 1998 anlässlich der 1100-Jahr-Feier der Stadt enthüllt.

Starostyns'kyj-Schloss

Auf dem Schlosshügel mit dem großartigen Ausblick auf das Dnistertal sieht man die Versuche, das einstige mächtige **Starostyns'kyj-Schloss** (Старостинський замок) mit Erdwällen, Wehrtürmen und Eingangstoren zu rekonstruieren. Ein schmaler Weg führt an Bruchstücken der Erdwälle vorbei zum Ziegelbauwerk, dem Adelsturm mit sichtbaren Schichten der alten und neuen Bebauung, und zu den Ruinen der Katharinenkapelle. Die ursprüngliche hölzerne Festung entstand hier im Jahr 1367. Nach mehreren Tatareneinfällen baute man sie im Jahr 1627 als steinernes Bollwerk wieder auf; sie wurde jedoch vom fremden Heer erneut heimgesucht und auf Anordnung der österreichischen Regierung 1796 fast vollständig abgebaut.

Stätten karäischer Kultur

In der vul. Zamkova/вул. Замкова befindet sich ein **karäischer Friedhof** (Караїмське кладовище) aus dem 17./18. Jh. Seit dem 13. Jh. lebten in der Stadt auf Einladung von Danylo Halyc'kyj Karäer – eine turksprachige Volksgruppe und Religionsgemeinschaft, die sich zum Karäismus, einer Abwandlung des Judaismus, bekennt. Das **Museum für karäische Geschichte und Kultur** (Музей караїмської історії та культури) kann am majdan Rizdva/майдан Різдва 33 besichtigt werden (Tel. 03431 231 05, tgl. 9–18 Uhr, 7,50 UAH).

Infos

Touristinfo (Турінфоцентр): majdan Rizdva/майдан Різдва, Tel. 03431 231 08, Mo–Fr 8.30–18 Uhr.

Übernachten

Klein und funktional ▶ Ekspres (Експрес): vul. L'vivs'ka/вул. Львівська 28, Tel. 03431 217 90. Das Halyčer Mini-Hotel hat lediglich drei Zimmer: zwei in der Economy-Kategorie und ein Standardzimmer. In der Café-Bar ist eine Verpflegung dreimal am Tag möglich. DZ 150 UAH.

Essen & Trinken

Schlossblick ▶ Prestyž (Престиж): vul. Konoval'cja/вул. Коновальця 3, Tel. 050 267 64 03, tgl. 12–24 Uhr. In der angenehmen Café-Bar wird schmackhafte ukrainische Küche serviert. Die mit Blumen geschmückte Sommerterrasse bietet einen schönen Blick auf den Schlosshügel. Diskothek am Wochenende. Hauptgerichte ca. 15–50 UAH.

Aktiv

Führungen & Exkursionen ▶ Halyčer Tourismuszentrum (Галицький центр туризму): vul. L'vivs'ka/вул. Львівська 39, Tel. 03431 229 87, www.halka-tour.in.ua (engl.). Das Tourismuszentrum organisiert Ortsführungen, Ausflüge zu den Geschichts- und Naturdenkmälern in der Umgebung sowie Wandertouren und mehrtägige Raftingtouren auf dem Dnister und der Limnycja.

Dnistertour ▶ Halyčyna-Tour (Галичина-Тур): majdan Rizdva/майдан Різдва 16, Tel. 03431 229 87, 067 672 84 48, 050 373 98 88, www.halka-tour.in.ua. Das Reisebüro organisiert Katamaranfahrten auf dem Dnister (s. Aktiv unterwegs S. 266).

Wandern ▶ Rund um Halyč gibt es im **Halyčer Nationalpark** mehrere markierte Öko-Pfade. Sie sind auf der Website des Nationalparks, www.halychpark.if.ua, beschrieben und können zusammen mit einem Bergführer erkundet werden. Informationen zu den Wandertouren gibt es im Museum für Naturkunde des Halyčer Landes (Природа Землі Галицької, vul. Halyč-Hora/вул. Галич-Гора 1, Tel. 03431 211 87) und beim Halyčer Tourismuszentrum (s. l.).

Verkehr

Züge: Bahnhof, vul. Vitovs'koho/вул. Вітовського 1, Tel. 03431 214 57. Züge nach Ivano-Frankivs'k und Chodoriv.

Busse: Busbahnhof, vul. Vitovs'koho/вул. Вітовського 3, Tel. 03431 221 47. Verbindungen nach Krylos, Ševčenkove, Bil'šivci und Rohatyn.

Krylos ▸ 1, D 1

Das heutige Dorf **Krylos** (Крилос), nur ca. 6 km von Halyč entfernt, war im 12. Jh. das fürstliche Halyč. Aus jener Zeit stammen die **Überreste der Mariä-Himmelfahrt-Kathedrale** (Успенський собор). Der einstige Bau wurde im Jahr 1157 errichtet, später aber zerstört. Die Trümmer wurden für die Errichtung der **Basiliuskapelle** (Каплиця Святого Василія) von 1500 und der gleichnamigen **Mariä-Himmelfahrt-Kirche** (Успенська церква) vom Anfang des 16. Jh. verwendet. Dieses Gotteshaus wurde jedoch 1676 von den türkisch-tatarischen Truppen verwüstet und bis 1702 im Stil der Renaissance wiederaufgebaut sowie mit einer Ziegelmauer umgeben. Später erlebte es noch einige Rekonstruktionen. Das Kircheninnere bereichern eine wunderschöne Ikonostase von Anton Monastyrs'kyj und die wundertätige Ikone der Muttergottes von Krylos. Der Metropolitenpalast neben der Kirche beherbergt das **Museum für Geschichte des Alten Halyč** (Музей історії давнього Галича, Tel. 03431 315 16, tgl. 10–18 Uhr, 6/3 UAH).

Ein paar Hundert Meter von den Überresten der Mariä-Himmelfahrt-Kathedrale entfernt trifft man am Abhang des Krylos-Hügels auf die von einer Rotunde eingefasste **Fürstenquelle** (Княжа криниця), deren Wasser die altukrainischen Kämpfer vor fremden Pfeilen und Schwertern geschützt haben soll. Vor langer Zeit entdeckte ein galizischer Fürst die wundersame Quelle nach der Anweisung eines Wahrsagers und konnte so sein verdurstendes Heer vor einer Niederlage retten.

Das **Freilichtmuseum für Volksarchitektur und Alltagskultur des Karpatenvorlandes** (Музей архітектури і побуту Прикарпаття) liegt östlich von Krylos im Landschaftsgebiet Prokalijiv Sad (Прокаліїв Сад) und besteht aus regionaltypischen Bauernhäusern und Wirtschaftsbauten (Tel. 03431 312 42, tgl. 9–17 Uhr, 6/3 UAH). Gegenüber steht an der Stelle, wo einst die erste Schutzwalllinie im Fürstentum Galizien-Wolhynien verlief, das symbolträchtige **Schwert-und-Pflugschar-Denkmal** (1987).

Im Südwesten der Siedlung Krylos, im Landschaftsgebiet Kačkiv (Качків), ragt der einsame Kurgan **Halyčyna Mohyla** (Галичина Могила), ein kegelförmiger Grabhügel, auf. Die Historiker glauben, es sei die Grabstätte des Gründers von Halyč.

Horodenka ▸ 1, E 6

Das Kreisstädtchen **Horodenka** (Городенка, 9500 Einw.) lässt sich gut auf der Fahrt von Ivano-Frankivs'k oder Kolomyja nach Černivci besuchen. Stifter der heute griechisch-katholischen **Mariä-Himmelfahrt-Kirche** (Церква Успіння Пресвятої Богородиці) in der vul. Ševčenka/вул. Шевченка 70 war die Familie Potocki. Das Gotteshaus wurde 1763 errichtet und 1766 eingeweiht. Der Entwurf stammt von Bernard Meretyn, die innere Ausstattung von Jan Pinzel.

Die Hauptzierde der Stadt ist die von Bernard Meretyn entworfene und 1743–1760 erbaute, barocke römisch-katholische **Mariä-Empfängnis-Kirche** (Костел Непорочного Зачаття Діви Марії) in der vul. Volodymyra Velykoho/вул. Володимира Великого 1 mit zwei aufragenden Türmen an der Fassade. Vor der Kirche steht eine Säule mit einer von Jan Pinzel geschaffenen Marienfigur.

Vom einst regen jüdischen Leben zeugt in der vul. Rynkova/вул. Ринкова die ehemalige, im 18. Jh. erbaute, im 19. Jh. rekonstruierte **Synagoge**, die 1915 unter einem Brand gelitten hat.

5 Černivci ▸ 1, E 7

Cityplan: S. 272

Černivci (Чернівці, ca. 247 000 Einw., dt. Czernowitz), die Hauptstadt der ukrainischen Bukowina, ist eine gemächliche, von den Wendungen der Geschichte geprägte Stadt mit unnachahmlichem Flair und eigenem architektonischem Gesicht, mit vielen Sprachen und Kulturen. Liebevoll wurde Černivci auch Klein-Wien am Prut genannt, wo »die Bürgersteige mit Rosensträußen gefegt wurden und es mehr Buchhandlungen gab als Bäckereien« (Georg Heinzen). Das wertvollste Baudenkmal der Stadt – die Residenz der bukowinischen Metropoliten – wurde 2011 in die Liste des UNESCO-Welterbes aufgenommen.

Černivci ist Geburts- und Schaffensort mehrerer herausragender Persönlichkeiten: Hier schrieben in verschiedenen Sprachen die Schriftstellerinnen Iryna Vil'de, Ol'ha Kobyljans'ka und Rose Ausländer sowie die Schriftsteller Jurij Fed'kovyč, Osyp Makovej, Paul Celan, Karl-Emil Franzos, Alfred Margul-Sperber, Moses Rosenkranz, Aharon Appelfeld, Mihai Eminescu und Vasile Alecsandri. In Černivci komponierte Sydir Vorobkevyč und trat Franz Liszt auf.

Geschichte

Das erste schriftliche Zeugnis vom Bestehen der Stadt findet sich in einer Feudalurkunde von 1408. Die Siedlung soll jedoch bereits im 12./13. Jh. existiert haben: Damals errichteten die Fürsten Galiziens am linken Ufer des Prut die Festung Čern, um die sich sehr bald eine Siedlung bildete. Diese löste sich allmählich auf, nachdem Danylo Romanovyč auf Befehl des tatarischen Heerführers Burundaj die Festung zu zerstören gezwungen war, lebte aber im 14. Jh. wieder auf, als die Gegend dem Fürstentum Moldau zufiel. Im 15./16. Jh. entwickelte sich Černivci zu einem wichtigen Handelszentrum auf dem Weg von Polen zum Schwarzen Meer. Die häufigen verheerenden Tatareneinfälle brachten diese günstige Entwicklung zum Stillstand. Erst der Anschluss der Bukowina an Österreich im Jahr 1774 gewährte neue Entfaltungsmöglichkeiten für Industrie, Handel, Bildung und Kultur. 1786 wurde Černivci zum Kreiszentrum, 1849 zur Hauptstadt des österreichischen Kronlandes Bukowina und 1875 Universitätsstadt. Im Jahr 1918 besetzten rumänische Truppen die Stadt, 1940 wurde sie in die Ukrainische Sowjetrepublik eingegliedert.

Rathaus 1

Černivci präsentiert sich mit architektonischen Schätzen mehrerer Stile und Epochen. Zum österreichischen Erbe gehört das blaue, spätklassizistische **Rathaus** (Ратуша) von 1843–1847 auf der Central'na pl./Центральна пл. mit einem aufragenden Turm, einem Innenhof und dem Stadtwappen an der Fassade. Um 12 Uhr bläst der in bukowinische Volkstracht gekleidete Trompeter vom Rathausbalkon die bekannte Melodie des »Marička«-Liedes. Ende des 19. Jh., Anfang des 20. Jh. wurden von hier Bekanntmachungen in drei Sprachen verkündet.

Kunstmuseum 2

Neben dem Rathaus steht ein wunderschönes Architekturbeispiel der Wiener Sezession, das heutige **Kunstmuseum** (Художній музей), die einstige Bukowinische Sparkasse, die von Hubert Gessner entworfen und 1901 erbaut wurde. Vor allem das kunstvolle Majolikawandbild mit der Allegorie der Kronländer in Gestalt der olympischen Götter (1904) am oberen Fassadenteil zieht die Blicke auf sich. Vollkommen sind das elegante Dekor und die Inneneinrichtung mit den Buntglasfenstern.

Im Museum sind bukowinische Kunst des 17.–20. Jh. sowie Ornamentalkunst des 19.–20. Jh. zu sehen. Zu den Exponaten zählen Ikonen, primitive Volkskunst, Grafiken, Skulpturen, Webteppiche, Stickereien, Holzschnitzereien, bukowinische und huzulische Ostereier (Tel. 0372 52 60 71, www.artmuseum.cv.ua, Di–So 9–17 Uhr, 7/3 UAH).

Ol'ha-Kobyljans'ka-Theater 3

Das **Ol'ha-Kobyljans'ka-Theater** (Музично-драматичний театр ім. Ольги Кобилянської) an der Teatral'na pl./Театральна пл. wurde im Jahr 1905 nach einem Entwurf von Ferdinand Fellner und Hermann Helmer erbaut. Es hat einen Zwilling in Fürth: Da die Stadt nicht in der Lage war, die Errichtung des Theaters sofort zu finanzieren, verkauften die Architekten den Entwurf auch an die Fürther Gemeinde. Das mit erkennbaren Zügen des Neobarock gestaltete Gebäude ist sowohl außen als auch innen reich verziert: mit Figuren aus Sophokles' »König Ödipus«, Flachreliefs von Shakespeare und Wagner, den Büsten von Ševčenko, Puschkin, Goethe, Schiller, Beethoven, Mozart und Haydn an der Fassade. Die stuckverzierte Eingangshalle mit der Marmortreppe führt ins prachtvolle Theaterinnere. Vor dem Theater thront die in Bronze gegossene Namensgeberin, die ukrainische Schriftstellerin Ol'ha Kobyljans'ka. Die **Sternenallee** am Theaterplatz würdigt berühmte Musiker, deren Laufbahn mit Černivci verbunden ist.

Rechts vom Theater stehen das 1908 erbaute, pseudobarocke ehemalige **Jüdische Volkshaus** (Єврейський народний дім, Nr. 5) und der ehemalige **Rumänische Volkspalast** (Румунський народний палац, Nr. 6) von 1938 im konstruktivistischen Stil. Auf der gegenüberliegenden Seite sieht man das Jugendstilgebäude der einstigen Handels- und Gewerbekammer von 1910 mit beeindruckenden Türen und Außen- und Innenausschmückung, das heute die **Medizinische Akademie** (Медична академія, Nr. 2) beherbergt.

Soborna Plošča

Auf dem Weg vom Theater zur Soborna pl./Соборна пл., dem Kathedralenplatz, passiert man den ornamental gestalteten **Justizpalast** 4 (Палац юстиції) in der vul. Hruševs'koho 1/вул. Грушевського 1. Das Gebäude errichtete der tschechische Baumeister Josef Hlávka in den Jahren 1904–1906. Seine Fassade ist mit bunten Keramikziegeln ausgelegt, den Haupteingang bewachen zwei Löwen.

Wenige Querstraßen weiter ist die weitläufige Soborna pl. erreicht, die bis zur rumänischen Okkupation im Jahr 1918 Austriaplatz hieß. An der Soborna pl./Соборна пл. 10 befindet sich das Haus, in dem der ukrainische Schriftsteller Jurij Fed'kovyč seine letzten Jahre schreibend und die Zeitung »Bukowina« redigierend verbrachte. In den Räumen der **Jurij-Fed'kovyč-Gedenkstätte** 5 (Літературно-меморіальний музей Юрія Федьковича) sind persönliche Gegenstände, Musikinstrumente des Schriftstellers, Fotos, Manuskripte, Erstdrucke ausgestellt sowie die rekonstruierte Redaktion der »Bukowina« untergebracht (Tel. 0372 52 56 78, Di–So 9–16.30, 4/3 UAH).

Tipp: Literarisches Café

Das winzige **Literarische Café** 8 (Літературне кафе) mit ein paar kleinen Tischen befindet sich über dem Buchladen im Sezessionsgebäude des Kunstmuseums (Central'na pl./Центральна пл. 10). Eine Wendeltreppe führt in den engen, mit Kaffeearoma gefüllten Raum mit alten Möbeln und einmaliger Atmosphäre (Tel. 0372 55 94 25, Mo–Sa 12–22 Uhr, Snacks und Getränke ca. 10–20 UAH).

An der Ostseite der Soborna pl., wo sich der sowjetische Siegesobelisk erhebt, der 1946 das Austria-Monument ersetzte, ist die klassizistische orthodoxe **Heiliggeistkathedrale** 6 (Святодухівський кафедральний собор) aus den Jahren 1844–1864 in der vul. Holovna/вул. Головна 85 eines der schönsten Gotteshäuser in Černivci. Das ehemalige Bukowinische Landtagsgebäude (Буковинський ландтаґ), ein klassizistisches Bauwerk von 1891–1894, südlich des Obelisks in der vul. Kafedral'na/вул. Кафедральна 2 gehört heute zur Universität.

Landeskundemuseum und Volkshäuser

Von der vul. Holovna führen Seitenstraßen zur vul. Kobyljans'koji/вул. Кобилянської, der alten Herrengasse, einer gemächlichen Fußgängerzone mit Kaffeehäusern und Restaurants. Hier, im **Haus Nr. 23,** wohnte einige Zeit lang der Dichter Moshe Altmann, heute verkauft dort der **Chudožnij Salon** 1 Kunsthandwerk (s. S. 278). Im Haus Nr. 28 ist das **Landeskundemuseum** 7 (Краєзнавчий музей) mit historischer und naturkundlicher Abteilung untergebracht. Zu seinen rund 90 000 Objekten gehören archäologische und ethnografische Stücke, historische Dokumente und Fotografien, Werke der angewandten Kunst, Waffen, Ikonen, Münzen und historische Drucke (Tel. 0372 52 44 89, Do–Di 9–16.30 Uhr, 6/4 UAH). Haus Nr. 36 ist das

Černivci

Sehenswert

1. Rathaus
2. Kunstmuseum
3. Ol'ha-Kobyljans'ka-Theater
4. Justizpalast
5. Jurij-Fed'kovyč-Gedenkstätte
6. Heiliggeistkathedrale
7. Landeskundemuseum
8. Polnisches Volkshaus
9. Deutsches Volkshaus
10. Ukrainisches Volkshaus
11. Armenische Peter-Paul-Kirche
12. Mariä-Himmelfahrt-Kirche
13. Orthodoxe Nikolauskirche
14. Hölzerne Nikolauskirche
15. Postamtsgebäude
16. Jüdischer Tempel
17. Philharmonie
18. Kreuzerhöhungskirche
19. Haus-Schiff
20. Paraskevakirche
21. Metropolitenresidenz
22. Freilichtmuseum für Volksarchitektur und Alltagskultur
23. Mariä-Geburt-Kirche
24. Christi-Himmelfahrt-Kirche
25. Synagoge
26. Mariä-Schutz-Kirche
27. Erzengel-Michael-Kirche

Übernachten

1. Knaus
2. Kajzer
3. Georg Palace
4. Premium Hotel
5. Mrija
6. Mahnat-Ljuks

Essen & Trinken

1. Refleksn
2. Knaus
3. Wiener Café
4. Karyntija
5. Kwinto
6. Koleso
7. Literarisches Café

Einkaufen

1. Chudožnij Salon
2. Oberih

Abends & Nachts

1. AstArtA
2. Monarch

Aktiv

1. Navkolo Svitu

Polnische Volkshaus 8 (Польський народний дім) von 1905. Fast gegenüber (Nr. 53) steht das **Deutsche Volkshaus** 9 (Німецький народний дім) aus den Jahren 1908–1910, ein im Jugendstil mit Elementen der deutschen Volksarchitektur ausgeführtes Bauwerk. Nicht weit, in der vul. Lomonosova/вул. Ломоносова 2, befindet sich das bescheidene **Ukrainische Volkshaus** 10 (Український народний дім).

Armenische Peter-Paul-Kirche 11

In der vul. Ukrajins'ka/вул. Українська 30 steht die **Armenische Peter-Paul-Kirche** (Вірменська церква Святих Петра і Пав-

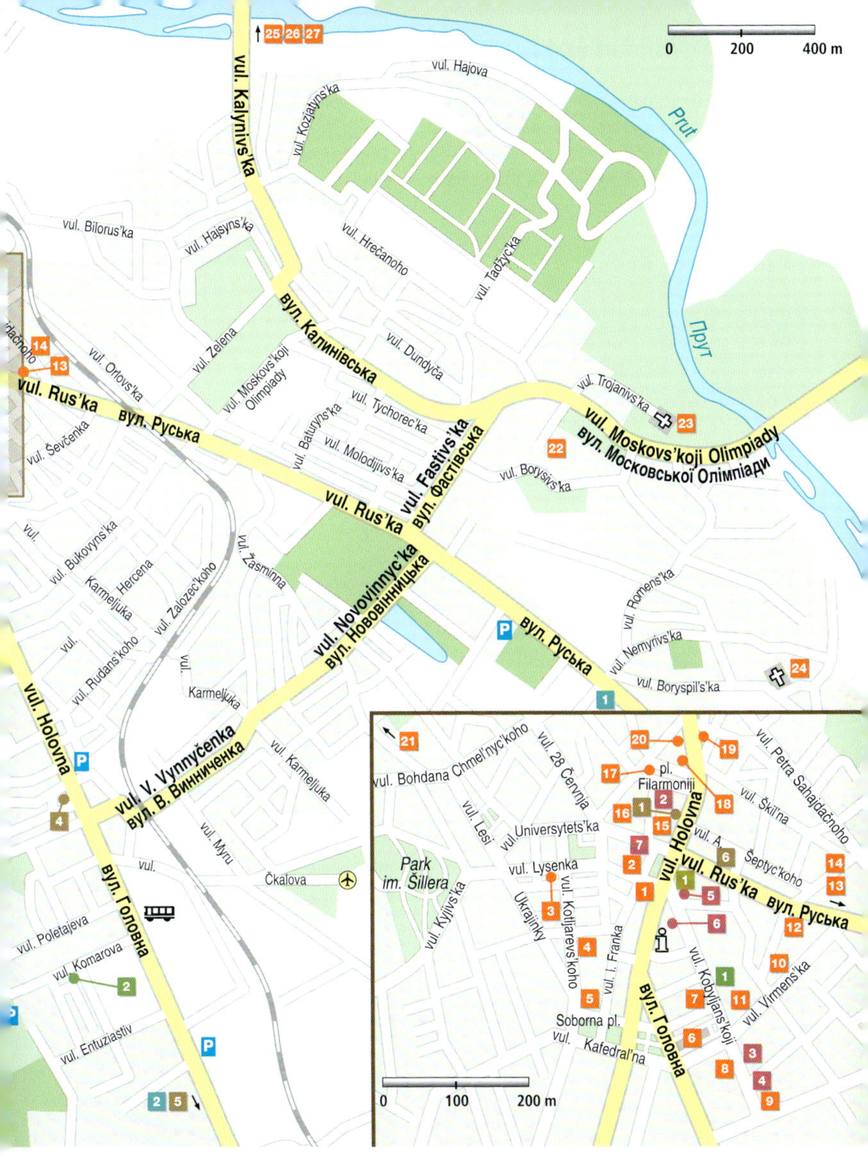

ла). 1940 verließ die armenische Gemeinde die Bukowina, und die Kirche wurde geschlossen. Nach dem Krieg wurde sie als Lager genutzt und erst in den 1980er-Jahren renoviert. Wegen seiner ausgezeichneten Akustik dient das 1869–1875 erbaute Gotteshaus als Konzertsaal für Orgel- und Kammermusik (Зал органної та камерної музики).

Mariä-Himmelfahrt-Kirche 12

In der vul. Rus'ka/вул. Руська erhebt sich die sehenswerte griechisch-katholische **Mariä-Himmelfahrt-Kirche** (Церква Успіння Пресвятої Богородиці) – auch ruthenische Kirche genannt, weil sie sich im einstigen ruthenischen Viertel befindet. Sie wurde 1921 errichtet und in den 1930er-Jahren im Stil des ukrainischen Barock harmonisch erweitert. Die Malereien im Kircheninneren, wo die wundertätige Ikone der Muttergottes von Černivci aufbewahrt wird, führte man in den letzten Jahrzehnten des 20. Jh. aus.

Nikolauskirchen

Ebenfalls in der vul. Rus'ka/вул. Руська steht die blaukuppelige **orthodoxe Nikolauskirche** 13 (Свято-Миколаївська церква) im nationalen rumänischen Baustil. Sie stammt aus dem Jahr 1939. Sonderbar sind die in verschiedene Richtungen gewundenen Ecktürme, die ihr den Beinamen ›Die Betrunkene‹ einbrachte. Als Prototyp des Gotteshauses diente die Kathedrale in Curtea de Arge, die letzte Ruhestätte der rumänischen Könige. Der Kirchenaltar befindet sich – etwas unüblich – rechts vom Eingang: Diese Konstruktion war eine Kompromisslösung, bei der der Altar kanonisch nach Osten gerichtet werden und der Haupteingang, wie gewünscht, in die vul. Rus'ka ausgehen konnte.

Die **hölzerne Nikolauskirche** 14 (Свято-Миколаївська церква) von 1607 in der vul. Sahajdačnoho/вул. Сагайдачного 89 ist der älteste Sakralbau der bukowinischen Bauschule. An ihre heutige Stelle wurde sie laut Legende im 19. Jh. überführt: Die Vorhalle wurde sodann verlängert. Sie ist klein, unauffällig und archaisch und ähnelt einem bescheidenen Bauernhaus. Nur drei schlichte Kreuze an der Dachspitze weisen darauf hin, dass es ein Gotteshaus ist. Im Kircheninneren ist es eng und bunt.

Philharmonie-Platz und Umgebung

In der von der pl. Filarmoniji/пл. Філармонії abzweigenden vul. Chudjakova/вул. Худякова trifft man auf eines der herausragendsten architektonischen Zeugnisse seiner Zeit, das neoklassizistische **Postamtsgebäude** 15 (Поштамт) aus den Jahren 1884–1889, mit Zierfiguren aus der altgriechischen Mythologie und einer Uhr über dem Zentraleingang. Nicht weit, in der vul. Universytets'ka/вул. Університетська, befindet sich das zum großen Teil zerstörte und umgestaltete Gebäude des ehemaligen **jüdischen Tempels** 16 (heute Kino). Es wurde 1873–1877 im maurischen Stil nach Plänen von Julian Zachariewicz erbaut.

Die pl. Filarmoniji selbst wird von der **Philharmonie** 17 (Філармонія, 1876/77) dominiert. Vor dem Konzerthaus ziehen die abendlichen Wasser- und Farbenspiele eines Springbrunnens die Blicke der Passanten an. Das Hotel Bristol stellt eine würdige Ergänzung des Platzensembles dar.

In der nach Osten abzweigenden vul. Betchovena/вул. Бетховена wurde im Jahr 1787 die Errichtung der römisch-katholischen **Kreuzerhöhungskirche** 18 (Костел

Воздвиження Святого Хреста) eingeleitet und – wegen der Fehlkonstruktion der Fassade – erst 1814 vollendet. Ausgerechnet die Kirche, deren Turm als Brandschutzturm diente, musste 1866 nach dem Brand von 1861 renoviert werden. Der Stolz des Gotteshauses ist die wohlklingende Orgel. Die Kirchensonnenuhr zeigt immer noch die österreichische Zeit an.

Haus-Schiff und Paraskevakirche

Die nahe liegende vul. Holovna durchpflügt seit dem Ende des 19. Jh. das einzigartige **Haus-Schiff** 19 (Дім-корабель, Nr. 29), im Volksmund *šifa* (Шіфа) genannt. Es verkörpert die Idee zweier österreichischer Kapitäne, die am Balkon des Hauses zwei Kommandobrücken und zwei Steuerräder errichten ließen. Am ›Bug‹ des Hauses sind ein Löwenkopf, Greifen, Delphine und Meeresalgen dargestellt. Durch ihre romanischen architektonischen Anleihen hebt sich die **Paraskevakirche** 20 (Церква Святої Параскеви) aus dem Jahr 1844 in der vul. Zan'kovec'koji/вул. Заньковецької 24 von den anderen Gotteshäusern ab. Die orthodoxe Kirche wurde an der Stelle ihrer hölzernen Vorgängerin von 1745, die ihrerseits eine ältere ersetzte, erbaut.

Die einstige Metropolitenresidenz in Černivci beherbergt heute die Universität

Metropolitenresidenz 21

Das Highlight der Stadt Černivci, seit 2011 auf der Liste des UNESCO-Welterbes, ist die ehemalige **Metropolitenresidenz** (Резиденція митрополитів) der orthodoxen Kirche von Bukowina und Dalmatien, die heutige Jurij-Fed'kovyč-Universität, in der vul. Kocjubyns'koho/вул. Коцюбинського 2. Die Residenz ist eine Schöpfung des tschechischen Architekten Josef Hlávka. Das üppige Ensemble von 1864–1882 ist eine äußerst gelungene architektonische Komposition, in der maurischen, byzantinische, jüdische und gotische Motive sowie bukowinische Ornamente ihren Ausdruck fanden. An diesem architektonischen Musterbeispiel der Toleranz finden sich Davidsterne an der Kuppel (Diakonenschule), und das einmalige mehrdimensionale Kreuz (an der Spitze der Metropolitenhauskirche), das für die Orthodoxen nach Osten und für die Katholiken nach Westen weist.

Der Komplex besteht aus dem **Metropolitenpalast** (1864–1876), dem **Seminartrakt** und der **Seminarkirche** (1870), dem **Gästehaus** (1874) und der **Parkanlage** (1877). Über der Eingangshalle des Metropolitenpalastes befindet sich der Marmorsaal mit geschnitzten Holztäfelungen an der Decke; daneben der ebenfalls mit Holzschnitzereien dekorierte Rote Saal sowie der streng gehaltene, edle Blaue Saal, in dem offizielle Empfänge stattfinden. Vor der hinteren Fassade, am Parkeingang, sieht man die Büste von J. Hlávka. Die Seminarkirche der heiligen drei Hierarchen – Basilius der Große, Gregor von Nazianz und Johannes Chrysostomos (Церква Трьох Святителів: Василія Великого, Григорія Богослова та Іоана Златоуста) – stellt mit ihrer reichen Innenausstattung und prunkenden Ikonostase das Prachtstück des Seminarkomplexes dar. Das Gästehaus sowie das monumentale Tor schließen das Ensemble ab. Die Parkanlage mit Grotte und seltenen Baumarten breitet sich hinter dem Metropolitenpalast aus.

Stadtviertel Horeča

Einen entspannten Stadtspaziergang kann man im Grünen, im **Freilichtmuseum für Volksarchitektur und Alltagskultur** 22 (Музей народної архітектури і побуту) in der vul. Svitlovods'ka/вул. Світловодська 2 fortsetzen. In diesem architektonisch-landschaftlichen Komplex werden, in mehrere ethnokulturelle Zonen eingeteilt, rund 35 Bauten der bukowinischen Volksarchitektur vom Ende des 18. Jh. bis zur ersten Hälfte des 20. Jh. präsentiert: einfache und repräsentative Bauernhäuser, eine Schmiede, ein Dorfverwaltungshaus, ein Gasthaus. Besonders interessant sind die Windmühlen vom Anfang des 20. Jh. Die Nikolauskirche (Церква Святого Миколая) aus dem Jahr 1810 mit dem hohen durchgehenden Schindeldach ist ein typisches Beispiel einer bukowinischen Hüttenkirche. In der Vorhalle sind Ikonen im Stil des Primitivismus ausgestellt. Im Schiff ist die fünfrangige Ikonostase zu bewundern. Der frei stehende zweistöckige Glockenturm stammt aus dem Jahr 1786.

In der vul. Trojanivs'ka/вул. Троянівська 1 wartet auf den Besucher die orthodoxe **Mariä-Geburt-Kirche** 23 (Церква Святого Різдва Богородиці) von 1767, die zum Kloster der Geburt Mariens Horeča gehört. Sie wurde als Wehrkirche im Barockstil mit Elementen des ukrainischen Barock und der moldauischen Architektur des 18. Jh. errichtet. Im Innern sind Fresken aus dem 18. Jh. erhalten geblieben, neben der Kirche der hölzerne Glockenturm. In der vul. Boryspil's'ka/вул. Бориспільська 13 findet sich noch ein weiteres schönes Beispiel bukowinischer Holzarchitektur, die **Christi-Himmelfahrt-Kirche** 24 (Вознесенська церква) aus dem 17. Jh.

Stadtviertel Sadhora

Die eigentümliche Geschichte dieses nördlichen Vororts von Černivci beginnt mit der Gründung des Münzhofs, in dem während des russisch-türkischen Krieges von 1768–1774 aus Kanonen Münzen für die Auszahlung der russischen Armee geprägt wurden. Der für den Münzhof zuständige Geheimrat des polnischen Königs, Baron Peter Nikolaus von Gartenberg, gab der Siedlung, die sich bald mit Handwerkern und Kaufleuten füllte, seinen ins Slawische übersetzten Namen – Sadagóra.

Das ehemals eigenständige Städtchen zierte im 19. Jh. die Villa des Wunderrabbis Zaddik Israel Friedmann, der aus Sadagóra eines der Zentren des Chassidismus machte. Seine einst schöne, blaue Behausung verfällt heute allmählich. Die prunkvolle **Synagoge** 25 (Синагога) im maurischen Stil an der prov. Morisa Toreza/пров. Моріса Тореза 192, deren Errichtung der Rabbi initiierte, soll renoviert werden. Zwei weitere Gotteshäuser, die griechisch-katholische **Mariä-Schutz-Kirche** 26 (Свято-Покровська церква) aus dem 19. Jh. und die römisch-katholische **Erzengel-Michael-Kirche** 27 (Церква Святого Архангела Михаїла) aus dem Jahr 1815, befinden sich in der vul. Halyc'koho/вул. Галицького 60 und in der vul. Pidkovy/вул. Підкови 10.

Infos

Touristinfo (Турінфоцентр): vul. Holovna/вул. Головна 16, Tel. 0372 55 36 84, www.city-tour.cv.ua (dt.), Mo– Fr 9–13, 14–18 Uhr. Infos zu Černivci und der Bukowina, Organisation von Touren, Souvenirverkauf.

Übernachten

Apartmenthotel ▶ **Knaus** 1 (Кнаус): vul. Holovna/вул. Головна 26 und vul. Chudjakova/вул. Худякова 4, Tel. 0372 51 02 55, 0372 57 58 51, www.knaus.com.ua (dt.). Das Mini-Hotel mit drei schönen Apartments sowie einem Restaurant mit umfangreicher Bierauswahl und der einladenden, grünen Sommerterrasse findet man in einem der stillen Innenhöfe des Stadtzentrums. Apartments 690–1140 UAH.

In Bahnhofsnähe ▶ **Kajzer** 2 (Кайзер): vul. Haharina/вул. Гагаріна 51, Tel. 0372 58 52 75, www.kaiser-hotel.com.ua (dt.). Ein Stückchen alten Österreichs in Černivci: Das Restaurant-Hotel befindet sich in der Altstadt, gleich neben dem Bahnhof. Sommerterrasse mit stilisierter Wassermühle und Holzlauben. DZ 300–600 UAH.

Elegant ▶ **Georg Palace** 3 (Ґеорґ Палац): vul. Bohuna/вул. Богуна 24, Tel. 0372 57 61 16, 097 973 48 88, 095 943 48 88, www.georgpalace.com.ua (engl.). Das Hotel mit dezentem Interieur in der Nähe der Metropolitenresidenz/Universität gibt es seit 2010. Die Zimmer sehen einladend und gemütlich aus. Die Gäste werden mit Sauna und im Restaurant mit europäischer und bukowinischer Küche verwöhnt. DZ 310–490 UAH.

Im Park ▶ **Premium Hotel** 4 (Готель Преміум): vul. Holovna/вул. Головна 124б, Tel. 0372 52 88 99, 099 030 36 52, www.hotel-premium.cv.ua (dt.). Das neulich eröffnete, moderne Haus ist zentral und in der Parkzone gelegen. Es hat 30 komfortabel eingerichtete Zimmer, ein Restaurant mit ukrainischem, europäischem und asiatischem Menü, stilvolle Lounge-Bar und WLAN. DZ 240–340 UAH.

Per Auto gut erreichbar ▶ **Mrija** 5 (Мрія): vul. Holovna/вул. Головна 289a, Tel. 0372 51 56 11, www.hotel-mriy.com (engl.). Ein gemütliches Hotel mit Restaurant im Süden der Stadt. Mehrbettzimmer sind vorhanden. DZ 180–350 UAH.

In der Altstadt ▶ **Mahnat-Ljuks** 6 (Магнат-Люкс): vul. Šeptyc'koho/вул. Шептицького 6, Tel. 0372 58 32 12, www.magnat-lux.cv.ukrtel.net. Ein kleines, gemütliches, im historischen Stadtzentrum ruhig gelegenes 4-Sterne-Hotel mit elegant-klassisch eingerichteten, aber auch mit TV ausgestatteten Zimmern. DZ 170–270 UAH.

Essen & Trinken

Raffiniert ▶ **Reflekšn** 1 (Рефлекшн): vul. Holovna/вул. Головна 86, Tel. 0372 52 66 82, tgl. 10–24 Uhr. Mit ihrer raffinierten Küche gehört die Einrichtung zu den 100 besten ukrainischen Restaurants. Hauptgerichte ca. 70–150 UAH.

Rustikal ▶ **Knaus** 2 (Кнаус): vul. Chudjakova/вул. Худякова 4, Tel. 0372 51 02 55, www.knaus.com.ua, tgl. 12–4 Uhr. Rustikal im ukrainischen Volksstil eingerichtetes Restaurant, in dem ukrainische und europäische Küche serviert wird. Deutsches Bier und Würstchen neben einer orientalischen Ecke mit Wasserpfeife, Billardraum, Sommerterrasse mit Brunnen und Livemusik. Hauptgerichte ca. 45–96 UAH.

Institution ▶ Wiener Café 3 (Віденська кав'ярня): vul. Kobyljans'koji/вул. Кобилянської 47, Tel. 0372 52 28 21, tgl. 10–23 Uhr. Das Wiener Café ist wohl die bekannteste Gaststätte von Černivci – noch eine, die an die österreichische Vergangenheit der Stadt gekonnt erinnert: mit alten Möbelstücken, Porträts, Apfelstrudel und Kaffee auf Wiener Art. Hier gibt es zudem kleine Gerichte und Salate. Schöne Sommerterrasse. Hauptgerichte ca. 25–60 UAH.

Grillspezialitäten ▶ Kajzer 2 (Кайзер): vul. Haharina/вул. Гагаріна 51, Tel. 0372 58 52 75, www.kaiser-hotel.com.ua (dt.), tgl. 11–24 Uhr. Ukrainische, bukowinische, europäische und armenische Gerichte werden in zwei Sälen und auf der von Apfelbäumen und Weinstöcken umgebenen Sommerterrasse serviert. Spezialität des Restaurants sind Grill- und Spießgerichte sowie Gerichte aus dem Erdofen. Hauptgerichte ca. 16–75 UAH.

Gemütlich ▶ Karyntija 4 (Каринтія): vul. Kobyljans'koji/вул. Кобилянської 53, Tel. 0372 90 59 50, 094 991 79 50, tgl. 11–23 Uhr. Das Kaffeehaus Kärnten mit Terrasse residiert im wunderschönen Deutschen Volkshaus in der Fußgängerzone. Inneneinrichtung im altösterreichischen Stil. Sowohl Snacks als auch Hauptgerichte und Desserts schmecken gut. Hauptgerichte ca. 25–45 UAH.

Pub-Restaurant ▶ Kwinto 5 (Квінто): vul. Kobyljans'koji/вул. Кобилянської 3, Tel. 0372 52 73 56, 050 567 00 41, tgl. 9–22 Uhr. Die Bierkneipe im Kellergewölbe ist nach dem Hauptprotagonisten der polnischen Krimikomödie »Vabank«, Henryk Kwinto, benannt. Die Geschichte spielt in den 1930er-Jahren, entsprechend ist das Lokal eingerichtet. Hier serviert man Bier und alles, was dazu gehört. Hauptgerichte ca. 20–40 UAH.

Gut besucht ▶ Koleso 6 (Колесо): vul. Kobyljans'koji/вул. Кобилянської 6, Tel. 0372 52 37 00, tgl. 10–23 Uhr. Die Gaststube versteckt sich in einem Innenhof in der Altstadt. Leckere ukrainische Spezialitäten: Borschtsch, Varenyky, Halušky, Banoš, Mi–Fr Livemusik. Hauptgerichte ca. 15–30 UAH.

Tipp der Autorin ▶ Literarisches Café 7: s. S. 271

Einkaufen

Haupteinkaufsstraßen sind die **vul. Holovna** (вул. Головна), **vul. Kobyljans'koji** (вул. Кобилянської) und **vul. Červonoarmijs'ka** (вул. Червоноармійська).

Kunsthandwerk ▶ Chudožnij Salon 1 (Художній Салон): vul. Kobyljans'koji/вул. Кобилянської 23, Tel. 0372 52 49 88, Mo–Sa 10–19 Uhr. Ein gemütlicher mit Bildern, Stickereien, Glas und Keramik bunt gefüllter Laden.

Stadtandenken ▶ Oberih 2 (Оберіг): vul. Entuziastiv/вул. Ентузіастів 2 a, Tel. 050 517 65 75, www.oberig.at.ua, Mo–Sa 10–18, So 10–14 Uhr. Sowohl Handarbeiten als auch kommerzielle Produkte zum 600-jährigen Stadtjubiläum.

Abends & Nachts

Nachtclub ▶ AstArtA 1 (АстАртА): vul. Rus'ka/вул. Руська 244a, Tel. 0372 58 43 03, Fax 0372 54 16 38, Mo–Do 10–2, Fr–So 22–5 Uhr. Ein gut besuchter Nachtclub mit Disco, Casino und Restaurant.

Modernste Musik ▶ Monarch 2 (Монарх): vul. Holovna/вул. Головна 246, Tel. 0372 58 40 77, Fr, Sa 22–4 Uhr. Disco-Bar, Billard.

Klassik ▶ Philharmonie 17: pl. Filarmoniji/пл. Філармонії 10, Tel. 03722 255 09. Konzerte.

Aktiv

Stadttouren und Ausflüge ▶ s. **Touristinfo** S. 277

Outdoor-Aktivitäten ▶ Navkolo Svitu 1 (Туристична компанія Навколо Світу): Central'na pl./вул. Центральна пл. 7, Tel. 0372 58 52 95, www.ns-tour.com.ua. Auswahl an kulturellen und sportlichen Aktivitäten wie Städtetouren, Wanderungen und Almauftriebe in den Karpaten, Raftingtouren auf dem Čeremoš, Jagdtouren und Dorftourismus mit Unterbringung bei Familien.

Termine

Petrivs'kyj jarmarok (Петрівський ярмарок): 12. Juli. Der traditionelle Jahrmarkt findet jährlich am Tag des hl. Petrus im Ševčenko-Park statt. Einheimische Hersteller präsentieren und verkaufen Möbel, Schmiedearbeiten, Bücher und diverse Köstlichkeiten – all das inmitten eines bunten Kultur-, Kunst- und Sportprogramms.

Meridian Czernowitz: Sept., www.meridiancz.com (engl.). Das poetische Festival versammelt Literaten, Musiker und Künstler aus der Ukraine, Österreich, Deutschland, der Schweiz, den USA, Polen und Rumänien, Frankreich und Großbritannien. Bekannte Persönlichkeiten diskutieren und präsentieren ihre Werke in den Sälen, Museen und Kaffeehäusern der Stadt.

Stadtgründungsfest (День міста Чернівці): Okt. Ihr Bestehen feiert die Stadt mehrtägig mit Konzerten, Ausstellungen, Spielen, Wettbewerben und einem grandiosen Feuerwerk.

Verkehr

Flüge: Internationaler Flughafen Černivci, vul. Čkalova/вул. Чкалова 30, Tel. 03722 764 77, www.airport.cv.ua. Flüge nach Kiew und Simferopol' innerhalb der Ukraine sowie nach Köln in Deutschland. Zwischen dem Flughafen und dem Stadtzentrum verkehrt die Buslinie 38.

Züge: Bahnhof, vul. Haharina/вул. Гагаріна 38, Tel. 03722 429 24. U. a. Verbindungen nach Užhorod, L'viv, Ivano-Frankivs'k, Charkiv, Donec'k, Odesa, Cherson, Simferopol'. Die meisten (kleineren) Ortschaften der Region sind mit dem Zug ebenfalls zu erreichen.

Busse: Busbahnhof, vul. Holovna/вул. Головна 219, Tel. 03722 416 35. Richtung Užhorod, L'viv, Ivano-Frankivs'k, Ternopil', Rivne, Vinnycja, Kamjanec'-Podil's'kyj und Kiew.

Mietwagen: Avto-Drajv (Авто-Драйв), vul. Halyc'kyj Šljach/вул. Галицький Шлях 52б, Tel. 0372 58 55 85, www.autodrive.com.ua (engl.).

Fortbewegung in der Stadt

Busse: Für eine Fahrt mit dem Bus (2,50 UAH) oder mit dem Trolley-Bus (1,25 UAH) zahlt man beim Fahrer oder Schaffner.

Taxis: Černivci-Taxi (Таксі Чернівці), Tel. 050 434 41 11, 0372 55 91 91.

Die Umgebung von Černivci ►1, E 7

Bila Krynycja

Nach der Eroberung der Gegend durch die Österreicher wurde **Bila Krynycja** (Біла Криниця, 200 Einw., ca. 45 km südlich von Černivci) 1780 den russischen Altgläubigen, den Lipowanern, übergeben, die in Russland religiöser Verfolgung ausgesetzt waren. Die an der Besiedlung der Bukowina interessierte österreichische Regierung förderte die Lipowaner beim Grundstückserwerb. Sie gewährte ihnen Glaubensfreiheit und befreite sie von Steuern und Militärdienst. Bila Krynycja entstand 1784 an der Stelle des früheren Anwesens Ternavka und der späteren Siedlung Varnycja. Bald wurde der Ort zum Inbegriff der Wiedergeburt der russischen altorthodoxen Diaspora. Die Altgläubigen hatten ihre eigene Kathedrale und ein Kloster, das 1844 zu einer Diözese und 1846 zu einem Metropolitanbistum heranwuchs. Die Aufmerksamkeit mehrerer russischer Intellektueller (Lev Tolstoj, Alexander Herzen, Michail Bakunin) auf sich ziehend, erlebte die Institution Ende des 19./Anfang des 20. Jh. ihre Blütezeit. In den 1940er-Jahren wurde sie nach Rumänien verlegt. Die russischen Siedler prägten seinerzeit wesentlich den Lebensstil der hiesigen Bevölkerung sowie das architektonische Bild des Dorfes: Immer noch sieht man die typisch russischen umzäunten Blockhäuser und ›schwarzen‹ Banjas.

1900 begann die aufwendige, kostspielige Errichtung der **Mariä-Himmelfahrt-Kathedrale** (Успенський собор), die 1908 mit aus Russland gelieferten Materialien fertiggestellt wurde. Die auf ukrainischem Terrain einmalige fünfkuppelige Kathedrale ist in bester altrussischer Architekturtradition des 17./18. Jh. erbaut. Sie prunkt mit glasierten Ziegeln, bunten Keramikmosaiken und reichem Dekor, an die Basiliuskathedrale auf dem Roten Platz in Moskau erinnernd. Ihr Inneres ziert eine vierrangige Ikonostase mit Werken russischer Meister aus Novgorod, Vladimir und Palech. 1944 wurde die Kathedrale für Gottesdienste geschlossen. Ihre zweckfremde

Nutzung führte zum langsamen Verfall, der erst in den 1980er-Jahren durch eine Renovierung gestoppt werden konnte.

Neben der Mariä-Himmelfahrt-Kathedrale steht die schlichte, aus dem Jahr 1740 stammende und im 19. Jh. wesentlich umgebaute **Kirche der hll. Kosmas und Damian** (Косьмодаміанівська церква) aus dem 18./19. Jh.

Verkehr

Busse: Verbindungen von und nach Černivci; allerdings fahren die Busse ziemlich selten.

Čortoryja

Das Dorf **Čortoryja** (Чортория, 700 Einw.) 40 km westlich von Černivci hat vor allem wegen des hier geborenen Schauspielers, Drehbuchautors und Filmemachers Ivan Mykolajčuk Berühmtheit erlangt. Die als **Gedenkmuseum** eingerichteten Räume des rekonstruierten Wohnhauses von Mykolajčuk gewähren einige Einblicke in die Ursprünge seiner Kunst und seines eigentümlich beflügelten Talents. Um das Museum kümmert sich die Schwester des Künstlers, Frozyna Hrycjuk, die ein paar Häuser weiter wohnt.

Zu besichtigen ist außerdem der **Manescu-Palast** vom Ende des 17. Jh., Anfang des 18. Jh. Das einstige Herrenhaus diente zunächst als Mädchenschule, unter den Sowjets als Pferdestall und später als psychoneurologisches Internat, was es heute noch ist. Im Park gibt es einen alten Tulpenbaum, eine schöne, schattige Kastanienallee und eine hölzerne Hüttenkirche.

Verkehr

Busse: Verbindungen von und nach Černivci.

Zališčyky und Umgebung

▶ 1, E 6

Zališčyky

Schon um das grandiose Panorama des Dnister-Mäanders zu erleben, lohnt es sich, nach **Zališčyky** (Заліщики, 9700 Einw.)

Landschaftshighlight: der Dnister bei Zališčyky

50 km nördlich von Černivci zu reisen. In der Kreisstadt mit wohltuendem warmem, trockenem Klima – ein populärer Weinbau- und Luftkurort in der Zwischenkriegszeit – ist vor allem der **Brunicki-Palast** (Палац Бруніцьких) mit seinem dendrologischen Park (Дендропарк) in der vul. Bandery/вул. Бандери 5 sehenswert. Der gegenwärtig als Krankenhaus genutzte Palast im Empirestil von 1831 ist aus dem Umbau eines früheren Herrenhauses hervorgegangen. Im verlassenen Park wachsen einige seltene Baumarten.

Im Zentrum kann man die griechisch-katholische **Mariä-Schutz-Kirche** (Церква Святої Покрови) von 1873 und die römisch-katholische **Stanislauskirche** (Костел Святого Станіслава) in der vul. Hajvorons'koho/вул. Гайворонського 18 besichtigen. Das regionale **Landeskundemuseum** (Краєзнавчий музей) liegt in der vul. Bandery/вул. Бандери 66 (Tel. 03554 220 44, Mo, Di, Do–Sa 9–13, 14–18 Uhr, Eintritt frei).

Die schönste Naturattraktion von Zališčyky ist der **Dnister-Mäander,** s. Tipp oben.

Tipp: Der schönste Blick auf die Dnister-Schleife

Um das atemberaubende Panorama des Dnister-Mäanders von Zališčyky zu bewundern, muss man sich zu Fuß oder per Taxi in das am anderen Flussufer gelegene Dorf **Chreščatyk** (Хрещатик, 6 km südlich) begeben. Der Blick von der oberen Terrasse des dortigen Klosters des hl. Johannes Evangelista (Свято-Іоано-Богословський монастир) ist wirklich herrlich. Das Kloster mit der schmucken Holzkapelle und den Höhlenzellen ist ebenfalls sehenswert.

Verkehr

Züge: Bahnhof, vul. Zaliznyčna/вул. Залізнична 5, Tel. 03554 216 96. Züge nach Černivci, Ternopil', L'viv.

Busse: Busstation, vul. Stefanyka/вул. Стефаника 17, Tel. 03554 212 44. Verbindungen nach Černivci, Ivano-Frankivs'k, Ternopil'.

Taxi: Tel. 03554 221 61, 067 287 72 62.

Monastyrok

Ca. 40 km nordöstlich von Zališčyky liegt das Dorf **Monastyrok** (Монастирок, 250 Einw.) am Seret (Серет), einem Nebenfluss des Dnister. Dort trifft man auf eine – eher für die Krim typische – **Höhlenkirche** (Печерний храм) vermutlich aus dem 9. Jh., die mutmaßlich in der vorchristlichen Ära als heidnische Kultstätte genutzt wurde. Sie ist in einer natürlichen Grotte untergebracht. Vor dem Eingang steht ein Opferstein, im Volksmund Dovbuš-Stein genannt. Unweit der Skite stehen die schlichte **Kreuzerhöhungskirche** (Воздвиженська церква) aus dem 18. Jh., deren Fundamente noch älter sind, sowie die Mönchszellen eines der ersten griechisch-katholischen **Basilianerklöster** (Василіанський монастир) aus dem Jahr 1600. Von Monastyrok ist es nicht mehr weit zur **Kristallhöhle** bei Kryvče (s. S. 301).

Verkehr

Busse: über das Zentrum Borščiv (Борщів). Von Borščiv fahren auch Busse nach Kryvče.

Toporivci ▶ 1, E 7

Auf dem Weg von Černivci nach Chotyn liegt das Städtchen **Toporivci** (Топорівці, ca. 4400 Einw.). Zwei sehenswerte Kirchen liegen in der vul. Toporivs'ka/вул. Топорівська nahe dem Dorfzentrum. Die auffallende **Elias-Wehrkirche** (Церква Святого Іллі) mit frei stehendem Glockenturm stammt aus dem Jahr 1560. In der Architektur des Ensembles verflechten sich sowohl bukowinische als auch moldauische Bautraditionen.

Die neuere und größere, orthodoxe **Eliaskirche** (Церква Святого Іллі) aus dem Jahr 1914, nordöstlicher gelegen, ähnelt eher einem Märchenschloss als einem Gotteshaus: Sie ist reich verziert und hat rote heitere Türme sowie in der Umfriedung ein großes überdachtes Eingangstor.

6 Chotyn ▶ 1, F 7

Die Ursprünge der heutigen Kreisstadt **Chotyn** (Хотин, 11 000 Einw.) gehen auf die romantisch am steilen Ufer des Dnisters gelegene Chotyner Festung zurück. Die Burg ist zur Visitenkarte der Stadt geworden und zeugt vom vergangenen Ruhm der ukrainischen Kosaken sowie von entscheidenden Momenten in der Geschichte des Fürstentums Moldau, Rumäniens, des Türkischen Reiches und Polens.

Chotyner Festung

Die offizielle Geschichte der **Chotyner Festung** (Хотинська фортеця) reicht in die Mitte des 13. Jh. zurück, als Danylo Halyc'kyj die seit den Zeiten der Kiewer Rus bestehende hölzerne Wehranlage durch eine steinerne ersetzen ließ. Die exklusive Lage am Dnister, der seit je eine natürliche zwischenstaatliche Grenze bildete, verschaffte der Festung die Rolle eines Wehrkomplexes, einer Zollstation und eines Kreuzungspunktes der Handelswege. Der wesentliche Ausbau der Anlage wurde im 15. Jh. im Fürstentum Moldau vollzogen. Aus dieser Zeit stammen die dicken **Mauern** mit byzantinisch anmutenden Ornamenten und fünf mächtigen Türmen, der größere **Kämpferhof** mit dem Brunnen in der Mitte sowie der kleinere **Kommandantenhof** mit dem **Kommandantenpalast,** wo in geräumigen Weinkellern Lebensmittel und Waffen aufbewahrt wurden. Die Palastmauern sind mit Ornamenten aus rotem Ziegel und weißen Steinblöcken, die Palastportale und Fenster mit Steinmetzarbeiten im gotischen Stil verziert. Es gab Zeiten, in denen der Palast als Harem diente: Inmitten der hängenden Gärten plätscherte hier ein Springbrunnen …

Siegesruhm erlangte die Festung im Jahr 1621 nach dem Kampf der polnisch-kosakischen Truppen mit dem Kosakenhetman Petro Sahajdačnyj und dem polnischen Hetman Jan Karol Chodkiewicz an der Spitze gegen die Osmanen sowie im Jahr 1673, als Johann III. Sobieski das türkische Heer hier erneut besiegte. Unter der türkischen Herrschaft im 18. Jh. wurde die Festungsanlage den damaligen Erfordernissen der Fortifikationsarchitektur angepasst und unter anderem um die rechteckige **Neue Festung** (1718) erweitert. Ein 1 km langer Schutzwall mit Bastionen wurde um die Kasernen, Werkstätten, Pferdeställe, Wirtschaftsgebäude und die Moschee mit Minarett gezogen. Davon sind heutzutage nur **Reste** des Minaretts und der Erdwälle zu sehen, sie befinden sich gegenüber der für die russischen Soldaten 1830–1832 erbauten orthodoxen **Aleksandr-Nevskij-Kirche** (Церква Олександра Невського).

Nach dem Frieden von Bukarest im Jahr 1812 fiel Chotyn an Russland und büßte seine strategische Bedeutung ein. Eine beliebte Filmkulisse ist es allerdings bis heute geblieben. Vor der Festung befindet sich das **Zollhaus** aus dem 18. Jh. und ein Petro Sahajdačnyj gewidmetes **Denkmal** (Tel. 03731 229 32 oder 213 73, www.hottur.org.ua, engl., tgl. 9–18 Uhr, 8/4 UAH).

Stadtzentrum

Im Stadtzentrum von Chotyn ist die orthodoxe **Mariä-Schutz-Kirche** (Свято-Покровська церква) aus den Jahren 1867/68 in der vul. Svjato-Pokrovs'ka/вул. Свято-Покровська 15 sehenswert. Das **Historische Museum** (Історичний музей) befindet sich in der vul. Svjato-Pokrovs'ka/вул. Свято-Покровська 17 (Tel. 03731 213 73, Mo–Fr 9–18 Uhr, 4/3 UAH).

Übernachten

Funktionales Standardhotel ▶ **Chotyn** (Хотин): vul. Olimpijs'ka/вул. Олімпійська 68 a, Tel. 03731 224 70, www.hotin.com.ua. Sauberes, zentral gelegenes Hotel mit Doppel-, Drei- und Fünfbettzimmern sowie angeschlossenem Fitnessstudio und Friseursalon. DZ 160 UAH.

Essen & Trinken

Rustikal ▶ **Chotyn** (Хотин): vul. Vojiniv-Vyzvolyteliv/вул. Воїнів-Визволителів, 125, Tel. 099 260 72 02, tgl. 11–23 Uhr. Das als mittelalterliche Wehranlage stilisierte Restaurant passt gut zum Bild der Festungsstadt. Es befindet sich an der Ausfahrt aus der Stadt Richtung Kamjanec'-Podil's'kyj. Serviert wird traditionelle ukrainische Hausmannskost auch auf der Sommerterrasse. Hauptgerichte ca. 15–30 UAH.

Aktiv

Stadtführungen & Ausflüge ▶ **Chotyn Tur** (Хотин Тур): vul. Nezaležnosti/вул. Незалежності 58, Tel. 097 302 25 37, www.khotyn-tour.com.ua, Mo–Fr 9–17 Uhr. Führungen in Chotyn, Exkursionen, Organisation von Sommer-, Winter- und Erholungsurlaub.

Wassersport und mehr ▶ **Reise- und Exkursionsbüro** (Хотинське бюро подорожей та екскурсій): vul. Svjato-Pokrovs'ka/вул. Свято-Покровська 64, Tel. 03731 232 44, Mo–Fr 10–17 Uhr. Erkundung von Chotyn und Umgebung, Angel- und Jagdtouren, Wassertourismus.

Termine

Chotyn 1621 (Хотин 1621): Sept. In den Festungsmauern lebt die legendäre Schlacht gegen die Türken von 1621 auf: Zeltlager werden errichtet, Fackeln angezündet, die Truppen wie damals positioniert ...

Verkehr

Busse: Busbahnhof, vul. Ševčenka/вул. Шевченка 61a, Tel. 03731 213 68. Verbindungen nach Černivci, Kamjanec'-Podil's'kyj, Chmel'nyc'kyj, L'viv.

Noch heute beeindruckend wehrhaft: die Chotyner Festung

Podolische Platte von Kamjanec'-Podil's'kyj nach Kremenec'

Die Podolische Platte erstreckt sich von L'viv fast bis nach Odesa. Zahlreiche spektakuläre Karsthöhlen sowie beeindruckende Flusscanyons sind ihre Wahrzeichen. Hier liegen einige der attraktivsten Städte der Westukraine: das romantische Kamjanec'-Podil's'kyj mit seiner berühmten Festung und die am See schön gelegene Gebietshauptstadt Ternopil'. Die Kremencer Berge bilden den nördlichsten Rand des Karstplateaus.

7 Kamjanec'-Podil's'kyj

▶ 1, F 6

Cityplan: S. 286

Kamjanec'-Podil's'kyj (Кам'янець-Подільський, ca. 100 000 Einw.) ist eine der romantischsten ukrainischen Städte, deren herrschaftliche Festung über einer malerischen Flussschleife thront. Der intensive Ausbau von Kamjanec' während des Mittelalters hat die antike und altslawische Bebauung überlagert. Allerdings lassen einige Ortsbezeichnungen, architektonische Überreste wie die der Trajan-Wälle, die altrömisch anmutende Steinbrücke über den Smotryč sowie reiche Funde altrömischer Münzen vermuten, dass die Siedlung schon zu Zeiten der Römer als dakisches Klepidava (Steinerne Stadt) existierte. Neueste Ausgrabungen förderten Hinweise auf eine altukrainische Siedlung aus dem 10.–13. Jh. zutage.

Geschichte

Erstmals urkundlich erwähnt wird der Ort in armenischen Chroniken von 1060/62. Als Bestandteil des Fürstentums Galizien-Wolhynien entwickelte er sich bis zur ersten Hälfte des 14. Jh. zu einem bedeutenden Handelszentrum auf dem Weg von Kiew in den Balkan. Um 1240 wurde die Siedlung von Batu Khan erobert, 1362 fiel Kamjanec' der litauisch-altukrainischen Fürstenfamilie Korjatovyč zu. Sehr bald verwandelte es sich in einen aufblühenden Wohnort für ukrainische, polnisch-litauische und armenische Gemeinden, die hier Autonomie genossen. Nachdem Kamjanec' im Jahr 1432 das Magdeburger Recht erworben hatte, wurde es polnisch. In den Jahren 1672–1699 besetzten türkische Truppen diesen strategisch wichtigen Vorposten. Nach der zweiten Teilung Polens 1793 ging die Stadt an das Russische Reich. Im Jahr 1919 wurde Kamjanec'-Podil's'kyj zur Hauptstadt der Ukrainischen Volksrepublik und bald darauf, im Jahr 1920, zu einer der Kreisstädte der Sowjetukraine.

In der Vulycja Zarvans'ka

Von der Neuen Stadt gelangt man über die Novoplanivs'kyj-Brücke (Новопланівський міст) in die Altstadt. An der Ecke Trojic'ka pl./vul. Zarvans'ka (Троїцька пл./вул. Зарванська) wird das **Dreifaltigkeitskloster** 1 (Свято-Троїцький монастир) aus dem 14.–16. und 18./19. Jh. derzeit von Basilianermönchen wieder aufgebaut. Die steinerne Wehrkirche diente mehreren Gemeinden als Gebetshaus, bis sie in den 1930er-Jahren stark beschädigt wurde.

Der ehemalige **Czartoryski-Palast** 2 (Палац Чарторийських, 16.–19. Jh.) in der vul. Zarvans'ka/вул. Зарванська 13 beherbergt heute das Kyrill-und-Methodius-Kloster (Монастир Кирила і Методія). Das Gebäude trägt die architektonischen Züge der Renaissance und des Barock.

Wehrarchitektur

Nicht weit ist es über die vul. Dovha bis zur Ostmauer am Smotryč-Ufer. Dort ragt in der vul. Valy/вул. Вали einer der wichtigsten Verteidigungsbauten der Stadt auf – der **Töpferturm** 3 (Гончарська башта). Seine Wände fallen nach der Befestigungslehre Albrecht Dürers schräg ab und sind mit Schießscharten versehen. 1583 errichtet, war er ursprünglich der Töpferzunft anvertraut. Der Turm mit dem markanten Kegeldach zählt fünf Ränge von der Ufer- und drei von der Stadtseite.

An der pl. Rus'kyj Rynok/пл. Руський Ринок, dem Ruthenischen Markt am nördlichen Smotryč-Bogen, befindet sich das **Obere Polnische Tor** 4 (Верхня Польська брама, 16.–18. Jh.), das zusammen mit dem **Unteren Polnischen Tor** 5 (Нижня Польська брама, 15./16. Jh.) einen Teil des raffinierten hydrotechnischen Wehrkonstruktes bildete und zugleich als Stadttor diente. Das Obere Polnische Tor besteht aus dem mächtigen Stephan-Báthory-Turm (auch Kürschnerturm), der Türkischen Bastion, die während der türkischen Belagerung an der Stelle des Potocki-Palastes aus dem 15. Jh. entstand, und den Wehrmauern. In der vul. Rus'ka/вул. Руська 15 sieht man das massive steinerne, von einer hohen Mauer umgebene **Pulverlager** 6 (Порохівня) vom Ende des 18. Jh.

Peter-Paul-Kirche 7

Hier im nördlichen Teil der Altstadt steht in der vul. Tatars'ka/вул. Татарська eine der hierzulande selten anzutreffenden Pendentifkirchen, die orthodoxe **Peter-Paul-Kirche** (Церква Святих Апостолів Петра і Павла). Insbesondere im Kircheninneren schaffen die dreieckigen Pendentifs einen harmonischen Übergang zwischen der kreisförmigen Kuppel und deren quadratischem Unterbau. Obwohl manche Forscher die Er-

Von der Altstadt in Kamjanec'-Podil's'kyj blickt man in die Smotryč-Schlucht

Kamjanec'-Podil's'kyj

Sehenswert
1 Dreifaltigkeitskloster
2 Czartoryski-Palast
3 Töpferturm
4 Oberes Polnisches Tor
5 Unteres Polnisches Tor
6 Pulverlager
7 Peter-Paul-Kirche
8 Peter-Paul-Kathedrale
9 Franziskanerkloster
10 Dominikanerinnenkloster
11 Altes Rathaus
12 Dominikanerkloster
13 Kreisgericht
14 Ruthenisches Rathaus
15 Geistliches Seminar
16 Palast der armenischen Priester
17 Stefanskirche
18 Nikolauskirche
19 Schneiderturm
20 Fleischerturm
21 Ruthenisches Tor
22 Dreifaltigkeitskirche
23 Stadttor an der Festung
24 Festung

Übernachten
1 Amadeus Club
2 Het'man
3 7 dniv
4 Gala-Hotel
5 Kleopatra

Essen & Trinken
1 Steak House London
2 Kava vid policmejstera
3 Taras Bul'ba
4 Pid bramoju

Einkaufen
1 Souvenirs & Keramik

Aktiv
1 Vid
2 Zentralbüro des Nationalparks Podil's'ki Tovtry

richtung des Gotteshauses um das Jahr 1500 datieren, wird offiziell das Jahr 1580 als Entstehungsdatum angegeben. Der an die Westfassade angebaute Glockenturm im Empirestil stammt von 1834. Im Inneren wurden in den 1970er-Jahren die Fragmente der alten Fresken erneuert.

Peter-Paul-Kathedrale 8

Weiter südlich in der vul. Tatars'ka/вул. Татарська erhebt sich die **Peter-Paul-Kathedrale** (Кафедральний костел Петра і Павла), der Sitz der römisch-katholischen Bischöfe. Hinein gelangt man durch das Triumphtor, das 1781 anlässlich des königlichen Besuchs von Stanislaus August errichtet wurde. Die Palette der Stilrichtungen, die an der architektonischen Gestaltung der Kathedrale zu entdecken sind, reicht von der Romanik bis zur Neogotik. Der allererste Stifter des Gotteshauses war die Familie Korjatovyč im Jahr 1370. Sehr bald nach der Erbauung fanden die katholischen Bischöfe an der Kirche Gefallen. Während der türkischen Belagerung in den Jahren 1672–1699 wurde die Kathedrale in eine Moschee umfunktioniert: Der Kirchenschmuck wurde entfernt, das Minarett dafür angebaut. Nach der Befreiung der Stadt von den türkischen Truppen gegen 1700 ließen die Stadtbewohner das Minarett mit einer hölzernen Marienstatue, die 1756 durch die kupfern-silberne ersetzt wurde, verzieren. Die barocke Umgestaltung in den Jahren 1742–1779 ist besonders am Presbyterium zu bemerken. Im Inneren der Kathedrale befindet sich ein rührendes Grabmal (1876) für die mit 21 Jahren verstorbene Laura Przeździecki von Wiktor Brodzki: Zu Füßen der schlafenden jungen Frau sieht man Cupido mit der erloschenen Fackel, daneben liegt ein auf der Seite 21 aufgeschlagenes Buch.

Nach der Schließung des Gotteshauses im Jahr 1945 wurde hier das Museum für Atheismus (1946–1990) eingerichtet. Heute dient das Ensemble mit dem Wehrglockenturm aus dem Jahr 1648 und dem Bischofspalast von 1627 seiner ursprünglichen Bestimmung.

Franziskanerkloster 9

Die vul. Francyskans'ka/вул. Францисканська, einst als Jesuitenstraße bekannt, ist eine der ältesten Straßen der Stadt. Unter der Nr. 2 befindet sich der **Palast der römisch-katholischen Bischöfe** aus dem Jahr 1627, der im 19. Jh. umgestaltet wurde.

Die Sehenswürdigkeit, von der die Straße ihren Namen ableitet, ist das bedeutende En-

150
300 m
vul. Puškins'ka
Bahnhof
Mis'kyj park
vul. Ševčenka
vul. Zbars'koho
Смотрич
vul. Krylenka
vul. Rus'ka
pl. Rus'kyj Rynok
vul. Rus'ka
вул. Шевченка
vul. Ladyhina
Torhova pl.
vul. Zin'kovec'ka
vul. Zarvans'ka
vul. Soborna
vul. Petropavlivs'ka
vul. Kuznečna
vul. Tatars'ka
вул. Троїцька
vul. Suvorova
Smotryč
vul. Trojic'ka
vul. Zarvans'ka
vul. Dovha
Busbahnhof
vul. Ural's'ka
vul. Rus'ka
POL'S'KI FIL'VARKY
pl. Pol's'kyj Rynok
vul. Ševčenka
vul. Starobul'varna
vul. Dovha
vul. Valy
vul. Smotryc'ka
vul. Huns'ka
Papanina
Папаніна
vul. Zamkova
вул. Замкова
pl. Virmens'kyj Rynok
vul. Dovha
vul. Draj-Chmary
vul. Trynitars'ka
vul. Rična
vul. Nahirna
vul. Rus'ka
vul. Virmens'ka
vul. Valy
vul. Sicyns'koho
vul. Rična
vul. Dovha
Smotryč Смотрич
vul. Valy
vul. Rus'ka
RUS'KI FIL'VARKY
vul. Ševčenka
vul. Lesi Ukrajinky
vul. Ljapidevs'koho
Dendropark
vul. Hodovancja
vul. Ivana Franka
vul. Kamanina
vul. Lesi Ukrajinky
Smotryč Смотрич
vul. Rična
vul. Ivana Franka
vul. Ševčenka

semble des **Franziskanerklosters** (Монастир францисканців). Seine Baugeschichte beginnt im 14. Jh., seine wiederholten Zerstörungen, Rekonstruktionen und Umgestaltungen dauerten bis zum 19. Jh. an. Der intensive Ausbau des Klosters von Jan de Witte im Jahr 1753 hinterließ die sichtbarsten Spuren. Die Umfunktionierung des Klosters in eine Kaserne in den 1890er-Jahren tilgte jedoch die einstige Pracht des Komplexes. Nach der zweiten Teilung Polens wurden die Klostergebäude in die Residenz der orthodoxen Erzpriester umgewandelt. Die barocke Franziskanerkirche wurde in die heutige **Mariä-Himmelfahrt-Kirche** (Церква Успіння Пресвятої Богородиці, 16.–19. Jh.) mit dem Zarentor umgeweiht. Gegenwärtig gehört das Klosterensemble der orthodoxen Kirche.

Dominikanerinnenkloster 10

Das **Dominikanerinnenkloster** (Монастир домініканок) gleich neben dem Franziskanerkloster besteht aus der barocken, einschiffigen Michaelskirche (Церква Святого Михаїла) und eingeschossigen Nonnenzellenbauten aus der Mitte des 18. Jh. Seinerzeit widmeten sich bei den Dominikanerinnen die Frauen der berühmten Geschlechter Potocki und Mohyla, die die Einrichtung sowohl geistig geprägt als auch finanziell unterstützt haben, dem Klosterleben. Das von den Türken in eine Fortifikationsanlage umgewandelte Kloster erlebte im 18. Jh. seine Wiedergeburt, um später erneut als Kaserne, Gefängnis und Fabrik zu dienen. Heutzutage kümmert sich die Diözese der römisch-katholischen Kirche um das Klosterensemble.

Altes Rathaus 11

Das **alte Rathaus** (Ратуша), das ehemalige Gebäude des polnischen Magistrats aus dem 15.–19. Jh. an der pl. Pol's'kyj Rynok/пл. Польський Ринок, dem Polnischen Markt, beherbergt drei Ausstellungen des **Historischen Museums** (Історичний музей): eine über das Magdeburger Recht, eine über das mittelalterliche Gerichtswesen und eine über den Geldverkehr im alten Kamjanec' (Tel. 03849 238 69, www.museum.k-p.km.ua, Sommer Di–So 10–18, Mo 10–17, Winter Di–So 9–17, Mo 9–16 Uhr, 8/5,50 UAH).

Dominikanerkloster 12

In der vul. Dominikans'ka/вул. Домініканська steht das im 14. Jh. gegründete ehemalige **Dominikanerkloster** (Домініканський монастир), einst eine der repräsentativsten Mönchsherbergen des Ordens in Podolien. Die heutige, 1420 erbaute **Klosterkirche des hl. Nikolaus** (Костел Святого Миколая) wurde infolge von Bränden und Plünderungen immer wieder renoviert und umgestaltet. Die im Zeitraum von 1672 bis 1699 in Kamjanec' herrschenden Türken machten aus ihr eine Moschee. 1737–1754 ließ die Familie Potocki die Anlage ausbauen und erneuern.

Die Architektur des Ensembles prägen die Stile der Renaissance und des Barock, wobei das Kircheninnere im Rokokostil mit reichem Stuckschmuck, Pflanzenornamenten und Malereifragmenten gestaltet ist. An die Kirche schließt der eingeschossige Mönchszellenbau mit dem geschlossenen Innenhof und dem Refektorium an. Der Paulinerorden führt derzeit die Renovierung des im Zweiten Weltkrieg stark beschädigten Klosters durch.

Rund um den Armenischen Markt

An der langgestreckten pl. Virmens'kyj Rynok/пл. Вірменський Ринок, dem Armenischen Markt, steht das zweistöckige Gebäude des ehemaligen **Kreisgerichtes** 13 (Окружний суд) aus dem Jahr 1892, an dessen Stelle sich früher der Palast der katholischen Bischöfe, des Pascha sowie das Theater befand. 1919 residierte im Gerichtsgebäude das Ministerium für militärische Angelegenheiten der Ukrainischen Volksrepublik. Heute beherbergt es eine Näherei.

Das **Ruthenische Rathaus** 14 (Руська ратуша) in der vul. Pjatnyc'ka/вул. П'ятницька an der Ostseite des Armenischen Marktes gehörte im 16. Jh. dem Haupt der ukrainischen Gemeinde. Nachdem der polnische Sejm den Magistrat aufgelöst hatte, ging das Haus an die Kirchenväter. Gegenwärtig ist das authentisch renovierte Gebäude Sitz der Museumsverwaltung für die im benachbarten ehemaligen **Geistlichen Seminar** 15 aus dem 18. Jh. untergebrachte Gemäldegalerie (Картинна галерея). Hier sind in- und ausländische Porträts, Ikonen und Fotos zu sehen (Tel. 03849 238 69, www.museum.k-p.km.ua, Sommer Di–So 10–18, Mo 10–17, Winter Di–So 9–17, Mo 9–16 Uhr, 5,50/4 UAH).

Im ehemaligen **Palast der armenischen Priester** 16 (15.–18. Jh.) in der vul. Ioanno-Predtečens'ka/вул. Іоанно-Предтеченська 2 ist die archäologische Abteilung des Historischen Museums (Музей археології) untergebracht (Tel. 03849 238 69, www.museum.k-p.km.ua, Sommer Di–So 10–18, Mo 10–17, Winter Di–So 9–17, Mo 9–16 Uhr, 4/3 UAH).

Im Glockenturm der von der armenischen Gemeinde um 1600 erbauten **Stefanskirche** 17 (Церква Святого Стефана) in der vul. Virmens'ka/вул. Вірменська sind wertvolle Wandmalereien aus dem 16./17. Jh. zu sehen. In den 1980er-Jahren wurde hier ein großer Schatz an goldenen und silbernen Votiv- und Kultgegenständen entdeckt. Ursprünglich gehörte der Fund zur Schatzkammer der benachbarten armenischen **Nikolauskirche** 18 (Свято-Миколаївська церква) aus dem 15. Jh. im Mykolajivs'kyj prov./Миколаївський пров. Von der einstigen byzantinischen architektonischen Pracht des Gotteshauses sind leider nur Ruinen geblieben.

Entlang dem Fluss Smotryč umgeben das Armenische Viertel noch ein paar Befestigungsbauten: die Ruinen des **Schneiderturms** 19 (Кравецька башта) und der am Felsenhang platzierte **Fleischerturm** 20 (Різницька башта) aus dem 16. Jh. in der vul. Valy/вул. Вали.

Ruthenisches Tor 21

Das **Ruthenische Tor** (Руська брама) aus dem 15.–18. Jh. in der vul. Rus'ka/вул. Руська 95 erfüllte zusammen mit dem Polnischen Tor (s. S. 285) eine wichtige Verteidigungsfunktion. Beide Tore waren Teile einer hydrotechnischen Wehranlage, die in ihrer Komplexität heute nicht mehr zu bewundern ist. Früher bestand das Befestigungsensemble insgesamt aus acht Türmen, einer Barbakane und Wehrmauern, die auf beiden Seiten des Smotryč errichtet waren. Die zur Anlage gehörigen Schleusen regulierten das Wasserniveau im Canyon.

Tipp: Die schönsten Altstadtblicke

Herrliche Altstadtblicke bieten sich von der vul. Franka/вул. Франка nahe der Mariä-Schutz-Kirche, vom Gelände des Dendrologischen Parks in der Nähe des Waldwirtschaftsgebäudes (Лісгосп) in der vul. Ševčenka/вул. Шевченка, rechts von der Novoplanivs'kyj-Brücke (Новопланівський міст), von der Armenischen Bastion (Вірменський бастіон) in der vul. Zamkova/вул. Замкова sowie vom Felsen Tatarys'ka (Татариська) über dem Stadtviertel Karvasary (Карвасари) nahe dem Denkmal »7 Kulturen« (»7 культур«).

Dreifaltigkeitskirche 22

Vom ehemaligen Trinitarierkloster (Монастир тринітаріїв) ist nur seine bescheidene **Dreifaltigkeitskirche** (Костел Святої Трійці) in der vul. Starobul'varna/вул. Старобульварна erhalten geblieben. Die erste hölzerne Kirche ließen die Ordensbrüder, die sich der Befreiung von Christen aus der muslimischen Gefangenschaft verschrieben hatten, 1712 errichten. Ihre steinerne, barocke, einschiffige Nachfolgerin mit der schönen Treppe entstand 1750–1765. Nach langjähriger zweckfremder Nutzung wurde das Gotteshaus in den 1990er-Jahren den Basilianermönchen übergeben.

Stadttor 23

Vor der **Schlossbrücke** (Замковий міст) aus dem 14.–18. Jh. breitet sich auf drei Terrassen der befestigte Komplex des **Stadttors** (Міська Брама) aus. Die Obere Terrasse wird von der massiven, mit großen Scharten ver-

Die Alte Festung von Kamjanec'-Podil's'kyj sicherte einst den Zugang zur Stadt

sehenen **Armenischen Bastion** (Вірменський бастіон) in der vul. Zamkova/вул. Замкова dominiert. Die Bastion stammt aus dem 16./17. Jh.; ihre Erbauung wird der armenischen Gemeinde zugeschrieben. Auf der mittleren Terrasse befinden sich das eigentliche Stadttor mit dem **Torturm** und ein Aussichtsplatz mit Schlosspanorama. Die **Kasematte** aus dem 18. Jh. – auch Labor genannt, weil hier seinerzeit das Schießpulver auf seine Qualität überprüft wurde – steht auf der unteren Terrasse.

Festung 24

Die **Alte Festung** (Стара фортеця), ein einmalig gelungenes landschaftlich-architektonisches Baudenkmal, befindet sich auf einer Insel, deren steile Abhänge eine Höhe von 30–40 m erreichen und die mit dem Altstadtplateau durch eine bis zu 10 m breite und ca. 100 m lange felsige Landbrücke verbunden ist. Im Fall der Belagerung wurde die Landbrücke zur Festung unzugänglich gemacht. Die Silhouette der Festung mit mehreren emporragenden Türmen und der umgebenden Landschaftskulisse ist bei Sonnenauf- bzw. Sonnenuntergang einmalig schön.

Die Annalen schreiben die Errichtung der Alten Festung den Fürstenbrüdern Korjatovyč zu, die die Siedlung nach dem Sieg über die Tataren im Jahr 1362 in Besitz nahmen. Offensichtlich erweiterten die Brüder die bereits vorhandene altslawische Befestigungsanlage. Die Existenz der Festung wurde erstmals in der Urkunde von Jurij Korjatovyč von 1374 dokumentiert. Die Anlage, deren Baugeschichte vom 11. Jh. bis zum 19. Jh. reicht, war ein wichtiger Verteidigungsposten in Polen-Litauen und ein bedeutender Schauplatz der Befreiungsbewegung des ukrainischen Volkes im 17. Jh. Von den Türken im Jahr 1672 erobert, verwandelte sie sich unter russischer Herrschaft in ein Gefängnis (1816–1914), zu dessen legendären Gefangenen der ukrainische Freiheitskämpfer Ustym Karmaljuk (1787–1835) zählt. Als Einziger vermochte er mehrmals aus dem Papstturm (Папська башта), der zu seinen Ehren auch Karmaljuk-Turm genannt wurde, zu fliehen.

Ihr heutiges Aussehen nahm die Befestigungsanlage hauptsächlich im 16. Jh. an: Sie ist mehreckig, länglich im Grundriss und wird durch eine Wehrmauer und zahlreiche Türme beschützt. Rechts vom Osteingang befindet sich der eingeschossige, fünfeckige Schwarze Turm mit einem Brunnen. Des Weiteren sieht man den Landkronschen und den Kommandantenturm, den Rožanka-Turm, den Wasserturm, den Neuen und den Tagesturm, den Ljac'ka- und den Tenčens'ka-Turm, den Kovpak-Turm, den Papstturm sowie einen teilweise zugänglichen unterirdischen Gang, der ins Smotryč-Tal führen soll (Tel. 03849 238 69, www.museum.k-p.km.ua, Sommer Di–So 10–18, Mo 10–17, Winter Di–So 9–17, Mo 9–16 Uhr, 16/8 UAH).

Im 17. Jh. entstand vor der Westfassade der Alten Festung die **Neue Festung** (Нова фортеця), eine erden-steinerne Bastion nach dem Vorbild des holländischen Hornwerks, an die nur noch die mächtigen Erdwälle und die Kasemattenlabyrinthe erinnern.

Infos

Touristinfo (Турінфоцентр): pl. Pol's'kyj Rynok/пл. Польський Ринок 18, Tel. 067 991 70 52, www.kam-pod.info (dt.). Alle Infos zu Aktivitäten und Erholung in Kamjanec'-Podil's'kyj (zzt. nur telefonisch oder per E-Mail); Stadtführungen.

Übernachten

Nobel ▶ **Amadeus Club** 1: vul. Starobul'varna/вул. Старобульварна 2, Tel. 067 223 38 00, www.amadeus-club.com (dt.). Das 4-Sterne-Hotel im Herzen der Altstadt bietet neben eleganten Zimmern ein Spa-Center, ein Restaurant mit ukrainischer, europäischer und japanischer Küche sowie Exkursionen an. DZ/ÜF 60–96 €.

Gediegen ▶ **Het'man** 2 (Гетьман): pl. Pol's'kyj Rynok/пл. Польський Ринок 8, Tel. 067 588 22 15, www.hetman-hotel.com.ua (engl.). Das Hotel in einem historischen Gebäude in der Altstadt sucht das Flair der Hetmanen- und Kosakenzeit in Erinnerung zu rufen. Das sympathische Restaurant mit nationaler Küche ist im altukrainischen Stil eingerichtet. Schmackhafte traditionelle Ofengerichte. DZ 385–600 UAH.

Modern & funktional ▶ **7 dniv** 3 (7 днів): vul. Soborna/вул. Соборна 4, Tel. 03849 303 92, www.7dney.com (engl.). In einem Hochhaus findet man modern eingerichtete Zimmer, Restaurants mit nationaler, europäischer, japanischer und thailändischer Küche, ein Kaffeestudio sowie ein Spa- und Fitness-Center. DZ 264–834 UAH.

In ruhiger Lage ▶ **Gala-Hotel** 4: vul. Lesi Ukrajinky/вул. Лесі Українки 84, Tel. 03849 383 70, www.gala-hotel.com (engl.). Das 3-Sterne-Hotel und Reisebüro sind ruhig neben dem Botanischen Garten gelegen. Die Zimmer sind gepflegt und gemütlich. DZ/ÜF 295–310 UAH.

Elegant ▶ **Kleopatra** 5 (Клеопатра): vul. Tatars'ka/вул. Татарська 19, Tel. 03849 906 98, und vul. Ohijenka 39/2/вул. Огієнка 39/2, Tel. 03849 656 84, www.kleopatra-kp.com (dt.). Diese komfortable Herberge hat ein Restaurant mit Wintergarten und Sommerterrasse, Bowling, Billard und Spa. DZ 200–700 UAH.

Essen & Trinken

Hotelrestaurant ▶ **Amadeus** 1: vul. Starobul'varna/вул. Старобульварна 2, Tel. 03849 912 10, www.amadeus-club.com (dt.), tgl. 14–24 Uhr. Das elegante, in samtigen roten Tönen gehaltene Restaurant bietet erlesene Weine und Kreationen ukrainischer, europäischer und japanischer Küche an. Hauptgerichte ca. 50–100 UAH.

Wie in London ▶ **Steak House London** 1: vul. Knjaziv Koriatovyčiv/вул. Князів Коріатовичів 11, Tel. 03849 338 21, www.steakhouse.co.ua (engl.), tgl. 10–23 Uhr. Das Lokal befindet sich in der Neustadt auf dem Weg vom Busbahnhof in die Altstadt und ist wegen seiner Sommerterrasse kaum zu übersehen. Selbstbedienung im Interieur eines Londoner Pubs. Zu genießen sind schmackhafte Steaks, frische Salate und dazu passende Drinks. Hauptgerichte ca. 25–45 UAH.

Museumscafé ▶ **Kava vid policmejstera** 2 (Кава від поліцмейстера): vul. Starobul'varna/вул. Старобульварна 8, Tel. 067

713 04 69, tgl. 10–23 Uhr. Das gemütliche Café mit vielen Fotos und antiquarischen Gegenständen in einem historischen Haus am Armenischen Markt ist für seine 16 Kaffeesorten und für die einheimische Küche bekannt. Hauptgerichte ca. 20–45 UAH.

Hausmannskost ▶ **Taras Bul'ba** 3 (Тарас Бульба): vul. Starobul'varna/вул. Старобульварна 6, Tel. 03849 905 33, www.tarasbulba.com.ua (engl.), tgl. 7.30–23 Uhr. Das Hotelrestaurant befindet sich in historischen Kellerräumen des 18. Jh. Sein Name bezieht sich auf den legendären Helden der Gogolschen Erzählung. Auf der Speisekarte steht – wie es sich für Kosaken gehört – Deftiges. Hauptgerichte ca. 10–40 UAH.

Am Stadttor ▶ **Pid bramoju** 4 (Під брамою): vul. Zamkova/вул. Замкова 1, Tel. 03849 215 88, www.brama.kp.km.ua, tgl. 9–24 Uhr. Die beliebte Gaststätte mit nationaler Küche ist in der Stadtbefestigung, im sogenannten Labor, untergebracht. Von hier bietet sich eine schöne Aussicht auf die Altstadt. Hauptgerichte ca. 10–25 UAH.

Einkaufen

Keramik ▶ **Souvenirs & Keramik** 1 (Сувеніри з кераміки): vul. Knjaziv Koriatovyčiv/вул. Князів Коріатовичів 68/39, Tel. 03849 947 29, www.souvenirs.k-p.net.ua. Fantasievolle Mitbringsel und Kunstwerke aus Keramik.

Aktiv

Stadttouren & Aktivtourismus ▶ **Vid** 1 (Від): vul. Soborna/вул. Соборна 3, Tel. 03849 243 12, www.vid-tour.com.ua, Mo–Fr 9–18, Sa 10–14 Uhr. (Nacht-)Führungen durch Kamjanec'-Podil's'kyj sowie Exkursionen in der Region und der gesamten Westukraine an. Außerdem: Unterkunftsvermittlung, Transfer, Rafting, Kanu-, Heißluftballonfahrten und Reitwanderungen.

Nationalparktouren ▶ **Zentralbüro des Nationalparks Podil's'ki Tovtry** 2 (Подільські Товтри): pl. Pol's'kyj Rynok/пл. Польський Ринок 6, Tel. 03849 517 71 oder 512 70, www.tovtry.km.ua, engl. Geführte Wanderungen, Informationsmaterial für selbstständige Wander- und Radtouren durch den Nationalpark.

Klettern ▶ Der **Smotryč-Canyon** in Kamjanec'-Podil's'kyj ist eine der beliebtesten Kletterstätten in der Westukraine. Hier gibt es rund 60 markierte Kletterwege. Einige der populärsten sind gleich neben dem Abstieg von der Novoplanivs'kyj-Brücke und unter der Brücke zu finden; weitere ziehen sich entlang dem ganzen Canyon. Meistens sieht man dort die Fans dieser Sportart oder ihre Zelte, wenn man über die Brücke von der Neu- in die Altstadt spaziert.

Termine

Stadtgründungsfest (День міста): Mai. U. a. schweben Heißluftballons über der Festung – ein einmalig schönes Bild, das viele Touristen anlockt. Die Festlichkeiten schließt eine grandiose Laser- und Lichtshow ab.

Terra Heroica: Okt. Eines der ambitioniertesten internationalen historischen Militärfestivals in Osteuropa. Die aufgestellten Zeltlager rekonstruieren die ruhmreiche Vergangenheit der Festung.

Verkehr

Züge: Bahnhof, vul. Pryvokzal'na/вул. Привокзальна 1. Verbindungen nach Chmel'nyc'kyj, Kiew.

Busse: Busbahnhof, vul. Knjaziv Koriatovyčiv/вул. Князів Коріатовичів 19, Tel. 03849 312 51. Busse Richtung Chmel'nyc'kyj, Rachiv, Jaremče, L'viv, Černivci, Ternopil', Rivne.

Fortbewegung in der Stadt

Busse: Eine Busfahrt kostet 2–2,5 UAH.

Taxis: Radio-Taxi, Tel. 1506, 1555, 1562 und 1579.

Nationalpark Podil's'ki Tovtry ▶ 1, E/F 6/7

Tovtry ist die lokale Bezeichnung für den ca. 250 km langen, außerordentlich malerischen Kalksteinberggrat, der sich nördlich und südöstlich von Kamjanec'-Podil's'kyj ausbreitet. Im Miozän aus Meeresriffen entstanden, erhebt er sich 40–100 m über die umliegende Ebene. Der **Nationalpark Podil's'ki Tovtry** (Подільські Товтри), der dieses einmalige Naturdenkmal schützt, wurde 1996 gegründet. Er umfasst ein leider dicht besiedeltes Gebiet von ca. 2613 km² rund um Kamjanec'-Podil's'kyj.

Der Park ist Lebensraum für seltene Tier- und Pflanzenarten; hier befinden sich mehrere Mineralquellen und unzählige Geschichts- und Naturdenkmäler. Besonders schön sehen die exotischen Felsengebilde im Canyon des Dnister und seiner Nebenflüsse aus. Das Zentralbüro des Nationalparks befindet sich in Kamjanec'-Podil's'kyj (s. Aktiv S. 292). Es organisiert geführte Wanderungen und liefert Informationen für selbstständige Wander- und Radtouren.

Im südöstlichen Zipfel des Nationalparks ist das erstmals 1362 urkundlich erwähnte **Höhlenkloster des hl. Michael** (Бакотський Михайлівський печерний монастир) in einem 120 m hohen Sandsteinfelsen über dem Dnister sehenswert. Das Kloster wurde von Antonij, dem Begründer des Pečersker Höhlenklosters in Kiew, gegründet. In den 1960er-Jahren wurde es aufgegeben. Das Kloster befand sich ursprünglich in der Ortschaft Bakota (Бакота), die 1981 in den Fluten eines Wasserspeichers versank, der in einer Dnister-Schleife angelegt wurde. Um das ca. 40 km von Kamjanec'-Podil's'kyj entfernte Kloster und den Wasserspeicher zu erreichen, sollte man mit dem Auto oder Taxi zunächst nach Hruška (Грушка), dann ins benachbarte Kaštanivka (Каштанівка) fahren und den Rest der Strecke zu Fuß spazieren. Nach Hruška kann man auch den Bus von Stara Ušycja aus nehmen.

Aktiv

Höhlenbesichtigung ▶ Im Nationalpark befindet sich in der Nähe des Dorfes Zavallja (Завалля) die Karsthöhle **Atlantyda** (Печера Атлантида). Eine Besichtigung ist nur im Rahmen einer organisierten Tour, z. B. mit dem Touristischen Sportclub aus Ternopil', möglich, da die Höhle nicht mit Wegen ausgebaut ist (s. Adresse unter Aktiv S. 299).

Verkehr

Busse: Von Kamjanec'-Podil's'kyj Verbindungen nach Hruška und Stara Ušycja.

Chmel'nyc'kyj und Umgebung ▶ 1, F 5

Chmel'nyc'kyj (Хмельницький, ca. 250 000 Einw.) stellt sich dem Reisenden nur mit einigen wenigen Sehenswürdigkeiten vor, da ein Großteil ihres architektonischen Erbes im Zweiten Weltkrieg zerstört wurde. Die Gebietshauptstadt ist jedoch ein günstiger Ausgangspunkt für die Erkundung des Umlandes. Im Kreis Chmel'nyc'kyj steht in den Dörfern **Katerynivka** (Катеринівка) und **Hvardijs'ke** (Гвардійське) jeweils ein Obelisk, der einen Messpunkt des **Struve-Bogens** (Дуга Струве) markiert. Auf dem Struve-Bogen liegen geodätische Vermessungspunkte, die 1816–1855 zur Bestimmung der Erdform in Nord- und Osteuropa festgelegt wurden. Das internationale wissenschaftliche Projekt wurde vom Astronomen Wilhelm von Struve und dem Offizier Carl Tenner unternommen. Derzeit erstreckt sich der in das UNESCO-Welterbe aufgenommene Struve-Bogen über 2820 km durch zehn Länder. Weitere Messpunkte auf ukrainischem Gebiet befinden sich im Dorf Baranivka (Баранівка) im Kreis Jarmolynci und im Dorf Stara Nekrasivka (Стара Некрасівка) im Kreis Izmajil im Gebiet Odesa.

Geschichte

Das genaue Datum der Gründung der 1493 erstmals urkundlich erwähnten Siedlung Ploskyriv ist unbekannt. Sicher ist, dass der Ort im 16. Jh. mehrmals von den Tataren heimgesucht wurde und Schauplatz der Befreiungskämpfe des ukrainischen Volkes im 17. und 18. Jh. war. Nach der Zugehörigkeit zum Osmanischen Reich in den Jahren 1672–1699 fiel die Stadt 1795 dem Russischen Reich zu, wo sie in den Annalen als Gouvernementszentrum Proskuriv auftaucht. Der vorübergehende Sitz des Direktoriums der Ukrainischen Volksrepublik erlag 1920 endgültig der Sowjetmacht und wurde 1954 in Chmel'nyc'kyj – zu Ehren von Bohdan Chmel'nyc'kyj – umbenannt.

Sehenswürdigkeiten

Die Wirren des Krieges überstanden manche Wohnhäuser und Verwaltungsgebäude aus dem 19./20. Jh., wie beispielsweise das **Rathaus** (Міська рада) in der vul. Haharina/вул. Гагаріна 3. Ansonsten prägen spätere Bauten das architektonische Stadtbild, wie das monumentale Gebäude des **Abgeordnetenhauses** (Обласна рада) am majdan Nezaležnosti/майдан Незалежності 2, das in der Sowjetära entstanden ist. Entlang der vul. Kamjanec'ka/вул. Кам'янецька gelangt man zum **Landeskundemuseum** (Історико-краєзнавчий музей) in der vul. Podil's'ka/вул. Подільська 12 (Tel. 0382 76 23 40, tgl. 8–17 Uhr, 7/4 UAH) und zur **Mariä-Geburt-Kirche** (Церква Різдва Богородиці) aus dem Jahr 1837 in der vul. Vajsera/вул. Вайсера 15/1. Das **Museum für Stadtgeschichte** (Музей історії міста) befindet sich in der vul. Proskurivs'ka/вул. Проскурівська 30 (Tel. 0382 79 54 46, Mo–Fr 8–17 Uhr, 4/1,50 UAH). Das Haus Nr. 47 in derselben Straße beherbergt das **Kunstmuseum** (Художній музей, Tel. 0382 70 28 11, Mo–Sa 10–18 Uhr, 4/1,50 UAH).

Übernachten

Schick ▶ **Lybid' Plaza** (Либідь Плаза): vul. Kamjanec'ka/вул. Кам'янецька 21, Tel. 0382 78 76 00, www.lybid-plaza.ua, engl. Die schick eingerichteten Zimmer sind mit allem Nötigen ausgestattet; der Hotelkomplex bietet viele Extras für Komfort und Wohlbehagen: feine Restaurants, Fitnesscenter, Sauna, Schwimmbad. DZ 500–680 UAH.

Mit Grünanlage ▶ **Vik Žan** (Вік Жан): vul. Berezneva/вул. Березнева 5/1, Tel. 0382 72 90 71, www.vik-jan.com.ua (engl.). Der einladende 3-Sterne-Hotelkomplex besteht u. a. aus gemütlichen Holzhäusern mit Kamin, einem Restaurant und einer Sauna. Auf dem Gelände gibt es Grünanlagen, Sommerlauben, einen Teich mit Schwänen und einen Kinderspielplatz. DZ 200–400 UAH.

Zentral ▶ **Podillja** (Поділля): vul. Ševčenka/вул. Шевченка 34, Tel. 0382 76 55 40, www.hotel-podillya.at.ua. Zimmer für einen vernünftigen Preis, Bar und Fitnesshalle in einem Hochhaus im Zentrum der Stadt. DZ 100–300 UAH.

Essen & Trinken

Fusionsküche ▶ **Éclair** (Еклер): vul. Kamjanec'ka/вул. Кам'янецька 21, Tel. 0382 78 75 90, www.lybid-plaza.ua (engl.), Di–Do 11–2, Fr, Sa 11–5 Uhr. Im elitären Restaurant werden Fusionsküche und erlesene Weine serviert. Hauptgerichte ca. 40–160 UAH.

Japanisch ▶ **Sakura Kaj** (Сакура Кай): vul. Kamjanec'ka/вул. Кам'янецька 21, Tel. 0382 70 05 55, www.lybid-plaza.ua (engl.), Di–Do 11–2, Fr, Sa 11–5 Uhr. Japanische Küche im entsprechenden Ambiente. Hauptgerichte ca. 18–82 UAH.

Varenyky ▶ **Var"nikoff"** (Варъникоффъ): vul. Kamjanec'ka/вул. Кам'янецька 21, Tel. 0382 78 75 90, www.lybid-plaza.ua (engl.), Di–Do 11–2, Fr, Sa 11–5 Uhr. Vornehmes Restaurant mit Strohdächern und feinen alten Rezepten der ukrainischen Küche. Hier kann man über 30 Arten der nationalen Leibspeise Varenyky ausprobieren. Business-Lunch (25 UAH) und Kindermenü. Hauptgerichte ca. 15–60 UAH.

Tex Mex ▶ **Kartopljana Chata** (Картопляна Хата): vul. Proskurivs'ka/вул. Проскурівська 71, Tel. 0382 65 45 99, www.potatohouse.biz, tgl. 9–22 Uhr. In diesem Quick-&-Casual-Restaurant mit europäischer und angepasster Tex-Mex-Küche im ethnischen Pop-Art-Design dreht sich alles um die Kartoffel. Gerichte ca. 3–18 UAH.

Einkaufen

Markt ▶ An der **L'vivs'ke šose**/Львівське шосе befindet sich einer der größten Märkte für den Groß- und Einzelhandel in der ganzen Ukraine (www.probazar.com.ua, Di, Do–So 8–14 Uhr).

Abends & Nachts

Konzerte ▶ **Philharmonie** (Обласна філармонія): vul. Haharina/вул. Гагаріна 7,

Tel. 0382 79 42 73, http://oblfilarmonia.com. Klassik.

Aktiv

Stadttouren & Ausflüge ▶ **Zentrum für Tourismus und Landeskunde** (Центр туризму та краєзнавства): vul. Prymakova/вул. Примакова 2, Tel. 0382 65 50 17, 79 42 13 oder 097 864 50 59, www.obltur.km.ua. Stadttouren, Schifffahrten, Höhlenbesichtigungen und Bergwanderungen in Podolien und den Karpaten.

Verkehr

Flüge: Flughafen Chmel'nyc'kyj, südlich vom Zentrum, Ausfahrt Richtung Ružyčanka (Ружичанка), Tel. 0382 22 94 55, 26 51 70. Flüge nach Kiew. Zwischen dem Flughafen und dem Stadtzentrum verkehrt die Buslinie 41.
Züge: Bahnhof, vul. Proskurivs'ka/вул. Проскурівська 92, Tel. 0382 99 81 01. Züge Richtung Kamjanec'-Podil's'kyj, L'viv, Ivano-Frankivs'k, Černivci, Kiew.
Busse: Busbahnhof, Vinnyc'ke šose/Вінницьке шосе 23, Tel. 0382 78 93 57. Busse nach Medžybiž sowie nach Kamjanec'-Podil's'kyj, Chotyn, L'viv, Černivci, Ternopil', Rivne, Medžybiž.
Mietwagen: Avto-Drajv (Авто-Драйв), vul. Zaričans'ka 34/вул. Зарічанська 34, Tel. 0382 70 70 70, www.autodrive.com.ua (engl.).
Taxis: Tel. 0382 650 35

Medžybiž ▶ 1, G 5

Das zwischen den Flüssen Pivdennyj Buh (dt. Südlicher Bug) und Bužok gelegene **Medžybiž** (Меджибіж, 1800 Einw., ca. 40 km östlich von Chmel'nyc'kyj) tauchte erstmals 1146 in Urkunden auf. Im Jahr 1593 kam es in den Genuss des Magdeburger Rechts und blühte dank der günstigen Lage und der Präsenz der armenischen und jüdischen Gemeinden rasch auf.

Die ersten schriftlichen Zeugnisse von der Existenz der mächtigen **Schlossfestung** (Замок) von Medžybiž stammen aus dem Jahr 1516. Die Festung entstand an der Stelle einer älteren altukrainischen Vorgängerin und hatte im Laufe der Jahrhunderte mehrere Besitzer, die den Baukomplex erweiterten und veredelten. Kosakische, polnische, ungarische und türkische Truppen versuchten die durch die Flüsse und dicken Mauern beschützte Festung zu erstürmen. Das Innere des Schlossensembles besteht heute aus dem Palast des 16. Jh. und der Kirche aus dem Jahr 1586 mit Fragmenten der Wandbemalungen aus dem 16. Jh. Das Schloss beherbergt das **Historische Museum** (Історичний музей) und das **Museum für die Opfer der Hungersnot** (Музей жертв Голодомору, vul. Žovtneva/вул. Жовтнева 7, Tel. 03857 971 30, www.mezhibozh.com, Di–So 9–18 Uhr, 14/7 UAH). Neben der Festung schlummern die Ruinen des **Dominikanerklosters** (Домініканський монастир) von 1600. In den letzten Jahrzehnten wurde Medžybiž zu einem bekannten Pilgerort der Chassidim: Jedes Jahr reisen sie zum **Grabmal Israel ben Eliesers** (Baal Schem Tov; um 1700–1760), des Begründers der chassidischen Bewegung, der im Ort wirkte und starb. Der hiesige **jüdische Friedhof** ist einer der bedeutendsten der Ukraine.

Termine

Starodavnij Medžybiž (Стародавній Меджибіж): Aug., www.fest.km.ua. Internationales Mittelalterfestival mit authentischen Zelten, Essen und Alltagsszenen.

Ternopil' ▶ 1, E 5

Cityplan: S. 297
Ternopil' (Тернопіль, 220 000 Einw.), die Hauptstadt des Gebiets Ternopil', ist eine lebendige, aber gemütliche, grüne Stadt mit Bürgerhäusern vergangener Jahrhunderte, die sich einzigartig schön an den Ternopiler See anschmiegt.

Geschichte

Die Geschichte von Ternopil' fängt mit der Siedlung Sopil'če an, die in der Mitte des 13. Jh. von Batu Khan zerstört wurde. Im Jahr

1540 gründete Jan Tarnowski an ihrer Stelle eine Stadt, deren Name – Tarnopol, Ternopil' – an den Stifter erinnert. Zusammen mit den Stadtprivilegien erhielt Jan Tarnowski vom polnischen König Sigismund I. den Auftrag, eine Festung zu bauen. Die Bauarbeiten der Anlage dauerten bis 1548 an. Im gleichen Jahr verlieh der König Ternopil' das Magdeburger Recht. Die häufigen Tatarenangriffe und der ukrainische Befreiungskrieg im 16. und 17. Jh. hemmten die Entwicklung des Ortes, bis er sich – ab 1772 als Bestandteil Österreichs – von den Kriegswirren langsam erholen konnte. Von November bis Januar 1918 war Ternopil' die Hauptstadt der Westukrainischen Volksrepublik. Danach kamen die polnische Herrschaft (ab 1919) und die Zugehörigkeit zur Ukrainischen Sowjetrepublik (ab 1939).

Am Ternopiler See

Das am Ufer des einstigen Verteidigungssees gelegene **Schloss** 1 (Замок) wurde mehrmals zerstört, wieder auf- und umgebaut – insbesondere im 19. Jh. zum Palast –, sodass es seine ursprünglichen wehrarchitektonischen Bauelemente wie Wehrmauer, Türme und Wälle eingebüßt hat. Heutzutage beherbergt es eine Sportschule.

Im Sommer verkehrt auf dem Ternopiler See ein Ausflugsschiff (30 Min., 10 UAH). Am Ufer des Sees entlang Richtung Süden spazierend, gelangt man zur **Kreuzerhöhungskirche** 2 (Церква Воздвиження Чесного Хреста) in der vul. Nad Stavom/вул. Над Ставом, die das architektonische Stadtbild am Ende des 16. Jh., gleich nach der Erbauung des Schlosses, ergänzte. Ihr Glockenturm stammt aus dem Jahr 1627. Das Gotteshaus wird von den Einheimischen auch Nadstavna-Kirche (Надставна церква), die am See gelegene, genannt.

Von der Vulycja Rus'ka zum Majdan Mystectv

In der vul. Rus'ka/вул. Руська steht noch ein frühes Sakraldenkmal, die in den Jahren 1602–1608 an der Stelle eines hölzernen Gotteshauses errichtete **Christi-Geburt-Kirche** 3 (Церква Різдва Христового). Ihr steinerner Bau mit den Bastionen ist – trotz mehrerer Umgestaltungen – ein prägender Zeuge der Stadtvergangenheit.

Das 1913 gegründete **Landeskundemuseum** 4 (Історико-краєзнавчий музей) am majdan Mystectv/майдан Мистецтв 3 vermittelt anhand seiner Exponate die Geschichte und Natur von Ternopillja sowie die Kunst, Kultur und den Alltag der Bevölkerung der Region (Tel. 0352 25 14 59, Di, Do–So 10–17.30 Uhr, 11/7 UAH).

An der Vulycja Het'mana Sahajdačnoho

In der vul. Het'mana Sahajdačnoho/вул. Гетьмана Сагайдачного 13 befindet sich die **Gemäldegalerie** 5 (Картинна галерея), die ukrainische und russische Malerei vom 17.–19. Jh., europäische Kunst vom 16.–19. Jh. sowie eine umfangreiche Ausstellung sowjetukrainischer Gemälde beherbergt (Tel. 0352 25 24 11, www.ter-gallery.org.ua, Mi–So 10–16 Uhr, Eintritt frei).

Die barocke **Dominikanerkirche** 6 (Домініканський костел, Nr. 3) und die anschließenden Mönchszellenbauten entstanden in den Jahren 1741–1779. Zu Sowjetzeiten beherbergten die Kirchenmauern die Gemäldegalerie des Landeskundemuseums, seit 1992 gehört das Gotteshaus der griechisch-katholischen Gemeinde.

Gedenkstätte für politische Gefangene 7

In den ehemaligen Gefängnisräumen in der vul. Kopernika/вул. Коперніка 1 ist die **Gedenkstätte für politische Gefangene** (Музей політичних в'язнів) untergebracht. Das Museum erzählt zahlreiche Schicksale und veranschaulicht den Alltag der Opfer der Repressionen und KGB-Verfolgungen (Tel. 0352 43 12 15, Di–Fr 10–17 Uhr, Spende erbeten).

Kunstmuseum 8

Im Norden der Stadt, in der vul. Krušel'nyc'koji/вул. Крушельницької 1, findet man das **Kunstmuseum** (Художній музей), dessen drei Säle Werke der ukrainischen und der

Ternopil'

Sehenswert
1 Schloss
2 Kreuzerhöhungskirche
3 Christi-Geburt-Kirche
4 Landeskundemuseum
5 Gemäldegalerie
6 Dominikanerkirche
7 Gedenkstätte für politische Gefangene
8 Kunstmuseum

Übernachten
1 Juchnovyč
2 Ternopil'
3 Retro-Car
4 Hlobus

Essen & Trinken
1 Šynok
2 ArtBar Koza
3 Staryj Mlyn

Einkaufen
1 Obyraj ukrajins'ke

Abends & Nachts
1 Philharmonie
2 Alihator

Aktiv
1 Halintur
2 Hydropark Topil'če
3 Aquapark Limpopo
4 Touristischer Sportclub

westeuropäischen Kunst – Gemälde, Grafiken, Kupferstiche, Skulpturen – chronologisch geordnet präsentieren (Tel. 03522 52 80 72, So–Fr 9–13, 14–17.30 Uhr, 7/4 UAH).

Übernachten

Mini-Hotel ▶ Juchnovyč 1 (Юхнович): vul. Rodyny Barvins'kych/вул. Родини Барвінських 3 a, Tel. 0352 43 39 56, www.uko.org.ua. Gehobener Standard in vornehm eingerichteten Zwei- und Vierzimmerapartments. DZ/ÜF 550–600 UAH.

Zentral ▶ Ternopil' 2 (Тернопіль): vul. Zamkova/вул. Замкова 14, Tel. 0352 52 42 63, www.hotelternopil.com (engl.). Das zentral gelegene 3-Sterne-Haus mit ansprechend eingerichteten Zimmern hat ein Restaurant, einen Fitnessraum und bietet Übersetzungen an. DZ/ÜF 450–490 UAH.

Für Auto-Fans ▶ Retro-Car 3 (Ретро-Кар): vul. Mykulynec'ka/вул. Микулинецька 116 a, Tel. 0352 47 55 02, 47 55 22. Dieses 1,5 km vom Stadtzentrum entfernte kleine Hotel ist wohl die erste Unterkunft im Lande, die sich der Automobil-Thematik widmet. Die Zimmer sind als Parkplatz, Garage oder Autowerkstatt eingerichtet, die Betten im Design diverser Oldtimer gestaltet. Im Erdgeschoss gibt es ein Café mit WLAN. DZ/ÜF 220–320 UAH.

Mit Sauna ▶ Hlobus 4 (Глобус): vul. Budnoho/вул. Будного 18, Tel. 0352 55 00 35, www.globus-hotel.com.ua (engl.). Angenehm gepflegtes Hotel mit einer Bar und einer Sauna als Extras. DZ 140–250 UAH.

Essen & Trinken

Am Schloss ▶ Šynok 1 (Шинок): vul. Zamkova/вул. Замкова 10 a, Tel. 0352 52 68 23, www.koza.te.ua, tgl. 11–23 Uhr. Im historischen Gebäude direkt am Schloss spürt man noch die Atmosphäre des Mittelalters. Traditionelle ukrainische Küche wird hier um einige populäre ausländische Gerichte ergänzt. Man kann sie auf der Sommerterrasse genießen: Von hier hat man einen schönen Blick auf den Ternopiler See. Hauptgerichte ca. 22–55 UAH.

Die Fußgängerzone in Ternopil' lädt zum Bummeln ein

Kreativ ▶ ArtBar Koza 2 (Арт-бар Коза): vul. Ševčenka/вул. Шевченка 23, Tel. 0352 52 23 75, www.koza.te.ua, tgl. 8–23 Uhr. Hier trifft man oft auf lesende, Filme schauende oder im Internet surfende Kundschaft. Leichte Gerichte wie Salate, Pasta, Risotto, Gebäck und Kaffee passen zur besinnlichen Atmosphäre. Guter Platz zum Ausruhen mit Ein-Personen-Theater und Musik am Abend. Hauptgerichte ca. 20–35 UAH.

Museal ▶ Staryj Mlyn 3 (Старий Млин): vul. Brodivs'ka/вул. Бродівська 1a, Tel. 0352 23 58 23, tgl. 10–22 Uhr. Bevor man sich der auf dem Holzbrett eingravierten Speisekarte widmet, kommt man nicht umhin, sich Keramikgeschirr, Gaslampen, historische Ansichtskarten, Spinnräder, Trachten, Tabakspfeifen und vieles mehr anzuschauen. Auf den Tisch kommen schmackhafte Nationalspeisen: Brot mit Schweineschmalz und Knoblauch, grüner Borschtsch im Brotlaib, Ofengerichte im Keramiktopf und zum Andenken frisch gemahlenes Mehl im Leinensäckchen. Hauptgerichte ca. 17–25 UAH.

Einkaufen

Ukraine-Andenken ▶ Obyraj ukrajins'ke 1 (Обирай українське): vul. Zamkova/вул. Замкова 16, Tel. 0352 52 19 79, www.svij.com.ua, Mo–Fr 9–19, Sa, So 10–17 Uhr. Nationale Symbolik, regionale Trachten und Souvenirs.

Abends & Nachts

Klassische Musik ▶ Philharmonie 1 (Філармонія): vul. Knjazja Ostroz'koho/вул. Князя Острозького 11, Tel. 0352 22 47 94. Konzerte.

Diskothek ▶ Alihator 2 (Алігатор): vul. Hajova/вул. Гайова 29, Tel. 0352 52 82 82, www.aligator.com.ua, tgl. ab 23 Uhr. Discoclub mit täglich wechselnden Musikrichtungen, Cocktailbar und Bowling.

Aktiv

Stadtführungen ▶ Halintur 1 (Галінтур): vul. Kyjivs'ka/вул. Київська 2, Tel. 0352 28 34 54, www.galintour.com.ua (engl.). Stadtrundgänge, Ausflüge in die Karpaten.

Freizeitpark ▶ Hydropark Topil'če 2 (гідропарк Топільче): Der sich entlang dem Fluss Seret erstreckende Park ist ein beliebtes Erholungsareal mit Seen (Tretboote), einer Märchenwiese, einer Festungssiedlung und einem Minizoo. Eintritt frei.

Schwimmen ▶ Aquapark Limpopo 3 (аквапарк Лімпопо): vul. Hajova/вул. Гайова 39, Tel. 0352 52 82 82, www.aligator.com.ua, Di–So 7–22 Uhr. Aquapark mit sechs Schwimmbädern, Kinderbecken, Attraktionen, Spa- und Fitnessbereich.

Aktivtourismus ▶ Touristischer Sportclub 4 (Обласний спортивно-туристський клуб): vul. Žyvova/вул. Живова 30, Tel. 0352 25 25 69, www.tourclub.com.ua (engl.), Mo–Fr 9–19 Uhr. Exkursionen z.B. Paddeltouren auf dem Dnister, Besichtigung der Höhle Atlantyda (s. S. 266 und 293), Wander-, Rad-, Skitouren, Trekking, Paragliding, Heißluftballonfahrten, Extremspiele. Unterkunftsvermittlung, Programm für Kinder, Radverleih.

Termine

Bajda (Байда): Aug. Das Festival des Kosakenliedes findet in den Konzerthallen und auf den Plätzen in Ternopil' und in den Nachbaorten Zbaraž, Zboriv und Vyšnivec' statt.

Cvit vyšyvanky (Цвіт вишиванки): Aug., www.topilche.te.ua. Das Festival widmet sich den traditionellen ukrainischen Trachten.

Nivroku! (Нівроку!): Okt. Das etablierte Festival der Rockmusik versammelt in den städtischen Konzerthallen, Kinos und Parks die bekanntesten ukrainischen Bands. Neuerdings finden im Rahmen des Festes Sport-, Öko-Veranstaltungen und Feuershows statt.

Verkehr

Flüge: Internationaler Flughafen Ternopil', am südöstlichen Stadtrand über die Fernstraße Pidvoločys'ke šose/Підволочиське шосе zu erreichen, Tel. 0352 24 13 22, www.teravia.narod.ru. Flüge nach Kiew, Simferopol'. Zum Flughafen kommt man mit dem Bus Richtung Velyki Birky (Великі Бірки) vom Hauptbusbahnhof (s. S. 300) oder von der Busstation in der vul. Bilohirs'ka/вул. Білогірська 1 (Tel. 0352 52 79 29).

Züge: Bahnhof, Pryvokzal'nyj majdan/Привокзальний майдан 1, Tel. 005, 0352 47 22 46. Züge Richtung Užhorod, L'viv, Ivano-Frankivs'k, Černivci, Kiew.
Busse: Busbahnhof, vul. Žyvova/вул. Живова 7, Tel. 0352 23 54 15. Busse nach Zbaraž u. a.
Mietwagen: Avto-Drajv (Авто-Драйв), vul. Knjazja Ostroz'koho/вул. Князя Острозького 52, Tel. 0352 52 54 40, www.autodrive.com.ua (engl.).

Fortbewegung in der Stadt
Busse: Eine Fahrt mit dem Bus kostet 2 UAH, mit dem Trolleybus 1,50 UAH.
Taxis: Tel. 0352 43 08 08.

Čortkiv ▶ 1, E 6

Die ersten schriftlichen Zeugnisse über **Čortkiv** (Чортків) stammen von 1522, im gleichen Jahr erwarb die Stadt das Magdeburger Recht. In Čortkiv kam der österreichische Schriftsteller Karl Emil Franzos (1848–1904) zur Welt und verbrachte hier seine Kinderjahre. Heutzutage zählt die sich an beiden Ufern des Flusses Seret ausbreitende, 75 km südlich von Ternopil' gelegene Kreisstadt knapp 30 000 Einwohner. Ihre Umgebung prägen wunderschöne Landschaftsszenerien mit sich hinschlängelnden Flüssen und romantischen Festungsruinen.

Am linken Ufer

In der vul. Zamkova/вул. Замкова haben die Ruinen des ehemals mächtigen **Schlosses** (Замок) von Čortkiv überdauert. Die halbzerstörten Türme und Mauerfragmente sind Überreste der 1610 an der Stelle einer hölzernen Anlage (14./15. Jh.) erbauten steinernen fünfeckigen Festung. Nach zahlreichen Zerstörungen im Laufe der Jahrhunderte wurde die Wehrburg im 18. Jh. in einen Residenzpalast umgestaltet, wo die Adelsfamilien Potocki und Sadowski weilten. Unter österreichischer Herrschaft diente die Schlossanlage als Lager und Gefängnis und verfiel langsam. In der Nähe des Schlosses steht die **Mariä-Schutz-Kirche** (Церква Святої Покрови) von 1905 mit einer Quelle.

Etwas weiter westlich, in der vul. Zaliznyčna/вул. Залізнична 83, repräsentiert die **Christi-Himmelfahrt-Kirche** (Церква Вознесіння Господнього) aus dem Jahr 1738 die gelungene Holzarchitektur von Podolien. Die Kirche ist meistens geschlossen, deswegen muss eine Besichtigung im Voraus vereinbart werden (Tel. 066 627 86 29).

Am rechten Ufer

Das **Rathaus** (Ратуша) mit einem zierlichen Uhrturm und Kaufhallen an der pl. Rynok/пл. Ринок vom Anfang des 20. Jh. zeigt sich in hierzulande seltener Fachwerkarchitektur. In der benachbarten vul. Ševčenka/вул. Шевченка 2 ragt die ansehnliche, am Anfang des 20. Jh. neogotisch umgebaute **Dominikanerkirche des hl. Stanislaus** (Костел Святого Станіслава) in die Höhe. Die von Wehrmauern umgebene Pfarrkirche stand hier bereits im Jahr 1610.

Vom religiösen Leben der jüdischen Gemeinde in der Stadt zeugen zwei Gebetshäuser: die **Alte Synagoge** (Стара синагога) aus dem Jahr 1771 in der vul. Hoholja/вул. Гоголя 2 und die chassidische **Neue Klaussynagoge** (Нова синагога) in der vul. Ševčenka/вул. Шевченка 33. Letztere entstand dank der Bemühungen des Rabbis Friedman, der den Sadowski-Palast kaufte und ihn 1870 im pseudoorientalischen Stil umbauen ließ.

Noch eine einzigartige Holzkirche, die **Mariä-Himmelfahrt-Kirche** (Церква Успіння Пресвятої Богородиці) samt frei stehendem Glockenturm, findet man in der vul. Cerkovna/вул. Церковна 12. Sie stammt aus dem Jahr 1635, ihre Ikonostase aus dem 18. Jh. Das regionale **Landeskundemuseum** (Краєзнавчий музей) befindet sich in der vul. Zelena/вул. Зелена 3 (Tel. 03552 235 62, Mo–Di, Do-Fr 9–18, Sa 9–17 Uhr, 4/3 UAH).

Übernachten, Essen

Standardhotel ▶ **Het'man** (Гетьман): vul. Knjazja Volodymyra Velykoho/вул. Князя Володимира Великого 1a, Tel. 03552 312

84. Zentral gelegenes Hotel mit Restaurant. DZ 80–150 UAH.

Aktiv

Stadtführungen & Ausflüge ▶ Reisebüro Čortkiv (Чортківське бюро подорожей): vul. Podil's'ka/вул. Подільська 6, Tel. 03552 222 05 oder 067 284 54 85, Mo–Sa 9–18 Uhr. Infoservice, Exkursionen und Transfer.

Termine

Stadtgründungsfest (День міста)**:** Am 12. Juli feiert Čortkiv Geburtstag.

Verkehr

Züge: Bahnhof, vul. Zaliznyčna/вул. Залізнична 104. Nach Zališčyky und Ternopil'.

Busse: Busbahnhof, vul. Kopyčynec'ka/вул. Копичинецька. Busse nach Monastyrok, Zališčyky, Borščiv und Kryvče.

Taxis: Krujiz Taxi (Круїз Taxi), Tel. 03552 228 58, 095 212 02 02, 098 600 20 20.

Bučač und Umgebung

▶ 1, E 5/6

Die beschauliche, sympathische Kreisstadt **Bučač** (Бучач, 13 000 Einw.) ca. 35 km westlich von Čortkiv mit dem schönen Rathaus ist der Geburtsort des Literaturnobelpreisträgers Samuel Joseph Agnon.

Geschichte

Die Stadt soll bereits im 13. Jh. existiert haben, obschon sich die schriftlichen Zeugnisse auf das späte 14. Jh. beziehen. Das 1515 verliehene Magdeburger Recht belebte den Handel, das 17. Jh. brachte Bučač zehrende Kriege für die Unabhängigkeit der

aktiv unterwegs

Die unterirdischen Welten der Kristallhöhle

▶ 1, E 6

Tour-Infos

Start: am Höhleneingang in Kryvče

Dauer: 1,5 Std.

Anfahrt: Von Čortkiv auf der M 19 in südlicher Richtung bis Tovste, dann über die P 24 nach Borščiv. Von Borščiv zweigt in südlicher Richtung die Straße T 20 02 nach Kryvče ab.

Wichtige Hinweise: Die Höhle kann ausschließlich im Rahmen einer Führung besichtigt werden. Man kann sich vor dem Höhleneingang einer Besuchergruppe anschließen. Der Eintrittspreis beläuft sich auf ca. 50 UAH. Die Temperatur in der Höhle beträgt ganzjährig um 11 °C.

Die rund 23 000 m lange, mit bizarren Kristallblumen und Mustern besetzte Kristallhöhle, **Kryštaleva** (Кришталева печера), ist eine der längsten Gipshöhlen Europas und befindet sich am Ortsrand von Kryvče (Кривче). Sie ist die einzige beleuchtete Höhle Podoliens. Erste Beschreibungen der Höhle tauchten in der Mitte des 18. Jh. auf. Am Anfang des 20. Jh. rief sie erneutes Interesse hervor und wurde zu einer der populärsten touristischen Attraktionen im Polen der Vorkriegszeit. Der Besuchergang führt durch Hallen und verschlungene Gänge, mal vorbei an bizarren, vom Wasser geformten Gebilden, die Assoziationen zu fantastischen Tiergestalten wecken, mal an weißen, beigen und rosafarbenen Mosaiken, die eine eigenartige unterirdische Orangerie hervorzaubern. Die Begehung beginnt in einem ca. 500 m langen Gang mit floralen Mustern. Er geht in den Saal der Felsen über. Der nächste Gang heißt der Gang der steinernen Eiszapfen: Er fasziniert mit seinen von der Decke herabhängenden Kristallen. In der folgenden Zoologischen Halle sieht man Gipsfiguren, die eigenartigen Tieren ähneln. Ihr schließt sich die Zugeschüttete Halle an, die sich nicht mehr weit vom Ausgang befindet.

Ukrainer sowie gegen Tataren und Türken. Die in der Stadt zerstreuten Grenzsteine erinnern immer noch an das Jahr 1672, als Bučač für elf Jahre entlang dem Fluss Strypa in eine türkische und eine polnische Zone geteilt wurde. Die entsprechende Vereinbarung, der Frieden von Bučač, wurde unter der Linde (Золота Липа), die in der vul. Bandery/вул. Бандери zu sehen ist, unterzeichnet. Der polnischen Adelsfamilie Potocki, die seit dem 17. Jh. in Bučač regierte, hat der Ort einige prägende Bauten zu verdanken. Im Laufe der Jahrhunderte gehörte Bučač mehreren Staaten an – Österreich (Ungarn), Russland, der Westukrainischen Volksrepublik, Polen, der Sowjetunion –, bis es 1991 ukrainisch wurde.

Schlossruinen

Das älteste baugeschichtliche Denkmal der Stadt sind die Schlossruinen in der vul. Zamkova/вул. Замкова, deren nördliche Fragmente aus dem 14. Jh. stammen. Die verbliebenen Reste der mit Türmen versehenen Wehrmauer zeugen davon, dass die Schlossanlage eine unregelmäßige dreieckige Form hatte. Der Renaissancepalast des Schlosskomplexes existiert nicht mehr, die gotischen Überreste waren wohl ein Gotteshaus. Den immer wieder vorkommenden Verheerungen der Festung folgte ein Wiederaufbau – zunächst im 16. Jh., dann im Jahr 1676. Doch schon im 18. Jh. begann das Schloss zu verfallen. Im 19. Jh. wurden seine Mauern als Baumaterialien abgetragen.

Rund um den Freiheitsplatz

Das Wahrzeichen der Stadt ist das graziöse, reich dekorierte barocke **Rathaus** (Ратуша) aus dem Jahr 1751 am Freiheitsplatz, majdan Voli/майдан Волі, ein Meisterwerk des Architekten Bernard Meretyn und des Bildhauers Jan Pinzel. Sowohl die Adelsfamilie Potocki als auch die Stadtbürger spendeten für den sehr gelungenen Barockbau. Das 35 m hohe Gebäude, dessen schlanker Turm auf einem eleganten Würfel aufbaut, wird von einer barocken Kuppel gekrönt. Früher besaß es eine 18 m hohe Spitze, die nach einem Brand im Jahr 1811 verloren ging. Die wunderschönen Skulpturen, Bibel- und Mythologiegestalten, die die Fassaden des Rathauses schmücken, werden zurzeit restauriert.

Nördlich des majdan Voli, in der vul. Svjatoho Mykolaja/вул. Святого Миколая 8, steht die **Nikolauskirche** (Миколаївська церква) aus dem Jahr 1610 – ein nicht besonders großer Bau, der von einer Mauer umgeben ist und dessen Fenster auch als Schießscharten dienten. Über der Eingangstür sieht man das Wappen der Stifter, des Ehepaares Potocki. Das Kleinod der Kirche ist eine barocke, meisterlich geschnitzte und vergoldete Ikonostase.

Marienkirchen

Noch ein elegantes Sakralwerk mit abgerundeten Formen, die barocke **Mariä-Schutz-Kirche** (Покровська церква) von 1764, befindet sich in der vul. Halyc'ka/вул. Галицька 23. Im Haus Nr. 55 lädt das regionale **Landeskundemuseum** (Краєзнавчий музей) zur Bekanntschaft mit der Geschichte und Kultur der Region ein (Tel. 03544 213 60, Di, Do–So 9–13, 14–17, 3/2 UAH). In der vul. Prosvity/вул. Просвіти 2 erhebt sich die mit Pilastern und einem Marienbild an der Fassade geschmückte, barocke römisch-katholische **Mariä-Himmelfahrt-Kirche** (Успенський костел) aus den Jahren 1761–1763, die die erste Pfarrkirche aus dem 14. Jh. ersetzte. Beachtenswert sind die Altarskulpturen im Inneren.

Basilianerkloster

Die Basilianermönche kamen am Anfang des 18. Jh. nach Bučač – auf Einladung der Familie Potocki, die sich in ihren Besitztümern die Präsenz der gebildeten ukrainischen Geistlichen wünschte. Im Jahr 1753 errichteten die Mönche an der Stelle einer römisch-katholischen Kirche das **Basilianerkloster** (Монастир отців Василіан, vul. Mickevyča/вул. Міцкевича 19), und im Jahr 1770 brachten sie die Erbauung der erhabenen barocken **Kreuzerhöhungskirche** (Хрестовоздвиженська церква) nach einem Entwurf von Gottfried Hoffman zum Abschluss.

Seit der Zeit seiner Gründung fungierte das Kloster als ein wichtiges regionales Bildungszentrum, das zunächst eine Armenschule, später ein Seminar, das sich zu einem Gymnasium weiterentwickelte, und eine Mission unterhielt. Im Jahr 1946 zwangsweise stillgelegt, wurde das Mönchsleben ab 1991 hier wieder aufgenommen. Seit 1995 betreiben die Basilianermönche das philosophisch-historische Josaphat-Lyzeum.

Zarvanycja

Ca. 25 km nördlich von Bučač liegt ein bekanntes Zentrum des griechisch-katholischen Glaubens, das Dorf **Zarvanycja** (Зарваниця, 350 Einw.), das dank einer wundertätigen Marienikone Ruhm erlangt hat und sich nach der Unabhängigkeit der Ukraine und der Wiedergeburt der griechisch-katholischen Kirche zu einem populären Wallfahrtsort entwickelte.

Das Marienbild mit der von Papst Pius IX. beglaubigten Vergebungskraft befindet sich in der **Dreifaltigkeitskirche** (Троїцька церква) von 1754. Zum Jahr 2000 wurde in Zarvanycja ein großer, emporstrebender, in Weiß und Gold funkelnder religiöser Komplex errichtet, der unter anderem aus der **Kathedrale der Muttergottes von Zarvanycja** (Собор Зарваницької Матері Божої), einem vierrangigen, 75 m hohen Glockenturm, einer Torkirche und einer Kapelle besteht.

Übernachten

... in Bučač:

Touristenhotel ▶ **Bučač** (Бучач): vul. Henerala Šuchevyča/вул. Генерала Шухевича 1, Tel. 03544 229 30. Gepflegter Gasthof mit Restaurant, Sauna und Einkaufszentrum. DZ 150 UAH.

Aktiverhohlung ▶ **Nad Strypoju** (Над Стрипою): 20 km südlich von Bučač im Dorf Skomorochy (Скоморохи), Tel. 03544 330 92, 0352 52 07 76, 096 382 27 57, www.nadstripoyu.com.ua. Ein mitten in den bewaldeten Hügeln gelegener Erholungskomplex: wunderschöne Umgebung, Restaurant, Sauna, Sportplatz u. a. Das Exkursionsprogramm (Städte- und Höhlentouren, Wanderungen, Rafting) ist umfangreich. Übernachtungen sind in einem Hotel, einem Sommerhaus oder im Zeltlager möglich. Zusätzlich Rad-, Quad- und Tretbootverleih. DZ 100–220 UAH.

Tipp: Wasserfälle bei Rusyliv ▶ 1, E 6

Am Ortsrand von **Rusyliv** (Русилів, 300 Einw.), ca. 20 km südlich von Bučač am Rusyliver Bach (Русилівський потік), hat sich ein einzigartiges Ensemble kleiner und größerer **Wasserfälle** (Русилівські водоспади) gebildet, deren Wasser die Farbschattierungen der Steinwände leuchten lassen. Die Höhe des größten Wasserfalls beträgt 12 m. Rundherum liegen duftende Wiesen und stille Wälder.

Verkehr

Züge: Bahnhof, vul. Halyc'ka/вул. Галицька 145, Tel. 03544 269 06. Zugverbindung nach Čortkiv.

Busse: Busbahnhof, vul. Halyc'ka/вул. Галицька, Tel. 03544 230 40. Verbindungen nach Zarvanycja.

Zbaraž ▶ 1, E 5

Die schönste Attraktion der Kreisstadt **Zbaraž** (Збараж, 13 000 Einw.) ca. 25 km nördlich von Ternopil' ist das von der Adelsfamilie Zbaraski 1620–1631 erbaute **Schloss** (Замок) in der vul. Chmel'nyc'koho/вул. Хмельницького 28. Die lange Zeit als unbezwingbar geltende Befestigungsanlage hat viele Unruhen wunderbar überstanden und erfuhr nur einige unwesentliche bauliche Veränderungen. Den Mittelpunkt der quadratischen Anlage bildet ein geräumiger Renaissancepalast. Er wird von Kasemattenwällen, Bastionen und einem ehemals mit Wasser gefüllten Graben umrahmt. Der russische Zar Peter I. besuchte die Festung 1707 in Begleitung des ukrainischen Hetmans Ivan Mazepa. Den Ansturm Bohdan Chmel'nyc'kyjs im Jahr 1649 haben Henryk Sienkiewicz in seinem Roman »Mit Feuer und Schwert« und Jerzy Hoffman in seinem gleichnamigen Film verarbeitet. Im Schloss befindet sich derzeit ein Museum mit interessanten Ausstellungen (Tel. 03550 234 49, 231 15, Sommer tgl. 9–20, Winter tgl. 9–18 Uhr, 26/14 UAH).

Bewegt man sich die vul. Čhmel'nyc'koho/вул. Хмельницького hinunter, gelangt man näher ans Stadtzentrum. Unterwegs lenkt das **Bernhardinerkloster** (Бернардинський монастир, Nr. 8) die Aufmerksamkeit auf sich. Das ursprüngliche Wehrkloster von 1627 wurde von den Türken 1675 stark beschädigt, sodass in den Jahren 1746–1755 eine grundlegende Rekonstruktion der Anlage erfolgte: Sie tilgte die wehrarchitektonischen Spuren und verlieh der Kirchenfassade das stilisierte renaissancenbarocke Aussehen.

Essen & Trinken

Mittelalter-Design ▶ **Vytryben'ky** (Витрибеньки): vul. Franka/вул. Франка 38a, Tel. 03550 242 65, 067 208 15 41, www.vutkom.com.ua, tgl. 12–24 Uhr. Viel Holz, Stein, Gaslampen und Kerzenlicht. Das Restaurant mit eigenem Weinkeller, Kamin und traditioneller ukrainischer und europäischer Küche befindet sich im Zentrum von Zbaraž. Grillmenü und Sommerterrasse. Hauptgerichte ca. 22–45 UAH.

Wintergarten ▶ **Zymovyj Sad** (Зимовий Сад): majdan Karmeljuka/майдан Кармелюка 1, Tel. 03550 426 88, tgl. 12–24 Uhr. Ukrainische und europäische Küche wird hier unter riesigen Palmen serviert. Daneben rauscht leise und erfrischend das Wasser. Es lohnt sich, auch nur auf einen Kaffee vorbeizuschauen. Hauptgerichte ca. 10–30 UAH.

Kremenec' ▶ 1, E 4

Die von den malerischen Kremenecer Bergen eingefasste Kreisstadt **Kremenec'** (Кременець, 22 000 Einw.) – der Geburtsort des polnischen Dichters Juliusz Słowacki (1809–1849) – hat Reisenden zwar nicht besonders viele, dafür aber interessante Baudenkmäler

zu bieten, an denen sich die vergangenen Herrschafts- und Konfessionswechsel ablesen lassen.

Geschichte

Die ersten Belege der Existenz des Ortes beziehen sich auf das Jahr 1226, als Kremenec' zum Fürstentum Galizien-Wolhynien gehörte. Damals rühmte sich die Siedlung ihrer tollkühnen und erfolgreichen Verteidigungskämpfe gegen die Tataren. Nach mehrfach wechselnder Zugehörigkeit zu verschiedenen

Von den Kremenecer Bergen eröffnet sich ein wunderbarer Blick auf die Stadt

Staaten fiel Kremenec' in der zweiten Hälfte des 14. Jh. Litauen und im 16. Jh. Polen zu. Das 1438 der Stadt verliehene Magdeburger Recht kam dem Handel und Handwerk zugute; die erneuten Angriffe der tatarischen Truppen am Ende des 15. Jh. hemmten dagegen die Entwicklung von Kremenec', und bei den Befreiungskämpfen von 1648 wurde sein Schloss in Schutt und Asche gelegt.

Im Jahr 1805 wurde in der Stadt das Hohe Wolhynische Gymnasium, das sich 1819 zum Lyzeum erweiterte, gegründet. Seine Ausstattung, die Bibliothek und seine Sammlungen wurden nach seiner Schließung im Jahr 1831 nach Kiew gebracht, wo sie der drei Jahre später eröffneten Kiewer Universität zugute kamen.

Schloss

Von dem mächtigen **Schloss** (Замок) von Kremenec', das seinerzeit mehrere Eroberer abschreckte, sind nach dem Befreiungskrieg 1648 nur noch spärliche, aber romantische Turm- und Mauerreste in der vul. Zamkova/

вул. Замкова übrig geblieben. Die ältesten auf dem Schlossberg gefundenen Siedlungsspuren stammen aus dem 11. Jh. Eine Festung soll hier bereits im 12. Jh. gestanden haben. Im 13./14. Jh. wurde sie mit einer Wehrmauer umringt. Das Flüsschen Irva am Fuß des Schlossberges soll den Tränen der tollkühnen Tochter des Schlossbesitzers entsprungen sein. Irva verweigerte dem feindlichen awarischen Anführer die Zuneigung und verteidigte das Anwesen nach dem Tod ihres Vaters. Als sie am Ende ihrer Kräfte angelangt war, stürzte sie sich in den Abgrund, wo sich eine tränenklare Bachquelle auftat. Der Schlossberg selbst wurde später **Bona-Berg** (Гора Бона) genannt – in Andenken an die Besitzerin von Kremenec', die Gemahlin des polnischen Königs Sigismund I., Bona Sforza (1494–1557). Vom Berg eröffnet sich ein wunderschönes Stadtpanorama.

Franziskanerkloster

Die sagenumwobene Königin war die Stifterin des **Franziskanerklosters** (Францисканський монастир) aus dem 16. Jh. in der vul. Ševčenka/вул. Шевченка 57, das nach dem polnischen Aufstand in den Jahren 1830–1831 geschlossen und anschließend der orthodoxen Kirche zugesprochen wurde. Das Klosterensemble mit den Mönchszellen und dem Glockenturm dominiert die ursprünglich im Renaissancestil erbaute und im 18. Jh. barock umgestaltete **Nikolauskathedrale** (Миколаївський собор) von 1636.

Rund um das Jesuitenkolleg

Ein herausragendes Denkmal des Spätbarock ist das ehemalige **Jesuitenkolleg** (Єзуїтський колегіум, 1731–1743) in der vul. Licejna/вул. Ліцейна 1, dessen erhabene orthodoxe **Christi-Verklärungs-Kirche** (Преображенська церква) sich besonders vornehm und repräsentativ hervortut. Zu Zeiten der Jesuiten war sie Ignatius von Loyola und Stanislaus Kostka geweiht; das Kolleg beherbergte das berühmte Wolhynische Gymnasium. Vor dem Kolleg steht in der vul. Medova/вул. Медова 3 ein interessantes **Zwillingshaus** (Будинок Близнюки) aus dem 17./18. Jh. Hinter dem Kolleg breitet sich der am Anfang des 19. Jh. angelegte **Botanische Garten** (Ботанічний сад) aus – ehemals einer der besten im Russischen Reich.

In der Nähe des Kollegs, in der vul. Slovac'koho/вул. Словацького 16, ist im Haus, in dem Juliusz Słowacki seine Kindheit verbrachte, eine **Gedenkstätte** für den Poeten (Музей Юліуша Словацького) eingerichtet (Tel. 03546 224 97, Mo–Fr 9–17, Sa, So 10–16 Uhr, 7/3 UAH).

Nördlich des Stadtzentrums

Zwei Sehenwürdigkeiten liegen weiter nördlich. In der vul. Ševčenka/вул. Шевченка 90 zeigt das **Landeskundemuseum** (Краєзнавчий музей) interessante Exponate zur geistigen und materiellen Kultur der regionalen Bevölkerung (Tel. 03546 227 38, Do–Di 9–16.30 Uhr, 4/3 UAH).

Dort, wo die vul. Ševčenka in die vul. Dubens'ka/вул. Дубенська übergeht, befindet sich das spätbarocke **Nonnenkloster der Erscheinung des Herrn** (Богоявленський жіночий монастир) aus dem 18. Jh. Innerhalb der Klostermauer befinden sich die Kathedrale der Erscheinung des Herrn, die Klosterzellen, der Glockenturm und die Wirtschaftsbauten. Das Heiligtum wurde 1633 als orthodoxes Mönchskloster gegründet. Damals gab es hier eine Bruderschaft, eine Schule, ein Spital und die Druckerei, die die Kremenecer Grammatik der kirchenslawischen Sprache herausbrachte.

Kremenecer Berge

Am Rande der Stadt steigt das Gelände zu einer malerischen, im Durchschnitt 200 m hohen Hügelkette, den **Kremenecer Bergen** (Кременецькі гори), an. Sie sind Teil des **Naturschutzgebietes Medobory** (Природний заповідник Медобори) und weisen einzigartige geologische Strukturen, Pflanzen und Steinformationen auf. Gerne besucht werden beispielsweise die nah an Kremenec' gelegenen **Divoči Skeli** (Дівочі скелі), die Jungfrauenfelsen. Der Legende nach stürzten sich die Jungfrauen vom Felsengipfel, nachdem sie von den Tataren gefangen und mit den Zöpfen zusammengebunden worden waren. Auf dem **Boža-Berg** (Божа гора), dem Gottesberg, sprudelt eine kultische Quelle, der eine wundertätige Wirkung nachgesagt wird. Die Kremenecer Berge eignen sich hervorragend für kurze, entspannte Wanderungen.

Übernachten, Essen

Für Aktive ▶ **Edem** (Едем): vul. Ljaturyns'koji/вул. Лятуринської 15/2, Tel. 03546 249 39, 097 717 72 48, www.kremenets.net. Einladendes, komfortables Hotel, das seinen Gästen ein Restaurant, eine Sauna, einen Sport- und Kinderplatz als Extras anbietet. DZ 120 UAH.

Aktiv

Stadtführungen & Ausflüge ▶ **Reise- und Exkursionsbüro Kremenec'** (Кременецьке бюро подорожей та екскурсій): vul. Ševčenka/вул. Шевченка 36, Tel. 03546 248 77, krturburo@kre.tr.ukrtel.net. Führungen durch Kremenec' und Počajiv, auch Wochenendausflüge. **Historisch-architektonisches Reservat Kremenec' und Počajiv** (Кременецько-Почаївський історико-архітектурний заповідник): vul. Kozubs'koho/вул. Козубського 6, Tel. 03546 237 58, www.turdiaz.ucoz.ua. Angebote für Kremenec', Počajiv und Umgebung. Bei rechtzeitiger Anmeldung wird eine deutschsprachige Führung organisiert.

Termine

Stara fortecja (Стара фортеця): Mai, www.kremenec.at.ua. An zwei Tagen des Monats wird man ins Mittelalter zurückversetzt: Auf dem Schlossberg finden Ritterturniere, Hoftänze, eine mittelalterliche Modenschau und ein heiteres Bierfest statt.

Verkehr

Busse: Busbahhof, vul. Dubens'ka/вул. Дубенська 138, Tel. 03546 24 62 22 44. Verbindungen nach Počajiv, Ternopil', Dubno, Rivne, Luc'k.

Počajiv ▶ 1, E 4

Die Stadt **Počajiv** (Почаїв, 8000 Einw.) ca. 25 km südwestlich von Kremenec' ist bereits seit einigen Jahrhunderten einer der populärsten Wallfahrtsorte in der Westukraine. Das **Mariä-Himmelfahrt-Kloster von Počajiv** (Свято-Успенська Почаївська Лавра) an der pl. Vozzjednannja/пл. Возз'єднання ist nach dem Höhlenkloster in Kiew das bedeutendste orthodoxe Heiligtum des Landes.

Die Gründungslegende berichtet von den vor Batu Khan aus Kiew fliehenden Mönche, denen sich die Muttergottes auf wunderbare Weise offenbarte. Auf einer steinigen Anhöhe hinterließ sie den Abdruck ihres rechten Fußes, aus dem sich eine Heilquelle ergoss. Bald entstand auf dem Hügel ein Kloster, das im Jahr 1597 mit einer wundertätigen Marienikone beschenkt wurde: Die Besitzerin des Ortes, Anna Hojska, überreichte den Mönchen das Bild der Muttergottes, nachdem es ihren Bruder von Blindheit geheilt hatte. Im Jahr 1618 eröffneten die Mönche eine Druckerei; 1649 entstand die **Dreifaltigkeitskirche** (Свято-Троїцька церква).

Die griechisch-katholischen Basilianermönche, die das Kloster seit 1721 innehatten, vermochten in relativ kurzer Zeit eine rege religiöse, kulturelle und bauarchitektonische Tätigkeit zu entfalten. Den orthodoxen Brüdern, die 1831 ihre Herberge zurückerhielten, hinterließen sie hervorragende barocke architektonische Denkmäler – die **Mariä-Himmelfahrt-Kathedrale** (Свято-Успенський Собор, 1771–1783) nach Plänen von G. Hoffman, die **Mönchszellen** (келії, 1771–1780) und das **Erzbischöfliche Haus** (Архієрейський будинок, 1825). Im Jahr 1835 entstand der **Torbau** (надбрамний корпус), 1861–1871 der 64 m hohe **Glockenturm** (дзвінниця) und 1906–1912 die von A. Ščusev im altrussischen Stil entworfene **Dreifaltigkeitskathedrale** (Троїцький собор). Auf dem Klostergelände gibt es eine Pilgerherberge (Tel. 03546 612 18, www.pochaev.org.ua, Gottesdienste um 5, 5.45, 6, 7.45, 9, 11.30, 17 Uhr, Eintritt 2 UAH, Zimmer für Pilger 25 UAH, sonst bis 50 UAH).

Vom Wolhynischen Hochland zu den Šac'ker Seen

An das Wolhynische Hochland mit den Städten Rivne und Luc'k schließt sich nach Norden die Polesische Niederung mit ihren verträumten Sümpfen, malerischen Seen und Mischwäldern an. Die Vergangenheit der Region lebt in den romantischen Schlössern von Luc'k und Dubno auf. In Ostroh erwachte im 16./17. Jh. der Geist der Aufklärung.

Dubno ▶ 1, E 4

Die alte Stadt **Dubno** (Дубно, 40 000 Einw.), in der Nikolaj Gogols Werk »Taras Bul'ba« spielt, ist das einstige kulturelle und wirtschaftliche Zentrum des Gebiets Rivne.

Geschichte

Die schriftlichen Überlieferungen – die älteste bekannte stammt aus dem Jahr 1100 – verraten, dass Dubno aus der Siedlung Dubenka erwuchs und zunächst der Kiewer Rus, später dem Fürstentum Galizien-Wolhynien und dann Litauen angehörte. Im Jahr 1569 wurde die Stadt Polen angegliedert, und 1759 fiel sie dem Russischen Reich zu. Der Aufschwung des städtischen Lebens begann im 16. Jh., als Dubno 1507 in den Genuss des Magdeburger Rechts kam. Die mittelalterliche Stadt, in deren Klöstern sich mehrere bekannte Aufklärer betätigten, war ein verdienstvolles Kultur- und Bildungszentrum. Das goldene Zeitalter Dubnos fällt ins 18. Jh., als die berühmten Kontraktjahrmärkte von L'viv hierher verlegt wurden. Im Jahr 1993 avancierte die Altstadt von Dubno zum Historisch-kulturellen Reservat.

Schloss

Die Geschichte des **Schlosses** von Dubno (Дубенський замок) in der vul. Zamkova/вул. Замкова, das bis Anfang des 20. Jh. kein einziges Mal eingenommen werden konnte, beginnt im Jahr 1492: Fürst Kostjantyn Ostroz'kyj errichtete es an der Stelle einer hölzernen Festung und baute im 16. Jh. hier den Palast der Ostroz'kyjs (Палац Острозьких). Die Anlage befand sich unter anderem im Besitz der Adelsfamilien Zaslawski, Sanguszko und Lubomirski. Letztere ließen im 18. Jh. auf dem Schlossgelände noch den klassizistischen Lubomirski-Palast (Палац Любомирських) mit Friesen und einer Innengestaltung von Domenico Merlini entstehen. Der Komplex besteht außerdem aus einem Torbau (16./17. Jh.) mit Renaissanceportal, Kasematten, zwei mit Wehrtürmen versehenen Bastionen und einem Wassergraben. Sein heutiges Bild prägen die Umbauten im 17., 18. und 20. Jh. Von einem der Bastionstürme soll die Nichte des Fürsten Ostroz'kyj, Beata Dolska, mit einer Kanone direkt in das Zelt des tatarischen Khans getroffen haben. Die Tataren, die diese Botschaft als schlechtes Zeichen interpretierten, zogen sich zurück, und das gerade mit Hochzeitsvorbereitungen beschäftigte Fräulein sagte kaltblütig: »Nun kann ich endlich heiraten.« Seitdem wird der Turm Beatka-Turm genannt (Tel. 03656 424 01, 439 86, 412 30, Sommer tgl. 8–19, Winter tgl. 8–17 Uhr, 7/4 UAH).

Rund um die Vulycja Halyc'koho

Im Herzen der Altstadt stehen in der vul. Kyryla i Mefodija/вул. Кирила і Мефодія das ehemalige **Kontrakthaus** (Будинок контрактів, Nr. 11) aus dem 19. Jh. und die dem Verfall preisgegebene **Synagoge** (Синагога, Nr. 23) aus dem 16. Jh. An die **Eliaskathedrale** (Іллінський собор) im neorussischen Stil in der vul. Halyc'koho/вул. Галицького 13 schließt ein russisch-byzantinischer Glockenturm an. In der 1908 errichteten Kirche befand sich früher eine von K. Ostroz'kyj gestiftete Muttergottesikone. Das Original wurde gestohlen, zu sehen ist eine Kopie.

In der vul. Halyc'koho/вул. Галицького 68 steht die orthodoxe **Nikolauskathedrale** (Свято-Миколаївський собор), die ehemalige römisch-katholische Klosterkirche des Bernhardinerordens. Die Basilika mit einem Aussichts- und Wehrturm stammt aus der ersten Hälfte des 17. Jh. Das ursprüngliche barocke Bernhardinerkloster (Бернардинський монастир) fiel im 19. Jh. den Orthodoxen zu, worauf der katholische Gehalt der Malereien orthodox umgestaltet wurde.

Neben der Kathedrale befindet sich das renaissancene **Luc'ker Tor** (Луцька брама), ein wehrarchitektonisches Denkmal aus dem 15./16. Jh, das als Barbakane ausgeführt wurde und mit dem Schloss über einen unterirdischen Gang in Verbindung stand. Früher wurde das Stadttor, das die Funktion eines Zollamtes erfüllte, von einem Erdwall und Wassergraben umgeben, außerdem hatte es einen Arkadendurchgang, der infolge der Renovierung im 18. Jh. zugemauert wurde.

Die **Christi-Verklärungs-Kirche** (Спасо-Преображенська церква) von 1643 in der vul. Franka/вул. Франка 30 war ursprünglich das Gebetshaus des Erlöserklosters, in dem der Priestermönch Arsenij 1539–1566 ein berühmtes Evangeliar verfasste.

Karmeliterinnenkloster

An der römisch-katholischen Johannes-Nepomuk-Pfarrkirche (Фарний костел Яна Непомука) aus dem 19. Jh. in der vul. Ostroz'koho/вул. Острозького 18 vorbei gelangt man in die vul. Ševčenka/вул. Шевченка, wo sich unter der Nr. 51 ein frühbarockes eingeschossiges Gebäude aus dem 17. Jh. mit einer schönen offenen Arkadengalerie befindet. Es ist das einstige **Karmeliterinnenkloster** (Монастир кармеліток), das heute eine onkologische Klinik beherbergt. 1890 wurde die Anlage dem Kreuzerhöhungskloster, das sich in der Nähe befand und später zerstört wurde, und im Jahr 1920 den barfüßigen Karmelitern zugewiesen. Danach weilten hier noch die Vorsehungsschwestern, bis das Kloster 1939 geschlossen wurde.

Georgskirche

Auf dem rechten Ufer der Ikva lohnt in der vul. Sadova/вул. Садова 10 die schön proportionierte, dreikuppelige, hölzerne **Georgskirche** (Свято-Юріївська церква) aus dem Jahr 1700 eine Besichtigung. In ihrem Inneren prunkt die kostbare Ikonostase mit einem Meisterwerk von Jov Kondzelevyč. Neben dem Gotteshaus ragt ein 1869 errichteter Glockenturm auf.

Übernachten, Essen

Am Schloss ▶ **Antik-Chaus** (Антік-Хаус): vul. Zamkova/вул. Замкова 17, Tel. 050 579 59 05. Ein kleines, aber feines, privates Restauranthotel in einem historischen Gebäude des 19. Jh. in unmittelbarer Nähe des Schlosses. Die historische Einrichtung macht es beinahe zu einem Museum. In der Restaurantküche werden alten ukrainische Gerichte zubereitet (tgl. 11–23 Uhr, Hauptgerichte ca. 20–45 UAH). DZ 350–680 UAH.

Modern und zentral ▶ **Dubno** (Дубно): vul. Halyc'koho/вул. Галицького 9, Tel. 03656 410 86, 418 02, 418 81. Das Hotel befindet sich im Zentrum der Stadt und verfügt über modern eingerichtete Zimmer unterschiedlicher Kategorien. Das Restaurant bietet ukrainische und europäische Küche sowie Livemusik-Abende (tgl. 8–24 Uhr, Hauptgerichte 20–40 UAH). DZ 94–350 UAH.

Aktiv

Stadtführungen ▶ **Büro des Historisch-kulturellen Reservats Dubno** (Дубенський історико-культурний заповідник): vul. Zamkova/вул. Замкова 7a, Tel. 03656 424 01, www.dubno-museum.org.ua, Sommer tgl. 8–19 Uhr, Winter tgl. 8–17 Uhr. Themenrundgänge durch die Stadt und zum Fort in Tarakaniv.

Termine

Rock-Pop-Ethnofestival Taras Bul'ba (Рок-поп-етно-фестиваль Тарас Бульба): Juli, www.tarasbulba-fest.kiev.ua. Mehrtägiges Festival der ukrainischen Musik an den Ruinen des Schlosses – der bekannten Kulisse des Romans »Taras Bul'ba« von Gogol – mit Ausstellungen und Verkostungen.

Verkehr

Züge: Bahnhof, vul. Zaliznyčna/вул. Залізнична 2, Tel. 03656 220 07. Verbindungen Richtung Rivne, Užhorod, L'viv, Černivci, Kiew sowie nach Berlin.
Busse: Busbahnhof, vul. Zabramna/вул. Забрамна, Tel. 03656 426 32. Busse nach Tarakaniv und Pljaševa.
Taxis: Tel. 067 983 19 40.

Pljaševa ▶ 1, D/E 4

In der Nähe des Dorfes **Pljaševa** (Пляшева, 700 Einw.) ca. 50 km südwestlich von Dubno ereignete sich 1651 die für die ukrainischen Kosaken tragische Schlacht bei Berestečko (Берестецька битва). Im entscheidenden Kampf der Aufstandsbewegung im 17. Jh. unterlagen die alliierten Truppen des Kosakenhetmans Bohdan Chmel'nyc'kyj und des krimtatarischen Khans Islam III. Giray dem polnisch-litauischen Heer von König Johann II. Kasimir. Die Kosaken mussten schwere Verluste hinnehmen: Unterschiedlichen Quellen zufolge wurden 10 000 bis 30 000 Krieger in den umliegenden Feldern begraben. Die zahlreichen Kosakengräber legen davon Zeugnis ab.

Am Ortsrand bilden die hölzerne Michaelskirche (Михайлівська церква, 17. Jh.), in der Chmel'nyc'kyj vor dem Kampf gebetet haben soll, die wunderschöne Kirche des hl. Georg des Siegers (Храм-усипальниця Святого Георгія Переможця) vom Anfang des 20. Jh., die eigentlich aus drei Kirchen besteht, das Museum (Музей) und das Denkmal für die Aufständischen das **Historische Gedenkreservat Schlachtfeld bei Berestečko** (Історико-меморіальний заповідник Поле Берестецької битви, Tel. 03633 301 26, tgl. 10–17 Uhr, 3/1,50 UAH).

Rivne ▶ 1, F 3

Mit seinen 250 000 Einw. ist **Rivne** (Рівне) die offizielle Gebietshauptstadt. Es hat eine turbulente Geschichte hinter sich und kann infolge der Verwüstungen der beiden letzten Kriege kein umfangreiches architektonisches Erbe vorweisen. Anders steht es mit den Bodenschätzen: In Klesiv entdeckte man die einzigen ukrainischen Bernsteinvorkommen.

Geschichte

Die Stadt wird in Urkunden von 1282 erstmals erwähnt. Ab der zweiten Hälfte des 14. Jh. befand sie sich unter litauischer Herrschaft, in den nachkommenden Jahrhunderten gehörte sie mehreren bekannten Magnatenfamilien. Die Witwe des wolhynischen Fürsten Semen Nesvic'kyj, der Rivne 1461 kaufte, erwarb 1492 für die Stadt das Magdeburger Recht, legte das Schloss an und nannte sich Marija Rovens'ka. Seit dem Jahr 1518 residierte hier die Familie Ostroz'kyj, später, im 18. und 19. Jh., die Familie Lubomirski, bis Rivne 1793 in das Russische Reich eingegliedert wurde. In den Jahren der nationalsozialistischen Besatzung wurde die Stadt zum Verwaltungszentrum des Reichskommissariats Ukraine. Fast alle jüdischen Bürger von Rivne, die Fürst Lubomirski seinerzeit großzügig gefördert hatte und die vor dem Zweiten Weltkrieg ca. 70 % der Gesamtbevölkerung ausmachten, wurden in deutschen Konzentrationslagern ermordet. Die polnische Minderheit (ca. 10 % der Gesamtbevölkerung) wurde später von den Sowjets nach Sibirien deportiert. 1945 führte das Volkskommissariat des Inneren in Rivne die öffentliche Hinrichtung der Soldaten der Ukrainischen Aufstandsarmee durch. 1991 wurde der russische Name der Stadt, Rovno, wieder in den ukrainischen, Rivne, geändert.

Sehenswürdigkeiten

Zu den wenigen historischen Sehenswürdigkeiten von Rivne zählt die hölzerne **Mariä-Himmelfahrt-Kirche** (Успенська церква) von 1756 in der vul. Ševčenka/вул. Шевченка 113. Äußerst interessant ist die ›Kette der moralischen Grundsätze‹ (Ланцюг устоїв моральних) aus dem 18. Jh., an die Bürger wegen moralischer Verfehlungen zur öffentlichen Buße angebunden wurden. In einem schönen Jugendstilgebäude in der vul. Petljury/вул. Петлюри 17 ist das **Bernsteinmuseum** (Музей бурштину) in zwei Zimmern mit kleinen Artefakten, Schmuck und Accessoires nett eingerichtet (Tel. 0362 26 85 61, Di, Do–So 10–18 Uhr, 2/1 UAH).

Die Vollendung der aufwendigen orthodoxen **Auferstehungskathedrale** (Свято-Воскресенський собор) im neorussischen Stil in der vul. Soborna/вул. Соборна 39 wird auf das Jahr 1895 datiert. Zu Sowjetzeiten beherbergte sie ein Lager und das Museum für Atheismus. In der vul. Drahomanova/вул. Драгоманова 19 befindet sich das **Landeskundemuseum** (Історико-краєзнавчий музей) im klassizistischen Gebäude (1839) des früheren Gymnasiums, dessen berühmtester Pädagoge Mykola Kostomarov (1817–1885), ein herausragender Historiker und Schriftsteller, war (Tel. 0362 22 33 67, Sommer Di–Fr 10–18, Sa, So 11–19, Winter Di–So 10–18 Uhr, 14/7 UAH).

Übernachten

Mitten im Zentrum ▶ Myr (Мир): vul. Mickevyča/вул. Міцкевича 32, Tel. 067 334 88 09, 0362 22 13 35, www.mir-hotel.com (engl.). Das große, mehrstöckige 3-Sterne-Haus wurde 2008 saniert. Zimmer unterschiedlicher Kategorien, Restaurant mit ukrainischem und europäischem Menü. Exkursionsangebot. DZ/ÜF 440–570 UAH.

Klassische Einrichtung ▶ Marlen (Марлен): vul. Hruševs'koho/вул. Грушевського 13, Tel. 0362 69 06 00, www.marlen.com.ua (engl.). Das 4-Sterne-Hotel nahe dem Stadtzentrum verfügt über neun komfortable, elegante Zimmer, ein VIP-Cottage und ein Casino. DZ 440–490 UAH.

Auf dem Land ▶ Sofija (Софія): in Velyka Omeljana (Велика Омеляна) 10 km südwestlich von Rivne, vul. Dubnivs'ka/вул.

Rivne hat ein reizvolles, wasserreiches Umland

Дубнівська 4 a, Tel. 80362 61 30 73, www.sofiahotel.com.ua (engl.). Ein heimeliger Gasthof auf dem Land mit wunderschönem Garten, farbigen, gemütlichen Zimmern, einer Café-Bar und hölzernen Familienhäusern. Für Aktivurlauber gibt es Tennisplätze, ein Freibad im Sommer und eine Eisbahn im Winter. DZ 170–300 UAH.

Essen & Trinken

Leichte Küche ▶ **Café-Bar Milano:** vul. Korolenka/вул. Короленка 1, Tel. 098 837 89 19, www.zlata-plaza.com.ua, tgl. 10–22 Uhr. Das moderne Café gehört zum zentral gelegenen Einkaufszentrum Zlata Plaza. Hier gibt es eine gute Pizza-Auswahl. Die hauseigene Konditorei liefert köstliche Kuchen, Torten und Croissants. Attraktive Kaffee-, Tee- und Eiskarte. Hauptgerichte ca. 20–40 UAH.

Schnell ▶ **A la minute:** vul. Mlynivs'ka/вул. Млинівська, im Servicekomplex OKKO an der Ortseinfahrt (Luc'ker Ring) auf der Fernstraße Rivne–Luc'k, www.okko.ua (engl.), tgl. 8–20 Uhr. Schnell- und Selbstbedienungsrestaurant mit komplizierteren und einfachen französischen Gerichten und modernem Design, Sommerterrasse, Kindermenü und WLAN. Hauptgerichte ca. 15–35 UAH.

Einkaufen

Souvenirs ▶ **Kunstgalerie Zuza** (Мистецька галерея Зуза): majdan Nezaležnosti/майдан Незалежності 3, Tel. 0362 63 45 15, www.zuza.net.ua, Mo–Fr 10–19, Sa, So 10–17 Uhr. Traditionelle ukrainische Kleidung, Glasperlenschmuck, Holzschnitzereien, Tapisserien, Keramik, Kunst und Art-Café.

Abends & Nachts

Konzerte ▶ **Kammer- und Orgelmusikhalle** (Зал камерної та органної музики): vul. Soborna/вул. Соборна 137, Tel. 0362 22 23 51, www.organ.rv.ua. Die Musikhalle befindet sich in der neogotischen, ehemaligen römisch-katholischen Antoniuskirche von 1899. Ihr Schmuckstück ist die Orgel der Firma Rieger-Kloss.

Diskothek ▶ **Mahnat** (Магнат): vul. Bandery/вул. Бандери 61, Tel. 0362 23 43 95, www.magnat-club.com.ua, Di–So 21–4 Uhr. Nacht- und Discoclub.

Aktiv

Stadtführungen & Ausflüge ▶ **Rivneturyst** (Рівнетурист): vul. Kyjivs'ka/вул. Київська 36, Tel. 0362 26 69 75, www.rivnetourist.com.ua (engl.). Umfassendes Angebot an Winter- und Sommeraktivitäten, Tages- und Wochenendausflügen, Städtereisen in der Region und der ganzen Ukraine. Stadtführungen durch Rivne.

Termine

Koljada (Коляда): Jan. Weihnachtsfeierlichkeiten zum orthodoxen und griechisch-katholischen Weihnachtsfest, Krippenumzüge und kulinarische Wettbewerbe.

Art Jazz Cooperation: Aug. Das traditionell zum Stadtgründungsfest stattfindende Event ist verschiedenen Jazzrichtungen verpflichtet. Konzerte auch in Luc'k.

Verkehr

Züge: Bahnhof, Pryvokzal'na pl./Привокзальна пл. 1, Tel. 0362 291 24 75, 291 26 04. Züge nach Kovel', Luc'k, L'viv, Černivci.

Busse: Busbahnhof, vul. Kyjivs'ka/вул. Київська 40, Tel. 004, 0362 23 33 97. Verbindungen nach Dubno, Kremenec', Ostroh, Luc'k.

Taxis: Omer (Омер), Tel. 050 288 59 60, 097 698 45 33.

Mietwagen: Avto-Drajv (Авто-Драйв), vul. Zamkova/вул. Замкова 34, Tel. 0362 63 58 91, 095 540 96 71, www.autodrive.com.ua (engl.).

Polesische Schmalspurbahn ▶ 1, E/F 1/2

Ca. 100 km nördlich von Rivne verkehrt ab Antonivka (Антонівка) eine der ältesten funktionierenden Schmalspurbahnen Europas bis nach Zarične (Зарічне). Vermutlich 1895 erbaut, diente die Bahn ursprünglich dem Holztransport. Heute gehört der nostalgische Zug zu den touristischen Attraktionen der Region. Der historischen Diesellok wackeln klappernd vier kleine, etwas antiquarische, mit rarer Technik und Ausstattung versehene Waggons hinterher. Mit einer Geschwindigkeit von etwa 30 km pro Stunde durchquert der Zug auf einer Strecke von 106 km die reizenden polesischen Landschaften.

Dem ersten Bahnhof in **Antonivka,** einem Nachkriegsziegelbau, folgt die archaische Holzstation in **Volodymyrec'** (Володимирець). Dann fährt die Bahn nahe dem Dorf **Mlynok** (Млинок) über eine hölzerne Eisenbahnbrücke, ein echtes Denkmal der ukrainischen Eisenbahngeschichte und Höhepunkt der Reise. Angesicht des ehrwürdigen Alters der Brücke über den Fluss Styr (Стир) – sie wurde Anfang des 20 Jh. errichtet – bewegt sich die Schmalspurbahn so langsam, dass man aussteigen und ein Foto des Zuges von vorn oder von hinten machen kann. Unterwegs sieht man Wälder, Moore, Sanddünen, Dörfer, Weiler und Gärten. Endhaltestelle ist **Zarične.**

Man kann die Polesische Schmalspurbahn (Поліський трамвай) – im Volksmund *pojizdok* genannt – für Hin- und Rückfahrten benutzen sowie an jeder Station – meistens mitten in der Natur – aus- und einsteigen, denn in der seenreichen Gegend gibt es Einiges zu erleben: Von der Bahnstation **Voronky** (Воронки) führt ein Weg zum gleichnamigen See mit vielen endemischen Pflanzen, in der Nähe der Bahnhaltestelle **Ostrivs'k** (Острівськ) liegen gleich drei Seen: Velyke (Велике), Serednje (Середнє) und Choromne (Хоромне). Auch wenn man wegen einer Wanderung den Zuganschluss verpasst hat, gibt es etwa in Voronky, Bile (Біле) oder Nobel' (Нобель) Übernachtungsmöglichkeiten in gastfreundlichen, museal anmutenden Bauernhäusern.

Infos

Polesische Schmalspurbahn (Поліський трамвай): www.polissya-tourism.com (engl.). Hinfahrt ab Antonivka um 7 Uhr, Rückfahrt ab Zarične um 14.03 Uhr, 14 UAH hin und zurück.

Ostroh und Umgebung

► 1, F 4

Die Stadt **Ostroh** (Острог, 14 000 Einw.) war im 16./17. Jh. eines der bedeutendsten Zentren der Aufklärung des Landes und ist seit 1981 Historisch-kulturelles Reservat. Ihre Universität – eine der angesehensten in der Ukraine – blickt auf eine bedeutende Geschichte zurück.

Geschichte

Die ersten Hinweise auf die Existenz einer Siedlung tauchen in Urkunden von 1100 auf. Laut Überlieferungen gehörte Ostroh in der zweiten Hälfte des 12. Jh. dem Fürstentum Volodymyr-Wolhynien und seit 1199 Galizien-Wolhynien an. Eine tiefe Zäsur in der Geschichte des Ortes brachte das 14. Jh., als die Adelsfamilie Ostroz'kyj Ostroh zu ihrer Residenz machte. Ihr verdankt die Stadt ihren raschen und glänzenden Aufstieg zum geistigen und kulturellen Zentrum der Region. Nach der Erlangung des Magdeburger Rechts im Jahr 1528 avancierte Ostroh zu einer der wichtigsten Städte des Landes. Im Wesentlichen schrieb die von Kostjantyn Ostroz'kyj begründete slawisch-griechische Schule (1576) die Stadtgeschichte auf. Die Schule wurde unter dem Namen Ostroher Akademie (Острозька академія) bekannt. Der erste Rektor der Akademie war der Schriftsteller Herasym Smotryc'kyj, zu den bedeutendsten Absolventen zählen der Sprachwissenschaftler und Schriftsteller Meletij Smotryc'kyj sowie der Kosakenhetman Petro Konaševyč Sahajdačnyj. In der von Ivan Fedorov ab 1577 geleiteten Akademiedruckerei erschienen die prominentesten Werke der ostslawischen Buchkunst: die ABC-Fibel »Bukvar« (»Буквар«, 1578) und die ganz in Kirchenslawisch verfasste Ostroher Bibel (»Острозька Біблія«, 1581). Mit der Verbreitung des Katholizismus in den ukrainischen Gebieten und der Gründung des Jesuitenkollegs wurde die rege wissenschaftliche und aufklärerische Tätigkeit der Akademie um 1640 eingestellt. Die Befreiungskriege im 17. Jh. beendeten das goldene Zeitalter der Stadt.

Hinterglasmalerei in Kirchen und Häusern ist in der Region Ostroh weit verbreitet

Schloss

Nach der Niederlassung in Ostroh zögerten die Ostroz'kyjs nicht, an der Stelle einer altukrainischen Kernburg ein **Schloss** (Замок) zu errichten, dessen Mittelpunkt zunächst ein Donjon (Вежа Мурована, 14. Jh.) bildete. Zurzeit beherbergt der Turm die Ausstellungen des **Landeskundemuseums** (vul. Akademična/вул. Академічна 5, Tel. 03654 225 93, http://museum.uosa.uar.net, Di–Do, Sa, So 9.45–17, Fr 9.45–16 Uhr, 7/4 UAH). Die Anlage wurde beständig erweitert: Im 15. Jh. entstand die **Kathedrale der Erscheinung des Herrn** (Богоявленський собор), in deren Architektur sich gotische und byzantinische Motive verbinden. Die im 19. Jh. rekonstruierte Kirche diente Wehrzwecken, weshalb sie Schießscharten und eine Aussichtsplattform besaß. Vermutlich im 16. Jh. wurde der Runde oder Neue Turm (Кругла/Нова башта) mit der schönen Renaissance-Attika errichtet. Der Glockenturm über dem Eingang stammt aus dem Jahr 1905.

Weitere Sehenswürdigkeiten

Der halbzerstörte **Tatarische Turm** (Татарська вежа) in der vul. Tatars'ka/вул. Татарська 73 und der **Luc'ker Turm** (Луцька вежа) in der vul. Papanina/вул. Папаніна 7 aus dem 15./16. Jh. wurden ebenfalls in die Wehrarchitektur der Stadt eingeschlossen. Sie dienten als Stadttore und Wehrtürme zugleich. Der Tatarische Turm erhielt seinen Namen nach der Vorstadt, wo in der Vergangenheit die gefangenen Tataren angesiedelt wurden. Im Luc'ker Turm befindet sich derzeit das **Museum des Buches und des Buchdrucks** (Музей книги і друкарства) mit wertvollen Handschriften und Büchern (Tel. 03654 232 71, http://museum.uosa.uar.net, Di–Do, Sa, So 9.45–17, Fr 9.45–16 Uhr, 5,50/3 UAH).

Das **Numismatische Museum** (Музей нумізматики) mit seinen Münzsammlungen kann am prospekt Nezaležnosti/проспект Незалежності 45 in einem Wohnhaus aus dem 19. Jh. besichtigt werden (Tel. 03654 226 98, http://museum.uosa.uar.net, Mo–Do 9.45–17, Fr 9.45–16 Uhr, 5,50/3 UAH). In der vul. Seminars'ka/вул. Семінарська 2 residiert die **Nationale Universität ›Ostroher Akademie‹** (Національний університет ›Острозька Академія‹) in den Bauten eines ehemaligen Kapuzinerklosters aus der zweiten Hälfte des 18. Jh. Die römisch-katholische **Mariä-Himmelfahrt-Kirche** (Успенський костел) in der vul. Knjaziv Ostroz'kych/вул. Князів Острозьких 3, ursprünglich ein orthodoxes Gotteshaus, wurde im 15. Jh. zur Klosterkirche der Dominikaner umgebaut. Wiederholte Umgestaltungen im 19. Jh. fügten neogotische und klassizistische Stilelemente hinzu.

Mežyrič

Ca. 5 km südwestlich von Ostroh wartet in der ehemaligen Festungssiedlung **Mežyrič** (Межиріч, 1500 Einw.) das ausdrucksvolle **Festungskloster der Heiligen Dreifaltigkeit** (Свято-Троїцький монастир) auf Besucher. Seine Gründung wird, wie bei vielen anderen Klöstern in der Ukraine, den vor den Tataren geflohenen Mönchen des Kiewer Höhlenklosters zugeschrieben. Den Mittelpunkt der seit den 1990er-Jahren wiederbelebten Mönchsherberge bildet die Dreifaltigkeitskirche aus dem 15. Jh., die in ihrer Stilistik, die Elemente der gotischen und der byzantinischen Tradition vereinigt, der Kirche der Erscheinung des Herrn in Ostroh ähnelt. Im 17. Jh. fiel das Kloster den Franziskanern zu: 1606–1612 entstanden die renaissancehaft anmutenden Mönchszellen, die an beide Seiten der Kirche symmetrisch angebaut wurden, und die die Anlage umringende Wehrmauer mit vier Türmen und bemerkenswerten Friesen. Der Schließung des Franziskanerklosters im 19. Jh. folgte die Übergabe des Komplexes an die Orthodoxen. Das Kleinod des Klosters ist das lebensspendende Bild der Muttergottes von Mežyrič (16. Jh.), die Familienikone der Ostroz'kyjs. Nicht weit vom Kloster sind der alte, frei stehende steinerne **Ofen** (Мурована піч, 17. Jh.) für die Wachleute und das **Zaslaver Tor** (Заславська брама, 16. Jh.), ein Teil der Stadtbefestigung, zu sehen.

Übernachten, Essen

... in Ostroh:

Mini-Hotel ▶ **Maestro** (Маестро): prosp. Nezaležnosti/просп. Незалежності 17, Tel. 03654 220 22, 067 78 81 826, www.maestro.ostroh.com.ua. Drei gemütliche Zimmer und Pizzeria (tgl. 11–23 Uhr, Ofenpizza ca. 11–25 UAH). DZ 200 UAH.

Einkaufen

... in Ostroh:

Keramik ▶ **Ostroz'ka keramika** (Завод Острозька кераміка): vul. Drevljans'ka/вул. Древлянська 88, Tel. 067 926 67 69, www.ostrohceramics.com.ua, Mo–Sa 9–18 Uhr.

Farbenfrohes Geschirr, Spielzeug, Geschenke aus Keramik. Führungen durch die Fabrik sowie Kurse nach Absprache.

Aktiv

... in Ostroh:

Stadtführungen & Ausflüge ▶ **Reise- und Exkursionsbüro Ostroh** (Острозьке бюро подорожей та екскурсій): vul. Manujil's'koho/вул. Мануїльського 34, Tel. 03654 200 30. Das Angebot reicht von Stadtführungen in Ostroh bis zu Touren in den Karpaten.

Verkehr

Busse: Busstation in Ostroh, prosp. Nezaležnosti/просп. Незалежності 166, Tel. 03654 221 05. Busse nach Mežyrič sowie u. a. nach Rivne, Dubno, Chmel'nyc'kyj.

Taxis: Tel. 03654 303 83.

Luc'k ▶ 1, E 3

Cityplan: S. 318

Die Hauptstadt des Gebiets Volyn' (Wolhynien), **Luc'k** (Луцьк, 200 000 Einw.), ist ein geschichtsträchtiger Ort, dessen älteste und interessanteste Denkmäler 1985 zum Nationalen Historisch-kulturellen Reservat Altes Luc'k erklärt wurden.

Geschichte

Laut Überlieferungen aus dem Jahr 1085 war die Siedlung Lučes'k – so der alte Name von Luc'k – ein reges Handwerks- und Handelszentrum der Kiewer Rus am Kreuzungspunkt der Handelswege, die vom Westen ins Baltikum führten. Seine günstige wirtschaftliche wie geografische Lage förderte eine schnelle Stadtentwicklung, sodass es im Jahr 1340 zur letzten Hauptstadt des vereinigten Fürstentums Galizien-Wolhynien aufstieg. In demselben Jahr fiel die Stadt unter die Herrschaft der litauischen Feudalherren. 1432 erhielt sie die Magdeburger Rechte. Ein Treffen der Monarchen der europäischen Länder im Jahr 1429 ist als prominentes Ereignis in die Stadtgeschichte eingegangen. Die Verhandlungen über die gemeinsamen Aktivitäten gegen die Invasion des Osmanischen Reiches konnten jedoch den wiederholten Andrang der Mongolen und Tataren 1453, 1500 und 1502 nicht verhindern. Nach der Union von Lublin im Jahr 1569 fiel Luc'k an Polen, und bald darauf, im Jahr 1595, wurde es vom Bauernaufstand mit Severyn Nalyvajko an der Spitze sowie im Jahr 1648 vom Befreiungskrieg mit Bohdan Chmel'nyc'kyj ergriffen. Infolge der dritten Teilung Polens 1795 fiel die Region an Russland. Es folgten Zugehörigkeiten zu Österreich, erneut zu Polen und zur UdSSR.

Schloss und Schlosshügel

Das Obere oder **Ljubart-Schloss** 1 (Верхній замок, Любарта), eines der besuchenswertesten Schlösser des Landes und das letzte Bollwerk des Fürstentums Galizien-Wolhynien, hat den Namen seines Stifters, des litauischen Großfürsten, erhalten. Es wurde hauptsächlich im 14. Jh. im romanisch-gotischen Stil erbaut und später mit Renaissance-Elementen verziert. Der einstige Regierungs- und Bischofssitz wartet auf mit dem emporstrebenden, von einer figürlichen Attika gekrönten Ljubart- oder Torturm (Любартова/Надбрамна башта), dem Styrer (Стирова башта) und dem Bischofsturm (Владича башта), der Wehrmauer, dem Gerichtshaus (Будинок шляхетських судів) aus dem 18. Jh., der Schatzkammer (Скарбниця) vom Anfang des 19. Jh., den Überresten der Johanneskirche (Церква Іоана Богослова, 12. Jh.) – der Gruftkirche der Luc'ker Fürsten und Bischöfe – und dem Fürstenpalast (Князівський палац, 14.–16. Jh.). Im ehemaligen Gerichtshaus ist heute das **Buchmuseum** (Музей книги) untergebracht. Der Bischofsturm beherbergt das **Glockenmuseum** (Музей дзвонів) und die **Ausstellung des Schlossarsenals.** Im als Schlosskanzlei genutzten Styrer Turm sind rund eineinhalb Millionen Archivalien erhalten (Tel. 0332 72 45 88, April–Sept. tgl. 10–19, Okt.–März tgl. 10–17 Uhr, 13/7 UAH).

Das **Kunstmuseum** 2 (Художниій музей) in der vul. Kafedral'na/вул. Кафедральна 1a innerhalb der Schlossmauern zeigt

Meterdicke Backsteinmauern umgeben das Luc'ker Ljubart-Schloss

Werke westeuropäischer Maler des 17./18. Jh. aus der Radziwill-Sammlung (Tel. 0332 72 30 75, Mi–So 10–18 Uhr, 4/2 UAH).

Peter-Paul-Kathedrale

Am Fuß des Schlosshügels, auf dem ehemaligen Gelände des Unteren Schlosses, befindet sich die römisch-katholische **Peter-Paul-Kathedrale** 3 (Петропавлівський кафедральний костел) vom Anfang des 17. Jh. Das barocke Werk von Giacomo Briano nahm im 18. Jh. klassizistische Züge an. Als die Polen in Wolhynien die Macht ergriffen, bauten sie hier das Jesuitenkloster sowie das durch seine Bibliothek und sein Studententheater bekannt gewordene Kolleg an, an das neben der Kirche noch die Klosterzellen erinnern.

Der zurzeit verlassene Komplex des **Klosters der Töchter der christlichen Liebe** 4 (Монастир шариток) auf der gegenüberliegenden Straßenseite erwuchs aus der alten römisch-katholischen Dreifaltigkeitskathedrale im Laufe des 18./19. Jh. Die geistlichen Schwestern siedelten sich 1829 für ca. 50 Jahre an.

Sehenswertes in der Altstadt

Das **Brigittinnenkloster** 5 (Монастир бригіток) in der vul. Kafedral'na/вул. Кафедральна 16 entstand im 17. Jh. an der Stelle des Radziwill-Palastes, der zum Unteren Schloss gehörte. Nachdem der Komplex abbrannte, wurde auch das Kloster 1845 geschlossen. Das umgebaute Ensemble diente am Ende des 19. Jh. als Gefängnis, zurzeit wird es wieder von Mönchen bewohnt.

An der vul. Drahomanova/вул. Драгоманова stößt man von der Kathedrale kommend auf die **Lesja-Ukrajinka-Gedenkstätte** 6 (Кімната-музей Лесина вітальня). Das Museum ehrt eine der größten ukrainischen Schriftstellerinnen (Nr. 23, Tel. 0332 72 45 88, 13/7 UAH, die Eintrittskarten können im Schloss gekauft werden).

Von der vul. Drahomanova in südlicher Richtung zweigt die vul. Halyc'koho mit der **Synagoge** 7 (Синагога) ab. Das jüdische Gotteshaus, das auch Kleines Schloss (Малий замок) genannt wird, wurde vermutlich Ende des 14. Jh. bis 1629 errichtet. Den Anlass zum ehrenvollen Beinamen gab der an das Gebetshaus angebaute quadrati-

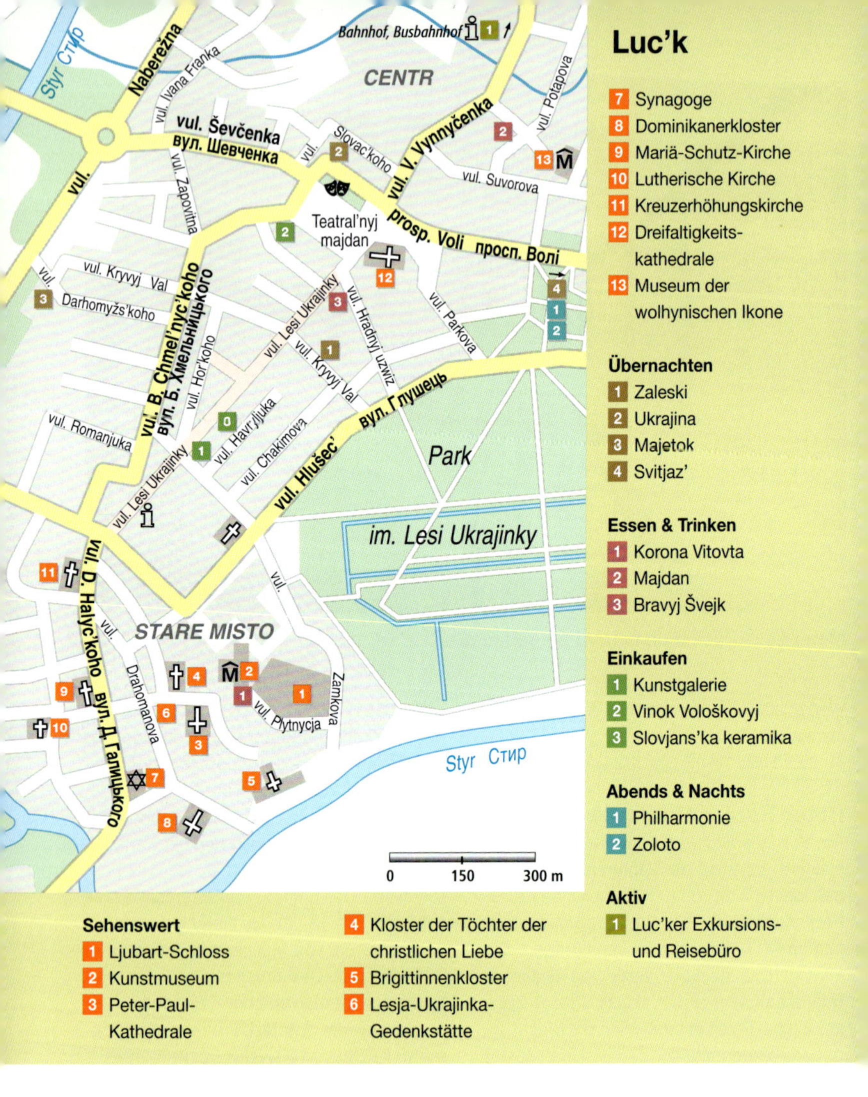

sche, mit Schießscharten und Renaissance-Attika versehene Turm.

Das **Dominikanerkloster** 8 (Монастир домініканців) in der vul. Drahomanova/вул. Драгоманова 26 stammt aus der zweiten Hälfte des 18. Jh., obwohl die Mönchsgemeinschaft eine der ältesten katholischen Gemeinschaften in Luc'k war. Das Kloster erlitt viele Kriegs- und Brandschäden, vermochte es aber, sich im 18./19. Jh. zu einer einflussreichen Institution mit eigener Schule, Bibliothek und Druckerei zu entwickeln. Mitte des 19. Jh. wurde es jedoch geschlossen. Seine Räumlichkeiten beherbergen derzeit das orthodoxe Geistliche Seminar.

Weitere Kirchen verlieren sich fast in der großen Menge der Gotteshäuser. Die **Mariä-Schutz-Kirche** 9 (Покровська церква) in der vul. Halyc'koho/вул. Галицького stammt ursprünglich aus dem 15. Jh. und wurde mehrfach umgestaltet. Ihr größter Schatz war die Ikone der Muttergottes von

Wolhynien, ein Meisterwerk der ukrainischen Ikonenmalerei des 14. Jh., das jetzt die Sammlungen des Nationalen Kunstmuseums in Kiew schmückt.

Um die Ecke, in der vul. Karajims'ka/вул. Караїмська 16, wurde von deutschen Kolonisten an der Stelle der verwüsteten Karmeliterkirche in den Jahren 1906/07 die neogotische **lutherische Kirche** 10 (Кірха) errichtet. Die Entstehung der **Kreuzerhöhungskirche** 11 (Хрестовоздвиженська церква) in der vul. Halyc'koho/вул. Галицького initiierte im 17. Jh. die gleichnamige orthodoxe Bruderschaft, die sich gegen die Katholisierung der ukrainischen Gebiete einsetzte. Die heutige, eher bescheiden ausfallende Kirche (17.–19. Jh.) war der Altarteil der einstigen Klosterkirche. Zu Sowjetzeiten wurde sie in ein Planetarium umfunktioniert und 1990 der orthodoxen Gemeinde zurückgegeben. Neben der Kirche befinden sich die ehemaligen Mönchszellen des **Basilianerklosters** aus dem 17. Jh. in der vul. Kondzelevyča/вул. Кондзелевича 5. Die Basilianer nutzten das Gotteshaus einige Zeit lang und bauten die Anlage aus.

Dreifaltigkeitskathedrale 12

Die Fußgängerzone, vul. Lesi Ukrajinky, führt schnurgerade von der Altstadt bis zum Teatral'nyj majdan, dem Theaterplatz, in der Neustadt. Dort erhebt sich gegenüber dem modernen Theatergebäude eine weitere Sehenswürdigkeit der Stadt, die orthodoxe **Dreifaltigkeitskathedrale** (Троїцький кафедральний собор).

Die Bernhardiner besaßen in Luc'k bereits im 16. Jh. das Kloster des Heiligen Kreuzes (Монастир бернардинців). Da aber die Anlage zu Beginn des 18. Jh. zu verfallen drohte, leiteten die polnischen Herrscher die Wiederbelebung des Klosters ein. Der neue, spätbarocke, üppige Komplex entstand im Jahr 1752. Nach der Kassation des Ordens im Jahr 1867 wurde das Gotteshaus in die Dreifaltigkeitskathedrale umgeweiht und um zwei Kuppeln, die ihr heutiges Aussehen prägen, ergänzt. Das Eingangstor stammt aus dem Jahr 1904.

Museum der wolhynischen Ikone 13

Der Rundgang klingt mit der Besichtigung eines Museums in der Neustadt aus: Das **Museum der wolhynischen Ikone** (Музей Волинської ікони) in der vul. Jaroščuka/вул. Ярощука 5 beherbergt eine kostbare Sammlung regionaler Ikonenmalerei aus dem 11.–19. Jh. (Tel. 0332 24 34 12, So–Di, Do–Fr 10–18 Uhr, 12/4 UAH).

Infos

Touristinfo (Турінфоцентр): vul. Na Taboryšči/вул. На Таборищі 4, Tel. 050 446 39 11, tgl. 9–18 Uhr. Informationen zu den Sehenswürdigkeiten, Unterkünften, Touren und Transfer.

Übernachten

Vornehm ▶ **Zaleski** 1: vul. Kryvyj Val/вул. Кривий Вал 39, Tel. 0332 77 27 01, www.zaleski-hotel.com (engl.). Im exklusiven Hotel mit theatralischem Interieur, komfortablen Standardzimmern und Präsidentenappartement stehen den Gästen ein Restaurant, eine Sauna und ein Schönheitssalon zur Verfügung. DZ/ÜF 700–1200 UAH.

Zentral ▶ **Ukrajina** 2 (Україна): vul. Slovac'koho/вул. Словацького 2, Tel. 0332 78 81 00, www.hotel-lutsk.com (dt.). Einige Zimmer des großen, modernen, zentral gelegenen Hotels sind im nationalen Stil eingerichtet. Im Hotelrestaurant werden ukrainische und klassische europäische Gerichte serviert. Zum Extra-Angebot gehören Stadtführungen und ein Ausflug ins Freilichtmuseum. DZ/ÜF 350–500 UAH.

Wie ein Landgut ▶ **Majetok** 3 (Маєток): im Dorf Lypyny (Липини), 8 km östlich von Luc'k, vul. Veteraniv/вул. Ветеранів 1a, Tel. 0332 79 78 63, 066 215 39 99, www.majetok.com.ua (dt.). Liebe- und fantasievoll eingerichtetes Mini-Hotel, das als Landgut stilisiert ist. Es liegt gut erreichbar an der Luc'ker Ringstraße, die nach Lypyny führt. Das Interieur des Hauses mit schönen Holzmöbeln, bunten Vorhängen und gehäkelten Decken strahlt Gemütlichkeit aus. Zur warmen Jahreszeit kommt man in den Genuss eines Sommercafés und einer Grillterrasse. Das Frühstück wird auf Wunsch von der Gastgeberin zubereitet. Kinderspielplatz und WLAN. DZ 180–240 UAH.

Standardhotel ▶ **Svitjaz'** 4 (Світязь): vul. Naberežna/ул. Набережна 4, Tel. 0322 24 55 11, www.shotel.lutsk.ua (engl.). Standardhotel in einem Hochhaus, auch mit komfortableren Zimmern und einem Restaurant. DZ 160–300 UAH.

Essen & Trinken

Unterhalb des Schlosses ▶ **Korona Vitovta** 1 (Корона Вітовта): vul. Plytnyci/вул. Плитниці 1, Tel. 0332 72 71 14, www.kvrestoran.com (dt.), tgl. 12–24 Uhr. Das Restaurant verspricht jedem Gast einen königlichen Empfang – wie zu Zeiten von Vytautas dem Großen. Der Gaumen wird mit leckeren Wild-, Lamm- und Fischgerichten nach alten Rezepten verwöhnt. Hauptgerichte ca. 40–215 UAH.

Pub ▶ **Majdan** 2 (Майдан): vul. Bojka/вул. Бойка 2, Tel. 0332 72 20 59, www.maydan.com.ua (engl.), tgl. 9–3 Uhr. Eine Bierstube, die jeden Abend das Motto ›Das Leben ist Rock'n' Roll‹ unter Beweis stellt. Pfannengerichte, Fleisch, Pilze, Bier vom Fass. Hauptgerichte ca. 25-60 UAH.

Tschechisch ▶ **Bravyj Švejk** 3 (Бравий Швейк): vul. Lesi Ukrajinky/вул. Лесі Українки 56, Tel. 0332 72 20 94, www.shveik.com.ua, tgl. 10–22 Uhr. Bierstube und Restaurant mit tschechischer Küche. Gerichte vom bayerischen Chefkoch, große Bierauswahl. Hauptgerichte ca. 25–60 UAH.

Einkaufen

Kunst und Souvenirs ▶ **Kunstgalerie** 1 (Галерея мистецтв): vul. Lesi Ukrajinky/вул. Лесі Українки 24a, Tel. 0332 72 35 71. Werke regionaler Maler, andere Artefakte und Souvenirs.

Kunsthandwerk ▶ **Vinok Vološkovyj** 2 (Вінок волошковий): vul. Chmel'nyc'koho/вул. Хмельницького 1 a, Tel. 0332 73 14 46, Mo–Fr 10–19, Sa, So 10–18 Uhr. Ukrainische Stickereien, Schnitzereien, Ostereier, Keramik, Musik.

Gebrauchskeramik ▶ **Slovjans'ka keramika** 3 (Слов'янська кераміка), vul. Havryljuka/вул. Гаврилюка 1, Tel. 0332 72 46 55, www.suvenir.volyn.ua, Mo–Sa 9.30–18 Uhr. Vasen, Geschirr und lustige Souvenirs.

Abends & Nachts

Klassik ▶ **Philharmonie** 1 (Філармонія): prosp. Voli/просп. Волі 46, Tel. 0332 24 04 24, 24 05 36. Abends Konzerte.

Nobelclub ▶ **Zoloto** 2 (Золото): vul. Rivnens'ka/вул. Рівненська 157, Tel. 0332 78 89 75, www.oxygen.net.ua, tgl. 22–5 Uhr. Nachtclub mit Bar-Restaurant und vielfältigem (Show-)Programm.

Aktiv

Stadtführungen & Ausflüge ▶ **Luc'ker Exkursions- und Reisebüro** 1 (Луцьке бюро подорожей та екскурсій): vul. Prezydenta Hruševs'koho/вул. Президента Грушевського 33, Tel. 0332 23 15 14, Mo–Fr 8–13, 14–17 Uhr. Führungen durch Luc'k und Exkursionen in Wolhynien. Auch die **Touristinfo** bietet einen ähnlichen Service (s. S. 319).

Termine

Ljubart-fest (Любарт-фест): Juli/Aug. Ethnofestival mit Kostümen, Ritterturnieren und Kunstgewerbe im Luc'ker Schloss.

Art Jazz Cooperation: Aug. Internationales Jazz-Festival u. a. im Schloss.

Verkehr

Züge: Bahnhof, Pryvokzal'na pl./Привокзальна пл. 1, Tel. 0332 79 72 98. Züge nach Ostroh, Rivne, Černivci und Berlin.

Busse: Busbahnhof, vul. Konjakina/вул. Конякіна 39, Tel. 0332 26 25 91. Verbindungen nach Ostroh, Volodymyr-Volyns'kyj, Rivne, Kamjanec'-Podil's'kyj, Ternopil', L'viv.

Mietwagen: Avto-Drajv (вто-Драйв), vul. Kravčuka/вул. Кравчука 44 a, Tel. 0332 23 44 27.

Fortbewegung in der Stadt

Busse: Eine Fahrt mit dem Bus kostet von 1,50 bis 2 UAH, mit dem Trolley-Bus 1 UAH.

Taxis: Tel. 0332 24 33 66, 25 50 55.

Volodymyr-Volyns'kyj

▶ 1, D 3

Volodymyr-Volyns'kyj (Володимир-Волинський, ca. 80 km westlich von Luc'k) ist eine gepflegte, ihrer Geschichte bewusste Stadt mit knapp 40 000 Einwohnern. Ihre ältesten Denkmäler stehen unter dem Schutz des Historisch-kulturellen Reservats Altes Volodymyr. Dazu gehören Gotteshäuser aus den fernen Zeiten der Kiewer Rus, wie sie sonst nur noch in Kiew, Černihiv oder Ovruč zu sehen sind.

Geschichte

Die Siedlung wurde vom Kiewer Fürsten Volodymyr dem Großen an der Stelle des früheren Ladomyr gegründet und nach ihm benannt. Der Zusatz Volyns'kyj' kam erst 1795 hinzu, als die Region in das Russische Reich, in dem es eine Stadt des Namens Volodymyr bereits gab, eingegliedert wurde. Die erste schriftliche Erwähnung des Ortes stammt aus dem Jahr 988, als Volodymyr die Siedlung seinem Sohn Vsevolod übergab. Als einer der westlichen Vorposten der Kiewer Rus war Volodymyr sehr gut befestigt und entwickelte sich zu einer der mächtigsten Städte, auch nachdem es 1199 zur Hauptstadt des vereinigten Fürstentums Galizien-Wolhynien ernannt worden war. Doch der jahrhundertelange Kampf gegen die tatarischen, später polnischen Angriffe ließ den Ruhm von Volodymyr Vergangenheit werden. Der polnischen Herrschaft ab 1569 folgte die russische ab 1795. Nach dem Ersten Weltkrieg gehörte die Stadt wieder Polen an, bis sie 1939 von der sowjetischen Armee besetzt wurde.

Mariä-Himmelfahrt-Kathedrale

Die mächtigen, etwa 10 m hohen **Erdwälle** (Земляні вали, 10.–14. Jh.) der nicht mehr existierenden Befestigungsanlage in der vul. Soborna/вул. Соборна vermitteln einen guten Eindruck von den Ausmaßen und der Bedeutung der fürstlichen Festungssiedlung. In der gleichen Straße ist die majestätische **Mariä-Himmelfahrt-Kathedrale** (Свято-Успенський собор, Nr. 25), die fürstliche und bischöfliche Gruftkirche, die Perle der städtischen Sakralarchitektur. Die Kirche, die eine ältere Vorgängerin ersetzte, wurde von Volodymyrs Enkel Mstyslav gestiftet und 1160 von Kiewer Baumeistern im byzantinischen Stil fertig gestellt. Sie musste mehrere Zerstörungen und darauf folgende Umgestaltungen erdulden: Zunächst war sie den Plünderungen seitens der tatarischen Horde ausgesetzt, im 18. Jh. wurde sie von der unierten Gemeinde in lateinischer, barocker Manier umgebaut und im 19. Jh. verwandelte sie sich in eine Ruine, um Anfang des 20. Jh. in ihrem ursprünglichen Glanz wieder aufgebaut zu werden.

Die Kathedrale und das benachbarte **Bischofshaus** (Єпископський будинок) mit einem Glockenturm bilden das sogenannte Schlösschen (1494), die befestigte Residenz der wolhynischen Bischöfe.

Basiliuskirche

Noch ein Kleinod der Sakralarchitektur in Volodymyr-Volyns'kyj ist die zierliche **Basiliuskirche** (Василівська церква) in der vul. Vasylijivs'ka/вул. Василіївська 28. Die Historiker streiten sich über ihr genaues Entstehungsdatum und ziehen sowohl das 12./13. Jh. als auch das 14./15. Jh. in Betracht. Die Legende besagt, dass die Kirche innerhalb eines Tages als Dank Volodymyrs des Großen für den Sieg über die Weißkroaten im Jahr 992 errichtet wurde. Jeder Soldat Volodymyrs, der vom Feldzug zurückkehrte, soll zu ihrer Erbauung einen Stein gelegt haben. Da der christliche Name des Fürsten Vasylij war, wurde das Gotteshaus diesem Heiligen geweiht. Die einige Male umgestaltete Kirchenrotunde weist einzigartige architektonische Formen auf: Sie hat einen achtblättrigen Grundriss mit einer hervortretenden runden Apside und wird von einer Zwiebelkuppel auf einem Tambour und einer Laterne bekrönt. Der an die Kirche angebaute, bekuppelte Glockenturm stammt aus dem 19. Jh.

Weitere Sehenswürdigkeiten

In der vul. Franka/вул. Франка 6 nördlich der Mariä-Himmelfahrt-Kathedrale befinden sich das **Historische Museum** (Історичний музей, Tel. 03342 219 11, Di–Fr, So 8.30–17.30 Uhr, 3/1,50 UAH) und in der vul. Kovels'ka/вул. Ковельська 1 die römisch-katholische **Kirche des hl. Joachim und der hl. Anna** (Костел Святих Іоакима ій Анни). Dieses schöne spätbarocke Gotteshaus aus dem Jahr 1752 – eine der architektonischen Erinnerungen an die polnische Herrschaft in der Stadt – diente nach dem Zweiten Weltkrieg als Konzerthalle. Weiter nördlich ist die derzeit griechisch-katholische **Kirche des hl. Märtyrers Josaphat** (Церква Священномученика Йосафата, Nr. 45) von 1890 neogotisch angehaucht. Das frühere lutherische Gotteshaus war von der deutschen Gemeinde gestiftet worden.

Die schlichte **Nikolauskirche** (Миколаївська церква) in der vul. Cynkalovs'koho/вул. Цинкаловського 1 entstand 1780 als griechisch-katholische Kapelle des hl. Josafat an der Stelle des Elternhauses des kanonisierten griechisch-katholischen Erzbischofs Josafat Kuncevyč (1580–1623). Im Jahr 1800 ging die Kapelle an die orthodoxe Gemeinde.

Die orthodoxe, barocke **Christi-Geburt-Kathedrale** (Собор Різдва Христового), die ehemalige Herz-Jesu-Klosterkirche des Jesuitenordens, in der vul. Mykolajivs'ka/вул. Миколаївська 20 stammt aus den Jahren 1718–1755.

Übernachten, Essen

Zentral ▶ **Volyn'** (Волинь): vul. Knjazja Vasyl'ka/вул. Князя Василька 1, Tel. 03342 228 82, www.hotel.volodymyr.com.ua (dt.). Das vierstöckige Haus bietet gepflegte Zimmer unterschiedlicher Kategorien, Bar, Grill-Bar, Fitnessbereich und Exkursionsservice. DZ 240–480 UAH.

Verkehr

Züge: Bahnhof, vul. Pryvokzal'na/вул. Привокзальна 1, Tel. 03342 902 67, 902 03. Züge Richtung L'viv und Kiew.

Busse: Busbahnhof, vul. Halyc'koho/вул. Галицького 14, Tel. 03342 208 10, 236 77. Busse nach Luc'k, Rivne, Šac'k.

Taxis: Tel. 03342 269 97, 255 55, 350 08.

Nationalpark Šac'k

▶ 1, C/D 2

Der 1983 gegründete **Nationalpark Šac'k** (Шацький національний природний парк) ist mit seinen über 20 Seen eines der beliebtesten Erholungsgebiete nicht nur im Gebiet Volyn' (Wolhynien), sondern in der ganzen Ukraine. Die gesamte Šac'ker Seengruppe (Шацькі озера) umfasst 40 Gletscher- und Karstseen und zählt damit zu den größten Seenlandschaften Europas. Das Blau der Seen fügt sich malerisch in die umliegenden Wälder und Wiesen ein. Die sandigen Badestrände, die klaren Gewässer und die frische Luft locken viele Urlauber, Wanderer und Angler hierher.

Der mit 9,2 km Länge und 4 km Breite größte See der Gruppe ist der **Svitjaz'** (Світязь). Seine 58,4 m Tiefe machen ihn darüber hinaus zum tiefsten See der Ukraine. Er liegt 3 km von der Ortschaft **Šac'k** (Шацьк) entfernt. Der Legende nach war der Svitjaz' früher ein Meer; die einsame Insel inmitten des Sees soll ein verwandelter Wal sein, der das schwindende Gewässer nicht verließ. Die Insel ist wie das ganze Seengebiet ein beliebter Rast- und Brutplatz für (Zug-)Vögel. In der Brutzeit ist die Besichtigung verboten.

Ruhig geht es an den kleineren Seen zu – Pulemec'ke (Пулемецьке), Ostrivjans'ke (Острів'янське), Pisočne (Пісочне), Čorne Velyke (Чорне Велике), die sich gleichermaßen hervorragend zur Erholung, für Kanufahrten und zum Angeln eignen. Die Verwaltung des Nationalparks im **Dorf Svitjaz'** (с. Світязь) hat die Wanderrouten Lisova Pisnja/Лісова Пісня (5,6 km) und Svitjazjanka/Світязянка (5,2 km) markiert, die durch Fichtenwälder vorbei an den Seen Pisočne, Peremut (Перемут) und Svitjaz' führen.

Mai und Oktober sind wohl die schönsten Monate für einen Aufenthalt an den Šac'ker Seen: Dann ist es hier harmonisch, mild und geruhsam. Doch zu jeder Jahreszeit gibt es angenehme Beschäftigungen: Im Frühling laden die Seen zur Vogelbeobachtung ein, im Sommer zum Baden und im Winter zum Eisangeln. In den Wäldern der Umgebung kann

Tipp: Kanuwanderung auf den Šac'ker Seen

Die durch einen natürlichen Kanal miteinander verbundenen Seen Luky (Луки) und Peremut (Перемут) zählen mit ihrer Unberührtheit zu den stillsten und geheimnisvollsten Gewässern der **Šac'ker Seengruppe.** Ihre sumpfigen Ufer sind mit dichtem Schilf bewachsen, nicht umsonst sind die beiden Seen bei (Zug-)Vögeln – Schwänen, Reihern und Wildenten – besonders beliebt. Während einer Kanutour lässt sich die einzigartige Tier- und Pflanzenwelt der Šac'ker Seen betrachten und belauschen. Zwei Tage (meist Sa, So) dauert eine organisierte Kanufahrt ab Šac'k, die man bei **Svitjaz'-Tur** (Світязь-Тур) in Šac'k für 385 UAH pro Person buchen kann (vul. Škovorody/вул. Шковороди 29, Tel. 03355 210 17, 096 207 12 07, www.svityaz-tour.com.ua).

Die Einstiegsstelle der Tour befindet sich im See **Peremut,** durch den Kanal gelangt man auf den **Luky.** Ein weiterer enger Kanal führt zum größten See des Šac'ker Nationalparks, dem **Svitjaz'.** Auf der kleinen Insel mitten im Svitjaz' klingt der erste Tag bei einem Picknick mit Fischsuppe und Schaschlik sowie anschließendem abendlichen Angeln aus. Die Übernachtung erfolgt in Zelten.

Nach dem Frühstück am kommenden Morgen verabschiedet man sich von der einsamen Insel und paddelt Richtung **Luka-Bucht** (Лука), um nach einem kurzen Spaziergang an Land die Tour auf dem See **Čorne** (Чорне) fortzusetzen. Die sportlichen Aktivitäten werden mit einem wohlverdienten Saunabesuch und nach Wunsch einem Mittagessen abgeschlossen.

man wandern, im Herbst Beeren und Pilze sammeln und im Winter Langlaufski fahren.

Infos

... in Svitjaz':

Verwaltung des Nationalparks (Шацький національний природний парк): vul. Žovtneva/вул. Жовтнева 61, Tel. 03355 232 76, Tel. 03355 230 43. Geführte Wanderungen, Kanufahrten, Angeln.

Übernachten

... in Šac'k:

Individuelles Design ▶ **Šac'kotel'** (Шацькотель): vul. 50-riččja Peremohy/вул. 50-річчя Перемоги 45, Tel. 067 332 74 43, www.hotelgp.com.ua. Fünf komfortable, elegante Zimmer im Mini-Hotel gehobenen Standards. Pizzeria im Erdgeschoss. Als Extras Sauna, Exkursionen, Reittouren, Rad- und Kanufahrten, Angelausflüge, Taucherausstattung. DZ/ÜF 200–750 UAH.

... in Svitjaz':

200 m zum See ▶ **Halyc'kyj dvir** (Галицький двір): Landschaftsgebiet Hušovo/Урочище Гушово 24, Tel. 067 676 64 04, 067 313 79 13, www.h-dvir.com.ua. Ein behaglicher Gasthof mit einem Hotel, einem hölzernen Luxus-Ferienhaus, Sauna und Spa-Programmen. Breites Angebot an Aktivitäten: (Rad-)Wanderungen, Kanufahrten, Reittouren und Picknicks. DZ 500 UAH.

Aktiv

... in Šac'k:

Aktivtouren ▶ **Svitjaz'-Tur** (Світязь-Тур): vul. Škovorody/вул. Шковороди 29, Tel. 03355 210 17, 096 207 12 07, www.svityaz-tour.com.ua. Exkursionen und Wanderungen durch den Nationalpark, Bootsausflüge, Angeln, Radwanderungen, Kanufahrten sowie Unterkunftsvermittlung.

Termine

Na krylach Svitjazja (На крилах Світязя): Juli. Musikalisches Festival ukrainischer Schlager am Johannisfest am See Svitjaz'.

Verkehr

... in Šac'k:

Busse: Busstation, vul. 50-riččja Peremohy/вул. 50-річчя Перемоги 60a, Tel. 03355 232 63. Verbindungen nach Svitjaz', Volodymyr-Volyns'kyj, Ivano-Frankivs'k, L'viv.

Eine goldene Tambourkuppel bekrönt die Christi-Verklärungs-Kathedrale in Dnipropetrovs'k

Kapitel 3

Zentralukraine

Den zentralen Landesgebieten kommt in der ukrainischen Geschichte eine besondere Bedeutung zu: Hier befanden sich die Hetmanenstädte wie Čyhyryn und hier tobten die Befreiungskriege. Die Kosaken gründeten am Dnipro (russ. Dnjepr) ihr Befestigungslager Zaporožer Sič und auch auf der legendären Insel Chortycja lebt ihr Geist fort. In Morynci kam der größte ukrainische Dichter, Taras Ševčenko, zur Welt, in Čornuchy der bedeutende ukrainische Philosoph Hryhorij Skovoroda. Das Umland von Poltava ist die Heimat eines anderen hervorragenden Schriftstellers, Nikolaj Gogol (ukr. Mykola Hohol'), um dessen literarisches Erbe sich die ukrainischen und russischen Literaturhistoriker immer noch streiten. Ebenfalls in der Zentralukraine liegen Opišnja und Petrykivka, zwei bedeutende Zentren der einheimischen Volkskunst.

Der Ruhm der Kosaken wich mit der Zeit der Industrieromantik, insbesondere in Dnipropetrovs'k und Zaporižžja. Die Vitalität der beiden Großstädte konkurriert mit der Gemächlichkeit der übrigen Orte der Region – des schönen Poltava, der Gebietszentren Vinnycja und Kirovohrad, Tul'čyn und Nemyriv mit ihren verträumten Adelspalästen und natürlich mit dem üppigen Grün des schönsten Landschaftsparks des Landes in Uman'. Denn auch landschaftlich besitzt die Zentralukraine einen besonderen Reiz, was sie nicht zuletzt dem Dnipro und seinen Inseln verdankt, die sich auch hervorragend für Fahrradausflüge oder zum Klettern eignen. Der Südliche Bug (ukr. Pivdennyj Buh) ist gut für Raftingtouren und der Landschaftspark in Veseli Bokoven'ky lädt zu Spaziergängen, zum Angeln und zum Picknicken ein.

Auf einen Blick

Zentralukraine

Sehenswert

8 **Uman':** Der schönste Landschaftspark des Landes, Sofijivka, mit Teichen, Grotten und Lauben war ein Geschenk des polnischen Grafen Potocki an seine Gemahlin (s. S. 333).

Dnipropetrovs'k: Die vitale, moderne Millionenstadt am Dnipro überrascht mit ihrer stillen Klosterinsel (s. S. 343).

9 **Chortycja:** Die Insel Chortycja in Zaporižžja gilt als Wiege des ukrainischen Kosakentums. Hier gibt es Spuren bronzezeitlicher Kultstätten, skythische Kurgane und altostslawische Siedlungen zu entdecken (s. S. 351).

Poltava: Zu den Highlights der gelassenen Großstadt zählen der Kathedralenplatz, der Corpsgarten und das wunderschöne Landeskundemuseum (s. S. 357).

Schöne Routen

Paläste in Nemyriv und Tul'čyn: Bewältigt man mit dem Auto oder Bus die Strecke von ca. 35 km, bekommt man die bedeutendsten Paläste im Umland von Vinnycja zu Gesicht: Das Gut Marija Ščerbatovas im schönen Park in Nemyriv und die einst prächtige Residenz des Grafen Potocki in Tul'čyn sind Zeugen von Glanz und Elend ihrer Besitzer (s. S. 331).

Zu den Highlights des Poltavaer Landes: Von der Gebietshauptstadt Poltava geht es mit dem Auto oder Bus in die Hauptstadt der ukrainischen Keramikkunst, Opišnja (ca. 45 km), und dann in den bekannten Kurort Myrhorod (ca. 80 km, s. S. 364).

Meine Tipps

Hetmanresidenz in Čyhyryn: Wie Bohdan Chmel'nyc'kyj einst residierte, sieht man in der schön rekonstruierten, einstigen Hetmanenhauptstadt (s. S. 342).

Kathedrale von Novomoskovs'k: Eine der vollkommensten Holzkirchen in der Ukraine, die mit sieben Kuppeln prunkt (s. S. 355).

Zentrum der Volkskunst in Petrykivka: Die über die Landesgrenzen hinaus bekannten Petrykivkaer Malereien werden hier hergestellt (s. S. 356).

Nationales Museum für ukrainische Töpferei in Opišnja: Die große Ausstellung bietet einen ausführlichen Überblick über die einheimische Keramikkunst (s. S. 364).

aktiv unterwegs

Unterwegs in der Heimat von Taras Ševčenko: Die Autotour durch idyllische Dörfer führt von Morynci, dem Geburtsort Ševčenkos mit dem rekonstruierten Elternhaus, über Budyšče mit dem Engelhardt-Palast nach Ševčenkove mit dem Gedenkmuseum für den Dichter (s. S. 336).

Chortycja mit dem Fahrrad erkunden: Auf unbefestigten Wegen geht es entlang der Inselküste mit Blick auf das andere Dniproufer und quer durch das Inselinnere. An der Strecke liegen alle Inselsehenswürdigkeiten (s. S. 352).

Dniprosches Hochland

Das Dniprosche Hochland erstreckt sich von der Gebietshauptstadt Vinnycja bis an den Dnipro. In den Städtchen Nemyriv und Tul'čyn finden sich die ehemaligen Paläste des russischen und polnischen Adels. In Uman' lädt der schönste Landschaftspark der Ukraine zum Lustwandeln ein. Weiter südöstlich liegen die idyllischen Dörfer, in denen Taras Ševčenko seine Kindheit verbrachte, sowie Čyhyryn, die ehemalige Residenz des Kosakenhetmans Bohdan Chmel'nyc'kyj.

Vinnycja ► 1, H 6

Die Gebietshauptstadt, **Vinnycja** (Вінниця) am Pivdennyj Buh (dt. Südlichen Bug) mit 365 000 Einwohnern und ca. 250 km südwestlich von Kiew, ist berühmt durch ihre Diamantenfabrik.

Geschichte

Die neuere Geschichte der Stadt beginnt im Jahr 1363, als der podolische Fürst Fedir Korjatovyč eine hölzerne Festung errichtete, um die Siedlung vor den Angriffen der Tataren zu schützen, die im 15./16. Jh. hier ihr Unwesen trieben. Damals befand sich der Ort unter litauischer, später unter polnischer Herrschaft. Überlieferungen bezeugen, dass slawische Stämme – die der Kiewer Rus, ferner dem Fürstentum Galizien-Wolhynien angehörten – schon früh das Stadtgebiet besiedelten. Im 16. Jh. avancierte Vinnycja zum Zentrum der Braclaver Wojewodschaft und erhielt das Magdeburger Recht. 1648 wurde die Stadt zu einem Schauplatz des nationalen Befreiungskrieges und fiel 1793 dem Russischen Reich, später der Sowjetunion zu. In den Bürgerkriegsjahren 1918–1920 war sie mehrmals Regierungssitz der Ukrainischen Volksrepublik.

Rund um die Vulycja Soborna

Die zentrale **Vulycja Soborna** (вул. Соборна) ist die belebteste Straße der Stadt. Hier finden sich nicht nur mehrere Gotteshäuser, sondern auch Museen, repräsentative Verwaltungsgebäude sowie Herren- und Bürgerhäuser, z. B. in den Nummern 94, 87, 73 und 67. Hervorzuheben sind das legendäre **Hotel Savoy** (готель Савой, Nr. 36), in dem die Regierung der Ukrainischen Volksrepublik zeitweise residierte, sowie der **Wasserturm** (Водонапірна башта) von 1911. Weitere bemerkenswerte Gebäude liegen in den angrenzenden **Vulycja Kozyc'koho** (вул. Козицького) und **Vulycja Puškina** (вул. Пушкіна).

Die schlichte römisch-katholische **Kirche der hl. Jungfrau Maria von den Engeln** (Костел Пресвятої Діви Марії Ангельської, vul. Soborna/вул. Соборна 12) aus der Mitte des 18. Jh., die ehemalige Klosterkirche der Kapuziner, gehört zum architektonischen Erbe der katholischen Expansion in Vinnycja. Der Schließung des Klosters 1888 folgte in den 1960er-Jahren die Umwandlung der Kirche in das Museum für Atheismus. 1990 erhielt die katholische Gemeinde ihr Gotteshaus zurück, bald darauf zogen hier wieder Kapuzinermönche ein.

Schon im 17. Jh. kamen die Dominikaner nach Vinnycja. 1765 ließen sie eine barocke Kirche, die heutige **Verklärungskathedrale** (Свято-Преображенський кафедральний собор, vul. Soborna/вул. Соборна 23), erbauen. Stifter war Michał Grocholski, Baumeister Paolo Antonio Fontana. Auch dieses

Gotteshaus, dessen goldene Kuppeln aus der Ferne strahlen, wurde zweimal geschlossen, umgestaltet und schließlich den Orthodoxen übergeben.

Die katholischen Sakralhäuser ergänzte seinerzeit auch noch das von einer Befestigungsmauer umgebene Jesuitenkloster (1619) mit Mönchszellen und Kolleg. Die **Jesuitenkirche** (Єзуїтський костел, vul. Soborna/вул. Соборна 17–19) wurde 1918 zunächst in ein orthodoxes Gotteshaus umgeweiht, später in ein Spital verwandelt und beherbergt heute das Stadtarchiv. Im ehemaligen Kolleg ist heute das **Landeskundemuseum** (Краєзнавчий музей, vul. Soborna/вул. Соборна 19) untergebracht (Tel. 0432 32 26 71/73, http://muzey.vn.ua, Di–So 10–18 Uhr, 5/3 UAH). Daneben steht das **Kunstmuseum** (Художній музей, vul. Soborna/вул. Соборна 21, Tel. 0432 35 32 54, 35 20 25, www.artmuseum.com.ua, Mo–Fr 9–18 Uhr, 5/1,50 UAH).

Über die Brücke gelangt man zum **Gedenkmuseum für Mychajlo Kocjubyns'kyj** (1864–1913, Літературно-меморіальний музей ім. М. Коцюбинського), einen bedeutenden, in Vinnycja geborenen Schriftsteller der ukrainischen Moderne, der u. a. »Schatten vergessener Ahnen« verfasste (vul. Bevza/вул. Бевза 15, Tel. 0432 26 32 98, Do–Di 10–18 Uhr, 2/1 UAH).

Nikolauskirche

Am westlichen Ufer des Südlichen Bug, wo einst eine mittelalterliche hölzerne Festung stand, ragen die Kuppeln der blauen **Nikolauskirche** (Церква Святого Миколая, vul. Majakovs'koho/вул. Маяковського 12) in den Himmel, ein sehr schönes Beispiel der sakralen Holzarchitektur Podoliens (1746) mit interessanten kreuzförmigen Fenstern und einer überdachten Arkadengalerie. Im Innern der Kirche wird eine Ikone des hl. Nikolaus aus dem 17. Jh. aufbewahrt, der frei stehende Glockenturm stammt aus dem 19. Jh.

Nikolaj-Pirogov-Gedenkstätte

Die **Gedenkstätte für Nikolaj Pirogov** (1810–1881, Музей-садиба М. Пирогова), den berühmten russischen Chirurgen und Anatomen, den Mitbegründer der Feldchirurgie und einen der ersten Anwender der Äther-Narkose, befindet sich in der vul. Pyrohova/вул. Пирогова 115) im Südwesten der Stadt. Zu besichtigen sind das Haus, in dem Pirogov seine letzten Jahre verbrachte und die Patienten empfing, der Park, die Apotheke sowie in 2 km Entfernung die Mausoleumskirche (Tel. 0432 43 71 49, www.pirogov.com.ua, engl., Di–So 10–17.45 Uhr, 10/5 UAH Haus, 7/3,5 UAH Apotheke, 7/3,5 UAH Mausoleumskirche).

Stadtteil Pjatnyčany

Das im nördlichen Stadtteil **Pjatnyčany** (П'ятничани) gelegene **Herrengut** (Маєток у П'ятничанах, vul. Mičurina/вул. Мічуріна 32) wurde Ende des 18. Jh. von Michał Grocholski im klassizistischen Stil errichtet. Russische und polnische Monarchen weilten dort, bis hiesige Bauern 1918 das Gut in Brand steckten. Palast und Wirtschaftsbauten sind heute nur teilweise bewohnt und in eine Klinik umgewandelt. Im Landschaftspark ragt ein gotisch stilisierter, mit Zinnen verzierter Wasserturm in die Höhe. In der benachbarten vul. Bohuna/вул. Богуна 115 findet man die Anfang des 20. Jh. im russischen Stil erbaute **Mariä-Geburt-Kathedrale** (Кафедральний собор Різдва Богородиці), deren geschnitzte Ikonostase das Gotteshaus der Dominikaner, die Verklärungskathedrale, vor seiner Schließung schmückte.

Infos

Touristinfo (Турінфоцентр): vul. Kozyc'koho/вул. Козицького 20, Tel. 0432 50 85 85, Mo–Fr 10–19, Sa–So 11–14 Uhr.

Übernachten

Großzügig ▶ Versal' (Версаль): vul. Tyvrivs'ke šose/вул. Тиврівське шосе 2, Tel. 0432 27 37 13, 27 09 60, www.hotel-versal.com (engl.). Das Hotel wurde als das beste, 2001 in Betrieb genommene architektonische Werk ausgezeichnet. Es liegt außerhalb des Stadtzentrums und bietet zudem Übernachtung in gemütlichen Holzhäusern, Sauna so-

Winterliche Straßenszene in Vinnycja

wie europäische Mahlzeiten in drei eleganten Restaurantsälen. DZ/ÜF 500 UAH.

Bester Service ▶ Podillja (Поділля): vul. Puškina/вул. Пушкіна 4, Tel. 0432 59 22 33, www.vintur.com.ua (engl.). Das gepflegte 3-Sterne-Hotel hat auch ein Zimmer, das speziell für die Bedürfnisse Behinderter ausgestattet ist. Im Haus befinden sich ein Reise- und Ausflugsbüro, das seine Serviceleistungen auch in Deutsch anbietet, sowie ein Restaurant. DZ/ÜF 400 UAH.

Übernachten, Essen

Imposant ▶ Feride (Феріде): vul. Pyrohova/вул. Пирогова 23 a, Tel. 0432 55 77 88, 55 77 87, www.feride.com.ua (engl.). Dieses 5-Sterne-Hotel befindet sich im Einkaufs- und Unterhaltungszentrum Feride Plaza. Außer den komfortablen und exzentrisch eingerichteten Zimmern stehen Nachtclub, Spa-Center und Restaurant zur Verfügung. Die europäischen Gerichte (hauptsächlich französische und italienische) werden im schicken, avantgardistisch beleuchteten Interieur serviert. Erlesene Weinkarte, Zigarrenkarte (tgl. 12–24 Uhr, Hauptgerichte 25–175 UAH). DZ/ÜF 1700–3500 UAH.

Essen & Trinken

Echte Gastfreundschaft ▶ Tiflis (Тіфліс): vul. Teatral'na/вул. Театральна 20, Tel. 0432 65 73 57, tgl. 24 Std. Klassisches georgisches Restaurant im alten volkstümlichen Design. Hauptgerichte ca. 30–95 UAH.

Abends & Nachts

Konzerte ▶ Philharmonie Plejada (Філармонія Плеяда): vul. Chmel'nyc'ke šose/вул. Хмельницьке шосе 7, Tel. 0432 66 05 00, 66 06 91, www.filarm.vn.ua.

Modernes Entertainment ▶ Amahama (Амагама): prosp. Junosti/просп. Юності 12, Tel. 0432 52 54 90, 52 54 65, www.amagama-club.com.ua, Mi–So 22–4 Uhr. Nacht- und Discoclub (Disco, House, MB), Bowling-Club und Restaurant unter einem Dach.

Aktiv

Stadtführungen & Ausflüge ▶ Ukrvinintur (Укрвінінтур): vul. Soborna/вул. Соборна 54, Büro/оф. 5), Tel. 0432 35 04 49, 57 93 76, www.ukrvinintur.com.ua, Mo–Sa 10–18 Uhr. (Thematische) Führungen durch die Stadt und in die Umgebung, Ausflüge im Gebiet Vinnycja, Transfer.

Schiffsfahrten auf dem Südlichen Bug ▶ Abfahrt an der zentralen Brücke in der vul. Kozyc'koho/вул. Козицького 64, Tel. 0432 67 09 26, 67 09 25.

Rafting ▶ Der Pivdennyj Buh (dt. Südliche Bug) ist mit seinen Stromschnellen ein beliebtes Gewässer bei Raftern. Das **Reise- und Exkursionsbüro Vinnycja** (Вінницьке бюро подорожей та екскурсій) bietet Raftingtouren an (vul. Puškina/вул. Пушкіна 4, Tel. 0432 59 22 43/44, www.vintur.com.ua, engl., Mo–Fr 9–18, Sa 9–13 Uhr).

Termine

Internationale Tage der Jazz-Musik (Міжнародні дні джазової музики): Sept., www.jazz.vn.ua (dt.). Anspruchsvolle Jazzkonzerte auf mehreren Stadtbühnen.

Verkehr

Züge: Bahnhof, vul. Herojiv Stalinhrada/вул. Героїв Сталінграда 1, Tel. 004, 0432 61 80 87. Verbindungen nach Chmel'nyc'kyj, Černihiv, Kiew u. a.

Busse: Busstation, vul. Kyjivs'ka/вул. Київська 8, Tel. 005, 0432 67 13 42. Verbindungen in fast alle Regionen der Ukraine sowie ins Ausland (u. a. nach Deutschland).

Taxis: Tel. 0432 55 57 77.

Mietwagen: Avto-Drajv (Авто-Драйв), vul. Bohuna/вул. Богуна 2, Büro/оф. 313, Tel. 0432 57 66 75, 097 236 08 77, www.autodrive.com.ua (engl.).

Buša ▶ 1, G 7

Ca. 155 km südlich von Vinnycja bzw. 35 km südöstlich der nächstgrößeren Ortschaft **Mohyliv-Podil's'kyj** liegt in der Nähe von **Buša** (Буша, 850 Einw.) eine sehenswerte altslawische **Felsenkirche** (Печерний храм), die 1883 wiederentdeckt wurde. In der vermutlich aus dem 6./7. Jh. stammenden Kultstätte fand man ein Relief mit geheimnisvollen Zeichen und Figurenumrissen, über dessen Alter sich die Historiker noch immer uneinig sind. Die Sakralstätte gehört zum Historisch-kulturellen Reservat Buša (Історико-культурний заповідник Буша, Tel. 04336 261 90, Di–So 8–17 Uhr, 6/3 UAH, http://busha2.narod.ru).

Aktiv

... in Mohyliv-Podil's'kyj:

Stadtführungen & Ausflüge ▶ Reise- und Exkursionsbüro von Mohyliv-Podil's'kyj (Могилів-Подільське бюро подорожей та екскурсій): vul. Soborna/вул. Соборна 2 a, Tel. 04337 261 70, Mo–Fr 9–17 Uhr.

Übernachten

... in Mohyliv-Podil's'kyj:

Schlicht ▶ Turyst (Турист): vul. Kotovs'koho/вул. Котовського 3, Tel. 04337 255 92, 250 78, www.vintur.com.ua (engl.). Günstiges Touristenhotel mit Doppel- und Mehrbettzimmern. Im Erdgeschoss befinden sich das Reisebüro und ein Café. DZ 70 UAH.

Verkehr

... in Mohyliv-Podil's'kyj:

Züge: Bahnhof, vul. Haharina/вул. Гагаріна. Züge Richtung Kiew.

Busse: Busstation, vul. Puškins'ka/вул. Пушкінська 41, Tel. 04337 240 71. Verbindungen nach Ljadova und Buša.

Nemyriv ▶ 1, H 6

Ca. 45 km südöstlich von Vinnycja liegt das rund 12 000 Einwohner zählende **Nemyriv** (Немирів). Schriftliche Zeugnisse zur Existenz des Ortes aus dem Jahr 1506 sowie archäologische Funde weisen darauf hin, dass sich hier im 7. Jh. v. Chr. eine der größten Siedlungen auf dem Gebiet der Ukraine ausbreitete. Ob jedoch Skythen oder Stämme der Trypillja-Kultur ansässig waren, ist umstritten. Als Nemyriv im 17. Jh. zu den Besitztümern von Jarema Vyšnevec'kyj (Jeremi Wiśniowiecki) bzw. im 18. Jh. von Józef Potocki gehörte, war der Ort ein florierendes Wirtschaftszentrum. Damals war die Stadt durch ihre Gärtnereien und ihren Obstexport bekannt, heutzutage nimmt diese Stellung die in der Ukraine bekannte Schnapsmarke Nemiroff ein.

Palast von Marija Ščerbatova und Josefskirche

Die Brände von 1803 und 1811 vermochten nicht alle Spuren der einstigen architektonischen Pracht in der Stadt zu tilgen, doch stammen die meisten historischen Bauten aus dem 19. und 20. Jh. Unter diesen ragt vor allem der **Palast und Park von Marija Ščerbatova** (Палацово-парковий ансамбль) hervor (vul. Ševčenka/вул. Шевченка 13). 1880 ließ die Fürstin das alte Potocki-Haus abreißen und errichtete an seiner Stelle einen neuen klassizistischen Palast, in dem sich heute ein Sanatorium befindet. Die Bauarbeiten zogen sich über Jahrzehnte hin – Zeit genug, um Legenden zu spinnen: Laut Prophezeiung einer Wahrsagerin würde Marija Ščerbatova nur so lange leben, wie der Bau ihrer Residenz nicht beendet sei. Das Porträt der Fürstin hängt über dem Kamin in der festlichen Eingangshalle, in der – wie zum Teil in anderen Palasträumen – die originalen Stuckverzierungen erhalten sind.

In der vul. Hor'koho/вул. Горького 92 steht die römisch-katholische **Josefskirche** (Костел Святого Юзефа Обручника, 1803), die für das melodische Glockenspiel ihrer Turmuhr bekannt ist.

Weitere Sehenswürdigkeiten

Im Dreifaltigkeits-Nonnenkloster mit der byzantinischen **Dreifaltigkeits-Klosterkirche** (Троїцька церква, 1881, vul. Lenina/вул. Леніна 191) wurde die 1920 erschossene Marija Ščerbatova bestattet.

Im **Literarischen Museum des Kreises Nemyriv** (Літературна Немирівщина, vul. Lenina/вул. Леніна 185) erfährt man Näheres über den hier geborenen russischen Schriftsteller Nikolaj Nekrasov (Tel. 04331 214 50, Di–So 9–17 Uhr, 5/3 UAH).

Das **Marko-Vovčok-Museum** (Музей Марка Вовчка) in den Räumen des ehemaligen Gymnasiums ist der ukrainischen Autorin russischer Abstammung Marija Vilins'ka (1833–1907) gewidmet, die unter dem Pseudonym Marko Vovčok veröffentlichte (vul. Lunačars'koho/вул. Луначарського 26, Tel. 04331 214 50, Di–So 9–17 Uhr, 5/3 UAH).

Übernachten

Mens sana in corpore sano ▶ **Sanatorium Avanhard** (Санаторій Авангард): vul. Ševčenka/вул. Шевченка 16), Tel. 04331 217 13, 217 62, www.nemyriv-avangard.vn.ua, www.nemirov-avangard.narod.ru (engl.). Das Sanatorium ist eine schöne Unterkunft, denn es befindet sich im Ščerbatova-Palast, mitten in einem wunderschönen Park. Mahlzeiten inklusive, teilweise Wellnessangebote. DZ 420–480 UAH.

Einkaufen

Schnaps ▶ **Nemiroff:** vul. Hor'koho/вул. Горького 31, Tel. 04331 220 64, www.nemiroff.ua (engl.), tgl. 8–21 Uhr. Nemiroff, einer der größten Getreideschnapshersteller in der Ukraine, vertreibt seine Produkte u. a. im Werksladen. Besonders empfehlenswert ist die traditionelle ukrainische Horilka mit Honig und Pfefferschote.

Verkehr

Züge: Aus Nemyriv verkehren Züge nach Vinnycja.

Busse: Vinnycja, Nemyriv und Tul'čyn liegen auf einer Busstrecke.

Tul'čyn ▶ 1, H 6

Hinter Nemyriv zweigt von der M 12 die Straße P 08 nach **Tul'čyn** (Тульчин, 16 000 Einw.) ab. Ihre Bekanntheit verdankt die Kreisstadt dem polnischen Magnaten Stanisław Felix Potocki, der hier 1782 eine der prächtigsten osteuropäischen Residenzen des 18. Jahrhunderts erbauen ließ. Für die Pläne zeichnet der französische Architekt Lacroix verantwortlich.

Potocki-Palast

Der von einem Park umgebene **Potocki-Palast** (Палац Потоцького, vul. Nezaležnosti/вул. Незалежності 19) besteht aus einem eingeschossigen Zentralbau sowie zwei ebenso geräumigen Flügelbauten, die durch Galerien mit dem Hauptgebäude verbunden sind. Früher belebte viel Grün die Galerien, in den Palasträumen fanden sich Kostbarkeiten der Buchkunst, Gemälde von Tizian, Rubens und Rembrandt, historische Möbelstücke und feines Porzellan – kulturelle Schätze, die im Laufe der Zeit ins Ausland ausgeführt oder geraubt wurden. Rund um den Palast breitete sich der Park aus. Nach dem polnischen Aufstand 1830/31 wurden die Gebäude von der russischen Regierung beschlagnahmt. Vor der Revolution diente der Palast als Offizierscasino, nach der Revolution, 1917, quartierten sich hier russische Truppen, danach für ein weiteres Jahr die österreichisch-ungarische Armee ein. Zurzeit residiert in dem Gebäude die Kunsthochschule. Die Flügelbauten werden seit Langem in mühevoller Arbeit restauriert.

Weitere Sehenswürdigkeiten

1780 stiftete Stanisław Felix Potocki das **Dominikanerkloster** (Монастир домініканців). Die Klosterkirche – heute die orthodoxe **Christi-Geburt-Kathedrale** (Кафедральний собор Різдва Христового) in der vul. Lenina/вул. Леніна 67 – sollte dabei als Familiengruft dienen. Als die Anlage im Jahr 1831 den Orthodoxen zufiel, wurden die Särge Potockis und des Dichters Stanisław Trembecki heimlich in die römisch-katholische **Stanislaus-Kostka-Kirche** überführt, doch fanden sie auch dort nicht ihre letzte Ruhe: Nach der Revolution bestattete man die Gebeine des Poeten am Friedhof, der Sarg Potockis wurde vernichtet. Die Dominikanerkirche diente zunächst als Theater, später als Standesamt.

Im **Kleinen (Neuen) Palast** (1782, vul. Lenina/вул. Леніна 55) richtete General Aleksandr Suvorov 1796/97 sein Quartier ein. Hier hielten sich Ivan Kotljarevs'kyj (1769–1838), der Begründer der modernen ukrainischen Literatur, Alexander Puschkin, die russischen Dekabristen und viele andere berühmte Persönlichkeiten auf.

In der vul. Leontovyča/вул. Леонтовича 6 befindet sich die **Gedenkstätte für Mykola Leontovyč** (1877–1921, Меморіальний музей М. Леонтовича), den Komponisten, der für »Carol of the Bells«, seine Interpretation des ukrainischen Volksliedes »Ščedryk« (Щедрик), in der ganzen Welt berühmt wurde (Tel. 04335 227 50, Di–Sa 9–17 Uhr, 5/3 UAH).

Das **Landeskundemuseum** (Краєзнавчий музей) ist im sogenannten Dekabristen-Haus in der vul. Haharina/вул. Гагаріна 1 zu finden (Tel. 04335 227 50, Di–Sa 9–17 Uhr, 5/3 UAH).

Ein weiteres von den Potockis gestiftetes Gotteshaus, die klassizistische **Mariä-Himmelfahrt-Kirche** (Успенська церква) aus dem Jahr 1789, befindet sich in der vul. Haharina/вул. Гагаріна 13. Neben der Kirche steht das **Haus des Dekabristen Pavel Pestel'** vom Ende des 18. Jh. (vul. Pestelja/вул. Пестеля 24).

Aktiv

Stadtführungen & Ausflüge ▶ **Reise- und Exkursionsbüro von Tul'čyn** (Тульчинське бюро подорожей та екскурсій): vul. Lenina/вул. Леніна 51), Tel. 04335 230 99, Mo–Fr 8–17 Uhr.

8 Uman' ▶ 1, K 6

Sehenswert ist **Uman'** (Умань, 88 000 Einw.) besonders wegen des Landschaftsparks Sofijivka, ein großartiges Denkmal der Liebe und ein gartenbauliches Meisterwerk. Zahlreiche Chassidim pilgern in die Stadt, um Rabbi Nachman an seiner letzten Ruhestätte die Ehre zu erweisen.

Geschichte

Das Fleckchen Erde, das Anfang des 17. Jh. den Namen Uman' erhielt, gehörte in der neueren Geschichte zunächst zu Litauen, später zu Polen-Litauen. Im Laufe des 17. Jh. beteiligte sich die ständig wachsende Bevölkerung der neu gegründeten Stadt an den nationalen Befreiungskämpfen und hatte sich gegen tatarische und türkische Angriffe zu wehren. Besonders dramatisch verlief das Jahr 1674, als große Teile der Stadtbevölkerung während eines türkischen Einfalls getötet wurden. Die ökonomische, nationale und religiöse Unterdrückung der Ukrainer führte

1768 zum Hajdamaken-Aufstand, der als Kolijivščyna (Коліївщина) in die Geschichte eingegangen ist. Der Aufstand, der insbesondere in Uman' für die polnischen und jüdischen Stadtbewohner in einem Blutbad endete, wurde von russischen Truppen niedergeschlagen; die wichtigsten Protagonisten, Maksym Zaliznjak und Ivan Gonta, wurden verbannt und hingerichtet.

Die geografische Lage Uman's an der Kreuzung alter Handelswege begünstigte die städtische Entwicklung, u. a. bereicherte die gräfliche Familie Potocki das architektonische Bild der Stadt um einige würdige Denkmäler. 1795 wurde die Rechtsufrige Ukraine, einschließlich Uman', an Russland und 1920 an die Sowjetunion angegliedert.

Landschaftspark Sofijivka

Der wunderschöne **Landschaftspark Sofijivka** (Національний дендрологічний парк Софіївка, vul. Kyjivs'ka/вул. Київська 12a) wurde 1796 von Graf Stanisław Felix Potocki für seine Gemahlin, Gräfin Zofia Potocka, angelegt. Homers »Ilias« und »Odyssee« vor Augen, schuf der polnische Militäringenieur Ludwik Metzell einen fantasievollen Landschaftsgarten. Wegen Potockis Teilnahme am polnischen Aufstand 1830/31 wurde der Park 1832 von der russischen Regierung beschlagnahmt und umgestaltet. Die zwischendurch in Garten der Zarin umbenannte Anlage wurde – nach der Oktoberrevolution – in Garten der III. Internationale umbenannt.

Verschiedene Landschaftsareale wie Englischer Garten, Kleine Schweiz oder Champs-Élysées sowie Teiche, Grotten und Terrassen, Wasserfälle und Fontänen, ein unterirdischer Fluss, Felsen und Labyrinthe, eine Liebesinsel, Lauben, ein Amphitheater, ein Rosarium und antike Skulpturen bilden ein natürlich-architektonisches Meisterwerk, das durch seine Harmonie bezaubert. Außer Führungen, die mit der Geschichte des Parks vertraut machen, werden Besichtigungen des Parkmuseums sowie Boots-, Schiffs-, Kutsch- und Schlittenfahrten angeboten. Auf dem heutzutage ca. 180 ha großen Parkgelände befinden sich ein Pflanzenladen, ein Café, ein Restaurant und ein Hotel (Tel. 04744 322 10, 407 39, www.sofiyivka.org.ua, engl., 1. Mai–15. Nov. tgl. 9–18 Uhr oder nach telefonischer Vereinbarung, 12/7 UAH, auch Führungen auf Deutsch).

Rund um die Vulycja Sadova

Die **Vulycja Sadova** (вул. Садова) verbindet den Park Sofijivka mit der Altstadt. In Richtung Stadtzentrum spaziert man an mehreren beachtenswerten Gebäude vorbei, u. a. an Wohnhäusern und administrativen Bauten der Jahrhundertwende (Nr. 18, 21, 15, 4, 2, 3).

Etwas abseits, in der Vulycja Puškina/вул. Пушкіна 43 a, steht die **Synagoge** (Синагога). Jedes Jahr zu Rosch ha-Schana, dem jüdischen Neujahrstag, kommen Tausende Chassidim in die Stadt, um im Zuge der Feierlichkeiten das Haus mit dem **Grab des Zaddiks Nachman** (Могила цадика Нахмана) in der vul. Bjelins'koho/вул. Бєлінського 1 aufzusuchen. Um das Heiligtum entstand ein jüdisches Viertel mit mehreren Hotels und religiösen Einrichtungen, das daran erinnert, dass Juden bis ins 20. Jh. hinein über die Hälfte der Stadtbevölkerung ausmachten.

Vulycja Radjans'ka

Einige sehenswerte historische Bauwerke und Sakralhäuser schmücken die Vulycja Radjans'ka/вул. Радянська (Nr. 10, 33, 14, 28). Das noch von der Grafenfamilie Potocki gegründete **Basilianerkloster** (Василіанський монастир, Nr. 31) wurde 1764–1784 errichtet. Nach der Konfiszierung der Familiengüter im 19. Jh. diente es als Spital, Kaserne und Theater. Derzeit steht es zwar verlassen da, ist jedoch unter der Obhut des Historisch-architektonischen Reservats Altes Uman'.

Die **Nikolauskathedrale** (Свято-Миколаївський собор, Nr. 39) von 1812 war einige Jahre lang geschlossen, bis sie 1989 der orthodoxen Gemeinde zurückgegeben wurde. Ein interessantes architektonisches Denkmal sind die im 19. Jh. umgestalteten **Kaufhallen** (Торгівельні ряди, Nr. 47) von 1780, die ihre Bestimmung immer noch erfüllen.

Der Pavillon am See von Sofijivka setzt einen malerischen Akzent

Museen

In der vul. Žovtnevoji Revoljuciji/вул. Жовтневої Революції 31 findet man das **Landeskundemuseum** (Краєзнавчий музей, Tel. 04744 530 70, 524 42, tgl. Di–So 9–16.30 Uhr, 5/2 UAH). Das **Museum für Kultur und Alltagsleben des Kreises Uman'** (Музей культури та побуту Уманщини) befindet sich in der vul. Smidovyča/вул. Смідовича 6 (Tel. 04744 526 15, Di–Sa 9–17 Uhr, 5/2 UAH). Für Kunstliebhaber gibt es das **Museum für Literatur und Künste des Kreises Uman'** (Музей літератури і мистецтв Уманщини) in der vul. Lenins'koji Iskry/вул. Ленінської Іскри 128 (Tel. 04744 523 21, So–Do 9–17 Uhr, 5/2 UAH) sowie in der ehemaligen römisch-katholischen Mariä-Himmelfahrt-Kirche (Успенський костел) von 1826 die **Gemäldegalerie** (Картинна галерея, vul. Kolomens'ka/вул. Коломенська 2, Tel. 04744 525 14, So–Di, Do/Fr 9–17 Uhr, 5/2 UAH).

aktiv unterwegs

Unterwegs in der Heimat von Taras Ševčenko

Tour-Infos

Start: Morynci (▶ 1, K 5/6, ca. 105 km nordöstlich von Uman')
Strecke: Morynci – Budyšče – Ševčenkove (20 km)
Dauer: 1–3 Std.
Übernachten: in Morynci, Privatunterkunft Kobzareva kolyska (Кобзарева колиска), Morynci/Моринці 20, Tel. 04740 963 62, 067 686 55 81, kobzareva_kolyska@ukr.net. Einfach, gemütlich. DZ 80 UAH.

Die drei nebeneinanderliegenden Dörfer der Autorundfahrt, Morynci, Budyšče und Ševčenkove, sind mit dem Leben des bedeutendsten ukrainischen Dichters und herausragenden Malers, Taras Ševčenko (1814–1861), unmittelbar verbunden. Die Route, die zum Historisch-kulturellen Reservat ›Die Heimat von Taras Ševčenko‹ (Історико-культурний заповідник ›Батьківщина Тараса Шевченка‹) gehört, veranschaulicht nicht nur die einzelnen Lebensstationen des Künstlers, sondern offenbart darüber hinaus auch wunderbare Landschaften und Dorfidyllen des 19. Jh. mit reetgedeckten Holzblockhäusern und Windmühlen.

Taras Ševčenko, der mit seinem Werk das Ukrainische zur Literatursprache erhob, verkörpert wie keine andere prominente Gestalt der Nationalgeschichte das Schicksal der Ukraine und ihren steinigen Weg zur Selbstbehauptung: Der freigekaufte Leibeigene studierte in der St. Petersburger Akademie der Künste, wandte sich im Laufe der Jahre jedoch zunehmend dem literarischen Schaffen zu. Für seine kritische Dichterstimme, die zur Befreiung von den Fesseln aufrief, wurde Taras Ševčenko zu einer zehnjährigen Verbannung mit Schreib- und Malverbot verurteilt. Das nach der Entlassung Geschriebene unterlag einer strengen Zensur – wie beispielsweise sein berühmtes »Vermächtnis«, in dem Taras Ševčenko den Wunsch nach seiner letzten Ruhestätte bekundete: Das Grab des großen Dichters befindet sich in Kaniv am Dnipro (s. S. 166).

In **Morynci** 1 (Моринці) erblickte Ševčenko 1814 das Licht der Welt. An der Stelle des **Elternhauses** wurde ein Gedenkstein errichtet, daneben steht das anhand von

Übernachten

Im Grünen ▶ **Sofijivs'kyj** (Софіївський): vul. Kyjivs'ka/вул. Київська 12 a, Tel. 04744 404 95, www.sofiyivka.org.ua (engl.). Mitten im Park gelegenes Hotel mit Zimmern unterschiedlicher Kategorien. DZ 250–450 UAH.

Historisch ▶ **Fortecja** (Фортеця): vul. Čapajeva/вул. Чапаєва 52), Tel. 04744 500 41, http://fortecya.biz. Das Hotel mit modernem Komfort ist in der einstigen Wassermühle untergebracht. Es gibt ein Restaurant im Ritterdesign mit ukrainischer und europäischer Küche, russische Banja und einen Billardraum. DZ/ÜF 220–750 UAH.

Sport- und Wellnesshotel ▶ **Sportyvno-ozdorovčyj kompleks** (Спортивно-оздоровчий комплекс): pr. Tel'mana/пр. Тельмана 10, Tel. 04744 401 87, www.interfloraunman.narod.ru. Für einen komfortablen und angenehmen Aufenthalt sorgen gemütliche Zimmer, Restaurants (darunter ein chinesisches), Fitnesshalle, Sauna, Schwimmbad, Schönheitssalon, Billard und Diskothek. DZ 150–430 UAH.

Essen & Trinken

Traditionell ▶ **Kadubok** (Кадубок): vul. Radjans'ka/вул. Радянська 7), Tel. 04744 590 16, tgl. 12–1 Uhr. Restaurant nationaler Küche, innen im Design einer ukrainischen Hütte aus dem 19. Jh. Bar, jeden Abend Livemusik. Hauptgerichte ca. 10–35 UAH.

Zeichnungen des Dichters rekonstruierte Haus mit Taras' Wiege (tgl. 9–15 Uhr). In der Nähe befinden sich das Haus der Großeltern und der von Ševčenko oftmals besungene Kirschgarten.

Von Morynci geht es nach **Budyšče** 2 (Будище, ca. 14 km südlich von Morynci), wo der Dichter seine Jugendjahre verbrachte. Im Dorf steht immer noch der **Palast** des Adligen Pavel Engelhardt, dem Taras Ševčenko als Leibeigener diente. In das Gebäude ist inzwischen die Dorfschule eingezogen.

Kurz nach Taras' Geburt war die Familie nach Kerelivka/Kyrylivka, heute **Ševčenkove** 3 (Шевченкове, ca. 6 km östlich von Budyšče), umgezogen. Auf dem Gelände des Anwesens mit dem rekonstruierten **Wohnhaus,** in dem die Ševčenkos lebten, befindet sich ein Gedenkmuseum (Літературно-меморіальний музей Тараса Шевченка, vul. Petrovs'koho 33/вул. Петровського 33, Tel. 04740 953 49, 523 62, www.batjkivshhyna-tarasa.com.ua, tgl. 9–17 Uhr, 7/4 UAH). Das originale Haus des Kantors, der Taras Unterricht erteilte, wurde mit einem gläsernen Pavillon überbaut, damit es besser vor Witterung und Verfall geschützt ist. Zu besichtigen sind zudem die Grabmäler der Eltern und ein Denkmal für den Dichter.

In einer Wassermühle ▶ Mlyn (Млин): in Pikovec' (Піковець) ca. 5 km östlich von Uman', Tel. 04744 526 34. Ein malerisch an der Umanka gelegenes Ethno-Restaurant mit ukrainischer Küche und ansprechender Einrichtung. Holzlauben direkt am Wasser. Hauptgerichte ca. 20–55 UAH.

Aktiv

Stadtführungen ▶ Historisch-architektonisches Reservat Altes Uman' (Історико-архітектурний заповідник Стара Умань): vul. Radjans'ka/вул.Радянська 31, Tel. 04744 533 00, 505 52, www.stara-uman.org.ua. Führungen, auch mit dem Bus, in der Altstadt sowie im Park Sofijivka, Zimmervermittlung.

Ausflüge ▶ Reise- und Exkursionsbüro von Uman' (Бюро подорожей та екскурсій), vul. Sadova/вул. Садова 47, Tel. 04744 505 85, Mo–Fr 9–17 Uhr. Touren in Uman' und Umgebung.

Klettern und Kanufahren ▶ Ca. 100 km südlich von Uman' liegt der Landschaftspark **Granitsteppe des Bug-Gebiets** (s. S. 424).

Verkehr

Züge: Bahnhof, vul. Haharina/вул. Гагаріна 1, Tel. 04744 487 43. Züge nach Čerkasy.

Busse: Busbahnhof, vul. Kyjivs'ka/вул. Київська 1, Tel. 04744 362 45, 325 57. Verbindungen nach Čerkasy, Kiew, Vinnycja u. a.

Taxis: Tel. 04744 327 15.

Kirovohrad ► 1, M 7

Die Gebietshauptstadt **Kirovohrad** (Кіровоград) am Fluss Inhul ist eine Großstadt mit 254 000 Einwohnern und einem jungen Gesicht. Der aktuelle Name ehrt den russisch-sowjetischen Staatsmann Sergej Kirov, der der Stadt jedoch in keiner Weise verbunden ist. 1754 offiziell gegründet, trug die Siedlung schon viele Namen: Novokozačyn, Jelysavethrad, Zinovjevs'k, Kirovo, Kirovohrad. Die Frage nach der Wiederherstellung des historischen Stadtnamens ist immer noch offen.

Geschichte

Die Geschichte der Stadt beginnt in den 1750er-Jahren mit der von der russischen Regierung initiierten Errichtung der Festung der hl. Elisabeth und der Gründung der Militärkolonie Neuserbien auf den Ländereien der Zaporožer Sič, wo Kosaken ansässig waren. Die mit der Politik der Habsburger unzufriedenen serbischen Einwanderer fanden Unterstützung in Russland und wurden für die Kontrolle über die Kosaken, die Verteidigung der südlichen Grenzen des Russischen Reiches vor Tataren und Türken sowie für die Kolonialisierung der nördlichen Schwarzmeergebiete eingesetzt.

Die Stadt, die aus der Festungssiedlung erwuchs, erhielt 1775 den Namen Jelysavethrad und entwickelte sich bald zu einem regen Handelsort. Auch kulturell war einiges geboten: 1867 wurde ein Theater errichtet, dessen Bühne bereits Ende des 19. Jh. ein bedeutendes Zentrum des ukrainischen Theaterlebens war und mit Namen wie Marko Kropyvnyc'kyj, Ivan Karpenko-Karyj, Marija Zan'kovec'ka und Mychajlo Staryc'kyj aufwarten konnte. 1920 etablierte sich in Jelysavethrad die Sowjetmacht, die hier bis zur Ausrufung der unabhängigen Ukraine 1991 herrschte.

Rund um den Kovalivs'kyj-Park

Der **Kovalivs'kyj-Park** (Ковалівський парк) ist eine angenehm ruhige Grünanlage im Zentrum, wo sich die Einheimischen gerne treffen, mit ihren Kindern spielen und Feste veranstalten. In der Nähe findet man das **Museum Heinrich Neuhaus** (Народний музей Генріха Нейгауза), gewidmet dem in Jelysavethrad geborenen Pianisten (vul. Dzeržyns'koho/вул. Дзержинського 65, Tel. 0522 24 16 14, www.neuhausmuseum.kr.ua, dt., tgl. nach Vereinbarung, Eintritt frei).

In demselben Gebäude befindet sich das **Karol-Szymanowski-Museum für musikalische Kultur** (Музей музичної культури ім. Кароля Шимановського, Tel. 0522 24 62 51, www.shymanovskymuseum.kr.ua, engl., Mo–Fr 9–16 Uhr, 1/0,50 UAH).

Unmittelbar an die Grünanlage grenzen die vul. Frunze und die vul. Ordžonikidze. In der vul. Frunze/вул. Фрунзе befindet sich die **Mariä-Schutz-Kirche** (Свято-Покровська церква, Nr. 14) von 1849. Schöne Beispiele der städtischen spätklassizistischen Architektur des 19. Jh. sind Palast, Schulgebäude und Reithalle der ehemaligen **Kavalleriejunkerschule** (Кавалерійське юнкерське училище) in der vul. Ordžonikidze/вул. Орджонікідзе 2.

Vulycja Marksa und Umgebung

Einige sehenswerte Museen konzentrieren sich um die vul. Marksa/вул. Маркса, darunter das **Kunstmuseum** (Художній музей, Nr. 60). Das wunderschöne Jugendstilgebäude beherbergt einheimische, russische, westeuropäische und sakrale Kunst (Tel. 0522 24 56 81, www.artmuseum.kr.ua, engl., Mo–Fr 9–18, Sa 9–17 Uhr, 4/2 UAH).

Das Gebäude des momentan renovierten **Landeskundemuseums** (Краєзнавчий музей) in der vul. Lenina/вул. Леніна 40 ist ein weiteres eindrucksvolles Erbe der Jugendstilepoche.

Die **Synagoge** (Синагога) von 1853 in der vul. Dzeržyns'koho/вул. Дзержинського 90 beherbergt das **Museum Die Juden von Jelysavethrad** (Євреї Єлисаветграда, Di–Fr, So 10–15 Uhr).

Vulycja Kropyvnyc'koho und Umgebung

Südöstlich des Stadtzentrums, in der vul. Lenina/вул. Леніна 89, befindet sich die

Gedenkstätte für den Maler Aleksandr Osmërkin (Художньо-меморіальний музей Олександра Осмьоркіна, Tel. 0522 22 46 95, www.osmerkinmuseum.kr.ua, engl., Mo–Sa 10–16 Uhr, 2/1 UAH).

Die orthodoxe **Christi-Verklärungs-Kathedrale** (Спасо-Преображенський собор) in der vul. Preobražens'ka/вул. Преображенська 22 wurde Ende des 18. Jh. im klassizistischen Stil errichtet. In der Sowjetzeit wurde sie als Gemäldegalerie genutzt und 1992 an die Gemeinde zurückgegeben.

In einem Haus mit Veranda in der vul. Kropyvnyc'koho/вул. Кропивницького 172 befindet sich die **Marko-Kropyvnyc'kyj-Gedenkstätte** (Меморіальний музей М. Кропивницького) für den ukrainischen Schriftsteller, Dramaturg und Schauspieler (1840–1910, Tel. 0522 22 14 79, www.regionalmuseum.kr.ua, engl., Mo–Fr 9–18 Uhr, 6/3 UAH).

Festung und Umgebung

Aus dem 18. Jh. stammen die Überreste der **Festung der hl. Elisabeth** (Фортеця Святої Єлисавети) in der vul. Ušakova/вул. Ушакова), einst eine der mächtigsten der ganzen Region. Das Fort hatte die Umrisse eines sechseckigen Sterns und umfasste u. a. Kasernen, ein Arsenal, die Dreifaltigkeitskirche und Wirtschaftsbauten. Von der einstigen Pracht sind nur noch Fragmente der Erdwälle und Kanonen zu sehen – nach dem russisch-türkischen Krieg verlor die Festung ihre strategische Bedeutung.

Einer der erhabensten Sakralbauten der Stadt ist die klassizistische **Mariä-Geburt-Kathedrale** (Кафедральний собор Свято-Різдва Пресвятої Богородиці, 1805–1812) in der vul. Marksa/вул. Маркса 74. Die ursprünglich von griechischen Kolonisten gegründete Kirche wurde 1898 ausgebaut und 1905 erneuert und ausgemalt. Sie gehört zu den wenigen Gotteshäusern, die vom Sowjetregime nicht geschlossen wurden.

In der vul. Tobilevyča/вул. Тобілевича 16 befindet sich die **Ivan-Karpenko-Karyj-Gedenkstätte** (Літературно-меморіальний музей І. Карпенка-Карого/Тобілевича) für den Erneuerer des ukrainischen Theaters (Tel. 0522 23 51 91, www.karpenkokarymuseum.kr.ua, engl., Mo–Fr 9–18 Uhr, 6/3 UAH).

Mit schönen Grünanlagen, einem Riesenrad und Fahrgeschäften, gemütlichen Cafés und Restaurants lockt der **Landschaftspark** in der vul. 50 rokiv Žovtnja/вул. 50 років Жовтня (www.dendropark.com.ua).

Übernachten

Mitten im Grünen ▶ **Orlyne hnizdo** (Орлине гніздо): in Subotci (Суботці), ca. 27 km nordöstlich von Kirovohrad, vul. Ševčenka/вул. Шевченка 47, Tel. 05233 750 17, 067 520 51 60, www.orlinoegnezdo.nezabarom.ua. Holzmöbel und Kamine innen, Teiche und Sommerterrasse draußen. Restaurant, Bar, Sauna und Fitnessraum. Transfer, Jagd- und Angelaktivitäten werden als Extras angeboten. DZ/ÜF 750–1500 UAH.

Hervorragend ▶ **Katalonija** (Каталонія): vul. Marksa/вул. Маркса 21, Tel. 0522 24 25 36, www.catalunya.com.ua (engl.). Renoviertes Gebäude aus dem 19. Jh. in der Altstadt mit noblem 4-Sterne-Hotel; elegant, klassisch eingerichtete Zimmer, Sauna, Restaurant und Café-Club. DZ/ÜF 400–800 UAH.

Serviceorientiert ▶ **Jevropa** (Європа): vul. Marksa/вул. Маркса 13/16, Tel. 0522 24 35 31, www.europe.kw.ukrtel.net (engl.). Zentral gelegenes 3-Sterne-Hotel mit klassischem Interieur, EZ, DZ und 4er-Zimmer, Restaurant und Bar. DZ/ÜF 360–510 UAH.

Hochhaus ▶ **Turyst** (Турист): vul. Ušakova/вул. Ушакова 1. Das mit zwei Sternen ausgezeichnete Hotel besitzt ein Restaurant und eine Sauna. DZ 96–342 UAH.

Essen & Trinken

Qualität und Ästhetik ▶ **Lajm** (Лайм): vul. Lenina/вул. Леніна 22 a, Tel. 0522 27 33 44, http://cafelime.net, tgl. 9–23 Uhr. Das modern-minimalistisch eingerichtete Café-Restaurant legt nicht nur auf die Qualität der Gerichte, sondern auch auf deren appetitliche Präsentation großen Wert. Kreationen europäischer und japanischer Küche, Desserts und Kräutertee, Frühstücksmenü. Hauptgerichte ca. 25–80 UAH.

See oder Fluss? Der gestaute Dnipro bei Čyhyryn

Traditionell ▶ **Kozac'ka zastava** (Козацька застава): vul. Moskovs'ka/вул. Московська 13, Tel. 0522 31 21 61, 31 21 54, www.kozachka.kr.ua, tgl. 11–23 Uhr. Im ukrainischen Stil – in der Volkshalle werden nationale, in der orientalischen Halle kaukasische Spezialitäten serviert. Mit kleinem Hotel. Hauptgerichte ca. 25–60 UAH.
Deftiges ▶ **Grand Canyon** (Ґранд Каньйон): vul. Poltavs'ka/вул. Полтавська 83, Tel. 067 520 65 75, tgl. 11–23 Uhr. Zu den Spezialitäten des Restaurants mit europäischer und ukrainischer Küche zählen Fleischgerichte, insbesondere Grillspeisen und Wild. Auch gutes Fisch- und Meeresfrüchteangebot. Hauptgerichte ca. 25–55 UAH.
Ukrainische Küche ▶ **VIP-Chatynka** (VIP-Хатинка): vul. Kuropjatnykova/вул. Куроп'ятникова 23, Tel. 0522 22 14 13, 33 94 44, tgl. 10–24 Uhr. Gemütliche traditionelle Gaststätte, dekoriert mit Wagenrädern und Dreschflegeln. Hauptgerichte ca. 25–50 UAH.

Abends & Nachts

Konzerte etc. ▶ **Philharmonie** (Філармонія): vul. Ordžonikidze/вул. Орджонікідзе 8, Tel. 0522 22 47 96, 24 12 03 www.filarm.kr.ua.
Nachtclub ▶ **Velvet club:** vul. Dzeržyns'koho/вул. Дзержинського 24, Tel. 0522 35 11 55, www.velvet.kr.ua, Do–Sa 21–4 Uhr. Disco, Bowling und Billard.

Aktiv

Stadtführungen & Ausflüge ▶ **Reise- und Exkursionsbüro von Kirovohrad** (Кіровоградське бюро подорожей та екскурсій): vul. Ušakova/вул. Ушакова 1 a/106, Tel. 0522 36 63 58, Mo–Fr 9–17 Uhr.

Verkehr

Züge: Bahnhof, vul. Popovyča/вул. Поповича 1, Tel. 0522 005, 29 22 51. Züge Richtung Dnipropetrovs'k.

Busse: Ab der Busstation Universytets'kyj prosp. (Університетський просп. 1, Tel. 0522 23 20 79) Busse in alle Orte in der Umgebung. Von der Busstation in der vul. Korolenka (вул. Короленка 1 a, Tel. 0522 32 14 49, 24 79 69) Busse nach Kiew.

Taxis: Tel. 0522 1551, 32 33 51, 32 33 58.

Mietwagen: Avto-Drajv (Авто-Драйв), vul. Moskovs'ka/вул. Московська 113, www.autodrive.ua (engl.).

Die Umgebung von Kirovohrad ▶ 1, L/M 7

Mykolajivka

Am Rande des Dorfes **Mykolajivka** (Миколаївка, 460 Einw., ca. 30 km westlich von Kirovohrad) lädt das malerische **Landgut von Ivan Karpenko-Karyj** (Tobilevyč) zum Besuch ein. Das Elternhaus des Theaterschriftstellers (1845–1907) entstand in den 70er-Jahren des 19. Jh. Später machte Karpenko-Karyj es zu seinem Hauptwohnsitz und verwandelte das inzwischen angewachsene Gut in eine idyllische Oase inmitten der Steppe. In dem zu Ehren seiner Frau benannten **Weiler Nadija** (Хутір Надія) verbrachte er die schöpferischsten Jahre seines Lebens. Zu sehen sind das Haus des Dramatikers, das Elternhaus samt Museum (Літературно-меморіальний музей) und das Denkmal für Karpenko-Karyj. Karpenko-Karyjs Grabstätte befindet sich unweit des Weilers (Tel. 0522 22 15 39, Mo–Fr 9–18 Uhr, 6/3 UAH).

Veseli Bokoven'ky

Der **Landschaftsgarten** (Дендропарк) in **Veseli Bokoven'ky** (Веселі Боковеньки, 40 Einw.) ist eine der schönsten Naturattraktionen des Kirovohrader Gebiets. Der ca. 70 km südöstlich von Kirovohrad gelegene Park wurde 1893 für den Dekabristennachkommen Nikolaj Davydov vom Landschaftsarchitekt Ipolyt Vladyslavs'kyj-Padalko entworfen. Davydov scheute weder Zeit noch Geld, um seinen Traum von einer üppigen Grünanlage in der Steppe zu verwirklichen – die Fertigstellung dauerte bis zur Revolution 1917. Später betätigte sich Davydov in der hier 1923 initiierten Forschungsstätte. Die rund 110 ha große Anlage war früher in fünf Areale gegliedert, die verschiedene geografische Zonen repräsentierten, sie bezaubert aber immer noch mit lyrischen Landschaftskompositionen, stillen Gewässern und einer mannigfaltigen Pflanzenwelt. Die Mitarbeiter des Landschaftsgartens informieren über Erholungsmöglichkeiten und Aktivitäten auf dem Parkgelände und organisieren Wandertouren, Picknicks, Badeausflüge, Angeln an der Bokoven'ka, Camping etc. (Tel. 05234 606 34, April–Okt. tgl. 8–20 Uhr, 8 UAH/frei, Nov.–März 9–16 Uhr, Eintritt frei).

Verkehr

Busse: Busstation, vul. Kirova/вул. Кірова 78, Tel. 05257 311 00. Von/nach Kirovohrad.

Čyhyryn und Umgebung ▶ 1, M 6

Die ruhige, provinzielle Kreisstadt **Čyhyryn** (Чигирин, 10 600 Einw.), 90 km nördlich von Kirovohrad, war einst die Hauptstadt des ukrainischen Kosakenstaates und besaß ein gut befestigtes Schloss. Aus dieser Zeit stammen zahlreiche Denkmäler, die zum nationalen Historisch-kulturellen Reservat Čyhyryn erklärt wurden.

Geschichte

Bereits die ersten schriftlichen Überlieferungen über Čyhyryn verbinden das Schicksal der Stadt mit den Kosaken, die sich bereits im 14. Jh. zwischen ihren Kämpfen hierher zurückzogen. Weit entfernt vom Zentrum Polen-Litauens, verwandelte sich Čyhyryn im

16. Jh. zum Zentrum des Widerstands geflohener Bauern und des mit der Politik der Regierung unzufriedenen Adels. Einige Jahre nachdem Bohdan Chmel'nyc'kyj 1638 an die Spitze des Kosakenregiments in Čyhyryn getreten war, organisierte er einen der folgenreichsten Aufstände, der in der Geschichtsschreibung als Nationaler Befreiungskrieg (1648–1654) bekannt wurde. Chmel'nyc'kyj ließ in Čyhyryn seine Residenz erbauen und machte es somit zur Hauptstadt des ukrainischen Kosakenstaates. Nach dem Tod des Hetmans 1657 begann die Stadt zu verfallen.

Zentrum

Im 16./17. Jh. bestand Čyhyryn aus der Festung auf dem Schlossberg (Замкова Гора) und der von Wehrmauern umgebenen Unterstadt, in der sich die **Residenz von Bohdan Chmel'nyc'ky**j und die Gotteshäuser befanden. Die Residenz wurde rekonstruiert und ist wie die **Festungsruinen** (Фортеця) sowie die **Dorošenko-Bastion** zu besichtigen.

Am Fuß des Schlossbergs befindet sich die **Mariä-Schutz-Kapelle** (Каплиця Святої Покрови, 1995), in die die Gebeine von Kosaken und Stadtbewohnern vom Friedhof übertragen wurden. Das rekonstruierte Verwaltungsgebäude aus dem 19. Jh. in der vul. Hruševs'koho/вул. Грушевського 26 ist Sitz des Historisch-kulturellen Reservats Čyhyryn (Історико-культурний заповідник Чигирин) und des **Bohdan-Chmel'-nyc'kyj-Museums** (Музей Богдана Хмельницького, Tel. 04730 278 27, Di–Do 8–17, Fr 8–16, Sa, So 9–15 Uhr, 5/3 UAH). Neben dem Taras-Ševčenko-Park mit dem Denkmal für den Dichter befindet sich das **Museum für Archäologie des Mittleren Dnipro-Gebiets** (Музей археології Середнього Подніпров'я, vul. Peršotravneva/вул. Першотравнева 30, Tel. 04730 267 36, Di–Do 8–17, Fr 8–16, Sa, So 9–15 Uhr, 3/1,5 UAH).

Subotiv und Mel'nyky

13 km westlich von Čyhyryn liegt **Subotiv** (Суботів, 750 Einw.), in dem sich einst das Gut der Familie Chmel'nyc'kyj befand. 1647 überfiel und raubte der Čyhyryner Verwalter Czapliński das Anwesen. Chmel'nyc'kyj versuchte mehrmals, seinen Besitz wiederzuerlangen. Nachdem er weder vor Gericht noch beim polnischen König Unterstützung fand, wandte er sich den Kosaken zu. Nach Ansicht vieler Historiker trug dieser persönliche Schicksalsschlag wesentlich dazu bei, dass sich Chmel'nyc'kyj den Kosaken anschloss. 1653 stiftete Chmel'nyc'kyj die hübsche Eliaskirche (Іллінська церква) im Stil des frühen ukrainischen Barock, in der er auch bestattet wurde. In der Nähe der Kirche sieht man drei steinerne Kreuze und das Gelände des einstigen Anwesens. Ein weiteres, von Legenden umwobenes Denkmal, drei Brunnen, findet man im Süden des Dorfes.

Ca. 20 km nordwestlich von Subotiv liegt **Mel'nyky** (Мельники) mit dem Dreifaltigkeitskloster und der Wald **Cholodnyj Jar** (Холодний Яр, dt. kalte Schlucht), wo der Aufstand Kolijivščyna seinen Anfang nahm.

Übernachten

Zentral ▶ **Čyhyryn** (Чигирин): vul. Hruševs'koho/вул. Грушевського 20, Tel. 04730 258 49. Gepflegtes Hotel mit Zimmern unterschiedlicher Kategorien. DZ 220–370 UAH.

Aktiv

Stadtführungen & Ausflüge ▶ **Historisch-kulturelles Reservat Čyhyryn** (Історико-культурний заповідник Чигирин): vul. Hruševs'koho/вул. Грушевського 26, Tel. 04730 278 27, 289 31, Di–Do 8–17, Fr 8–16, Sa, So 9–15 Uhr. Touren zu den bedeutenden Denkmälern der Kosakenzeit in Čyhyryn und Umgebung.

Termine

Keramiksymposium (Молодіжний симпозіум гончарного мистецтва): Juni. Treffen von jungen Meistern der Töpferkunst – eine gute Gelegenheit, um Keramik zu kaufen.

Verkehr

Busse: Busstation, vul. Čerkas'ka/вул. Черкаська 12, Tel. 04730 254 49. Busse nach Subotiv sowie nach Uman', Kaniv, Čerkasy, Kiew.

Vom Dnipro-Stausee in die Poltavaer Niederung

Wo sich einst die berühmten Stromschnellen des Dnipro (russ. Dnjepr) befanden, weitet sich heute der Fluss zu einem Stausee. An seinen Ufern liegen die lebendige Großstadt Dnipropetrovs'k und das Industriezentrum Zaporižžja mit der legendären Insel Chortycja. Nur 50 km von Dnipropetrovs'k entfernt kann man in Petrykivka Volkskunst mit leuchtenden Blumenmotiven bewundern. Vom gemächlichen Poltava geht es weiter in den Keramikort Opišnja und in den Kurort Myrhorod.

Dnipropetrovs'k ► 1, O/P 7

Cityplan: S. 346

Mit 1 Mio. Einwohnern ist die Gebietshauptstadt **Dnipropetrovs'k** (Дніпропетровськ) die drittgrößte Stadt der Ukraine und eines der bedeutendsten wirtschaftlichen, politischen, wissenschaftlichen und kulturellen Zentren. Ihren heutigen Namen erhielt die Stadt 1926 zu Ehren des ukrainisch-sowjetischen Staatsmanns Hryhorij Petrovs'kyj. Dnipropetrovs'k ist die Heimat der Schriftstellerin und Begründerin der Theosophischen Gesellschaft Elena Blavatskaja (Helena Blavatsky) und des Malers und Konzeptkünstlers Il'ja Kabakov. In der neueren Geschichte machte die Metropole als politische und ökonomische Kaderschmiede von sich reden: In Dnipropetrovs'k starteten die politischen Karrieren von Leonid Breschnew, Leonid Kučma und Julija Tymošenko.

Geschichte

Dnipropetrovs'k entstand anstelle der Kosakensiedlung Polovycja in unmittelbarer Nähe des Verwaltungszentrums der Kosakenbefestigung Novyj Kodak (Novi Kodaky, 1645) im Zuge der russischen Kolonialisierung der südlichen Gebiete der Ukraine. Als Begründer von Katerynoslav – wie die Stadt seit ihrer Gründung hieß – gilt Grigorij Potëmkin, Feldmarschall und Günstling Katharinas II.

Zunächst konzentrierte sich das Leben der neu geschaffenen Siedlung um das heutige Novomoskovs'k (s. S. 355), aber wegen häufiger Überschwemmungen zog man 1784 an das rechte, steile Dnipro-Ufer um. Während ihrer Reise durch Südrussland im Jahr 1787 legte Katharina II. den Grundstein der Verklärungskathedrale und sicherte somit das offizielle Gründungsdatum von Katerynoslav.

Die rasche Entwicklung der Stadt verdankte sich vor allem den beträchtlichen Bodenschätzen in der Region und dem Eisenbahnbau. An der Wende vom 19. zum 20. Jh. war Katerynoslav eines der bedeutendsten Industriezentren des Reiches. Das industrielle Leben prägte die Stadt auch zu Sowjetzeiten und bestimmt zu großen Teilen ihr heutiges Erscheinungsbild. Die moderne Stadtsilhouette beherrschen seit 2003/2005 zwei Hochhauszwillingstürme. Die 123 m hohen Hochhäuser mit Komfortwohnungen auf 28 Stockwerken zählen zu den höchsten Bauten in der Ukraine.

Taras-Ševčenko-Park

Ein guter Startpunkt für die Erkundung der Stadt ist der **Taras-Ševčenko-Park** (Парк ім. Т. Г. Шевченка) an der pl. Ševčenka/пл. Шевченка 1. In der Parkanlage befindet sich der klassizistische **Potëmkin-Palast** 1 (Палац Потьомкіна, 1790), heute Kulturhaus der Studenten (Палац культури студентів). Nahe dem Parkeingang befindet sich die **Gedenkstätte für Dmytro Javornyc'kyj** 2 (Меморіальний будинок-музей Д. І. Яворницького), den Erforscher der Geschichte der ukrainischen Kosaken (1855–1940; Tel. 05 62 47 27 61, www.museum.dp.ua, engl., Di, Mi, Sa, So 10–16 Uhr, 6/3 UAH).

Klosterinsel 3

Vom Park führt die Merefaer-Chersoner-Brücke (Мерефо-Херсонський міст) hinüber zur **Klosterinsel** (Monastyrs'kyj ostriv/ Монастирський острів), wo der Apostel Andreas für die Erleuchtung des Landes gebetet haben soll. Bereits im 10. Jh. existierte auf dem Eiland ein byzantinisches Kloster, an das heute die 1999 errichtete **Nikolauskirche** (Свято-Миколаївська церква, 1999) an der Westspitze erinnert. Diverse Attraktionen wie ein **Zoo,** ein **Bootsverleih,** nette **Strände** und zahlreiche Cafés sorgen für einen abwechlungsreichen Aufenthalt.

Žovtneva Plošča

Bestimmt wird die **Žovtneva pl.** (Жовтнева пл.), der Oktoberplatz, von der zwischen 1830 und 1835 erbauten klassizistischen **Christi-Verklärungs-Kathedrale** 4 (Спасо-Преображенський кафедральний собор, Foto S. 324); Katharina die Große legte den Grundstein des Vorgängerbaus. Der schlanke Glockenturm ragt gut 50 m in die Höhe, die halbrunde Tambourkuppel erstrahlt golden. Von 1930 bis 1988 blieb das Gotteshaus geschlossen und beherbergte einige Jahre lang das Museum für Religion und Atheismus. In den 1990er-Jahren wurde die Kirche der orthodoxen Gemeinde übergeben.

In der Mitte des Platzes befindet sich eine parkähnliche Anlage, die Seiten schmücken einige administrative Bauten wie das ehemalige **Knabengymnasium** 5 (Чоловіча гімназія, Nr. 2) von 1861 und das **Il'ja-Mečnikov-Krankenhaus** 6 (Обласна клінічна лікарня ім. І. Мечникова, Nr. 14).

Eine gute Einführung in die Geschichte von Stadt und Region bietet das **Historische Dmytro-Javornyc'kyj-Museum** 7 (Історичний музей ім. Д. І. Яворницького) aus den Jahren 1903/04 (Tel. 05 62 46 34 22, www.museum.dp.ua, engl., Di–So 10–16 Uhr, 8/4 UAH).

Die Zwillingstürme von Dnipropetrovs'k repräsentieren die moderne Stadt

Rund um den Karl-Marx-Prospekt

Entlang dem baumbestandenen **prosp. Marksa** (просп. Маркса) geht es nun Richtung Stadtzentrum. Für Kunstinteressierte lohnt sich ein Abstecher ins **Kunstmuseum** 8 (Художній музей) mit Sammlungen nationaler und europäischer Malerei, Grafik und Skulptur (vul. Ševčenka/вул. Шевченка 21, Tel. 05 62 47 33 38, 47 32 65, 744 60 35, Sa–Do 10–18 Uhr, 10/6 UAH).

Der Rundgang wird am prosp. Marksa fortgesetzt. Dort sieht man das **Rathaus** 9 (Міська управа, Nr. 47) aus dem Jahr 1901 und das **Universitätsgebäude der Chemischen Fakultät** 10 (Хімічний корпус університету, Nr. 36) von 1889/90. In der Nähe liegen das **Planetarium** 11 (Планетарій, vul. Rohaljova/вул. Рогальова 10, Tel. 05 62 47 59 17, www.dneproplanet.dp.ua, Sa, So 11–15 Uhr und nach Vereinbarung, 20/15 UAH) und der **Zirkus** 12 (Цирк, vul. Naberežna Lenina/вул. Набережна Леніна 33, Tel. 056 744 86 00). Das **Offiziershaus** 13 (Будинок офіцерів) in der vul. Lenina/вул. Леніна 3 ist ein weiteres Beispiel der städtischen Architektur aus dem 19. Jh.

Das **Museum Literarisches Dnipro-Gebiet** 14 (Музей Літературне Придніпров'я) am prosp. Marksa 64 bringt Besuchern das literarische Leben der Region durch Ausstellungen, Lesungen und Konzertabende näher (Tel. 056 778 01 00, www.museum.dp.ua, engl., Di, Fr–So 11–17.30, Mi 11–20 Uhr, 6/3 UAH).

Rund um den Lazar-Hloba-Garten

Am nordwestlichen Ende des prosp. Marksa erstreckt sich der städtische **Lazar-Hloba-Garten** 15 (Міський сад ім. Л. Глоби, Nr. 95), eine der ältesten Grünanlagen in Dnipropetrovs'k mit Amphitheater am See, Attraktionen und einer Kinderbahn. Nördlich des Parks steht in der vul. Leninhrads'ka/вул. Ленінградська 11 die **Elena-Blavatskaja-Gedenkstätte** 16 (Будинок-музей О.П. Блавацької) zu Ehren der Begründerin der Theosophischen Gesellschaft im Jahr 1875 (Tel. 056 778 01 00, Do, Sa 11–15 Uhr, 6/3 UAH).

Das **Ausstellungszentrum des Künstlervereins** 17 (Виставковий центр Спілки художників України) in der vul. Naberežna im. Lenina/вул. Набережна ім. Леніна 11 präsentiert die neuesten Entwicklungen der ukrainischen Malerei (Tel. 056 778 18 54). Nach dem Besuch lädt die Promenade entlang dem Dnipro zu einem entspannten Spaziergang ein.

Spaziert man vom Lazar-Hloba-Garten entlang dem prospekt Kirova (просп. Кірова) in Richtung Süden, trifft man auf das Gebäude der **Landesverwaltung** 18 (Облдержадміністрація, Nr. 2) aus den Jahren 1909–1912 und das **Museum der ukrainischen Münzen** 19 (Музей монет України, Nr. 46/1, Tel. 05 62 38 76 60, 38 76 75, Mo–Fr 9–17 Uhr, Eintritt frei).

Übernachten

Höchster Komfort ▶ **Grand Hotel Ukraine** 1 (Ґранд Готель Україна): vul. Korolenka/вул. Короленка 2, Tel. 056 790 14 41, 740 10 10, www.grand-hotel-ukraine.dp.ua (engl.). 5-Sterne-Hotel in historischem Gebäude mit vielen Serviceleistungen, Casino und nobler Aufmachung. Transfers und Benutzung von Sport-/Businesszentrum im Preis inbegriffen. Traditionelle ukrainische und klassische europäische Küche sowie ein ausgezeichnetes Weinangebot im Hotelrestaurant. DZ/ÜF 200–330 US$.

Sehr elegant ▶ **Akademija** 2 (Академія): prosp. Marksa/просп. Маркса 20, Tel. 056 370 05 05, www.academya.com.ua (engl.). Komfortables, zentrales Hotel mit Sauna und Fitnessraum. Im Restaurant speist man bei Klaviermusik. DZ 1690–1850 UAH.

All in one ▶ **Bartolomeo** 3: vul. Naberežna Peremohy/вул. Набережна Перемоги 9 b, Tel. 05 62 33 73 32, www.bartolomeo.com.ua (engl.). Creative Club – so heißt der einzigartige Komplex, der Unterkunft, Unterhaltung und Aktivitäten für jeden Geschmack anbietet. Die komfortablen Hotelbungalows liegen direkt am Dnipro. Auf dem Gelände befinden sich Sport-, Jacht-, Kinderclub und ein klei-

Dnipropetrovs'k

Sehenswert

1 Potëmkin-Palast
2 Gedenkstätte für Dmytro Javornyc'kyj
3 Klosterinsel
4 Christi-Verklärungs-Kathedrale
5 Knabengymnasium
6 Il'ja-Mečnikov-Krankenhaus
7 Historisches Dmytro-Javornyc'kyj-Museum
8 Kunstmuseum
9 Rathaus
10 Universitätsgebäude der Chemischen Fakultät
11 Planetarium
12 Zirkus
13 Offiziershaus
14 Museum Literarisches Dnipro-Gebiet
15 Lazar-Hloba-Garten
16 Elena-Blavatskaja-Gedenkstätte
17 Ausstellungszentrum des Künstlervereins
18 Landesverwaltung
19 Museum der ukrainischen Münzen

Übernachten

1 Grand Hotel Ukraine
2 Akademija
3 Bartolomeo
4 Diana
5 Dnepropetrovs'k
6 Chutir

Essen & Trinken

1 Caramel
2 Pastoral Café
3 St. Tropez
4 Château de la Mer
5 Puzata Chata

Einkaufen

1 Ukrainian Club

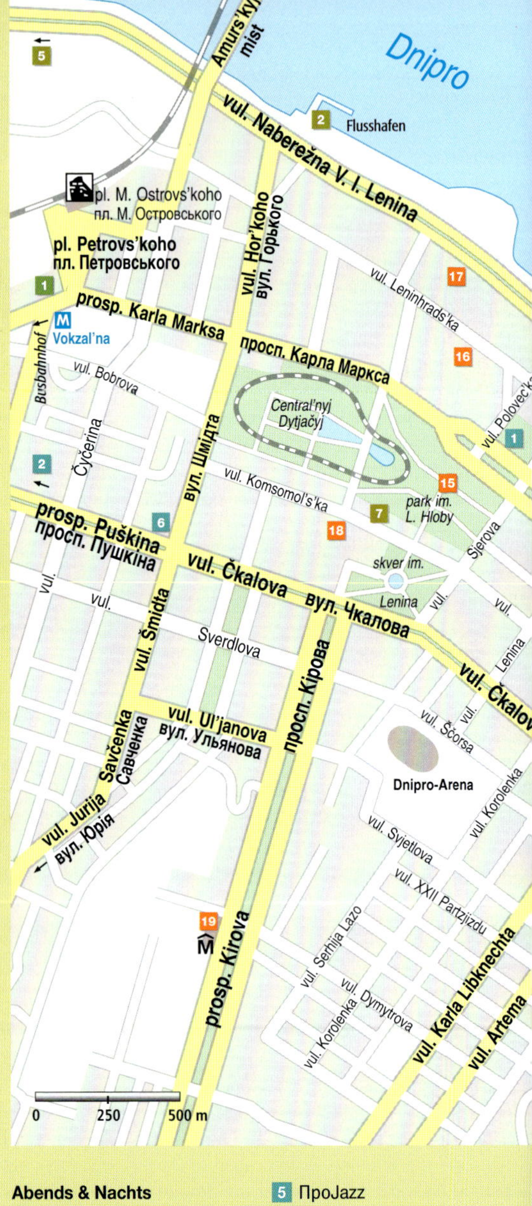

Abends & Nachts

1 Theater für Oper und Ballett
2 Orgel- und Kammermusikhaus
3 Opera
4 Rock-Café
5 ПроJazz
6 MasterShmidt
7 Paris
8 Labyrinth

Aktiv

1 Reise- und Exkursionsbüro von Dnipropetrovs'k
2 Flusshafen
3 Ecotur
4 Akvatorija
5 Tauchclub des Sportkomplexes Meteor
6 Adrenalin
7 Jäger- und Anglerverband

ner Zoo. Ganz in der Nähe liegt das Schiffsrestaurant Château de la Mer (s. rechts). Bungalow 1600–2500 UAH.
Ruhig & zentral ▶ **Diana** 4 (Діана): vul. Henerala Puškina/вул. Генерала Пушкіна 36 a, Tel. 056 760 83 50, 760 83 49, www.diana-hotel.com.ua (engl.). Gemütliches Mini-Hotel mit 10 einladenden Zimmern und einer Café-Bar. Auch Vermittlung von Apartments. DZ 620–870 UAH.
Schöner Ausblick ▶ **Dnepropetrovs'k** 5 (Днепропетровськ): vul. Naberežna Lenina/вул. Набережна Ленiна 33, Tel. 056 744 11 58, 745 53 27, http://hotel-dnepropetrovsk.dp.ua. Das Hochhaus kann viele Gäste unterbringen. Mäßige Preise harmonieren mit gutem Service und modernem Zimmerdesign. Auf Wunsch können Stadtführungen organisiert werden. DZ 330–620 UAH.
Am Ufer des Dnipro ▶ **Chutir** 6 (Хутір): vul. Naberežna Peremohy/вул. Набережна Перемоги 29, Tel. 056 370 66 00, http://xytop.com.ua/hutor (engl.). Hotelkomplex im Stil eines Cottage-Städtchens. Neben Standard- und Luxus-Unterkünften gibt es ein auf ukrainischer Weiler gemachtes Restaurant und eine Sauna. DZ 250–1600 UAH.

Essen & Trinken

Exklusiv ▶ **Caramel** 1: vul. Bolhars'ka 1d/вул. Болгарська 1д, Tel. 05 62 32 41 06, 32 41 07, www.rest.caramel.dp.ua, Mo–Do 11–23, Fr–So 11–24 Uhr. Drei stilvoll eingerichtete Säle, serviert wird französische, englische und orientalische Küche. In der warmen Jahreszeit steht die Sommerterrasse zur Verfügung. Hauptgerichte ca. 95–160 UAH.
Mediterranean fusion ▶ **Pastoral Café** 2: prosp. Marksa/просп. Маркса 46, Tel. 0562 36 28 66, 050 363 55 75, www.protege.com.ua (engl.), tgl. 10–23 Uhr. Modern und gemütlich, Risotto und Pasta aus eigener Herstellung. Hauptgerichte ca. 60–195 UAH.
Feine französische Küche ▶ **St. Tropez** 3 (Сан Тропе): prosp. Haharina/просп. Гагаріна 24, Tel. 0562 46 00 11, www.st-tropez.com.ua (engl.), tgl. 11–23 Uhr. Ausgezeichnete Vinothek und Bistro. Hauptgerichte ca. 60–180 UAH.
Erlesene Meeresfrüchte ▶ **Château de la Mer** 4 (Шато де ля мер): vul. Naberežna Peremohy/вул. Набережна Перемоги 9 b, Tel. 056 370 15 00, www.bartolomeo.com.ua (engl.), tgl. 8–8 Uhr. Im schicken Schiffsrestaurant des Creative Clubs speist man im Ambiente der portugiesischen Renaissance. Hauptgerichte ca. 35–275 UAH.
Selbstbedienung ▶ **Puzata Chata** 5 (Пузата Хата): vul. Hlinky/вул. Глінки 1, www.puzatahata.com.ua (engl.), tgl. 10–23 Uhr. Nationale Küche zu sehr fairen Preisen im netten, im ukrainischen Stil gestalteten Restaurant. Gerichte 6–20 UAH.

Einkaufen

Am und um den **prosp. Marksa** (просп. Маркса) konzentrieren sich zahlreiche Boutiquen und Einkaufszentren.
Souvenirs ▶ **Ukrainian Club** 1 (Український клуб): pl. Petrovs'koho/пл. Петровського 13, Erdgeschoss, Tel. 050 320 13 56, www.ukrclub.net (engl.), tgl. 9–20 Uhr. Petrykivka-Malerei und große Auswahl an regionalem Kunsthandwerk.

Abends & Nachts

Klassisch ▶ **Theater für Oper und Ballett** 1 (Театр опери і балету): prosp. Marksa/просп. Маркса 72 a, Tel. 056 778 44 69, 778 44 77, 778 44 73, www.opera-ballet.com.ua. Klassische Oper- und Ballettaufführungen in einem konstruktivistischen Gebäude.
Tolles Ambiente ▶ **Orgel- und Kammermusikhaus** 2 (Будинок органної і камерної музики): prosp. Kalinina/просп. Калініна 66, Tel. 056 374 16 55, 52 41 08, 52 30 05. Sehr atmosphärisch in der ehemaligen Brjansker Kathedrale des hl. Nikolaus (1915).
Pracht und Noblesse ▶ **Opera** 3: vul. Dzeržyns'koho/вул. Дзержинського 23, Tel. 056 745 07 57, 067 617 77 77, www.opera.net.ua (engl.), Mo–Do, So 11–23, Fr, Sa 24 Std. Ein schickes Kulturzentrum in einem Gebäude der vorigen Jahrhundertwende. Luxuriöses Kaffeehaus, Restaurant mit europäischer und japanischer Küche, Konzerthalle und Nachtclub.

Rock & Jazz ▶ Rock-Café 4 (Рок-Кафе): vul. Naberežna Peremohy/вул. Набережна Перемоги 106 a), Tel. 05 62 68 33 70, www.rock-cafe.dp.ua, Di–So ab 17 Uhr. Eine umfangreiche Audio- und Videosammlung umfasst die gesamte Geschichte der Rock- und Jazzmusik. Alternativ gibt es experimentelles Theater, Poesie- und Filmabende.

Bohemian ▶ ПроJazz 5**:** vul. Rohaljova/вул. Рогальова 12б, Tel. 056 375 41 75, 095 127 04 83, www.projazz.com.ua, So–Do 16–23, Fr, Sa 16–24 Uhr. Caféhaus und Jazzclub, hier wird gesungen, gelesen, gespielt, diskutiert, gedichtet und gemalt.

Retro ▶ MasterShmidt 6**:** vul. Šmidta/вул. Шмідта 14, Tel. 05 62 42 79 84, www.mastershmidt.com, tgl. ab 19 Uhr. Jazz, Punk, Rock, Chanson, Kammertheater und Filmvorführungen.

Livekonzerte ▶ Paris 7 (Париж): vul. Korolenka/вул. Короленка 3, Tel. 050 320 86 62, tgl. 22–6 Uhr. Disco, Shows, moderne und Retromusik.

Populär ▶ Labyrinth 8 (Лабіринт): vul. Charkivs'ka/вул. Харківська 3. Tanz- und Konzertbühne mit Livemusik-Bereich, Pop-Musik-Saal und Chill-out-Zone.

Aktiv

Stadtführungen & Ausflüge ▶ Reise- und Exkursionsbüro 1 (Дніпропетровське бюро подорожей та екскурсій): vul. Fučyka/вул. Фучика 30, Tel. 05 62 47 04 04, 056 377 43 30, Fax 05 62 47 15 60, Mo–Fr 9–17 Uhr.

Bootstouren ▶ Flusshafen 2 (Річковий вокзал): pl. Desantnykiv/пл. Десантників, Tel. 056 721 56 26. Im Sommer regelmäßig Bootsfahrten auf dem Dnipro.

Segeltörns ▶ Ecotur 3**:** vul. Naberežna Peremohy/вул. Набережна Перемоги 12, Tel. 066 789 00 77, 050 361 95 28, www.ecotour.ho.ua. Segelbootverleih und Organisation von Touren auf dem Dnipro, zur Insel Chortycja oder zum Biosphärenreservat Askanija-Nova.

Wassersport ▶ Akvatorija 4 (Акваторія): vul. Naberežna Peremohy/вул. Набережна Перемоги 10 k, Tel. 05 62 34 41 44, www.aquatory.dp.ua. Verleih von Motorbooten, Wasserskiern, Wakeboards, außerdem im Sommer Dnipro-Fahrten.

Tauchen ▶ Tauchclub des Sportkomplexes Meteor 5 (Клуб підводного плавання СК Метеор): vul. Makarova/вул. Макарова 27 a, Tel. 056 792 97 35/42. Kurse, Beratung, Verleih von Ausrüstung.

Fahrrad-/Skiverleih ▶ Adrenalin 6 (Адреналін): prosp. Marksa 1/просп. Маркса 1, Tel. 05 62 46 62 16, www.adrenalinsport.dp.ua, Di–So 10–19 Uhr. Ein Sportladen mit Fahrrad-, Rollerblades-, Ski-, Snowboardverleih und Reparaturwerkstatt.

Angeln & Jagen ▶ Jäger- und Anglerverband 7 (Дніпропетровська обласна організація мисливців і рибалок): vul. Komsomol's'ka/вул. Комсомольська 31, Tel. 056 744 20 47, 744 20 57, 744 20 67, www.uoor.dp.ua. Infos über Jagd- und Angelmöglichkeiten.

Verkehr

Flüge: Internationaler Flughafen Dnipropetrovs'k (Міжнародний аеропорт Дніпропетровськ), bei Stari Kodaky (Старі Кодаки), ca. 15 km außerhalb, Tel. 056 740 70 00, www.dniproavia.com (engl.). Busse vom/zum Hauptbahnhof. Flüge nach Kiew, Wien.

Züge: Hauptbahnhof, vul. Petrovs'koho/ вул. Петровського 1, Tel. 05 62 15 99, 36 48 16, 33 63 15. Züge nach Novomoskovs'k, Kiew, Charkiv, Zaporižžja, Berlin.

Busse: Zentraler Busbahnhof, vul. Kurčatova/вул. Курчатова 10,Tel. 05 62 15 88 056 778 40 90. Verbindungen nach Novomoskovs'k, Kiew, Charkiv, Zaporižžja.

Mietwagen: Avto-Drajv (Авто-Драйв), prosp. Marksa/просп. Маркса 60/16, Tel. 056 716 27 16, www.autodrive.com.ua (engl.).

Fortbewegung in der Stadt

Öffentliche Verkehrsmittel: Metro, Busse, Straßenbahnen und Trolley-Busse sind im Durchschnitt von 6–23 Uhr im Einsatz. Der Fahrschein in der U-Bahn kostet 2 UAH. Eine Fahrt mit dem Trolleybus und der Straßenbahn kostet 1,5 UAH, mit dem Bus 2–5 UAH.

Taxis: Tel. 05 62 15 02, 15 53, 15 57.

Zaporižžja ►1, P 8

Die Gebietshauptstadt **Zaporižžja** (Запоріжжя, 800 000 Einw.) ca. 90 km südlich von Dnipropetrovs'k ist ein wichtiger Hafen, Verkehrsknotenpunkt und bedeutendes Kultur- und Industriezentrum (Metallurgie, Maschinen-, Auto- und Flugzeugmotorenbau). Das größte ukrainische Wasserkraftwerk – DniproHES (ДніпроГЕС) – ist beinahe zum Sinnbild des modernen Zaporižžja geworden, genauso wie die berühmten Stromschnellen (porohy), die als Standort der Zaporožer Sič – der befestigten Niederlassung der ukrainischen Kosaken – in die ukrainische Geschichte eingegangen sind und im Stadtnamen verewigt wurden.

Geschichte

Die Gegend um Zaporižžja übte schon in der fernen Vergangenheit eine Anziehungskraft auf slawische und nichtslawische Siedler aus: Davon zeugen zahlreiche wertvolle archäologische Funde. Vor Beginn der eigentlichen Stadtgeschichte existierten hier, und insbesondere auf der Insel Chortycja, Kosakensiedlungen. Auf der Insel Mala Chortycja (auch Bajda genannt) errichtete Dmytro Vyšnevec'kyj im 16. Jh. die Befestigung, die als Prototyp der Zaporožer Sič gilt. Später breitete sich das Gebiet des kosakischen Protostaats auf die Insel Chortycja aus.

Die Gründung der Stadt geht auf die Errichtung der Festung Oleksandrivs'k – eines der größten, zu Ehren von Aleksandr Golicyn benannten Vorposten der Dniproschen Linie – zurück. Die ersten Bewohner der gleichnamigen Ortschaft waren Bauarbeiter, Soldaten und deutsche Mennoniten, die sich bei der 1775 vollendeten Befestigungsanlage niederließen. Nachdem die Dniprosche Linie ihre strategische Bedeutung einbüßte, wurde die Festung 1798 zerstört.

1921 wurde Oleksandrivs'k in Zaporižžja umbenannt. Dies markierte eine neue Ära: 1927 wurde hier die Errichtung des riesigen Wasserkraftwerkes eingeleitet, das die Stromschnellen des Dnipro Geschichte werden ließ. Und 1929 begann die Verwirklichung eines groß angelegten Um- und Ausbauplans nach sozialistischen Idealen: Breite Boulevards, zahlreiche Grünanlagen und u.a. konstruktivistische Baudenkmäler prägten von nun an das Bild von Zaporižžja. In der Nachkriegszeit ging die Entwicklung der Stadt als Industriezentrum voran. Die symbolträchtige Automobilmarke Zaporožec' wurde mittlerweile von АвтоЗАЗ-Daewoo abgelöst, doch auch in postsowjetischen Zeiten ist Zaporižžja führend in der Region, wenn es um Industrie geht; auf die ökologische Situation der Stadt wirkt sich dies freilich ungünstig aus.

Leninprospekt

Bevor man sich der wichtigsten Sehenswürdigkeit, der Insel Chortycja, zuwendet, kann man sich ein Bild von der großenteils konstruktivistischen Bebauung der Stadt machen: durch einen Spaziergang auf dem **prosp. Lenina** (просп. Леніна) – mit seinen etwa 11 km einer der längsten Boulevards Europas – oder an dem abendlichen, mit farbigen Lichtern leuchtenden **prosp. Metalurhiv** (просп. Металургів) oder aber am **bul'v. Ševčenka** (бульв. Шевченка) mit mehreren Springbrunnen.

In der zum prosp. Lenina parallel verlaufenden vul. 40 rokiv Radjans'koji Ukrajiny/вул. 40 років Радянської України befindet sich das regionale **Kunstmuseum** (Художній музей) im Haus Nr. 76b (Tel. 061 233 40 63, Di–Sa 10–17 Uhr, 5/3 UAH). An der nahe liegenden pl. Majakovs'koho/пл. Маяковського bieten lokale Maler ihre Werke an.

Das Jugendstilgebäude (1912) des regionalen **Landeskundemuseums** (Краєзнавчий музей) liegt noch weiter südöstlich, in der vul. Čekistiv/вул. Чекістів 29 (Tel. 061 764 34 76, www.musey.zp.ua, Di–Fr 9–18, Sa 9–16 Uhr, 5/3 UAH).

Näher an den Dnipro rückt der malerische zentrale städtische **Erholungspark** (mit Tennis- und Kinderspielplätzen, Attraktionen und Reitmöglichkeit), der den schönen Namen **Dubovyj Haj** (Дубовий Гай – Eichenhain) trägt. Von hier verkehren Schiffe zur Insel Chortycja.

9 Chortycja

Chortycja (Хортиця) ist die mit 12 km Länge und 2,5 km Breite größte Insel am Dnipro. Vielfältig ist ihre abwechslungsreiche Naturlandschaft: Steppen und Sümpfe, Wiesen und Seen, Höhlen und Felsen. Faszinierend sind Mythos und Geschichte: Chortycja ist eine einzigartige Ansammlung kultureller sowie über 100 historischer und archäologischer Denkmäler, deren Datierung von der Steinzeit bis ins 20. Jh. reicht. Schon in der Vorgeschichte muss die Insel eine gewisse Anziehungskraft gehabt haben, wovon die Kultstätten aus der Bronzezeit – wie die Steinkreise auf der Anhöhe Braharnja (Висота Брагарня) oder die eigentümlichen Steinkompositionen in der Nähe der Schlucht Velyka Molodnjaha (Балка Велика Молодняга) – zeugen.

Auch Skythen haben hier Grabhügel hinterlassen. Die skythische Stätte **Zorova Mohyla** (Зорова Могила/Скіфський Стан), von einem steinernen skythischen Krieger bewacht, bildet den höchsten Punkt der Insel. Der Kiewer Fürst Svjatoslav Ihorevyč soll hier, in der Nähe der Stromschnellen, im Kampf gegen die Petschenegen (972) den Tod gefunden haben. Chortycja – samt den umgebenden Inseln – war eine strategisch wichtige Stätte der Zaporožer Kosaken. Sehr anschaulich wird diese Zeit im Freilichtmuseum **Zaporožer Sič** (Запорозька Січ) mit Kirche, Hütten, Kasernen, Werkstätten und Wirtschaftsbauten innerhalb eines Staketenzauns nachgestellt (Tel. 061 252 51 88, www.ostrov-hortica.org.ua, engl., Di–So 9.30–16 Uhr, 6/3 UAH).

Das **Museum für Geschichte des Zaporožer Kosakentums** (Музей історії запорізького козацтва) im nördlichen Teil der Insel erzählt von Ruhm und Alltag der Kosaken und organisiert Bus-, Schiffs- und nächtliche Führungen sowie Öko- und Radwanderungen durch das ganze Historisch-kulturelle Reservat Chortycja (Національний історико-культурний заповідник Хортиця) sowie zu einzelnen Sehenswürdigkeiten und der legendären Insel Bajda (Mala Chortycja,

Bühne frei für das Reittheater der Kosaken auf Chortycja

aktiv unterwegs

Chortycja mit dem Fahrrad erkunden

Tour-Infos

Start und Ende: Erste Preobražens'kyj-Brücke
Länge: ca. 24 km
Dauer: ca. 2–5 Std. (je nach Besichtigungen)
Fahrradverleih: Club Ostriv (Клуб Остров, vul. Tahans'ka 16/вул. Таганська 16, Tel. 096 785 11 60, 067 274 38 84, http://ostrovclub.at.ua, Mo–Fr 9–18, Sa, So 9–20 Uhr und nach Vereinbarung) oder Velo Prokat (Вело Прокат, vul. Pivdennoukrajins'ka/вул. Південноукраїнська 17a, Tel. 096 103 93 48, www.veloprokat.zp.ua, tgl. 8–20 Uhr).

Alle Sehenswürdigkeiten der Insel Chortycja (s. S. 351) können bei einer Fahrradtour besichtigt werden, man muss nur genügend Zeit einplanen. Die Insel erreicht man von der Innenstadt am besten über die **Erste Preobražens'kyj-Brücke.** Fährt man entlang dem Ufer Richtung Norden, erreicht man die erste Sehenswürdigkeit von Chortycja, das **Freilichtmuseum Zaporožer Sič.** Nördlich der rekonstruierten Kosakenbefestigung befindet sich das ebenfalls empfehlenswerte **Museum für Geschichte des Zaporožer Kosakentums,** neben dem ein skythischer Kurgan aufragt. Von hier führt die Route weiter am Inselufer nach Norden, von wo sich ein schöner Blick auf das **Dnipro-HES-Wasserkraftwerk** bietet. Der Weg umsäumt die nördliche Spitze der Insel. Seinerzeit soll Taras Ševčenko hier spazierengegangen sein, deswegen heißt die Strecke auch Taras' Weg (Тарасова стежка). Die vul. Tahans'ka/вул. Таганська biegt ins Innere von Chortycja ab, doch die Fortbewegung auf der parallel verlaufenden, unbefestigten Landstraße ist angenehmer. Die Landstraße führt zur Westküste der Insel und schlängelt sich eine Weile entlang dem Ufer am **Šyroka-Tal** (Балка Широка) und den **Erholungsheimen** vorbei. Weiter entlang der Westküste erreicht man zwei kleine Seen: Hier sollte man Richtung Osten abbiegen, um beim **Reittheater Zaporožer Kosaken** vorbeizuschauen. Auf dem Gelände kann man auf Wunsch eine Pause machen, um einer Vorstellung (bitte Informationen diesbezüglich im Voraus einholen) beizuwohnen, Ausritte zu erleben, Souvenirs einzukaufen oder einen Kaffee zu trinken.

Der Weg führt weiter zu den Schilfufern des Dnipro im Süden von Chortycja. Hier schlummern die alte historische Siedlung und das Landschaftsgebiet **Protovče** (Протовче) mit einem kleinen Kosakenweiler und einer Wasserquelle, die von außen besichtigt werden können.

Der Rückweg führt an der skythischen Stätte **Zorova Mohyla** vorbei. Man erkennt sie an den Kurganen, uralten Stelen und steinernen skythischen Idolen. Nach der Besichtigung steuert man Richtung Ostküste die **Erholungsheime** und das **Betriebssanatorium Dniprospecstal** (Профілакторій Дніпроспецсталь) an, auf dessen Gelände eine romantische weiße Laube – im Volks-

Острів Байди/Мала Хортиця), wo sich im 16. Jh. die erste kosakische Befestigung und im 18. Jh. eine Werft befanden (Tel. 061 252 51 88, http://museum.zp.ua, www.seech.hortica.org.ua, Di–So 9.30–16 Uhr, 6/3 UAH).

Das **Reittheater Zaporoz'ki Kozaky** (Кінний театр Запорозькі козаки) im Süden der Insel lädt zu spannenden Vorstellungen ein (vul. Tjulenina/вул. Тюленіна 23, Tel. 061 701 24 81, www.zp-kazaki.com). Das Theater betreibt eine Reitschule und organisiert Reitausflüge auf der Insel. Im benachbarten Hangar wird eine im Dnipro aufgefundene Brigantine aus dem Jahr 1736 aufbewahrt. Chortycja ist auch ein sehr beliebtes Ausflugsziel für Fahrradtouren, für die die In-

mund Schwalbennest (Ластівчине Гніздо) genannt – auf einem steilen Felsen auffällt. Die Tour endet bald darauf an der **Ersten Preobražens'kyj-Brücke** (Перший міст Преображенського), die die Insel mit dem Stadtzentrum verbindet.

sel wie geschaffen ist (s. Aktiv unterwegs oben).

Infos

Touristinfo (Турінфоцентр): vul. Dzeržyns'koho/вул. Дзержинського 16, Tel. 061 764 18 35. Informationen zu Sehenswürdigkeiten, Unterkünften, Restaurants u. a.

Übernachten

Mit Blick auf den Leninprospekt ▶ Inturyst (Інтурист): prosp. Lenina/просп. Леніна 135, Tel. 061 223 05 00, www.intourist.com.ua (dt.). Das 4-Sterne-Hotel besitzt Restaurants mit ukrainischer, italienischer, französischer und japanischer Küche; außerdem Fitnesshalle, Schönheitssalon, Casino,

Billardraum, Exkursionen und Mietwagen. DZ/ÜF 810–1440 UAH.

Komfortabel ▶ Praha (Прага): bul'v. Ševčenka/бульв. Шевченка 28, Tel. 061 224 07 11, www.hotel-praga.com.ua. 3-Sterne-Hotel mit gemütlichen Zimmern in einem der zentralen Stadtteile. DZ 520–720 UAH.

Zentrale Lage ▶ Ukrajina (Україна): prosp. Lenina/просп. Леніна 162a, Tel. 061 289 04 04, 050 454 36 74, www.ukraine.zp.ua (engl.). 3-Sterne-Hotel mit Restaurant, Sauna und Billardraum. DZ/ÜF 330–456 UAH.

Ruhig am Dnirpo ▶ Dion (Діон): vul. Mins'ka/вул. Мінська 9, Tel. 061 252 64 00, www.dion.zp.ua (engl.). Das gemütliche Hotel liegt direkt im Park. Es hat eine Café-Bar, eine Sauna und einen grünen Innenhof mit Holzpavillons. Führungen über die Insel Chortycja und durch Zaporižžja. DZ/ÜF 320–500 UAH.

Gut und günstig ▶ Dnipro (Дніпро): prosp. Lenina/просп. Леніна, 202, Tel. 061 233 04 45, www.7dney.com (engl.). Freundliches Hotel der gehobenen Economy-Class zu fairem Preis. DZ/ÜF 183–655 UAH.

Essen & Trinken

Fernöstlich ▶ Banzay (Банзай): prosp. Lenina/просп. Леніна 135, 1. Stock, Tel. 061 223 09 00, www.banzay.in.ua, tgl. 12–24 Uhr. Authentische japanische Küche. Hauptgerichte ca. 45–160 UAH.

Abends Livemusik ▶ Café Retro (Кафе Ретро): prosp. Lenina/просп. Леніна 189, Tel. 061 232 15 55, tgl. 11–23 Uhr. Das ruhige, gemütliche Café verwandelt sich abends in eine Art Club mit Jazz-, Blues- und Rock-'n'Roll-Livekonzerten. Zum Entspannen einladende nostalgische Einrichtung mit vielen Fotos von Jazzmusikern und aus Singer-Nähmaschinen gebastelten Tischen. Ein europäisches Menü wird durch eine Dessert- und Cocktailkarte ergänzt. Hauptgerichte ca. 20–50 UAH.

Gesundes Fast Food ▶ Puzata Chata (Пузата Хата): prosp. Lenina/просп. Леніна 42, www.puzatahata.com.ua (engl.), tgl. 9–23 UAH. Nationale Küche zu fairen Preisen im Selbstbedienungsrestaurant. Gerichte ca. 6–20 UAH.

Einkaufen

Der lange **prosp. Lenina** (просп. Леніна) ist wohl die beste Adresse fürs Einkaufen in Zaporižžja. Hier findet man zahlreiche Boutiquen und Läden sowie die **Einkaufszentren** Fortuna (Торгівельний центр Фортуна, Nr. 117) und Ukrajina (Україна, Nr. 147). Das Einkaufszentrum Palladium Plaza liegt in der parallelen vul. Pravdy/вул. Правди 40.

Schnaps ▶ Chortycja ist eine der landesweit bekanntesten Schnapsmarken, www.khortytsa.com (engl.).

Abends & Nachts

Konzerte ▶ Philharmonie (Філармонія): prosp. Lenina/просп. Леніна 183, Tel. 061 236 44 67.

Mit Disco, Billard und Sauna ▶ Music Hall: vul. 40 rokiv Radjans'koji Ukrajiny/вул. 40 років Радянської України 55, Tel. 061 233 50 26, www.music-hall.zp.ua, Di–Do 21–5, Fr, Sa 21–6 Uhr. Der Nachtclub mit schöner Bar und roten Sofas befindet sich im Zentrum der Stadt.

Cocktails ▶ Banana: prosp. Lenina 109/просп. Леніна 109, Tel. 061 289 71 00, www.banana.zp.ua, ab 21 Uhr. Club mit wechselndem Programm, kleiner Tanzfläche und fast 300 verschiedenen Cocktails.

Nachtleben ▶ Crowbar: prosp. Lenina/просп. Леніна 135, Tel. 067 611 10, 061 289 71 00, www.crowbar.com.ua, tgl. 21–5 Uhr. Angesehener Nachtclub im Erdgeschoss des Inturyst-Hotels, wo ab und zu Livekonzerte stattfinden.

Verkehr

Flüge: Internationaler Flughafen Zaporižžja (Запорізький міжнародний аеропорт), vul. Donec'ke šose/вул. Донецьке шосе, Tel. 061 227 05 79, 061 721 43 27. Flüge nach Kiew.

Züge: Bahnhof, prosp. Lenina/просп. Леніна 5. Züge nach Berdjans'k, Melitopol' sowie Richtung Donec'k, Charkiv, Dnipropetrovs'k, Kiew, Odesa, Simferopol', L'viv, Černivci, Užhorod, Berlin.

Busse: Busbahnhof, prosp. Lenina/просп. Леніна 22. Verbindungen nach Bedjans'k,

Melitopol' sowie Richtung Kiew, Cherson, Mykolajiv, Odesa, Černivci.
Mietwagen: Avto-Drajv (Авто-Драйв), vul. Pivdenne uose/Південне Шосе 32, Tel. 061 222 99 49, www.autodrive.com.ua (engl.).

Fortbewegung in der Stadt

Straßenbahnen, (Trolley-)Busse: Eine Fahrt mit der Straßenbahn oder einem Trolleybus kostet 1,5 UAH. Fahrkarte beim Schaffner oder Fahrer kaufen und im Fahrzeug entwerten. Das (Klein-)Busticket kostet 2 UAH.
Taxis: Optymal'ne taksi (Оптимальне таксі), Tel. 061 228 22 28, 097 056 22 22.

Novomoskovs'k ► 1, P 6

Ein attraktives Reiseziel liegt ca. 30 km nördlich von Dnipropetrovs'k am Ufer des Flusses Samara. Den Reiz der Kreisstadt **Novomoskovs'k** (Новомосковськ, 72 000 Einw.) machen zwei Gotteshäuser aus, die in der Geschichte der Ukraine eine bedeutende Rolle spielten. Mitte des 17. Jh. entstanden auf dem heutigen Gebiet von Novomoskovs'k kosakische Weiler, in die sich die Krieger hauptsächlich im Winter zurückzogen. Daraus entwickelte sich die Kosakensiedlung Samarčyk (Samar, Novoselycja), die im 18. Jh. zum Zentrum der Samarer Verwaltungseinheit in der Zaporožer Sič (Самарська паланка) aufstieg. 1794 wurde der Ort in Novomoskovs'k umbenannt und erhielt Stadtrecht.

Dreifaltigkeitskathedrale und Landeskundemuseum

Der Stolz von Novomoskovs'k ist die weißgrüne **Dreifaltigkeitskathedrale** (Свято-Троїцький кафедральний собор) an der pl. Peremohy/пл. Перемоги 1, die größte und eine der schönsten Holzkirchen in der ganzen Ukraine. Sie beeindruckt vor allem durch ihre Ausmaße, aber auch durch ihre vollkommene Gestaltung mit neun Kuppelkaskaden. Die Kirche wurde zwischen 1775 und 1778 von Baumeister Jakym Pohrebnjak im Auftrag der Kosakenobrigkeiten geschaffen. Der Glockenturm entstand später, nach dem Umbau der Kirche, im Jahr 1888. Als Getreidespeicher und Landeskundemuseum überstand die Kathedrale die Sowjetzeiten und wurde danach den Gläubigen zurückgegeben. Ein rührendes literarisches Denkmal setzte ihr der ukrainische Schriftsteller Oles' Hončar (1918–1995) in seinem Roman »Sobor« (dt. »Der Dom von Satschipljanka«).

Das **Landeskundemuseum** (Музей історії та краєзнавства ім. П. Калнишевського) ist nunmehr in einem Jugendstilgebäude von 1901 in der vul. Ukrajins'ka/вул. Українська 4 untergebracht. Für 5/3 UAH werden hier auch Stadtführungen organisiert (Tel. 056 93 736 66, Di–So 8–12, 13–17 Uhr, 2/1 UAH).

Eremitenkloster des hl. Nikolaus

Das **Eremitenkloster des hl. Nikolaus** (Самарський Пустельно-Миколаївський монастир, vul. Monastyrs'ka/вул. Монастирська 1) wurde vermutlich Ende des 16. bzw. Anfang des 17. Jh. gegründet, nachdem der polnische König Stefan Batory den ukrainischen Kosaken die Siedlung Samar geschenkt hatte. Die Klosteranlage entwickelte sich aus der hölzernen Nikolauskirche und den Herbergen, in denen verwundete Kosaken gepflegt wurden. Auch später bot das Wehrkloster mit seinem Spital Kranken und betagten Kriegern Obdach, betrieb eine Schule, versorgte die kosakischen Truppen mit Lebensmitteln und galt als eines ihrer Heiligtümer. Wenn auch in den russisch-türkischen Kriegen unbezwungen, wurde das Kloster einige Male geplündert und wieder aufgebaut. Bevor es in den 1990er-Jahren erneut seine eigentliche Bestimmung erfüllen konnte, beherbergte es ein Behindertenheim. Das Ensemble besteht heute aus der barock-klassizistischen, derzeit kuppellosen **Kirche des hl. Nikolaus des Wundertäters** (Храм Святого Миколая Чудотворця) von 1787 und den **Mönchszellen** (1816–1820).

Übernachten

Gegenüber dem Busbahnhof ► BEST: vul. Peremohy/вул. Перемоги 8 a, Tel. 05 69 37

17 30, 37 86 23. Gepflegtes Hotel mit Restaurant, Sauna, Billardraum. DZ 300–400 UAH.

Verkehr

Züge: Bahnhof, vul. Kovaleva/вул. Ковалева 5. Verbindungen nach Dnipropetrovs'k.
Busse: Busbahnhof, vul. 195 Strilkovoji dyviziji/вул. 195 Стрілкової дивізії 1 a, Tel. 056 93 753 82. Verbindungen nach Dnipropetrovs'k.

Petrykivka ▶1, O 6

Petrykivka (Петриківка, 5000 Einw.), ca. 55 km nordwestlich von Dnipropetrovs'k, ist wegen seiner wunderschönen dekorativen Malereien (Петриківський розпис) weit über die Grenzen der Ukraine hinaus bekannt. Der Legende nach wurde Petrykivka in den 50er-Jahren des 18. Jh. von dem Kosaken Petryk gegründet. Die Historiker haben sich jedoch auf 1772 als Datum geeinigt, denn in diesem Jahr verlegte der Kosakenataman Petro Kalnyševs'kyj seine Winterwirtschaft hierher. 1774 soll er die Mariä-Geburt-Kirche gestiftet haben. Zum Aushängeschild von Petrykivka wurde aber kein Gebäude, sondern die Malkunst seiner Bewohner. Feine farbenfrohe, leuchtende Motive aus der Tier- und Pflanzenwelt zieren Hauswände, Holzgeschirr, Glas und Spielzeuge etc. Die einzigartige Technik, die bis ins 17. Jh. zurückverfolgt werden kann, sorgte für den weitreichenden Ruhm der hiesigen Meister.

Der ganze Stolz des Ortes ist das 1991 gegründete **Zentrum der Volkskunst** (Центр народного мистецтва Петриківка), erwachsen aus den Künstlergilden vom Anfang des 20. Jh., in dessen Werkstätten die Kunst vermittelt wird. In der angeschlossenen Galerie kann man sich die Kunstwerke zum Kauf aussuchen (vul. Lenina/вул. Леніна 65, Tel. 056 34 222 64/70, Mo–Fr 9–15 Uhr oder nach Vereinbarung, 7/5 UAH).

Übernachten, Essen, Aktiv

Hüttenzauber ▶ **Weiler Haluškivka** (Хутір Галушківка): in Hrečane (Гречане) ca. 10 km westlich von Petrykivka, vul. Petrovs'koho/вул. Петровського 28, Tel. 050 608 98 11, 056 729 02 22, www.galushkivka.com.ua. Der umzäunte Weiler Haluškivka vereint drei Gutshöfe vom Ende des 19. Jh. mit einer Schenke, einem kleinen Museum und einer ehemaligen Malerhütte für Übernachtungsgäste. In der mit Ikonen und bestickten Tüchern geschmückten Hütte können 4–8 Pers. übernachten – stilvoll und gemütlich. Im Angebot sind außerdem Malerei- und Töpferkurse. Hütte 500 UAH.

Termine

Petrykivs'kyj dyvocvit (Петриківський дивоцвіт): Mai. Festival der Volkskünste.

Verkehr

Busse: Busstation, vul. Kalinina/вул. Калініна 25, Tel. 056 34 246 44. Verbindungen nach Hrečane, Dnipropetrovs'k.

Samsonkirche auf dem Schlachtfeld bei Poltava

Poltava ►1, O 5

Cityplan: S. 358

Die Gebietshauptstadt **Poltava** (Полтава, 315 300 Einw.) liegt ca. 340 km östlich von Kiew und ist mit ihren Grünanlagen und Flanierzonen eine der gemütlichsten Großstädte der Ukraine.

Geschichte

Schriftliche Zeugnisse über die Existenz der Siedlung Ltava reichen bis in das Jahr 1174 zurück. Wie die meisten ukrainischen Siedlungen fiel auch Poltava tatarischen Angriffen zum Opfer, besonders schwer traf es die Stadt im 15. Jh. Ab 1569 gehörte der Ort zu Polen, erhielt 1641 Stadtrecht und wurde 1654 an Russland angegliedert. Zu Beginn des Nationalen Befreiungskriegs (bis 1775) diente Poltava als Residenz eines Kosakenregiments. Eines der für die ukrainische Staatlichkeit schicksalsträchtigsten Ereignisse spielte sich Anfang des 18. Jh. ab: Der Kosakenhetman Ivan Mazepa (1639–1709) verbündete sich im Nordischen Krieg (1700–1721) mit dem schwedischen König Karl XII. gegen Zar Peter I., um sich der russischen Gewaltherrschaft und der Reorganisation der traditionellen, autonomen Institution des Hetmanats zu entziehen. Zuvor hatte Peter I. Mazepa die Unterstützung im polnischen Konflikt verweigert. Karl XII. sicherte dagegen Beistand und – im Fall des Sieges – die ukrainische Autonomie zu. Bekanntlich erlitten die alliierten Truppen in der Schlacht bei Poltava am 27. Juni 1709 eine vernichtende Niederlage; die beiden Verbündeten flohen ins Osmanische Reich, wo Ivan Mazepa starb. Nach dem Bündnis Mazepas zögerte der Zar nicht mit Strafmaßnahmen: Seine Truppen veranstalteten ein Blutbad in der damaligen Hetmanresidenz Baturyn und zerstörten die

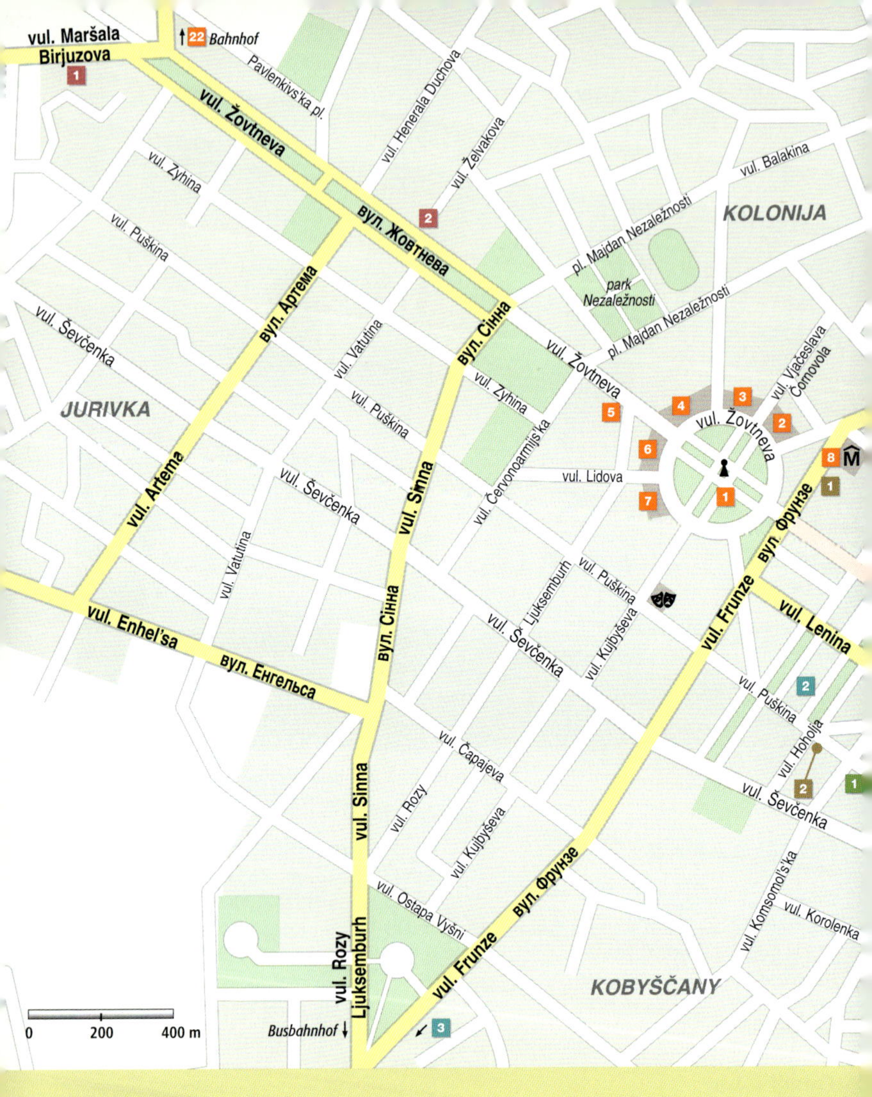

Poltava

Sehenswert

1 Korpusnyj sad
2 Altes Gouverneursgebäude
3 Haus des Vizegouverneurs
4 Gebäude des Kadettencorps
5 Russische Bauernbank
6 Haus des Generalgouverneurs
7 Postamt
8 Galerie der Künste
9 Staatsbank
10 Taranuščenko-Haus
11 Landeskundemuseum
12 Erlöserkirche
13 Mariä-Himmelfahrt-Kathedrale
14 Gedenkmuseum
15 Denkmal für Haluška
16 Rotunde der Völkerfreundschaft
17 Luft- und Raumfahrtmuseum
18 Ivan-Kotljarevs'kyj-Gedenkmuseum
19 Vladimir-Korolenko-Gedenkmuseum

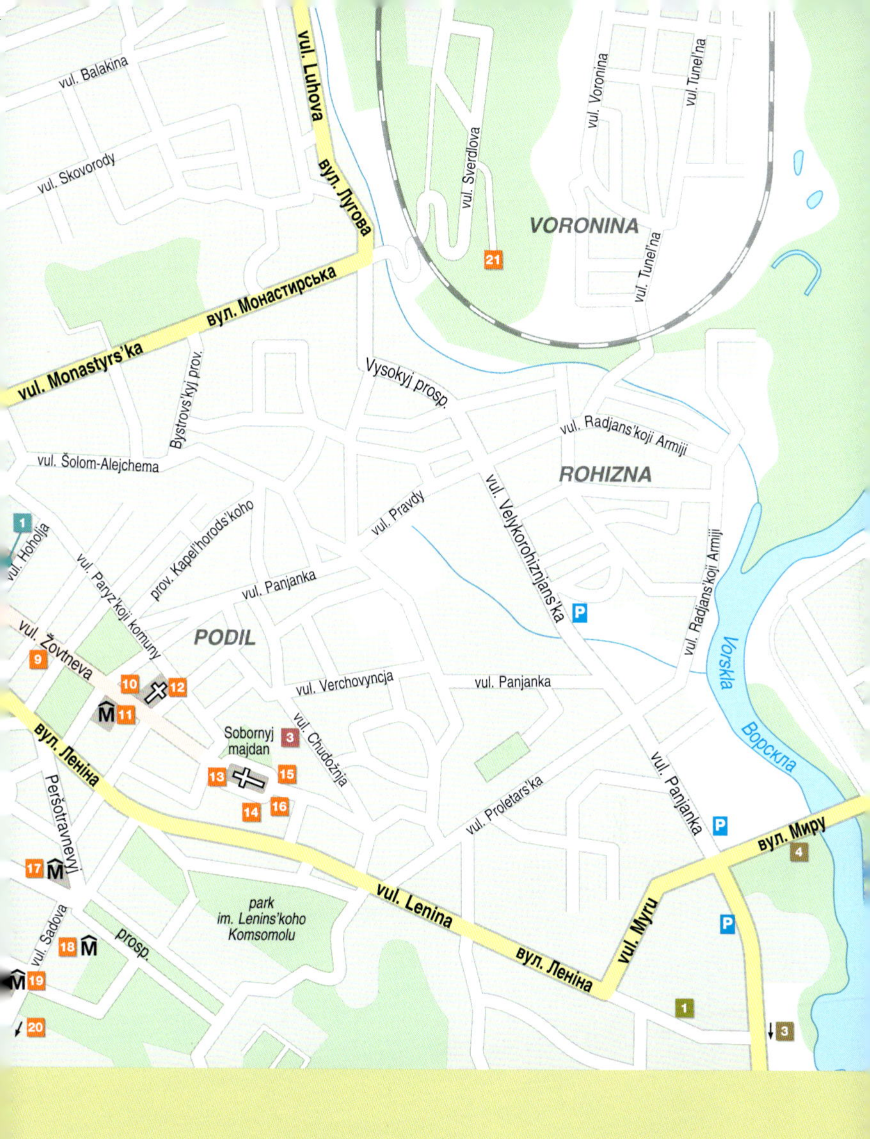

20 Gedenkstätte für Panas Myrnyj
21 Kreuzerhöhungskloster
22 Schlachtfeld bei Poltava

Übernachten

1 Halereja
2 Palazzo
3 Hluchoman'
4 Turyst

Essen & Trinken

1 Mimino
2 Kaštanova aleja
3 Ivanova Hora

Einkaufen

1 Ukrajins'kyj suvenir

Abends & Nachts

1 Philharmonie
2 Split
3 Spider

Aktiv

1 Reise- und Exkursionsbüro von Poltava

Zaporožer Sič – das Verwaltungsgebiet der Zaporožer Kosaken.

Bedeutsam für die ukrainische Kultur wurde die Stadt durch die hiesige Erstaufführung des Stücks »Natalka aus Poltava« in modernem Hochukrainisch im Jahr 1819, das zum Vorreiter des neueren nationalen Dramas avancierte. Der in der Stadt geborene Autor Ivan Kotljarevs'kyj (1769–1838) gilt als Begründer der modernen ukrainischen Literatur.

Am Korpusnyj sad

Der **Korpusnyj sad** 1 (Корпусний сад), der Corpsgarten, mit seinen kreisförmig angelegten klassizistischen Gebäuden ist das architektonische Aushängeschild der Gebietshauptstadt und das Herz von Poltava. In der Mitte erhebt sich die **Ruhmessäule** (Пам'ятник Слави) von 1811, die an den von den Ukrainern ambivalent gesehenen Sieg der russischen Truppen in der Schlacht bei Poltava mahnt.

Den Reigen der repräsentativen klassizistischen Bauten, die den Corpsgarten entlang der vul. Žovtneva/вул. Жовтнева umgeben, eröffnet das **Alte Gouverneursgebäude** 2 (Старогубернаторський будинок, Nr. 38) aus dem Jahr 1811. Kreisförmig schließen sich an: das **Haus des Vizegouverneurs** 3 (Будинок віце-губернатора, Nr. 40), das **Gebäude des Kadettencorps** 4 (Кадетський корпус, 1840, Nr. 42), die ehemalige **russische Bauernbank** 5 (Будинок російського селянського банку, 1906–1909, Nr. 39), das **Haus des Generalgouverneurs** 6 (Будинок генерал-губернатора, Nr. 37) und das ehemalige **Postamt** 7 (Поштамт, Nr. 35).

Nur wenige Schritte vom Platz entfernt befindet sich in der vul. Frunze/вул. Фрунзе 5 die **Galerie der Künste** 8 (Галерея мистецтв), wo westeuropäische, ukrainische und russische Malerei, Skulpturen, Möbel und Sakralkunst ausgestellt sind (Tel. 0532 56 35 40, 56 07 31, www.gallery.poltava.ua, engl., Di–So 10–18 Uhr, 6/3 UAH).

Entlang der Vulycja Žovtneva

Der Rundgang folgt nun der Vulycja Žovtneva, die größtenteils für den Autoverkehr gesperrt ist. Würdige Beispiele der städtischen Architektur sind die **Staatsbank** 9

Geliebte Haluška: Denkmal für das Nudelgericht in Poltava

(Державний банк) aus dem Jahr 1910 in der vul. Žovtneva/вул. Жовтнева 17 und das **Taranuščenko-Haus** 10 (Будинок Таранущенка) von 1838 in der Nr. 14.

In einem architektonischen Meisterwerk des ukrainischen Jugendstils aus den Jahren 1903–1908 befindet sich das **Landeskundemuseum** 11 (Краєзнавчий музей) in der vul. Konstytuciji/вул. Конституції 2 mit einer der reichsten Sammlungen landesweit. Das mit Ornamenten, Bildern, Majolikafliesen, Schnitzereien und Buntglasfenstern verzierte Landstandsgebäude plante Vasyl' Kryčevs'kyj, die Ausmalungen führten Serhij Vasyl'kivs'kyj und Mykola Samokyš aus (Tel. 0532 27 42 34, Do–Di 9–17 Uhr, 4/2 UAH).

Die **Erlöserkirche** 12 (Спаська церква, vul. Žovtneva/вул. Жовтнева 10), eines der ältesten Gotteshäuser in Poltava, stammt aus dem Jahr 1706. Zum Schutz wurde 1845 über dem Holzbau ein einkuppeliger Ziegelbau errichtet. Das Kircheninnere schmückt eine restaurierte Ikonostase. Hier soll der Dankgottesdienst nach dem Sieg der Russen in der Schlacht von 1709 stattgefunden haben, was der Kirche das traurige Schicksal der meisten anderen Gotteshäuser von Poltava ersparte, die alle zerstört oder geschlossen wurden.

Kathedralenplatz

Das Gelände am und um den Kathedralenplatz oder **Sobornyj majdan** (Соборний майдан) hieß im Volksmund von jeher Ivans Berg (Іванова гора). Hier liegen die Ursprünge der Stadt, denn an dieser Stelle spielte sich jahrhundertelang die Stadthistorie ab. Von der Festung (17./18. Jh.) zeugt nur noch der rekonstruierte Turm.

Die 1934 zerstörte **Mariä-Himmelfahrt-Kathedrale** 13 (Свято-Успенський собор) wurde 1770 eingeweiht und verdankt ihre Existenz ursprünglich dem Kosakenoberst Andrij Horlenko. Seit 2004 schmückt nun die ungefähre Rekonstruktion das Stadtbild. Der klassizistische, zwischen 1744 und 1801 errichtete Glockenturm beherbergte eine mächtige Glocke (1695), die aus den Kanonen der von den Kosaken eroberten Festung Kyzykermen (heute Beryslav im Gebiet Cherson) gegossen wurde.

Ein wahrlich idyllisches Eckchen befindet sich am Sobornyj majdan 3. Inmitten von Blumen und Grün steht hier das schmucke, weiß getünchte Familienhaus des Dichters Ivan Kotljarevs'kyj. Es wurde 1969 nach den Zeichnungen von Taras Ševčenko wiederhergestellt und als **Gedenkmuseum** 14 (Музей-садиба І. П. Котляревського) eingerichtet. Die Ausstattung im Innern hat man authentisch rekonstruiert, u. a. mit persönlichen Gegenständen und Handschriften des Autors der burlesken »Aeneis« (1798), des ersten literarischen Werks in modernem Ukrainisch (Tel. 0532 27 20 73, Sommer Di–Sa 10–18, Winter 9–17 Uhr, 5/3 UAH).

In der Nähe des Museums befindet sich ein eher ungewöhnliches Monument, das **Denkmal für Haluška** 15 (Пам'ятник Галушці, 2006). Die Bezeichnung verweist auf eine Nudelkreation, die auf dem Speiseplan der Einheimischen ganz oben steht. Wohl das schönste Stadtpanorama bietet sich von der **Rotunde der Völkerfreundschaft** 16 (Ротонда дружби народів).

Südliches Zentrum

Am Peršotravnevyj prospekt/Першотравневий проспект 16 findet man das zu Ehren des in Poltava geborenen Raumfahrttheoretikers Jurij Kondratjuk (eig. Oleksandr Šarhej) eingerichtete **Luft- und Raumfahrtmuseum** 17 (Музей авіації і космонавтики, Tel. 0532 27 25 82, 27 47 77, www.p-space.narod.ru, Di–Fr 9–16.30, Sa 9–16 Uhr, 2/1 UAH).

Das literarische **Ivan-Kotljarevs'kyj-Gedenkmuseum** 18 (Літературно-меморіальний музей І. П. Котляревського) befindet sich am Peršotravnevyj prospekt/Першотравненвий проспект 18 (Tel. 0532 27 41 60, tgl. 9–17 Uhr, 5/3 UAH).

In der vul. Korolenka/вул. Короленка 11 steht das **Vladimir-Korolenko-Gedenkmuseum** 19 (Літературно-меморіальний музей В. Г. Короленка) des ukrainischen und russischen Literaten und Publizisten (Tel. 0532 27 92 82, tgl. 9–17 Uhr, 5/3 UAH). Nahebei findet man die **Gedenkstätte für Panas Myrnyj** 20 (Літературно-меморіальний музей Панаса Мирного), den Klassiker der ukrainischen Literatur (1849–1920, vul. Panasa Myrnoho/вул. Панаса Мирного 56, Tel. 0532 59 69 08, 59 68 53, Sa–Do 9–17 Uhr, 5/3 UAH).

Kreuzerhöhungskloster 21

Das 1650 zu Ehren der ersten Siege der Kosaken im ukrainischen Befreiungskrieg gegründete **Kreuzerhöhungskloster** (Хрестовоздвиженський монастир, vul. Sverdlova/вул. Свердлова 2) ist von Weitem zu sehen. Initiator und Förderer war der Kosakenoberst Martyn Puškar. Die mit sieben Kuppeln bekrönte **Kreuzerhöhungskathedrale** (Хрестовоздвиженський кафедральний собор, 1699–1709) im Stil des ukrainischen Barock wurde von den Hetmanen Ivan Mazepa und Ivan Samojlovyč gestiftet und vom Sohn des hingerichteten Vasyl' Kočubej vollendet. Das Original der Ikonostase ist leider nicht erhalten. Das Klosterensemble ergänzen der 47 m hohe barocke Glockenturm aus dem Jahr 1786, die Simeonskirche (Церква Святого Симеона), das Haus des Abtes (heute der Äbtissin) und die Klosterzellen vom Ende des 19. Jh.

1709 richtete Karl XII. in der Klosteranlage sein Quartier ein. An den Besuch Katharinas II. im Jahr 1787 erinnert die von zwei Engeln getragene Zarenkrone am Glockenturm. 1923 wurde das Kloster, ein seinerzeit einflussreiches Kultur- und Bildungszentrum, geschlossen und erst 1991 der Kirchengemeinde endgültig zurückgegeben.

Schlachtfeld bei Poltava 22

Im Norden der Stadt liegt das Historisch-kulturelle Reservat **Schlachtfeld bei Poltava.** Zwei **Denkmäler** wurden 1909 zum 200. Jahrestag der Schlacht hier enthüllt: das Denkmal für die Schweden von den Schweden, mit dem die Schweden ihrer gefallenen Offiziere gedachten, und das Denkmal für die Schweden von den Russen, mit dem die Russen den Mut und die Tapferkeit der einstigen Gegner würdigten. Ferner entdeckt man ein Denkmal für Peter I. (1915), ein Massengrab russischer Soldaten (1894), die **Samsonkirche** (Сампсоніївська церква, 1856, 1895) und das **Museum der Schlacht bei Poltava** (Музей Полтавської битви). Alle Stätten vergegenwärtigen die heute immer noch viel diskutierten Begebenheiten und Wendepunkte der ukrainischen und europäischen Geschichte, denn trotz mehrerer russischer Siegessäulen und -obelisken bleibt die Frage nach dem Sieg oder der Niederlage für die Ukrainer offen. Das Museum beherbergt u. a. Waffen, Gemälde, Karten, Bücher und historische Dokumente (vul. Šveds'ka Mohyla/вул. Шведська Могила 32, Tel. 0532 52 74 27, www.battle-poltava.org, engl., Di–Do, Sa, So 9–17, Fr 9–16 Uhr, 6/3 UAH).

Übernachten

Im Herzen der historischen Altstadt ▶ Halereja 1 (Галерея): vul. Frunze/вул. Фрунзе 7, Tel. 0532 56 16 67, www.hotel.pl.ua (engl.). 4-Sterne-Hotel und Restaurant mit ukrainischer Küche. DZ/ÜF 680–1020 UAH.

West-östlich ▶ Palazzo 2 (Палаццо): vul. Hoholja/вул. Гоголя 33, Tel. 0532 61 12 05, www.palazzo.com.ua (engl.). Das repräsentative, zentral gelegene 4-Sterne-Hotel bietet seinen Gästen elegante Zimmer, guten Service, ein Restaurant mit raffinierter europäischer und japanischer Küche, Nachtclub, Fitnessraum und Sauna. DZ 565–920 UAH.

Märchenhaft ▶ Hluchoman' 3 (Глухомань): Tel. 0532 68 90 99, 050 850 35 55, www.gluhoman.com.ua (engl.). Die scheinbar einem russischen Märchen entsprungenen hölzernen Ferienhäuser mit Restaurant liegen im Grünen am südlichen Stadtrand nahe der Autobahn Kiew–Charkiv, und zwar an der Abzweigung nach Nyžni Mlyny (Нижні Млини). Sommerterrasse direkt am Wasser, russische Banja, Paintball, Reiten, Angeln und Kinderspielplatz. Ferienhäuser 400–700 UAH.

Touristenhotel ▶ Turyst 4 (Турист): vul. Myru 12/вул. Миру 12, Tel. 0532 57 27 61, 57 25 77, www.tourist.velton.ua. Einzel-, Doppel- und Dreibettzimmer in einem Plattenbau. Café-Bar, Sauna, Friseursalon, Tennisplätze, Bootsverleih, Ticketservice. DZ 218–599 UAH.

Essen & Trinken

Raffiniert ▶ Palazzo 2 (Палаццо): Im gleichnamigen Hotel, tgl. 10–23 Uhr. Europäische und japanische Küche in klassischem Ambiente. Gute Weinauswahl, Sommelierservice. Hauptgerichte ca. 60–150 UAH.

Stilvoll ▶ Mimino 1 (Мiмiно): vul. Maršala Birjuzova/вул. Маршала Бiрюзова 15, Tel. 0532 27 50 12, www.mimino.poltava.ua (engl.), tgl. 12–23 Uhr. Georgische und europäische Küche, traditionelle georgische Gastfreundschaft, gute Weinkarte, Livemusik und Sommerterrasse. Mimino betreibt auch ein feines Mini-Hotel. Hauptgerichte 35–90 UAH.

Speisen aus aller Welt ▶ Kaštanova aleja 2 (Каштанова алея): vul. Žovtneva/вул. Жовтнева 58 a, Tel. 0532 50 04 57, www.alleya.com.ua, tgl. 12–24 Uhr. Hier werden den Gästen ukrainische, europäische und mexikanische Gerichte gereicht, außerdem Zigarren, Weine aus Frankreich, Italien und Spanien sowie Tees. Im Erdgeschoss befindet sich ein Pub. Hauptgerichte ca. 30–190 UAH.

Schöne Aussicht ▶ Ivanova Hora 3 (Iванова Гора): Sobornyj majdan/Соборний майдан 2, Tel. 0532 56 00 03, 56 32 21, www.iv-hora.poltava.ua (engl.), tgl. 12–23 Uhr. Gute ukrainische und europäische Küche in einem der beliebtesten Restaurants Poltavas. Hier genießt man nicht nur schmackhafte Gerichte, sondern das Panorama auf Altstadt und Vorskla-Tal. Abends Livemusik und Tanzshow. Hauptgerichte ca. 20–50 UAH.

Einkaufen

Souvenirs & Handwerk ▶ Ukrajins'kyj suvenir 1 (Український сувенiр): vul. Komsomol's'ka/вул. Комсомольська 19 a, Tel. 0532 50 00 27, www.vushuvanka.pl.ua (engl.), Mo–Sa 10–18 Uhr. Traditionelle Trachten, Keramik, Holz, Spielzeug, Schmuck etc.

Abends & Nachts

Konzerte ▶ Philharmonie 1 (Фiлармонiя): vul. Hoholja/вул. Гоголя 10), Tel. 0532 27 21 65, 27 31 37.

Unterhaltung ▶ Split 2: vul. Hoholja/вул. Гоголя 22, Tel. 0532 50 80 03, www.split.poltava.ua (engl.). Casino, Diskothek, Poker- und Billardclub sowie ein Restaurant unter einem Dach.

Nightfever ▶ Spider 3 (Спайдер): vul. Hruševs'koho/вул. Грушевського 4, Tel. 0532 50 85 63, tgl. 21–4 Uhr. Nachtclub, Disco, Bar, Showprogramm.

Aktiv

Stadtführungen & Ausflüge ▶ Reise- und Exkursionsbüro von Poltava 1 (Полтавське бюро подорожей та екскурсій): vul. Lenina/вул. Ленiна 91, Tel. 0532 57 22 22, www.turburo.velton.ua (engl.), Mo–Fr 9–17 Uhr. Umfangreiches Angebot an thematischen Führungen durch Poltava und in die Region. Infos zu Unterkünften, Restaurants, Übersetzungen, Transfer.

Termine

Haluška-Fest (Свято полтавської галушки): Juni. Zu Ehren der geliebten Nudelkreation, Haluška, werden Kochkurse und -wettbewerbe veranstaltet.

Poltava (Полтава): Juni. Die Schlacht bei Poltava wird auf dem historischen Schauplatz nachgespielt.

Mazepa-Fest (Мазепа-Фест): Sept. In Gedenken der ukrainischen Kosaken, die an der Seite von Ivan Mazepa in der Schlacht bei Poltava fielen. Musikalisches Programm mit bekannten Volksgruppen und Rockbands.

Verkehr

Züge: Bahnhof Poltava-Kyjivs'ka (Полтава-Київська), vul. Kondratenka/вул. Кондратенка 12, Tel. 0532 10 71 01. Züge nach Myrhorod, Kiew, Uman'.

Busse: Busbahnhof, vul. Velykotyrnivs'ka/вул. Великотирнiвська 7, Tel. 0532 23 96 36, 23 96 79. Nach Myrhorod, Kiew u. a.

Taxis: Tel. 0532 53 20 06.

Mietwagen: RentCars.Poltava.ua, vul. Velykotyrnivs'ka 11/вул. Великотирнiвська 11, Tel. 0532 69 08 88, 067 418 68 18, www.rentcars.poltava.ua (dt., engl.).

Fortbewegung in der Stadt

Busse: Die Fahrt mit dem Bus kostet 1,5–2 UAH, mit dem Trolleybus 1 UAH.

Dykan'ka ▶1, O 4/5

Seit Nikolaj Gogol (ukr. Mykola Hohol') **Dykan'ka** (Диканька, 8500 Einw.) durch seine Erzählungen »Abende auf dem Weiler bei Dikanka« (1829–1832) berühmt gemacht hat, haben viele Leser und Reisende dieses Städtchen ins Herz geschlossen. Es liegt ca. 30 km nördlich von Poltava auf dem Weg in den Töpferort Opišnja.

1687 kam Dykan'ka in den Besitz des Schriftführers des Hetmans und Hauptrichters Vasyl' Kočubej, eines Gegners Ivan Mazepas. Zusammen mit Oberst Ivan Iskra trug er im Jahr 1708 Zar Peter I. Beweise für den Separatismus Mazepas vor. Der Zar schenkte Kočubej keinen Glauben und ließ ihn hinrichten. Als Peter seinen Irrtum erkannte, entschuldigte er sich bei Kočubejs Familie mit einer Kompensation, die den Wohlstand des Geschlechts begründete. Die Geschichte Mazepas und seine romantische Liebe zu Kočubejs Tochter Motrja wurden zum Sujet des Gedichtes »Poltava« von Puschkin.

Schloss der Kočubejs

Ein Nachfahre Vasyl' Kočubejs, Fürst Viktor Kočubej, ließ Anfang des 19. Jh. in Dykan'ka einen prachtvollen Palast mit über 100 Räumen, einer Manege und Orangerie errichten. Überbleibsel dieser Anlage, die dem Bürgerkrieg 1918–1920 zum Opfer fiel, sind ein Teil des **Landschaftsparks,** ein paar mächtige **Eichen** und die runde, klassizistische **Nikolauskirche** (Церква Святого Миколая) von 1794 nach Plänen von Nikolaj L'vov mit einer schönen hölzernen Ikonostase (1852) und dem Glockenturm (1810) von Luigi Rusca. Die Krypta birgt die marmornen Sarkophage mit den sterblichen Überresten der Nachfolger Viktor Kočubejs. In den 1820er-Jahren legte der Fürst für seine schwer kranke Tochter einen **Fliederhain** (Бузковий гай) an, der im Mai immer noch blüht und duftet.

Weitere Sehenswürdigkeiten

Im Zentrum des Ortes steht ein weiteres Gotteshaus, in dem Familienmitglieder ihre letzte Ruhe gefunden haben – die barocke **Dreifaltigkeitskirche** (Троїцька церква) aus dem Jahr 1780. Über Vergangenheit und Gegenwart Dykan'kas informiert das **Landeskundemuseum** (Краєзнавчий музей) in der vul. Lenina 68 (вул. Леніна 68, Tel. 05351 915 96, Di–Sa 9–17 Uhr, 4/2 UAH). Zu den Sälen der **Gemäldegalerie** (Картинна галерея ім. М. К. Башкирцевої, Nr. 72) gehört der Gedenkraum für die im benachbarten Dorf Havronci geborene Marija Baškirceva (Marie Bashkirtseff), die in Westeuropa durch ihre Gemälde und Tagebücher Ruhm erlangte (Tel. 05351 914 58, Di–Sa 9–17 Uhr, 4/2 UAH).

Der 1820 errichtete **Triumphbogen** (Триумфальна арка, nach Plänen von Luigi Rusca), dor bei der Einfahrt in den Ort sogleich auffällt, erinnert an den Besuch Zar Alexanders I. im Jahr 1817 und den russischen Sieg über Napoleon.

Infos

Touristinfo (Турінфоцентр): vul. Lenina 70/вул. Леніна 70, Tel. 05351 914 58, Tel./Fax 05351 911 40, www.dikanka-turism.narod.ru (engl.), Mo–Fr 8–17 Uhr. Stadtführungen sowie Exkursionen in und um Dykan'ka.

Opišnja ▶1, O 4

Ca. 45 km nördlich von Poltava liegt an der Stelle skythischer und altslawischer Siedlungen die heutige Hauptstadt der ukrainischen Töpferei- und Keramikkunst, **Opišnja** (Опішня, 6000 Einw.). Ende des 19. Jh. und noch Anfang des 20. Jh. zählte der Ort rund 1000 Meister, die Opišnja über die Grenzen hinaus bekannt gemacht haben. Heute gibt es hier mehrere Keramikwerkstätten, darunter Familienbetriebe, ein Kolleg der Künste und nicht zuletzt das **Nationale Museum für ukrainische Töpferei** (Національний музей-заповідник українського гончарства, vul. Partyzans'ka/вул. Партизанська 102). Es beherbergt etwa 40 000 Objekte aus verschiedenen Epochen und Regionen der Ukraine, ergänzt durch eine Freilichtausstellung von Keramikskulpturen. Die Anlage umfasst überdies Forschungszentren und Werk-

Zu den Spezialitäten der Poltava-Region zählen Honig und Met

stätten, in denen auch Workshops angeboten werden. Und natürlich kann man die Keramik aus Opišnja vor Ort erstehen (Tel. 05353 424 16, 42 415, www.opishne-museum.gov.ua, engl., tgl. 8–16 Uhr, 25/10 UAH).

Das Museum führt außerdem die Besichtigung anderer Orte und archäologische Erkundungstouren in Opišnja und Umgebung im Programm (Di–So 8–16 Uhr nach Vereinbarung, 15/6 UAH; Sa, So 9–12 Uhr nach Vereinbarung, 40/20 UAH). Zu den Zielen gehören beispielsweise die **Gedenkstätte für die Töpfereikünstlerin Oleksandra Seljučenko** (Меморіальний музей-садиба гончарки Олександри Селюченко, vul. Hubarja/вул. Губаря 29, Di–So 8–16 Uhr, 6/3 UAH) und das **Gedenkmuseum der Familie Pošyvajlo** (Меморіальний музей-садиба гончарської родини Пошивайлів, vul. Zalyvčoho/вул. Заливчого 67, Di–So 8–16 Uhr, 6/3 UAH).

Einkaufen

Keramik ▶ Die traditionelle Keramik aus Opišnja gibt es im **Museum** für ukrainische Töpferei und auf dem örtlichen **Markt.**

Termine

Töpferei-Universum Ukraine (Гончарний Всесвіт в Україні): Juli. Beim Festival der Töpferkunst versammeln sich Künstler aus dem In- und Ausland.

Verkehr

Busse: Busstation, vul. Panasa Myrnoho/вул. Панаса Мирного 2, Tel. 05353 422 62. Verbindungen nach Poltava.

Myrhorod und Umgebung

▶ 1, N/O 4/5

Myrhorod

Die Kreisstadt **Myrhorod** (Миргород, ca. 42 700 Einw.) liegt 103 km nordwestlich von Poltava und ist ein landesweit bekannter Bäder- und Kurort, der seine Popularität der wohltuenden Wirkung des hier gewonnenen Mineralwassers Myrhorods'ka (Миргородська) zu verdanken hat. Das leicht salzige, sprudelnde Getränk wird im örtlichen Mineralwasserwerk fürs In- und auch fürs Ausland abgefüllt. Die Myrhoroder Keramikfachschule ist ein anerkanntes Zentrum dieses Handwerks.

Der erstmals im 15. Jh. urkundlich erwähnte Ort erwarb im 16. Jh. das Stadt- und Magdeburger Recht. Bereits zu jener Zeit besaß Myrhorod eine Festung, die jedoch nicht erhalten blieb. Im 17. und 18. Jh. wurde Myrhorod zum Sitz eines Kosakenregiments, das sich an Aufständen und Militäraktionen beteiligte. Zu einem Kurort entwickelte sich die Stadt erst Anfang des 20. Jh., nachdem man 1912 infolge von Trinkwassermangel eine Bohrung vorgenommen hatte. Aus dem Loch sprudelte trübes, wegen seines Schwefelwasserstoffgehalts nicht gerade wohlriechendes Wasser, das notgedrungen dennoch verwendet wurde. Bald darauf verbreitete sich das Gerücht über seine heilende Wirkung. Der Arzt Ivan Zubkovs'kyj ließ das Wasser untersuchen und initiierte daraufhin die Einrichtung der ersten Kuranstalt. Mit dem Wasser der Myrhoroder Quelle werden vor allem Magen-Darm-Erkrankungen behandelt.

Den Rundgang durch Myrhorod beginnt man am besten mit einem Besuch des **Landeskundemuseums** (Краєзнавчий музей, vul. Nezaležnosti/вул. Незалежності 2, Tel. 05355 521 02, Do–Di 8.30–16.30 Uhr, 1/0,50 UAH). Gleich daneben befindet sich die **Gedenkstätte für David Guramišvili** (1705–1792, Літературно-меморіальний музей Давида Ґурамішвілі), den georgischen Dichter, der in Myrhorod lebte und wirkte (Tel. 05355 521 78, Mi–Mo 9–17 Uhr, 1/0,50 UAH).

Die vul. Nezaležnosti kreuzt sich mit der langen, belebten vul. Hoholja/вул. Гоголя, in deren nördlichem Teil man einige vorrevolutionäre Verwaltungsbauten entdeckt. Die Nr. 112 wird von der **Mariä-Himmelfahrt-Kathedrale** (Свято-Успінський кафедральний собор) eingenommen, die 1887 errichtet und Ende des 20. Jh. neu geweiht wurde. Der monumentale Eingangsbogen (Вхідна арка курорту, 1935) weist den Weg zum **Kurgelände.** Hier findet man den von Gogol in seiner Erzählung »Wie Iwan Iwanowitsch und Iwan Nikiforowitsch sich entzweiten« verewigten und heute von Schwänen belebten Teich namens Myrhoroder Pfütze (Миргородська калюжа), außerdem das Gogol-Denkmal, das Denkmal für Ivan Ivanovič und Ivan Nikiforovič, die Trinkhalle und die Sanatorien. Im Westen der Stadt (vul. Jerkivs'ka/вул. Єрківська 33) steht die hölzerne **Kirche Johannes Evangelista** (Церква Іоана Богослова, 1912).

Übernachten

Zentral ▶ **Myrhorod** (Миргород): vul. Hoholja/вул. Гоголя 102, Tel. 05355 525 61, 566 03, www.hotelmirgorod.com.ua (engl.). Schöne, gepflegte Zimmer, Frühstück gibt es im Restauranthotel, entspannen kann man in der Sauna. DZ/ÜF 416–496 UAH.

Aktiv

Stadtführungen & Ausflüge ▶ **Reise- und Exkursionsbüro von Myrhorod** (Миргородське бюро подорожей та екскурсій): vul. Kašyns'koho/вул. Кашинського 21, Tel. 067 532 17 18, 05355 552 58, Mo–Fr 8–12, 13–17 Uhr. Im Angebot sind auch Touren in die Umgebung.

Verkehr

Züge: Bahnhof, vul. Zaliznyčna/Залізнична 2, Tel. 05355 441 09. Züge Richtung Poltava, Kiew, Charkiv u. a.

Busse: Busstation, vul. Voskresins'ka/вул. Воскресінська 9, Tel. 05355 530 81. Verbindungen nach Poltava, Kiew, Charkiv sowie nach Velyki Soročynci, Hoholeve, Čornuchy.

Taxis: Tel. 05355 551 99, 510 06.

Velyki Soročynci

Das Dorf **Velyki Soročynci** (Великі Сорочинці, 3600 Einw.) ca. 25 km östlich von Myrhorod gehörte im 17./18. Jh. dem ukrainischen Hetman Danylo Apostol, dessen sterbliche Überreste in der **Christi-Verklärungs-Kirche** (Спасо-Преображенська церква) ruhen. Das Gotteshaus wurde 1734 im Stil des ukrainischen Barock errichtet. Sein Inneres ziert eine prächtige, mehrrangige geschnitzte Ikonostase mit über 100 Ikonen. 1809 wurde hier Nikolaj Gogol (ukr. Mykola Hohol', 1809–1852), der russische Schriftsteller ukrainischer Herkunft, getauft.

Die **Gogol-Gedenkstätte** (Літературно-меморіальний музей М. В. Гоголя) mit persönlichen Gegenständen, Erstdrucken, Bildern kann in der vul. Hoholja 34/вул. Гоголя, 34 besichtigt werden (Tel. 05355 716 77, Mi–Mo 9–17 Uhr, 3/1 UAH). Früher stand an der Stelle des Museums das Haus des Arztes Mychajlo Trochymovs'kyj, wo Gogol das Licht der Welt erblickte. Das dem Prosaisten und Dramatiker geweihte **Denkmal** stammt aus dem Jahr 1911.

Termine

Jahrmarkt von Soročynci (Сорочинський ярмарок): Aug., www.yarmarok.poltava.ua (engl.). Eine Woche lang Ende August wird seit 1966 der größte ukrainische Handwerkerjahrmarkt veranstaltet. Die Zukunft und den Ruhm des Jahrmarktdorfes sicherte Nikolaj Gogol, der das geschäftige Treiben an den Jahrmarkttagen in Velyki Soročynci in seiner Erzählung »Der Jahrmarkt von Sorotschinzy« sehr lebendig beschrieb.

Hoholeve

Ca. 20 km südöstlich von Myrhorod liegt das Dorf **Hoholeve** (Гоголеве, 500 Einw.) – ehemals Vasylivka und Janovščyna, in dem sich das ehemalige **Gut der Familie Hohol'-Janovs'kyj** befindet. Der Vater des Schriftstellers Nikolaj Gogol baute in der ersten Hälfte des 19. Jh. das Haus mit zwei Flügeln und legte den Park mit Teichen, einer Grotte und einer Laube an. Die Anlage wurde im Zweiten Weltkrieg zerstört und in den 1980er-Jahren nach Fotos und Zeichnungen rekonstruiert. Das Familiengut, wo der Dichter seine Kinder- und Jugendjahre verbrachte, ist heute Historisch-kulturelles Reservat und Museum (Музей-заповідник) und bewahrt persönliche Gegenstände, Erstdrucke und eine Foto- und Videosammlung (Tel. 05352 938 74, Di–Sa 8.30–17.30, So, Fei 8.30–16.30 Uhr, 10/5 UAH). Unweit des Museums findet man die Grabmäler von Gogols Eltern.

Termine

Kupal's'ki ihry (Купальські ігри): Juli. Traditionelle Bräuche, Spiele, Unterhaltung, Konzerte, Workshops, Modenschau und Feuerwerk zum Johannisfest.

Čornuchy ►1, M 4

Das Dorf **Čornuchy** (Чорнухи, 3100 Einw.), ca. 100 km nordwestlich von Myrhorod gelegen, erlangte seine Bekanntheit vor allem als Geburtsort eines der bedeutendsten ukrainischen Aufklärers, Philosophen und Dichters, Hryhorij Skovoroda (1722–1794). Nach seinem Studium in der Kiewer Mohyla-Akademie begab er sich auf Wanderschaft durch Mitteleuropa und die Ukraine. Diese fast lebenslange Reise prägte wesentlich seine Weltanschauung und seine Denkansätze. »Die Welt jagte mich, konnte mich aber nie fangen«, steht auf Skovorodas Grabstein geschrieben. Der Philosoph lehrte an den Hochschulen in Perejaslav und Charkiv und erteilte Privatunterricht. Zu seinen biblisch inspirierten und von den Ideen des Platonismus und Stoizismus beflügelten Werken zählen philosophische Traktate und Dialoge, poetologische Reflexionen, Fabeln sowie die berühmte poetische Sammlung »Der Garten der göttlichen Lieder«.

Zum örtlichen Landeskundemuseum (Історико-краєзнавчий музей) gehört die **Hryhorij-Skovoroda-Gedenkstätte** (Літературно-меморіальний музей Г. С. Сковороди) ein idyllisches Eckchen mit Hütte, Scheune und Storchenbrunnen inmitten von Blumen und Grün. Die Anlage des Gutshofes ist typisch für die Familie eines mittelständischen Bauernkosaken, wie der Vater des Dichters es war. 1972 ließ man das Gehöft nach historischen Dokumenten und ethnografischen Quellen rekonstruieren (vul. Lenina/вул. Леніна 45, Tel. 053 40 514 73, Mo–Fr 8–12, 13–17 Uhr, 2/1 UAH).

Übernachten, Essen

Liebevoll ► **Velyka Kruča** (Велика Круча): in Velyka Kruča, ca. 9 km südlich von Čornuchy, Tel. 05358 322 20. Hotel mit Campingplatz. In der Nähe befindet sich eine Privatbrauerei inkl. Restaurant. DZ 380–450 UAH.

Maria-Verkündigungs-Kathedrale in Charkiv

Kapitel 4

Der Osten

Der Osten der Ukraine gehört zwar nicht zu den beliebtesten touristischen Zielen, hat aber für Geschichts-, Architektur- und Naturinteressierte viel zu bieten. Hier faszinieren vor allem die lebendige Metropole Charkiv sowie die Bergbau- und Industriezentren Donec'k und Luhans'k. Das architektonische Gesicht des Ostens ist relativ jung: Klassizistische, Jugendstil-, vor allem aber beispielhafte konstruktivistische Bauten sind hier zu bewundern. Denkmäler für die Soldaten der Roten Armee und die sowjetischen Parteiführer sind besonders häufig anzutreffen.

Mit den Gedenkstätten der neueren Geschichte kontrastieren sagenumwobene Orte der ukrainischen Vergangenheit wie das Steinerne Grab bei Myrne, ein von Höhlen und Grotten geformter Sandsteinhügel mit geheimnisvollen Zeichnungen, der früher als Kultstätte diente. Salzsalinen mit Salzskulpturen in Soledar sowie stille Naturwinkel wie der romantische Landschaftspark in Krasnokuts'k und der Park in Volodymyrivka mit der hübschen Erlöserkirche stehen im Gegensatz zu industriellen Anlagen. Das unumstrittene Highlight unter den religiösen Denkmälern des Ostens ist das malerisch über dem Sivers'kyj Donec' aufragende Mariä-Himmelfahrt-Kloster, der kostbarste Naturschatz der Region sind zweifelsohne die Steppen. Sie faszinieren nicht nur mit ihren scheinbar ins Endlose ausufernden Panoramen, sondern auch mit ihren Düften und Geräuschen. Die Reiter lieben diese Landschaft: Nicht umsonst ist die Umgebung von Luhans'k wegen ihrer historischen Gestüte bekannt. Die Steppe trifft im Süden auf das Asowsche Meer mit flachen sandigen Badestränden und den populären Kurorten Berdjans'k und Prymors'k.

Auf einen Blick

Der Osten

Sehenswert

Charkiv: Die zweitgrößte Stadt der Ukraine bietet neben hervorragenden Beispielen konstruktivistischer Architektur erlesene Sakraldenkmäler älteren Datums und einladende Grünanlagen (s. S. 372).

10 **Svjatohirs'k:** Von den vier bedeutendsten Mariä-Himmelfahrt-Klöstern des Landes ist die Anlage in Svjatohirs'k die malerischste. Die auf dem Felsen thronende Nikolauskirche spiegelt sich im Wasser des Flusses Sivers'kyj Donec' (s. S. 384).

Schöne Routen

Zu Gütern und Parks der Sloboda-Ukraine: Die Route von rund 40 km führt von Šarivka mit dem Palast des Zuckerfabrikanten Leopold König zum Gut des Zuckermagnaten Ivan Charytonenko in Volodymyrivka und anschließend zum romantischen Landschaftspark in Krasnokuts'k (s. S. 382/383).

Entlang der Asowschen Küste: Auf der rund 120 km langen Strecke lernt man die bekannten Kurorte am Asowschen Meer kennen. Von Mariupol' geht es nach Berdjans'k und dann ins kleine Prymors'k. Museumsbesuche lassen sich wunderbar mit Spaziergängen auf belebten Uferpromenaden und Sonnenbaden am Strand verbinden (s. S. 397).

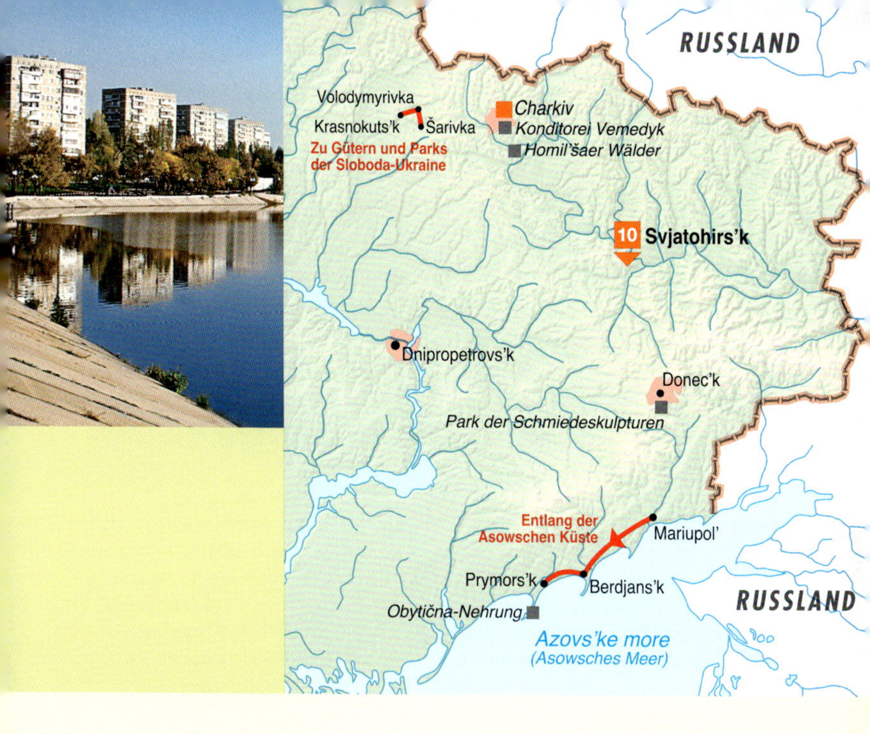

Meine Tipps

Konditorei Vedmedyk in Charkiv: Das Erbe des Schokoladenfabrikanten George Bormann ruft mit seiner nostalgischen Einrichtung Kindheitserinnerungen wach (s. S. 376).

Homil'šaer Wälder: Der Nationalpark ist eine der populärsten Erholungsoasen im Osten der Ukraine – mit historischen Stätten, Seen und mehreren Wanderpfaden (s. S. 383).

Donec'ker Park der Schmiedeskulpturen: Im kreativsten Ort der Metropole leben die Schmiedekünstler ihren Einfallsreichtum aus (s. S. 392).

Obytična-Nehrung: Außer einzigartiger Tier- und Pflanzenwelt bieten sich hier einige schöne Strände an (s. S. 401).

Charkiv und Umgebung ►1, P/Q 4/5

Charkiv – zweitgrößte ukrainische Stadt, eine der wichtigsten Städte der Ostukraine und ehemalige Hauptstadt der Ukrainischen Sowjetrepublik – ist kulturell, wirtschaftlich und als Universitätsstandort landesweit bedeutend. Monumentale, mitunter pompöse klassizistische, moderne und konstruktivistische Baudenkmäler sowie groß angelegte, geräumige Plätze und Boulevards prägen das Bild der Metropole.

Geschichte

Während das Gebiet des heutigen **Charkiv** (Харків, 1,5 Mio. Einw.), ca. 450 km östlich von Kiew, seit Urzeiten besiedelt war, wird die Gründung der Kosakensiedlung – vermutlich an der Stelle der altukrainischen Siedlung Donec' – in die Mitte des 17. Jh. datiert: Die kosakische Regimentsbefestigung (1656–1659), die die russischen Grenzen vor Eindringlingen schützen sollte, wurde nach und nach erweitert. Nach der Auflösung der Kosakenautonomie 1765 avancierte der Ort zur Hauptstadt des Sloboda-Ukrainischen Gouvernements und zugleich zum regionalen Handelszentrum.

Dank der Vernetzung durch die neuen Eisenbahnlinien und der Entdeckung von Bodenschätzen in den benachbarten Regionen profilierte sich Charkiv als leistungsfähiges Industriezentrum. 1835 wurde es Hauptstadt des gleichnamigen Gouvernements und mit dem Anbruch der Sowjetära 1917 zur ersten Hauptstadt der Ukrainischen Sowjetrepublik (1919–1934). Dieser Status brachte kulturellen und ökonomischen Aufschwung und hatte vor allem Einfluss auf die architektonische Gestaltung der Stadt: Zahlreiche Gotteshäuser wichen monumentalen konstruktivistischen Bauten. Der Hungersnot in den 1930er-Jahren und den Massenrepressionen fielen beträchtliche Teile der Stadtbevölkerung zum Opfer. Seit der Unabhängigkeit der Ukraine erfolgt die Wiedereinführung der alten Straßennamen, doch unter dem wachsamen Blick des bronzenen Lenin auf dem Freiheitsplatz vollzieht sie sich langsamer als im Westen des Landes. Einige Dutzend Hochschulen und Forschungsinstitute, darunter die angesehene Charkiver Nationale Universität, die mehrere berühmte Absolventen hervorbrachte, machen die Stadt zu einem der wichtigsten Wissenschaftszentren landesweit. Auch kulturell nimmt die Metropole mit einer etablierten Literatur- und Kunstszene sowie mehreren Theatern und Museen eine führende Stellung in der Ukraine ein.

Historische Altstadt

Cityplan: S. 374

Nördliche Vulycja Universytets'ka

Die **vul. Universytets'ka** (вул. Університетська) ist nach der alten Universität benannt, die 1805 von Vasyl' Karazin gegründet wurde. Der Rundgang durch die Altstadt beginnt beim informativen **Historischen Museum** 1 (Історичний музей) im ehemaligen Leihhaus von 1908 (Nr. 5, Tel. 057 731 35 68, Di–So 9.30–16.45 Uhr, 5/3 UAH). Nebenan werden unter freiem Himmel Kanonen und Panzer der Militärtechnischen Ausstellung präsentiert.

Das älteste erhaltene Gebäude Charkivs ist die **Mariä-Schutz-Kathedrale** 2 (Покровський собор, Nr. 8) auf dem Gelände des gleichnamigen Klosters. Sie wurde 1689 von den Kosaken gestiftet und gilt als schönes Beispiel des ukrainischen Barock. Vor allem die Galerie der Kathedrale ist bemerkenswert. Das weiße, klassizistische **Erzpriesterhaus** (Архиєрейський будинок) stammt aus dem Jahr 1826.

Wunderschön ist die mit zierlichen Kuppeln und Steinornamenten geschmückte, zu Ehren der wundertätigen Ikone der Muttergottes von Ozerjanka geweihte **Ozerjankaer Kirche** 3 (Озерянська церква) von 1896, deren Architektur Elemente des romanischen und des altrussischen Stils vereinigt. Das Marienbild verschwand 1926 während einer Prozession spurlos.

Eine architektonische Meisterleistung ist das 1871 erbaute und 1912 im Jugendstil umgestaltete ehemalige Gebäude der berühmten **Textilmanufaktur Philippe Henri Girards** 4 (Представництво Жерардівської мануфактури Гілле і Дітріха, Nr. 10) mit seiner reichen Ornamentik. Die anschließende kleine **Terrassengrünanlage** 5 (Покровський сквер, ehemals Терасний сквер) mit Sommercafé, dem **Denkmal für Hryhorij Skovoroda** – den berühmtesten ukrainischen Philosophen sowie Dichter und Musiker, der im Charkiver Kollegium lehrte – und einem schönen Stadtpanorama lädt zu einer Pause ein. Die Anlage ist historisch interessant, da an dieser Stelle die erste Charkiver Festung stand.

Südliche Vulycja Universytets'ka

Südlich der Terrassengrünanlage beherbergt die barocke **Mariä-Himmelfahrt-Kathedrale** 6 (Успенський собор, Nr. 11) von 1771–1777 unter ihren fünf Kuppeln derzeit das Orgel- und Kammermusikhaus (Будинок органної і камерної музики). Sie wurde nach dem Vorbild der Moskauer Kirche des hl. Clemens erbaut. Der hohe, klassizistische Glockenturm entstand in den Jahren 1821–1845 und wurde dem Sieg der Russen über Napoleon gewidmet.

Barocke Schwestern: Ozerjankaer Kirche (li.) und Mariä-Schutz-Kathedrale

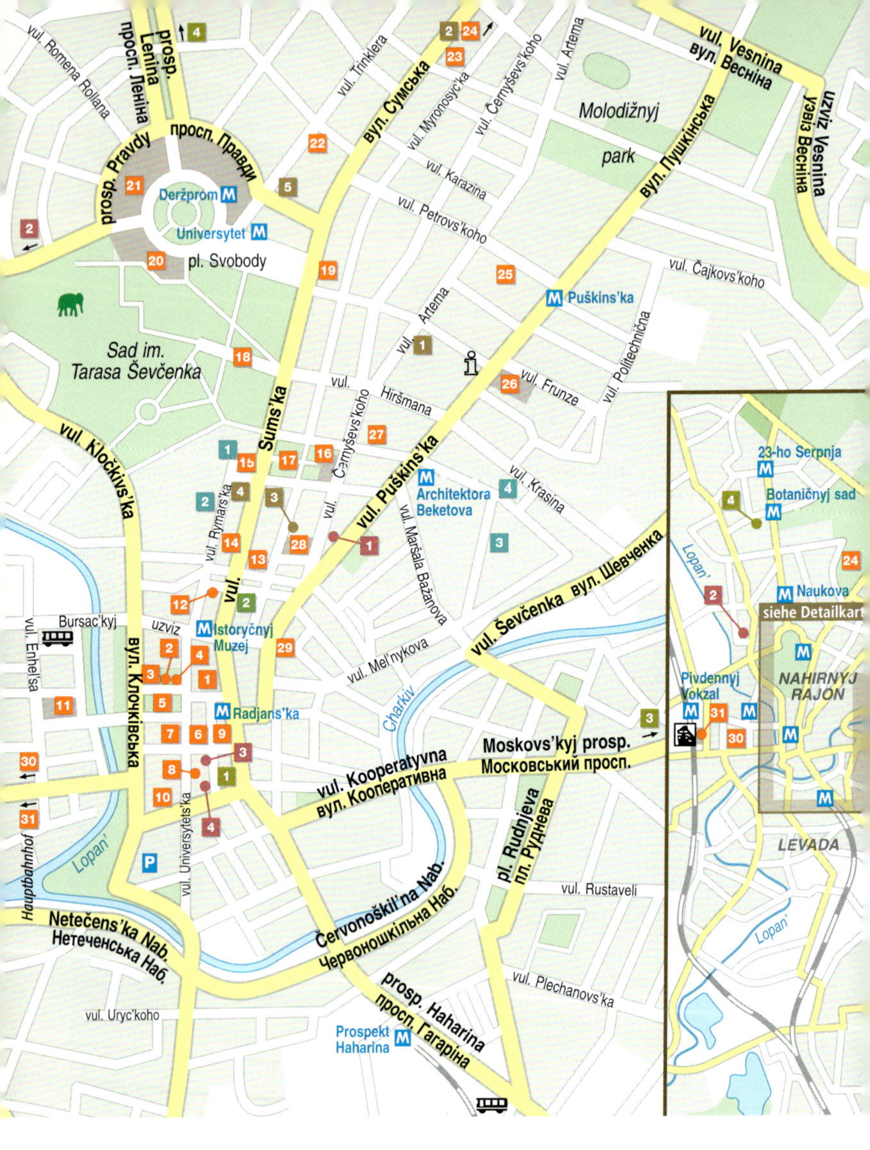

Das spätbarocke **Gouverneurshaus** 7 (Будинок губернатора, Nr. 16) aus den Jahren 1767–1776 diente als Universitätshauptgebäude. Gedenktafeln erinnern an bekannte Absolventen und Lehrende der Universität: den Komponisten Mykola Lysenko, den Philologen Oleksandr Potebnja, den Schriftsteller Petro Hulak-Artemovs'kyj sowie die Nobelpreisträger Il'ja Mečnikov (Immunologe), Lev Landau (Physiker) und Simon Smith Kuznets (Ökonom). In dem klassizistischen Gebäude Nr. 25 mit den prägnanten ionischen Säulen (1831) – dem heutigen **Ukrainischen Kulturzentrum** 8 (Український культурний центр Юність) – befanden sich zu verschiedenen Zeiten die Aula, die Bibliothek, das Observatorium und die Antoniuskirche.

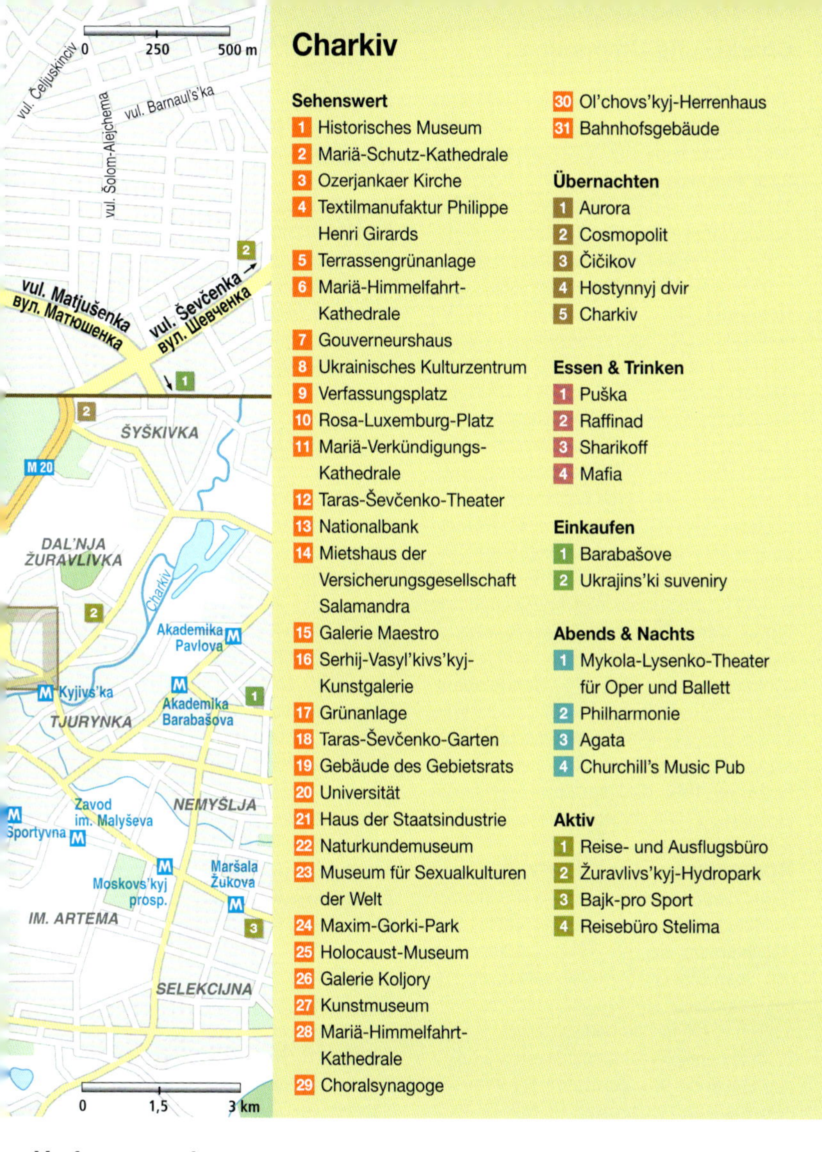

Verfassungsplatz 9

Die Architektur der ehemals von Jahrmärkten und Winterfesten mit Schlittenfahrten belebten **pl. Konstytuciji** (пл. Конституції) prägt der riesige **Palast der Arbeit** (Палац праці), der 1916 von Ippolit Pretreaus als Mietshaus der Versicherungsgesellschaft Rossija erbaut wurde. Das imposante **Rathaus** (Міська рада, Nr. 7) stammt aus dem Jahr 1885 (Rekonstruktion und Umgestaltung 1950) und wurde nach zehnjährigem Projektwettbewerb in nur eineinhalb Jahren erbaut.

An die **Jugendstil-Passage Dytjačyj svit** (Пасаж Дитячий світ, »Kinderwelt«, 1925) schließen die barocke **Universität der Künste** (Університет мистецтв ім. І. П. Котляревського, Ende 19. Jh., Nr. 11) sowie das **Haus des Komponistenvereins**

(Спілка композиторів України, Nr. 13) an. Die nostalgische Inneneinrichtung der im Erdgeschoss befindlichen historischen **Konditorei Vedmedyk** (магазин Ведмедик, Nr. 11/13), die einst dem St. Petersburger Schokoladenfabrikanten George Bormann gehörte, ist in jedem Fall einen Besuch wert.

Die einstige **Asow-Don-Bank** (Азовсько-Донський банк, 1896 und 1914, Nr. 14) sticht als erstes von insgesamt fünf imposanten Bankgebäuden vor allem durch das **Geiger-Denkmal** (2003) auf dem Dach hervor. Das Denkmal für alle Kunstschaffenden wurde von Sejfadin Hurbanov entworfen. Vorbild für den Geiger war der bekannte Bratschist Jurij Bašmet (Yuri Bashmet).

Darauf folgen die ehemalige **St.-Petersburger Internationale Bank** (Санкт-Петербурзький міжнародний банк, Nr. 22) von 1913 im Stil der Neorenaissance, die **Wolga-Kama-Bank** (Волзько-Камський банк, Nr. 24) von 1908 – das heutige Puppentheater –, die ehemalige **Handelsbank** (Торгівельний банк, Nr. 26) – heute Wissenschafts- und Technikhaus von 1899 – und die einstige **Agrarbank** (Земельний банк, Nr. 28) von 1898, die zurzeit eine Fachschule für Transport und Logistik beherbergt.

Rosa-Luxemburg-Platz 10

Einige hervorragende Beispiele urbaner Architektur sind am ehemaligen Volks- und Handelsplatz, der **pl. Rozy Ljuksemburh** (пл. Рози Люксембург), zu sehen, wo früher Jahrmärkte stattfanden und Strafen öffentlich vollzogen wurden.

Im ukrainischen Jugendstil errichtet sind das Gebäude des **Zentralen Kaufhauses** (Центральний універмаг, Nr. 1/3) von 1932 sowie das **Bauernhaus** (Селянський дім, Nr. 4) von 1912. Die um national-volkstümliche Elemente bereicherte Stilrichtung war an der Wende zum 20. Jh. – der Zeit der nationalen Wiedergeburt – recht populär. Insbesondere in Charkiv sind etliche Beispiele davon erhalten geblieben.

Das Jugendstilhaus (Nr. 10) aus den Jahren 1910–1913, heute Sitz der **Prominvestbank** (Промінвестбанк), war einer der ersten mehrstöckigen Stahlbetonbauten in Charkiv und beherbergte seinerzeit die Kaufmannsbank und das Hotel Astorija.

Mariä-Verkündigungs-Kathedrale 11

Ausgeprägt klassizistische Züge des 19. Jh. bewahrt die vul. Poltavs'kyj Šljach/вул. Полтавський Шлях, eine wichtige Hauptverkehrslinie Richtung Poltava und eine der ältesten Straßen der Stadt, die früher zunächst zu Ehren Zarin Katharinas II. und später des Bolschewiken Jakov Sverdlov benannt wurde. Die benachbarten vul. Enhel'sa/вул. Енгельса und vul. Marksa/вул. Маркса ergänzen das Viertel um einige sehenswerte neobarocke, konstruktivistische und Jugendstilbauten. Unter den Baudenkmälern der vul. Enhel'sa/вул. Енгельса dominiert jedoch die gestreifte **Mariä-Verkündigungs-Kathedrale** (Благовіщенський собор, Nr. 12) aus den Jahren 1888–1901 im russisch-byzantinischen Stil. Das reich ausgeschmückte Gotteshaus mit einem 80 hohen, gotisch anmutenden Glockenturm birgt die sterblichen Überreste des Konstantinopeler Patriarchen Athanasius Patelarius. Die Kirche gilt als eine der größten und reichsten in Charkiv. Die ersten Sowjetjahre überdauerte sie als Konzertsaal und Lager. Während und nach dem Zweiten Weltkrieg konnte die Kathedrale wieder ihre eigentliche Bestimmung erfüllen.

Südliche Vulycja Sums'ka

Cityplan: S. 374

Die vul. Sums'ka/вул. Сумська, die alte Hauptstraße Charkivs, prunkt mit Bauten des Klassizismus, der Neorenaissance, des Neobarocks und des Jugendstils. Beachtenswert sind zwei Repräsentationsbauten des 19. Jh. im Stil der Neorenaissance: das ukrainische dramatische **Taras-Ševčenko-Theater** 12 (Драматичний театр ім.Т. Г. Шевченка, Nr. 9, 1841/1893) und die heutige **Nationalbank** 13 der Ukraine – einstige Staatsbank – an der Ecke der vul. Sums'ka und Teatral'na pl. 1. Das historische **Mietshaus der Versi-**

cherungsgesellschaft Salamandra 14 (Nr. 17) von 1914 mit dem Salamander-Denkmal vor der Fassade wurde im Architektenwettbewerb mit dem ersten Preis ausgezeichnet.

Kunstliebhaber sollten der **Galerie Maestro** 15 (Галерея Маестро, Tel. 057 707 70 75, Mo–Sa 10–19, Sa 12–19 Uhr, Eintritt frei, Nr. 25) einen Besuch abstatten. In der Parallelstraße zur vul. Sums'ka lohnt die **Serhij-Vasyl'kivs'kyj-Kunstgalerie** 16 (Художня галерея ім. С. І. Васильківського, vul. Černyševs'koho/вул. Чернишевського 15, Tel. 057 706 16 20, www.mgallery.kharkov.ua, engl., Mo–Sa 11–19 Uhr, Eintritt frei) einen Abstecher.

Zwischen den beiden Galerien liegt eine **Grünanlage** 17 (Сквер Перемоги) mit einem im Volksmund als **Spiegelstrahl** bekannten Brunnen. Der Pavillon über dem Brunnen (1947) ist zum Wahrzeichen Charkivs geworden.

Freiheitsplatz

Cityplan: S. 374

Die **pl. Svobody** (пл. Свободи, früher Feliks-Dzeržinskij-Platz, 1923) mit dem **Lenin-Denkmal** (1963) ist einer der größten Plätze in Europa. Zu Beginn des 20. Jh. gehörte er noch zum Universitätsgelände. Die bereits geräumigen Ausmaße für den pompös gedachten zentralen Platz der jungen Sowjetukraine reichten jedoch nicht aus: Nachdem weite Teile des Platzes lange Zeit ungenutzt blieben, ließ man schließlich auch die an die vul. Sums'ka anschließenden Bauten abreißen, um den Blick auf das Haus der Staatsindustrie freizugeben. Diese Umstrukturierung prägte u. a. die ungewöhnliche Form des heutigen, ca. 12 ha großen Freiheitsplatzes, auf dem Konzerte und Feierlichkeiten stattfinden.

Betritt man den Platz, erblickt man zwei konstruktivistische Bauten: das **Hotel Charkiv** 1 (Готель Харків, 1936, Nr. 7), ehemals International, und das monumentale **Gebäude des Gebietsrats** 19 (Обласна Рада, 1954, vul. Sums'ka 64).

Tipp: Ševčenko-Garten

In der vul. Sums'ka liegt der Haupteingang des **Taras-Ševčenko-Gartens** 18 (Сад ім. Т. Г. Шевченка). Gleich zu Beginn empfängt den Besucher das 16 m emporragende Taras-Ševčenko-Denkmal mit unverkennbarem revolutionärem Akzent. Das für die sozialistische Epoche typische Monument wurde 1935 vom Bildhauer Matvej Manizer und dem Architekten Iosif Langbart entworfen. Den Garten selbst legte 1804/05 Vasyl' Karazin, der Begründer der Charkiver Universität, an. Nicht umsonst hieß die aus einem natürlichen Eichenhain entstandene Grünanlage von jeher Universitätsgarten. Neben Cafés finden sich auf dem Gelände ein Kinderspielplatz, ein Tierpark und ein Botanischer Garten.

Gegenüber dem Garten erblickt man die 1927 erbaute **Technische Universität für Bauwesen und Architektur** (Nr. 40) mit dem davor stehenden Denkmal für Oleksij Beketov (1862–1941). Der von Klassizismus und Jugendstil inspirierte Architekturstil Beketovs war für Charkiv seinerzeit prägend. Zu Beketovs Werken in der Stadt zählen unter anderem das Puppentheater (ehemalige Wolga-Kama-Bank, s. S. 376) und das Kunstmuseum (s. S. 379).

Universitätsgebäude 20

Die Grünanlage des Freiheitsplatzes wird von den monumentalen Bauten der **Charkiver Nationalen Vasyl'-Karazin-Universität** (Харківський національний університет ім. В. Н. Каразіна) – einer der ersten Universitäten im Russischen Reich – gerahmt; das Hauptgebäude wurde 1929–1934, der nördliche Teil 1930–1954 errichtet. Bevor diese Bauten der Universität überlassen wurden, residierten hier Bau- und Projektionsbüros sowie Genossenschaften und die Militärakademie für Radiotechnik. Am Haupteingang der Universität stehen zwei **Denkmäler:** für Vasyl' Karazin (1906), den Gelehrten, Erfinder und Universitätsgründer, und für die im Zweiten Weltkrieg gefallenen Kämpfer des Studentenbataillons (1999).

Haus der Staatsindustrie 21

Architektonisch dominiert das auf der Zentralachse liegende, mächtige konstruktivistische Gebäude des **Deržprom,** ehemals Gosprom (Держпром/Ґоспром), den Platz – das 63 m hohe, von den Leningrader Architekten Sergej Serafimov, Samuil Kravec und Mark Fel'ger konstruierte Haus der Staatsindustrie (Будинок державної промисловості). Es war einer der ersten sowjetischen Wolkenkratzer und ist nach wie vor Symbol des sowjetischen Konstruktivismus. Trotz finanzieller Schwierigkeiten gingen die Bauarbeiten dank der Unterstützung des Tscheka-Chefs Feliks Dzeržinskij schnell voran (1925–1928). 1928–1934 residierten im Deržprom-Gebäude die ukrainisch-sowjetischen Volkskommissare; hier nahm sich 1933 der Bildungskommissar und Verfechter der Ukrainisierungspolitik Mykola Skrypnyk unter dem Druck des stalinistischen Terrors und der gegen ihn gerichteten bolschewistischen Kampagne das Leben. Während der Naziokkupation in den Jahren 1941–1943 wurde das Erdgeschoss des Hauses in einen Stall umfunktioniert. In die oberen Stockwerke – so die Legende – zogen währenddessen drei Affen aus dem benachbarten Zoo ein, wo seit 2008 ein Denkmal zu ihren Ehren steht. Der Fernsehturm krönt seit 1954 das Gebäude. Wesentlich länger als die Erbauung dauert die Restaurierung des legendären Hauses (seit 2001). Heute wird es von rund 300 staatlichen oder privaten Behörden, Büros und Einrichtungen genutzt.

Kosak Charko zu Ehren, der Legende nach der Stadtgründer Charkivs, wurde eine bronzene Reiterstatue (2004) am Anfang des prosp. Lenina (просп. Леніна) errichtet.

Nördliche Vulycja Sums'ka

Cityplan: S. 374

Nicht weit entfernt liegt das **Naturkundemuseum** 22 der Charkiver Universität (Музей природи ХНУ, vul. Trinklera/вул. Трінклера 8, Tel. 057 705 12 42, www.univer.kharkov.ua, engl., Besichtigung nach Vereinbarung oder Sa 11 Uhr, ca. 15 UAH). Darstellungen aus unterschiedlichen Kulturen und Religonen findet man auf halber Strecke zum Maxim-Gorki-Park im **Museum für Sexualkulturen der Welt** 23 (Музей сексуальних культур світу, vul. Myronosyc'ka/вул. Мироносицька 81, Tel. 057 715 63 15, tgl. 11–19 Uhr, 15/10 UAH). Der **Maxim-Gorki-Park** 24 (Парк ім. М. Горького) wartet zur Fußball-Europameisterschaft 2012 mit einem Riesenrad und anderen Attraktionen auf.

Konstruktivismus in Reinform: Haus der Staatsindustrie

Vulycja Puškins'ka

Cityplan: S. 374
Die **vul. Puškins'ka** (вул. Пушкінська) entstand im 19. Jh. und wurde überwiegend von ausländischen Lehrenden wie Handwerkern der neu gegründeten Universität besiedelt. Da unter ihnen viele Deutsche waren, hieß sie bis 1899 Deutsche Straße.

Im 1. Stock der Nr. 28 findet man das **Holocaust-Museum** 25 (Музей Голокосту), das über die Verfolgungen ukrainischer Juden und die Personen, die sich für ihre Rettung einsetzten, berichtet (Tel. 057 700 49 90, www.holocaustmuseum.pochta.org, Mo–Fr 10–17 Uhr, Eintritt frei). Interessierte finden in der vul. Puškins'ka/вул. Пушкінська 62 die **Galerie Koljory** 26 (Галерея Кольори, Mo–Fr 10–17, Sa 10–16 Uhr, Eintritt frei).

Das **Kunstmuseum** 27 (Художній музей) in der vul. Radnarkomivs'ka/вул. Раднаркомівська 9/11 besitzt eine der bedeutendsten Sammlungen einheimischer und westeuropäischer Kunst in der Ukraine mit

Werken von Ajvazovskij, Repin, Šiškin u. a. (Tel. 057 706 33 94, -97, www.artmuseum.kharkov.ua, engl., Mi–So 10–17, Mo 10–16 Uhr, 7/5 UAH). Im gleichen Gebäude befindet sich das **Museum für die Volkskunst der Sloboda-Ukraine** (Музей народного мистецтва Слобожанщини, Öffnungszeiten wie Kunstmuseum).

Die neogotische römisch-katholische **Mariä-Himmelfahrt-Kathedrale** 28 (Кафедральний собор Успіння Пресвятої Діви Марії) von 1887–1892 mit schönen Buntglasfenstern steht in der vul. Hoholja/вул. Гоголя 4. Die Gründung der römisch-katholischen Gemeinde in Charkiv geht auf die Mitte des 18. Jh. zurück. Wie die meisten Kirchen wurde die Kathedrale unter den Bolschewiken geschlossen, ihre Priester wurden umgebracht. Die 1990er-Jahre brachten die Wiedereröffnung des Gotteshauses samt Bibliothek und Sonntagsschule.

Eine der bedeutendsten Sehenswürdigkeiten der vul. Puškins'ka ist die massive **Choralsynagoge** 29 (Хоральна синагога, Nr. 12, 1913) mit geräumiger Kuppel und wunderschönem Interieur – das größte Gebetshaus der Charkiver Juden und eines der größten in der Ukraine, das dem Architekten Jakov Gevirc zu verdanken ist. 1923 wurde die Synagoge geschlossen und dem Arbeiterclub der III. Internationale überlassen. Später beherbergte das Gotteshaus Kino und Sportverein, bis es ab 1990 der jüdischen Gemeinde wieder zur Verfügung stand. Die letzte Renovierung erfolgte 2003.

Westlich des Zentrums

Cityplan: S. 374

In der vul. Marksa/вул. Маркса 26 zieht das klassizistische **Ol'chovs'kyj-Herrenhaus** 30 (Міська садиба Ольховських, Ende des 18. Jh.) mit seinem imposanten Portikus die Aufmerksamkeit auf sich. Die Straße mündet in den großzügigen Bahnhofsvorplatz (Pryvokzal'na pl./Привокзальна пл.) mit bunten Blumenbeeten und einem Springbrunnen sowie dem ansehnlichen **Bahnhofsgebäude** 31 (Вокзал) mit zwei markanten quadratischen Türmen. Der Bahnhof wurde 1962 im Stil des sogenannten stalinistischen Empire errichtet.

Infos

Touristinfo (Турінфоцентр): vul. Puškins'ka/вул. Пушкінська 62, Tel. 057 757 45 13, www.tic.kh.ua (engl.), Mo–Fr 10–17, Sa 10–16 Uhr. Auskünfte zu Sehenswürdigkeiten, Unterkünften, Transport, Dolmetscher, Verpflegung usw. für das ganze Gebiet Charkiv.
Elektronische Infopunkte: in der zentralen Bahnhofshalle im Hauptbahnhof sowie im Charkiver Flughafen, Englisch.

Übernachten

Klein, aber fein ▶ Aurora 1 (Аврора): vul. Artema/вул. Артема 10/12, Tel. 057 752 40 40, www.hotel-aurora.com.ua (engl.). 4-Sterne-Business-Hotel in einer stillen Straße im Zentrum. Guter Ruf, klassisches Innendesign, europäisches Menü und Brasserie-Bar sowie Übersetzerservice und Exkursionsangebot. DZ/ÜF 980-2400 UAH.

Modernes Art-Hotel ▶ Cosmopolit 2: vul. Akademika Proskury/вул. Академіка Проскури 1, Tel. 057 754 68 86, www.cosmopolit-hotel.com (engl.). Charme und Geschmack prägen das schlichte Design. Man speist italienisch bei Da Vinci, auf Wunsch auch Transfer, Schönheits- und Exkursionsprogramm. DZ/ÜF 880–1560 UAH.

Gogol-Reminiszenz ▶ Čičikov 3 (Чічіков): vul. Hoholja/вул. Гоголя 6/8, Tel. 057 752 23 00, -33, www.chichikov-hotel.com.ua (engl.). Das klassisch-elegante Hotel – nach Herrn Čičikov, dem Helden des Romans »Die toten Seelen« von Gogol, benannt, zeichnet sich durch Komfort und anspruchsvollen Service aus. Das Hotelrestaurant experimentiert erfolgreich mit (europäischer) Molekularküche. DZ 855–1200 UAH.

Elegant mit französischem Restaurant ▶ Hostynnyj dvir 4 (Гостинний двір): vul. Rymars'ka/вул. Римарська 28, Tel. 057 705 60 87, -86, www.hotel-gd.com.ua (engl.). Das komfortable Hotel ist unweit des Taras-Ševčenko-Gartens gelegen. Hotelrestaurant

Chateau mit französischem Menü und attraktiver Weinkarte. DZ 850–1430 UAH.

Im Herzen der Stadt ▶ **Charkiv** 5 (Харків): pl. Svobody/пл. Свободи 7, Tel. 057 758 00 08, -01 53, www.hotel.kharkov.com (engl.). Komfortables Luxushotel mit entsprechendem Service und Preisen. Zu den Extras gehören ein Restaurant, ein Schönheitssalon, Transfer, Exkursionen und Dolmetscherservice. DZ/ÜF 499–2449 UAH.

Essen & Trinken

Mittelalterlich ▶ **Puška** 1 (Пушка): vul. Puškins'ka/вул. Пушкінська 31, Tel. 057 754 67 29, www.pushka.kharkov.ua, tgl. 10–24 Uhr. Mit Buntglasfenstern, geschmiedeten Kerzenständern und Innenhof mit Blick auf Fachwerkhäuschen; abends Livemusik. Europäische und amerikanische Küche, selbstgebackenes Brot, Ofenpizza und Focaccia, schmackhaftes Fleisch, Fisch und Meeresfrüchte. Kindermenü. Hauptgerichte ca. 60–100 UAH.

Vornehm ▶ **Rafinad** 2: vul. Kločkivs'ka/вул. Клочківська 109, Tel. 057 705 68 68, 756 71 95, www.rafinad-kharkov.com, tgl. 12–23 Uhr. Restaurant mit schönem Saal im 1. Stock. Auf der Speisekarte stehen europäische und kaukasische Gerichte. Hauptgerichte ca. 50–135 UAH.

Russisch-französische Küche ▶ **Sharikoff** 3: vul. Kvitky-Osnovjanenka/вул. Квітки-Основ'яненка 12, Tel. 057 752 33 44, www.sharikoff.kharkov.ua, tgl. 9–24 Uhr. In diesem Restaurant lebt der Geist des legendären Werks »Hundeherz« von Michail Bulgakov auf. Die Küche ist vornehm-proletarisch, sowohl für Herrschaften als auch für Genossen: traditionelle russische Vorspeisen, Bliny, Grillgerichte und russische Romanzen am Abend. Dazu gibt es eine gute Weinkarte, Frühstücksomelette, Business- und Kindermenü. Hauptgerichte ca. 45–230 UAH.

Traditionell ▶ **Mafia** 4: vul. Kvitky-Osnovjanenka/вул. Квітки-Основ'яненка 12, Tel. 057 731 61 55, http://kharkov.mafia.ua.com.ua, Mo–Do, So 11–23, Fr, Sa 11–6 Uhr. Gemütliches, sehr familienfreundliches Restaurant im Souterrain. Italienische Küche zum gemäßigten Preis, auch mittags. Am Wochenende werden künstlerische Aktivitäten und Pizza-Workshops für Kinder veranstaltet. Hauptgerichte ca. 33–90 UAH.

Einkaufen

Die Einkaufsstraßen im Zentrum von Charkiv sind **vul. Sums'ka** (вул. Сумська), **prosp. Lenina** (просп. Леніна), **pl. Ljuksemburh** (пл. Люксембург) und Umgebung. Moderne Einkaufs- und Unterhaltungszentren findet man darüber hinaus in der **vul. Herojiv Praci** (вул. Героїв Праці).

Bekleidung ▶ **Barabašove** 1 (Торгівельний центр Барабашове): prosp. 50-riččja VLKSM/просп. 50-річчя ВЛКСМ, www.barabashovo.net.ua. In dem riesigen Einkaufszentrum kann fast jeder Modewunsch erfüllt werden.

Klassische Souvenirs ▶ **Ukrajins'ki suveniry** 2 (Українські сувеніри): vul. Sums'ka/вул. Сумська 6, Tel. 050 665 25 20, www.ukrsouvenir.org.ua, Mo–Sa 10–19.30, So 12–18 Uhr. Traditionelles ukrainisches Handwerk: Trachten, Stickereien, bemalte Ostereier, Malereien aus Petrykivka, Keramik.

Abends & Nachts

Klassik ▶ **Mykola-Lysenko-Theater für Oper und Ballett** 1 (Театр опери та балету ім. М. В. Лисенка): vul. Sums'ka/вул. Сумська 25, Tel. 057 707 70 43, 700 40 42. **Philharmonie** 2 (Філармонія): vul. Rymars'ka/вул. Римарська 2, Tel. 057 705 08 47, -60, www.filarmonia.kharkov.ua (engl.).

Alternativmusik ▶ **Agata** 3 (Агата): vul. Revoljuciji/вул. Революції 11, Tel. 057 707 33 47, 067 97 27 453, www.agata.kharkov.ua, tgl. 11–23 Uhr. Im lockeren Art-Café lässt sich hervorragend speisen: europäische Küche, darunter italienische, irische und tschechische Spezialitäten. Auch Teezeremonien, Jazz, Ethno und Kurse in keltischen Tänzen.

Beliebter Treffpunkt der Boheme ▶ **Churchill's Music Pub** 4: vul. Darvina/вул. Дарвіна 9, Tel. 096 542 98 77, www.churchill-pub.com, tgl. 14–23 Uhr. In der gemütlichen Bar gibt es Livemusik-, Poetry-Slam- und Filmabende.

Tipp: Natalijivka in Volodymyrivka und der Landschaftspark in Krasnokuts'k ▶ 1, P 4

Nur ca. 15 km westlich von Šarivka ließ der Zuckerfabrikant und Mäzen Ivan Charytonenko in den 1880er-Jahren in **Volodymyrivka** (Володимирівка) ein Herrengut erbauen und einen Park anlegen. Das Anwesen nannte er seiner Enkelin zu Ehren **Natalijivka** (Наталіївка). Der Meisterarchitekt Aleksej Ščusev schuf hier die einzigartige **Erlöserkirche** (Спаська церква, 1913) im altrussischen Stil mit Jugendstilelementen. Die märchenhaft anmutende Kirche mit der markanten Zwiebelkuppel liegt versteckt inmitten des Parks. Bei genauem Hinsehen entdeckt man kunstvolle Steinmetzarbeiten, Medaillons mit Heiligenbildern, Reliefs und Mosaiken. Den Haupteingang in den Park ziert ein – ebenfalls von Ščusev entworfenes – Tor vom Ende des 19./Anfang des 20. Jh. Auf dem Gelände finden sich noch Manege, Wasserturm, Flügel- und Wirtschaftsbauten sowie ein Lungensanatorium.

Ganz in der Nähe, in **Krasnokuts'k** (Краснокутськ), ursprünglich Krasnyj Kut – dt. malerisches Eck – schuf an der Wende zum 19. Jh. die Familie Karazin einen wunderschönen **Landschaftspark** (Дендропарк). Ivan, Sohn von Oberst Nazar Karazin, hatte von seinen Reisen Stecklinge aus Westeuropa mitgebracht, die er auf dem Gelände anpflanzen ließ. Mit zahlreichen, damals hierzulande unbekannten und exotischen Pflanzen veredelte er nicht nur seine Parkanlage, sondern nahm auch auf die Flora der ganzen Ukraine Einfluss. Sehenswert sind auch die unterirdischen Höhlen des einstigen Peter-Paul-Klosters (Петропавлівський монастир), das Katharina II. schließen ließ, weil sie dort Rebellen vermutete, sowie die Gärtnerei mit Obstgarten, gemütlichen Pavillons und die von Seerosen umgebene Insel der Verliebten (vul. Tel'mana/вул. Тельмана 10, Tel. 05756 309 88, frei zugänglich, Eintritt frei).

Aktiv

Stadtführungen & Ausflüge ▶ Reise- und Ausflugsbüro 1 (Харківське бюро подорожей та екскурсій): pl. Konstytuciji/пл. Конституції 1, Palast der Arbeit (Палац Праці), 6. Eingang, 2. Stock, Tel. 057 731 46 86, -20 66, Mo–Fr 10–17 Uhr.

Baden & Bootsverleih ▶ Žuravlivs'kyj-Hydropark 2 (Журавлівський гідропарк): vul. Ševčenka/вул. Шевченка. Strände, Bademöglichkeit, Bootsverleih.

Fahrradverleih ▶ Bajk-pro Sport 3 (Байк-про Спорт): prosp. Moskovs'kyj/просп. Московський 200, Tel. 057 759 87 41, Mo–Fr 10–20, Sa 9–18 Uhr. Verkauf und Verleih von Fahrrädern.

Kanufahrten & Gleitschirmfliegen ▶ Reisebüro Stelima 4 (Туристична агенція Стеліма): vul. Jaroša/вул. Яроша 22, 1. Stock, Tel. 057 342 21 20, 756 95 90, 050 402 33 72, www.stelima.com.ua, Mo–Fr 10–18 Uhr. Geführte Kanufahrten in der Region. Gleitschirmflüge und -schule.

Termine

Großer Slobodaer Jahrmarkt (Великий Слобожанський ярмарок): Sept. Traditionelles Fest der Sloboda-Ukraine (in Charkiv oder in den Städten der Region), wo alles mögliche ausgestellt und verkauft wird. Vielfältiges Kulturprogramm.

Verkehr

Flüge: Internationaler Flughafen Charkiv (Міжнародний аеропорт Харків), etwa 12 km südlich der Stadt, vul. Romaškina/вул. Ромашкіна 1, Tel. 057 775 54 18, -29. Flüge nach Kiew, Wien, Düsseldorf. Von der Metrostation Prospekt Haharina (просп. Гагаріна) fahren regelmäßig die Buslinien 115, 119, 297 sowie der Trolleybus Nr. 5 zum Flughafen.

Züge: Hauptbahnhof, pl. Pryvokzal'na/пл. Привокзальна 1, Tel. 057 729 24 50, 724 37 84. Verbindungen nach Kiew, Dnipropetrovs'k, Donec'k, Luhans'k, Berlin.

Busse: Zentraler Busbahnhof 1, prosp. Haharina/просп. Гагаріна 22, Tel. 057 732 65

02. Verbindungen nach Kiew, Poltava, Dnipropetrovs’k, Donec’k, Luhans’k, Zaporižžja sowie ins Ausland. Busbahnhof 2, vul. Suzdal’s’ki Rjady/вул Суздальські Ряди 12, Tel. 0572 23 00 07. Busse nach Krasnokuts’k.
Mietwagen: Hertz, vul. Artema/вул. Артема 10/12, Tel. 067 214 83 87, www.hertz.ua (engl.).

Fortbewegung in der Stadt
U-Bahn: Die drei Linien sind von 5.30–24 Uhr in Betrieb. Eine Fahrt kostet 2 UAH, dabei kann man beliebig oft umsteigen, solange man die U-Bahn-Zone nicht verlässt. Nach Verlassen der Metro ist eine neue Münze erforderlich. Bezahlung mit elektronischen Karten ist ebenfalls möglich (www.metro.kharkov.ua). Münzen wie Karten werden am Schalter an den Metrostationen verkauft.
Straßenbahnen/Busse: Charkiv besitzt ein gut ausgebautes Straßenbahn- und (Trolley-) Busliniennetz (5.30–24 Uhr). Eine beliebig lange Fahrt mit Straßenbahn und Trolleybus kostet 1,50 UAH, mit dem Bus – je nach Linie – 0,50–3,50 UAH. Beim Umsteigen ist eine neue Fahrtkarte direkt im Transportmittel zu kaufen (www.gortransport.kharkov.ua).
Taxis: Dakar (Дакар), Tel. 057 751 55 15; Devjatka (Дев’ятка), Tel. 057 751 99 99.

Šarivka

In **Šarivka** (Шарівка, 1900 Einw., ca. 75 km westlich von Charkiv) findet man die schönste, obschon vernachlässigte **Palast- und Parkanlage** (Палац і парк) des Gebietes Charkiv, vielleicht der ganzen Ostukraine. Seit Kurzem sind an der seit einigen Jahrzehnten nicht mehr renovierten Anlage Erneuerungsarbeiten im Gange. Der Ortsname geht auf den Kosakenhauptmann Matvij Šarij zurück, der die Ländereien am Fluss Merčyk gegen 1700 erwarb. Einige Bauten des heutigen Ensembles – einschließlich des Palastes – entstanden zu Beginn des 19. Jh. Ein späterer Besitzer, der deutsche Zuckerfabrikant Leopold König, ließ die Anlage um 1900 restaurieren und erweitern. Heute sieht man einen weißen, von zwei Türmen flankierten Schlosspalast im pseudogotischen Stil mit Renaissanceelementen, das Haupttor mit Wächterhaus, das Försterhaus, Wirtschaftsbauten (1910), Terrassengarten, Treppenanlagen sowie den immer noch malerischen Park, in dem es einst Tiere, Orangerien, Rosengärten, Obstgärten, Grotten und Brunnen gab. Von Šarivka lohnt die Weiterfahrt nach Volodymirivka (s. Tipp S. 382).

Verkehr

Busse: Um nach Šarivka zu gelangen, sollte man den Bus von Charkiv nach Krasnokuts’k über Murafa (Мурафа) nehmen, auf der Landstraße bei der Einfahrt nach Šarivka aussteigen und die restlichen 3 km zu Fuß laufen oder den Bus von Charkiv nach Bohoduchiv nehmen und von dort mit dem Taxi zum Palast fahren.

Homil’šaer Wälder

Der Nationalpark **Homil’šaer Wälder** (Національний парк Гомільшанські ліси) ist ein populärer Erholungsort im Osten der Ukraine. Insbesondere im Dorf Koropove (Коропове) am Sivers’kyj Donec’ herrscht zur warmen Jahreszeit touristischer Trubel. Hier gibt es Restaurants, Cafés, Strände sowie Gelegenheiten zum Baden, Angeln, Wandern. Koropove ist ein geschichtsträchtiger Ort: Auf dem Kosakenberg (Козача Гора) am südlichen Dorfrand befinden sich die Ruinen des berühmten Kosakenklosters des hl. Nikolaus (Свято-Миколаївський монастир), das im 17. Jh. gegründet wurde und nach der Auflösung der Zaporožer Sič den verfolgten Kosaken Zuflucht bot. Sie kamen ums Leben, als das Kloster 1788 auf Erlass Katharinas II. eingenommen wurde.

Infos

Nationalparkverwaltung: in Zadonec’ke (Задонецьке), vul. Kurortna/вул. Курортна 156, Tel. 057 473 09 60, www.gomilsha.org.ua. Informationen zu und Organisation von Wanderungen und Touren.

Von der ukrainischen Steppe zum Asowschen Meer

Der Kontrast zwischen sanft gewellten Landschaften in der Bergbau- und Industrieregion von Luhans'k und den sich größtenteils im Gebiet Donec'k ausbreitenden Steppen prägt den östlichsten Teil der Ukraine. Historische (Sakral-)Architektur ist vergleichsweise rar, doch Svjatohirs'k wartet mit einem wunderbaren Klosterensemble auf. Mit seinem milden, wohltuenden Klima, seichten Stränden, Buchten und Nehrungen und nicht zuletzt im Vergleich zur Krim niedrigeren Preisen lockt das Asowsche Meer viele Urlauber, insbesondere Familien, an.

10 Svjatohirs'k ► 1, R 5/6

Das hübsche, grüne **Svjatohirs'k** (Святогірськ, 3800 Einw., 170 km südöstlich von Charkiv auf dem Weg nach Luhans'k) ist nicht nur ein bekannter Kur-, sondern vor allem ein berühmter Pilgerort: Hier befindet sich eines der vier ukrainischen Klöster, die den Ehrentitel Lavra tragen. Das an einem Kreidefelsen über dem Sivers'kyj Donec' gelegene orthodoxe Mariä-Himmelfahrt-Kloster ist eines der schönsten Sakraldenkmäler des Landes und wurde 1980 zum Historisch-architektonischen Reservat erklärt.

Geschichte

Die neuere Geschichte von Svjatohirs'k ist die seines Klosters, das erstmals im Jahr 1526 schriftlich erwähnt wird; freilich ist die Präsenz von Christen in den hiesigen Felsklausen schon viel früher bezeugt. Die ursprünglichen Begründer waren entweder flüchtige byzantinische oder Kiewer Mönche. Das am Fuße der Kreidefelsen, der Heiligen Berge (Svjati Hory), entstandene Kloster, für das die russische Regierung die Rolle eines Vorpostens vorsah, wurde im 17. Jh. von den Tataren zerstört. Man stellte es wieder her, doch 1787 – als es seine strategische Bedeutung einbüßte – ließ Katharina II. es schließen.

Die Geschichte des Kurortes Banne – so der damalige Name eines Teils der Siedlung am linken Ufer des Sivers'kyj Donec' – leitete Grigorij Potëmkin, ein Günstling der Zarin, ein, als er als neuer Eigentümer einen Palast und Flussbäder einrichten ließ; in der ersten Hälfte des 20. Jh. gab es hier zahlreiche Pensionen und Sanatorien, und zu Sowjetzeiten wurde die Stadt zur wichtigsten Erholungsstätte des Donbass. Im Jahr 1844 waren Mönche ins Kloster zurückgekehrt, und die Bauten, die kurz darauf entstanden, bilden den wesentlichen Teil des heutigen Ensembles. Mit dem Anbruch der Sowjetära wurde das Kloster noch einmal aufgelöst (1922) und in ein Erholungsheim umfunktioniert; Kulturpalast, Kino, Gemüselager, balneologische Klinik und Museum der antireligiösen Propaganda waren nun in den Gotteshäusern untergebracht. Schon in den ersten Jahren der Unabhängigkeit der Ukraine erlebte das Kloster seine Wiedergeburt (1992) – in der Stadt, die seit 2003 Svjatohirs'k heißt.

Mariä-Himmelfahrt-Kloster

Das Gebäudeensemble des **Mariä-Himmelfahrt-Kloster von Svjatohirs'k** (Свято-Успенська Святогірська Лавра, 17.–19. Jh.) schreibt sich malerisch in die felsige Szenerie der Heiligen Berge ein. Besonders beeindruckt die weiße **Nikolauskirche** (Миколаївська церква) mit ihren drei Kuppeln aus dem 17. Jh. im Stil des ukrainischen Barock, die scheinbar aus dem hellen Kreidefelsen erwächst. Von hier bietet sich ein herrliches Landschaftspanorama.

Eine weitere architektonische Perle ist die **Mariä-Himmelfahrt-Kathedrale** (Успенський собор) mit ihren fünf Kuppeln aus dem Jahr 1860 im russisch-byzantinischen Stil, mit der Ikone der Muttergottes von Svjatohirs'k und den sterblichen Überresten des Eremiten Johannes. Bewundernswert sind die **Höhlenkirchen** Johannes Baptista (Церква Іоана Предтечі, 16. Jh.), der Ehrwürdigen Antonius und Theodosius von Pečers'k (Церква Святих Антонія і Феодосія Печерських, 15. Jh.) und des hl. Alexius (Олексіївська церква, 1861).

Zum Ensemble gehören überdies das **Refektorium mit der Mariä-Schutz-Kirche** (Трапезна з Покровською церквою, 1847–1851), das Pilgerhotel und die Mönchszellen, der Obere und Untere Pavillon, die alle im 19. Jh. entstanden, das Haus des Abtes (1900) und die Wirtschaftsbauten. Das **Historische Klostermuseum** (Історичний музей Лаври) informiert über Gegenwart und Vergangenheit des Klosters (vul. Zarična/вул. Зарічна 1, Tel. 062 62 551 63, Sommer tgl. 8.30–16.30, Winter Mi–Di, Sa, So 8.30–16.30, Fr 8.30–15.30 Uhr, 3/1,50 UAH).

Von der Kirche der hll. Antonius und Theodosius von Pečers'k führt ein Pfad zur hölzernen **Allerheiligen-Einsiedelei** (Скит Всіх Святих).

Als ideologischer Antagonist blickt der 1927 klotzig-kantig in Stein gemeißelte kommunistische Parteifunktionär Artëm (Fëdor Sergeev) von einem der Felsen auf das Kloster. Auch wenn man Artëms bolschewistische Ideologie nicht teilt, sollte man zu seinem **Denkmal** unbedingt hinaufsteigen, denn der Blick auf das Kloster, die Berge und den Sivers'kyj Donec', der sich von hier bietet, ist unvergesslich.

Nationalpark Svjati Hory

1997 wurden 400 km² im Umkreis von Svjatohirs'k (Святогірськ) und Krasnyj Lyman (Красний Лиман) zum **Nationalpark Svjati Hory** (Heilige Berge, Національний природний парк Святі Гори) erklärt. Ohne Zweifel gehören die über dem Sivers'kyj Donec' ragenden, bis zu 120 m hohen **Kreidefelsen** zu den beeindruckendsten Naturdenkmälern des Parks. Sie bildeten sich vor 70–90 Mio. Jahren auf dem Boden des damals die Gegend bedeckenden Meeres heraus. Ansonsten überwiegen Laub- und Nadelwälder, in denen die seltene Kreidekiefer einen Ehrenplatz einnimmt. Dank seiner Schönheit und der gesunden Luft wurde das Tal des Sivers'kyj Donec' zu einem beliebten Erholungsgebiet mit mehreren Sanatorien und Pensionen.

Die **Nationalparkverwaltung** (Національний природний парк Святі Гори), die ihren Sitz in Svjatohirs'k hat, veranstaltet Wanderungen, Öko-Touren und Exkursionen (vul. 60 rokiv Žovtnja/вул. 60 років Жовтня 1, Tel. 062 62 556 56). Auf dem markierten **Öko-Pfad Dubovyj Haj** (Екологічна стежка Дубовий Гай), der am See Bezdonne (Бездонне) anfängt und durch einen Eichenhain führt, kann eine eigenständige Wanderung unternommen werden. Unterwegs gibt es schöne Rastplätze.

Tipp: Salz in Soledar

Der Name der Stadt **Soledar** (Соледар, 13 000 Einw., ca. 80 km südöstlich von Svjatohirs'k, ▶ S 6) spricht für sich: Hier wird Salz gewonnen und verarbeitet. Eines der größten Unternehmen der Branche, **Artemsil'** (Артемсіль), und das **Speläo-Sanatorium Soljana Symfonija** (Спелеосанаторій Соляна симфонія) offerieren Führungen durch die Salinen, die etwa 300 m tief unter der Erdoberfläche liegen und sich über Dutzende Kilometer erstrecken. Man passiert bis zu 30 m hohe Salzhallen, die Salzkirche, Salzskulpturen und eine Konzerthalle mit ausgezeichneter Akustik (Vul. Majakovs'koho/вул. Маяковського 7, Tel. 0627 44 30 86, www.speleo.com.ua, Di–So 10–14 Uhr, 100 UAH, Anmeldung erforderlich).

Übernachten

Schick ▶ Roche Royal (Роше Рояль): vul. 60-riččja Žovtnja/вул. 60-річчя Жовтня 21, Tel. 062 62 533 05, www.rocheroyal.com.ua. Modernes Hotel mit Restaurant, Bar, Spa- und Fitnessbereich in der Nähe des Mariä-Himmelfahrt-Klosters. Exkursionen ins Kloster sowie nach Soledar können gebucht werden. DZ/ÜF 750–1250 UAH.

Inmitten der Natur ▶ Svjatohrad (Святоград): vul. Kujbyševa/вул. Куйбишева 59, Tel. 062 62 550 61, 050 326 99 66, www.svyatograd.com.ua. Komfortable, mit Jagd- und Meeresmotiven gestaltete Standard- und VIP-Zimmer in schönen Häusern. Das Restaurant bietet ukrainische und europäische Küche, außerdem Sushi-Menü. Entspannen kann man sich in der finnischen Sauna oder im Hamam. Diverse Freizeitangebote wie Billard oder Angeln, Tennisplätze, Verleih von Fahrrädern, Kinderspielplatz. DZ/ÜF 530–1470 UAH.

Verkehr

Züge: Bahnstation Svjatohirs'k, Tel. 062 62 532 22. Verbindungen nach Donec'k, sowie nach Luhans'k, Charkiv, Kiew.

Busse: Bahnhof, vul. Ševčenka/вул. Шевченка 5, Tel. 062 62 551 81. Busse nach Donoc'k, Mariupol'.

Das Mariä-Himmelfahrt-Kloster von Svjatohirs'k ist in die Kalkfelsen hineingebaut

Luhans'k und Umgebung

▶ 1, T/U 5–7

Die Gebietshauptstadt **Luhans'k** (Луганськ, 438 000 Einw.), 180 km südöstlich von Svjatohirs'k, ist – architektonisch – noch stark sowjetisch geprägt. Die meisten älteren Gebäude wurden im Zweiten Weltkrieg zerstört; zu den jüngeren Bauten gehören auch mehrere Gotteshäuser.

Geschichte

Die Existenz der Stadt ist einem Erlass Katharinas II. von 1795 zur Gründung einer Roheisengießerei zu verdanken, die später, in den Napoleonischen Kriegen, zur Herstellung von Kanonen bestimmt war. Einige Jahre zuvor hatte der schottische Ingenieur Charles Gascoigne die örtlichen Erz- und Steinkohlevorkommen inspiziert und gute Zukunftschancen vorhergesagt. Der Eisenbahnbau und die Gründung einer Lokomotivfabrik durch den deutschen Unternehmer Gustav Hartmann brachten einen neuen Aufschwung der Industrie und eine städtische Blütezeit.

Peter-Paul-Kathedrale

Die orthodoxe **Peter-Paul-Kathedrale** (Петропавлівський кафедральний собор) im 2-j Kooperatyvnyj prov./2-й Кооперативний пров. 12 am linken, grünen Luhan'-Ufer ist das älteste Gotteshaus der Stadt und hat Revolutionen und Kriege überstanden. Die 1792–1796 an der Stelle eines hölzernen Vorgängerbaus errichtete Kathedrale wurde nach der sowjetischen antireligiösen Kampagne fast vollständig erneuert.

Rechtes Luhan'-Ufer

Museen und historische Verwaltungsbauten konzentrieren sich am rechten Luhan'-Ufer. Hervorzuheben sind das mächtige **Hotel Ukrajina** (Готель Україна) von 1947–1951 in der vul. Puškina/вул. Пушкіна 3 und das auffallende, klassizistische Haus Nr. 7 mit dem Portikus vom Anfang des 19. Jh. in der nach dem bedeutenden russischen Philologen **Vladimir Dal'** (1801–1872) benannten vul. Dalja/вул. Даля. Im ehemaligen **Haus der Familie Dal'** (Nr. 12) befindet sich die Gedenkstätte (Меморіальний будинок-музей В. І. Даля) für den Autor des berühmten russischen Wörterbuchs (Tel. 0642 52 41 55, 93 74 95, Di–Sa 9–17 Uhr, 3/2 UAH).

Das Luhans'ker **Kunstmuseum** (Художній музей) präsentiert ukrainische, russische und westeuropäische Meister des 16.–20. Jh. Regelmäßig finden hier und in der Kunstgalerie in der vul. Ševčenka/вул. Шевченка 4 Ausstellungen moderner regionaler Kunst statt (vul. Poštova/вул. Поштова 3, Tel. Museum 0642 93 74 34, Galerie 0642 55 34 41, www.artmuseum.lg.ua, Mi–So 9–17 Uhr, 3/2 UAH).

Das **Museum für Geschichte und Kultur von Luhans'k** (Музей історії та культури Луганська) findet man in der vul. Marksa/вул. Маркса. Die Kanonen am Eingang sind Erzeugnisse der historischen Luhans'ker Gießerei (Tel. 0642 52 05 92, 52 20 79, Di–Sa 9–17 Uhr, Eintritt frei).

Platz der Helden des Großen Vaterländischen Krieges

Vom **Haus der Technik** (Будинок Техніки) von 1953 mit der markanten Turmspitze (Červona pl./Червона пл. 4) ist es nicht weit zum regionalen **Landeskundemuseum** (Краєзнавчий музей) in der vul. Ševčenka/вул. Шевченка 2, nicht zu übersehen durch die daneben stehenden britischen Panzer (Tel. 0642 53 30 71, Mi–So 9–16 Uhr, 5/3 UAH). Die pl. Herojiv Velykoji Vitčyznjanoji vijny (пл. Героїв Великої Вітчизняної війни) – der Platz der Helden des Großen Vaterländischen Krieges –, einer der zentralen Plätze von Luhans'k, wird vom **Regionalregierungsgebäude** (Обласна Рада, Nr. 3) aus dem Jahr 1965 dominiert. Auf keinen Fall sollte man das einzigartige **Park-Museum der steinernen Polowezer Skulpturen** (Парк-музей кам'яних скульптур) in der vul. Oboronna/вул. Оборонна 2 versäumen: Die uralten, lange über die Steppen des Gebiets Luhan'sk zerstreuten Idole sind nun im Park der Pädagogischen Universität versammelt und unter freiem Himmel ausgestellt. Die Luhans'ker Sammlung ist eine der größten ihrer Art in der Ukraine.

Hostra Mohyla

Im Süden der Stadt, auf einer Anhöhe, befindet sich der **Memorialkomplex Hostra Mohyla** (Гостра Могила), der – mit Obelisken und Denkmälern – der in den Kämpfen gegen die Weiße Armee im Jahr 1919 und bei der Verteidigung der Stadt im Zweiten Weltkrieg gefallenen Soldaten der Roten Armee gedenkt. In der Nähe lädt das **Luftfahrtmuseum** (Музей авіації) zur Besichtigung ein (Hostra Mohyla/Гостра Могила 180, Tel. 0642 34 53 60, Mo–Fr 8–15, Sa, So, Fei 8–14 Uhr, 10/7 UAH).

Luhans'ker Naturschutzgebiet

Das **Luhans'ker Naturschutzgebiet** (Луганський природний заповідник) besteht aus drei Teilgebieten: dem an Gewässern und Dünen reichen **Stanycja-Luhans'ker Teilgebiet** (Станично-Луганський філіал), dessen Ehrenbewohner die Bisamratte ist, der **Stril'civkaer Steppe** (Стрільцівський степ, s. S. 391 – Heimstatt der Murmeltiere – und der **Provaljaer Steppe** (Провальський степ) mit zwei Naturarealen um das Kalynovaer (Калинівська балка) und Hruševaer Tal (Грушевська балка). Die letzteren beiden Gebiete sind vorbildhafte Neulandsteppen; das ganze Naturschutzgebiet beeindruckt mit einer einzigartigen Tier- und Pflanzenwelt. Die Verwaltung des Naturschutzgebiets befindet sich 15 km nördlich von Luhans'k in Stanycja Luhans'ka (Станиця Луганська, vul. Rubižna/вул. Рубіжна 95, Tel. 0642 53 31 62).

Übernachten

Komfortabel ▶ Družba (Дружба): vul. Soroky/вул. Сороки 16, Tel. 0642 53 53 53, www.druzhba.lg.ua. Standard- und Luxuszimmer in diversen Stilen (europäisch, japanisch, ägyptisch) und Farben. Das 3-Sterne-Hotel hat ein eigenes Restaurant, Sauna, Friseursalon und Billardraum. DZ/ÜF 440–480 UAH.

Zentral ▶ Elit-Komfort (Еліт-Комфорт): vul. 50 rokiv utvorennja SRSR/вул. 50 років утворення СРСР 22/28, Tel. 0642 53 20 52. Schön eingerichtete, komfortable Zimmer. Im Mini-Hotel gibt es ein kleines Café mit Hausmannskost. DZ/ÜF 335–505 UAH.

Mit schöner Sommerterrasse ▶ Gostinyj Dvor" (Гостиный Дворъ): vul. Lenina/вул. Леніна 54, Tel. 0642 33 15 16, www.hotel.lugansk.ua. Modernes, einladendes Hotel mit Café und gemütlichem Innenhof. DZ/ÜF 330–880 UAH.

Größtes Hotel der Stadt ▶ Luhans'k (Луганськ): vul. Radjans'ka/вул. Радянська 76, Tel. 0642 34 35 29, www.hotel-lugansk.lg.ua (engl.). Das Hotel kann in seinem Hochhausgebäude 350 Gäste unterbringen. Zimmer unterschiedlicher Kategorien und chinesisches Restaurant. DZ/ÜF 240–370.

Essen & Trinken

Stilvolles Ambiente ▶ Sam's Steak House (Семс Стейк Гаус): vul. Radjans'ka/вул. Радянська 56, Tel. 0642 59 09 09, www.karta.ua (engl.), tgl. 11–23 Uhr. Hier verspricht man beste Steaks und besten Wein dazu. Cheesecake als Nachspeise. Business-Lunch 75 UAH, Hauptgerichte ca. 35–75 UAH.

Große Bandbreite ▶ Korona (Корона): vul. im. Hazety Luhans'ka Pravda/вул. ім. Газети Луганська Правда 130, Tel. 0642 34 47 29, www.corona.lg.ua, tgl. 9–24 Uhr. In mehreren thematisch eingerichteten Sälen des Restaurants serviert man ukrainische, europäische, armenische und usbekische Gerichte. Für die kleinen Gäste gibt es einen Kinderspielplatz, einen Grünbereich für alle im Sommer. Hauptgerichte ca. 28–55 UAH.

Draußen sitzen ▶ Karetnyj dvir (Каретний двір): vul. Rudja/вул. Рудя, 118, Tel. 0642 92 31 35, 067 771 47 34, www.k-dvor.lg.ua, tgl. 24 Std. Romantisches Restaurant nationaler Küche mit schönem grünem Hof und Sommerterrasse mit Springbrunnen, im traditionellen ukrainischen Stil dekoriert. Die Inhaber des Restaurants betreiben einen kleinen Gasthof mit Sauna. Hauptgerichte ca. 20–42 UAH.

Einkaufen

Die beste Adresse fürs Einkaufen in Luhans'k sind die **vul. Titova**/вул. Тітова, **vul. Oboronna**/вул. Оборонна und **vul. Radjans'ka**/вул. Радянська. Hier befinden sich die meisten zentralen Läden, Kaufhäuser und Supermärkte.

Kunst & Souvenirs ▶ In der an die vul. Radjans'ka anschließende Grünanlage mit dem Obelisken für die Helden des Großen Vaterländischen Kriege findet man einen **Kunstmarkt** unter freiem Himmel. Luhans'ker Künstler stellen hier ihre Werke aus.

Abends & Nachts

Konzerte ▶ Philharmonie (Філармонія): vul. Lenina/вул. Леніна 23, Tel. 0642 93 10 05, 52 21 45.

Diskothek ▶ Iceberg (Айсберг): vul. Budjonnoho/вул. Будьонного 146, Tel. 0642 47 61 06, www.iceb.lg.ua, tgl. 21–4 Uhr. Populärer Nachtclub mit Casino und Restaurant. Man tanzt zu Electro-, House-, Techno-, Lounge-, Minimal- und R'n'B-Musik. Auf dem Unterhaltungsprogramm stehen Partys und Shows.

Entertainment ▶ Apel'syn (Апельсин): Zaričnyj kv./Зарічний кв. 13, Tel. 0642 33 62 22, www.apelsin-club.lg.ua, tgl. ab 21 Uhr. Restaurant, Sauna und moderne Musikrichtungen im Disco- und Nachtclub.

Aktiv

Stadtführungen & Ausflüge ▶ Reise- und Exkursionsbüro von Luhans'k (Луганське бюро подорожей та екскурсій), vul. Oboronna/вул. Оборонна 112 a, Tel. 0642 42 70 69, Mo–Fr 8–17 Uhr. Führungen in Luhans'k, thematische Exkursionen im ganzen Gebiet Luhan'sk, auch Ausflüge in die Stril'civkaer Steppe.

Verkehr

Flüge: Internationaler Flughafen Luhans'k (Міжнародний аеропорт Луганськ), Tel. 0642 58 15 36. Flüge nach Kiew, Simferopol'. Den Flughafen erreicht man mit der Straßenbahnlinie 6.

Züge: Bahnhof, vul. Pjatirkina /вул. П'ятіркіна 6, Tel. 0642 91 35 21. Züge nach Starobil's'k, Donec'k, Kiew, Sumy, Charkiv.

Busse: Busbahnhof, vul. Oboronna/вул. Оборонна 28, Tel. 0642 54 60 62. Busse nach Starobil's'k, Bilovods'k.

Taxis: Taxi Ljuks (Таксі Люкс), Tel. 0642 63 93 93, 050 539 80 55; Taxi Ideal (Таксі Ідеал), Tel. 0642 71 01 01, 095 057 70 07.

Mietwagen: Hertz, Internationaler Flughafen Luhans'k, Tel. 063 330 82 86, 067 214 83 86, www.hertz.ua (engl.), Mo–Fr 9–18 Uhr.

Starobil's'k ▶ 1, S/T 5

Das Kreisverwaltungszentrum **Starobil's'k** (Старобільськ, 22 000 Einw., ca. 95 km nordwestlich von Luhans'k) am Fluss Ajdar ist von schönen Landschaften und Mineralwasserquellen umgeben.

Tipp: Danylivka ▸ 1, T 5

Das **Derkuler Gestüt** (Деркульський кінний завод) bei **Danylivka** (Данилівка, 850 Einw., ca. 10 km südlich von Bilovods'k) ist eine der ältesten und bekanntesten Pferdezuchtstätten landesweit: 1767 von Katharina II. gegründet, lieferte es ursprünglich die Pferde für die russische Kavallerie und den Zarenhof. Ruhm erlangte es auch durch das historische Bautenensemble: den Pferdestall mit der Reithalle von 1767, die hölzerne, im japanischen Stil erbaute Manege von 1897 und das Verwaltungsgebäude von 1890. Ein kleines **Museum** erzählt von der Geschichte des Gestüts und der Pferdezucht. 10/8 UAH. Ein Spazierritt ist auch möglich.

Geschichte

Die ersten neuzeitlichen Überlieferungen über die von einem Grafen Bel'skij gegründete Siedlung stammen aus dem 16. Jh. Infolge politischer Auseinandersetzungen zwischen dem Grafen und dem Zaren war deren Existenz jedoch ernsthaft in Frage gestellt. Seit 1686 wurde die Gegend durch Kosaken des Ostrohoz'ker Slobodaer Regiments neu besiedelt, doch Strafmaßnahmen nach dem Kosaken- und Bauernaufstand von Kondratij Bulavin (1707/08) tilgten schließlich auch die meisten Spuren dieser Besiedlung. In den 1730er-Jahren kamen dann Kosaken und Bauern hierher zurück und nannten ihre alte neue Heimat Stara Bila (ab 1797 Starobil's'ke und ab 1933 Starobil's'k). Während des Bürgerkrieges residierte der Anführer der anarchistischen Bewegung Nestor Machno (1888–1934) in der Stadt. Der russische Schriftsteller Vsevolod Garšin (1855–1888) hat hier seine Kindheit verbracht.

Kloster der Muttergottesikone Freude aller Leidenden

Zu den architektonischen Schätzen von Starobil's'k gehört das von der Adligen Anna Bunič 1849 gegründete **Nonnenkloster der Muttergottesikone Freude aller Leidenden** (Свято-Скорботний монастир) in der vul. Kirova/вул. Кірова 43. Die weiße, schmucke Dreifaltigkeits-Klosterkirche (Троїцька церква) wurde in den Jahren 1863–70 errichtet, die Kirche der Muttergottesikone Freude aller Leidenden (Церква на честь ікони Богородиці Усіх скорботних Радість) aus roten Ziegeln 1871–1899. In den 1920er-Jahren wurde das Kloster geschlossen und nachfolgend als Kinderheim, als sowjetisches Lager für polnische Offiziere, als deutsches Konzentrationslager und vom sowjetischen Militär genutzt. Seit 1993 können die Schwestern wieder vor der Marienikone beten.

Weitere Sehenswürdigkeiten

In der vul. Žovtneva/вул. Жовтнева 53 befindet sich das **Landeskundemuseum** (Краєзнавчий музей), Tel. 06461 226 94, Mo–Fr 9–17 Uhr, 5/3 UAH. Die im Andenken an Zar Nikolaus I. erbaute **Nikolauskathedrale** (Свято-Миколаївський кафедральний собор) von 1862 steht in der vul. Uryc'koho/вул. Урицького 11. Die **Kirche der Geburt Johannes' des Täufers** (Церква Різдва Іоана Предтечі) an der Tovarna pl./Товарна пл. stammt aus dem Jahr 1850.

Übernachten

Konkurrenzlos ▸ **Ajdar** (Айдар): vul. Lenina/вул. Леніна, 40, Tel. 06461 211 56. Bislang die einzige Übernachtungsmöglichkeit in Starobil's'k mit dem Niveau eines 3-Sterne-Hotels. DZ 120–250 UAH.

Verkehr

Züge: Bahnhof, vul. Zaliznyčna/вул. Залізнична, Tel. 064 61 227 35. Verbindungen nach Luhans'k und Mariupol'.

Busse: Busbahnhof, Bazarna pl./Базарна пл. 1. Verbindungen nach Bilovods'k und Donec'k.

Bilovods'k ▸ 1, T 5

Die seit 1686 in den Annalen bekannte Siedlung **Bilovods'k** (Біловодськ, 8600 Einw.) ca. 52 km östlich von Starobil's'k verdankt ihren Namen der wegen des Kreidegesteins weißlichen Farbe der Gewässer dieser Gegend. Die Mineralwässer werden unter der Marke Bilovods'ka abgefüllt.

Die architektonische Zierde des Ortes ist die **Dreifaltigkeitskirche** (Свято-Троїцька церква) im byzantinischen Stil aus der ersten Hälfte des 19. Jh., errichtet anstelle eines hölzernen Vorgängerbaus – festlich mit drei Altären und fünf blauen Kuppeln.

Seit dem 18. Jh. ist der Kreis Bilovods'k als Zentrum der Pferdezucht bekannt. In **Novolymarivka** (Новолимарівка), **Novooleksandrivka** (Новоолександрівка), **Danylivka** (Данилівка, s. Tipp S. 390) und **Stril'civka** (Стрільцівка) befindet sich die größte Anzahl staatlicher Gestüte in der Ukraine. Östlich von Bilovods'k liegt ein Teil des Luhans'ker Naturschutzgebietes (s. S. 389), die **Stril'civkaer Steppe** (Стрільцівський степ), die man bei Ausritten erkunden kann.

Infos

Touristinfo (Турінфоцентр): vul. Bilyvody/вул. Біливоди 1, Tel. 064 66 928 31, Mo–Fr 9–17 Uhr. Hilfreiche Infos zum Aufenthalt in Bilovods'k und Umgebung.

Verkehr

Busse: Verbindungen nach Danylivka.

Donec'k ► 1, R/S 7

Cityplan: S. 392

Bereits seit einigen Jahrzehnten gilt die Gebietshauptstadt **Donec'k** (Донецьк, 1 Mio. Einw.) 295 km südöstlich von Charkiv als die grünste Industriestadt des Landes: Rosen- und Grünanlagen beleben das strenge Stadtbild mit seinen zahlreichen Hochhäusern, geradlinigen Verwaltungsbauten und Bergwerken und haben der Steinkohlemetropole den Namen ›Stadt der Millionen Rosen‹ beschert.

Geschichte

Die neuere Geschichte von Donec'k beginnt im 17. Jh. mit Kosakensiedlungen und Winterweilern in der als ›Wildes Feld‹ bekannten Gegend. Die Entdeckung von Steinkohlevorkommen in den 1820er-Jahren bestimmte das weitere Schicksal und die Entwicklung der Region: 1869 kaufte der walisische Bergbauingenieur und Geschäftsmann John Hughes vom Fürsten Kočubej Land und gründete eine äußerst erfolgreiche metallurgische Fabrik; aus der nahe gelegenen, nach ihm benannten Siedlung Juzivka sollte die Hauptstadt des Donbass werden. 1917 erhielt Juzivka Stadtrecht, 1924 einen neuen Namen – Stalino. Donec'k – nach dem Fluss Sivers'kyj Donec' – heißt die Stadt seit 1961.

Landeskundemuseum 1

Ausgangspunkt der Stadtbesichtigung ist das **Landeskundemuseum** (Краєзнавчий музей, 1924), eines der größten seiner Art in der Ukraine. Besondere Aufmerksamkeit verdienen die Zeugnisse der Polowezer und der Skythenkultur, paläontologische und archäologische Funde, darüber hinaus die Exponate aus der Kosakenzeit (vul. Čeljuskinciv/вул. Челюскінців 189 a, Tel. 062 311 07 57, www.museum.donetsk.dn.ua, Mi–So 9–15 Uhr, 5/2,50 UAH).

Park des Leninschen Komsomols 2

Hinter dem Museum liegt der **Kultur- und Erholungspark des Leninschen Komsomols** (Парк культури і відпочинку ім. Ленінського Комсомолу), des Gesamtsowjetischen Leninschen Kommunistischen Jugendverbandes, mit dem **Denkmal für die Befreier des Donbass** (1984) sowie dem **Denkmal für die in Afghanistan gefallenen Soldaten** (1996), dem neuen Stadion **Donbass Arena** (Донбас Арена, 2009) für über 50 000 Zuschauer sowie einem Jugend- und Sportpalast mit Ausstellungskomplex, Märchenwiese und Kinderbahn. Die Donbass Arena – das erste nach UEFA-Standards erbaute Stadion der Eliteklasse in Osteuropa, 2012 Austragungsort der Fußball-EM – kann inklusive der sonst nur für Spieler zugänglichen Räume bei einer Führung besichtigt werden (tgl. alle 60 Min. von 10–17 Uhr, 50/25 UAH). Über die Erfolge der hiesigen Fußballmannschaft Šach-

tar Donec'k (Schachtar Donezk) erfährt man Näheres im Museum (tgl. 10–19 Uhr, 30/15 UAH, Tel. 062 388 08 80 83, www.donbass-arena.com/en, engl.). Nebenan gibt es ein hauseigenes Fan-Café und einen Sportladen.

Rathaus 3

Vor dem **Rathaus** (vul. Artema/вул. Артема 98) steht eine Kopie der berühmten Moskauer **Zarenkanone** (Цар-гармата, 1586) – eine Schenkung der russischen Hauptstadt aus dem Jahr 2001. Und hinter dem Gebäude erstreckt sich eine Grünanlage mit dem sehenswerten **Park der Schmiedeskulpturen** (Парк кованих фігур) und der **Märchenwiese** (Галявина казок) – dem vielleicht kreativsten Ort in Donec'k. Jedes Jahr findet hier ein Festival der Schmiedekunst statt; die besten Werke werden der Stadt geschenkt. Hier sind kunstvolle Bänke und Lauben zu bewundern. Der Park ist auch ein schöner Ort zum Ausruhen.

Christi-Verklärungs-Kathedrale 4

An der Soborna pl./Соборна пл. 1 ragen die fünf Kuppeln der 2006 errichteten **Christi-Verklärungs-Kathedrale** (Свято-Преображенський кафедральний собор) gen Himmel. Sie ersetzte das 1933 im Zuge der sowjetischen antireligiösen Propaganda zerstörte gleichnamige Gotteshaus. Am Eingang steht die **Statue des Erzengels Michael** (2002), ein Geschenk der Kiewer Stadtverwaltung.

Bul'var Puškina und Kunstmuseum

Südlich der Soborna pl. erstreckt sich die schönste Promenade der Stadt – **bul'var Puškina** (бульв. Пушкіна) – mit Springbrunnen in grüner Umgebung, dem **Skulpturenpark Ukrainische Steppe** (Парк скульптур Український степ, 2006), Malern, die hier ihre Kunstwerke verkaufen, und einer Kopie der hierzulande bekannten **Mercalov-Palme** (Пальма Мерцалова, 1999). Das

Original, das sich in St. Petersburg befindet, wurde Ende des 19. Jh. von der städtischen metallurgischen Fabrik von Oleksij Mercalov und Filip Škarin aus einem Stück Gleis geschmiedet. Das auf der Pariser Weltausstellung 1900 mit dem Grand Prix geehrte Artefakt wurde zum Symbol von Donec'k: Selbst im Wappen findet sich die Palme wieder.

Das Haus Nr. 35 beherbergt das regionale **Kunstmuseum** 5 (Художній музей) mit regionaler und internationaler Kunst aus dem 16.–20. Jh. sowie antiken Werken (Tel. 062 304 83 03, www.dram.donbass.name, Mi–So 9–16.30, 10/5 UAH). In der vul. Artema/вул. Артема 46 lädt das moderne **Planetarium** 6 (Планетарій) zu virtuellen Weltallwanderungen und Sternentheater ein (Tel. 062 304 45 93, www.planetarium.dn.ua, Di–So 12–17 Uhr, 40 UAH).

Lenins'kyj prospekt

Unterhaltung anderer Art bietet der **Zirkus** 7 (Цирк) am prospekt Nevs'koho/просп. Невського 2, Tel. 062 266 51 89, www.cirk.dn.ua. Nicht weit entfernt ist die **Aleksandr-Nevskij-Kirche** 8 (Церква Олександра Невського, 2001, Nr. 12) mit der Ikone des wundertätigen Nikolaus. Im **Oleksandr-Ščerbakov-Park** (Парк культури і відпочинку ім. О. С. Щербакова, vul. Stadionna/вул. Стадіонна) erwarten den Reisenden kleine Seen mit Bootsverleih, das duftende Rosarium, Spielplätze für Kinder und in den Abendstunden eine Diskothek.

Botanischer Garten 9

Der 1964 im Westen der Stadt gegründete weitläufige **Botanische Garten** (Ботанічний сад) hat sich der Erforschung des ökologischen Gleichgewichts in der Region verschrieben (prosp. Illiča/просп.Ілліча 110, Führungen auf dem Freigelände von Mai bis Okt., Di–So 10–16 Uhr, in den Orangerien ganzjährig, Mo–Do 8–14, Fr 8–12 Uhr. Tel. Garten 062 294 12 80, Orangerien 294 70 58, www.dbs.dn.ua, 10 UAH).

Eisenbahnmuseum 10

Beim Donec'ker Bahnhof befindet sich ein für die Ukraine ungewöhnliches Museum: das **Eisenbahnmuseum** (Музей розвитку До-

Stadtarchitektur mit Hochhäusern nach sowjetischem Vorbild in Donec'k

нецької залізниці), das einzigartige historische Objekte wie Dampf- und Diesellokomotiven, die ersten elektrischen Züge, Draisinen, Abteilwagen und noch viel mehr ausstellt (vul. Artemivs'ka/вул. Артемівська 47, Tel. 062 319 08 98, Mo–Fr 8–12, 13–17 Uhr, Eintritt frei).

Infos

Touristinfo (Турінфоцентр): vul. Universytets'ka/вул. Університетська 94, Tel. 062 311 06 55, 311 00 75, www.dontourism.com.ua (engl.). Infos zu Sehenswürdigkeiten, Touren in der Region, Unterkünften und Freizeitbeschäftigung.

Übernachten

Schickes 5-Sterne-Hotel ▶ **Donbass Palace** 1 (Донбас Палас): vul. Artema/вул. Артема 80, Tel. 062 343 43 33, www.donbasspalace.com (engl.). Die Zimmer des zu den mondänsten Unterkünften des Landes gehörenden Hotels sind klassisch-elegant eingerichtet, die Gourmetrestaurants bieten europäische Küche. Dazu Spa- und Fitness-Bereich. DZ/ÜF 346–692 €.

Hoher Komfort ▶ **Viktoria** 2 (Вікторія): prosp. Myru/просп. Миру 14a, Tel. 062 381 47 00, www.victoria.ua (engl.). 4-Sterne-Hotel mit gutem Service. Die geräumigen Zimmer sind mit italienischen Möbeln ausgestattet. Im Hotelrestaurant wird europäisch und japanisch gekocht. Schönheitssalon, Fitness- und Aqua-Zone, Minigolf, Bowling, Billard und Tennisclub. DZ/ÜF 1260–1628 UAH.

Stilvoll ▶ **Azania** 3: Teatral'nyj prosp./Театральний просп. 3), Tel. 062 349 33 14, 349 33 15, www.azaniahotel.com (engl.). Kleines Boutique-Hotel in zentraler Lage. DZ/ÜF 700–800 UAH.

Aristokratisch angehaucht ▶ **John Hughes** 4 (Джон Г'юз): vul. Čeljuskinciv/вул. Челюскінців 157, Tel. 062 381 08 48, www.johnhughes.dn.ua (engl.). Hotelzimmer im englischen Stil vom Anfang des vorigen Jahrhunderts. Im Restaurant hört man Livemusik und betrachtet Bilder von John Hughes – einer der prominentesten Persönlichkeiten in der Geschichte von Donec'k. Spa-Bereich, Mietwagen. DZ 684–992 UAH.

Komfortables Sport- und Kurhotel ▶ **Legion** 5 (Легіон): vul. Ovnatanjana/вул. Овнатаняна 16, Tel. 062 385 95 65, www.hotel-legion.com (dt., engl.). Breite Palette an Sport- und Wellnessaktivitäten für Gesundheitsbewusste: Schwimmbad, Sauna, Fitnesshalle, Salzgrotte, Schönheitssalon und Solarium. DZ/ÜF 650–872 UAH.

Olé! ▶ **Ispans'kyj Dvoryk** 6 (Іспанський дворик): prosp. Chmel'nyc'koho/просп. Хмельницького 12, Tel. 062 385 47 51, -52, -53, www.dvorik.com.ua (engl.). Das gemütliche Boutique-Hotel ist kulinarisch und in Sachen Design von spanischen (Gast-)Höfen inspiriert: kunstvoll geschwungene Schmiedeelemente, eigens vom Hotelinhaber und Kunstschmied Viktor Burduk angefertigt, sorgen für besonderen Charme. Im hoteleigenen Laden sind Werke des Meisters zu erwerben. Für das Wohlbefinden sorgt der Wellnesssalon nebenan. DZ/ÜF 440–950 UAH.

Zwei Sterne ▶ **Avrora** 7 (Аврора): vul. Juhoslavs'ka/вул. Югославська 36г, Tel. 062 310 15 95, 050 764 41 61, www.auroradonetsk.com. Das kürzlich renovierte Hotel bie-

tet Zimmer unterschiedlicher Kategorien sowie ein Café und eine schöne Lobby. DZ/ÜF 420–650 UAH.
Gutes Preis-Leistungs-Verhältnis ▶ **Econom** 8 (Економ): vul. 50-riččja SRSR/вул. 50-річчя СРСР 144/4, Tel. 062 381 76 86, 050 331 76 86, www.hotel-econom.com.ua (engl.). Ein für Donec'k recht günstiges, schlichtes, aber gepflegtes Hotel in zentraler Lage. DZ 200–220 UAH.

Essen & Trinken

Ethno-Style ▶ **Ë-moë** 1 (Ë-моë): prosp. Illiča/просп. Ілліча 15д, Tel. 062 385 95 66, 067 620 20 10, www.e-moe.in.ua, tgl. 11–1 Uhr. Das originelle Restaurant bietet slawische, georgische und europäische Küche und gemütliche Abende in der Kaminhalle mit Livemusik. Gute Weinkarte, schöne Sommerterrasse und Schifffahrten am Kal'mius. Hauptgerichte ca. 55–205 UAH.
Marokkanisch und französisch ▶ **Marrakeš** 2 (Марракеш): vul. Artema/вул. Артема 127, Tel. 062 381 74 74, www.karta.ua (engl.), tgl. 11–24 Uhr. In dem im afrikanischen Stil eingerichteten Restaurant steht die marokkanische Küche im Mittelpunkt. Französische Gerichte werden ebenfalls serviert. Dazu gibt es Wasserpfeife und passende Musik. Besonders schöne Plätze befinden sich auf der Glasterrasse. Hauptgerichte ca. 30–75 UAH.
Mexikanisch ▶ **Tekila Bum** 3 (Текіла Бум): bul'v. Puškina/бульв. Пушкіна 25, Tel. 062 381 75 75, www.karta.ua (engl.), tgl. 11–24 Uhr. Hier ist es sonnig und bunt: wie in Mexiko. Das Interieur schmücken Sombreros, Ponchos und Kakteen. Gereicht wird traditionelle mexikanische Küche mit Musik. Eine kleine Tanzfläche gibt es auch. Hauptgerichte ca. 30–70 UAH.
Pub ▶ **Zolotyj Lev** 4 (Золотий Лев): vul. Artema/вул. Артема 76 a, Tel. 062 381 76 76, www.karta.ua (engl.), tgl. 11–23 Uhr. Gemütliche Bierkneipe mit europäischer und irischer Küche im Zentrum von Donec'k. Dementsprechend gute Bier-, aber auch Pizza-Auswahl. Billard. Hauptgerichte ca. 25–65 UAH.

Abends & Nachts

Tanz ▶ **Anatolij-Solovjanenko-Theater für Oper und Ballett** 1 (Театр опери та балету ім. А. Солов'яненка): vul. Artema/вул. Артема 82, Tel. 062 338 09 69, www.dopera.org. Theater der Choreographieschule des Balletttänzers Vadym Pysarjev.
Klassik ▶ **Sergej-Prokofjew-Philharmonie** 2 (Філармонія ім. С. Прокоф'єва): vul. Postyševa/вул. Постишева 117, Tel. 062 335 71 54, www.fil.ukr-info.net.
Jazz, Rock, Folk ▶ **Gung'ю'bazz** 3: bul'v. Ševčenka/бульв. Шевченка 3, Tel. 062 345 09 98, www.gung.ru, tgl. 13–2 Uhr. Angesehener Musikclub mit Livemusik, Filmvorführungen und kreativen Mahlzeiten.

Aktiv

Stadtführungen & Ausflüge ▶ **Reise- und Exkursionsbüro** 1 (Донецьке бюро подорожей та екскурсій): pl. Konstytuciji/пл. Конституції 3, Tel. 062 304 15 86, www.donetsktourist.org.ua, Mo–Fr 9–17 Uhr.

Termine

Prokofjevs'ka vesna (Прокоф'євська весна): April. Das dem Komponisten Sergej Prokofjew gewidmete Fest der Kammermusik findet auf mehreren Stadtbühnen statt.
Do # Dj (Do # Дж): April/Mai. Das internationale Jazz-Festival verwandelt Donec'k in ein Jazz-Mekka und wird zu einem Fest der Entdeckung neuer Talente (www.dodj.com.ua, engl.).

Verkehr

Flüge: Internationaler Flughafen Donec'k (Міжнародний аеропорт Донецьк), ca. 10 km nördlich der Stadt, Tel. 062 344 73 22, www.airport.dn.ua (engl.). Zwischen Flughafen und zentraler Stadt verkehren regelmäßig der Trolleybus 9 und der Bus 83. Vom Flughafen zum Hauptbahnhof fährt der Bus 5. Flüge u. a. nach Mariupol', Kiew, Luhans'k, Zaporižžja, Odesa, Simferopol', L'viv sowie nach Wien, Köln, Frankfurt am Main.
Züge: Bahnhof, Pryvokzal'na pl./Привокзальна пл.,Tel. 062 305 40 59. Züge nach Svjatohirs'k, Mariupol' sowie nach Kiew, Lu-

hans’k, Charkiv, Dnipropetrovs’k. Internationale Verbindungen u. a. nach Berlin.
Busse: Vom Busbahnhof in der vul. Zlitna/вул. Злітна 1 Verbindungen nach Snižne, Krasne, Artemivs’k, Slovjans’k, Svjatohirs’k und Mariupol’ (Tel. 062 251 56 88). Von der Busstation an der pl. Komunariv/пл. Комунарів 4 Busse nach Andrijivka und Neskučne (Tel. 062 266 51 19).
Mietwagen: Avto-Drajv (Авто-Драйв), vul. Žmury/вул. Жмури 1, Büro 902a, Tel. 062 349 64 11, 050 613 56 57, www.autodrive.ua (engl.).

Fortbewegung in der Stadt
Busse/Straßenbahn: Eine Fahrt mit dem Trolleybus oder der Straßenbahn kostet 1 UAH, mit dem (Klein-)Bus 2 UAH.
Taxis: Taxi Ljuks (Таксі Люкс), Tel. 062 15 82, 381 06 06, Taxi Vojaž (Таксі Вояж), Tel. 062 15 50, 381 32 23, 381 37 29.

Mariupol’ ► 1, R 8/9

Die Stadt **Mariupol’** (Маріуполь, 490 000 Einw.) liegt ca. 145 km südlich von Donec’k am Asowschen Meer und ist das zweitwichtigste Industriezentrum des Gebiets und Metallurgie-Hochburg des Landes. Dank seiner attraktiven Küstenlage genießt Mariupol’ auch Ansehen als Kurort. Das zwischen der Ukraine und Russland gelegene Asowsche Meer mit einer Fläche von ca. 39 000 m² hat einen niedrigen Salzgehalt und ist über die Kerčer Meerenge mit dem Schwarzen Meer verbunden. Seine maximale Tiefe beträgt ca. 14 m, wodurch die Wassertemperaturen im Sommer oft über 20° C steigen. Die Küstenlinie ist von zahlreichen Buchten und Nehrungen geprägt.

Geschichte

Im 16./17. Jh. wurde das heutige Stadtgebiet von flüchtigen Kosaken und Bauern, die hier die Befestigung Domacha errichteten, besiedelt. Im Laufe eines der russisch-türkischen Kriege wurde der Vorposten 1769 zerstört und 1775 – im Zuge der Beseitigung der Kosakenautonomie – von der russischen Regierung gar liquidiert. Aus den Trümmern der Kosakensiedlung erwuchs die Stadt Pavlovs’k, die – auf Ersuchen griechischer Aussiedler aus der Krim – in Mariupol’ umbenannt wurde. Der Eisenbahnbau und die Errichtung des Hafens im 19. Jh. beflügelten Wirtschaft und Handel, Mariupol’ etablierte sich als zweitwichtigste Hafenstadt in Südrussland und als bedeutendes Metallurgiezentrum. Diese Stellung hatte es auch in der Sowjetunion (von 1948 bis 1989 als Stadt Ždanov) und bis heute.

Sehenswürdigkeiten

Der Zweite Weltkrieg richtete auch in dieser Stadt schwere Schäden an. Nur noch einige vorrevolutionäre Verwaltungsbauten lohnen einen genaueren Blick; die meisten Sakralbauten sind neueren Datums. Doch einige Museen und der Charme der Seepromenade machen Mariupol’ attraktiv.

Die meisten Museen konzentrieren sich im Herzen der Stadt – um die Teatral’na pl./Театральна пл.: Unter den Exponaten des **Landeskundemuseums** (Краєзнавчий музей) in der vul. Heorhijivs’ka/вул. Георгіївська 20 sind Polowezer Steinidole und Funde aus der Mariupoler jungsteinzeitlichen Grabstätte (Tel. 0629 33 65 84, -33 38, Mi–So 9–16 Uhr, 4/2 UAH).

In der vul. Heorhijivs’ka/вул. Георгіївська 55 befindet sich das **Museum der Volkskulturen** (Музей народного побуту), das über die (Alltags-) Kultur der Nationalitäten, die sich im 18. Jh. in der Gegend niederließen, unterrichtet (Tel. 0629 33 52 07, Di–So 8.30–16 Uhr, 4/2 UAH).

Sehenswert ist das **Archip-Kuindži-Zentrum für moderne Kunst** (Центр сучасного мистецтва ім. Архипа Куїнджі), benannt nach dem bedeutenden Landschaftsmaler griechischer Abstammung Archip Kuindži (vul. Metalurhiv/вул. Металургів 25, 1842–1910, Tel. 0629 33 22 26, Di–So 10–16.30 Uhr, 6/3 UAH).

In der Nähe des **Parks des 50. Jahrestags der Oktoberrevolution** (Парк культури і відпочинку 50-річчя Жовтня) präsentiert das **Meeresmuseum** (Азовський морський музей) in der vul. Čornomors'ka/вул. Чорноморська 19 Schiffsmodelle und Navigationsgeräte (Tel. 0629 37 11 70, Mo–Fr 8–12, 13–16.30 Uhr, Eintritt frei). Ein Spaziergang durch den **Stadtgarten/Zentralen Kinderpark** (Міський Сад/Дитячий центральний парк культури і відпочинку) und dann den **Prymors'kyj bul'var** (Приморський бульвар) entlang – einer Promenade mit Hotels, Restaurants und schönen Blicken auf die Taganroger Bucht – ist der beste Weg zum Meeresmuseum.

Übernachten

Mariupol' hat eine gut ausgebaute Hotelinfrastruktur, doch insbesondere zur Sommerzeit empfiehlt sich ein Aufenthalt in der Umgebung, am Asowschen Meer. Mehrere attraktiv gelegene Übernachtungsmöglichkeiten gibt es in Urzuf (Урзуф), Jalta (Ялта), auf der Bilosarajs'ker Nehrung (Білосарайська коса), in Malekyne (Малекине), Bezimenne (Безіменне) und Sjedove (Сєдове).

Erholung ▶ **Spartak** (Спартак): vul. Charlampijivs'ka/вул. Харлампіївська 13, Tel. 0629 33 10 88, www.spartak.com.ua (engl.). Mit Restaurant und Kaminhalle sowie Pub, Café, Billardraum und Schönheitssalon. DZ 380–550 UAH.

Elegant ▶ **Grand Hotel** (Ґранд Готель): prov. Korolenka/пров. Короленка 6, Tel. 062 940 24 64, www.mak-grandhotel.com. Gemütliches Restaurant mit europäischer Küche. DZ/ÜF 350–700 UAH.

Essen & Trinken

Flair des 19. Jahrhunderts ▶ **Traktir" na Grečeskoj** (Трактиръ на Греческой): vul. Hrec'ka/вул. Грецька 32, Tel. 0629 47 44 88, tgl. 11–23 Uhr. Das elegante Restaurant lädt zum intellektuellen Speisen mit Klaviermusik ein. Alte nationale und europäische Gerichte. Hauptgerichte ca. 42–90 UAH.

Historisches Flair ▶ **Na zubok** (На зубок): Komsomol's'kyj bul'var/Комсомольський бульвар 44, Tel. 0629 49 36 33, tgl. 10.30–23 Uhr. In der Atmosphäre einer Gasse des mittelalterlichen Tallinn serviert man europäische und georgische Küche. Hauptgerichte ca. 22–55 UAH.

Einkaufen

Die meisten Geschäfte und Einkaufszentren findet man am **prosp. Metalurhiv** (просп. Металургів), **prosp. Lenina** (просп. Леніна) und **prosp. Peremohy** (просп. Перемоги).

Verkehr

Flüge: Internationaler Flughafen Mariupol' (Міжнародний аеропорт Маріуполь), vul. Levčenka/вул. Левченка 1, Tel. 062 951 13 59, www.maraero.com. Flüge nach Kiew. Zum Flughafen verkehrt der Bus 61.

Züge: Bahnhof, vul. Mičmana Pavlova/вул. Мічмана Павлова 10, Tel. 062 933 42 17. Züge nach Donec'k sowie Richtung Charkiv, Kiew, Poltava.

Busse: Busbahnhof, vul. Artema/вул. Артема 115, Tel. 062 933 13 45. Verbindungen nach Donec'k.

Die Umgebung von Mariupol' ▶ 1, R/S 8

Chomutover Steppe

Das Teilreservat des Ukrainischen Steppennaturschutzgebiets (Український степовий природний заповідник) **Chomutover Steppe** (Хомутівський степ) liegt beim Dorf Chomutove (Хомутове) ca. 60 km östlich von Mariupol'. Die von zwölf Arten Federgras, Tulpen und Heckenrosen bedeckte Fläche nimmt ca. 10 km² ein, und besonders zur Frühlingszeit entfaltet sich die sehr mannigfaltige Flora in ihrer ganzen Duft- und Farbenpracht. Zur Fauna gehören Ziesel, Springmaus, Murmeltier, Hase, Igel und Fuchs. Führungen organisiert die Reservatsverwaltung im Dorf Samsonove (Самсонове, Tel. 06279 297 25).

Kamjani Mohyly

Kamjani Mohyly (Кам'яні Могили) – Steinerne Gräber – heißt ein beeindruckendes, ca. 4 km² großes Naturreservat ca. 40 km

Federgras wiegt sich in der Chomutover Steppe im Wind

nordwestlich von Mariupol', dessen geologische Attraktion ca. 2 Mrd. Jahre alte Granitfelsen sind, mitten in der Steppe bis zu 100 m hoch ragende, eigenartig geformte Gebilde des Ukrainischen Schildes. Nicht minder interessant ist die Pflanzenwelt mit einigen endemischen Arten. Die Geräusche und Gerüche der Steppe sind ein weiterer Grund, hierher zu kommen.

In ferner Vergangenheit soll das von Kurganen umgebene Reservat – heute Teil des Ukrainischen Steppennaturschutzgebiets (Український степовий природний заповідник) – als Kultstätte gedient haben. Einer Legende nach hat die Schlacht an der Kalka zwischen dem Kiewer Fürsten Mstyslav Romanovyč und den Mongolen im Jahr 1223 hier stattgefunden. Nach einer anderen Legende sind die Steinernen Gräber Grabstätten der skythischen Herrscher.

Das Reservat befindet sich in der Nähe des Dorfes **Nazarivka** (Назарівка). Die Verwaltung hat im Ort ihren Sitz und organisiert Führungen (Tel. 06296 933 14, April–Okt. Fr–So 10–13 Uhr, Anmeldung erforderlich). Bei einer selbstständigen Erkundung der Steppe sollte man die Öko-Pfade nicht verlassen und auf Schlangen achten!

Berdjans'k ►1, R 9

Berdjans'k (Бердянськ, 123 000 Einw., ca. 80 km westlich von Mariupol') ist ein sonniger, grüner Kurort am Asowschen Meer mit zahlreichen Sanatorien, Pensionen und Erholungsheimen; in mehreren Strandseen entlang der Küste werden heilende Schlämme gewonnen.

Geschichte

Die neuzeitliche Besiedlung des heutigen Berdjans'k geht auf das Ende des 17. Jh. zurück. Das zu jener Zeit kleine und unspektakuläre Dorf Berdy gewann an Bedeutung, nachdem 1830 an der Berdjans'ker Nehrung eine Schiffsanlegestelle errichtet wurde. Anfang des 20. Jh. verwandelte sich Berdjans'k (seit 1841 Stadt) in ein bedeutendes, kosmopolitisches Handelszentrum im Süden des Landes, seit 1970 ist es als landesweit etablierter Kurort am Asowschen Meer bekannt. Die Salzseen und die Heilschlämme der Limane an der Berdjans'ker Nehrung werden besonders geschätzt.

Sehenswürdigkeiten

Entspannen kann man vor der bizarren Kranenkulisse am **Kai** und an der **Prymors'ka pl.** (Приморська пл.) in den zahlreichen Cafés oder an der sommerlichen Konzertbühne, um dann bei Souvenirhändlern das ein oder andere Mitbringsel zu erstehen. Mehr über die Entstehung und Entwicklung des Ortes erfährt man im **Museum für Stadtgeschichte** (Музей історії міста) in der vul. Djumina/вул. Дюміна 15 (Tel. 061 533 63 16, Di–So 9–17 Uhr, 7/3 UAH).

Die **Leutnant-Schmidt-Gedenkstätte** (Меморіальний будинок-музей П. П. Шмідта) für den Anführer des Sevastopoler Matrosenaufstands von 1905 mit deutschen Vorfahren befindet sich am **Schmidt-Park** (Парк ім. Шмідта, vul. Šmidta/вул. Шмідта 8, Tel. 061 537 09 80, 7/3 UAH).

Besonders sehenswert ist das städtische **Kunstmuseum** (Художній музей ім. І. Бродського), das sich aus der Sammlung des realistischen Malers Isaak Brodskij (1883–1939) entwickelte. Zu den Meisterwerken zählen Gemälde von Ivan Kramskoj, Archip Kuindži, Aleksandr Benua (Benois) und Ivan Ajvazovskij (Tel. 061 534 51 58, Di–So 10–17 Uhr, 10/3 UAH).

Das **Landeskundemuseum** (Краєзнавчий музей) bietet – außer der Besichtigung seiner Exponate und der steinernen Polowezer Idole unter freiem Himmel – ausführliche Stadtführungen (prosp. Peremohy/просп. Перемоги 14, Tel. 061 534 56 96, Sa–Do 9–17 Uhr, 7/3 UAH).

Übernachten

Anspruchsvoll ▶ **Oreanda** (Ореанда): vul. Makarova/вул. Макарова 23, Tel. 061 539 20 89, www.oreanda.ua. An der Berdjans'ker Nehrung mit gutem Service und vielfältigem Angebot an Aktivitäten, ideal für einen Familienaufenthalt. DZ 420–1253 UAH.

Hoch hinaus ▶ **Berdjans'k** (Бердянськ): vul. Djumina/вул. Дюміна 55/33, Tel. 061 533 84 01, www.berdyansk.com.ua (engl.).

Tipp: Kamjana Mohyla – Steinernes Grab bei Myrne

▶ 1, P 9

Am Dorfrand von **Myrne** (Мирне, ca. 100 km nordwestlich von Prymors'k, ca. 20 km nordöstlich von Melitopol') ragt ein 12 m hohes, ca. 3 ha großes Sandsteingebilde aus der Ebene, das sich im Tertiär auf dem Meeresgrund bildete: das Naturdenkmal und **Historisch-architektonische Reservat Kamjana Mohyla, Steinernes Grab** (Національний історико-археологічний заповідник Кам'яна Могила) – nicht zu verwechseln mit den Steinernen Gräbern bei Nazarivka (s. S. 398). Seit je wurden die von Wasser und Wind eigenartig ausgeformten Höhlen und Grotten des Hügels von Menschen als Kultstätten genutzt, ihre Wände zieren geheimnisvolle, noch nicht entzifferte Zeichnungen. Die Höhleneingänge sind aus konservatorischen Gründen zugeschüttet, sodass die Petroglyphen nur im Reservatsmuseum bewundert werden können. Über ihre Datierung streitet man sich noch heute; nach wie vor herrscht jedoch Einigkeit darüber, dass das Steinerne Grab ein bislang ungenügend erforschtes, einmaliges Denkmal ist, das viele Geheimnisse der Urgeschichte der eurasischen Völker lüften könnte (Tel. 0619 49 46 70, www.stonegrave.org, Reservat Sommer tgl. 9–18, Winter 9–16 Uhr, 5/3 UAH; Museum Sommer tgl. 9–17, Winter tgl. 9–16 Uhr, 3/2 UAH).

80 Standard- und Luxuszimmer sind in einem Hochhaus im Zentrum der Stadt untergebracht. Für Familien gibt es Drei- und Vierbettzimmer. Café-Bar, Sauna und Friseursalon. DZ/ÜF 260–580 UAH.

Gute Lage ▶ **Griboff:** vul. Mazina/вул. Мазіна 16, Tel. 061 534 55 11, 066 079 68 00, www.griboff-hotel.com.ua. Zum Kai sind es von diesem gemütlichen Hotel mit Schwimmbad nur einige Minuten. Zum Extra-Angebot gehören Exkursionen und Schifffahrten. DZ 250–600 UAH.

Essen & Trinken

Frischer Fisch und Meeresfrüchte ▶ **Rybnyj Penthouse** (Рибний Пентгауз): vul. Šmidta/вул. Шмідта 1, Tel. 061 534 40 72, www.rio.berdyansk.net, tgl. 11–2 Uhr. Restaurant mit VIP-Saal. Hauptgerichte ca. 30–57 UAH.

Georgisches Menü ▶ **Mimino** (Мiмiно): vul. Šmidta/вул. Шмідта 1, Tel. 061 534 50 80, www.rio.berdyansk.net, tgl. 10–1 Uhr. In dem als georgischer Hof präsentierten Restaurant kommen deftige Gerichte und vollmundige Weine auf den Tisch, außerdem europäische Speisen und Sushi. Abends Livemusik. Hauptgerichte ca. 28–45 UAH.

Traditionell ukrainisch ▶ **Skyba** (Скиба): vul. Šmidta/вул. Шмідта 1, Tel. 061 534 40 72, www.rio.berdyansk.net, tgl. 11–2 Uhr. Holztische und -stühle, weiß getünchter Ofen, bestickte Tücher und museale Alltagsgegenstände. Im Sommer speist man auf der Terrasse. Hauptgerichte ca. 15–40 UAH.

Vielfältiges Angebot ▶ **Frehat** (Фрегат): vul. Hor’koho/вул. Горького 43, Tel. 061 534 52 50, 067 688 67 05, www.fregat.berdyansk.net, tgl. 9–24 Uhr. Gemütliches, zentral gelegenes Restaurant; empfehlenswerte Grillgerichte und Business-Lunch. Hauptgerichte ca. 14–89 UAH.

Abends & Nachts

Nachtclub ▶ **RIO** (PIO): vul. Šmidta/вул. Шмідта 1, Tel. 06153 440 72, www.rio.berdyansk.net, tgl. ab 21 Uhr. Moderner Nachtclub mit roter Innenausstattung – mit Diskothek und Bars.

Aktiv

Stadtführungen & (Schiffs-)Ausflüge ▶ **Temerinda** (Темерiнда): vul. Uryc’koho/вул. Урицького 3, Tel. 06153 405 81, www.temerinda.berdyansk.net, Mo–Sa 9–18 Uhr.

(Kite-)Surfen ▶ **Erholungsheim Bryhantyna** (База відпочинку Бригантина): Serednja-Nehrung (Середня коса), Tel. 050 139 61 33, 066 535 53 26, www.kite.com.ua. Surfbrettverleih und Unterricht.

Strände ▶ Der zentrale Strand erstreckt sich in der Nähe der Prymors’ka pl./Приморська пл., beliebter sind jedoch die Sandstrände der Berdjans’ker Nehrung.

Schifffahrten ▶ Vom Hafen in der vul. Hor’koho/вул. Горького verkehren Schiffe zur Berdjans’ker Nehrung.

Verkehr

Züge: Bahnhof, Proletars’kyj prosp./Пролетарський просп. 117, Tel. 061 53 612 09. Züge nach Zaporižžja und Kiew.

Busse: Busbahnhof, vul. 12 Hrudnja/вул. 12 Грудня 4, Tel. 06153 364 23. Verbindungen nach Prymors’k und Zaporižžja.

Taxis: Tel. 06153 255 05, 067 296 09 00.

Prymors’k ▶ 1, Q 9

Etwa 40 km westlich von Berdjans’k liegt am Asowschen Meer der ruhige Urlaubsort **Prymors’k** (Приморськ, 13 000 Einw.). Neben dem **Landeskundemuseum** (Краєзнавчий музей) in der vul. Kirova/вул. Кірова 101 (Tel. 06137 745 46, Mo–Fr 9–12, 13–17 Uhr, 2/1 UAH) ist seine wichtigste Attraktion die unter Naturschutz stehende, ca. 30 km lange **Obytična-Nehrung** (Обитічна коса), Heimstatt mehrerer seltener Pflanzen-, Vogel- und Fischarten; hier finden sich einige touristische Herbergen und schöne Sandstrände zum Spazierengehen und Baden.

Verkehr

Busse: Busstation, vul. Radjans’ka/вул. Радянська 105, Tel. 06137 723 41, 720 71. Verbindungen nach Berdjans’k, Mariupol’, Cherson, Mykolajiv.

Das Segelschiff Amerigo Vespucci
im Hafen von Odesa

Kapitel 5
Der Süden

Die Nähe des Meeres, mildes Klima, eine einzigartige Natur und einmalige Kulturzeugnisse machen den ukrainischen Süden zu einem der beliebtesten Erkundungs- und Urlaubsziele. In dieser Region harmonieren Steppe, Berge und Meer miteinander und erschaffen Landschaften seltener Schönheit. Im Süden liegen drei von vier ukrainischen Biosphärenreservaten: das Donau- und das Schwarzmeer-Biosphärenreservat sowie das Biosphärenreservat von Askanija-Nova. Zahlreiche Nehrungen, Limane, Salzseen, pittoreske Kaps, Felsen, Höhlen, Höhlenstädte und Strände prägen das Bild der Region. Die Vielfalt der Naturschätze kommt besonders Aktivurlaubern zugute: Insbesondere die Halbinsel Krim ist ein Eldorado für (Berg-)Wanderer, Kletterer, Mountainbiker, Taucher oder einfach Badelustige.

In diesem Naturparadies fehlt es nicht an urbanen Stätten: Allen voran zieht Odesa mit seiner wunderbaren Architektur und seinem Flair Reisende an. Die Hafenstädte Mykolajiv, Cherson und Sevastopol' sind weitere bedeutende Erkundungsziele. Auch das kulturelle Erbe des Südens ist beeindruckend: Die antiken Städte Olbia und Chersonesos zeugen von der Präsenz der Altgriechen. Die Festungen in Balaklava und Sudak verraten die Anwesenheit der Genuesen. Der Khanpalast in Bachčysaraj ist Zeuge der Blütezeit des Krimkhanats. Außerdem haben viele weitere Völker hier ihre Spuren hinterlassen, darunter Armenier, Griechen, Juden, Karäer und Osmanen. Darüber hinaus beeindruckt die Südküste der Krim mit üppig gedeihenden Weinbergen, blühenden Gärten sowie prachtvollen Schlössern und Palästen ehemaliger russischer Adliger in Alupka, Haspra, Livadija, Masandra und Nikita.

Auf einen Blick

Der Süden

Sehenswert

11 Odesa: Die kosmopolitische Hafenstadt wartet auf mit einem prächtigen Meeresboulevard und Opernhaus sowie der Potëmkinschen Treppe (s. S. 406).

12 Biosphärenreservat Askanija-Nova: Unberührte Steppe und deren einzigartige Tier- und Pflanzenwelt stehen hier unter Schutz (s. S. 432).

13 Bachčysaraj: In der alten Hauptstadt der Krimtataren prunkt der orientalische Khanpalast (s. S. 441).

14 Sevastopol': An der Quarantänebucht ruhen die Überreste der legendären Polis Taurisches Chersonesos (s. S. 447).

15 Haspra: Das romantische Schloss Schwalbennest krönt den über dem Meer aufragenden Felsen in Haspra (s. S. 457).

Schöne Routen

Entlang der Krimschen Südküste: Auf der nur 75 km langen Strecke von Foros nach Alušta liegen die schönsten Orte der Krim mit Palästen, Schlössern und Gärten – Alupka, Mischor, Haspra, Livadija, Jalta, Masandra, Nikita und Hurzuf (s. S. 456).

Von Sudak nach Staryj Krym: Von der Genuesischen Festung in Sudak sind es nur ca. 35 km bis zur alten Hauptstadt des Krim-Khanats. Von Staryj Krym lohnt die kurze Weiterfahrt zum malerisch gelegenen, armenischen Wehrkloster Surb-Chač (s. S. 470).

Meine Tipps

Halbinsel Tarchankut: Die Halbinsel mit einsamen Stränden und pittoresken Felsen ist ein Paradies für Aktivsportler und Naturliebhaber (s. S. 441).

Balaklava: Der malerische Ort an der Krimschen Südostküste mit der alten Festung Čembalo war ursprünglich ein Fischerdorf (s. S. 453).

Weinprobe in Masandra: Die Weinkellerei in Masandra mit einer wertvollen Enothek und historischen Weinkellern ist einer der traditionsreichsten Weinbetriebe des Landes (s. S. 466).

Ajvazovskij-Gemäldegalerie in Feodosija: Der in Feodosija geborene Ivan Ajvazovskij ist der bekannteste Marinemaler im ostslawischen Raum (s. S. 477).

aktiv unterwegs

Besuch der Karsthöhlen bei Mramorne: Bunte Kristalle und steinerne Wasserfälle sind in der Marmorhöhle und der Höhle Emine-Bajir-Chosar zu bewundern (s. S. 437).

Wandern im Großen Krimschen Canyon: Von Sokolyne weist der Weg zur malerischen Schlucht mit dramatischen Abhängen, Karstquellen und dem ›Jugendbad‹ (s. S. 446).

Mit der Seilbahn auf den Aj-Petri: Die Seilbahn mit der längsten stützenfreien Strecke Europas führt von Mischor auf einen der markantesten Berggipfel der Krim (s. S. 458).

Auf den Spuren von Lev Golicyn: Der in das Karstmassiv geschlagene Golicyn-Pfad schlängelt sich entlang der Grünen Bucht in die Golicyn-Grotte und vorbei an der Blauen und der Himmelblauen Bucht (s. S. 472).

Von Odesa an die Donau

Das Gebiet Odesa ist eine faszinierende Region, wo Steppe und Meer aufeinandertreffen und zahlreiche Völker ihre Spuren hinterlassen haben. Die Landschaft beleben zahlreiche Limane und Nehrungen. Im Norden der Küste schimmert die Perle am Schwarzen Meer, die Hafenstadt Odesa, im Süden lockt das Donaudelta.

11 Odesa ▶ 1, K 10

Cityplan: S. 408

Das gastfreundliche, kosmopolitische **Odesa** (Одеса, 1 Mio. Einw.) bezaubert mit Toleranz und Kulturvielfalt, Heiterkeit und Humor. Die Stadt ist ein bedeutendes wirtschaftliches, kulturelles und wissenschaftliches Zentrum nicht nur der Region, sondern des ganzen Landes und zugleich ein populärer Kurort und beliebtes Touristenziel.

Geschichte

Odesa wurde erst im 18. Jh. gegründet, doch war die Gegend bereits vor unserer Zeitrechnung von Griechen bevölkert. In der Antike und im Mittelalter zogen Skythen, Sarmaten, Petschenegen und Polowezer hier vorbei. Ab dem 14./15. Jh. existierte ein litauischer Hafen, und nach der türkischen Eroberung entstand in den 1860er-Jahren bei der tatarischen Siedlung Hacıbey die Festung Yeni-Dünya (Neue Welt), die im Zuge des russisch-türkischen Krieges von 1787 bis 1792 von russischen Truppen besetzt wurde.

1792 ließ Katharina II. eine neue Hafenstadt gründen, um den Handel mit Europa zu beleben. In Gedenken an die altgriechische Siedlung Odessos, die in der Nähe der Bucht gelegen haben soll, erhielt sie 1795 den Namen Odesa. Unter ihrem ersten Statthalter José de Ribas erblühte die Stadt. Einen erneuten Aufschwung gab es dank ihres Bürgermeisters Herzog de Richelieu: Wie keine andere südrussische Stadt erlebte Odesa eine äußerst rasche und anhaltende Entwicklung. Das architektonische Antlitz des Ortes formte sich im 19. Jh.

Prymors'kyj bul'var

Über den **Prymors'kyj bul'var** (Приморський бульвар), Odesas Meerespromenade, nähert man sich der Stadt vom Wasser aus. Auf der einen Seite der edlen Flaniermeile prunken zahlreiche klassizistische Bauten, die andere gibt den Blick frei auf Meer und Hafen.

Den Auftakt des Boulevards (Voroncovs'kyj prov./Воронцовський пров. 2) bildet der **Palast des Grafen Voroncov** 1 (Палац Воронцова) mit einer Säulenfassade von 1828, ein Werk von Francesco (Frans) Boffo. Der Palast gilt als einer der schönsten klassizistischen Bauten der Stadt und wurde nach dem gleichnamigen südrussischen Generalgouverneur benannt, der hier eine seiner Residenzen hatte.

Am **Denkmal von Armand Emmanuel du Plessis de Richelieu** (1828), dem ehemaligen Odesaer Statthalter, führen 192 Stufen zum Hafen hinunter: die berühmte, von Sergej Eisenstein im Film »Panzerkreuzer Potemkin« verewigte **Potëmkinsche Treppe** 2 (Потьомкінські сходи). Der zwischen 1837 und 1842 erbaute und ebenfalls von Francesco Boffo entworfene Aufgang, ein Geschenk des Grafen Voroncov an seine Gemahlin, vermittelt von oben den Eindruck, wesentlich länger zu sein, als er eigentlich ist. Diesen Effekt erreichte der Architekt, indem er die unteren Stufen zunehmend verbreiterte.

Weitere beachtenswerte Bauten am Boulevard sind das Gebäude des einstigen **Gouverneurssitzes** 3 (Присутственні місця, Nr. 7), das **Hotel Peterburz'kyj** 4 (Готель Петербурзький, Nr. 8) und der **Šydlovs'kyj-Palast** 5 (Палац Шидловського, Nr. 9) von 1830. Am Ende der Promenade steht das **Alexander-Puschkin-Denkmal** (1888) auf einem Rondell; auch der Dichter liebte es, hier entlangzuflanieren, und pries die Reize Odesas in seinen Versen.

Im klassizistischen Gebäude der **Alten Börse** 6 (Стара Біржа) aus den Jahren 1828 bis 1873 an der **Dums'ka plošča** (Думська пл., Nr. 1) hat heute die Stadtverwaltung ihren Sitz. Die bronzene **Kanone** (Гармата) aus den Zeiten des Krimkrieges wurde 1904 vor dem Bau aufgestellt.

Vulycja Lanžeronivs'ka

In der vul. Lanžeronivs'ka/вул. Ланжеронівська befinden sich gleich mehrere sehenswerte Museen: Der ehemalige **Englische Club** (Англійський клуб, 1841, Nr. 6) beherbergt voraussichtlich ab 2012 wieder das **Museum der Meeresflotte** 7 (Музей морського флоту), das während der Gebäuderenovierung seine Exponate im Hafen (vul. Prymors'ka/вул. Приморська 6) ausstellt. Im historischen Haus Nr. 4 aus den Jahren 1882/83 ist das **Archäologische Museum** 8 (Археологічний музей) untergebracht (Tel. 048 222 01 71, www.archaeology.odessa.ua, engl., Di–So 10–17 Uhr, 20/10 UAH). Der **Gagarin-Palast** (Палац Ґаґаріна, Nr. 2, 1842–50) dient heute als **Literarisches Museum** 9 (Літературний музей, Tel. 048 722 33 70, 222 32 13, www.museum-literature.odessa.ua, Sommer tgl. 10–17, Winter tgl. 10–16 Uhr, 18/8 UAH). Die bekanntesten literarischen und nichtliterarischen Helden sind im angeschlossenen Skulpturengarten (Сад скульптур) zu bestaunen (6/4 UAH). Im Lanžeronivs'kyj uzviz/Ланжеронівський узвіз 2 findet man das **Museum des Odesaer Hafens** 10 (Музей Одеського порту, Tel. 048 729 38 57, Mo–Fr 10–17 Uhr, Eintritt frei).

Beliebte Flanierzone: der Yachthafen von Odesa

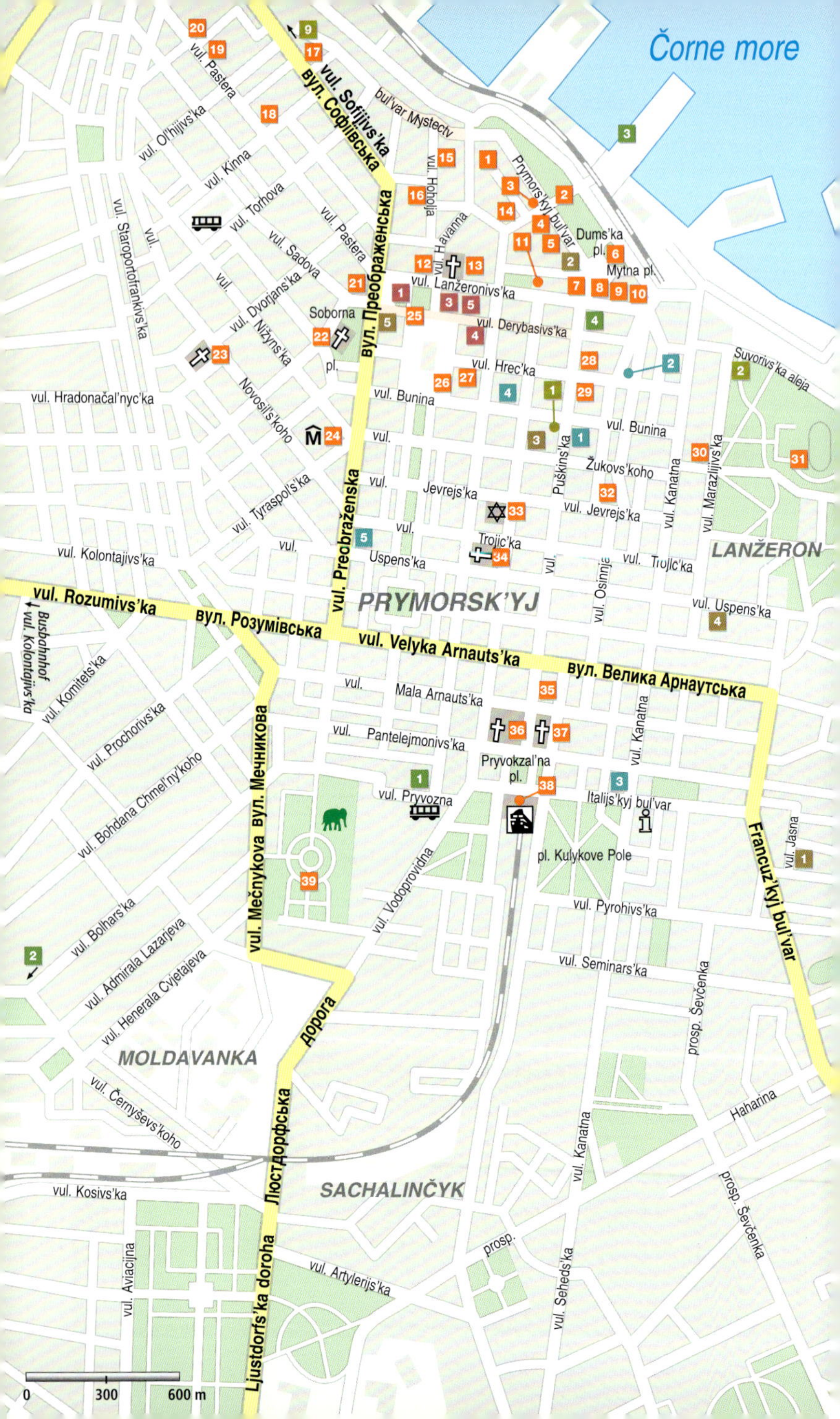
Čorne more
vul. Sofijivs'ka
вул. Софіївська
bul'var Mystectv
vul. Pastera
vul. Ol'hijivs'ka
vul. Kinna
vul. Torhova
vul. Sadova
vul. Pastera
vul. Staroportofrankivs'ka
vul. Dvorjans'ka
vul. Nižyns'ka
vul. Novosil's'koho
vul. Hohol'a
vul. Havanna
Prymors'kyj bul'var
Dums'ka pl.
Mytna pl.
vul. Lanžeronivs'ka
vul. Derybasivs'ka
vul. Hrec'ka
vul. Bunina
vul. Bunina
Soborna pl.
вул. Преображенська
vul. Preobraženska
vul. Hradonačal'nyc'ka
vul. Tyraspol's'ka
vul. Jevrejs'ka
vul. Jevrejs'ka
vul. Žukovs'koho
vul. Puškins'ka
vul. Trojic'ka
vul. Trojic'ka
vul. Uspens'ka
vul. Uspens'ka
vul. Kolontajivs'ka
vul. Osipova
vul. Kanatna
vul. Marazlijivs'ka
Suvorivs'ka aleja
LANŽERON
PRYMORSK'YJ
vul. Rozumivs'ka
вул. Розумівська
vul. Velyka Arnauts'ka
вул. Велика Арнаутська
Busbahnhof
vul. Kolontajivs'ka
vul. Komitets'ka
vul. Prochorivs'ka
vul. Bohdana Chmel'ny'koho
vul. Mala Arnauts'ka
vul. Pantelejmonivs'ka
Pryvokzal'na pl.
vul. Kanatna
vul. Pryvozna
Italijs'kyj bul'var
pl. Kulykove Pole
vul. Jasna
Francuz'kyj bul'var
vul. Mečnykova
вул. Мечникова
vul. Vodoprovidna
vul. Pyrohivs'ka
vul. Seminars'ka
vul. Bolhars'ka
vul. Admirala Lazarjeva
vul. Henerala Cvjetajeva
prosp. Ševčenka
MOLDAVANKA
дорога
vul. Černyševs'koho
Люстдорфська
Haharina
vul. Kanatna
SACHALINČYK
vul. Kosivs'ka
prosp. Ševčenka
prosp.
vul. Artylerijs'ka
vul. Sehedš'ka
vul. Aviacijna
Ljustdorfs'ka doroha
0
300
600 m

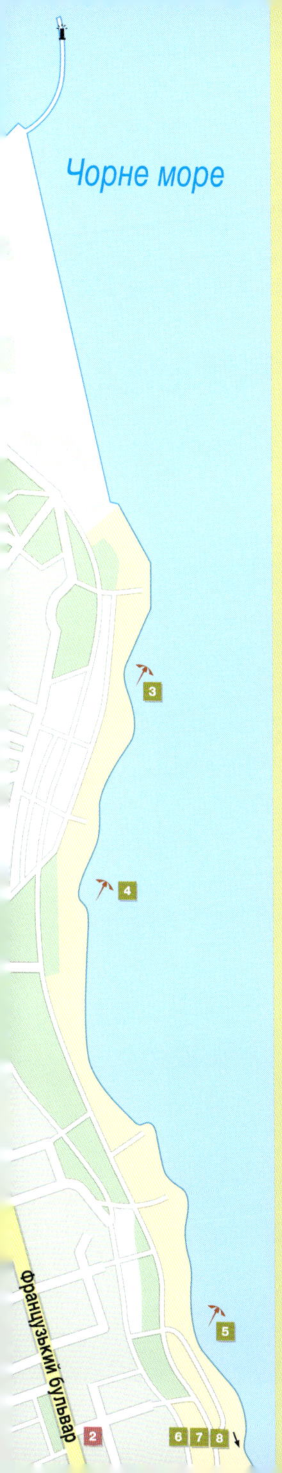

Odesa

Sehenswert

1 Palast des Grafen Voroncov
2 Potëmkinsche Treppe
3 Gouverneurssitz
4 Hotel Peterburz'kyj
5 Šydlovs'kyj-Palast
6 Alte Börse
7 Museum der Meeresflotte
8 Archäologisches Museum
9 Literarisches Museum
10 Museum des Odesaer Hafens
11 Theater für Oper und Ballett
12 Historisch-landeskundliches Museum
13 Petruskirche
14 Gelehrtenhaus
15 Atlantenhaus
16 Schahpalast
17 Kunstmuseum
18 Ukrainisches dramatisches Theater
19 Maksim-Gor'kij-Bibliothek
20 Christi-Geburt-Kirche
21 Reformatenkirche
22 Christi-Verklärungs-Kathedrale
23 Pauluskirche
24 Museum für die Geschichte der Juden in Odesa
25 Einkaufspassage
26 Museum der griechischen Gemeinde
27 Numismatisches Museum
28 Museum für westliche und orientalische Kunst
29 Alexander-Puschkin-Gedenkstätte
30 Museum für moderne Kunst
31 Taras-Ševčenko-Park
32 Munizipalmuseum der privaten Sammlungen
33 Hauptsynagoge
34 Dreifaltigkeitskirche
35 Nikolaj-Rerich-Gedenkstätte
36 Eliaskirche
37 Pantaleonskloster
38 Bahnhofsgebäude
39 Preobražens'kyj-/Illič-Park

Übernachten

1 Otrada
2 Londonskaja
3 Ajvazovskij
4 Odesskij dvorik"
5 Pasaž

Essen & Trinken

1 Klarabara
2 Dača
3 Steakhouse Meat & Wine
4 Ukrajins'ka Lasunka
5 Kompot

Einkaufen

1 Pryvoz
2 Markt Km 7
3 Hafen
4 Souvenirs

Abends & Nachts

1 Philharmonie
2 Jo
3 Palladium
4 Exit
5 Dykyj Z

Aktiv

1 Velkom
2 Tandem
3 Lanžeron
4 Vidrada
5 Del'fin
6 Arkadija
7 Rivjera
8 Zolotyj bereh
9 Luzanivka

Theater für Oper und Ballett 11

Am prov. Čajkovs'koho/пров. Чайковського steht das **Odesaer Opernhaus** (Одеський театр опери та балету). Dieses zwischen 1884 und 1887 erbaute Prachtstück der städtischen Architektur ersetzte die frühere, 1810 erbaute Oper, die einem Brand zu Opfer fiel. Das neobarocke Theater ist großzügig geschmückt: Über der Fassade sieht man Melpomene in einem von Panthern gezogenen Wagen, den Haupteingang flankieren die Sinnbilder von Tragödie und Komödie, am Giebel reihen sich die Büsten von Puschkin, Glinka, Gribojedov und Gogol. Die Zierde des Hauses ist der üppig verzierte Rokoko-Zuschauersaal. Peter Tschaikowsky, Nikolaj Rimskij-Korsakow, Sergej Rachmaninow, Fëdor Šaljapin, Solomija Krušel'nyc'ka, Enrico Caruso, Anna Pavlova und Isadora Duncan haben das Theater mit ihrer Anwesenheit und ihrer Kunst geehrt (www.opera-ballet.tm.odessa.ua, engl., Besichtigung während der Veranstaltungen).

Rund um die Vulycja Hoholja

Das ehemalige **Haus der Offiziersversammlung** (Будинок офіцерського зібрання) in der vul. Havanna/вул. Гаванна 4

Mit der Kutsche geht es am strahlenden Opernhaus vorbei

beherbergt das **Historisch-landeskundliche Museum** 12 (Історико-краєзнавчий музей, Tel. 048 722 84 90, www.history.odessa.ua, Sa–Do 10–16.30 Uhr, 10/5 UAH). Nach der Museumsbesichtigung empfiehlt sich ein Spaziergang im nahe gelegenen **Stadtgarten** (Міський сад), einem schönen Fleckchen mit Blumen, Souvenirhändlern, Gemäldeausstellungen, dem legendären zwölften Stuhl, einem Denkmal für Il'fs und Petrovs Roman »Zwölf Stühle«, und dem **Parfüm-Springbrunnen** (Фонтан парфумів).

An der römisch-katholischen **Petruskirche** 13 (Костел Святого Петра) von 1913 in der vul. Havanna/вул. Гаванна 5 vorbei gelangt man in die vul. Hoholja/вул. Гоголя. In der rechts abzweigenden vul. Sabanjejev Mist/вул. Сабанєєв Міст 4 befindet sich das Ensemble des **Gelehrtenhauses** 14 (Будинок вчених), das 1830 klassizistisch erbaut und 1896/97 – eklektisch und neobarock üppig ausgeschmückt – vervollständigt wurde. In der vul. Hoholja 7 sieht man das viel fotografierte **Atlantenhaus** 15 (Будинок з атлантами) aus dem Jahr 1899 und in der vul. Hoholja 2 ein neogotisches Schlösschen von 1852, den ursprünglich für den polnischen Adligen Brzozowski errichteten **Schahpalast** 16 (Шахський палац).

Kunstmuseum 17

Der klassizistische **Potocki-Palast** (Палац Потоцьких, 1810–28) in der vul. Sofijivs'ka/вул. Софіївська 5a beherbergt das **Kunstmuseum** (Художній музей), das neben Ikonen, Grafiken und Skulpturen Werke von Ivan Ajvazovskij, Il'ja Repin, Vladimir Serov, Michail Vrubel', Nikolaj Rerich, Aleksandr Benua und Wassily Kandinsky ausstellt (Tel. 048 723 82 72, Mi–Mo 11–18 Uhr, 20/12 UAH).

Rund um die Vulycja Pastera

In der Pasteurstraße (вул. Пастера) entdeckt man einige interessante historische Bauten, allen voran das **Ukrainische dramatische Theater** 18 (Український драматичний театр, Nr. 15) aus dem Jahr 1903.

Das klassizistische Gebäude der ehemaligen Stadtbibliothek (Міська публічна бібліотека, Nr. 13), heute die wissenschaftliche **Maksim-Gor'kij-Bibliothek** 19**,** wurde von 1904–1906 errichtet. Sie beherbergt eine der reichsten Büchersammlungen des Landes. Die benachbarte **Christi-Geburt-Kirche** 20 (Церква Різдва Христового) wird ins Jahr 1804 datiert und die **Reformatenkirche** 21 (Реформатська церква, Nr. 62) stammt aus den Jahren 1896 bis 1900.

Kathedralenplatz und Umgebung

Auf der Soborna pl./Соборна пл. steht die klassizistische **Christi-Verklärungs-Kathe-**

drale 22 (Спасо-Преображенський собор), die 2005 vollendete Nachbildung der 1936 zerstörten Kirche aus der ersten Hälfte des 19. Jh. Nach der Rekonstruktion wurden hier erneut die sterblichen Überreste des Grafen Voroncov und seiner Gemahlin bestattet (www.sobor.odessa.ua). Neben der Kirche steht das **Michail-Voroncov-Denkmal** (1863).

Westlich des Kathedralenplatzes, in der vul. Novosel's'ka/вул. Новосельська 68, erhebt sich die lutherische **Pauluskirche** 23 (Лютеранська кірха Святого Павла) von 1897. In südlicher Richtung findet man das **Museum für die Geschichte der Juden in Odesa** 24 (Музей історії євреїв Одеси/vul. Nižyns'ka 66, Tel. 048 728 97 43, www.migdal.ru, engl., Mo–Do 13–19, So 11–17 Uhr, 5/2,5 USD).

Nördlich schließt an den Platz die nach José de Ribas benannte **vul. Derybasivs'ka** (вул. Дерибасівська) an, eine beliebte Flaniermeile mit prächtiger glasüberdachter **Einkaufspassage** 25 (Пасаж, 1899), dem **José-de-Ribas-Denkmal** (1994) und vielen Cafés.

Über Geschichte, Kultur und Alltag der Griechen in Odesa berichtet das **Museum der griechischen Gemeinde** 26 (Музей Філікі Етерія, Tel. 048 235 71 36, 724 20 69, www.hfcodessa.org, engl., Mo–Fr 10–17 Uhr, Sa, So nach Vereinbarung, Eintritt frei). Nahebei, in der vul. Hrec'ka/вул. Грецька 33, liegt das **Numismatische Museum** 27 (Музей нумізматики, Tel. 048 725 02 77, 731 51 19, Di–Sa 12–16 Uhr, Eintritt frei).

Vulycja Puškins'ka

Vom Norden nach Süden durchzieht die vul. Puškins'ka/вул. Пушкінська die historische Altstadt. Die Gegend um die Puschkinstraße dürfte vor allem Museumsliebhaber interessieren. Den Reigen der musealen Sammlungen eröffnet das **Museum für westliche und orientalische Kunst** 28 (Музей західного і східного мистецтва) im **Palast des Admirals Abaza** (Палац Абази, 1856–1858) in der vul. Puškins'ka 9 (Tel. 048 722 48 15, 724 67 46, www.oweamuseum.odessa.ua, engl., Do–Di 10–18 Uhr, 5/2 UAH).

Im Haus Nr. 13 ist derzeit die **Alexander-Puschkin-Gedenkstätte** 29 (Літературно-меморіальний музей О. С. Пушкіна) untergebracht. Früher logierte in dem Gebäude ein Hotel, in dem sich der große Dichter aufhielt (Tel. 048 722 74 53, 725 11 34, Di–So 10–17 Uhr, 8/4 UAH).

Von hier ist es nicht weit zum **Museum für moderne Kunst** 30 (Музей сучасного мистецтва) im Sabans'kyj prov./Сабанський пров. 4a (Tel. 048 234 36 44, Mo, Di, Do, Fr 12–19, Sa 12–18 Uhr, 7/3 UAH), zum **Taras-Ševčenko-Park** 31 (Парк ім. Т. Шевченка) mit den Überresten der 1793 gebauten Festung und zum **Munizipalmuseum der privaten Sammlungen** 32 (Муніципальний музей приватних колекцій) in der vul. Pol's'ka/вул. Польська 19 (Do–Di 10–17 Uhr, 2/1 UAH). In der vul. Jevrejs'ka/вул. Єврейська 25 kann die florentinisch und romanisch anmutende Odesaer **Hauptsynagoge** 33 (Синагога) von 1850 besichtigt werden. Infolge zweckfremder Nutzung hat sie im Laufe der Zeit etliche architektonische Transformationen erlebt. Noch ein Gotteshaus, die im klassizistischen Stil erbaute griechisch-orthodoxe **Dreifaltigkeitskirche** 34 (Свято-Троїцька грецька церква, 1804–1808), lädt in der vul. Katerynyns'ka/вул. Катерининська 55 zur Besichtigung ein.

Die **Nikolaj-Rerich-Gedenkstätte** 35 (Будинок-музей ім. М. К. Реріха) in der vul. Velyka Arnauts'ka/вул. Велика Арнаутська 47/2 widmet sich dem Erbe des Malers Rerich (Roerich) und seiner Schüler. Einen Blick lohnt auch die **Eliaskirche** 36 (Свято-Іллінська церква) aus dem Jahr 1896, die zum gleichnamigen Kloster gehört (vul. Puškins'ka/вул. Пушкінська 79, www.iliya-monastery.org), und das fünfkuppelige **Pantaleonskloster** 37 (Пантелеймонівський монастир) von 1876 in der vul. Pantelejmonivs'ka/вул. Пантелеймонівська 66.

Das monumentale **Bahnhofsgebäude** 38 (Вокзал) stammt von 1952. Westlich vom Bahnhofsplatz lockt der **Preobražens'kyj-/Illič-Park** 39 (Преображенський парк/Парк Ілліча) mit Zoo, Luna-Park und Cafés.

Infos

Touristinfo (Турінфоцентр): Italijs'kyj bul'var/Італійський бульвар 11, Tel. 048 731 48 08, www.odessatourism.in.ua (dt.). Infomaterial und Beratung rund um den Aufenthalt in Odesa und Umgebung.

Übernachten

Vornehm ▶ **Otrada** 1 (Отрада): vul. Zatyšna/вул. Затишна 11, Tel. 048 233 06 98, www.hotel-otrada.com (engl.). In einem Gebäude aus dem 19. Jh. bietet das Hotel komfortable Übernachtung und auserlesene (französisch-italienische) Mahlzeiten. Benutzung des Fitnesszentrums im Preis inbegriffen. DZ/ÜF 1570–5770 UAH.

Historisch ▶ **Londonskaja** 2 (Лондонская, s. Abb. S. 85): Prymors'kyj bul'v./Приморський бульв. 11, Tel. 048 738 01 10, 738 01 12, www.londred.com (engl.). Schickes Hotel mit Kristallkronleuchtern, Marmortreppe und prominenten Gästen. Das Restaurant ist eine anerkannte Gourmetadresse. Wellness- und Spa-Bereich. DZ 1480–2055 UAH.

Künstlerisch ▶ **Ajvazovskij** 3 (Айвазовський): vul. Bunina/вул. Буніна 19, Tel. 048 728 97 77, www.ayvazovsky.com.ua (engl.). In dem kleinen, charmanten Hotel bewundert man Dutzende Reproduktionen des Marinemalers Ivan Ajvazovskij. Das kontinentale Frühstück kann in einem der im englischen Stil eingerichteten Zimmern eingenommen werden. DZ/ÜF 750–1300 UAH.

Gemütlich ▶ **Odesskij dvorik"** 4 (Одесскій дворикъ): vul. Uspens'ka/вул. Успенська 19, Tel. 048 784 53 46, 777 72 71, www.odesskij-dvorik.ua (engl.). Kleine Residenz mit grünem Innenhof und klassisch eingerichteten Zimmern. Das Restaurant Jazzy Buzzy ist ein Tipp für Feinschmecker. Extras: Fitnesshalle, Transfer und Exkursionen. DZ/ÜF 600–1200 UAH.

Günstig ▶ **Pasaž** 5 (Пасаж): vul. Preobražens'ka/вул. Преображенська 34, Tel. 048 728 55 00, 728 55 01, www.passage.odessa.ua. Bereits seit einigen Jahren wartet das Passage-Hotel auf seine Erneuerung. Das hat Vorteile: Für die zentrale Lage sind die Preise recht niedrig. DZ 190–678 UAH.

Essen & Trinken

Odesaer Gourmetküche ▶ **Klarabara** 1 (Кларабара): vul. Preobražens'ka/вул. Преображенська 28, im Stadtgarten (Міський сад), Tel. 048 741 33 31, 37 51 08, www.klarabara.od.ua (engl.), tgl. 10–24 Uhr. Im ›Restaurantchen‹ mit der Einrichtung vom Anfang des 20. Jh. steht ein altes Klavier und es brennt eine Gaslampe. Geboten wird die typisch Odesaer Küche – ein Mix aus Speisen unterschiedlicher Nationalküchen – vielfältig und pikant. Hauptgerichte ca. 88–108 UAH.

Häuslich und gemütlich ▶ **Dača** 2 (Дача): Francuz'kyj bul'v./Французький бульвар 85/15, Tel. 048 714 31 19, www.dacha.com.ua (engl.), tgl. 12–1 Uhr. Hier kann man in einer alten Datscha speisen – im Garten schmecken Fisch und Grillfleisch am besten. Hauptgerichte ca. 65–195 UAH.

Fashion-Restaurant ▶ **Steakhouse Meat & Wine** 3**:** vul. Derybasivs'ka/вул. Дерибасівська 20, Tel. 048 234 87 82, www.steak.od.ua (engl.), tgl. 10–24 Uhr. Die offene Grillküche ist der Mittelpunkt, auf die professionelle Zubereitung von Fleisch und die Weinauswahl wird großer Wert gelegt. Hauptgerichte ca. 50–170 UAH.

Traditionell ukrainisch ▶ **Ukrajins'ka Lasunka** 4 (Українська Ласунка): vul. Derybasivs'ka /вул. Дерибасівська 17, Tel. 048 725 84 12, www.lakomka.com.ua (engl.), tgl. 10–24 Uhr. In der Innengestaltung harmoniert Volkstümliches mit Modernem. Schön ist die Sommerterrasse; abends Livemusik. Hauptgerichte ca. 25–215 UAH.

Nostalgie ▶ **Kompot** 5 (Компот): vul. Derybasivs'ka/вул. Дерибасівська 20, Tel. 048 728 77 75, www.compot.ua, tgl. 8–23 Uhr. Eine Gaststätte mit alten Telefonapparaten, Sommerterrasse, leichter Küche und leckeren Desserts. Gerichte ca. 23–75 UAH.

Einkaufen

Lebensmittelmärkte ▶ **Pryvoz** 1 (Привоз): vul. Pryvozna/вул. Привозна, www.odessaprivoz.narod.ru (engl.). **Markt Km 7** 2 (7 км/Сьомий кілометр): Ovidiopils'ka doroha/Овідіопільська дорога, www.7km.net.

Souvenirs ▶ Den Mittelpunkt des Souvenirbetriebs bildet die **Soborna pl.** (Соборна пл.) neben der **Christi-Verklärungs-Kathedrale 22.** Künstler und Händler bieten Werke aus Keramik, Stroh, Holz, Muscheln und Korallen an. Auch am **Hafen 3**, in der vul. Prymors'ka/вул. Приморська 6, findet man Händler. Schöne Andenken gibt es auch bei **Souvenirs 4**: vul. Puškins'ka/вул. Пушкінська 1, Tel. 048 242 93 84, tgl. 10–18 Uhr.

Abends & Nachts

Oper ▶ Theater für Oper und Ballett 11 (Театр опери і балету): prov. Čajkovs'koho/пров. Чайковського 1, Tel. 048 780 15 09, www.opera-ballet.tm.odessa.ua (engl.).
Konzerte ▶ Philharmonie 1 (Філармонія): vul. Bunina/вул. Буніна 15, Tel. 048 725 69 03, 725 20 31, www.filarmonia.odessa.ua.
Eventbühne ▶ Jo 2 (Ё): Pol's'kyj uzviz/Польський узвіз 15, Tel. 048 237 15 15, www.club-yo.od.ua (engl.), Fr, Sa ab 21 Uhr. Riesenclub mit mehreren Tanzflächen, Restaurant, Disco, Whisky-Bar und Cocktail-Hall.
Diskothek ▶ Palladium 3: Italijs'kyj bul'v./Італійський бульв. 4, Tel. 048 728 77 30, 728 65 66, www.palladium.com.ua, tgl. 21–6 Uhr. Moderne Diskothek und Bühne für Tanzturniere, Konzerte etc.
Underground-Art-Club ▶ Exit 4 (Вихід): vul. Bunina/вул. Буніна 24, Tel. 048 728 14 40, www.vyh.od.ua, Mo–Sa 15–3, So 15–24 Uhr. 208 m² für Jazz-, Folk- und Ethnokonzerte, Filmvorführungen, Theatervorstellungen, Lesungen, Kunstabende etc.
Livekonzerte ▶ Dykyj Z 5 (Дикий Z): vul. Preobražens'ka/вул. Преображенська 66, Tel. 048 728 14 53, www.dikiy-z.com, tgl. 24 Std. Tagsüber Restaurant, abends Bar mit Livemusik (Blues, Soul, Jazz, Rock 'n' Roll und Country).
Tanzen am Strand ▶ Im Sommer ist der Strand **Arkadija 6** (Аркадія) mit zahlreichen Clubs der Mittelpunkt des Nachtlebens, z. B.: **Itaka** (Ітака): Tel. 0482 34 91 88, www.itaka.odessa.ua, im Sommer tgl. 24 Std. Mit Livemusik, Showprogramm und Restaurant. **Ibiza** (Ібіца), Tel. 048 777 02 05, www.ibiza.ua, im Sommer tgl. 24 Std. Der schneeweiße Club gleicht einem Labyrinth. DJs spielen Pop, Techno, House und Hip-Hop. Ab und zu Livekonzerte und Partys.

Aktiv

Stadtführungen & Ausflüge ▶ Velkom 1 (Велком): vul. Puškins'ka/вул. Пушкінська 18, Büro 205a, 1. Stock, Tel. 048 794 26 99, 067 798 39 92, www.welcome.co.ua, Mo–Fr 10–18 Uhr. Großes Angebot, u. a. Wander- und Bootstouren in der Region (Bilhorod-Dnistrovs'kyj, Izmajil, Vylkove, Donau-Biosphärenreservat), Weintouren, bessarabische und bulgarische Ethno-Touren.
Bootsfahrten ▶ Touren entlang der Küste starten am **Hafen 3**, vul. Prymors'ka/вул. Приморська 6, Tel. 048 238 78 16, www.port.odessa.ua (engl.).
Radverleih ▶ Tandem 2 (Прокат Тандем): im Taras-Ševčenko-Park (s. S. 412) neben dem Observatorium (Обсерваторія), Tel. 048 735 09 08, 063 735 09 08, www.prokat-tandem.com.ua, Di–Fr 12–20, Sa, So 10–20 Uhr sowie nach Vereinbarung. Fahrrad-, Tretroller-, Rollerblades- und Skateboardverleih; auch Reparaturservice.
Baden ▶ Entlang der Odesaer Küste finden sich mehrere Strände. Gleich neben dem Taras-Ševčenko-Park liegt **Lanžeron 3** (Ланжерон) mit dem **Delfinarium Nemo** (Дельфінарій Немо, Nr. 25, Tel. 048 720 70 70, http://nemo.od.ua, engl.). Ihm folgen **Vidrada 4** (Відрада), **Del'fin 5** (Дельфін) und **Arkadija 6** (Аркадія) – mit Nachtclubs, Restaurants und sonstigen Unterhaltungseinrichtungen. Des Weiteren **Rivjera 7** (Рів'єра), **Zolotyj Bereh 8** (Золотий Берег) und **Luzanivka 9** (Лузанівка) im gleichnamigen Stadtteil.

Termine

Humoryna (Гуморина): 1. April. Der Tag des Lachens oder der Tag der Narren ist das berühmteste Festival von Odesa. Es beginnt mit einem bunten karnevalistischen Umzug und klingt mit Discos, Konzerten und Feuerwerk aus (www.umorina.od.ua).
Goblin-Show: Juni. Neben der Motorrad-Parade durch Odesa ist das Rockfestival der

Höhepunkt dieses internationalen Biker-Treffens (www.goblinshow.com).
Stadtgeburtstag (День народження Одеси): 2. Sept. Umzüge, Festivals, Konzerte, Ausstellungen etc.
Jazz-Karneval (Джаз-карнавал в Одесі): Sept. Dank Leonid Utësov und seiner legendären Band machte sich Odesa einen Namen als Jazzstadt. Viele Open-Air-Konzerte, Shows etc. (www.jazzcarnaval.com.ua, engl.).

Verkehr

Flüge: Internationaler Flughafen Odesa (Міжнародний аеропорт Одеса), Ovidiopil's'ka doroha/Овідіопільська дорога, Tel. 048 239 35 49, www.airport.od.ua (engl.). Flüge u. a. nach Kiew, Wien.
Züge: Hauptbahnhof, Pryvokzal'na pl./Привокзальна пл. 2, Tel. 005, 048 727 42 42, www.vokzal-odessa.com, www.railroad.od.ua. Züge in alle Gebiete der Ukraine.
Busse: Busbahnhof, vul. Kolontajivs'ka/вул. Колонтаївська 58, Tel. 048 721 63 54, 004. Busse Richtung Kiew, Cherson, Mykolajiv, Sevastopol'.
Schiffe: Hafen, vul. Prymors'ka/вул. Приморська 6, Tel. 048 729 43 13, www.port.odessa.ua (engl.). Schiffe nach Jalta, Sevastopol'.
Mietwagen: Hertz, vul. Prymors'ka 6/вул. Приморська 6, Tel. 048 729 33 58, www.hertz.ua (engl.), Mo–Fr 9–18 Uhr oder nach Vereinbarung.

Fortbewegung in der Stadt
Straßenbahnen, Busse: Eine Fahrt mit der Straßenbahn oder dem Trolleybus kostet 1,50 UAH, mit dem Bus 2,50 UAH. Tickets können beim Fahrer/Schaffner besorgt werden.
Taxis: Servis-Taksi (Сервіс-Таксі), Tel. 048 234 50 77, 234 50 88; Taksa 054 (Такса 054), Tel. 048 234 80 54; Forsaž (Форсаж), Tel. 048 233 32 22, 050 33 61 212.

Bilhorod-Dnistrovs'kyj

▶ 1, K 10

Das 50 000 Einwohner zählende Kreisverwaltungszentrum **Bilhorod-Dnistrovs'kyj** (Біл-

Auf dem Markt von Odesa verkauft ein Fischer seine frisch gefangenen Fische

город-Дністровський) etwa 80 km südwestlich von Odesa am Dnister-Liman ist eine der ältesten durchgehend bewohnten Städte der Erde. Bereits Ende des 6. Jh. v. Chr. existierte hier die altgriechische Kolonie Tyras. Im 2. Jh. n. Chr. kamen die Römer, ihnen folgten Goten, Hunnen, Bulgaren und Ostslawen, die die aus Kalkstein wieder aufgebaute Siedlung Weiße Stadt nannten.

Ende des 14. Jh. wurde der ans Fürstentum Moldau angegliederte Ort zu einer erfolgreichen freien Handels- und Handwerksstadt. Damals erfolgte der wesentliche Ausbau der Festung, die mit Ankunft der Türken gegen Ende des 15. Jh. Akerman hieß. Während mehrerer Kriege belagerten die Russen das mächtige Bollwerk, konnten es aber erst 1812 endgültig erobern.

Nach der Revolution und dem Bürgerkrieg etablierte sich die rumänische Macht, die ihrerseits 1944 von der sowjetischen abgelöst wurde. 1945 erhielt die Stadt den Namen Bilhorod zurück.

Festung Akerman

Die Gründung der **Festung Akerman** (Акерманська фортеця) schreibt man den Genuesen zu, die im 13. Jh. in der Stadt Einzug hielten. In der Folgezeit machte sich fast jeder neue Herrscher an der Festung zu schaffen, sodass sie sich heute als vielschichtiges Bauwerk präsentiert.

Ihre Blütezeit erlebten Festung und Siedlung unter der moldauischen Herrschaft: Die wichtigsten architektonischen Elemente der Anlage – einschließlich der **Tetraktysmauer** – wurden bis 1440 vollendet. Der moldauische Woiwode Stefan der Große ließ später die mächtigen Mauern und das heute als Haupteingang dienende **Kilijaer Tor** erbauen. Mit Anbruch der langen osmanischen Ära wurde das Bollwerk ein wichtiger Vorposten im Norden des Reichs. Nachdem die Festung infolge des Friedens von Bukarest den Russen zufiel, verlor sie allmählich ihre strategische Bedeutung und wurde 1896 zum historisch-architektonischen Denkmal ernannt.

Das Kernstück der Festung und ihr ältester Teil, die aus vier Türmen bestehende **Zitadelle,** befindet sich im **Garnisonshof,** in dem früher außerdem Kasernen und das Arsenal untergebracht waren. Der **Zivilhof,** den unter den Osmanen eine Moschee schmückte, war mit Wohnhäusern bebaut, der **Wirtschaftshof** für den Handel bestimmt. Die Nordseite der ca. 9 ha großen Anlage spiegelt sich in der Wasseroberfläche des Limans, ansonsten ist die Befestigung von einem tiefen Graben umgeben. Die dicken Wehrmauern krönen mehrere **Türme,** einer ist nach Alexander Puschkin benannt (Башта Пушкіна), ein anderer nach Ovid, der 8 n. Chr. während seiner Verbannung im antiken Tyras zu Gast gewesen sein soll (vul. Šabs'ka/вул. Шабська, Tel. 04849 259 65, 249 36, tgl. 9–18 Uhr, 5/3 UAH). Neben der Festung befindet sich die **archäologische Stätte Antikes Tyras** (Городище Антична Тіра).

Kirchen Johannes Baptista und Mariä Himmelfahrt

Zu den interessantesten älteren Gotteshäuser in Bilhorod-Dnistrovs'kyj gehören die griechische **Kirche Johannes Baptista** (Церква Святого Іоана Предтечі) aus dem 15./16. Jh. in der vul. Popova/вул. Попова 13 sowie die archaische armenische **Mariä-Himmelfahrt-Kirche** (Церква Успіння Пресвятої Богородиці) aus dem 13./14. Jh. in der vul. Kutuzova/вул. Кутузова 1. Auf dem Gelände der Mariä-Himmelfahrt-Kirche steht die vermutlich aus dem 3. Jh. n. Chr. stammende **Sarmatische Gruft** (Сарматське склепіння).

Georgskirche und Christi-Himmelfahrt-Kathedrale

Die **Georgskirche** (Церква Святого Георгія) in der vul. Radjans'ka/вул. Радянська 42 gehört der bulgarischen Gemeinde. Der heutige Bau von 1840 entstand an der Stelle einer älteren Kirche aus dem Jahr 1816. In ihren Mauern fanden die Fürsten Volkonskij ihre letzte Ruhestätte.

Eines der größten Gotteshäuser von Bilhorod-Dnistrovs'kyj ist die orthodoxe **Christi-Himmelfahrt-Kathedrale** (Свято-Вознесенський собор) aus der ersten Hälfte des

19. Jh. in der vul. Sverdlova/вул. Свердлова 75. Ihr 2004 eingestürzter Glockenturm wird zurzeit restauriert.

Kirche des hl. Johannes Novus von Suczawa

Am südlichen Ende der vul. Šabs'ka/вул. Шабська befindet sich in der Nr. 116 die unterirdische **Kirche des hl. Johannes Novus von Suczawa** (Підземна церква Іоана Сучавського) aus dem 14. bis 17. Jh. Der Legende nach entstand sie genau dort, wo Johannes – der nicht zum Islam konvertieren wollte – ermordet wurde. Die Kirche wurde über dem **Brunnen der hl. Paraskeva** (Параскевина криниця), einer Märtyrerin, eingerichtet.

Übernachten

Ruhig ▶ **Fiesta** (Фієста): vul. Ševčenka/вул. Шевченка 48, Tel. 04849 397 77. Gemütliches Mini-Hotel und Café-Restaurant unweit der Festung Akerman. DZ 300–500 UAH.

Essen & Trinken

Griechischer Stil ▶ **Argo** (Арґо): vul. Popova/вул. Попова 33, Tel. 067 800 46 45, Sommer tgl. 9–1, Winter tgl. 10–24 Uhr. Das festlich dekorierte Restaurant liegt in der Nähe der Festung. Die bessarabischen Gerichte werden sowohl drinnen als auch auf der Terrasse mit Blick auf den Liman serviert. Hauptgerichte ca. 25–80 UAH.

Termine

Fortecja (Фортеця): Juni/Juli. Das mehrtägige Musikfestival findet auf dem Gelände der Festung statt, jeder Tag ist einem anderen Musikstil gewidmet.

Verkehr

Züge: Bahnhof, vul. Lazo/вул. Лазо 27, Tel. 04849 962 59. Züge nach Odesa und Izmajil.
Busse: Station in der vul. Vokzal'na/вул. Вокзальна 2, Tel. 04849 220 03. Busse nach Odesa.
Schiffe: Flusshafen, vul. Popova/вул. Попова 32. Schiffe nach Zatoka.
Taxis: Tel. 067 921 08 71.

Tipp: Zentrum für Weinkultur Šabo

Ca. 10 km südöstlich von Bilhorod-Dnistrovs'kyj liegt **Šabo** (Шабо). Die dortige empfehlenswerte moderne Weinkellerei (Центр культури вина Шабо) mit Design des Schweizer Künstlers Hugo Schaer bietet außer Führungen und Weinproben in der Degustationshalle aus Glas die Besichtigung des schönen Geländes mit Dionysos-Brunnen und des alten Weinkellers. Das angeschlossene Museum veranschaulicht neben der Geschichte der Weinherstellung u. a. in Šabo die Geschichte der ehemals hierher eingewanderten Schweizer Kolonisten (vul. Dzeržyns'koho/вул. Дзержинського 10, Tel. 048 714 36 86, 067 518 19 86, http://wine-center.shabo.ua, engl., Führung/Weinprobe Di–So 10, 13, 16 Uhr, 85 UAH). Ein gutes Restaurant mit Sommerterrasse liegt gleich gegenüber.

Izmajil ▶ 1, H 12

Ca. 175 km südwestlich von Bilhorod-Dnistrovs'kyj liegt an der Donau die 85 000-Einwohner-Stadt **Izmajil** (Ізмаїл), Kreisverwaltungszentrum und Hafenstadt mit zahlreichen Gotteshäusern und historischen Denkmälern. Bis ins 19. Jh. hinein stand in Izmajil eine der schönsten Festungen Osteuropas.

Am östlichen Rand der heutigen Stadt befand sich in der Antike eine griechische, später eine römische Siedlung, die im 9./10. Jh. von Slawen bevölkert wurde. Sie nannten den Ort Smil. Im 14. Jh. regierten die moldauischen Fürsten, und als die Siedlung im 16. Jh. von den Türken erobert wurde, erhielt sie den Namen der Festung, die diese errichtet hatten: Izmajil. Den Namen führt man auf das türkische ›Erhöre, Allah‹ zurück.

Im letzten der drei russisch-türkischen Kriege und nach dem Frieden von Bukarest gelang es den Russen, Stadt und Festung für längere Zeit zu beherrschen. Nach der russischen Niederlage im Krimkrieg (1853–1856) ging Izmajil für ein paar Jahrzehnte an das

Fürstentum Moldau. Als die russischen Truppen die Stadt verließen, sprengten sie die Festung und schütteten die Gräben zum großen Teil zu. 1877 eroberten sie Izmajil zum vierten Mal. Ihnen folgten 1918 die Rumänen und von 1940 bis 1991 die Sowjetmacht.

Festung Izmajil

Von der legendären **Festung Izmajil** (Ізмаїльська фортеця, 16.–19. Jh.) sind Überreste der Mauerfundamente und des Grabens zu sehen, außerdem das **Kilijaer Tor** (Кілійська брама) sowie die **Kleine Moschee** (Мала мечеть, 16. Jh.), seit 1810 Kreuzerhöhungskirche und seit 1973 **Diorama-Museum** (Діорама Штурм фортеці Ізмаїл у 1790 році), das die Erstürmung Izmajils durch Suvorov im Jahr 1790 vergegenwärtigt (vul. Fortečna/вул. Фортечна 1a, Tel. 04841 245 02, tgl. 9–17 Uhr, 7/3 UAH).

Auf dem Festungsgelände findet man überdies die renovierungsbedürftige **Mariä-Himmelfahrt-Kirche** (Успенська церква) von 1841 und die im russisch-byzantinischen Stil erbaute **Nikolauskirche** (Миколаївська церква, 1852) mit dem **Nikolauskloster** (Миколаївський чоловічий монастир; vul. Matros'ka/вул. Матроська 23–24).

Sehenswerte Kirchen

Eines der wichtigsten Gotteshäuser der Stadt ist die zurückhaltend dekorierte **Mariä-Schutz-Kathedrale** (Покровський собор) mit Glockenturm am prosp. Suvorova/просп. Суворова 31, die zwischen 1822 und 1836 im klassizistischen Stil errichtet wurde. Ihr Inneres schmücken 1912–1914 ausgeführte Malereien. Neben der Kathedrale grüßt seit 1945 ein bronzener Aleksandr Suvorov von seinem Pferd (1914).

Beachtung verdienen auch die **Mariä-Geburt-Kirche** (Церква Різдва Богородиці) aus dem Jahr 1823 in der vul. Kutuzova/вул. Кутузова 24 sowie die **altorthodoxe Nikolauskirche** (Старообрядницька Свято-Миколаївська церква) von 1833 in der vul. Dzeržyns'koho/вул. Дзержинського 134 mit angebautem Glockenturm (1899) und einer Ikonostase vom Anfang des 20. Jh.

Museen

In der vul. Puškina/вул. Пушкіна 37 findet man das **Historische Aleksandr-Suvorov-Museum** (Історичний музей О. В. Суворова; Tel. 04841 221 25, 205 57, Mi–Mo 9–17 Uhr, 5/3 UAH). Das **Historisch-Landeskundliche Museum der Donauregion** (Історико-краєзнавчий музей Придунав'я) befindet sich in einem Wohnhaus aus der Wende vom 19./20. Jh. in der vul. Kotovs'koho/вул. Котовського 51 (Tel. 04841 216 70, tgl. 9–17 Uhr, 5/2 UAH).

Übernachten

Elegant ▶ **Premier Hotel:** vul. Kirova/вул. Кірова 11, Tel. 04841 483 65, 067 511 44 88, www.premierhotel.com.ua (engl.). Zentral ge-

Das Mündungsgebiet der Donau steht unter Naturschutz

legen, zehn komfortable, in Pastelltönen dekorierte Zimmer, Restaurant, Bar und eigener Weinkeller. DZ/ÜF 290–850 UAH.

Gemütlicher Innenhof ▶ **VIP Hotel** (Готель VIP): vul. Chotyns'ka/вул. Хотинська 77, Tel. 04841 484 59, www.vip-hotel.com.ua (engl.). Das einladende Hotel residiert in einem renovierten historischen Wohnhaus. Im Innenhof rauscht ein Springbrunnen. Entspannen kann man sich auch in der Sauna oder im Whirlpool. DZ 280–580 UAH.

Essen & Trinken

Mit Sommerterrasse ▶ **Pizza Celentano** (Піца Челентано): prosp. Lenina/просп. Леніна 25 б, Tel. 04841 486 59, www.pizza-celentano.com, tgl. 9–23 Uhr. Pizzeria mit gutem Suppen- und Dessertangebot sowie Kinderspielzimmer. Das Restaurant befindet sich im Einkaufszentrum Delta (ТЦ Дельта). Gerichte 5–30 UAH.

Einkaufen

Regionales Handwerk ▶ **Svit suveniriv vid Luky** (Світ сувенірів від Луки): prosp. Lenina/пр. Леніна 38, Tel. 050 514 84 00, Mo–Fr 10–18, Sa 10–17 Uhr. Bilder, Stickereien, Keramik, Holzschnitzereien etc.

Abends & Nachts

Nachtclubs ▶ **Fasol'** (Фасоль): prosp. Suvorova/просп. Суворова 2, Tel. 04841 646 23, www.fasol.at.ua, tgl. ab 20 Uhr. Im 1. Stock befinden sich Tanzfläche, Bar und Bühne, der

2. Stock ist für VIP-Gesellschaften gedacht.
X-Club: vul. Kutuzova/вул. Кутузова 1, 1. Stock, Tel. 04841 482 38, www.nightclub-x.com.ua, tgl. ab 20 Uhr. Laguna- und Martini-Partys im Nachtclub des Touristenheims Dunaj (Туристична база Дунай).

Aktiv

Stadtführungen, Ausflüge & mehr ▶ **Dunajturservis** (Дунайтурсервіс): vul. Papanina/вул. Папаніна 46, 1. Stock, Büro 30, www.duntourservice.at.ua, Mo–Fr 10–18 Uhr. U. a. Bootstouren, Angel- und Jagdausflüge.

Verkehr

Flüge: Internationaler Flughafen Izmajil (Міжнародний аеропорт Ізмаїл), Aerodromne šose/Аеродромне шосе 15, Tel. 04841 251 96. Flüge nach Istanbul.
Züge: Bahnhof, vul. Haharina/вул. Гагаріна 3, Tel. 04841 942 19. Züge nach Odesa und Bilhorod-Dnistrovs'kyj.
Busse: Busbahnhof, vul. Puškina/вул. Пушкіна 70, Tel. 04841 202 02. Verbindungen u. a. nach Odesa, Vylkove.
Schiffe: In der Naberežna Kapikrajana/Набережна Капікраяна 4, Tel. 04841 206 76, starten Schiffe nach Silistra in Bulgarien.
Taxis: Žovte taksi (Жовте таксі), Tel. 04841 642 00, 643 00, 067 511 33 66.

Donau-Biosphären-reservat ▶ 1, J 12

Das **Donau-Biosphärenreservat** (Дунайський біосферний заповідник) ist ein einzigartiges Ökosystem, das sich auf mehr als 465 km² ausbreitet. Es nimmt den nördlichen Teil des Donaudeltas ein, gehört jedoch zum rumänisch-ukrainischen Donaudelta-Biosphärenreservat, das unter dem Schutz der UNESCO steht. Hier leben rund 950 Tierarten, darunter 250 Vogel- und bis zu 100 Fischarten, sowie ca. 950 Pflanzenspezies. Die Flussarme mit Inseln, Nehrungen und Sanddünen, die Sümpfe und Auwälder, Weiden-, Schilf- und Röhrichtufer bilden eine wunderbare Landschaft.

Ein guter Ausgangspunkt, um das Biosphärenreservat zu erkunden, ist **Vylkove** (Вилкове, 9500 Einw.) ca. 80 km östlich von Izmajil. Ukrainisches Venedig wird der Ort genannt, wo früher jede Familie ihre eigene kleine Insel besaß, wo die Häuser aus Schilf gebaut wurden und wo man sich noch heute per Boot fortbewegt. Von jeher war die Gegend im Donaudelta eine Grenzregion, in die sich verschiedene mit der Regierung in Konflikt stehende Gruppen zurückzogen: Hier fanden die Altgläubigen-Lipowaner und die Kosaken Zuflucht. Letztere tauften das ehemalige Lypovans'ke in Vylkove um. Zu den Sehenswürdigkeiten gehören die altorthodoxe **Mariä-Geburt-Kirche** (Церква Різдва Богородиці) von 1850 und die **Nikolauskirche** (Свято-Миколаївська церква, 19./20. Jh.) mit einer filigranen Ikonostase.

Infos

Verwaltung Donau-Biosphärenreservat: vul. Tatarbunars'koho povstannja/вул. Татарбунарського повстання 132 a, Tel. 04843 311 95, 215 77, www.dbr.org.ua.
Informationszentrum Donau-Biosphärenreservat (Інформаційний центр): vul. Nachimova/вул. Нахімова 4, Tel. 04843 323 40, Mo–Fr 9–12.30, 14–17 Uhr, 8/5 UAH. Von hier starten auch thematische Öko-Wanderungen und Bootstouren durch das Reservat.

Aktiv

Erlebnistouren ▶ **Vylkove Pelikan Tur** (Вилкове Пелікан Тур): Bilhorods'kyj kanal/Білгородський канал 56a, Tel. 04843 325 88, 067 483 52 07, www.pelican-danube-tour.com.ua (engl.), tgl. 8.30–19 Uhr. U. a. (Öko-)Wanderungen durch das Donau-Biosphärenreservat sowie zur Donaumündung mit Vogelbeobachtung. Das Reisebüro verfügt über eine eigene Infrastruktur mit Touristenheimen und Anlegestellen.

Termine

Den' Dunaju (День Дунаю): 29. Juni. Internationaler Donau-Tag mit verschiedenen Konzerten und Handwerkermarkt (www.danubeday.org, dt.).

Vom Dnipro-Buh-Liman nach Askanija-Nova

Dort, wo der Dnipro-Buh-Liman ins Schwarze Meer mündet, liegen der historische Schiffbaustandort Mykolajiv und die Hafenstadt Cherson mit ihrer schönen Uferpromenade. Das antike Olbia legt Zeugnis davon ab, dass die Gegend von den Altgriechen besiedelt wurde. Auch heute fasziniert und lockt die Region mit ihren Buchten, Nehrungen, Sandküsten, Kurorten und ganz besonders mit zwei von vier ukrainischen Biosphärenreservaten: dem Schwarzmeer-Biosphärenreservat und dem Biosphärenreservat Askanija-Nova.

Mykolajiv ►1, L/M 9

Die ca. 500 000 Einwohner zählende Gebietshauptstadt **Mykolajiv** (Миколаїв) ist eine wichtige Industrie- und Kulturstadt, ein Verkehrsknotenpunkt im Süden der Ukraine und ein bedeutendes Schiffbauzentrum.

Geschichte

Mykolajiv wurde 1789 zurzeit des russisch-türkischen Krieges ursprünglich als Schiffswerft von Grigorij Potëmkin gegründet, um von hier die junge russische Schwarzmeerflotte mit Kriegsschiffen zu beliefern. Zuvor war die Gegend von Skythen, Ostslawen und Kosaken besiedelt worden. Ihren Namen verdankt die Stadt dem hl. Nikolaus (ukr. Mykola), dem Schutzpatron der Seeleute.

In der ersten Hälfte des 19. Jh. entwickelte sich Mykolajiv zu einer der größten Städte im Süden Russlands. Damals residierte hier die Verwaltung der Flotte, es gab eine Marineschule, eine Schule für Schiffbau, eine Musikschule für Hafenorchester und -chöre, eine Druckerei für Fachliteratur und Karten sowie ein Observatorium. Trotz des Stillstands im ökonomischen Leben der Stadt nach der russischen Niederlage im Krimkrieg konnte Mykolajiv – bis in die sowjetische und ukrainische Epoche hinein – seinen guten Ruf als Schiffbauort behalten.

Südlich des Prosp. Lenina

Der Rundgang durch Mykolajiv kann an der pl. Lenina/пл. Леніна begonnen werden, beispielsweise mit der Besichtigung der **Ausstellungshalle des Kultur- und Erholungszentrums** (Виставковий зал центру культури та дозвілля), das jeden Monat neue Wechselausstellungen präsentiert (vul. Nikol'-s'ka/вул. Нікольська 54, Tel. 0512 37 04 26, Di–So 11–18 Uhr, 5/3 UAH).

In der vul. Ljahina/вул. Лягіна 5, einem Wohnhaus vom Ende des 19. Jh., ist das für den ukrainischen Osten charakteristische **Museum der Untergrund- und Partisanenbewegung im Gebiet Mykolajiv 1941–1944** (Музей підпільно-партизанського руху на Миколаївщині 1941-1944 рр.) untergebracht (Tel. 0512 35 90 76, Mo–Sa 9–16 Uhr, 3/2 UAH).

Im ehemaligen jüdischen Stadtviertel steht in der vul. Libknechta/вул. Лібкнехта 15 die aus dem Jahr 1863 stammende **Synagoge** mit Mikwe. In der Nachbarschaft der Synagoge, in der vul. Ljahina/вул. Лягіна 10, findet man die von den Mykolajiver Kaufleuten errichtete klassizistisch anmutende **Mariä-Geburt-Kathedrale** (Кафедральний собор Різдва Богородиці) aus dem Jahr 1800. Im Laufe des 19. Jh. erfolgte die Erweiterung der Kirche, im 20. Jh. ihre Schließung und Wiedereröffnung.

Die römisch-katholische **Josefskirche** (Костел Святого Йосипа) in der vul. Dekabrystiv/вул. Декабристів 32 wurde 1896 im pseudogotischen Stil erbaut. In der ehemaligen Pfarrschule (1903) residiert derzeit das **Landeskundemuseum** (Краєзнавчий музей, Nr. 32, Tel. 0512 47 07 19, Mo–Fr 8–17, So 9–17 Uhr, 3/2 UAH).

Eine große Sammlung regionaler Künstler der Gegenwart sowie interessante Wechselausstellungen zeigt das **Vasilij-Vereščagin-Kunstmuseum** (Художній музей ім. В. Верещагіна), das in einem architektonischen Denkmal aus der zweiten Hälfte des 19. Jh. residiert (vul. Velyka Mors'ka/вул. Велика Морська 47, Tel. 0512 37 23 53, www.vereschagin.com.ua, Sa–Do 9–16.30, Fr 9–15.15, 10/8 UAH).

Noch ein orthodoxes Gotteshaus, die klassizistische **Nikolauskirche** (Миколаївська церква, 1813–17), steht in der vul. Falejevs'ka/вул. Фалеєвська 4. Man nennt sie Griechische, weil sich an ihrer Erbauung besonders griechische Gläubige finanziell beteiligten.

Nördlich des Prosp. Lenina

In der vul. Admiral's'ka/вул. Адміральська 12 erhebt sich die pseudogotische **Lutherische Kirche** (Лютеранська кірха), in der Gottesdienste auf Russisch und Deutsch gefeiert werden. Von hier spaziert man zum **Flots'kyj bul'var** (Флотський бульвар) mit Oberer und Unterer Terrasse, dem Denkmal für Admiral Stepan Makarov (1976) und dem markanten Orchideendenkmal.

Die ehemalige klassizistische Residenz des Flottenkommandanten aus dem Jahr 1793 beherbergt das **Museum für die Geschichte des Schiffbaus und der Flotte** (Музей історії суднобудування і флоту), wo man auch die immense Entwicklung verfolgen kann, die Mykolajiv dem Schiffbau verdankt (vul. Admiral's'ka/вул. Адміральська 4, Tel. 0512 35 85 35, 35 13 49, 35 12 94, Di–Sa 9–16 Uhr, 3/2 UAH).

In Richtung Flusshafen gelangt man zum Gebäude des **Yacht-Clubs** (Яхт-клуб) von 1904 im italienischen Renaissancestil, von wo sich ein schöner Anblick der Segelboote bietet (vul. Sportyvna/вул. Спортивна 7).

Ungewöhnliche Ehrung: das Orchideendenkmal in Mykolajiv

Eine der üppigsten Kirchen von Mykolajiv ist die **Kathedrale der Muttergottesikone von Kasperivka** (Кафедральний собор Касперівської ікони Божої Матері) in der vul. Sadova/вул. Садова 12. Die Kathedrale mit Glockenturm und neun kleineren und größeren Kuppeln wurde 1908 errichtet, 1916 geweiht und 2004 renoviert.

Näher Richtung Kai findet man noch einige historische Bauten, die an die Bedeutung Mykolajivs als Marinestadt erinnern. In der vul. 1-ša Slobids'ka/вул. 1-ша Слобідська 2 steht das spätklassizistische ehemalige **Knabengymnasium** (Чоловіча гімназія, 1850), in der vul. Naberežna/вул. Набережна 23 befinden sich die alten **Flottenkasernen** (Старофлотські казарми, 19. Jh.) sowie die **Tore und Mauern der Schiffswerft** (Брами і мури корабельні, 1848).

Nahe dem **Hryhorij-Petrovs'kyj-Park** (Парк ім. Г. Петровського) erhebt sich in der vul. Volodars'koho/вул. Володарського 4 die **Pantaleonskirche** (Церква Святого Пантелеймона, 1916). Auf dem städtischen Friedhof in der vul. Stepova/вул. Степова 35 steht die **Allerheiligenkirche** (Церква Всіх Святих) aus dem Jahr 1808.

Infos

Touristinfo (Турінфоцентр): Internationaler Busbahnhof, Žovtnevyj prov./Жовтневий пров. 21, Tel. 0512 71 55 30, www.ukr.tic.mk.ua, Mo–Sa 9–18 Uhr. Umfassende Informationen, auch zu Aktivitäten und Exkursionen in die Umgebung.

Übernachten

Nobel ▶ **Hotel Ukraine Palace:** prosp. Lenina/просп. Леніна 57, Tel. 0512 58 27 00, www.palace.nikolaev.ua (engl.). Komfortable Zimmer, Sauna, Jacuzzi, Kasino, Billardraum und elegantes Restaurant. DZ 600–1600 UAH.

Gutes Preis-Leistungs-Verhältnis ▶ **Metalurh** (Металург): Žovtnevyj prosp./Жовтневий просп. 319 a, Tel. 0512 48 96 67, 0512 48 96 68, www.hotelmetallurg.com.ua (engl.). Komfortables 3-Sterne-Hotel mit Restaurant und Bar neben dem städtischen Aquapark. DZ 410–630 UAH.

In historischem Gebäude ▶ **Kontynent** (Континент): vul. Admirala Makarova/вул. Адмірала Макарова 41, Tel. 0512 47 75 20, 47 75 21, www.continent.in.ua (engl.). Einladende, gepflegte Zimmer. Für einen komfortablen Aufenthalt sorgen Restaurant, Sauna und ein hauseigenes Reisebüro. DZ/ÜF 390–720 UAH.

Groß ▶ **Turyst** (Турист): vul. Henerala Karpenka/вул. Генерала Карпенка 46, Tel. 0512 53 60 90, 53 60 12. Mehrstöckiges 3-Sterne-Haus für 200 Gäste mit Zimmern unterschiedlicher Preiskategorien, Restaurant, Friseursalon, Fitnesshalle und Exkursionsangeboten. DZ 196–610 UAH.

Essen & Trinken

Im Retro-Stil ▶ **Dežavju** (Дежавю): prosp. Lenina/пр. Ленина 98, im Einkaufszentrum (ТРЦ) City Center, Tel. 0512 58 28 00, 58 28 02, www.2k.ua, tgl. 12–24 Uhr. Ein Restaurant mit mehreren Themensälen (u. a. Luftfahrt, Fotografie, Reisen) und europäischem Menü. Die Mahlzeiten werden musikalisch begleitet. Kinderbetreuung. Hauptgerichte ca. 50–120 UAH.

Familiär ▶ **Domovoj** (Домовой): vul. Moskovs'ka/вул. Московська 12, Tel. 0512 35 28 26, www.domovoy.mk.ua, tgl. 10–23 Uhr. Für heimeliges Ambiente sowie nationale und europäische Küche zahlt man demokratische Preise. Hauptgerichte ca. 8–55 UAH.

Abends & Nachts

Konzerte ▶ **Philharmonie** (Філармонія): vul. Maršala Vasylevs'koho/вул. Маршала Василевського 55, Tel. 0512 24 71 84.

Stilvoller Pub ▶ **Ot zakata do rassveta** (От заката до рассвета): vul. Admirala Makarova/вул. Адмірала Макарова 41, Tel. 0512 47 75 20, tgl. 17–1 Uhr. Eines der beliebtesten Etablissements, Livemusik (Rock 'n' Roll, Jazz). Spezialität: auf Stein gebratenes Fleisch.

Art-Café ▶ **КладOFFка:** vul. Moskovs'ka/вул. Московська 12, Tel. 0512 37 37 24, tgl. 24 Std. Die Stimmung balanciert zwischen Gemütlichkeit und Underground. Rock-, Pop-, Jazz- und Ethno-Konzerte.

Tipp: Granitsteppe des Buh-Gebiets ▶ 1, K 7

Der etwa 160 km nördlich von Mykolajiv und ca. 120 km südlich von Uman' (s. S. 333) gelegene regionale Landschaftspark **Granitsteppe des Buh-Gebiets** (Ландшафтний парк Гранітно-степове Побужжя) zieht sich vom Ort Pervomajs'k am Fluss Pivdennyj Buh (dt. Südlicher Bug) entlang. Der Park bietet atemberaubende Canyon-Panoramen, pittoreske Flusstäler mit Stromschnellen und uralte Granitgesteine. Er ist ein Paradies für Bergsteiger und Wassersportler. Die Parkverwaltung betreibt im Dorf Myhija (Мигія), ca. 12 km südöstlich von Pervomajs'k, ein Büro, in dem Führungen gebucht werden können (vul. Kolhospna/вул. Колгоспна 42, Tel. 05161 613 70).

Die Stromschnellen bei Myhija sind ein beliebter Ausgangspunkt für Kanufahrten. In dem Gebiet des Parks treffen die Gesteine des Ukrainischen Schildes auf das Flachland der Schwarzmeerniederung. Die historisch-kulturelle Bedeutung der Granitsteppe verdeutlichen mehr als 90 archäologische Denkmäler, deren Alter in die Altsteinzeit zurückreicht. Das Buh-Tal war einer der wichtigsten Standorte der Zaporožer Kosaken; hier befand sich eines der Zentren der Hajdamakenbewegung.

Nachtclub ▶ **Iljuzion"** (Илюзіонь): vul. Moskovs'ka/вул. Московська 9, Tel. 0512 58 21 58, 58 21 21, www.illusion.mk.ua, tgl. ab 20 Uhr. Gute DJs, Konzerte und Lasershows.

Aktiv

Stadttouren & Ausflüge ▶ **Reisebüro von Mykolajiv** (Миколаївське бюро подорожей): vul. Moskovs'ka/вул. Московська 6, Tel. 0512 37 03 48, 72 12 50, www.ukrproftour.com.ua, Mo–Fr 8–18 Uhr. Fremdsprachige (thematische) Stadtführungen, Exkursionen in die Region etc.

Klettern, Kanufahren ▶ s. **Granitsteppe des Buh-Gebiets** Tipp oben.

Verkehr

Züge: Bahnhof, vul. Novozavods'ka/вул. Новозаводська 5, Tel. 0512 29 52 85, 29 51 07. Züge nach Kiew, Cherson, Simferopol'.

Busse: Busbahnhof, Žovtnevyj prosp./Жовтневий просп. 21, Tel. 0512 24 11 53, 76 50 85. Busse nach Očakiv, Pervomajs'k, Kiew, Cherson, Odesa, Simferopol'.

Taxis: Taksi 15-53 (Таксі 15-53), Tel. 093 383 50 53, 050 394 20 53.

Mietwagen: Avto-Drajv (Авто-Драйв), vul. Komsomol's'ka/вул. Комсомольська 99, Tel. 0512 71 20 20, www.autodrive.ua (engl.).

Očakiv und Umgebung

▶ 1, L 9/10

Očakiv

Očakiv (Очаків, 17 000 Einw.), ca. 60 km südwestlich von Mykolajiv, ist Kreisverwaltungszentrum und Kurort am Ufer des Dnipro-Limans am Schwarzen Meer. 1415 gründete hier der litauische Fürst Vytautas die Festung Dašiv, die Ende des 15. Jh. von den Krimtataren erobert wurde. Deren Schwarze Festung erhielt unter der darauffolgenden türkischen Herrschaft den Namen ›Festung am Meer‹ und etablierte sich als mächtiger Vorposten der türkischen nördlichen Schwarzmeergebiete zur Kontrolle der angrenzenden Territorien. Vom 16. bis zum 18. Jh. versuchten die Zaporožer Kosaken und die russischen Truppen mehrmals, das Bollwerk zu bezwingen, doch erst 1788 konnte es endgültig eingenommen werden. Nach dem Frieden von Jassy 1791 ging der Ort an Russland. Auf den Trümmern der Festung wurde nach Erlass Katharinas II. die Stadt Očakiv angelegt. Die Zukunft der Hafenstadt schien zunächst vielversprechend zu sein, doch geriet sie bald in den Schatten des benachbarten Odesa.

Den Sturm von 1788 hat in der ganzen Stadt nur die **Nikolauskathedrale** (Свято-Миколаївський собор) in der vul. Kirova/вул. Кірова 1 überstanden. Eigentlich stand an ihrer Stelle eine Moschee, auf deren Fundamenten 1804 die orthodoxe Schifferkirche errichtet wurde. Nachdem das Gotteshaus zu Sowjetzeiten als militärhistorisches Museum diente, wurde es in der unabhängigen Ukraine den Gläubigen zurückgegeben. Auf dem Kirchengelände ruht der Marinemaler Rufin Sudkovs'kyj (1850–1885), der in Očakiv lebte und wirkte. Das ihm zu Ehren benannte **Museum der Marinemalerei** (Музей мариністичного живопису ім. Р. Судковського) befindet sich in der vul. Škreptijenka/вул. Шкрептієнка 13 (Tel. 05154 239 23, Di–Do Sa 9–16.30, So 9–15.30 Uhr, 5/4 UAH). Das einst in der Nikolauskirche untergebrachte **Militärhistorische Aleksandr-Suvorov-Museum** (Військово-історичний музей ім. О. Суворова) findet man in der vul. Lenina/вул. Леніна 1 (Tel. 05154 221 01, Do–Di 8.30–16.30 Uhr, 1/0,50 UAH).

Infos

Regionaler Landschaftspark Kinburner Nehrung (Регіональний ландшафтний парк Кінбурнська коса): vul. Škreptijenka/вул. Шкрептієнка 16, Tel. 05154 307 56, Mo–Fr 8–17 Uhr. Infos zur Kinburner Nehrung auf der Kinburner Halbinsel, nach Absprache auch geführte Touren dorthin.

Übernachten

Gepflegt ▶ **Fort Helios** (Форт Геліос): vul. Cokurenka/вул. Цокуренка 125/3, Tel. 05154 305 30, www.fortgelios.com.ua. Schönes Hotel mit DZ, 3er- und 4er-Zimmern unterschiedlicher Kategorien und Café-Restaurant. Exkursionen nach Mykolajiv, Odesa und zur Kinburner Nehrung, Bootsausflüge, Verleih von Angelausrüstung. DZ 90–450 UAH.

Termine

Kinburn-Pokal-Regatta (Екологічна регата ім. С. В. Шаповалова Кубок Кінбурнської коси): Juni. Die Regatta soll das Bewusstsein für die ökologischen Probleme der Region schärfen und den Segelsport fördern (www.ecoregatta.org).

Verkehr

Busse: Busbahnhof, vul. Čyžykova/вул. Чижикова 56, Tel. 05154 222 13. Regelmäßig Verbindungen nach Parutyne, Mykolajiv und Pervomajs'k.

Taxis: Tel. 1555.

Schiffe: nach Pokrovs'ke auf der Kinburner Halbinsel.

Kinburner Halbinsel

Die ca. 40 km lange, 8–10 km breite **Kinburner Halbinsel** (Kinburns'kyj pivostriv, Кінбурнський півострів) ist von Očakiv aus mit dem Schiff zu erreichen. Ihre westliche Spitze bildet die **Kinburner Nehrung** (Кінбурнська коса), die Teil des Schwarzmeer-Biosphärenreservats (s. S. 430) ist. Das einzigartige Ökosystem umfasst Federgrassteppen, Birken-, Erlen- und Espenhaine, Salz- und Süßwasserseen – ein Zuhause für zahlreiche Tier- und Pflanzenarten.

Die Vielfalt der Kinburner Nehrung kann man auf einer der Touren kennenlernen, die von der Verwaltung des Landschaftsparks von Očakiv aus durchgeführt werden (s. Infos links). Neben der sehenswerten Natur befinden sich auf der Halbinsel die Ruinen der türkischen **Festung Kinburn** (Фортеця Кінбурн, 15.–18. Jh.) im Dorf Pokrovs'ke (Покровське). Im Sommer füllen sich die Sandstrände im Westen der Halbinsel mit Badegästen, ansonsten ist die Nehrung fast menschenleer (www.kinburn.narod.ru).

Übernachten

Feriendomizile ▶ **Krutaja osyp'** (Крутая осыпь): an der Südküste der Halbinsel in Pokrovka (Покровка), Tel. 067 51 57 273, 050 759, 32 53, www.kinburn.com.ua. Man übernachtet hier in hölzernen und steinernen Ferienhäusern. Im improvisierten Weiler gibt es eine Bar, Sauna, ein Schwimmbad, einen Billardraum und einen Sportplatz. Organsiation von Boots- und Quadausflügen. DZ/VP 310–795 UAH.

Verkehr

Schiffe: Zwischen Pokrovs'ke (Покровське) an der Nordküste der Kinburner Halbinsel und Očakiv verkehren Schiffe.

Auto: Mit dem Auto erreicht man die Nehrung über Cherson und Hola Prystan'.

Parutyne

Heute führt man in **Parutyne** (Парутине, 2000 Einw.) ca. 35 km östlich von Očakiv ein eher geruhsames Leben, doch in der Antike konzentrierte sich an den Hängen des Buh-Limans in der legendären, südlich des heutigen Dorfs gelegenen Stadt **Olbia** das kulturelle und wirtschaftliche Leben des nördlichen Schwarzmeergebiets. Zu ihrer Blütezeit erstreckte sich die von Siedlern aus Milet gegründete Stadt über rund 50 ha und prunkte mit einer Festung, Tempeln, dem Palast des skythischen Herrschers, der römischen Zitadelle, einem Amphitheater, Schulen, Rennbahn und Wohnhäusern. Die Umrisse der Gassen und Bauten sind noch gut zu erkennen, auch wenn die seit dem 15./16. Jh. in der Gegend herrschenden Türken – nachdem Olbia infolge der Angriffe der Goten und Hunnen im 3. und 4. Jh. seinen Niedergang erlebt hatte – die antike Stadt für die Errichtung ihrer Festung in Očakiv zum großen Teil demontierten.

Die Ausgrabungsgeschichte Olbias begann Ende des 18. Jh. Seit 1926 ist die Stätte Historisch-archäologisches Reservat (Історико-археологічний заповідник Ольвія). Die Exponate des **Reservatsmuseums** in der vul. Ol'vijs'ka/вул. Ольвійська 47 a erzählen mehr über Olbia und sein Erbe (Tel. 05154 924 53, 067 277 89 36, www.olbio.org, http://olvia.tender.mk.ua, Mai–Sept. tgl. 8–16, Okt.–April Mo–Fr 8–16 Uhr, 10 UAH).

Termine

Ol'vija (Ольвія): Aug. Auf dem Programm des Festivals stehen Konzerte, Besichtigungen des Historisch-archäologischen Reservats Ol'vija, eine Regatta, Degustationen.

Cherson ►1, M 10

Cityplan: S. 428

Die Gebietshauptstadt **Cherson** (Херсон, 325 000 Einw.) ist kein besonders großes, aber ein wichtiges regionales Wirtschafts- und Kulturzentrum sowie ein bedeutender Fluss- und Seehafen.

Geschichte

Das Territorium ist schon seit der Bronzezeit besiedelt, während die Ursprünge der heutigen Stadt in der Zeit der russisch-türkischen Auseinandersetzungen zu suchen sind: 1737 errichteten Kosaken am westlichen Ufer des Dnipro (Dnjepr) die Alexanderschanze, an deren Stelle 1778 die Stadt entstand. Der Erlass dazu erging von Katharina II.

Die Stadt, deren Mittelpunkt die neu errichtete Festung und eine Schiffbauwerft bildeten, wurde zur Wiege der Schwarzmeerflotte und erhielt ihren Namen im Andenken an die alte griechische Bezeichnung Chersonesos. Das rege Handelsleben des Hafens wurde jedoch gelähmt, als sich herausstellte, dass der Dnipro-Liman für die groß angelegten Pläne zu seicht war. Daraufhin verlegte man den Marinestandort nach Mykolajiv und später nach Odesa, was die Einwohnerzahl bis zum Ende des 18. Jh. beträchtlich verminderte.

Einen zweiten Aufschwung erlebte der Handel, als Cherson 1903 zur Gouvernementshauptstadt aufstieg, und besonders ab 1933, als der Dnipro dank der Errichtung des Dnipro-Wasserkraftwerks (DniproHES) schiffbar wurde. Der Chersoner Hafen entwickelte sich zu einem wichtigen Umschlagplatz für Güter, die vom Dnipro-Gebiet in die Regionen am Schwarzen Meer gelangen sollten. Auch heute ist er einer der bedeutendsten Flusshäfen des Landes.

Ehemalige Festung

Die Ende des 18. Jh. angelegte Festung ist in ihrer ursprünglichen Gestalt nicht mehr zu bewundern, doch ihre Reste geben noch immer Einblick in die Geschichte der Gründung der Stadt, z. B. das südliche **Očakiver Tor** 1 (Очаківська брама) und das nördliche **Moskauer Tor** 2 (Московська брама) mit den anschließenden Schutzwällen, das klassizistische, mit einem Portikus geschmückte Arsenal (Арсенал, 1784), die Pulverkammer (Пороховий погріб, 1789–1791), der Brunnen (1785) und die Katharinenkathedrale (s. u.). Ursprünglich umgaben Mauer und Wälle der ca. 100 ha großen Festung auch noch den Potëmkin-Palast, den Münzhof, Kasernen, Lager, Waffenwerkstatt und Feldapotheke. Doch bald nach der Beendigung des russisch-türkischen Kriegs von 1828/29 und der Verlegung des Schiffbauschwerpunktes nach Mykolajiv wurde die Festung 1835 liquidiert und in eine Militärschule umgewandelt. Die meisten Bauten wurden nach dem Bürgerkrieg (1918–1921) und im Zuge der Anlegung des **Parks des Leninschen Komsomols** (Парк ім. Ленінського Комсомолу) abgetragen.

Die klassizistische **Katharinenkathedrale** 3 (Катерининський собор, 1782–1787), die Zierde des Festungsensembles, wurde an der Stelle eines hölzernen Gotteshauses errichtet. In den Nischen des Kirchengebäudes sieht man Apostel-, Heiligen- und Märtyrerfiguren. Die meisten Ikonen der ursprünglichen Ikonostase gingen nach der Schließung der Kirche in den 1930er-Jahren verloren. Neben der Kirche ragt der **Glockenturm** aus dem Jahr 1806 in die Höhe. Im Kirchhof ruhen die im russisch-türkischen Krieg gefallenen Generäle und Offiziere, in der Kathedrale befindet sich die Gruft Grigorij Potëmkins.

Rund um die Vulycja Hor'koho

Am Gebäude der **Staatsbank** 4 (Будинок відділення Держбанку, 1903, Nr. 5) vorbei kommt man zur **Kirche der hl. Märtyrerin Zarin Alexandra** 5 (Храм Святої Мучениці цариці Олександри, Nr. 3). Das Gotteshaus im altrussischen Stil wurde 1902 eingeweiht, nach der Revolution geschlossen und 1992 wieder eröffnet. Gegenüber der Kirche erstreckt sich der **Lenin-Park** (Парк ім. Леніна) mit einer alten Eiche im Zentrum.

In der vul. Hor'koho/вул. Горького 1 informiert das **Literaturmuseum** 6 (Літературний музей) u. a. über die literarischen Leistungen des Schriftstellers Boris Lavrenëv (1891–1959; Tel. 0552 26 30 66, Mo–Do 9–17, Fr 9–16 Uhr, 6/2 UAH).

Das nahe gelegene **Naturmuseum** 7 (Музей природи, Nr. 5) klärt über seltene Tiere und das Leben im Ozean auf (Tel. 0552 49 10 92, Di–Sa 9–17 Uhr, 15/7 UAH).

Die klassizistische **Heiliggeistkathedrale** 8 (Святодухівський кафедральний собор) in der vul. Dekabrystiv/вул. Декабристів 36 entstand im Laufe der Jahre 1804 bis 1836. Ihr frei stehender Glockenturm wurde schon 1806 eingeweiht.

Schöne Beispiele der Bürgerarchitektur sind zwei **historische Wohnhäuser** aus dem 19. Jh. in der vul. Komsomol's'ka/вул. Комсомольська **Nr. 14** 9 und **Nr. 23** 10 sowie das **Bibliotheksgebäude** 11 (Бібліотека) in der vul. 21 Sičnja/вул. 21 Січня 24.

Die römisch-katholische Gemeinde feiert ihre Gottesdienste in der **Herz-Jesu-Kirche** 12 (Костел Пресвятого Серця Ісуса) in der vul. Suvorova/вул. Суворова 40. Das 1855 erbaute Gotteshaus wurde in den 1930er-Jahren zu einem Kino umfunktioniert und wird erst seit 1994 wieder sakral genutzt.

Vulycja Lenina und Umgebung

Zwei weitere architektonische Denkmäler aus dem 19. Jh. in der vul. Lenina/вул. Леніна beherbergen derzeit Museen. Im ehemaligen **Haus des Gouvernementrates** (Губернська дума, Nr. 34) residiert das **Oleksij-Šovkunenko-Kunstmuseum** 13 (Художній музей ім. О. Шовкуненка) mit Werken aus dem 20. Jh. und Arbeiten des Malers und Pädagogen Oleksij Šovkunenko (1884–1974; Tel. 0552 49 03 47, Mo–Fr 9–16 Uhr, 5/3 UAH). Im einstigen **Gouvernementgericht** (Губернський суд, Nr. 9) ist das regionale **Landeskundemuseum** 14 (Краєзнавчий музей) untergebracht (Tel. 0552 49 10 52, 22 99 47, Mi–So 10–16.30 Uhr, 10/6 UAH).

Das architektonische Bild von Cherson ergänzen noch die **Mariä-Himmelfahrt-Kathedrale** 15 (Свято-Успенський собор, Nr. 5) aus dem Jahr 1798, die zu Sowjetzeiten als Sportclub diente, und die **Sophienkirche der Geburt Mariens** 16 (Греко-Софіївська церква Різдва Пресвятої Богородиці) von 1780 in der vul. Červonoflots'ka/вул. Червонофлотська 13, die von griechischen Einwanderern gegründet wurde. In derselben Straße befindet sich das klassizistische **Erzpriesterhaus** 17 (Архієрейський будинок, Nr. 1) aus dem Jahr 1820.

Busbahnhof
M 14
Beryslavs'ke šose
Бериславське шосе
SLOBIDKA
vul. 40-riččja Žovtnja
вул. 40-річчя Жовтня
vul. Illiča
вул. Ілліча
pl. Peremohy
пл. Перемоги
ŠUMENS'KYJ
prosp. Ušakova
vul. Haharina
вул. Гагаріна
vul. Robitnyča
vul. Rozy Ljuksemburh
вул. Рози Люксембург
siehe Detailkarte
park
im. Lenins'koho
Komsomolu
вул. Перекопська
вул. Робітнича
просп. Ушакова
vul. Perekops'ka
ZABALKA
Dnipro
Дніпро
Košova
Odes'ka pl.
Одеська пл.
0
500
1
vul. Traktorna
prov. Učbovyj
vul. Hirs'koho
вул. Гірського
vul. Karla Marksa
вул. Карла Маркса
vul. Frunze
Majakovs'koho
pl. Svobody
Myrnyj bul'var
vul. 21 Sičnja
vul. Žovtnevoji Revoljuciji
vul. Robitnyča
вул. Робітнича
Belins'koho
vul. Radjans'ka
Dekabrystiv
Spartakivs'kyj
vul. Pestelja
vul. Mychajlovyča
9 Sičnja
vul. Dekabrystiv
vul. 9 Sičnja
вул. Горького
vul. Hor'koho
vul. Komsomol's'ka
vul. Suvorova
vul. Kirova
park
im. V. I. Lenina
vul. Čekistiv
vul. Červonostudents'ka
vul. Lenina
вул. Леніна
vul. Dzeržyns'koho
prosp. Ušakova
vul. Červonoščokinoji
vul. Červonoflots'ka
vul. Petrenka
Petrenka
vul. Komunariv
вул. Комунарів
Odes'ka pl.
Одеська пл.
Košova
Dnipro
Дніпро
0
200
400

Cherson

Sehenswert
- 1 Očakiver Tor
- 2 Moskauer Tor
- 3 Katharinenkathedrale
- 4 Staatsbank
- 5 Kirche der hl. Märtyrerin Zarin Alexandra
- 6 Literaturmuseum
- 7 Naturmuseum
- 8 Heiliggeistkathedrale
- 9 Vul. Komsomol's'ka Nr. 14
- 10 Vul. Komsomol's'ka Nr. 23
- 11 Bibliotheksgebäude
- 12 Herz-Jesu-Kirche
- 13 Oleksij-Šovkunenko-Kunstmuseum
- 14 Landeskundemuseum
- 15 Mariä-Himmelfahrt-Kathedrale
- 16 Sophienkirche der Geburt Mariens
- 17 Erzpriesterhaus

Übernachten
- 1 Imperial
- 2 Dnipro
- 3 Dylyžans
- 4 Muskat
- 5 Fregat

Essen & Trinken
- 1 Bourgeois
- 2 John Howard Pub
- 3 Čarli

Einkaufen
- 1 Kunstsalon Koloryt

Abends & Nachts
- 1 Soho
- 2 Šokolad
- 3 Amigo

Aktiv
- 1 Reise- und Exkursionsbüro von Cherson
- 2 Rise
- 3 Parytet

Übernachten

Vornehm ▶ **Imperial** 1: vul. Lomonosova/вул. Ломоносова 55, Tel. 0552 43 68 70, 44 27 07, 095 161 60 00, www.imperial.kherson.ua (engl.). Hotel mit wenigen, aber geräumigen VIP-Apartments mit schönen Terrassen. Sauna. DZ 550–900 UAH.

Einladend ▶ **Dnipro** 2 (Дніпро): prosp. Tekstyl'nykiv/просп. Текстильників 3, Tel. 0552 31 15 10, 31 15 09, 067 552 17 17, 050 494 30 70, www.dnepr.mz.ua (engl.). Modernes Design in hellen Tönen, mit Bar. Ruhig, im Park, unweit vom Zentrum und den Dnipro-Stränden gelegen. DZ 500–900 UAH.

Freundlich ▶ **Dylyžans** 3 (Дилижанс): vul. Hoholja 39/vul. Hirs'koho 17 (вул. Гоголя 39/вул. Гірського 17), Tel. 0522 49 92 36, 42 24 19, 067 706 14 13, www.hotel-diligence.com.ua (engl.). Komfortable Unterkunft und durchaus empfehlenswertes, elegantes Hotelrestaurant. DZ 450–900 UAH.

Im Herzen der Stadt ▶ **Muskat** 4 (Мускат): vul. Radjans'ka/вул. Радянська 10, Tel. 0552 42 47 31, 42 47 32, 42 47 33, www.muscat.kherson.ua. Das schöne Haus bietet gepflegte Zimmer unterschiedlicher Preiskategorien im europäischen und japanischen Stil sowie ein Restaurant. DZ 380–950 UAH.

Drei Sterne ▶ **Fregat** 5 (Фреґат): prosp. Ušakova/просп. Ушакова 2, Tel. 0552 49 05 22, 49 11 17, www.hotelfregat.com (engl.). Das Hotel liegt am Dnipro in der historischen Altstadt von Cherson. Es bietet moderne, helle, komfortable Zimmer, guten Service, Panorama-Restaurant, Sauna, Schwimmbad, Fitnesshalle, Übersetzungsservice und ein vielfältiges Exkursionsprogramm, u. a. Reit- und Bootsausflüge, Degustationen, Farmtouren. DZ 326–612 UAH.

Essen & Trinken

Mit Livemusik ▶ **Dylyžans** 3 (Дилижанс): im gleichnamigen Hotel (s. links, tgl. 10–24 Uhr. Auf der Speisekarte stehen raffinierte Gerichte der europäischen Küche wie Bouillabaisse und Spargel mit Lachs und Safransoße. Gute Weinauswahl, Cocktailbar. Hauptgerichte ca. 75–195 UAH.

Seriös ▶ **Bourgeois** 1 (Буржуа): prosp. Ušakova/просп. Ушакова 12/2, Tel. 0552 26 20 02, tgl. 9–24 Uhr. Das Restaurant befindet sich am Eingang zum Lenin-Park. In geschmackvollem Retro-Ambiente mit massiven Möbeln und historischen Fotos wird europäische Küche serviert. Hauptgerichte ca. 55–80 UAH.

Irish Pub ▶ John Howard Pub 2: prosp. Ušakova/просп. Ушакова 30/1, Tel. 0552 26 40 34, www.johnhoward-pub.com.ua (engl.), tgl. 10–24 Uhr. In der mit Holzmöbeln ausgestatteten Kneipe gibt es Fleisch, Fisch und Meeresfrüchte, außerdem natürlich Bier, eine große Whiskey-Auswahl sowie ab und zu Abendveranstaltungen. Hauptgerichte 35–130 UAH.

Günstig ▶ Čarli 3 (Чарлі): vul. Kryms'ka/вул. Кримська 130, Tel. 0522 31 02 48, www.cafe-charli.ks.ua, tgl. 9–23 Uhr. Nettes Restaurant mit Studentenmenü, Grillfleisch und Sommerterrasse. Hauptgerichte ca. 25–137 UAH.

Einkaufen

Auf dem **prosp. Ušakova** (просп. Ушакова) findet man Einkaufszentren und Boutiquen.

Kunst(-handwerk) ▶ Kunstsalon Koloryt 1 (Колорит): vul. Suvorova/вул. Суворова 19, Tel. 0552 42 30 30. Souvenirs, Gemälde, Kunstgewerbe.

Abends & Nachts

Retro-Design ▶ Soho 1 (Сохо): vul. Žovtnevoji revoljuciji/вул. Жовтневої революції 47, Tel. 0552 46 12 12, 099 367 95 89, www.soho.ks.ua, tgl. 11–3.30 (Café-Bar), 18–4 Uhr (Restaurant). Elegante Party-Bar, gelegentlich gibt es im Club Livemusik. Im Café Desserts und Cocktails, im Restaurant panasiatische Gerichte.

Nachtclub ▶ Šokolad 2 (Шоколад): vul. Dzeržyns'koho/вул. Дзержинського 13, Tel. 0522 42 52 63, www.chocolate.ks.ua, Di–So 21–4 Uhr. Populär, im Zentrum, guter Sound, Shows, Partys.

Lateinamerikanische Musik ▶ Amigo 3: vul. Patona/вул. Патона, Ecke vul. Šenhelija/вул. Шенгелія, auf der Insel, Tel. 0522 44 43 00, www.amigo.ks.ua, tgl. 18–4 Uhr. Art-Club mit Livekonzerten, Comedy-Shows, kreativer europäischer Küche und Bowling.

Aktiv

Stadtführungen & Ausflüge ▶ Reise- und Exkursionsbüro von Cherson 1 (Херсонське бюро подорожей та екскурсій): prosp. Ušakova/просп. Ушакова 25, Büro 100, Tel. 0552 26 67 39, Mo–Fr 9–17 Uhr.

Outdoor-Ausrüstung ▶ Rise 2: vul. Janky Kupaly/вул. Янки Купали 24, Tel. 066 205 70 00, www.rise.in.ua, Öffnungszeiten nach Vereinbarung. Zelt-, Schlafsack-, Rucksack- und Kanuverleih.

Segeln ▶ Parytet 3 (Паритет): vul. Komsomol's'ka/вул. Комсомольська 13, Tel. 0552 26 30 26, 22 52 58, www.moreks.com.ua, Mo–Fr 9–17 Uhr. Segeltörns auf dem Dnipro und dem Schwarzen Meer, außerdem Exkursionen in der Region, Angeln.

Termine

kROK u majbutnje (кРОК у майбутнє): Mai. Hervorragende Stimmung und ein gutes Musikprogramm zeichnen das Internationale Rock-Festival aus (www.fkrock.com, www.krock.alexart.com.ua, engl.).

Verkehr

Züge: Bahnhof, Pryvokzal'na pl./Привокзальна пл. 1, Tel. 0552 42 20 08, 48 22 91, 48 39 61. Züge Richtung Kiew, Simferopol', Mykolajiv, Odesa.

Busse: Busbahnhof, vul. Budjonoho/вул. Будьоного 1, Tel. 0552 33 70 80. Verbindungen nach Hola Prystan' und Skadovs'k.

Schiffe: Flusshafen, Odes'ka pl./Одеська пл. 6, Tel. 0552 48 83 39, 48 81 29. Verbindungen u. a. nach Hola Prystan'.

Mietwagen: Avto-Drajv (Авто-Драйв), vul. Naftovykiv/вул. Нафтовиків 4a, Tel. 0552 44 31 31, www.autodrive.ua (engl.).

Fortbewegung in der Stadt

Busse: Eine Fahrt mit dem Trolleybus kostet 1 UAH, mit dem Bus 2 UAH.

Taxis: Grand-Taksi (Ґранд-Taксі), Tel. 0552 44 00 62, 095 287 00 62.

Schwarzmeer-Biosphärenreservat ▶ 1, M 10

Mit seinen über 1000 km² ist das **Schwarzmeer-Biosphärenreservat** (Чрноморський біосферний заповідник) das größte ukrai-

In Cherson haben manche Stadtteile den Flair von Feriendörfern

nische Naturschutzgebiet. Seine Gründungsgeschichte reicht bis ins Jahr 1927 zurück. Es besteht aus Festlandstreifen, Inseln, Nehrungen, darunter die Kinburner Nehrung (s. S. 425), sowie Wasserflächen, die das nördliche Schwarzmeergebiet, insbesondere die Küsten der Jahorlyker (Ягорлицька затока) und der Tendraer Bucht (Тендрівська затока), umfassen. Zum Reservat gehören Sand- und Wüstensteppen, Wiesen, Birken- und Espenhaine, Salzerde, Moore, Salz- und Süßwasserseen. Hier leben, nisten bzw. überwintern 300 Vogelarten. Des Weiteren ist das Reservat ein Zuhause für über 500 andere Wirbeltierarten, mehr als 3000 Wirbellose und 700 Pflanzenarten, darunter viele geschützte und endemische.

In **Hola Prystan'** (Гола Пристань) sollte man dem **Museum des Schwarzmeer-Biosphärenreservats** in der vul. Ljermontova/вул. Лєрмонтова 1 einen Besuch abstatten (Tel. 05539 267 57, 210 04, Mo–Fr 9–18 Uhr, 3/1 UAH). Der Kurort ist ein Zentrum des grünen Tourismus der Region. Vor allem die Schilfufer des Dnipro (Dnjepr) und die Heilschlämme des Sees Soljane (озеро Соляне) locken Touristen hierher.

Übernachten

Übernachten kann man im Hola Prystan'er Sanatorium und in den reichlich vorhandenen Privatquartieren.

Malerisch ▶ **Čajka** (Чайка): vul. Dniprova/вул. Дніпрова 78, Tel. 05539 224 44, 210 39, 097 496 82 16, www.chayka.kherson.ua. ›Grüne‹ Unterkunft am Dnipro im Stil eines ukrainischen Weilers. DZ 220 UAH.

Aktiv

Reiten, Angeln, Handwerk ▶ **Zeleni chutory Tavriji** (Зелені хутори Таврії): zwischen Hola Prystan' (Гола Пристань) und Cjurupyns'k (Цюрупинськ), Tel. 05539 785 44, 097 331 24 54, www.hutora.com.ua. Erholungskomplex, der aus mehreren taurischen Weilern besteht. Zum Angebot gehören ein Ethnografisches Museum, nationale Spiele, Angeln, Boots- und Kanufahrten, ein Amphitheater, eine Töpferei und eine Schmiede. Außerdem Kostproben regionaler Gerichte, Strände, Souvenirs, Sport- und Kinderspielplatz.

Termine

Ukrajins'kyj kavun – Solodke dyvo (Український кавун - Солодке диво): Aug. Während dieses Fests dreht sich alles um die Wassermelone, die geliebte Frucht im Gebiet Cherson. Jahrmärkte, Ausstellungen und natürlich Kostproben.

12 Biosphärenreservat Askanija-Nova ► 1, N 10

Der Ort **Askanija-Nova** (Асканія-Нова, 3500 Einw.), ca. 150 km östlich von Cherson, steht für eine von Menschenhand unberührte Steppe mit einzigartiger Tier- und Pflanzenwelt. Zu verdanken ist dies dem **Biosphärenreservat Askanija-Nova** (Біосферний заповідник Асканія-Нова), einem der vier ukrainischen UNESCO-Biosphärenreservate. 1828 kaufte Herzog Ferdinand von Anhalt-Köthen bei der russischen Regierung zwecks Viehzucht Land in der Nähe des Ortes Čaplynka und nannte das Gut – zu Ehren des Herzogsgeschlechts der Askanier – Neuaskanien (ukr.: Askanija-Nova). Die erhofften Erfolge in der neuen Kolonie des Herzogtums blieben jedoch aus und der Betrieb wurde 1856 an den deutschstämmigen Grundbesitzer Fridrich Fejn (Friedrich Fein) verkauft. Dessen Nachkomme Fridrich Fal'c-Fejn (Friedrich Falz-Fein) richtete 1874 auf dem Gelände die ersten Gehege für einheimische Tiere und Vögel ein und schuf 1898 den dendrologischen Park, der 1921 Naturschutzgebiet wurde (das älteste der Ukraine). Es gelang Fal'c-Fejn auch, einige fremde Tierarten wie Elenantilopen und Przewalski-Pferde auf Askanija-Nova zu halten. Seine Verdienste um den Erhalt und die Veredelung der Steppe wurden auf der Pariser Weltausstellung 1899 mit einer Goldmedaille honoriert, doch in den Tumulten der Revolution musste die Familie Russland verlassen und ging nach Deutschland.

Das Naturschutzgebiet Askanija-Nova wurde 1993 zum Biosphärenreservat erklärt, seit 1994 trägt es zusätzlich den Namen seines Begründers, Fridrich-Fal'c-Fejn. Es umfasst rund 335 km² und gliedert sich in die geschützte Steppenzone, den Zoo und den dendrologischen Park. Die Landschaften von Askanija-Nova reichen von Federgras- und Schafschwingelsteppe, Salzerdflecken und Wiesen bis zu Mooren und Gewässern. Unter den 1300 Pflanzen- und 1900 Tierarten sind Dutzende seltene, endemische und geschützte Arten. Im Park und im Zoo sieht man Tiere und Pflanzen fast aus allen Winkeln der Welt. Mit seinem Institut für Steppenrinderzucht ist das Biosphärenreservat eine anerkannte Stätte für die Erforschung und Kultivierung der Steppentierwelt. Das Naturreich von Askanija-Nova lässt sich auf Exkursionen, Öko-Wanderungen und Safaritouren erkunden (Mitte April–Mitte Nov. tgl. 8–17 Uhr, sonst nach Absprache, Eintritt 15/8 UAH inkl. Zoo, organisierte Touren s. Infos unten).

Infos

Verwaltung des Biosphärenreservats Askanija-Nova: vul. Frunze/вул. Фрунзе 13, Tel. 05538 612 86, 612 32, www.ascania-nova.com. Organisation von Aktivitäten im Reservat, u. a. Safaritouren (35 UAH).

Übernachten

Naturnah ► **Kanna** (Канна): vul. Červonoarmijs'ka/вул. Червоноармійська 22, Tel. 05538 613 37, 050 393 47 44, www.askania-nova-kanna.com.ua (engl.). In wenigen Minuten spaziert man vom Hotel zum Biosphärenreservat. Die Unterkunft hat 18 gepflegte Zimmer und eine Café-Bar im Erdgeschoss. DZ 300–360 UAH.

Verkehr

Busse: Station vul. Stepova/вул. Степова 1. Busse nach Cherson.

Halbinsel Krim

Auf der Halbinsel Krim (ukr. Krym) – in geografischer, historischer und kultureller Hinsicht ein Kleinod der Ukraine – treffen Steppe, Berge und Meer aufeinander, gibt es antike, mittelalterliche und neuzeitliche Städte, warten Tempel, Paläste und Parks auf ihre Entdeckung. Kimmerer, Skythen, Griechen, Römer, Slawen, Tataren und Türken weilten auf der Krim, heute leben hier über 80 Nationalitäten und Völker zusammen.

Simferopol' ► 2, D/E 3

Mit seinen gut 360 000 Einwohnern ist **Simferopol'** (Сімферополь) die Hauptstadt der Autonomen Republik Krim und ihr kulturelles und wirtschaftliches Zentrum.

Im 3. Jh. v. Chr. begründeten hier die Skythen ihre als Skythisches Neapolis in die Geschichte eingegangene Hauptstadt und im 16. Jh. errichteten die Tataren auf dem Gelände des heutigen Erholungsparks Salhyrka die Befestigung Aqmescit (dt. Weiße Moschee). Nach der Eingliederung der Krim ins Russische Reich wurde 1784 bei der tatarischen Festung auf Initiative von Grigorij Potëmkin das Verwaltungszentrum des neu erworbenen Gebiets, Simferopol', gegründet. Es überstand die Wirren sowohl des Bürger- als auch des Zweiten Weltkriegs, denen die Deportationen der Krimtataren, Griechen, Armenier, Bulgaren und anderer Nationen folgten. Als die Krim ihren Status als Autonome Sozialistische Sowjetrepublik einbüßte, wurde Simferopol' zur Hauptstadt des nunmehrigen sowjetrussischen Gebiets Krim, das Nikita Chruschtschow 1954 der Ukrainischen Sowjetrepublik übereignete. Mit der Unabhängigkeit der Ukraine erlangte auch die Krim ihre Autonomie zurück.

Kunstmuseum

In der Krimschen Hauptstadt finden sich einige Museen, die die Kulturenvielfalt der Halbinsel präsentieren. Der sich vom Bahnhof Richtung Südwesten erstreckende bulv. Lenina/бульв. Леніна mündet in die vul. Libknechta/вул. Лібкнехта, wo sich im Haus Nr. 35 das **Kunstmuseum** (Художній музей) mit Meisterwerken russischer und ukrainischer Maler befindet (Tel. 0652 27 54 04, http://simfartmuseum.viperson.net, Di–So 10–17 Uhr, 12/6 UAH).

Rund um die Vulycja Puškina

Die orthodoxe **Kirche der drei Hierarchen** (Трьохсвятська церква) von 1904 mit fünf schmucken Zwiebelkuppeln in der vul. Holja/вул. Гоголя 16 ist die ehemalige Seminarkirche. Seit 1924 als Archiv und Bibliotheksmagazin genutzt, wurde sie 1989 renoviert und der Gemeinde zurückgegeben.

Das **Zentrale Taurische Museum** (Центральний музей Тавриди) neben der Kirche (Nr. 14) ist mit seinen archäologischen Funden, Grafiken, numismatischen Sammlungen und Objekten zur Geschichte, Natur und Kultur Tauriens eines der interessantesten landeskundlichen Museen in der ganzen Ukraine (Tel. 0652 25 25 11, 27 63 47, www.tavrida.museum.crimea.ua, Mi–Mo 9–17 Uhr, 15/7 UAH).

Auch das **Ethnografische Museum** (Кримський етнографічний музей) in der vul. Puškina/вул. Пушкіна 18 informiert hervorragend über Geschichte, Kultur und Sitten der über 20 auf der Halbinsel lebenden Völker und Ethnien (Tel. 0652 25 52 23, www.

Minarette als Baudekor im Erholungspark Salhyrka

kruem.puls.crimea.ua, Mi–Mo 9–17 Uhr, 15/ 8 UAH).

Das **Krimtatarische Museum der Künste** (Кримсько-татарський музей мистецтв) in der vul. Čechova/вул. Чехова 17 präsentiert mit Malereien, angewandter und Volkskunst aus dem 18. bis 20. Jh. alle Facetten der Geschichte und Kultur der tatarischen Bevölkerung der Krim (Tel. 0652 24 95 32, Mo–Fr 9–18 Uhr, 3/2 UAH).

Rund um die Vulycja Žovtneva

Die **Dreifaltigkeitskathedrale** (Свято-Троїцький собор) des gleichnamigen Nonnenklosters in der vul. Odes'ka/вул. Одеська 12 stammt aus dem 19. Jh. In einem der heutigen Wirtschaftsgebäude waren früher die **Griechischen Kaufhallen** (Грецькі торгівельні ряди) untergebracht.

Die **Peter-Paul-Kathedrale** (Петропавлівський кафедральний собор) in der vul. Žovtneva/вул. Жовтнева 16 wurde 1866 an der Stelle ihrer hölzernen Vorgängerin errichtet. Die Erneuerung der 1937 geschlossenen und in ein Lager umfunktionierten Kirche erfolgte in den 1980er-Jahren.

In der vul. Kurčatova/вул. Курчатова 4 steht das älteste Gebetshaus von Simferopol', die **Moschee Kebir-Džami** (Мечеть Кебір-Джамі), die 1508 errichtete, mehrmals zerstörte und wieder aufgebaute Weiße Moschee, der die Stadt ihren früheren Namen Aqmescit verdankte.

Erholungspark Salhyrka

Einen Gegenpol zur musealen Landschaft bildet der **Erholungspark Salhyrka** (Салгирка) an der vul. Jaltyns'ka/вул. Ялтинська mit dem **Botanischen Universitätsgarten** (Ботанічний сад ТНУ), Rosarium und Platanen. Ende des 18. Jh. kaufte der Naturforscher und Geograf Pëtr (Peter Simon) Pallas das Grundstück, auf dem sich heute der Park ausbreitet, und ließ das Gut (Садиба Палласа) errichten. Die Architektur zeigt klassizistische und orientalische Einflüsse, der Observatoriumsturm verrät, dass das Anwesen das Heim eines Wissenschaftlers war (www.salgirka.com). Noch ein architektonisches Denkmal, das Voroncov-Gut (Садиба Воронцова), belebt die Parklandschaften. Das klassizistische Herrenhaus und das orientalisch inspirierte Wirtschaftsgebäude ließ 1826 der taurische Gouverneur Dmitrij Naryškin mit Geldern des mit ihm verwandten Michail Voroncov erbauen.

Skythisches Neapolis

Unweit der pl. Radjans'koji Konstytuciji/пл. Радянської Конституції findet man noch Überreste des **Skythischen Neapolis** (Городище Неаполь Скіфський), der von König Skiluros angelegten Hauptstadt des skythischen Staates (3. Jh. v. Chr.–4. Jh. n. Chr.). Im Zuge der 1827 eingeleiteten archäologischen Ausgrabungen wurden das Stadttor, Fragmente von Stadtmauer und Häusern sowie das Mausoleum des skythischen Adels mit Grabstätten, Schmuck und Waffen entdeckt.

Infos

Touristinfo (Туриінфоцентр): am Hauptbahnhof, Vokzal'na pl./Вокзальна пл. Informationen zu Sehenswürdigkeiten, Exkursionen, Transfer und Unterkünften.

Übernachten

50er-Jahre ▶ **Ukrajina** (Україна): vul. Rozy Ljuksemburh/вул. Рози Люксембург 7, Tel. 0652 53 22 53, 51 01 65, www.ukraina-hotel.biz (engl.). Das elegante 3-Sterne-Hotel erstrahlt nach der Renovierung in neuem Glanz. Zur Verfügung stehen Zimmer unterschiedlicher Kategorien, ein Restaurant mit europäischer Küche, Café-Bar, Sauna und Schönheitssalon. DZ/ÜF 640–1200 UAH.

Vornehm ▶ **Imperial** (Імперіал): vul. Kyjivs'ka/вул. Київська 22, Tel. 0652 54 74 88, 54 74 89, 60 14 84, www.hotel-imperial.crimea.ua (engl.). Unterkunft mit modernen, hellen Zimmern, Restaurant mit Sommerterrasse. DZ/ÜF 600–900 UAH.

Zentrale Lage ▶ **Viktoria** (Вікторія): vul. Dekabrystiv/вул. Декабристів 17 a, Tel. 0652 60 00 64, 54 72 94, 54 72 95, www.viktoria-hotel.com. Komfortables 3-Sterne-Hotel mit einladenden Zimmern, Sauna, Fitnesshalle, Café-Bar und Autoverleih. DZ 480–600 UAH.

Gemütlich ▶ **Valencia** (Валенсія): vul. Odes'ka/вул. Одеська 8, Tel. 0652 51 06 06, 050 360 44 88, www.valencia.crimea.ua (engl.). Das zentral gelegene Privathotel bietet seinen Gästen einen komfortablen Aufenthalt in ansprechenden Zimmern; Mahlzeiten werden im schön dekorierten Kellerrestaurant serviert. DZ 300–500 UAH.

Essen & Trinken

Französische Speisen ▶ **Ukrajina** (Україна): vul. Rozy Ljuksemburh/вул. Рози Люксембург 7, Tel. 0652 53 22 53, 51 01 65, www.ukraina-hotel.biz (engl.), tgl. 9–23 Uhr. Eines der nobelsten Restaurants in Simferopol', festliches Interieur mit Marmorsäulen und Lüstern, gute Weinkarte. Hauptgerichte ca. 65–178 UAH.

Mit Livemusik ▶ **Knjaža vticha** (Княжа втіха): vul. Turhenjeva/вул. Тургенєва 35, Tel. 0652 25 10 20, tgl. 12–24 Uhr. Gerichte nach alten ukrainischen Rezepten werden im gemütlichen, im nationalen Stil dekorierten Restaurant serviert. Hauptgerichte ca. 34–70 UAH.

Kellner im Kilt ▶ **Syla kel'ta** (Сила кельта): vul. Puškina/вул. Пушкіна 116, Tel. 0652 29 18 80, tgl. 11–23 Uhr. In diesem Pub bekommt man einiges von den Ess- und Trinkgewohnheiten der alten Kelten mit. Besonderes Ambiente mit massiven Holztischen und schottischer Musik. Hauptgerichte ca. 25–35 UAH.

Einkaufen

Einige Einkaufszentren und mehrere Geschäfte findet man am **prosp. Kirova**/просп. Кірова, in der **vul. Kyjivs'ka**/вул. Київська und in der Umgebung.

Wein ▶ **Masandra** (Фірмовий магазин Масандра): vul. Hor'koho/вул. Горького 7, Tel. 0652 25 90 70, 050 324 49 49, tgl. 8–20 Uhr. In der Weinkellerei werden auch Weinproben angeboten.

Schokoladig ▶ Salon du chocolat Nikolja (Ніколя): prosp. Kirova/просп. Кірова 66, Tel. 0652 52 19 02, www.nikolya.crimea.ua, tgl. 9–22 Uhr. Handgemachte Pralinen, heiße Schokolade und kunstvolle Schoko-Kreationen; mit kleinem Schokoladenmuseum (tgl. 10–18 Uhr, 20/15 UAH).

Abends & Nachts

Klassik ▶ Philharmonie (Філармонія): vul. Puškina/вул. Пушкіна 3, Tel. 0652 25 83 86.
Art-Café ▶ Marmelad (Мармелад): vul. Puškina/вул. Пушкіна 8, Tel. 0652 53 12 53, Mo–Do 10–23, Fr–So 10–5 Uhr. Gemütliche Sofas, leichte Küche und gute Cocktailkarte; am Wochenende Nachtclub mit Tanzfläche und House-Musik.
Nachtclub ▶ Hlobus (Глобус): prosp. Kirova/просп. Кірова 32, Tel. 0652 54 75 22, www.globus-club.com, tgl. 17–3 Uhr. Partys mit bekannten DJs, Shows, R 'n' B, House, Electro und Techhouse in einer der zentralen Straßen der Stadt.

Aktiv

Stadttouren & Ausflüge ▶ Krim-Reise- und Exkursionsbüro (Кримське бюро подорожей та екскурсій): vul. Kyjivs'ka/вул. Київська 92, Büro/офіс 64, Tel. 0652 51 55 56, 54 28 82, 51 61 43, www.crimeatourburo.ru (engl.), Mo–Fr 10–18 Uhr, im Sommer auch Sa. U. a. Exkursionen, Vermittlung von Unterkünften, Transfers und Kuraufenthalten.
Krymtur (Кримтур): vul. Šmidta/вул. Шмідта 9, Tel. 0652 25 03 50, 27 89 59, www.krymtur.com, Mo–Fr 8.30–12.30, 13–17 Uhr. Ähnliches Angebot.
Fahrradverleih ▶ ExTravel: Tel. 099 417 32 96, 050 397 96 76, www.extravel.ucoz.ru, www.extravel.com.ua. Auch Radverleih in Pereval'ne, außerdem Verleih von Outdoor-Ausrüstung. Lieferung an die gewünschte Adresse.
Höhlenerkundung ▶ Karsthöhlen bei Mramorne: s. Aktiv unterwegs S. 437

Termine

Kryms'ka osin' (Кримська осінь): Sept. Festival der Kammermusik.

Verkehr

Flüge: Internationaler Flughafen Simferopol' (Міжнародний аеропорт Сімферополь), ca. 10 km nordwestlich der Stadt an der M 24, Tel. 0652 59 55 45, 59 53 08, www.airport.crimea.ua (engl.). Flüge u. a. nach Kiew, L'viv, Frankfurt a. M.
Züge: Hauptbahnhof, Vokzal'na pl./Вокзальна пл. Züge nach Jevpatorija, Kiew sowie nach Berlin.
Busse: Zentraler Busbahnhof, vul. Kyjivs'ka/вул. Київська 4. Verbindungen nach Mramorne und Jevpatorija.
Trolleybus: Die längste Trolleybuslinie der Welt bringt die Passagiere langsam, aber sicher von Simferopol' (Vokzal'na pl./Вокзальна пл.) durch Alušta nach Jalta.
Taxis: Taksi Tavrika (Таврiка), Tel. 1504, 050 564 01 66, 098 473 37 37, www.taxi-tavrika.com; Taksi Krujiz (Круїз), Tel. 050 663 14 70, 096 364 61 36, www.taxiera.at-crimea.com.
Mietwagen: Avtodrajv (Автодрайв), vul. Žovtneva/вул. Жовтнева 15, Tel. 0652 70 04 48, 099 053 00 75, www.autodrive.com.ua (engl.).

Jevpatorija ▶ 2, A 1

Jevpatorija (Євпаторія, 100 000 Einw.), ca. 75 km nordwestlich von Simferopol', ist ein sonniger Kurort mit Dutzenden Sanatorien und Erholungsheimen. In den letzten Jahrzehnten entwickelte sich Jevpatorija zu einer wichtigen Stätte der Wiedergeburt der karäischen Kultur.

Die antike Historie der Stadt beginnt mit der im 6. Jh. v. Chr. von Griechen gegründeten Siedlung Korkinitis. Die Handel und Ackerbau betreibende Polis wurde im 4. Jh. v. Chr. zunächst an Chersonesos angegliedert, später von Skythen und Römern erobert, von Goten, Hunnen, Petschenegen, Chasaren und Polowezern angegriffen und zu Zeiten der Kiewer Rus von Slawen besiedelt. Ende des 15. Jh. gründeten die Osmanen hier die befestigte Siedlung Gezlev, im 16. bis 18. Jh. als einer der größten türkisch-tatarischen Sklavenmärkte bekannt. 1784, nach

aktiv unterwegs

Besuch der Karsthöhlen bei Mramorne ► 2, E 3/4

Tour-Infos

Start: ca. 20 km südöstlich von Simferopol' beim Ort Mramorne (Мраморне)
Öffnungszeiten: tgl. 8–20 Uhr
Eintritt: je nach Tour 30–50/15–25 UAH, Kombiticket 70/35 UAH
Anbieter: Oniks-Tur (Онікс-Тур), vul. Morozova/вул. Морозова 13, Simferopol', Tel. 0652 25 63 48, www.onixtour.com.ua. Das Zentrum für Speläotourismus organisiert Führungen und Transfer, außerdem Unterkünfte und Verpflegung.

Südöstlich des kleinen Dorfs **Mramorne** ziehen spektakuläre Karsthöhlen Touristen an. Die etwa 1460 m lange **Höhle Emine-Bajir-Chosar** (Еміне-Баїр-Хосар) wurde erstmals 1927 erkundet. Ihr Name soll ›Brunnen am Berghang unter der Eiche‹ bedeuten. Die Höhle besteht aus mehreren Sälen, Galerien und Gängen, darunter Nord- und Obere Galerie, der Hauptsaal mit der Mütze des Monomach, der Seesaal und der Idolensaal. Zu bewundern sind bunte Kristalle, Säulen, Stalaktiten und Stalagmiten, steinerne Wasserfälle sowie klare, unterirdische Seen. Der Hauptsaal beherbergt ein improvisiertes paläontologisches **Museum** mit den Überresten der hier aufgefundenen prähistorischen Tiere: Mammut, Nashorn und Höhlenbär.

Etwa 900 m entfernt liegt die erst 1987 entdeckte, über 2 km lange **Marmorhöhle** (Мармурова печера) – mit ihren chimärenhaften Tropfsteinen, glitzernden Kristallen, Seekaskaden und steinernen Wasserfällen eine der schönsten der Welt. Sie gliedert sich in eine Haupt- und Untergalerie mit jeweils mehreren Hallen sowie den Tigergang. Die Besichtigung beginnt in der Märchengalerie und führt durch die ca. 100 m lange Perestrojka-Halle und den Palastsaal. In der Unteren Galerie beeindrucken der Rosensaal mit seinen steinernen Blumen, der Saal der Hoffnung, der Balkonsaal und der üppige Lüstersaal.

der Eingliederung der Krim ins Russische Reich, erhielt Gezlev den heutigen Namen Jevpatorija und stieg gleich zum Kreiszentrum auf. Im 19. Jh. verwandelte es sich in eine Hafenstadt und zur Jahrhundertwende in einen Kurort.

Landeskundemuseum und Alexander-Puschkin-Theater

Reste der antiken Siedlung **Kerkinitis** (Городище Керкінітіда) kann man in der archäologischen Stätte in der vul. Duvanivs'ka/вул. Дуванівська sehen. Mehr über ihre Geschichte erfährt man im benachbarten **Landeskundemuseum** (Краєзнавчий музей, Nr. 11), dessen ethnografische Abteilung sich u. a. der Kultur der Karäer widmet. Das Museum ist im ehemaligen Haus des Kaufmanns Gelelovič untergebracht, das 1912 im maurischen Stil erbaut wurde (Tel. 06569 312 80, 626 81, www.yevpatoria.museum.crimea.ua, Juni–Aug. tgl. 9–21, Sept.–Mai So–Di, Do/Fr 9–17 Uhr, 14/7 UAH).

Am Theaterplatz/Театральна пл. steht das repräsentative, 1910 fertig gestellte **Alexander-Puschkin-Theater** (Театр ім. О. С. Пушкіна), einer der schönsten Theaterbauten auf der Krim.

Sakralarchitektur

Die Vielfalt der Religionen spiegelt sich in der Sakralarchitektur von Jevpatorija. Schöne Beispiele sind die etwas strenge, griechische und heute orthodoxe **Eliaskirche** (Грецька Церква Святого Іллі; 1918, vul. Brativ Buslajevych/вул. Братів Буслаєвих 1), die **Moschee Džuma-Džami** (Мечеть Джума-Джамі; 1552–64, vul. Revoljuciji/вул. Революції 36) sowie die erhabene orthodoxe **Kathedrale Nikolaus' des Wundertäters** (Собор Миколи Чудотворця) von 1899. Letztere wurde von Aleksandr Bernardazzi im byzantinischen Stil errichtet, in Erinnerung an den Sieg der Russen im Krimkrieg und die Etablierung ihrer Herrschaft in Jevpatorija (vul. Tučyna/вул. Тучина 2).

Besondere Beachtung verdient die **Moschee Džuma-Džami,** ein Meisterwerk der muslimischen Sakralarchitektur. Der Grundstein dieser Freitagsmoschee wurde 1552 nach Plänen des berühmten osmanischen Architekten Sinan gelegt. Den rechteckigen Bau mit zentraler Kuppel flankieren zwei Minarette (Rekonstruktionen aus dem 20. Jh.), die Nordfassade schmückt eine fünfkuppelige Arkadengalerie. Das Innere zeigt filigrane, in Kalkstein gemeißelte Ornamente. Zahlreiche Fenster unterschiedlicher Form und Beschaffenheit (darunter Bogen-, Rund- und Buntglasfenster) lassen das Licht hinein. Die mehrmals wieder aufgebaute Moschee befindet sich unter der Obhut der muslimischen Gemeinde und kann (auch mit einer Führung) besichtigt werden.

Türkische Bäder und Synagoge

Noch ein architektonisches Denkmal, das allerdings dringend der Renovierung bedarf, sind die **Türkischen Bäder** (Турецькі лазні) in der vul. Červonoarmijs'ka/вул. Червоноармійська 20. In derselben Straße steht die **Synagoge Ehije-Kapaj** (Синагога Егіє-Капай), die 1912 von jüdischen Handwerken finanziert wurde. Mehr über das Gebetshaus und die jüdische Gemeinde in Jevpatorija erfährt man während einer Führung.

Karäische Kenesas

Die Karäer, eine turksprachige Volksgruppe, die sich zum Judentum bekennt und an die geschriebene Tora hält, kamen offensichtlich bereits im 16. Jh. nach Jevpatorija. Anfang des 19. Jh. errichteten sie das **Kenesas-Ensemble** (Ансамбль караїмських кенас) in der vul. Karajims'ka/вул. Караїмська 68, das Klassizismus und einen orientalisch angehauchten Baustil vereinigt. Die für Festgottesdienste vorgesehene **Große Kenesa** (Велика кенаса) entstand 1807, während die **Kleine Kenesa** (Мала кенаса) aus dem Jahr 1815 stammt. Beide Gebetshäuser zieren elegante Arkadeneingänge, die in einen hübschen Innenhof führen. Der **Obelisk,** den man auf dem Gelände des Ensembles sieht, wurde nach dem Besuch Zar Alexanders I. aufgestellt. Zu Sowjetzeiten waren die Kenesas einige Jahrzehnte lang geschlossen, bis sie 1999 und 2005 ihre Tore wieder für die Gläubigen öffneten.

In der Nachbarschaft befinden sich das **Karäische Haus** (Караїмський Будинок, Nr. 53) aus dem 18. Jh. und das **Karäische religiöse und kulturelle Zentrum** (Караїмський релігійно-культурний центр, Nr. 57; Tel. 06569 330 35, Sommer So–Fr 8–20, Sa 13–20, Winter So–Fr 10–17, Sa 13–17 Uhr, 10/4 UAH).

Nikolauskirche und Tekke

Nach Besichtigung der armenischen **Nikolauskirche** (Вірменська Церква Святого Нікогайоса, 1885) in der vul. Internacional'na/вул. Інтернаціональна 44 sollte man sich unbedingt zu einer einzigartigen Sehenswürdigkeit von Jevpatorija begeben, der ehemaligen **Tekke** (Текіє дервішів) in der vul. Karajeva/вул. Караєва 1. Das massive Tekke-Gebäude, der Aufenthalts- und Wohnraum für Derwische, die Brüder des Sufiordens, wird ins 15. Jh. datiert. Darüber hinaus befinden sich hier die **Moschee Šukurla-Efendi** (Мечеть Шукурла-Ефенді) aus dem 18. Jh. und das **Ethnografische Zentrum** (Етнографічний центр Текіє дервіш), das Zeugnisse des (Alltags-)Lebens der Derwische zeigt (Tel. 06569 267 17, 235 41, Sommer tgl. 10–19 Uhr, Winter nach Vereinbarung, 10/5 UAH).

Infos

Touristinfo (Турінфоцентр): vul. Frunze/вул. Фрунзе 59, Tel. 06569 284 94, 283 91, 097 384 61 38, 099 081 18 22, www.tic-e.com, Sommer Mo–Fr 8–19, Sa 9–15, Winter Mo–Fr 9–17, Sa 9–13 Uhr. Hotel- und Ticketbuchungen, Transfers, Exkursionen etc.

Übernachten

Komfort in der Altstadt ▶ Sankt-Peterburg (Санкт-Петербург): vul. Karajeva/вул. Караева 1, Tel. 06569 433 05, www.hotel-spb.ru, www.peterburgclub.narod.ru. Das vornehme Hotel mit elegantem Restaurant (raffinierte Fusion-Küche) ist in einem historischen Gebäude von 1910 untergebracht. DZ/ÜF 700 UAH.

Neubau in Parknähe ▶ Juliana (Юліана): vul. Ševčenka/вул. Шевченка 23, Tel. 06569 302 74, 616 61, 066 748 98 55, www.hoteluliana.ru, www.yuli.com.ua. Hotelkomplex im historischen Zentrum mit freundlichen Zimmer unterschiedlicher Kategorien, eigenem Strand, Restaurant und Sauna. DZ/ÜF 280–950 UAH.

Meeresnähe ▶ Liana (Ліана): vul. Kosyc'koho/вул. Косицького 5, Tel. 06569 281 74, 362 49, www.hotel-liana.ru. Das moderne Hotel bietet edel eingerichtete Zimmer und Apartments, Restaurant, Fitness- und Billardraum, Sauna, russische Banja, Freibad, Sommerterrasse und Kinderspielplatz im Innenhof. DZ 280–550 UAH.

Essen & Trinken

Ruhig und gemütlich ▶ Bud'mo (Будьмо): vul. Frunze/вул. Фрунзе 13, Tel. 06569 283 00. Eine Art Museumsrestaurant mit nationalem Kolorit, vielen Blumen und (nicht nur) ukrainischer Küche. Abends Livemusik. Hauptgerichte ca. 30–90 UAH.

Literarisch ▶ Anna-Achmatova-Café (Літературне кафе імені Анни Ахматової): projizd Achmatovoji/проїзд Ахматової, 21/16), Tel. 06569 443 07, tgl. 10–24 Uhr. Interieur aus den 1920er/30er-Jahren, viele Fotos von Anna Achmatova, Lesungen und Kunstabende, Jazz, alte Film- und Live-Klaviermusik nach 19 Uhr. Leichte Küche, leckere Desserts und gute Tee- und Kaffeeauswahl. Hauptgerichte ca. 23–55 UAH.

Karäische Küche ▶ Karaman (Караман): vul. Karajims'ka/вул. Караїмська 68, Tel. 06569 330 35, tgl. 12–22 Uhr. Das Restaurant gleich neben den Kenesas ist zu einer der Sehenswürdigkeiten von Jevpatorija geworden. Beim guten Wetter genießt man Čyr-čyr, Chamur-Dolma und Buza auf der Sommerterrasse. Hauptgerichte ca. 5–35 UAH.

Einkaufen

Duftende Andenken ▶ Carstvo aromativ (Царство ароматів): vul. Pioners'ka/вул. Піонерська 14 a, Tel. 050 344 44 27, www.suvenir.crimea.biz (engl.), Mo–Fr 9–18 Uhr. Krim-Souvenirs, Aromaöle, handgemachter Schmuck aus Holz.

Wein ▶ Firmenladen Masandra (Фірмовий магазин Масандра): prosp. Lenina/просп. Леніна 32a, Tel. 06569 445 84, tgl. 9–20 Uhr.

Abends & Nachts

Nachtclubs ▶ Bilyj (Білий): vul. Frunze/вул. Фрунзе 1, Tel. 099 000 02 08, www.beliy.com.ua, tgl. 23–5 Uhr. Progressives Design, innovative Licht- und Soundausstattung. House-Musik und Showprogramme, große Cocktailauswahl. **Malibu** (Малібу): vul. Hor'koho/вул. Горького 5, Tel. 06569 445 45, www.malibu.in.ua, tgl. 20–6 Uhr. Einer der größten und populärsten Clubs der Stadt – mit Stil, mehreren Tanzflächen, Gast-DJs und Schaumpartys.

Aktiv

Strände ▶ Die städtischen Sandstrände liegen am Frunze-Park/Парк ім. Фрунзе, entlang der Naberežna Hor'koho /Набережна Горького und entlang der vul. Simferopol's'ka/вул. Сімферопольська. Die Strände der Sanatorien und Erholungsheime sind normalerweise für Außenstehende gegen eine Gebühr zugänglich. An den Stränden gibt's Strandvolleyball, Wasserski- und -bananen, (Tret-)Bootverleih.

Fahrradverleih ▶ Tel. 095 888 83 26, www.prokat.3dn.ru. Fahrradverleih und Reparaturservice. Lieferung an die gewünschte Adresse.

Tauchen ▶ Najada (Дайвінг-клуб Наяда): vul. Novoselivs'ka/вул. Новоселівська 3, Tel. 06569 567 24, 097 261 47 70, www.nayada-diving.com. Kurse, Ausrüstungsverleih, Tauchen in Jevpatorija, auf Tarchankut sowie zu Wracks.

Tipp: Untergetauchte Führer vor Tarchankut ▸ 1, M 11/12

Beim Großen Atleš auf der Halbinsel Tarchankut, in ca. 100 m Entfernung von der Küste, haben Taucher nach dem Zusammenbruch der Sowjetunion das ungewöhnliche Unterwassermuseum **Führerallee** (Алея вождів) geschaffen: Der Meeresboden wurde zur Ruhestätte abgeräumter Denkmäler und Büsten von außer Amt gesetzten, kommunistischen Führern und deren Parteigenossen. Das Taucherlebnis kann man von Mai bis September beim Tauchclub Afalina (Дайвцентр Афаліна) aus Donec'k buchen (nur telefonisch oder über die Website Tel. 050 667 06 90, http://afalinadive.com.ua).

Mit den Fischen auf du und du: Leninbüste auf dem Meeresgrund

Termine

Das Kleine Jerusalem (Малий Єрусалим): Mai/Juni. Mit dem Festival positioniert sich Jevpatorija als multikulturelle Stadt. Das karäische Viertel steht dabei – mit Musik, Tanz und Ausstellungen – im Mittelpunkt.

KaZantyp/Republik Z (КаZантип/Республіка Z): Aug., in Popivka, ca. 30 km nordwestlich von Jevpatorija. Das bekannte mehrwöchige Open-Air-Festival ist vor einigen Jahren vom Kap Kazantyp nach Popivka umgezogen, hat aber seinen Namen beibehalten. Die selbst ernannte Republik Z mit eigenem Präsidenten und eigenen Visumbestimmungen ist eine riesige Strandzone mit Bühnen, Tanzflächen, Restaurants, Bars, Sportplätzen und Souvenirläden, ein experimentelles Terrain v. a. für elektronische Musik, aber auch Kunst, Kino, Design, Sport und Unterhaltung (www.kazantipa.net, www.kazantip.de).

Verkehr

Züge: Bahnhof, Pryvokzal'na pl./Привокзальна пл. 1, Tel. 06569 514 11. Züge nach Simferopol' sowie Richtung Kiew.

Busse: Busbahnhof, vul. Internacional'na/вул. Інтернаціональна 124, Tel. 06569 616 90. Verbindungen nach Čornomors'ke, Olenivka.

Schiffe: Seehafen, vul. Morjakiv/вул. Моряків 1, Tel. 06569 324 95. Schiffe nach Odesa.
Taxis: Eskord (Ескорд), Tel. 06569 447 44, 050 628 81 14, 067 913 00 75.
Mietwagen: Rent-a-car, Zentralbüro in Sevastopol', prosp. Žovtnevoji Revoljuciji, Tel. 098 400 47 22, www.rentacar.com.ua.

Halbinsel Tarchankut

► 1, M 11/12

Die **Halbinsel Tarchankut** (Тарханкутський півострів) im Westen der Krim beeindruckt mit einsamen Sandstränden, Kalksteinabhängen und bizarren Steingebilden. Bevor der am Kap Tarchankut 1816 errichtete **Leuchtturm** (Тарханкутський маяк) vor den Gefahren der Felsküste warnte, versanken hier mehrere Schiffe, die jetzt von Tauchern gerne erforscht werden. Der Leuchtturm steht ca. 25 km südwestlich von **Čornomors'ke** in der Nähe des Dorfes **Olenivka** (Оленівка), dessen Umgebung ein bei Naturliebhabern, Forschern und Bergsteigern beliebtes Ausflugsziel ist. Südlich des Ortes ziehen der **Große** und der **Kleine Atleš** (Великий і Малий Атлеш) Besucher an, ein einzigartiges Buchtenensemble, das von eigentümlichen Felsgebilden – Arkaden, Höhlen und Grotten – getrennt wird. In den Gewässern beim Großen Atleš ist die sogenannte **Führerallee** als Tauchziel sehr beliebt (s. Tipp S. 440).

Nördlich von Olenivka, am **Kap Prybijnyj,** erstreckt sich die **Džanhuler Felsrutschküste** (Заказник Джангульське зсувне узбережжя), ein Naturreservat, das mit aufeinander balancierenden Felsen verblüfft. Noch ein Naturdenkmal auf Tarchankut ist der **See Donuzlav** (Озеро Донузлав), einer der tiefsten Krimschen Salzseen, der die Halbinsel vom übrigen Krimland trennt und mit einer interessanten Tier- und Pflanzenwelt aufwartet.

Übernachten

... in Olenivka:

Komfortabel ► **Marlin** (Марлін): vul. Komsomol's'ka/вул. Комсомольська 47, Tel. 050 699 59 39. Das Hotel mit 19 komfortablen Zimmern, Wi-Fi, Koch- und Grillmöglichkeit liegt in der Nähe des Strandes. Im grünen Innenhof gibt es ein Schwimmbad. DZ 350–500 UAH.

13 Bachčysaraj ► 2, C 4

Ca. 30 km südwestlich von Simferopol' liegt die ehemalige Hauptstadt des Krim-Khanats, **Bachčysaraj** (27 000 Einw.), heute administratives Zentrum der Region im Krimschen Vorgebirge, die noch immer das Flair des alten Orients vermittelt. Rund um den Khanpalast schlängeln sich Gassen mit kleinen Häusern, hier und da ragen Minarette empor.

Die Gründung Bachčysarajs verdankt sich der Verlegung der Hauptstadt des Krim-Khanats von Solchat (heute Staryj Krym) ins Tal des Flusses Čuruk-Su – zunächst nach Kyrk-Or (derzeit Čufut-Kale) und später in die tatarische Siedlung Eski-Jurt. Als offizielles Gründungsdatum von Bachčysaraj gilt 1502, das Jahr, in dem Meñli I. Giray seine Residenz im Vorort Salačyk (heute Starosillja) anlegte. Sein Sohn, Sahib I. Giray, baute in der Nähe einen neuen Palast, von dem die Stadt ihren heutigen Namen hat (›Gartenpalast‹). Einige Jahrhunderte lang blühte hier das kulturelle und wirtschaftliche Leben. 1736 setzten russische Truppen Bachčysaraj in Brand, doch der Palast wurde wenige Jahre später wieder aufgebaut.

1783 geriet das Khanat unter russische Herrschaft und Bachčysaraj verwandelte sich in ein Städtchen, das im 19. und in der ersten Hälfte des 20. Jh. – bis zu den Deportationen 1944 – das kulturelle Zentrum der Krimtataren blieb. Heute, nach deren Heimkehr, spielt es wieder diese Rolle.

Khanpalast

Hauptanziehungspunkt für Touristen ist der prächtige **Khanpalast** (Хансарай/Ханський палац, Foto s. S. 53), ein luftiges, filigranes Ensemble mit Blumengärten, Grünanlagen, Lauben und Springbrunnen, Buntglasfenstern, reicher Ornamentik und feinen

Schnitzereien. Die Baugeschichte setzt 1532 ein, im Laufe des 16./17. Jh. wurde der Palast ständig erweitert. Seine fast völlige Rekonstruktion erfolgte in den 40er- und 50er-Jahren des 18. Jh., nachdem die Stadt 1736 von der russischen Armee in Schutt und Asche gelegt worden war. Nach der Angliederung der Krim an Russland erlitt der Palast einige stilfremde Umbauten und büßte kostbare Elemente seines Interieurs ein. Die Restaurierung in den 1960er-Jahren beseitigte diese Eingriffe zum Teil. Die derzeit 4 ha große Palastanlage war früher viel ausgedehnter.

Das beturmte Eingangstor führt in den Innenhof und in den Palast mit den öffentlichen Räumen wie dem Diwansaal und den privaten Gemächern des Khans. Man spaziert durch die **Sommerlaube** (Літня альтанка) und das **Goldene Kabinett** (Золотий кабінет), den **Brunnenhof** (Фонтанний дворик) mit dem rührenden, von Alexander Puschkin besungenen **Tränenbrunnen** (Фонтан сліз, 1764) und den **Harem** (Гарем). Danach geht es zum **Falkenturm** (Соколина вежа), zur **Kleinen und Großen Moschee** (Велика і Мала мечеть), zum **Hamam Sary-Gjuzel'** (Лазня Сари-Ґюзель), zum **Friedhof** mit den Türben (Дюрбе) – muslimischen Mausoleen – und dem Grab von Meñli I. Giray sowie zur **Türbe der Diljara-Bikeč** (Дюрбе Діляри-Бікеч, 1764), zu deren Ehren der Tränenbrunnen geschaffen wurde. In mehreren Räumen ist die **ethnografische Ausstellung** zur krimtatarischen Kultur zu sehen und einer der Palastbauten beherbergt das **Kunstmuseum** (Художній музей), das Malereien mit Landschaften Bachčysarajs zeigt (vul. Ričkova/вул. Річкова 133, Tel. 06554 476 40, 479 93, www.hansaray.org.ua, engl., 15. Mai–15. Okt. tgl. 9–17, 16. Okt.–14. Mai Do–Mo 9–17 Uhr, 40/20 UAH).

In der Altstadt

Bei einem Bummel durch die Altstadtgassen entdeckt man in der vul. Ljuksemburh/вул. Люксембург 7 die **Moschee Tachtaly-Džami** (Мечеть Тахтали-Джамі) von 1707, die dem krimtatarischen Aufklärer gewidmete **Ismail-Gasprinskij-Gedenkstätte** (Будинок-музей І. Ґаспринського) in der vul. Haspryns'koho/вул. Гаспринського 47 (Tel. 06554 477 74, tgl. 9–17 Uhr, 10/5 UAH), die **Eski-Türbe** (Ескі-Дюрбе, 14./15. Jh.) in der vul. Kosmodemjans'koji/вул. Космодем'янської und die **Gedenkstätte für die Maler Elena Nagajevskaja und Aleksandr Romm** (Музей О. Нагаєвської і О. Ромма) in der vul. Schidna/вул. Східна 11 (Tel. 06554 477 40, tgl. 9–19 Uhr, 10/5 UAH). Etwas weiter entfernt, in der vul. Basenka/вул. Басенка 57, steht die muslimische Religionsschule **Madrasa Zyndžyrly** (Медресе Зинджирли) aus dem Jahr 1500 mit der

Byzantinische Mönche gründeten das Mariä-Himmelfahrt-Kloster von Bachčysaraj

Türbe von Haci I. Giray (Дюрбе Хаджи-Гірея, 1501).

Mariä-Himmelfahrt-Kloster

Am südöstlichen Rand von Bachčysaraj windet sich ein Weg empor zur Marienkluft, der Marjam-Dere (Мар'ям-Дере), wo sich das in den Fels gehauene **Mariä-Himmelfahrt-Kloster** (Свято-Успенський монастир) erhebt. Vermutlich wurde die Skite bereits im 8./9. Jh. von byzantinischen Mönchen auf der Flucht vor den Ikonoklasten ins Leben gerufen. Eine Legende schreibt die Gründung einer in einer Felsnische gefundenen Marienikone zu – an dieser Stelle wurde die Kirche gebaut. Bald entstand nahebei das Kloster, das nach dem Fest der Himmelfahrt Mariens – als sich die Ikone zum ersten Mal zeigte – benannt wurde.

Im 15. bis 17. Jh. war das Kloster ein bedeutendes Zentrum der orthodoxen Lehre. Nach der Übersiedlung der hiesigen Orthodoxen ins Asow-Gebiet verlor es allerdings an Bedeutung und wurde verlassen. 1850 kehrten die Mönche zurück und erweiterten die Anlage um vier Gotteshäuser. Die Oktoberrevolution bereitete dem erneuten Aufschwung jedoch ein jähes Ende. Die Skite wurde geschlossen und zum Teil gesprengt, ihre Heiligtümer beschlagnahmt. Seit 1993 ist die einzigartige Sakralstätte wieder zugänglich.

Das Ensemble besteht u. a. aus dem **Haus des Abtes** (Будинок настоятеля, 19. Jh.), dem **Glockenturm** (Дзвінниця, 19. Jh.), zu dem die Klostertreppe aufsteigt, und der **Mariä-Himmelfahrt-Höhlenkirche** (Успенська церква, 8.–15. Jh.), deren kleinen, dunklen Innenraum Dutzende Kerzen erhellen. Vom Klostergelände mit der Heilwasserquelle bietet sich ein herrlicher Blick auf Čufut-Kale (Tel. 06554 474 74, 050 360 77 37, www.lavra.crimea.ua, engl., Mo–Sa 7.30–13, 14–19, So 7.30–12, 13–19 Uhr, Eintritt frei).

Čufut-Kale

In der Nähe des Mariä-Himmelfahrt-Klosters liegen der alte **karäische Friedhof** (Караїмське кладовище) und die mittelalterliche **Festungsstadt Čufut-Kale** (Місто-фортеця Чуфут-Кале), eine der größten sogenannten Höhlenstädte auf der Krim. Die von den Alanen im 5. Jh. begründete Siedlung befindet sich auf einem 500 m hohen Plateau, das natürlichen Schutz bot. Im 13. Jh. herrschten in der Stadt die Krimtataren, die sich hier um die Bildung eines neuen Zentrums ihres Khanats bemühten. Nachdem die krimtatarische Hauptstadt nach Bachčysaraj verlegt wurde, ging die Befestigung an die Karäer, die schon früher einen wesentlichen Teil der Bevölkerung ausmachten. Seit dem 17. Jh. waren sie die alleinigen Herrscher in der Stadt, die nun Čufut-Kale (›Jüdische Festung‹) genannt wurde. Zu dieser Zeit zählte die Festungsstadt um die 5000 Einwohner, die – noch bis 1852 – in ca. 400 Behausungen lebten. Heute kann man sich das städtische Treiben in den bizarren Felsgebilden kaum vorstellen, denn nicht in den Höhlen (sie dienten lediglich als Speicher, Unterschlupf oder Sakralstätten) pulsierte das Leben der Stadt, sondern auf der Oberfläche, in Gebäuden, von denen nur einige in mehr oder weniger gutem Zustand erhalten sind, darunter die **Große** (Велика кенаса, 14. Jh.) und die **Kleine karäische Kenesa** (Мала кенаса, 18. Jh.), das Gut des karäischen Geistlichen, Schriftstellers und Archäologen Avraam Firkovič (Садиба А. Фірковича, 18. Jh.), ein **Brunnen, Tore, Wehrmauerreste** und das **Mausoleum der Džanyke-Chanym** (Дюрбе Джаніке-Ханим, 1437), der Tochter des Khans Toktamisch. Auf dem ca. 19 ha großen Gelände erkennt man die Umrisse der Stadtplanung (Tel. 06554 476 40, 479 93, www.hansaray.org.ua, engl., http://luant.index.msk.ru, 15. Mai–15. Okt. tgl. 9–17, 16. Okt.–14. Mai Do–Mo 9–17 Uhr, 30/15 UAH).

Übernachten

Osmanischer Stil ▶ Bachythul' (Бахитгуль): vul. Červonoflots'ka/вул. Червонофлотська 20, Tel. 06554 470 34, 050 174 31 67, www.bahitgul.com.ua. ›Die Blume des Glücks‹ ist ein privates, elegantes Hotel, in dem Tradition und Moderne zusammentreffen. Zimmer und Aufenthaltsräume mit Buntglasfenstern, Bildern und frischen Blumen, im Restaurant krimtatarische und mittelasiatische Gerichte. Teestube, Wasserpfeife und musikalische Abende. DZ 500 UAH.

Die Boheme ▶ Museumshotel (Готель при музеї): vul. Schidna/вул. Східна 11, Tel. 06554 477 40. Im privaten Mini-Hotel bei der Gedenkstätte für Elena Nagajevskaja und Aleksandr Romm mit gemütlichen Zimmern und Innenhof halten sich meistens Maler, Fotografen und Studenten auf. DZ 200 UAH.

Essen & Trinken

Köstlich krimtatarisch ▶ Markur (Маркур): Km 6 auf der Straße von Bachčysaraj nach Simferopol', Tel. 06554 435 04, 24 Std. Die Grillgerichte werden in hübschen Pavillons im Garten gereicht, auch ukrainische und europäische Speisen. Hauptgerichte ca. 30–60 UAH.

Einkaufen

Kunsthandwerk ▶ Usta (Уста): vul. Ričkova/вул. Річкова 125, Tel. 06554 473 43, www.usta.rcf.crimea.ua (engl.), tgl. 10–17 Uhr. Wunderschöne krimtatarische Stickereien, Teppiche, Keramik und Schmuck.

Aktiv

Stadtführungen & Ausflüge ▶ **Reise- und Exkursionsbüro von Bachčysaraj** (Бахчисарайське бюро подорожей та екскурсій): vul. Lenina/вул. Леніна 106, Tel. 06554 424 36, Mo–Fr, im Sommer auch Sa 9–18 Uhr.

Fahrradverleih, Reiten ▶ **Touristenherberge Pryval** (Турбаза Привал), vul. Šmidta/вул. Шмідта 43, Tel. 06554 478 46, www.prival.crimea.com (engl.). Radverleih, Reitunterricht und Touren.

Wandern ▶ **Großer Krimscher Canyon:** s. Aktiv unterwegs S. 446.

Termine

Bachčysaraj (Бахчисарай): Mai. Das Internationale krimtatarische Festival versammelt Krimtataren aus aller Welt. Bräuche, Kunst und Handwerk erleben eine Renaissance.

Verkehr

Züge: Bahnhof, vul. Rakyts'koho/вул. Ракитського 1, Tel. 06554 426 37. Züge nach Sevastopol'.

Busse: Busbahnhof, vul. Rakyts'koho/вул. Ракитського 2, Tel. 06554 428 25. Verbindungen nach Simferopol', Jevpatorija, Sevastopol' und in die Orte der Umgebung wie Pereduščel'ne, Mašyne, Skalyste, Krasnyj Mak und Zalisne.

Taxis: Prestyž (Престиж), Tel. 095 208 08 88, 06554 408 98; Al'jans (Альянс), Tel. 06554 444 03, 066 339 10 91.

Die Umgebung von Bachčysaraj ▶ 2, C 4/5

Kačaer Canyon

In der Nähe des Dorfes **Pereduščel'ne** (Передущельне, 600 Einw.) ca. 7 km südlich von Bachčysaraj durchschneidet der Fluss Kača das Krim-Gebirge und bildet den **Kačaer Canyon** (Качинський каньйон). Hier liegt das sehenswerte **Höhlenkloster Kači-Kal'jon** (Печерний монастир Качі-Кальйон, 8.–18. Jh.), das ›Kreuzschiff‹. Ca. 5 km weiter östlich erhebt sich beim Dorf **Mašyne** (Машине, 250 Einw.) eine weitere Höhlenstadt majestätisch auf einem Plateau. Von der wohl schon im 8./9. Jh. existierenden **Festungsstadt Kyz-Kermen** (Місто-фортеця Киз-Кермен), die ›Jungfrauenfestung‹, sind noch Fundamente und Fragmente der Wehrmauer zu sehen. Die 2 km nordöstlich von Mašyne gelegene **Höhlenstadt Tepe-Kermen** (Печерне місто Тепе-Кермен), die ›Festung auf dem Gipfel‹, wird ins 5. bis 8. Jh. datiert. Die einzigartige Stadt, die sich auf ca. 1 ha ausbreitet, hat rund 250 Höhlen und Grotten in mehreren Rängen. Man hat sie als Wohnstätte der antiken Völker, Residenz eines Feudalherrn, Mönchsherberge oder Nekropole interpretiert. In der bis ins 14. Jh. hinein existierenden Stadt sind besonders die Höhlenkirchen (Печерні церкви) sehenswert (http://luant.index.msk.ru).

Übernachten

... in Baštanivka (Баштанівка; zwischen Pereduščel'ne und Mašyne):

Gasthof ▶ **Alimova Balka** (Алімова Балка): Tel. 0652 70 29 94, 094 900 29 94, 050 810 58 17, www.bashtanovka.com. Der mitten in den Felsen gelegene Gasthof besteht aus mehreren Gebäuden inkl. schickem Restaurant, Sauna und Freibad. Tischtennis, Fuß- und Basketball, Ausritte, Quadfahrten. DZ 280–900 UAH.

Verkehr

Busse: Verbindungen zwischen Pereduščel'ne, Mašyne und Bachčysaraj.

Eski-Kermen und Manhup-Kale

Ca. 17 km südwestlich von Bachčysaraj schlummert auf einem Plateau beim Dorf **Krasnyj Mak** die im 5. Jh. gegründete **Höhlenstadt Eski-Kermen** (Печерне місто Ескі-Кермен). Die über 8 ha große Siedlung wurde als Festung errichtet. Ihre intensive Bebauung erfolgte im 12. Jh., doch im 13. Jh. wurde die Stadt von der Goldenen Horde heimgesucht, sodass nur noch Reste erhalten sind, darunter der Brunnen und mehrere (Höhlen-)Kirchen wie die Kirche der Drei Reiter (Церква Трьох Вершників) mit mit-

aktiv unterwegs

Wandern im Großen Krimschen Canyon ▶ 2, D 5

Tour-Infos

Start: in Sokolyne, beim Café Velykyj Kan'jon
Anfahrt: auf der H 06 und T 0117 von Bachčysaraj nach Sokolyne
Länge: ca. 12 km hin und zurück
Dauer: ca. 4–5 Std.
Schwierigkeitsgrad: leicht bis mittel
Wichtige Hinweise: Die besten Jahreszeiten für Wanderungen im Großen Krimschen Canyon sind der Spätsommer und der Herbst, wenn es noch warm und trocken, aber nicht mehr so heiß ist. Bequeme Schuhe und Kleidung sowie Badesachen sind zu empfehlen. Der Eintritt kostet 30/15 UAH.

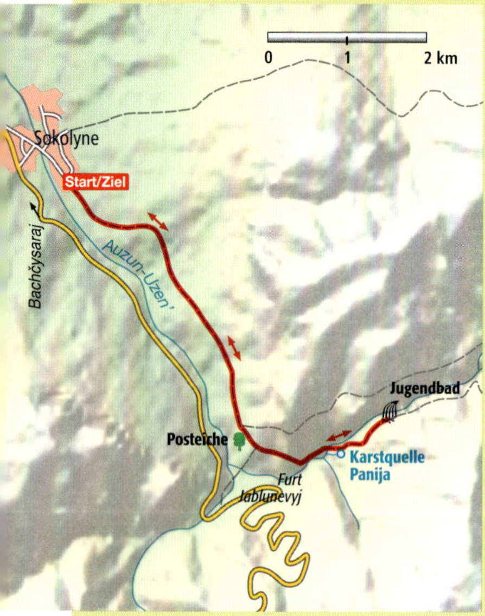

Der markierte Weg zum Eingang in den Canyon beginnt in **Sokolyne** beim Café Velykyj Kan'jon. Ca. 100 m über dem Fluss **Auzun-Uzen',** der am Grund des Canyons fließt, breitet sich eine Wiese mit den Resten der sogenannten **Posteiche** aus. In den Höhlungen des alten Eichenbaums hinterlegen wie in einem Briefkasten seit je Wanderer Zettelchen mit ihren Eindrücken und Wünschen. Von der Wiese folgt man dem Weg in östlicher Richtung. Nach der Biegung steigt man auf und bewundert den Anblick der steilen Abhänge des Canyons.

Der Weg geht hinunter zum Fluss und zur **Furt Jablunevyj,** hinter der sich das Flusstal in eine richtige Schlucht verwandelt. Etwas weiter trifft man auf die **Karstquelle Panija** (Džerelo Panija/Джерело Панія), eine der größten ihrer Art auf der Krim. Die Schlucht endet mit einem Wasserfall, der das **Jugendbad** (Vanna molodosti/Ванна молодості) – eine der größten natürlichen Erosionswannen auf der Halbinsel – mit klarem, durchgehend 9–11 °C kühlem Wasser speist. An dem Wasserbecken kann man sich erholen und dann den Rückweg nach Sokolyne antreten.

telalterlichen Fresken und griechischen Inschriften.

In der Nähe liegt beim Dorf **Zalisne** (Залісне) die **Höhlenstadt Manhup-Kale** (Мангуп-Кале) sehr imposant auf einem flachen Berggipfel. Die erste Befestigung soll hier im 6. Jh. von byzantinischen Einwanderern errichtet worden sein. Im 13. Jh. wurde Manhup zur Hauptstadt des Fürstentums Theodoro. Doch im Jahr 1475 eroberten die Osmanen die Stadt und richteten hier ihre Garnison ein. Nach der Eingliederung der Krim ins Russische Reich wurde die Siedlung nicht mehr bewohnt. Neben zahlreichen unterschiedlich geformten Höhlen entdeckt man eine Zitadelle (Цитадель), Ruinen einer Basilika (Руїни базиліки), Reste von Türmen und einer Wehrmauer, einen karäischen Friedhof (Караїмське кладовище), einen unterirdischen Kerker (В'язниця) und eine

Höhlenkirche (Печерна церква) mit einem Verkündigungskloster (Благовіщенський монастир; http://luant.index.msk.ru).

Aktiv

... in Zalisne:

Eselwanderungen ▶ **Eselfarm Čudo-visljučok** (Віслюкова ферма Чудо-віслючок): vul. Radjans'ka/вул. Радянська 2a, Tel. 050 916 19 16, 050 156 78 51, 06554 507 79, www.osliki.com. Nach Manhup oder Eski-Kermen kann man auf einem Esel reiten und sich danach im Kirschgarten an Tee und Gebäck gütlich tun und das Eselmuseum samt Streichelzoo besichtigen.

Verkehr

Busse: Verbindungen zwischen Zalisne, Krasnyj Mak und Bachčysaraj.

14 Sevastopol' ▶ 2, A/B 5

Cityplan: S. 450

Die malerisch an einer Bucht gelegene Stadt **Sevastopol'** (Севастополь) ist, nachdem sie bis in die 1990er-Jahre hinein als Militärzone gesperrt war, einer der bedeutendsten ukrainischen Häfen und ein viel besuchtes touristisches Zentrum der Krim. Auch wenn die Architektur etwas zu oft an die Kriegsereignisse mahnt, ist das angenehm großzügige, vorwiegend neoklassizistisch geprägte Erscheinungsbild der Stadt mit ihrer südlichen Flora recht einladend.

Geschichte

Die Festung Sevastopol' wurde 1784 auf Erlass Katharinas II. auf dem Territorium der Ortschaft Achtiar gegründet. Schon lange davor hatten sich an der schönen Quarantänebucht Griechen aus Herakleia Pontike niedergelassen. Im 5. Jh. v. Chr. begründeten sie den bedeutenden Stadtstaat Chersonesos, dessen Spuren im Historisch-archäologischen Reservat Taurisches Chersonesos zu sehen sind. 1797 erinnerte man sich daran, dass Sevastopol' früher Achtiar hieß, und benannte den Ort, der 1804 zum wichtigsten Militärhafen Russlands am Schwarzen Meer wurde, um. Bis zur Mitte des 19. Jh. wuchs Sevastopol' zu einer der größten Städte auf der Krim. 1854/55, im Zuge des Krimkriegs, mussten die Sevastopoler um ihre 349 Tage lang von englischen, französischen und türkischen Truppen belagerte Stadt kämpfen. 1920 wurde Sevastopol' sowjetisch, 1941/42 widerstanden seine Bewohner der 250 Tage lang andauernden Belagerung durch die deutsche Wehrmacht, wonach Sevastopol' den Ehrentitel Heldenstadt erhielt.

Die heutige Stadt, in der man sowohl den Geist der russischen als auch der sowjetischen Geschichte spürt, ist der wichtigste Stützpunkt der ukrainischen Marine und das Quartier der russischen Schwarzmeerflotte.

Nationales Reservat Taurisches Chersonesos 1

Die Polis Chersonesos wurde im 5. Jh. v. Chr. als Kolonie der griechischen Stadt Herakleia Pontike gegründet. Ihre Blütezeit als Handelszentrum erlebte sie im 4./3. Jh. v. Chr. Geschwächt von den Kriegen mit den Skythen im 3./2. Jh. v. Chr. ließ sie sich auf die Eingliederung ins Bosporanische Reich ein. Im 1. Jh. v. Chr. geriet Chersonesos unter römische und im 3./4. Jh. unter byzantinische Herrschaft, die das Christentum in die Stadt brachte.

Die lebhaften Beziehungen mit der Kiewer Rus im 10. Jh. endeten mit der Taufe des Kiewer Fürsten Volodymyr in Chersonesos (988) und mit der Christianisierung der Ostslawen. Die im 13./14. Jh. auf der Krim Einzug haltenden Venezianer und Genuesen löste die Goldene Horde ab, die 1475 Chersonesos endgültig eroberte und zerstörte. Ihr Werk vollendeten die Begründer von Achtiar und Sevastopol', die die antiken Steine der Errichtung der Stadt opferten. Heute bilden die Meeresgewässer die größte Gefahr für die antike Stätte.

Bereits seit 1827 beschäftigt das antike und mittelalterliche Chersonesos, heute **Nationales Reservat Taurisches Chersonesos** (Національний заповідник Херсонес Таврійський) genannt, die Archäologen.

Freigelegt wurden bislang Reste von **Tempeln, öffentlichen Bauten** und **Wohnvierteln** sowie des **Stadttors** und der **Wehrmauer.** Einen wunderschönen Anblick bietet die antike, 1935 entdeckte **Basilika** (Базіліка 1935 року), die sich mit ihren weißen, schlanken Säulen vor dem blauen Himmel- und Meereshintergrund abhebt – ein faszinierendes Sinnbild von Sevastopol' und ein einmaliges Strandpanorama. Sehr beeindruckend ist auch das **Amphitheater** (Амфітеатр), bislang die einzige antike Bühne im nördlichen Schwarzmeergebiet.

Das im ehemaligen Kloster aus dem 19. Jh. untergebrachte **Historisch-archäologische Museum** (Історико-археологічний музей) zeigt in seiner antiken und mittelalterlichen Abteilung kostbare archäologische Funde, Zeugnisse von Kultur und Alltag der Bewohner von Chersonesos und der umgebenden Siedlungen. Außerdem bietet es thematische Führungen durch das Reservat und durch Balaklava an (vul. Drevnja/вул. Древня 1, Tel. 0692 24 13 01, 23 15 61, www.chersonesos.org, engl., tgl. 8–21 Uhr, Mai–Sept. tgl. 9–19, Okt.–April tgl. 9–17 Uhr, 40/25 UAH).

Die das Reservatsgelände dominierende **Volodymyrkathedrale** (Володимирський собор) wurde über den Ruinen eines griechischen Tempels, angeblich der Taufstätte des Fürsten Volodymyr, zwischen 1861 und 1892 im pseudobyzantinischen Stil errichtet. Das zum Kloster gehörende Gotteshaus wurde 1942 stark beschädigt und Anfang des 21. Jh. rekonstruiert (Mo–So 7–9, 16.30–18, So 7–10, 16.30–18 Uhr).

Prymors'kyj skver und Umgebung

Zu einem der schönsten Orte in Sevastopol, der Grünanlage **Prymors'kyj skver** 2 (Приморський сквер), führt der prosp. Nachimova/просп. Нахімова. In dieser Straße lohnt sich die Besichtigung des **Mychajlo-Krošyc'kyj-Kunstmuseums** 3 (Художній Музей ім. М. П. Крошицького, Nr. 9). Zu den Exponaten zählen Werke holländischer, flämischer und französischer Maler des 17./18. Jh., ukrainischer und russischer Künstler

Die Rückseite des Vadym-Jelizarov-Tanztheaters ist vom Wasser aus zu sehen

des 19. Jh. sowie sowjetische und moderne Kunst, Grafiken, Skulpturen und Meißener Porzellan (Tel. 0692 54 03 67, Mi–Mo 10–16.30 Uhr, 10/2 UAH).

Etwas für Naturfreunde ist die Besichtigung des Sevastopoler **Aquariums** 4 (Морський музей-акваріум, Nr. 2), in dem Vertreter der Schwarzmeer- und Tropenfauna leben (Tel. 0692 54 38 92, www.sevaquarium.com, engl., Sommer tgl. 9–19, Winter Di–So 10–18 Uhr, 40/21 UAH).

Gegenüber dem Prymors'kyj skver erhebt sich aus dem Meer das in den Jahren 1854/55 eingeweihte **Denkmal für die versenkten Schiffe** 5 (Пам'ятник затоп-леним кораблям, 1905), mittlerweile das Wahrzeichen der Stadt. Die Schiffe waren versenkt worden, um die Bucht und Sevastopol' zu verteidigen. Nahebei breitet sich der **Nachimov-Platz** (пл. Нахімова) aus mit dem Denkmal für Admiral Pavel Nachimov und der Gräfischen Anlegestelle (Графська пристань, 1846), einer Kolonnade, von der eine löwengeschmückte Granittreppe zum Meer führt.

In der vul. Lenina/вул. Леніна 11 findet man das **Museum der Schwarzmeerflotte** 6 (Військово-історичний музей Чорноморського флоту), das mit der Geschichte der Flotte von ihren Anfängen bis heute bekannt macht (Tel. 0692 54 22 89, 54 03 92, Mi–So 10–17 Uhr, 20/15 UAH). An der benachbarten **Michaelskathedrale** (Михайлівський собор, Nr. 9) aus dem Jahr 1848 vorbei gelangt man zum klassizistischen **Turm der Winde** 7 (Башта вітрів) in der vul. Frunze/вул. Фрунзе 5, der 1844 zwecks Belüftung des Bibliotheksmagazins errichtet wurde.

Beachtenswert sind die byzantinisch geprägte orthodoxe **Volodymyr-Kathedrale** 8 (Собор Святого Володимира) aus den Jahren 1854 bis 1888 in der vul. Suvorova/вул. Суворова 3, in deren Gruft die sterblichen Überreste der Admiräle Michail Lazarev, Vladimir Kornilov, Vladimir Istomin und Pavel Nachimov ruhen (www.stvladimir.orthodoxy.ru), sowie die klassizistische **Peter-Paul-Kathedrale** 9 (Петропавлівський собор) von 1848 in der vul. Lunačars'koho/вул. Луначарського 37, die an der Stelle einer griechischen Holzkirche erbaut wurde. Vor dem Krieg diente das Gotteshaus als Archiv, in den Nachkriegsjahren als Theater, und heute ist es ein Kulturpalast, der seine Räume mit der Kirchengemeinde teilt.

Vom Prymors'kyj skver zum Bahnhof

Auch die aus dem Jahr 1905 stammende, reich verzierte **Mariä-Schutz-Kathedrale** 10 (Покровський собор) in der vul. Velyka Mors'ka/вул. Велика Морська 38 wurde einige Zeit lang als Archiv genutzt und erst in den 1990er-Jahren den Gläubigen zurückgegeben.

Durch die pl. Ušakova/пл. Ушакова mit dem neoklassizistischen **Matrosenclub** 11 (Матроський клуб) – ein Beispiel sowjetischer Nachkriegsarchitektur von 1954 – gelangt man zum **Istoryčnyj bul'var** (Історичний бульв.), dem Historischen Boulevard, an dem sich zu Zeiten des Krimkrieges die Befestigungen der vierten Bastion befanden. Heute ist der Boulevard eine belebte Flaniermeile mit zahlreichen Denkmälern und dem **Panoramamuseum Die Verteidigung von Sevastopol' in den Jahren 1854–1855** 12 (Панорама Оборона Севастополя 1854–1855 років). Die Rotunde mit den Heldenstatuen in den Nischen wurde 1904 eigens für das 115 m lange und 14 m hohe Historiengemälde des Schlachtenmalers Franc Rubo (Franz Roubaud) erbaut. Im Zweiten Weltkrieg erlitten Gebäude und Panoramabild erhebliche Schäden, konnten jedoch zur 100-Jahr-Feier der Verteidigung rekonstruiert werden (Mai–Sept. tgl. 9.30–17.30, Juli–Aug. tgl. 9.30–19, Okt.–April Di–So 9.30–17.30, Nov.–Feb. Di–So 9.30–16.30 Uhr, 30/15 UAH, Tel. 0692 49 97 38, http://sev-museum-panorama.com).

Vom Istoryčnyj bul'v. ist es nicht mehr weit zum **Bahnhof** 13 (Вокзал, 20. Jh.) in der vul. Vokzal'na/вул. Вокзальна 3.

Malachiv Kurhan und Sapun-Hora

Die **Gedenkstätte Malachiv Kurhan** 14 (Малахів Курган) wurde für die Gefallenen

und Überlebenden im Krim- und im Zweiten Weltkrieg an der Stelle einer der ehemals strategisch wichtigsten Befestigungen angelegt. Historische Geschütze, mehrere Denkmäler und ein Museum erinnern an die Ereignisse von damals (vul. Istomina/вул. Істоміна, Tel. 0692 48 67 51, Di–So 9–17.30 Uhr, 15/10 UAH).

Noch ein Memorialkomplex mit ähnlichen Exponaten und einem Schlachten-Diorama-bild, **Sapun-Hora** 15 (Сапун-Гора), liegt am südöstlichen Rand von Sevastopol', wo im Zweiten Weltkrieg die Verteidigungslinie der deutschen Truppen verlief (Tel. 0692 63 15 93, Di–So 9–16.30 Uhr, 20/15 UAH).

Übernachten

Mitten im Zentrum ▶ Sevastopol' 1 (Севастополь): prosp. Nachimova/просп. Нахімова 8, Tel. 0692 53 90 60, 53 90 71, www.sevastopol-hotel.com.ua (engl.). Größeres, komfortables Hotel in einem klassizistisch inspirierten Gebäude. 106 Zimmer unterschiedlicher Preiskategorien, Restaurant

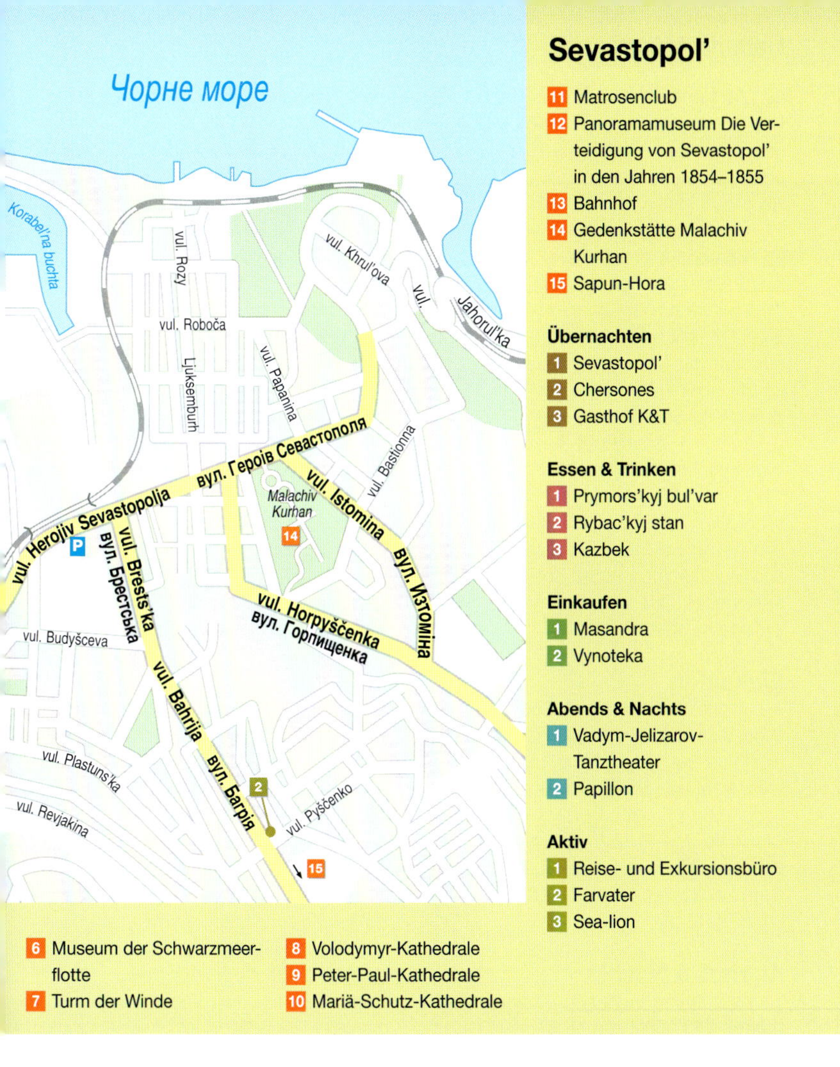

mit Sommerterrasse und Transferservice. DZ/ÜF 595–1159 UAH.

Im Geist der Antike ▸ Chersones 2 (Херсонес): vul. Drevnja/вул. Древня 34, Tel. 0692 24 15 87, 53 20 03, 067 692 32 92, www.hersones.com.ua (engl.). Der Charme des Boutique-Hotels liegt im Design der Apartments à la Diogenes, Sparta, Artemis, Dionysos, Aphrodite etc. Der Innenhof ist mit Blumen bepflanzt. Spielplatz, Schwimmbad, Restaurant mit italienischer und Krim-Küche. Apartments 550–2880 UAH inkl. Frühstück.

Gemütlich ▸ Gasthof K&T 3 (Гостинний двір K&T): vul. Čercova/вул. Черцова 27, Tel. 0692 55 32 28, www.ghkandt.com. Privates Hotel unweit des Taurischen Chersonesos mit schönem Park, Freibad und Sauna. Auf Wunsch Vollpension und Exkursionen. DZ 329–491 UAH.

Essen & Trinken

Abends Livemusik ▸ Prymors’kyj bul’var 1 (Приморський бульвар): prosp. Nachimova/просп. Нахімова 2 a, Tel. 0692 54 57

60, 095 145 40 02, 097 283 00 10, tgl. 11–24 Uhr. Vornehmes Haus mit Blick aufs Meer und raffinierter mediterraner und französischer Küche. Kindermenü am Wochenende. Hauptgerichte ca. 60–150 UAH.

Fisch & Meeresfrüchte ▶ **Rybac'kyj stan** 2 (Рибацький стан): Artylerijs'ka buchta/ Артилерійська бухта 1, Tel. 0692 55 72 78, www.fisherhouse.com.ua (engl.), tgl. 10–24 Uhr. Köstliche Fischgerichte und Meeresfrüchte in der Artilleriebucht. Das Interieur ist im Stil eines Fischerdorfs gestaltet. Hauptgerichte ca. 55–175 UAH.

Georgisch ▶ **Kazbek** 3 (Казбек): vul. Holja/вул. Гоголя 6, Tel. 0692 54 54 86, tgl. 11–24 Uhr. Die georgischen Spezialitäten schmecken hervorragend in dem traditionell und modern mit Stein, Holz, Ofen, Teppichen und Leuchtern dekorierten Restaurant. Sommerterrasse, Grill- und Kindermenü. Hauptgerichte ca. 42–207 UAH.

Einkaufen

Zahlreiche Geschäfte und Souvenirstände findet man vor allem am **prosp. Nachimova** und in der **vul. Velyka Mors'ka.**

Wein ▶ **Masandra** 1 (Масандра), vul. Oktjabrs'koho/вул. Октябрського 9, Tel. 0692 54 84 89, Mo–Fr 9–20, Sa, So 9–18 Uhr. **Vynoteka** 2 (Винотека): vul. Portova/вул. Портова 8a, Tel. 0692 48 82 87, Mo–Sa 8–20, So 8–18 Uhr.

Abends & Nachts

Tanz & Theater ▶ **Vadym-Jelizarov-Tanztheater** 1 (Театр танцю Вадима Єлізарова): prosp. Nachimova/просп. Нахімова 4, Tel. 0692 54 76 03, 55 32 74, www.elizarov theatre.com (engl.).

Stylisher Nachtclub ▶ **Papillon** 2: vul. Herojiv Stalinhrada/вул. Героїв Сталінграда 22, Tel. 0692 93 32 22, www.papillon club.com.ua, tgl. 22–6 Uhr. Für die städtische Boheme, beste Sound- und Laser-Show.

Aktiv

Stadttouren & Ausflüge ▶ **Reise- und Exkursionsbüro** 1 (Севастопольське бюро подорожей та екскурсій), Panoramnyj prov./Панорамный пров. 13, Tel. 0692 54 28 60, 54 51 10, tgl. 9–17.30 Uhr.

Fahrradverleih ▶ **Farvater** 2 (Прокат речей Фарватер), vul. Muzyky/вул. Музики 29б, vul. Piščenko/вул. Піщенко 11, www. prokat.crimea.ua, Mo–Sa 8–17 Uhr. Fahrrad- und Ausrüstungsverleih.

Tauchen ▶ **Sea-lion** 3: vul. Oktjabrs'koho/ вул. Октябрського 12 (Büro), Tel. 0692 54 05 01, 54 33 57, www.sea-lion.com.ua.

Strände ▶ Dem Zentrum am nächsten liegt der Strand **Chrustal'nyj** (Хрустальний) in der Artilleriebucht (Артилерійська бухта). Weiter westlich liegen **Sonjačnyj** (Сонячний) und **Pisočnyj** (Пісочний) in der Sandbucht (Пісочна бухта), **Park Peremohy** (Парк Перемоги), **Omeha** (Омега) in der Runden Bucht (Кругла бухта). Im Norden befindet sich der Strand **Učkujivka** (Учкуївка) am gleichnamigen Park. Attraktiv zum Baden ist auch das **Kap Fiolent,** s. Tipp rechts.

Termine

Bike-Show (Байк-шоу): Juli. Der internationale Biker-Treff findet am See Hasfort (Озеро Гасфорт), Km 17 der M 18 statt. Rock-Konzerte, Musik-, Video- und Laserperformance etc. (www.bikeshow.ru, engl.).

Verkehr

Flüge: Internationaler Flughafen Bel'bek (Міжнародний аеропорт Бельбек), Kačyns'ke šose/Качинське шосе 44 a, Tel. 0692 73 60 68. Flüge nach Kiew.

Züge: Bahnhof, vul. Vokzal'na/вул. Вокзальна 1, Tel. 0692 54 30 77, 48 79 26. Zugverbindungen nach Bachčysaraj, Kiew und in das nahe gelegene Inkerman.

Busse: Busbahnhof, vul. Revjakina/вул. Ревякіна 2, Tel. 0692 46 16 32, 48 81 99. Verbindungen nach Simferopol', Bachčysaraj, Foros und Inkerman. Nach Balaklava verkehren Busse von der Haltestelle Km 5 Balaklavs'ke šose (5 км Балаклавського шосе).

Schiffe: Vom Seehafen in der vul. Nachimova/вул. Нахімова 5, Tel. 0692 52 40 82, 54 24 65, Verbindungen nach Inkerman.

Mietwagen: Avto-Drajv (Авто-Драйв), vul. Rudnjeva/вул. Руднєва 33 в sowie vul. Hots'ka/вул. Готська 2, Tel. 0692 94 24 00, 050 398 03 89, www.autodrive.ua (engl.).

Fortbewegung in der Stadt
Busse: Eine Fahrt mit dem Trolleybus kostet 1,25 UAH, mit dem Bus 2 UAH.
Taxis: Metro, Tel. 0692 55 71 72, 050 424 15 56, www.taximetro.com.ua.

Inkerman ►2, B 5

Am östlichen Ende der Sevastopoler Bucht liegt **Inkerman** (Інкерман, 10000 Einw.). Hoch auf dem Plateau des Klosterfelsens (Монастирська скеля) am südlichen Ortsrand erheben sich die Türme der **Festung Kalamita** (Фортеця Каламіта, 5.–17. Jh.), umgeben von Überresten der Wehrmauer. Die von byzantinischen Ankömmlingen gegründete Befestigung im Fürstentum Theodoro ca. 15 km östlich von Sevastopol' wurde 1475 von den Türken erobert, erweitert und in Inkerman (›Höhlenfestung‹) umbenannt. Mit der Angliederung der Krim an Russland verlor sie ihre strategische Bedeutung.

Am Fuß der Festung befindet sich das **Höhlenkloster des hl. Klemens** (Свято-Климентіївський печерний монастир). Die Legende sieht die Entstehung der ersten christlichen Höhlenkirchen bereits in der Zeit des frühen Christentums: Im 1. Jh. soll der römische Bischof Klemens I. hierher verbannt worden und an der Einrichtung der Skite beteiligt gewesen sein. Derzeit umfasst das Kloster mit den markanten, in den Felsen eingebauten Erkern mehrere (Höhlen-)Kirchen und -Zellen, darunter die **Klemenskirche** (Церква Святого Климентія) aus dem 8./9. Jh. und die neuere **Dreifaltigkeitskirche** (Церква Святої Трійці) aus dem 19. Jh.

Einkaufen

Wein ► **Weinkellerei von Inkerman** (Інкерманський завод марочних вин): vul. Malynovs'koho/вул. Малиновського 20, Tel. 0692 72 23 59, www.inkerman.ua (engl.), Weinproben Mo–Fr 10, 13, 15 Uhr. Inkerman ist eine der führenden Weinkellereien der Ukraine. Die Produkte sind an den westeuropäischen Geschmack angepasst, d. h. es gibt verhältnismäßig viele trockene Weine.

Tipp: Baden am Kap Fiolent ►2, B 6

Das unter Schutz stehende Kap Fiolent (Мис Фіолент) ist einer der malerischsten Orte in der Umgebung von Sevastopol'. Es lockt mit dramatisch und romantisch geformten Felsen, Grotten und kleinen Buchten, glasklarem Wasser und idyllischen Kieselstränden. Die Kieselstrände **Admiral's'kyj** (Адміральський пляж, Admiralstrand) und besonders **Jašmovyj** (Яшмовий пляж, Jaspisstrand) empfehlen sich denjenigen, die das Baden mit einem schönen Landschaftserlebnis verbinden wollen. Im östlichen Teil des Kaps befindet sich auf der Höhe von ca. 200 m das Georgskloster (Георгіївський монастир) – eines der ältesten Klöster auf der Krim. Es kann vom Jaspisstrand über eine rund 800 Stufen zählende Treppe erreicht werden.

Verkehr

Züge: Bahnstation Inkerman-2, vul. Čornoričens'ka/вул. Чорноріченська 93, Tel. 0692 53 11 68, 53 85 08. Verbindungen von und nach Sevastopol'.
Busse: Busstation, vul. Simferopol's'ka/вул. Сімферопольська 19, Tel. 0692 72 29 10. Verbindungen von/nach Sevastopol'.

Balaklava ►2, B 5/6

An einer malerischen, versteckten kleinen Bucht, wo Odysseus den menschenfressenden Laistrygonen begegnet sein soll, liegt **Balaklava** (Балаклава, 27000 Einw.), ein Erholungsort mit schönen Villen und ebensolcher Promenade. Im 14. Jh. fanden die Genuesen an der Bucht Gefallen und errichteten – vermutlich an der Stelle einer byzantinischen Befestigungsanlage – die **Festungsstadt Čembalo** (Фортеця Чембало, 1357–1433). Als Überreste erhalten blieben die Wehrmauer sowie die Türme der Oberen Stadt (Nikolausstadt) und der Unteren Stadt (Georgsstadt). Die Stadtteile wurden nach ihren zentralen Gotteshäusern benannt. Aus der alten Georgskirche entstand die heutige **Zwölf-Apostel-Kirche** (Церква Святих Дванадцяти Апостолів, 1359/1794, vul. Kuprina/вул. Купріна 15a).

Die 1475 von den Türken eingenommene und umbenannte Festung diente im Krimkrieg als Stützpunkt der Engländer, die sie mit Erdwällen verstärkten. Zu Zeiten des Kalten Krieges befand sich in der Bucht in 140 m Tiefe ein geheimer Reparaturstützpunkt für sowjetische U-Boote. Damals war Balaklava eine sogenannte geschlossene Stadt. Heute informiert der spektakuläre **Museumskomplex der Kriegsmarine** (Військово-морський музейний комплекс Балаклава) über die Geheimnisse des Stützpunktes (vul. Tavrijs'ka Naberežna/вул. Таврійська Набережна 22, Tel. 0692 93 31 06, tgl. 10–16 Uhr, 25/10 UAH).

Übernachten

Business-Hotel ▶ **Dakkar** (Даккар): vul. Kalyča/вул. Калича 13, Tel. 0692 63 77 63, www.dakkar-resort.ru (engl.). Komfortables, privates Haus an der Balaklavaer Bucht mit Restaurant. Transfer, Exkursionen und Animationsprogramme für Kinder. DZ/ÜF 420–1570 UAH.

Gepflegt ▶ **Mrija** (Мрія): Tavrijs'ka Naberežna (vul. Mramorna)/Таврійська Набережна (вул. Мраморна) 17, Tel. 0692 93 84 25, www.club-mriya.com. Das einladende Hotel gehört zum Yacht-Club Mrija. Schöne Lage, Restaurant und Exkursionsservice. DZ/ÜF 300–780 UAH.

Essen & Trinken

Hervorragende Küche ▶ **Balaklava** (Балаклава): pl. 1 Travnja/пл. 1 Травня 1, Tel. 0692 6378 34, 050 360 83 16, tgl. 11–24 Uhr. Wohl das prominenteste Restaurant in Balaklava. Auf den Tisch kommen Fisch und Meeresfrüchte, Fleisch- und Grillgerichte. Beim Dekor dominiert die Meeresthematik. Hauptgerichte ca. 43–85 UAH.

Gemütlich ▶ **Chatynka rybalky** (Хатинка рибалки): Naberežna Nazukina 33 (Набережна Назукіна, 33), Tel. 0692 45 50 49, www.isbushka.net.ua, tgl. 11–23 Uhr. Beliebtes Fischrestaurant mit Holztischen und Aquarien, köstlicher Fischsuppe, Bratfischteller und passenden Krimweinen. Hauptgerichte ca. 20–86 UAH.

Einkaufen

Sekt ▶ **Agrofirma Zolota balka** (Агрофірма Золота балка): vul. Krestovs'koho/вул. Крестовського 64, Tel. 0692 45 52 72,

Der Hafen von Balaklava liegt in einer reizvollen Naturbucht

63 51 19, Mo–Fr 8–17 Uhr nach Anmeldung. Früher war die Kellerei dazu bestimmt, den sozialistischen Ersatz des Champagners in Massen zu produzieren. Derzeit stehen ihre Schaumweine im Schatten der traditionsreicheren Kellereien, sind aber eine Probe wert.

Aktiv

Stadtführungen & Ausflüge ▶ Balaklava Tur (Балаклава Тур): vul. Novikova/вул. Новікова 3, Tel. 0692 63 71 70, 050 536 05 40, www.balaklawa.com (engl.), Sommer Mo–Fr 9–18, Sa 9–13, Winter Mo–Fr 9–17 Uhr. Fremdsprachige Führungen durch Balaklava und Sevastopol', Exkursionen auf der Krim, Weintouren, Aktivtourismus, Unterkunftsvermittlung.

Segeln ▶ Yacht-Club (Яхт-клуб): Naberežna Nazukina/Набережна Назукіна 1a, Tel. 0692 94 68 71, 63 72 24, www.goldensymbol.com. Service rund ums Segeln, Verleih, Törns, Unterkunft, Restaurants.

Strände ▶ Zwischen Balaklava und Kap Ajja (Мис Айя) befinden sich die Strände **Sribnyj** (Срібний пляж) und **Zolotyj** (Золотий пляж). Sie können zu Fuß oder mit dem Boot von der Anlegestelle in der Naberežna Nazukina/Набережна Назукіна erreicht werden.

Termine

Balaklavs'ki kanikuly (Балаклавські канікули): Aug. Das Fest des Barden- und Autorenliedes präsentiert sich auf den Bühnen von Balaklava und Sevastopol' (www.bk-festival.com).

Verkehr

Busse: Verbindungen mit Sevastopol' und den Küstenorten.

Von Foros nach Mischor

In Foros beginnt eine faszinierende Route entlang der Südküste der Krim, an der sich Meisterwerke der Palast- und Landschaftsarchitektur aneinanderreihen. Die 75 km lange Strecke reicht bis Alušta. Alle Orte liegen entlang der Küstenstraße (teilweise H 19) und sind auch problemlos mit Bussen von Sevastopol', Simferopol' oder Jalta aus zu erreichen.

Foros ► 2, C 6

Der Ferienort **Foros** (Форос, 2200 Einw.) ca. 30 km südöstlich von Sevastopol' – der südlichste Ort der Ukraine – wurde im August 1991 weithin bekannt, als die Nachricht vom Putsch in Moskau den damaligen sowjetischen Präsidenten Michail Gorbatschow in seiner hiesigen Datscha erreichte.

Sehenswert im Ort ist vor allem das **Sanatorium** (Санаторій), das in einem klassizistischen Palast (Кузнєцовський палац) untergebracht ist, den der Kaufmann Aleksandr Kuznecov 1889 errichten ließ. Angeschlossen ist ein wunderschöner Park, dessen schönsten Teil das Paradieseckchen (Райський куточок) mit Teichkaskade bildet (Foros'kyj uzviz/Фороський узвіз 1).

Auf einem 400 m hohen Felssporn über dem Ort steht die graziöse, von Kuznecov gestiftete **Christi-Auferstehungs-Kirche** (Церква Воскресіння Христового, 1892) im russisch-byzantinischen Stil, die auch wegen der fantastischen Aussicht besucht wird (s. Abb. S. 9). Zu Sowjetzeiten in ein Restaurant umgewandelt, wurde sie Ende der 1980er-Jahre wieder für die Gläubigen geöffnet.

Noch weiter oben, in der Nachbarschaft des Restaurants Šalaš (Шалаш), erinnert das **Bajdarer Tor** (Байдарські ворота, 1848) an den Bau der ersten (alten) Straße von Sevastopol' nach Jalta.

Essen & Trinken

Russisch und orientalisch ► **Šalaš** (Шалаш): am Bajdarer Tor (Байдарські Ворота), Tel. 0692 63 44 38, 63 44 31, 10–22 Uhr. Mit seinem fantastischen Panorama ist das Restaurant zu einer Sehenswürdigkeit der Krim-Südküste geworden. In mehreren thematisch eingerichteten Sälen serviert man Fleisch, Fisch, Meeresfrüchte, auch leckeres Lamm. Hauptgerichte ca. 46–80 UAH.

Termine

Tanzfestival (Танцювальний фестиваль): Juni, im Sanatorium. Wettbewerbe und Workshops in Standard- und orientalischen Tänzen, Stepptanz und Flamenco.

Alupka ► 2, D 6

Ca. 24 km östlich von Foros prunkt das Städtchen **Alupka** (Алупка, 8700 Einw.) mit der **Palast- und Parkanlage** des Gouverneurs von Neurussland, Graf Michail Voroncov (Воронцовський палац). Ein mehrjähriger England-Aufenthalt inspirierte ihn zu dieser Residenz in der Tradition der englischen, überwiegend neogotischen Architektur, jedoch bereichert um orientalische Motive. Der von Edward Blore entworfene und von William Hunt erbaute Palast wurde in mehreren Etappen aus dem örtlichen graugrünen Diabas erbaut. Nach und nach entstanden der **Šuvalov-Bau** (Шуваловський корпус, 1830–1834), das **Hauptgebäude** (Основний корпус, 1830–1837), die **Bibliothek** (Бібліотека, 1842–1844) und der **Wirtschaftsbau** (Господарський корпус, 1838–1842). Das Äußere präsentiert sich mit zahlreichen Türmchen und Zinnen, das Innere mit geschnitzten Decken, Lüstern, historischen Möbelstücken, Gemälden, Kaminen, Skulpturen und einem Wintergarten (Зимовий сад). Besonders exotisch wirkt die nach dem Vorbild indischer Moscheen gestaltete, zum Meer ausgerichtete Südfassade. Sie ist die Krönung der von Löwen bewachten Treppenanlage im **Unteren Park** (Нижній парк), der mehrere italienisch inspirierte Terrassen umfasst und von marmornen Springbrunnen und Vasen geziert wird. Der englisch gehaltene **Obere Park** (Верхній парк) mit dem Großen und Kleinen Chaos (Великий і Малий Хаос) – dramatische Steingebilde aus Diabas –, Teichen, Grotten und Quellen ist mit Zypressen, Palmen, Lorbeer, Magnolien, Platanen, Kiefern und Eiben bepflanzt. Er ist das Werk des deutschen Gärtners Karl Kebach.

Nach der Revolution wurde die ganze Anlage verstaatlicht. Während der Konferenz von Jalta im Februar 1945 diente der Palast Winston Churchill und der englischen Delegation als Residenz (Tel. 0654 72 29 51, 72 10 30, www.worontsovpalace.com.ua, engl., Sommer tgl. 8–20, Winter tgl. 9–17 Uhr, 40/20 UAH).

Einkaufen

Wein ▶ **Degustationskomplex Alupka** (Дегустаційний комплекс Алупка): Palacove šose/Палацове шосе 26, Tel. 0654 72 11 98, Sommer Di–So 11.30–17, Winter Di–Sa 11.30–17 Uhr. Gehört zur Weinkellerei Masandra.

Aktiv

Tauchen ▶ **FROGZ:** am Strand Ljaguška (Пляж Лягушка), Tel. 050 526 94 20, 063 877 69 96, www.frogz.biz (engl.). Tauchkurse und Ausrüstungsverleih.

Verkehr

Schiffe: Von der Anlegestelle in Alupka starten Ausflugsfahrten nach Haspra, Jalta, Hurzuf, Alušta.

Mischor ▶ 2, D 6

Ein sehr schöner, über 21 ha großer Landschaftspark (Місхорський парк) erstreckt sich 4 km östlich von Alupka in **Mischor** (Місхор) auf dem Gelände des heutigen **Sanatoriums Mischor** (Санаторій Місхор). Die Anlage mit über 100 Pflanzenarten wurde Ende des 18. Jh. angelegt und mehrmals umgestaltet (Alupkins'ke šose/Алупкінське шосе 10).

Der fein dekorierte weiße **Palast Djul'ber** (Палац Дюльбер) im maurischen Stil in der Alupkins'ke šose/Алупкінське шосе 19 beherbergt ein gleichnamiges Sanatorium. Nikolaj Krasnov schuf ihn 1897 für einen Onkel des Zaren. Den Palast umgeben Palmen und ein kleiner Park mit südlicher Flora.

Am Strand sieht man die **Märchenskulpturen** der jungen Frau Arzy, die heimlich vom Räuber Ali Baba beobachtet wird (Дівчина Арзи і розбійник Алі-Баба), und der von den Wellen umspülten Meerjungfrau mit Kind (Русалка) von Amandus Adamsons vom Anfang des 20. Jh.

In der Alupkins'ke šose/Алупкінське шосе 52 befindet sich die Talstation der **Seilbahn** (Канатна дорога) auf den 1234 m hohen **Aj-Petri** (Ай-Петрі), einen der malerischsten und windigsten Berggipfel der Krim (s. Aktiv unterwegs S. 458).

Übernachten

Im Neorenaissancestil ▶ **Jusupivs'kyj palac** (Юсупівський палац): in Korejiz, ca. 2 km nordöstlich von Mischor, Parkovyj uzviz/Парковий узвіз 26, Tel. 0654 72 21 39, 24 12 22. Früher bewohnte Fürst Feliks Jusupov das 1910 erbaute Herrenhaus, während der Konferenz von Jalta weilte hier die sowjetische Delegation mit Stalin an der Spitze. Heute ist der Palast ein Hotel mit schönem Garten, sehr gutem Service, Restaurants, Bar, Tennisplatz, Sauna, Freibad, Strand, Autoverleih und Exkursionsangebot. DZ 300–500 USD, Apartments 600–1000 USD.

15 Haspra ▶ 2, E 6

Ca. 12 km vor Jalta liegt **Haspra** (Гаспра, 10 000 Einw.), noch in der ersten Hälfte des 19. Jh. ein kleines tatarisches Dorf, das sich

aktiv unterwegs

Mit der Seilbahn auf den Aj-Petri ► 2, D 6

Tour-Infos

Start: Seilbahnstation in Mischor, Alupkins'ke šose/Алупкінське шосе 52; die Anreise erfolgt am besten mit einem (Klein-)Bus vom Busbahnhof in Jalta.
Länge: rund 3,5 km
Dauer: ca. 20 Min.
Öffnungszeiten/Preise: Auffahrt tgl. 11–16, Abfahrt tgl. 11–17 Uhr; 50/25 UAH einfach
Infos: Tel. 0654 72 32 43, www.kanatka.crimea.ua (dt., engl.)

Mit seinen markanten weißen Zacken ist der 1234 m hohe **Aj-Petri** (Ай-Петрі) zum Wahrzeichen der Halbinsel geworden. Er krönt das gesamte, vorwiegend aus Kalkstein bestehende Aj-Petri-Plateau (Ай-Петринська яйла) und gilt als windigster Berg der Ukraine. Das Wetter kann hier sehr wechselhaft sein, die Temperaturen sind um etwa 7 °C niedriger als in Mischor, was man bei der Kleidungswahl berücksichtigen sollte.

Eine der spektakulärsten – und zugleich einfachsten – Arten, auf den Gipfel zu gelangen, ist die Fahrt mit der 1988 in Betrieb genommenen Seilbahn (Канатна дорога), die in einem Winkel von 45° über Felsen, Kiefernwälder und Weingärten schwebt und deren Technik sozialistisches Flair versprüht. Die Auffahrt erfolgt in zwei Etappen. Zunächst steigt man, zusammen mit ca. 30 weiteren Passagieren, in eine der vier Gondeln an der Talstation in Mischor ein (86 m über dem Meeresspiegel). Nach einer Strecke von rund 1310 m kommt man an der mittleren Station Kiefernwald (391 m) an, wo man in eine andere Gondel umsteigt. Diese passiert die längste stützenfreie Seilbahnstrecke Europas – 1860 m sind es zur Bergstation auf 1153 m. Insgesamt 20 Min. dauert die Fahrt, bis man die herrliche Aussicht auf die Südostküste der Krim von Foros bis Sudak genießen kann. Buchten und Ortschaften liegen einem zu Füßen, Himmel und Meer scheinen ineinander überzugehen.

Auf dem Plateau selbst, ca. 700 m nordwestlich der Bergstation, befindet sich die **Höhle Trjochhlazka** (Печера Трьохглазка), ›die Dreiäugige‹. Der Name geht auf ihre drei Eingänge zurück, die ins immerwährend mit Eis- und Schneeresten gefüllte Innere führen. Ca. 4 km nordöstlich vom Gipfel befindet sich die 1895 erbaute **Wetterstation** (Метеостанція). Ihr gegenüber steht der in Gestalt eines Globusses 1913 errichtete **Meridian von Aj-Petri** (Ай-Петринський меридіан) mit den geodätischen Daten des Standortes.

Das Plateau durchziehen mehrere Wanderwege, doch wer den Aj-Petri als einsamen, naturbelassenen Berggipfel zu erleben hofft, wird insbesondere zur Urlaubszeit eines Besseren belehrt: Zahlreiche Verkaufsstände mit Keramik, Handwerk und Gewürzen, Teestuben und Cafés sowie Attraktionen wie Kamel- oder Pfauenfotografieren erwarten die Besucher. Auch der Kauf des Seilbahntickets kann dann über eine Stunde dauern. Im Winter verwandelt sich der Aj-Petri bei günstigem Wetter in ein Skigebiet.

Zurück nach unten ins Tal kann man wieder die Seilbahn nehmen, einen der Wanderwege oder aber ein Taxi, das genauso viel wie die Seilbahn kostet. Bei der letzten Variante sieht man unterwegs den 98,5 m hohen **Wasserfall Učan-Su** (Водоспад Учан-Су), der seinem schönen Namen ›Fliegendes Wasser‹ nur in der regenreicheren Jahreszeit gerecht wird. (Der ca. 7 km lange Wanderweg zum Wasserfall startet am westlichen Rand von Jalta.) Ein weiterer Halt bietet sich bei der Silbernen Laube (Срібна альтанка) an, einer im 19. Jh. erbauten **Säulenrotunde** am Felsen Pendykjul' (Пендикюль), wo man erneut die krimsche Landschaft bewundern kann.

nach den Sommeraufenthalten der Zarenfamilie im benachbarten Livadija zum vornehmen Kurort entwickelte. Das Erbe der vorrevolutionären Epoche sind mehrere wunderschöne Paläste, Villen und Herrenhäuser.

Gut Jasna Poljana

Ursprünglich gehörte das **Gut Jasna Poljana** (Маєток Ясна Поляна), das seit Sowjetzeiten das gleichnamige Sanatorium (Sevastopol's'ke šose/Севастопольське шосе 52) beherbergt, dem mit Zar Alexander I. befreundeten Fürsten Aleksandr Golicyn. 1831 bis 1836 ließ er hier mit Hilfe von William Hunt ein neogotisches Schloss mit Zinnentürmen und Spitzbogenfenstern errichten. Auch einen Park legte Golicyn in seinem Romantischen Alexandria an.

Die neue Besitzerin von Haspra, Gräfin Sof'ja Panina, verwandelte das Schloss in ein von Künstlern und Schriftstellern geschätztes Haus. Der Aufenthalt Lev Tolstojs im Jahr 1912 brachte dem Gut seinen heutigen Namen ein, der auf den gleichnamigen Besitz Tolstojs bei Tula verweist. In einem der Sanatoriumsräume ist das Verweilen des Romanciers anhand von schriftlichen Zeugnissen und Fotos dokumentiert. Das Museum ist tagsüber zu besichtigen.

Gut Charaks

Auf dem Gelände des Sanatoriums Dnipro (Санаторій Дніпро) steht das **Gut Charaks** (Маєток Харакс), dessen Name man von der gleichnamigen altrömischen Befestigung (1.–3. Jh.) ableitete, auf deren Überreste man hier stieß. 1907 entstand ein Palast im schottischen Stil, dessen Gestaltung Nikolaj Krasnov übernahm. Um den Palast wurde ein Park angelegt, der mit zahlreichen Baumarten und einem antik stilisierten Pavillon erfreut. Ebenfalls zu besichtigen ist die **Kirche der Verklärung Christi und der hl. Nina** (Церква Преображення Господнього та Святої Ніни, 1908), ein weiteres gelungenes Projekt Krasnovs im byzantinisch-georgischen Stil (Alupkins'ke šose/Алупкінське шосе 13, Tel. 0654 24 71 97, 24 73 65, Führungen nach Vereinbarung).

Schloss Schwalbennest

Das **Schloss Schwalbennest** (Lastivčyne Hnizdo/Замок Ластівчине Гніздо) krönt den 40 m hohen Aurora-Felsen (Скеля Аврори) am Kap Aj-Todor (Мис Ай-Тодор) seit dem Jahr 1912, als der Erdölindustrielle Baron von Stengel für seine Geliebte ein Schlösschen im Geiste mittelalterlicher Ritterburgen errichten ließ. 1914 richtete ein neuer Besitzer ein Restaurant ein und nach der Revolution diente das Schwalbennest als Touristenheim und Sanatorium. Seine exklusive Architektur hielt sowohl dem Erdbeben von 1927 als auch dem Zweiten Weltkrieg stand. Bis 2011 residierte im Schloss ein Restaurant, dass allerdings ausziehen musste, nachdem dem Schlösschen der Status des historisch-kulturellen Erbgutes von der Krim zugesprochen wurde. Heute dient das Schwalbennest als Ausstellungs- und Veranstaltungsort. Nach wie vor bezaubert das Nest mit seiner gewagten Fragilität (vul. Alupkins'ke šose/Алупкінське шосе 9, 5 UAH).

Palast Kičkine

Der **Palast Kičkine** (Палац Кічкіне) im maurischen Stil stammt aus den Jahren 1908 bis 1911. Früher war er im Besitz der Zarenverwandtschaft, heute residiert hier das gleichnamige Hotel mit schönem Park und Restaurant mit Sommerterrasse (Livadija/Лівадія-1, Alupkins'ke šose/Алупкінське шосе, http://hotelpanukraine.com, Tel. 044 490 61 08).

Übernachten

Luxushotel ▶ **Palmira-Palace** (Пальміра Палас): Kurpaty (Курпати), vul. Alupkins'ke šose/Алупкінське шосе 12 a, Tel. 0654 27 53 00, www.palmira-palace.com. Schickes, Hotel, das komfortable, geräumige Zimmer, Hotelrestaurant, Nachtclub, Lobby-, Phyto- und Pool-Bar, einen modernen Spa-Bereich, Kinderanimation und Aktiverholung für Erwachsene anbietet. DZ/ÜF 740–6750 UAH.

Verkehr

Busse: Von der Bushaltestelle in Haspra gibt es regelmäßig Verbindungen u. a. nach Mischor und Jalta.

Schiffe: Von der Anlegestelle unterhalb des Schwalbennests Schiffe nach Alupka und nach Alušta über Jalta und Hurzuf.

Livadija ►2, E 6

Im 18. Jh. war **Livadija** (Лівадія, 900 Einw.) eine kleine griechische Siedlung, später, nach dem Anschluss der Krim an Russland, gehörte sie den griechischen Militärangehörigen des Balaklaver Bataillons, danach dem Grafen Lev Potockij (Potocki), bis sie an die Zarenfamilie verkauft wurde. Im Jahr 1945 wurde in Livadija europäische Geschichte geschrieben. Hier fand vom 4.–11. Februar im Weißen Palast die Jalta-Konferenz statt, bei der sich Roosevelt, Churchill und Stalin über die Zukunft mehrerer europäischer Länder nach dem Zweiten Weltkrieg, darunter die Aufteilung Deutschlands, einigten.

Graf Potockij kümmerte sich bereits 1835 um die Anlegung des Parks (Лівадійський парк) in Livadija und baute hier sein Herrengut. Die Romanovs ließen 1862 – 1866 das Herrenhaus des Grafen in den Großen Palast umbauen und diesen um den orientalischen Kleinen Palast (im Zweiten Weltkrieg abgebrannt) ergänzen. Die Anfang des 20. Jh. baufällige Zarenresidenz ersetzte der neue Große bzw. **Weiße Palast** (Великий (Білий) палац) im Neorenaissancestil, eine elegante Schöpfung Nikolaj Krasnovs aus den Jahren 1910/11. Vom Vorgängerbau sind der wunderschöne **Italienische Hof** (Італійський дворик) und die **Kreuzerhöhungskirche** (Воздвиженська церква, 1864) erhalten geblieben. Das Ensemble ergänzen der neorenaissancene **Gefolgepalast** (Палац почету) aus dem Jahr 1910 und der **Frederikspalast** (Палац Фредерікса) im Jugendstil von 1916. Den Park zieren Skulpturen und Pavillons, einheimische und exotische Gehölze. Hier beginnt der **Zaren-** oder **Sonnenpfad** (Царська/Сонячна стежка, s. Tipp S. 461). Nach der Revolution stand die Zarenresidenz als Sanatorium der Bauernklasse zur Verfügung.

Das **Museum** im Weißen Palast versetzt Besucher in die Zeit der Romanovs, die Aus-

Im Weißen Palast von Livadija verbrachte die Zarenfamilie die Sommermonate

stellungen widmen sich der Verbundenheit der Zarenfamilie mit ihrer Lieblingsresidenz und der Jalta-Konferenz (vul. Baturina/вул. Батуріна 44a, Tel. 0654 31 55 79, 31 55 81, Sommer Do–Di 10–18, Winter Di, Do–So 10–17 Uhr, Eintritt/Führung 40/20 UAH).

Verkehr

Busse: Verbindungen zwischen Livadija und Haspra oder Jalta.

Jalta und Umgebung

▶ 2, E 6

Cityplan: S. 462

Jalta (Ялта, 80 000 Einw.) ist der größte und bedeutendste Kurort der Krim, eine Stadt mit vornehmen Villen und mondänem Flair. Als kleiner Fischerort kam Jalta am Ende des 18. Jh. ans Russische Reich. Schon ab den 1830er-Jahren erfreute es sich eines Hafens und einer Straßenverbindung mit Alušta und Simferopol', 1837 erhielt es Stadtstatus.

Naberežna im. Lenina

Das Herz des sommerlichen Jalta schlägt auf der **Naberežna im. Lenina** (Набережна ім. Леніна), der hübschen Kaipromenade, in der man an Palmen, Modeboutiquen, schicken Hotels und Restaurants, Souvenirhändlern sowie allen möglichen Attraktionen vorbeiflaniert. Ein Abstecher führt von hier mit der **Seilbahn** 1 (Канатна дорога) auf den **Hügel Darsan** (Пагорб Дарсан), der eine schöne Aussicht bietet.

Johannes-Chrysostomos-Kirche 2

Eigentlich ist von der pseudogotischen **Johannes-Chrysostomos-Kirche** (Церква Іоана Златоуста) am Matros'kyj prov./Матроський пров. nur der Turm (1837) ein Originalbau. Die von Grigorij Toričelli entworfene Kirche selbst brannte 1941 ab und wurde 1997 nach den Zeichnungen des Architekten wiederhergestellt. Die Bedeutung des auf dem Hügel aufragenden Turms war nicht zu unterschätzen: Insbesondere den Seeleuten diente er als Orientierung, die im 19. Jh. in vielen Seehandbüchern eingetragen war.

Tipp: Wanderung von Livadija nach Haspra

Im Garten des Palastes von Livadija beginnt der rund 7 km lange **Zaren-** oder **Sonnenpfad** (Царська/Сонячна стежка), der in Haspra endet. Der Weg führt durch Oreanda, vorbei an pittoresken Felsen, mehreren Sanatorien, der Nikolauskirche und dem Schloss Schwalbennest (s. S. 459). Den gesamten Weg zieren Skulpturen, schöne, zum Ausruhen geeignete Bänke, einheimische und exotische Pflanzen: Sogar an den heißesten Sommertagen ist es hier deswegen angenehm kühl. Trotz des komplizierten Bergreliefs verläuft der Pfad beinahe ohne Steigung, so dass er gern zu Kurzwecken benutzt wird.

Die Panoramen, die sich unterwegs darbieten, sind wahrlich majestätisch. Nicht umsonst ließ der russische Zar Nikolaus II. den bereits seit den 1840er-Jahren über Oreanda, in den 1860er Jahren zwischen Oreanda und Livadija bestehenden Weg bis zu seinem Palast verlängern. Der nun erweiterte, 1901 fertig gestellte Zarenpfad wurde zum beliebtesten Spazierweg der Zarenfamilie. Seinen zweiten, eigentlich nicht passenden Namen erhielt der recht schattige Sonnenpfad zu Sowjetzeiten.

Kirche der hl. Ripsime 3

Im Norden des Zentrums, in der vul. Zahorodna/вул. Загородна 3, steht die armenische **Kirche der hl. Ripsime** (Вірменська Церква Святої Ріпсіме) von 1909 bis 1917, eine von mittelalterlichen armenischen Bautraditionen beeinflusste Schöpfung des Architekten Gabriel Ter-Mikeljan und des Malers Vardkes Surenjanc. Mehrere Dutzend von Zypressen gesäumte Stufen führen zum Blendarkadeneingang empor. Ins Innere der Kirche, das durch eine kunstvolle, blau-gold bemalte Kuppel besticht, gelangt man durch die Tür in der Westfassade. Vor dem Gotteshaus

ruht der Urheber der Malereien und in der Gruftkirche Ripsime, die Tochter des Kirchenstifters und Erdölindustriellen Pogos Ter-Gukasjan.

Aleksandr-Nevskij-Kathedrale und Lesja-Ukrajinka-Museum

Mit goldglitzernden größeren und kleineren Kuppeln prunkt die orthodoxe **Aleksandr-Nevskij-Kathedrale** 4 (Собор Святого Олександра Невського), die einem russischen Märchen entsprungen zu sein scheint. Sie wurde 1902 zum Andenken an die Ermordung Zar Alexanders II. errichtet und war nur von 1938 bis 1945 geschlossen (vul. Sadova/вул. Садова 2).

In der vul. Jekaterynyns'ka/вул. Єкатерининська 8, einem Haus mit schönem

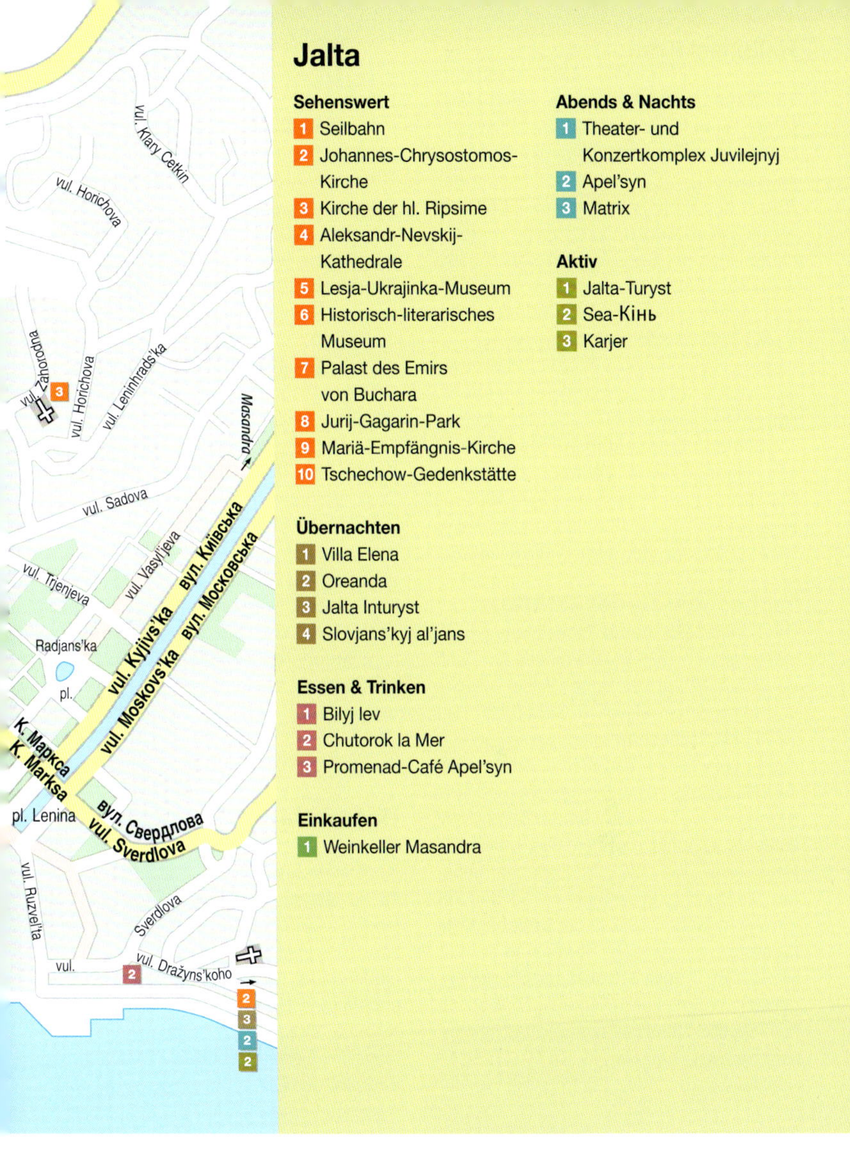

Holzbalkon, befindet sich das **Lesja-Ukrajinka-Museum** 5 (Музей Лесі Українки). Die Ausstellung geht den Spuren von Larysa Kosač (1871–1913) – so der eigentliche Name der großen ukrainischen Dichterin der Moderne – auf der Krim nach (Tel. 0654 32 55 25, www.lesiaukrainka.crimea.ua, Sommer Di–So 11–18.30, Winter Mi–So 10–17.30 Uhr, 8/4 UAH).

Rund um die Vulycja Puškins'ka

Archäologische Funde und angewandte Kunst, Objekte zur Geschichte und Kultur der Stadt und der Region Groß-Jalta sind im **Historisch-literarischen Museum** 6 (Історико-літературний музей) in der vul. Puškins'ka/вул. Пушкінська 5a zu sehen (Tel. 0654 32 30 65, 32 36 26, Sommer Di–So 10–

19, Winter Mi–So 10–17 Uhr, 20/10 UAH). Linker Hand biegt man in die vul. Sevastopol's'ka/вул. Севастопольська ein, um den im maurischen Stil errichteten ehemaligen **Palast des Emirs von Buchara** 7 (Палац еміра Бухарського; 1911) zu bewundern, heute eines der Gebäude des Sanatoriums Jalta (Nr. 12/43). Von hier ist es nicht mehr weit zum ca. 35 ha großen **Jurij-Gagarin-Park** 8 (Приморський парк ім. Ю. Гагаріна). Spaziert man auf der vul. Puškins'ka weiter nach Norden, gelangt man zur von Nikolaj Krasnov entworfenen, römisch-katholischen **Mariä-Empfängnis-Kirche** 9 (Костел Непорочного Зачаття Пресвятої Богородиці, Nr. 25) aus dem Jahr 1906 mit einladendem grünem Kirchhof und sonntäglichen Orgelkonzerten (http://yalta.katolik.ru).

Tschechow-Gedenkstätte 10

Der Schriftsteller **Anton Tschechow** (1860–1904) ließ sich 1899 in Jalta nieder. Am Rand der Stadt erbaute er seine Weiße Datscha und legte einen reizvollen Garten an. Hier vollendete Tschechow einige seiner hervorragendsten Werke, darunter »Die Dame mit dem Hündchen«, »Drei Schwestern« und »Der Kirschgarten«. Der Autor verbrachte rund fünf Jahre in Jalta. Nach seinem Tod wurde das Haus relativ bald (1921) für Besucher geöffnet. Die Einrichtung vergegenwärtigt den Jaltaer Alltag Tschechows. In der **Gedenkstätte** (Будинок-музей А. П. Чехова) in der vul. Kirova/вул. Кірова 112 sind persönliche Gegenstände, Fotos und Werkausgaben zu sehen (Tel. 0654 39 49 47, www.yalta.chekhov.com.ua, engl., Mai–Okt. Di–So 10–17, Nov.–April Mi–So 10–17 Uhr, 25/15 UAH).

Masandra

Nur ca. 5 km nördöstlich von Jalta liegt im Hinterland die Ortschaft **Masandra** (7500 Einw.), die einen Ausflug von Jalta aus lohnt. Das Anwesen von Masandra gehörte Anfang des 19. Jh. den Naryškins, die im Unteren Masandra einen großzügigen Park (Масандрівський парк, 1822) anlegten. Der neue Besitzer, Michail Voroncov, ließ ihn in den 40er-Jahren des 19. Jh. von Karl Kebach gestalten. 1881 leitete Voroncovs Sohn Semën im Oberen Masandra den Bau eines Louis-XIII-Schlösschens ein. Nach dem Tod des Fürsten wurden die Arbeiten 1889 vom neuen Besitzer, Zar Alexander III., wieder aufgenommen. Maximilian Messmacher schuf einen **Palast** (Масандрівський палац) mit Renaissance-, Barock- und Jugendstilelementen. Seit 1992 steht er Besuchern offen, davor diente er als Sanatorium und Datscha für Staatsoberhäupter (Tel. 0654 23 53 47, Sommer Di–So 9–17.30, Winter Mi–So 9–16.30 Uhr, Eintritt/Führung 40/20 UAH).

Den Ruhm von Masandra begründete eine **Weinkellerei** (Масандрівський винзавод). Das Unternehmen blühte auf, als sich ihm der Weinkenner Lev Golicyn zuwandte. Er verhalf den örtlichen Weinen weltweit zu hohen Auszeichnungen. Der Stolz der Kellerei sind die Enothek (Енотека) und die historischen Weinkeller (Винні підвали; vul. Vynoroba Jehorova/Винороба Єгорова 9, Tel. 0654 23 26 62, 35 27 95, www.massandra.net.ua, Führungen 11, 13, 15, 17, 19, Weinproben 11.50, 13.50, 15.50, 17.50, 19.50 Uhr, Führung/Weinprobe 110 UAH).

Übernachten

Club-Hotel ▶ **Villa Elena** 1 (Вілла Єлена): vul. Krasnova/вул. Краснова 2, Tel. 0654 23 83 84, 23 83 83, www.villa-elena.com.ua (engl.). In einem wunderschönen Gebäude von 1912. Elegantes Design, Restaurant mit mediterraner Küche, Terrasse mit Brunnen und Blumen. DZ/ÜF 150–590 €.

Nobel ▶ **Oreanda** 2 (Ореанда): Naberežna im. Lenina/Набережна ім. Леніна, 35/2, Tel. 0654 27 42 74, 27 42 50, 27 43 07, www.hotel-oreanda.com (engl.). Eines der ältesten Hotels in Jalta ist nach der Renovierung auch eine der nobelsten Unterkünfte – blendend weiß, komfortabel, modern und klassisch. Mit Bars und Restaurants, Nacht- und Bowlingclub, Wellness- und Fitnesszentrum, Sauna, Kino, Kinderanimation und Strand. DZ 1260–5105 UAH inkl. HP.

Sowjetcharme ▶ **Jalta Inturyst** 3 (Ялта Інтурист): vul. Dražyns'koho/вул. Дражинського 50, Tel. 0654 27 02 70, www.hotel-

yalta.com (engl.). Das Hotelgebäude im Masandraer Park stammt noch aus der Sowjetzeit, sein Inneres hat sich aber positiv verändert – nach wie vor ist das Haus eine gute Adresse. Zimmer unterschiedlicher Kategorien, Verpflegung, Transfer, Exkursionen und Sportaktivitäten. DZ/ÜF 500–2500 UAH.
Mit Palmen und Zypressen ▶ **Slovjans'kyj al'jans** 4 (Слов'янський альянс): vul. Puškins'ka/вул. Пушкінська 11, Tel. 0654 32 15 75, 32 80 45, 050 324 09 55, www.hotel-slavalyans.com.ua (engl.). Weiß getünchtes Haus unter Bäumen. Die hellen Zimmer mit Balkon sind bürgerlich eingerichtet. Organisation von Segeln, Tauchen, Angeln und anderen Exkursionen. DZ/ÜF 500–900 UAH.

Essen & Trinken

Mondän ▶ **Bilyj lev** 1 (Білий лев): Naberežna im. Lenina/Набережна ім. Леніна 31a, Tel. 0654 32 77 36, tgl. 10–3 Uhr. Fisch-, Meeresfrüchte- und Wildgerichte mit Livemusik in einem mit Spiegeln und Kristalllüstern ausgestatteten Interieur oder auf der Terasse. Hauptgerichte ca. 90–220 UAH.
Gemütlich ▶ **Chutorok la Mer** 2 (Хуторок ля Мер): vul. Sverdlova/вул. Свердлова 9, Tel. 0654 27 18 15, 050 398 40 40, tgl. 11–2 Uhr. Das Restaurant am Masandraer Strand bietet ukrainische und europäische Küche sowie Gegrilltes in maritim dekorierten Sälen und auf der Terrasse. Hauptgerichte ca. 85–190 UAH.
Hell und luftig ▶ **Promenad-Café Apel'syn** 3 (Променад-кафе Апельсин): Naberežna im. Lenina/Набережна ім. Леніна 35 a, Tel. 0654 26 31 01, www.apelsincafe.com, tgl. 9–24 Uhr. Die Attraktion sind die Wasserspiele, aber der Besuch lohnt auch wegen der kreativen, sommerlichen (vorwiegend europäisch-italienischen) Küche, Sushi-Bar und köstlichen Desserts. Hauptgerichte ca. 65–165 UAH.

Einkaufen

Teure Modeboutiquen findet man in der **Naberežna im. Lenina**/Набережна ім. Леніна.
Wein ▶ **Weinkeller Masandra** 1 (Винний підвал Масандра), vul. Jekaterynyns'ka/вул. Єкатерининська 1, Tel. 0654 26 04 39, tgl. 10–23 Uhr.

Abends & Nachts

Theater, Konzerte etc. ▶ **Theater- und Konzertkomplex Juvilejnyj** 1 (Театрально-концертний комплекс Ювілейний): Čornomors'kyj prov./Чорноморський пров. 2, Tel. 0654 32 69 54, 32 69 56. Die größte und wichtigste Bühne der Stadt, auf der – insbesondere in der Sommersaison – die Prominenz der GUS-Länder gastiert.
Mit Meerblick ▶ **Apel'syn** 2 (Апельсин): vul. Dražyns'koho/вул. Дражинського 50б, Tel. 0654 35 05 00, www.apelsin-club.com.ua, Sommer tgl. ab 9 Uhr, Winter nur Sa, So. Tagsüber Strandcafé, nachts ein beliebter Club mit avantgardistischem Design und prominenten Gast-DJs.
Mega-Dance-Club ▶ **Matrix** 3 (Матриця): Naberežna im. Lenina/Набережна ім. Леніна 35/2, Tel. 0654 27 42 55, 067 653 18 21, www.club-matrix.com, tgl. 22–5 Uhr. Von House, Pop und R 'n 'B durchfluteter Nachtclub mit Niveau im Unterhaltungskomplex Oreanda.

Aktiv

Stadttouren & Ausflüge ▶ **Jalta-Turyst** 1 (Ялта-Турист): vul. Lenina/вул. Леніна 41, Tel. 0654 23 43 92, 23 43 93, 095 738 33 73, www.yaltatourist.com, Mo–Fr 9–18.30, Sa 9–15 Uhr.
Tauchen ▶ **Sea-Кінь** 2: vul. Dražyns'koho/вул. Дражинського, am Strand des Verteidigungsministeriums (Пляж Міністерства оборони), Tel. 067 740 81 32, 099 076 62 14, www.diving.yalta-info.com. Tauchkurse und Ausrüstungsverleih.
Reiten ▶ **Karjer** 3 (Кінно-спортивний клуб Кар'єр): vul. Bil'šovyc'ka/вул. Більшовицька 14, Tel. 0654 39 65 05. Reitunterricht und -touren für Erwachsene im Frühling und Herbst, Kinderlager im Sommer.
Strände ▶ Die meisten (Kiesel-)Strände von Jalta, einschließlich des städtischen Strands, schließen an den Meerespark (Приморський парк) an. Recht beliebt ist der Masandraer Strand im Osten der Stadt.

Termine

Bilja Čornoho morja (Біля Чорного моря): Juni. Profis und Laien präsentieren ihr Können beim alljährlichen Festival der Künste in den Sparten klassische, Instrumental- und Volksmusik, Solo- und Chorgesang, Choreographie, Modeschau und Zirkus.

Verkehr

Busse: Busbahnhof, vul. Moskovs'ka/вул. Московська 8, Tel. 0654 34 20 92, 34 20 75. Busse nach Haspra, Livadija, Masandra und Nikita.
Trolleybusse: Trolleybusbahnhof, vul. Moskovs'ka/вул. Московська 8, Tel. 0654 32 79 94. Trolleybusse Richtung Alušta, Simferopol'.
Schiffe: Seehafen, vul. Ruzvel'ta/вул. Рузвельта 5, Tel. 0654 32 00 94. Schiffe nach Alupka, Mischor, Haspra, Livadija, Nikita, Alušta.

Fortbewegung in der Stadt

Busse: Eine Fahrt mit dem Trolleybus kostet 1,25, mit dem Bus 2,50 UAH.
Taxis: Akvatrans-taksi (Акватранс-таксі), Tel. 0654 26 24 24, 050 543 79 97, 067 543 79 97.

Zwischen Jalta und Alušta

Nikita ▶ 2, E 5/6

Ca. 12 km östlich von Jalta liegt **Nikita** (Нікіта, 2000 Einw.), dessen **Botanischer Garten** (Нікітський ботанічний сад) der wohl schönste der Ukraine ist. 1812 von dem Botaniker und Gärtner Christian Steven begründet, entstand in dem milden Klima ein Pflanzenparadies, das sich mit über 30 000 Arten auf ca. 1000 ha sehr malerisch auf verschiedenen, zum Meer hin absteigenden Terrassen ausbreitet: Bambus- und Olivenhaine, Zypressenalleen, Palmen, Feigen- und Bananenbäume, Lorbeer und Myrte, Rosen etc., dazu Wasserbecken, Pavillons und Lauben. Mindestens einen halben Tag sollte man für den Besuch einplanen. Der Laden bietet Samen und Setzlinge, in der Nähe des Haupteingangs bekommt man eingelegte Früchte (Tel. 0654 33 53 88, 33 55 28, www.nbgnsc.com, Mai–Okt. 9–18, Nov.–April 9–16 Uhr, 18/9 UAH).

Termine

Chrysanthemenball (Бал хризантем): Okt. Blütenpracht der herbstlichen Chrysanthemen im Nikitaer Botanischen Garten.

Hurzuf ▶ 2, E 5

Hurzuf (Гурзуф, 9000 Einw.), ca. 10 km nordöstlich von Nikita, war schon im 19. Jh. ein beliebter Ferienort. Im Jahr 1900 kaufte **Anton Tschechow** hier ein kleines Haus (Дача А. П. Чехова), in dem heute eine Ausstellung an ihn erinnert (vul. Čechova/вул. Чехова 22, Tel. 0654 36 30 05, www.yalta.chekhov.com.ua, engl., Mai–Okt. Di–So 10–17, April, Nov. Mi–So 10–17 Uhr, 15/5 UAH).

Alexander Puschkin hielt sich im Haus des Herzogs Richelieu (Будинок герцога Рішельє, 1811) in der vul. Naberežna/вул. Набережна 3 auf, das heute das **Alexander-Puschkin-Museum** (Музей О. С. Пушкіна) beherbergt (Tel. 0654 36 38 86, 36 38 76, Sommer tgl. 10–17, Winter Mi–So 10–17 Uhr, 15/5 UAH). Das Haus umgibt der herrliche, ca. 12 ha große **Hurzufer Park** (Гурзуфський парк) mit prächtigen Villen, Fontänen, Skulpturen und über 150 Gehölzarten.

Übernachten

Town-House-Hotel ▶ **Villa Balhatura** (Вілла Балгатура): vul. Vynohradna/вул. Виноградна 20, Tel. 050 31 01 544, 050 49 79 620, www.hotels.igroservice.com. Von den individuell gestalteten Apartments des elitären Etablissements genießt man fabelhafte Aussichten. Transfers, Autoverleih, Exkursionen, Segeln, Tauchen, Angeln und Wanderungen. Apartment 45–330 US-$.
Familiär ▶ **Thyssen House:** vul. Leninhrads'ka/вул. Ленінградська 96, Tel. 050 481 57 33, www.thyssen-house.com.ua (engl.). Komfortable, farbenfrohe Zimmer. Im Restaurant Sondermenüs für Kinder und Vegetarier. Spa-Programm, Exkursionen und Transfer. DZ/ÜF 720–3500 UAH.

Essen & Trinken

Tatarenstil mit Meerblick ▶ **Meraba** (Мераба): vul. Naberežna im. Puškina/вул. Набережна ім. Пушкіна, Tel. 0654 36 38 23, 095 392 87 73, tgl. 11–23 Uhr. In dem Haus mit Sommerterrasse wird hauptsächlich orientalisch gekocht. Fisch und Meeresfrüchte findet man auf der italienischen Karte. Hauptgerichte ca. 55–90 UAH.

Alušta ▶ 2, F 4/5

Alušta (Алушта, 30 000 Einw.) ist das zweitgrößte touristische Zentrum der Südküste. Es ist ein günstiger Ausgangspunkt für Ausflüge auf das **Bergmassiv Demerdži** (Демерджі) und zu den Felsformationen des **Tals der Geister** (Долина Привидів) sowie zum **Wasserfall Džur-Džur** (Водоспад Джур-Джур).

Von der im 6. Jh. gegründeten **Festung Aluston** (Алустон) sind zwei Türme – der runde Ašaha-Kule (Башта Ашага-Куле) und der quadratische Orta-Kule (Башта Орта-Куле) – sowie Fragmente der Wehrmauer erhalten. In der vul. Partyzans'ka/вул. Партизанська 42 liegt das **Museum des Krim-Naturschutzgebiets** (Музей Кримського природного заповідника) samt kleinem **Zoo** (Tel. 06560 550 33, Di–So 8–17 Uhr, Museum/Zoo je 5/2,5 UAH).

Der etwas ruhigere Stadtteil **Profesors'kyj kutočok** (Професорський куточок) im Süden beheimatet einige schöne Villen sowie Gedenkstätten für Künstler und Intellektuelle, die in diesem malerischen Winkel von Alušta gelebt und gewirkt haben.

Übernachten

Klassische Eleganz ▶ **Radisson Blu Resort:** vul. Lenina/вул. Леніна 2, Tel. 0656 02 62 26, www.radissonblu.com (engl.). Komfortables 4-Sterne-Hotel in einem schönen historischen Gebäude im Herzen der Stadt. Für Unterhaltung und Verpflegung sorgen diverse Restaurants mit Sommerterrasse, außerdem ein Café und Bars. Eigener Strand. DZ/ÜF 129–449 €.

Essen & Trinken

Speisen unter Palmen ▶ **Zustrič** (Зустріч): vul. Lenina/вул. Леніна 3, Tel. 06560 581 32, 580 98, tgl. 10–24 Uhr. An der bepflanzten Sommerterrasse des Restaurants kann man kaum vorbeigehen. Genauso attraktiv wirkt das klassische italienische Menü. Gute Küche, guter Service und Mini-Hotel im Zentrum der Stadt. Hauptgerichte ca. 48–85 UAH.

Ein feste Burg im Grünen ▶ **Vodolij** (Водолій): vul. Naberežna/вул. Набережна 2 б, Tel. 06560 304 09, www.vodoleyalushta.com, tgl. 10–24 Uhr. Das Restaurant an der Promenade breitet sich auf mehreren Terrassen aus. Küche und Weinauswahl stellen den europäischen und orientalischen Geschmack zufrieden. Die Architektur des Komplexes mit dazugehörendem Hotel zitiert Mittelalterformen. Abends Livemusik. Hauptgerichte ca. 45–80 UAH.

Einkaufen

Düfte ▶ **Fabrik ätherischer Öle** (Алуштинський ефіромасляний совхоз-завод): vul. 15 Kvitnja/вул. 15 Квітня 37, Tel. 06560 256 77, www.aromaoil.com.ua, Mo–Fr 9–18 Uhr. Hier gibt es u. a. Rosenöl, Rosenkonfitüre und Kräutertee.

Wein ▶ **Weinkellerei Alušta** (Совхоз-завод Алушта): vul. Lenina/вул. Леніна 54, Tel. 06560 353 52, 304 92, Weinproben im Sommer tgl. 16, 18 Uhr, sonst 15.30 Uhr und nach Anmeldung. Die Kellerei ist eine Filiale des Unternehmens Masandra (s. S. 466) mit eigenen Produkten. Läden befinden sich in der vul. Hor'koho/вул. Горького 54, Tel. 06560 584 39, und der vul. 15 Kvitnja/вул. 15 Квітня 3, Tel. 06560 582 96.

Abends & Nachts

High Tech ▶ **Morpheus** (Морфей): vul. Naberežna/вул. Набережна 6, Sommer tgl. ab 19 Uhr. Nachtclub mit Spiegelwand, durch die sich die über dem Meer aufgehende Sonne zeigt – einer der besten in Alušta.

Aktiv

Stadttouren & Ausflüge ▶ **Alušta-Tur** (Алушта-Тур): vul. Zarična/вул. Зарічна 10/33,

Intensive Handarbeit: Rebstockpflege in einem Weinberg bei Hurzuf

Tel. 095 55 55 900, www.alushta-tur.com. Auch Unterkunftsvermittlung.

Strände ▶ Die schöneren (Kiesel-)Strände befinden sich im Stadtviertel Profesors'kyj kutočok (Професорський куточок). Viele Sanatorienstrände können gegen Entgelt benutzt werden. Ein schöner Strand liegt unterhalb des Nikitaer Botanischen Gartens.

Tauchen ▶ **Tauchzentrum More** (Дайвцентр Море): vul. Naberežna/вул. Набережна 25, Tel. 06560 290 21, www.more-ua.com. Kurse, Ausrüstungsverleih.

Termine

Fischertag (День рибалки): Juli. Angelwettbewerbe und Verkostung des Fangs.

Verkehr

Busse: Busbahnhof, vul. Simferopol's'ka/вул. Сімферопольська 1, Tel. 06560 503 43. Regelmäßige Busverbindungen von und nach Nikita, Hurzuf und Jalta.

Trolleybusse: Busbahnhof, vul. Hor'koho/вул. Горького 6, Tel. 06560 312 41. Verbindungen von und nach Jalta, Nikita, Hurzuf.

Schiffe: Anleger, vul. Lenina/вул. Леніна 6, Tel. 06560 311 47, 304 50. Fahrten nach Nikita, Hurzuf, Jalta.

Sudak und Umgebung

Sudak ▶ 2, J 3

Sudak (Судак, 15 000 Einw.), ca. 80 km nordöstlich von Alušta, ist einer der bedeutendsten Kur- und Ferienorte an der Südostküste der Krim. Der öffentliche Strand von Sudak zieht sich an der zentralen Uferpromenade entlang. Attraktiver sind die Strände in und um Novyj Svit (s. S. 472). Im 4. Jh. v. Chr. siedelten Taurier auf dem Territorium, 212 errichteten die Alanen hier die Befestigung Suhdeja. Ihnen folgten Byzantiner, Chasaren und Ostslawen, Suhdeja entwickelte sich zu einem berühmten Handelshafen. 1223 zerstörte die Goldene Horde den Ort, und im 14./15. Jh. verpachteten die Tataren die Ländereien an die Genuesen, die eine grandiose Festung bauten. Diese konnte 1475 erstmals von den Osmanen eingenommen werden. 1783 wurde die türkische Garnison endgültig von den Russen vertrieben, woraufhin die Siedlung in das Eigentum von Grigorij Potëmkin überging. Als Kurort lebte Sudak in den sowjetischen Nachkriegsjahren auf. 1982 wurde es Stadt.

Die mächtige **Genuesische Festung** (Генуезька фортеця) entstand hauptsächlich im 14./15. Jh. Sie krönt den zum Meer hin abfallenden, 150 m hohen Felsen, der der Anlage von drei Seiten natürlichen Schutz bot. Nach Norden war die Festung mit Wehrmauer und Graben gesichert. Die Außenmauer unterbrechen 14 Türme, die zumeist nach den Konsuln benannt sind, zu deren Regierungszeit sie errichtet wurden. Den Eingang schützt die Barbakane, die in das Haupttor mit flankierenden Türmen mündet. Den Mittelpunkt des ca. 30 ha großen Geländes bildet die **Obere Festung** mit der Zitadelle (Цитадель) und dem Schloss des Konsuls (Консульський замок, 14.–15. Jh.). Vom ganz oben gelegenen **Jungfrauenturm** (Дівоча Башта, 14./15. Jh.) bieten sich Panoramen seltener Schönheit. In der **Unteren Festung** findet man die Überreste von Kirchen, (Pulver-)Lager und Kasernen (18. Jh.). In der **Arkadenkirche** (Церква з аркадою, 1322) ist ein Museum zur Geschichte der Befestigungsanlage untergebracht (Prov. Henuez'ka Fortecja/пров. Генуезька фортеця, Tel. 06566 316 06, 210 29, Mai–Sept. 9–20, Okt.–April 9–18 Uhr, 30/15 UAH).

Übernachten

Kurhotel ▶ **Bastion** (Бастіон): vul. Ušakova/вул. Ушакова 3, vul. Mors'ka/вул. Морська 3б, Tel. 06566 945 24, 050 325 19 05, www.hotel-bastion.info. Großes Angebot von schlichten Ferienhäusern bis zu anspruchsvolleren Zimmern in neueren Gebäuden. Freibad, Restaurant, Teehaus, Billard, Sauna, Strand, Exkursionen. DZ/ÜF 330–1350 UAH.

Essen & Trinken

Tatarisch ▶ **Arzy** (Арзи): vul. Naberežna/вул. Набережна, tgl. 9–23 Uhr. Das Restaurant liegt fast direkt unterhalb der Genue-

Felsen und Genuesische Festung bilden in Sudak eine architektonische Einheit

sischen Festung. Im gemütlichen Saal, auf der Terrasse oder in der Strandzone werden z. B. Manty, Samsa, Plov und Schaschlik aufgetischt. Hauptgerichte ca. 25–75 UAH.

Einkaufen

Wein ▶ **Weinkellerei Sudak** (Совхоз-завод Судак): Feodosijs'ke šose/Феодосійське шосе 4, Tel. 06566 309 46, 309 43, Juni–Sept. Mo–Fr 15, 18 Uhr, Sa, So nach Vereinbarung. Die Filiale des Unternehmens Masandra produziert eigene Weine. **Weinkellerei Sonjačna Dolyna:** (Сонячна Долина): ca. 11 km nordöstlich von Sudak in Myndal'ne (Миндальне), vul. Myndal'na/вул. Миндальна 8, Tel. 050 324 12 56, 06566 352 49, Sommer tgl. 9–22, Winter Mo–Fr 9–17 Uhr. Degustationshalle bei der Weinkellerei Archaderesse (Архедерессе). Weine aus den heimischen Rebsorten Ekim-Kara, Dževat-Kara, Kefesije, Kok-Pandas und Sary-Pandas. Die berühmtesten Erzeugnisse der Kellerei heißen Čornyj Doktor (Чорний доктор) und Sonjačna Dolyna.

Abends & Nachts

Western-Stil ▶ **Cowboy:** vul. Naberežna/вул. Набережна 20, Tel. 06566 314 62, 067 969 51 93, tgl. 21–6 Uhr. Der Nachtclub ist ein Treffpunkt für Freiheitsliebende. Gespielt wird Country, Rock, House, Trance. Die Küche ist amerikanisch, europäisch und japanisch.

Aktiv

Stadttouren & Ausflüge ▶ **Sudaker Reise- und Exkursionsbüro** (Судацьке бюро подорожей та екскурсій): vul. Lenina/вул. Леніна 79 a, Tel. 06566 214 86, 215 35, 342 43, www.sudak-tour.com.ua, tgl. 8–20 Uhr. U. a. Wein-, Reit- und Bootstouren.

Reiten ▶ **Reit- und Sportclub Sosnovyj Bir** (Кінно-спортивний клуб Сосновий Бір): vul. Sosnovyj Bir/вул. Сосновий Бір 10, Tel. 067 767 67 77.

aktiv unterwegs

Auf den Spuren von Lev Golicyn

Tour-Infos

Start: in Novyj Svit (s. unten) im Westteil der Grünen Bucht
Länge: ca. 5,5 km
Dauer: ca. 2 Std.
Schwierigkeitsgrad: leicht
Eintritt: 20 UAH
Wichtige Hinweise: Der Weg verläuft teils im Schatten, teils in der prallen Sonne. Besonders im Hochsommer ist es daher ratsam, eine Kopfbedeckung und ausreichend Trinkwasser mitzunehmen; empfehlenswert sind bequeme (Sport-)Schuhe, Badesachen gehören ebenfalls ins Gepäck.

Paradiz hieß der Ort **Novyj Svit** früher. Und das zu Recht, denn der Anblick der von Felsen beschützten Ortschaft, der wie Perlen an einer Schnur aufgereihten Buchten, des klaren, türkisfarbenen Meerwassers, der pittoresken Steinformationen und Grotten sowie der duftenden Wacholderhaine und Kiefern gleicht tatsächlich dem Bild eines kleinen Paradieses auf Erden. Der Weinproduzent und spätere Besitzer der Ländereien, Fürst Lev Golicyn, erkannte diese einmalige Schönheit und ließ 1912 in einer Höhe von 30 bis 50 m über dem Meer einen die Buchten säumenden Pfad in das Karstmassiv schlagen.

Der **Golicyn-Pfad** (Ґоліцинська стежка) nimmt seinen Anfang im Westteil der Grünen Bucht (Зелена бухта) in Novyj Svit, am Nordhang des Felsmassivs Koba-Kaja (Коба-Кая). Schon bald nach dem Start erreicht man eine faszinierende, bis zu 30 m hohe natürliche Grotte, die noch ein paar Spuren der fürstlichen Präsenz aufweist. **Golicyn-Grotte** (Грот Ґоліцина) heißt die Höhle, weil der Weinliebhaber hier seine Enothek einrichtete. Zahllose Flaschen wurden in den nach wie vor existierenden Nischen bei idealer Temperatur gelagert. Gelegentlich bewirtete Lev Golicyn bei Kerzenlicht seine Gäste auf den porösen Steinterrassen. Aus jener Zeit stammt auch der Brunnen in der Mitte der Grotte. Der zweite Name dieses Naturwunders basiert auf der einzigartigen Akustik: Šaljapin-Grotte (Грот Шаляпіна). Damit wird an den berühmten russischen Opernsänger Fëdor Šaljapin erinnert, der einer Legende nach das kahle Felsinnere mit

Tauchen ▶ **Tauchzentrum Nautilus** (Дайвцентр Наутілус): vul. Naberežna/вул. Набережна 4, Tel. 044 362 89 26, 050 602 73 41, 050 527 81 41, www.diveclub.com.ua. Tauchkurse und -touren, Ausrüstungsverleih.

Termine

Henuez'kyj šlem (Генуезький шлем): Aug. Es klirren die Ritterrüstungen in der Genuesischen Festung – Turniere, Buhurte und Spiele für Laien und Profis.

Verkehr

Busse: Busstation, vul. Hvardijs'ka/вул. Гвардійська 32, Sudak, Tel. 06566 215 06. Busse nach Alušta und Novyj Svit.

Schiffe: Anlegestelle, vul. Naberežna/вул. Набережна, Sudak. Schiffe nach Novyj Svit und zum Zarenstrand.

Taxis: Tel. 06566 229 44, 098 472 39 12, 050 742 56 96.

Novyj Svit ▶ 2, H 3

Den herrlich gelegenen Ort **Novyj Svit** (Новий Світ, 1000 Einw.) ca. 10 km südwestlich von Sudak kaufte 1878 der Weinkenner Fürst Lev Golicyn (1845–1915) und ließ alsbald Reben pflanzen. Auf mehreren Ausstellungen gewannen seine Weine die höchsten Preise. Das **Weinmuseum** (Музей історії виноградарсва і виноробства) in der vul. Šaljapina/вул. Шаляпіна 11 im ehemaligen Goli-

seinem mächtigen Gesang belebte. Im Mittelalter soll sich in der Grotte übrigens ein christliches Kloster befunden haben.

Von der Grotte schlängelt sich der Pfad über die im Fels eingemeißelten Treppen, vorbei an Steinkompositionen, zur sogenannten **Blauen Bucht** (Синя бухта) oder Räuberbucht – anscheinend hielten sich hier gerne Piraten auf. Die Bucht wird von dem lang gezogenen, eigenartig geformten **Kap Kapčyk** (Мис Капчик) umrahmt. Unter der Landzunge verläuft eine knapp 80 m lange natürliche **Durchgangsgrotte** (Наскрізний грот), zu der der Zugang allerdings meist gesperrt ist.

Vom Kap Kapčyk offenbart sich das faszinierende Panorama der **Himmelblauen Bucht** (Блакитна бухта) und des **Zarenstrands** (Царський пляж, sicherster Abstieg zum Zarenstrand s. unten). Darüber erheben sich die Felsen **Karaul-Oba** (Караул-Оба). Der Golicyn-Pfad führt, zunächst begleitet von herrlichen Ausblicken, dann durch einen Wacholderhain zurück ins Zentrum von Novyj Svit. Insbesondere in der Hochsaison herrscht in Novyj Svit viel Betrieb. Hat man aber erst einmal die Reize des Golicyn-Pfades für sich entdeckt, ist völlig klar, was all die Besucher immer wieder hierher zieht.

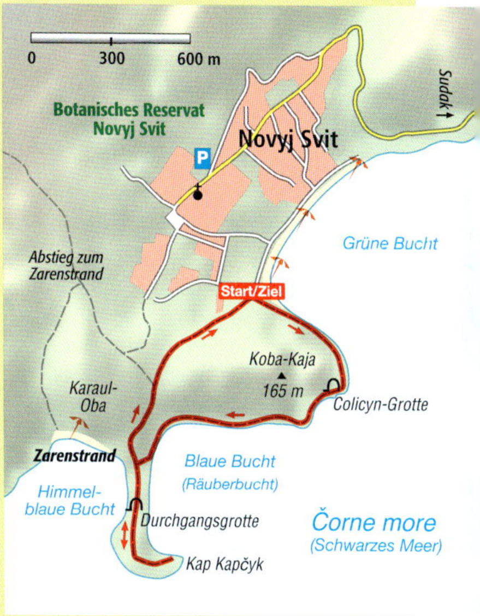

cynschen Gutshaus präsentiert Erzeugnisse und Auszeichnungen der **Sektkellerei Novyj Svet'** (Дім шампанських вин Новый Светъ, Tel. 06566 329 21, Sommer tgl. 9–18, Winter Mo–Fr 8–17 Uhr, 10 UAH/frei, Führung/Sektprobe 50 UAH).

Novyj Svit liegt an der malerischen **Grünen Bucht** (Зелена бухта) mit der **Golicyn-Grotte** (Грот Ґоліцина). Der **Golicyn-Pfad** mit wunderschönen Ausblicken erschließt hier die Küste für Wanderer (s. Aktiv unterwegs oben). Der Abstieg zum **Zarenstrand** (Царський пляж) an der **Himmelblauen Bucht** (Блакитна бухта) lohnt sich, ist aber nicht ganz unkompliziert. Am sichersten ist es, wenn man den Strand von der Westseite her durch einen Wacholderhain ansteuert. Alternativ kann man auch die Dienste von einem der zahlreichen privaten Bootsbesitzer nutzen, die Touristen von der Grünen Bucht zur Himmelblauen Bucht bringen und wieder abholen.

Übernachten

Aussichtsreich ▶ Knjaz' Golicyn (Князь Ґоліцин): vul. Holicyna/вул. Ґоліцина 5, Tel. 06566 333 59, 334 60, 066 631 17 30, www.hotel-golitsyn.com (engl.). Die holzverkleideten Zimmer mit Blick auf die Grüne Bucht versprechen einen komfortablen Aufenthalt. Das Restaurant mit Sommerterrasse bietet russische und europäische Gerichte.

Edle Tropfen von der Krim

Thema

Unter den Sonnenstrahlen der Krim gedeihen Weinreben, die ihren einzigartigen, von Klima und Boden der Halbinsel geprägten Geschmack in köstlichen Weinen entfalten. Der Mythos der Krimweine hat eine lange Geschichte, eine Spurensuche kann zu einer spannenden Tour für Genießer werden

Die Historie des Weinanbaus auf der Krim reicht bis ins 5. Jh. v. Chr. zu den Griechen zurück, die mit hiesigen Weinen handelten. Im Mittelalter erwies sich die Weinproduktion in den Höhlenstädten insbesondere für die Klostergemeinschaften als wichtige Beschäftigung. Weder der Mongolensturm im 13. Jh. noch die Ankunft der Türken im 15. Jh. vermochten daran etwas zu ändern.

Die russische Herrschaft brach mit den mittelalterlichen Traditionen der Weinherstellung, doch trotz der Vernachlässigung der einheimischen taurischen Weinsorten erkannten die russischen Adligen – zunächst Fürst Grigorij Potëmkin, dann Graf Michail Voroncov und schließlich Fürst Lev Golicyn – das Potenzial der hiesigen Weingebiete. Sie luden westeuropäische Weinexperten ein und pflanzten zahlreiche neue Weinstöcke europäischer Herkunft.

Der Weinkenner Lev Golicyn (1845–1915) scheute weder Kosten noch Mühe, um raffinierte Weinkompositionen zu kreieren. Das berühmteste Resultat seiner Forschungen war sein Champagner, der seinerzeit mehrere internationale Auszeichnungen und Medaillen gewann – darunter den Grand-Prix auf der Pariser Weltausstellung von 1900 – und in der Sektkellerei Novyj Svet" immer noch nach der klassischen Methode produziert wird. Die auf der Krim und in den GUS-Ländern etablierte Bezeichnung Champagner kollidiert dabei freilich genauso mit den EU-Vorschriften zu Herkunftsbezeichnungen wie die Benennung anderer Krim-Alkoholika, beispielsweise Cognac, Portwein oder Madeira. Unabhängig davon war und ist die Golicynsche Weinsammlung, die sich heute im Besitz der Kellerei Masandra befindet, überaus wertvoll.

Nach der Revolution 1917 und der Verstaatlichung der Weinbetriebe sank die Qualität der Krimweine beträchtlich. Nach langem Niedergang ist die hiesige Weinproduktion aber in der jüngeren Zeit wieder aufgelebt und bietet mittlerweile qualitätsvolle Produkte. Die traditionsreichsten Weine sind hauptsächlich süße, üppige Dessert- und Likörweine, die die jahrzehntelangen Vorlieben ihrer Schöpfer, Pfleger und Verbraucher sowie die klimatischen und geografischen Bedingungen der Halbinsel verraten.

Der Weinrebenbestand der Krim umfasst u. a. aus Georgien, Spanien, Deutschland, Frankreich, Moldawien und Ungarn eingeführte Sorten, darunter Cabernet Sauvignon, Pinot Noir und Pinot Gris, Riesling, Chardonnay, Muskateller und Rkaciteli. Zu den einheimischen Sorten gehören Kokur, Kefesija, Ekim-Kara, Dževat-Kara und Sary-Pandas. Proben dieser noch wenig gewürdigten Weine, die vor allem am Kap Mehanom, bei Červonyj Kamin' nahe Hurzuf und im Kača-Tal gedeihen, sind besonders zu empfehlen.

Wein-, Sekt- und Weinbrandproben sind in zahlreichen Kellereien und Degustationshallen möglich. Enotherapie bietet die Kurpension Kryms'ki Zori (Кримські зорі) in Alušta an (www.crimeanzori.ru).

Außerdem gibt es einen Fitnessraum, eine Sauna, Tennisplätze und ein Exkursionsbüro. DZ/ÜF 800–2500 UAH.

Staryj Krym ► 2, J 2

Staryj Krym (Старий Крим, 10 000 Einw.), ca. 35 km nordöstlich von Sudak, befand sich einst im Mittelpunkt des krimtatarischen Staates, bis der Khan Hacı I. Giray die Hauptstadt seines Reiches in der Mitte des 15. Jh. zunächst nach Kyrk-Or (Čufut-Kale) und später nach Bachčysaraj verlegte. Staryj Krym war auch ein reges Handelszentrum, hielt jedoch der Konkurrenz mit Kafa (Feodosija) nicht stand und geriet nach dem Verlust seines administrativen Status allmählich in Vergessenheit. Die Überreste der Stadtmauer am Rand des Ortes und einige Denkmäler erinnern an die Blütezeit von Kyrym (Qirim), das – nachdem der Name auf die ganze Halbinsel übertragen worden war – Eski Kyrym (Eski Qirim), ›Altes Krym‹, genannt wurde.

Eines der ältesten (Baubeginn 1314) und gut erhaltenen Zeugnisse der Vergangenheit von Staryj Krym ist die **Moschee des Khan Usbek** (Мечеть Узбека) in der vul. Chalturina/вул. Халтуріна. Von der sich anschließenden **Medrese** (Медресе, 14. Jh.) sind nur noch Ruinen übrig.

Nahebei liegen in der vul. Červonoarmijs'ka/вул. Червоноармійська 59 die Überreste der zu Ehren des Stifters, des ägyptischen Sultans, erbauten **Baibars-Moschee** (Мечеть Бейбарса) von 1287/88, die Ruinen der **Karawanserei** (Караван-сарай, 14. Jh.) an der Ecke vul. Hrec'ka/вул. Грецька und vul. Ričkova/вул. Річкова und der **Moschee Kuršum-Džami** (Мечеть Куршум-Джамі) in der vul. Stamova/вул. Стамова.

Über die Geschichte des Ortes sowie die Künstler, deren Lebensweg nach Staryj Krym führte, erzählt das **Literatur- und Kunstmuseum** (Літературно-художній музей) in der vul. Svobody/вул. Свободи 17 (Tel. 06555 512 44, tgl. 9–16 Uhr, 10/5 UAH). Einer davon war der Schriftsteller Aleksandr Grin (1880–1932), Autor der in der Ukraine sehr bekannten romantischen Geschichte »Das Purpursegel«. In dem Haus in der vul. Libknechta/вул. Лібкнехта 52, in dem Grin seine letzten Jahre verbrachte, hat man eine **Aleksandr-Grin-Gedenkstätte** (Будинок-Музей О. Ґріна) eingerichtet (Tel. 06555 511 19, tgl. 9–17 Uhr, 8/4 UAH).

In einem der typischen krimtatarischen Häuser in der vul. Kalinina/вул. Калініна 29 befindet sich das **Museum für Ethnografie der Krimtataren** (Музей етнографії кримських татар) mit traditioneller Raumausstattung, Kräutertee und süßer Pachlava (Tel. 050 201 07 69, tgl. 9–18 Uhr und nach Vereinbarung, 15 UAH, Kulturprogramm mit Stadtführung, Tanz und tatarischen Spezialitäten 100 UAH).

Übernachten

Privat ► **Pension Staryj Krym** (Пансіон Старий Крим): Tel. 066 992 37 56. Zwei Zimmer und eine kleine Küche hat die private Pension (Приватний пансіон), die sich an der Kreuzung der Straßen nach Sudak, Feodosija, Koktebel' und Ordžonikidze befindet. DZ 150 UAH.

Wehrkloster Surb-Chač ► 2, J 2

Ca. 4 km südwestlich von Staryj Krym steht ein bedeutendes Denkmal mittelalterlicher Sakralarchitektur, das armenische **Wehrkloster Surb-Chač** (Монастир Сурб-Хач), ein Heiligkreuzkloster aus dem 14. Jh., das von armenischen Kolonisten aus Staryj Krym gegründet wurde. Kloster und Bischofssitz fungierten als geistiges und kulturelles Zentrum der Armenier auf der Krim. Es gab eine Schule, und hier entstanden wertvolle Handschriften, die zum Kulturerbe des armenischen Volkes gehören.

Das einige Jahre nach der Revolution geschlossene Kloster erlebte in den 1990er-Jahren seine Wiedergeburt und ist heute eine bekannte Pilgerstätte. Das Klosterensemble besteht u. a. aus der **Kirche Surb-Nšan** (Церква Сурб-Ншан, 1358), dem **Refektorium** (Трапезна, 15.–18. Jh.), den **Mönchszellen** (Келії, 1694) und den **Fontänen** (Фонтани).

Feodosija ► 2, K/L 2

Feodosija (Феодосія, 74 000 Einw.), etwa 50 km nordöstlich von Sudak, ist ein populärer Kurort mit Sand- und Kieselstränden und einem beachtenswerten kulturellen Erbe.

Die Stadt wurde im 6. Jh. v. Chr. von Einwanderern aus Milet als Theodosia gegründet und gehörte im Laufe der Jahrhunderte zum Bosporanischen, zum Pontischen und zum Römischen Reich. Anfang des 13. Jh. wurde Feodosija von der Goldenen Horde geplündert. Einen Aufschwung brachten die Genuesen, die im 13. Jh. ihre Kolonie Kafa (Caffa) gründeten. Die 1475 einfallenden Türken benannten die Stadt in Kefe um, gehandelt wurde nicht zuletzt auch mit Sklaven. Als die Stadt im Jahr 1783 unter russische Herrschaft geriet, erlangte sie ihren ursprünglichen Namen – ›die von Gott Gegebene‹ – zurück. Die Etablierung als Kurort folgte in den 70er-Jahren des 20. Jh.

Genuesische Festung

Wo derzeit die Altstadt lokalisiert ist, breitete sich im 14. Jh. die von den Genuesen erbaute **Festung** (Генуезька фортеця) aus. Nach dem Anschluss der Krim an das Russische Reich wurde sie abgetragen, sodass nur noch Mauerfragmente und einige Türme ein vages Bild der mittelalterlichen Anlage vermitteln (vul. Portova/вул. Портова).

Auf dem Gelände finden sich mehrere Gotteshäuser. Die archaische **Kirche Johannes Baptista** (Церква Іоана Предтечі), 1348 in den Traditionen armenischer Architektur erbaut, heißt seit dem 19. Jh. Kirche der Iberischen Ikone der Muttergottes (Церква Іверської Ікони Божої Матері). Ein ähnliches Aussehen haben die **Kirche Johannes Evangelista** (Церква Іоана Богослова, 14. Jh.), die **Georgskirche** (Церква Георгія, 14. Jh.) sowie die **Stefanskirche** (Церква Стефана, 13./14. Jh.).

Moschee und armenische Architektur

Ein Denkmal der osmanischen Bautradition ist die 1623 erbaute **Moschee Mufti-Džami** (Мечеть Муфті-Джамі) in der vul. Karajims'ka/вул. Караїмська 1. Ihre Hauptfassade schmückt ein Arkadengang, das Gebäude mit zwei Fensterreihen krönt eine geräumige Kuppel.

Auh die Armenier, die im Mittelalter in Kafa Zuflucht vor der Verfolgung durch die Osmanen suchten, hinterließen einige wertvolle Zeugnisse ihres Verweilens. In der vul. Virmens'ka/вул. Вірменська finden sich zwei armenische Gotteshäuser: zum einen die aus dem 14. Jh. stammende, rechteckige **Sergiuskirche (Surb-Sarkis;** Церква Святого Сергія/Сурб-Саркіс, Nr. 1), deren Wiederaufbau nach einem Brand im 19. Jh. der hier getaufte Maler armenischer Herkunft Ivan Ajvazovskij finanzierte (neben der Kirche befindet sich auch sein Grabmal), und zum anderen die **Kirche der Erzengel Gabriel und Michael** (Церква Архангелів Гавриїла та Михаїла, Nr. 11) von 1408 mit markantem Glockenturm.

In der nahen vul. Ajvazovs'koho/вул. Айвазовського 13 steht die **Armenische Fontäne** (Вірменський фонтан) aus dem Jahr 1586.

Mariä-Einführungs-Kirche und Umgebung

Eines der ältesten Baudenkmäler Feodosijas ist die orthodoxe **Mariä-Einführungs-Kirche** (Введенська церква) in der vul. Červonoarmijs'ka/вул. Червоноармійська 11, die aufs 8.–10. Jh. zurückgeht. Infolge späterer Anbauten entstand eine dreischiffige Basilika mit pseudoromanischen Fassadendekor. Der Grundstein der armenischen **Georgskirche** (Церква Георгія) in der vul. Nachimova/вул. Нахімова 32 wurde im 14. Jh. gelegt, das Gotteshaus im Laufe der Jahrhunderte umgestaltet.

Im Park an der vul. Hor'koho/вул. Горького) steht die orientalisch stilisierte **Ajvazovskij-Fontäne** (Фонтан Айвазовського) von 1888. Ihrem Stifter, dem Maler Ajvazovskij, verdankt Feodosija u. a. die Versorgung mit Süßwasser. Nebenan ragt der **Konstantinsturm** (Башта Костянтина, 1382–1448) in die Höhe.

Museen

Das **Landeskundemuseum** (Краєзнавчий музей) am prosp. Ajvazovs'koho/просп. Айвазовського 11 zeigt archäologische, naturkundliche und ethnografische Objekte sowie ein Lapidarium (Tel. 06562 30 906, 343 55, Sommer tgl. 10–17, Winter Mi–Mo 10–17 Uhr, 16/8 UAH).

Besondere Beachtung verdient die **Ivan-Ajvazovskij-Gemäldegalerie** (Картинна галерея ім. І. К. Айвазовського) in der vul. Halerejna/вул. Галерейна 2. Sie beherbergt eine hervorragende Sammlung des gleichnamigen Marinemalers und Sohnes der Stadt, gezeigt werden über 400 stimmungsvolle Werke (Tel. 06562 302 79, 06562 300 06, www.feogallery.com, engl., Mo, Do–So 10–17, Di 10–14 Uhr, 38/19 UAH).

Wie in den Werken des Schriftstellers, so herrschen auch in der **Aleksandr-Grin-Gedenkstätte** (Будинок-музей О. Гріна) fantasievolle Welten voll Romantik und Abenteuer. Aleksandr Grin (1880–1932) lebte in dem Haus mit dem Brigantinenwandbild von 1924 bis 1929 und schuf hier einige seiner schönsten Prosastücke: »Die goldene Kette«, »Wogengleiter«, »Jeassy und Morgiana« (vul. Halerejna/вул. Галерейна 10, Tel. 06562 313 09, 321 08, 31 309, Sommer Di–So 10–13, 14–18, Winter Mi–So 10–13, 14–17 Uhr, 20/10 UAH).

Rund um die Vulycja Fed'ka

Am prosp. Ajvazovs'koho/просп. Айвазовського) entlang dem Strand befinden sich mehrere schöne Villen, in denen heute Sanatorien untergebracht sind. Sehenswert ist vor allem die orientalisch anmutende **Villa Stamboli** (Вілла Стамболі, Nr. 47) aus den Jahren 1909–1914.

Unweit des Sanatoriums Volna, in der vul. Soborna (Marksa)/вул. Соборна (Маркса) 52, steht die **Kasaner Kathedrale** (Казанський собор) mit einem Eingangstor von 1907 im byzantinischen Stil. Die festliche **Katharinenkirche** (Свято-Катерининська церква) mit traditionell russischem Außendekor wurde Ende des 19. Jh. errichtet (vul. Fed'ka/вул. Федька 95).

Infos

Touristisches Kurortzentrum (Курортно-туристичний центр): vul. Halerejna/вул. Галерейна 7a, Tel. 06562 317 24, Mo–Fr 8–17 Uhr. Unterkunftsvermittlung, Exkursionen.

Übernachten

Zimmer mit Aussicht ▶ **Červoni vitryla** (Червоні вітрила): prosp. Ajvazovs'koho/просп. Айвазовського 47 б, Tel. 06562 295 29, 294 92, www.a-parusa.com (engl.). Von der Dachterrasse genießt man ein fantastisches Panorama, im Gentleman-Club pafft man abends kubanische Zigarren und spielt Poker, das Restaurant bietet europäische und mediterrane Delikatessen. Nachtclub mit Bar und Diskothek, Pool, Hotelstrand, Transfer, Exkursionen, Dolmetscherservice. DZ/ÜF 690–2580 UAH.

Am Meer ▶ **Atlantik** (Атлантік): vul. Čornomors'ka Naberežna/вул. Чорноморська Набережна 6, Tel. 06562 261 40, 714 73, www.atlantik.net.ua. Modernes, komfortables Hotel mit eigenem Strand. Geräumige Zimmer, Spa, Saunakomplex. Im Restaurant serviert man ukrainische Hausmannskost und europäische Speisen. In den Zimmerpreisen für die Hauptsaison ist Vollpension inbegriffen. DZ/ÜF 350–2900 UAH.

Essen & Trinken

Mediterran ▶ **Červoni vitryla** (Червоні вітрила): prosp. Ajvazovs'koho/просп. Айвазовського 47 б, Tel. 06562 295 29, 294 92, www.a-parusa.com (engl.), tgl. 11–2 Uhr. Elegantes Hotelrestaurant mit kulinarischen Kreationen aus Fisch und Meeresfrüchten, köstliche Grillplatten. Sommerbar. Hauptgerichte ca. 50–250 UAH.

Mit Sommerterrasse ▶ **Zolote runo** (Золоте руно): vul. Horbačova/вул. Горбачова 5, Tel. 06562 325 41, 095 531 31 81, tgl. 10–24 Uhr. Fisch- und Meeresfrüchtemenü. Am schönsten sitzt man in der Orangerie. Hauptgerichte ca. 55–180 UAH.

Abends & Nachts

Art-Café ▶ **Antresol'** (Антресоль): vul. Hor'koho/вул. Горького 13a, Tel. 050 931

40 83, 093 369 60 17, tgl. 9–23 Uhr. Das Abendprogramm beginnt um 21 bzw. am Wochenende um 19 Uhr. Zu Jazz-, Blues-, Klavier- und Gitarrenmusik gibt es leichte, kreative Küche, aromatische Tees und Kaffees. Hauptgerichte ca. 39–90 UAH.

Indischer Stil ▶ **Beach Club 117:** Goldener Strand (Золотий пляж), Km 117 auf der Straße Simferopol'–Kerč, Tel. 067 577 81 86, www.club117.com, ab 22 Uhr. Beliebter Nachtclub mit weichen Sofas, Laternen und ausgelassener Atmosphäre. Eigener Strand, Chillout-Zone, Restaurants und Bars.

Aktiv

Stadttouren & Aktiverholung ▶ **Feodosijakurort-Pljus** (Феодосіякурорт-Плюс): vul. Halerejna/вул. Галерейна 14, Tel. 06562 30 92, 050 344 45 82, www.feokurort.com.ua, tgl. 8–19 Uhr. Infos zu Unterkunft und Verpflegung, Ethnotourismus, Organisation von Wanderungen, Ausflügen, Segeln, Tauchen, Paragliding und Ballonfahrten.

Strände ▶ Die städtischen Sand- und Kieselstrände ziehen sich entlang dem prosp. Ajvazovs'koho/просп. Айвазовського und der vul. Čornomors'ka Naberežna/вул. Чорноморська Набережна.

Termine

Kammermusikfestival (Фестиваль камерної музики): Juli. Das Festival ›Zu Gast bei Ajvazovskij‹ wird im Geburtsmonat des Malers veranstaltet.

Tepreč Kefe (Тепреч Кефе): Juli. Großes Festival des Ethno-Pops und krimtatarischer Kunst.

Verkehr

Züge: Bahnhof, vul. Hor'koho/вул. Горького 1, Tel. 06562 302 91. Züge Richtung Kiew.

Busse: Station vul. Enhel'sa/вул. Енгельса 28, Tel. 06562 710 52. Busse nach Kurortne, Alušta, Kerč.

Schiffe: Seehafen, vul. Hor'koho/вул. Горького 14, Tel. 06562 370 54. Schiffe nach Koktebel', Jalta, Kerč.

Taxis: Taxi City Ljuks (Taxi City Люкс), Tel. 06562 222 22, 098 400 08 80, 099 505 32 22.

Koktebel' und Naturschutzgebiet Karadah ▶ 2, K 3

Schöne Strände säumen die **Stille Bucht** (Тиха бухта) bei **Koktebel'** ca. 20 km südwestlich von Feodosija. Zwischen Koktebel' und Kurortne erhebt sich der Karadah (Карадаг), der Schwarze Berg, ein Bergmassiv vulkanischen Ursprungs. Im rund 2900 ha großen **Naturschutzgebiet Karadah** (Карадазький природний заповідник) ist die einzigartige Pflanzenwelt der Krim-Südküste, der Steppen- und der Waldzone vertreten. Hier finden sich über 30 Mineralien, insbesondere große Vorräte von Magnetit, was eine magnetische Anomalie bedingt, welche die Anzeigewerte von Kompassen ungültig macht. Die berühmteste Sehenswürdigkeit ist ein aus dem Meer aufragender Felsenbogen, das **Goldene Tor** (Золоті Ворота).

Die Schutzzone kann im Rahmen organisierter Wanderungen oder einer Schifffahrt nach Anmeldung erkundet werden. Die Wanderungen beginnen am **Museum der Natur von Karadah** (Музей природи Карадагу) im Dorf **Kurortne** (Курортне, Tel. 06562 262 87, www.zapovednik-karadag.com, 1. Mai–1. Nov. Di–So 8–16 Uhr oder nach Vereinbarung, 10/5 UAH; Exkursionen auf dem Öko-Pfad 50/25 UAH). Die Schiffe starten am Anleger des Naturschutzgebiets (Tel. 067 562 94 24, 067 654 35 62).

Einkaufen

... in Koktebel':

Wein & Cognac ▶ **Kellerei Koktebel'** (Завод марочних вин і коньяків Коктебель): vul. Lenina/вул. Леніна 83, Tel. 06562 243 57, 383 58, www.koktebel.ua (engl.). Weinproben und -verkauf nach telefonischer Anmeldung.

Aktiv

... in Nasypne (Насипне; zwischen Feodosija und Koktebel'):

Paragliding ▶ **Paragliding-Club Breeze** (Парапланерний клуб Бриз): Hora Klement'jeva/Гора Клементьєва 1, Tel. 06562 230 71, 245 26, 050 598 13 11, www.breeze club.com.ua. Gleitschirmflugschule, Doppelsitzerflüge. Das Küstenpanorama bei den Flügen ist atemberaubend.

... in Kurortne:

Tauchen ▶ **Tauchclub Zoloti Vorota** (Дайвінг-клуб Золоті Ворота): vul. Naberežna/вул. Набережна 25, Tel. 050 580 72 38, www.foxdiver.chat.ru. Unterricht und Tauchtouren.

Termine

... in Koktebel':

Jazz Koktebel' (Джаз Коктебель): Sept., www.koktebel.info (engl.). Das renommierte internationale Open-Air-Jazzfestival findet auf der Strandpromenade statt.

Kerč ▶ 1, Q 11

Kerč (Керч), ca. 100 km östlich von Feodosija, ist mit seinen 160 000 Einwohnern die drittgrößte Stadt auf der Krim, Verkehrsknotenpunkt und Industriestandort.

Im 6. Jh. v. Chr. gründeten Auswanderer aus Milet die Siedlung Pantikapaion und leiteten die griechische Kolonisierung der Krim ein. Pantikapaion wurde Hauptstadt des Bosporanischen Reiches, geriet unter die Herrschaft Roms und wurde im 4. Jh. von den Hunnen zerstört. Im 10. bis 12. Jh. gehörte die Stadt als Bestandteil des Fürstentums Tmutarakan' der Kiewer Rus an, im 14. Jh. wurde sie zu einem genuesischen Seehafen. Unter den Osmanen erlitt Kerč ab 1475 seinen Niedergang und lebte erst nach der Angliederung an Russland wieder auf.

Berg Mitridat

Die Überreste des antiken Pantikapaion sind auf dem ca. 90 m hohen **Berg Mitridat** (Гора Мітрідат) im Zentrum zu sehen. Der Gipfel wurde nach dem König von Pontos, Mithridates VI. Eupatop, benannt. Es krönt ihn der **Ruhmesobelisk** (Обеліск Слави, 1944), zu dem die Große Treppe (Великі Мітрідатські сходи) und die Kleine/Konstantin-Treppe (Малі Мітрідатські/Костянтинівські сходи) führen. Der Aufstieg wird mit einem schönen Stadtpanorama belohnt.

Dem Berg Mitridat mit dem Ruhmesobelisken liegt das Schwarze Meer zu Füßen

Kathedrale Johannes Baptista

Am Fuß des Berges steht am prov. Dimitrova/ пров. Дімітрова die in byzantinischer Tradition errichtete **Kathedrale Johannes Baptista** (Собор Іоана Предтечі), das wichtigste Sakraldenkmal der Stadt. Ihre Entstehung geht in die Blütezeit des ostslawischen Fürstentums Tmutarakan' im 10. Jh. zurück. Vom 15. bis 18. Jh. diente die Kathedrale als Moschee. Mit der Angliederung der Krim an Russland und der Übergabe des Gotteshauses an die orthodoxe Gemeinde erfolgte ihre Erweiterung im 19. Jh. In den 1930er-Jahren wurde die Kathedrale geschlossen, in den 1970er-Jahren dank ihrem architektonischen Wert renoviert und 1990 den Gläubigen zurückgegeben.

Kurgane

Steigt man die Kleine Mitridat-Treppe hinunter, gelangt man zu der im 19. Jh. erbauten **Synagoge** (Синагога) in der vul. Ciolkovs'koho/вул. Ціолковського 6 und dann zum etwa 8 m hohen **Kurgan Melek-Česme** (Мелек-Чесменський курган) aus dem 4. Jh. v. Chr. – der Blütezeit des Bosporianischen Reiches – in der vul. Hajdara/вул. Гайдара, in unmittelbarer Nähe des Busbahnhofs. Das Eingangstor mündet in den Dromos, einen Korridor, der zur eigentlichen Grabkammer führt. In der bereits in ferner Vergangenheit ausgeraubten Kammer entdeckte man im 19. Jh. das Skelett eines Kindes, vier Grabplatten und einige bronzene Schmuckstücke (Tel. 06561 250 61, Di–So 9–18 Uhr, 5/2 UAH).

Die in der archäologischen Welt bekannte **Demetergruft** (Склеп Деметри) aus dem 1. Jh. mit wunderschönen Fresken, die ebenfalls in Nähe des Busbahnhofs entdeckt wurde, ist zurzeit geschlossen.

Der knapp 20 m hohe **Zarenkurgan** (Царський курган) aus dem 4. Jh. v. Chr., wohl die Ruhestätte eines bosporanischen Königs, befindet sich am nordöstlichen Stadtrand in Adžymuškaj (Аджимушкай). Der im 19. Jh. entdeckte Kurgan gliedert sich in die Grabkammer mit dem kuppelartigen Gewölbe und den 36 m langen, spektakulären Dromos (Tel. 06561 54 713, 25 061, Di–So 9–18 Uhr, 8/4 UAH).

Festungen

Am Ufer der Kerčer Meerenge steht die **Festung Jeni-Kale** (Фортеця Єні-Кале), die zwischen 1699 und 1703 von den Osmanen an der Stelle einer früheren Befestigung errichtet wurde. Von hier kontrollierten die türkischen Paschas den Schiffsverkehr zwischen dem Schwarzen und dem Asowschen Meer. Die zierlichen Türme der Festung, Mauern und Tore sind noch zu sehen. Nach der russischen Eroberung der Krim im 18. Jh. büßte die Befestigung ihre strategische Bedeutung ein.

Die **Festung Kerč** (Фортеця Керч) an der Pavlovschen Bucht im Süden der Stadt wurde nach Plänen des Bauingenieurs Eduard Totleben in den Jahren 1857–1877 angelegt. Die Bauten des mächtigen Fortifikationswerks, das rund 250 ha einnahm, sind zum großen Teil heute noch zu sehen. Zu Verteidigungszwecken wurden sie nicht eingesetzt. Die Anlage diente als politisches Gefängnis, Militärlager und Standort eines Strafbataillons. Weiter südlich, im Stadtteil Aršynceve (Аршинцеве), findet man die Ruinen der antiken **Siedlung Tyritake** (Тірітака, 6. Jh. v. Chr.–7. Jh. n. Chr.), und im Stadtteil Herojivs'ke (Героївське) die Reste der **Siedlung Nymphaion** (Німфей, 6. Jh. v. Chr.–3. Jh. n. Chr.).

Übernachten

Im historischen Zentrum ▶ **More** (Море): vul. Sverdlova/вул. Свердлова 5 a, Tel. 06561 612 45, 066 063 57 20, www.kerch.com.ua/more. Das 2008 erbaute Hotel mit komfortablen Zimmern liegt nahe der Uferpromenade. Bar, Billard und Kinderspielplatz. DZ/ÜF 350 UAH.

Am Berg Mitridat ▶ **Merydian** (Меридіан): vul. Marata/вул. Марата 9, Tel. 06561 615 07, 602 50, www.kerch.com.ua/meridian. Das 3-Sterne-Haus bietet einladende, mit allem Notwendigen ausgestattete Zimmer, Café-Bar, Sommerterrasse, Massage und Friseursalon. DZ 150–600 UAH.

Essen & Trinken

Schattig und grün ▶ **Zymovyj Sad** (Зимовий сад): vul. Kozlova/вул. Козлова 4, Tel. 06561 285 41, tgl. 10–24 Uhr. Wintergarten-Restaurant mit europäischer, ukrainischer, krimtatarischer und japanischer Kost. Schöne Sommerterrasse im Innenhof. Hauptgerichte ca. 36–130 UAH.

Lounge-Musik und Seeblick ▶ **Fish Ka** (Фіш Ка): vul. Teatral'na/вул. Театральна 42, Tel. 06561 668 09, 050 848 89 96, tgl. 11–24 Uhr. Stilvolles Café in Schwarzweiß. Besonders große Auswahl an Fisch und Meeresfrüchten (europäische Küche). Hauptgerichte ca. 36–93 UAH.

Jazz und russische Romanzen ▶ **Mitridat** (Мітрідат): vul. Radjans'ka/вул. Радянська 25, Tel. 06561 230 97, tgl. 12–24 Uhr. Die elegante Bar lockt ein vornehmes Publikum an. Serviert werden europäische und krimsche Spezialitäten. Hauptgerichte ca. 12–47 UAH.

Abends & Nachts

Im Keller ▶ **Party Place Biscuit:** pl. Lenina/пл. Леніна 10/2, Tel. 050 182 48 14, 050 184 20 59. Kein großer, aber ein einladender Club in Räumen mit Wandornamenten.

Aktiv

Stadttouren und Ausflüge ▶ **Turyst-vem** (Турист-вем), vul. Hajdara/вул. Гайдара 9, Büro 69, Tel. 06561 428 42, 050 801 83 23, www.turist-vem.com, Mo–Fr 9–18 Uhr. Bergwanderungen, Unterkunftsvermittlung etc.

Strände ▶ Dem städtischen Strand vorzuziehen sind die Strände im Stadtteil **Herojivs'ke** (Героївське) und am **Kap Kazantyp.**

Termine

Bospors'ki ahony (Боспорські агони): Mai/Juni. Das Festival der antiken Kunst wird in Kerč, Simferopol', Sevastopol', Jalta und Bachčysaraj mit Theater, Lesungen und Filmvorführungen gefeiert (www.bosportour.com).

Verkehr

Züge: Bahnhof, Pryvokzal'na pl./Привокзальна пл. 3, Tel. 06561 200 29. Züge Richtung Kiew, Simferopol'.

Busse: Busbahnhof, vul. Jeremenka/вул. Єременка 30, Tel. 06561 575 89. Busse nach Ščolkine.

Schiffe: Seehafen, vul. Kirova/вул. Кірова 28, Tel. 06561 193 39. Schiffe nach Feodosija, Berdjans'k, Mariupol'.

Taxis: Radio-Taksi (Радіо-Таксі), Tel. 06561 706 22, 750 25, 067 652 40 63.

Kap Kazantyp ▶ 1, Q 11

Am **Kap Kazantyp** (Мис Казантип) etwa 80 km westlich von Kerč sind Steppenlandschaften, malerische Grotten, Buchten mit türkisblauem Wasser und Steinformationen zu entdecken, außerdem Tiere und Pflanzen, deren relativ kleiner Lebensraum – ca. 450 ha – im Jahr 1998 zum Naturschutzgebiet (Казантипський природний заповідник) erklärt wurde. Der Freilegung einer antiken Siedlung (3. Jh. v.–3. n. Chr.) folgte die Entdeckung des Kaps für den (Aktiv-)Tourismus, insbesondere für Wind- und Kitesurfing. Die Verwaltung des Naturschutzgebietes in **Ščolkine** (Щолкіне) organisiert Öko-, Rad- und Reittouren (Tel. 06557 231 26, www.kazantip.nm.ru, engl.). Den Ort **Mysove** (Мисове) mit Kiteclub durchquert man bei der Anfahrt auf die Kapspitze.

Aktiv

... in Ščolkine:

Segeln ▶ **Yacht-Club Kazantyp** (Яхт-клуб Казантип): Tel. 097 468 14 53, 050 280 83 16, www.yckazantip.by.ru. Bootsausflüge, Windsurfen, Verleih, Übernachtung.

... in Mysove:

Kitesurfen ▶ **Kazantip Extreme Club** (Казантип Екстрім Клуб): vul. Fontanna/вул. Фонтанна 29, Tel. 067 564 18 33, http://kiter.in.ua. Unterricht, Ausrüstungsverleih.

Termine

... in Ščolkine:

Extreme Kazantyp (Екстрім Казантип): Mai. Das Fest der Wind- und Kitesurfer eröffnet die Urlaubssaison (www.extremekazantip.ru).

Register

Der Haupteintrag ist **fett** hervorgehoben.

Register

Der Haupteintrag ist **fett** hervorgehoben.

Register

Der Haupteintrag ist **fett** hervorgehoben.

Abbildungsnachweis
akg-images, Berlin: S. 149 (RIA Nowosti)
f1-online, Frankfurt a. M.: S. 228 (age/Vdovin); 324 (Dumrath)
Adrianna Hlukhovych, Mukačeve: S. 298, 422
Clemens Hoffmann, Berlin: S. 106 re., 165, 326 li., 344, 360
Bildagentur Huber, Garmisch-Partenkirchen: S. 1 li., 1 M., 3 M., 7 u., 9, 13, 53, 70/71, 102/103, 104, 106 li., 113, 114, 117, 124/125, 130, 134, 137, 404 li., 404 re., 442/443, 454/455, 460, 468/469 (Graefenhain); 448 (Thiele)
Informationsdienst der Wolhynischen Eparchie der Ukrainischen Orthodoxen Kirche des Kiewer Patriarchats, Luc'k: S. 36
iStockphoto, Calgary (Kanada): S. 5 u., 386/387 (Markistock); 368 (Parmenov); 311 (Shcherbyna); 5 M., 340 (Shevchenko); 371, 394/395 (Toniton)
Tourclub Kamyanets, Kamjanec'-Podil's'kyj: S. 267, 280/281
laif, Köln: S. 415 (Barth); 92 (Buessemeier); 10/11 (Bungert); 25 (Hoogte); 205 (Hill); Titelbild, 121 (Gladieu/Le Figaro Magazine); 6 u., 8 o., 85, 407 (Le Figaro Magazine); 418/419 (Raach); 27 (Sakamaki/Redux)
Look, München: S. 3 o., 133, 200 (age fotostock); 122 (TerraVista)
Martin Fejér/Est & Ost photography, Berlin: S. 215
Mauritius Images, Mittenwald: S. 144 (age); 4 o., 4 u., 6 u., 18/19, 150, 154, 158/159, 167, 170, 176, 180, 182 re., 192, 210/211, 223, 225, 240/241, 254, 257, 260, 274/275, 283, 290, 304/305, 314, 317, 326 re., 330, 335, 356/357, 365, 370 li., 378/379, 402, 431, 479 (Alamy); 7 o., 471 (Buss); 5 o., 350 (Dumrath); 410/411, 434 (Eichler); 2 u., 78 (globepix); 7 M., 88/89, 185, 440 (imagebroker)
Olaf Meinhardt, Rötgesbüttel: S. 1 re., 3 u., 65, 196/197, 182 li., 248/249, 251
picture-alliance, Frankfurt a. M.: S. 285 (allOver); 6 o., 60, 75, 399 (dpa); 370 re., 373 (Gambarini); 2 o., 48 (Photoshot); 33 (Russian Pictu_akg); 45 (ZB)
Schapowalow, Hamburg: S. 109 (Pavan/Sime)
Thorsten Wirtz, Bedburg: S. 8 u., 218, 237

Kartografie
DuMont Reisekartografie, Fürstenfeldbruck
© DuMont Reiseverlag, Ostfildern

Umschlagfoto:
Titelbild: Refektoriumskirche und Mariä-Himmelfahrt-Kathedrale in der Oberen Lawra des Höhlenklosters in Kiew

Über die Autorin: Ada Anders hat die Ukraine bis in den letzten Winkel bereist und kennt sich dort bestens aus. Ihr Tipp: »Bewegen Sie sich ruhig einmal abseits üblicher Wege. Auf diese Weise lernen Sie Land und Leute viel besser kennen und entdecken alte Holzkirchen, ungewöhnliche Orte und freundliche Gastgeber.«

Lektorat: Vera Udodenko, Henriette Volz, Susanne Troll (Bildredaktion)

Hinweis: Autorin und Verlag haben alle Informationen mit größtmöglicher Sorgfalt geprüft. Gleichwohl sind Fehler nicht vollständig auszuschließen. Alle Angaben erfolgen ohne Gewähr. Bitte schreiben Sie uns! Über Ihre Rückmeldung zum Buch und über Verbesserungsvorschläge freuen sich Autorin und Verlag:
DuMont Reiseverlag, Postfach 3151, 73751 Ostfildern, E-Mail: info@dumontreise.de

1. Auflage 2012
© DuMont Reiseverlag, Ostfildern
Alle Rechte vorbehalten
Grafisches Konzept: Groschwitz, Hamburg
Printed in Germany